民族院校治理之道：论民族高等教育的改革与创新

陈达云 著

科 学 出 版 社
北 京

内 容 简 介

本书主要围绕"如何坚持面向少数民族和少数民族地区，为少数民族和少数民族地区服务的办学宗旨""办什么样的民族大学？""如何办好高水平的民族大学？"等一系列根本性问题进行了积极的探索，并结合时代发展的要求，系统地提出了民族院校内部治理机制的建构和完善，以及教育教学创新的理念、方法、措施。

本书主要分"办学理念篇""人才培养篇""学科建设篇""队伍建设篇""教育改革篇""教育创新篇""党建德育篇"等7组论文，具体结合民族院校自身的办学实际，就民族院校内部治理作出系统的思考。

本书的研究不仅描绘了我国民族高等教育的发展的基本脉络，更重要的是，其有关民族院校内部治理机制完善的探索，对我国各类民族院校的建设与发展在理念上有重要的启发，在实践上有重要的借鉴价值，对引领我国各类民族院校教育教学改革和创新的方向有极其重要的指导性价值。

图书在版编目（CIP）数据

民族院校治理之道：论民族高等教育的改革与创新/陈达云著. —北京：科学出版社，2017.4
 ISBN 978-7-03-052545-1

Ⅰ. ①民… Ⅱ. ①陈… Ⅲ. ①民族学院-高等教育-教育改革-研究-中国 Ⅳ. ①G758.4

中国版本图书馆 CIP 数据核字（2017）第 080610 号

责任编辑：闫　陶 / 责任校对：杜子昂
责任印制：彭　超 / 封面设计：苏　波

科学出版社 出版
北京东黄城根北街 16 号
邮政编码：100717
http://www.sciencep.com

虎彩印艺股份有限公司印刷
科学出版社发行　各地新华书店经销

*

2017 年 4 月第 一 版　　开本：787×1092　1/16
2017 年 4 月第一次印刷　　印张：29 3/4
字数：690 000

定价：98.00 元
（如有印装质量问题，我社负责调换）

宝贵的实践 有益的探索（代序）

"一个民族要站在科学的最高峰，就一刻也不能没有理论思维"。办大学也是如此，办有特色、高水平民族大学更是如此。治校之道，至关重要，有什么样的治校之道，必然有什么样的办学结果。民族院校的治理，既需要遵循办大学的一般规律，也需要探索其特有的规律。

民族院校是中国共产党人把马克思主义民族理论与中国的具体国情相结合的产物，在中国高等教育体系中有着不可替代的地位和作用，是中国特色高等教育的重要特色之一。办民族院校，有大量理论性问题亟待去探讨，各种实践中的难题需要去破解，诸多规律性的东西必须去追寻。站在新的历史起点，立足我国统一多民族国家的基本国情，民族教育在党和国家工作全局中的地位更加凸显；着眼全面建成小康社会的战略任务，民族地区的人才和智力支持能力更加重要；服务国家全方位开放的新格局，民族教育应当也必须有更大的作为。

"办什么样的民族大学、如何办好民族大学？""培养什么人、如何培养人？"始终是民族院校办学治校的根本和核心问题。陈达云教授在民族院校工作30余年，2002年任中南民族大学校长，自2008年7月以来一直担任中南民族大学党委书记，实践丰富，并且善于学习，勤于思考，勇于创新。其新作《民族院校治理之道：论民族高等教育的改革与创新》（下称《治理之道》），对于上述问题从实践上作了认真的总结，也在理论上作了深入的探索，很有学术价值，概括而言：

一是对民族院校的科学定位进行了积极探索。《治理之道》进一步阐明了民族院校办学定位的作用和意义、主要依据和基本原则，阐发了涉及民族院校职能定位、办学宗旨和办学方向、办学层次和培养目标、办学模式和发展方式等定位的结构与内容，系统地论述了"什么是高水平民族大学"和"如何建设有特色、高水平大学"等重要问题，对于正处在转变发展方式、调整办学结构、深化教育改革、提高开放办学水平重要时期的民族院校的科学定位、准确站位、积累竞争优势、彰显办学特色、全面、协调、可持续发展具有参考意义。

二是对民族院校的办学理念进行了概括凝练。大学"理念"的凝练，关涉大学本质特征、职能使命和活动原则等的认识，包含人们对大学的思想观念和哲学观点，旨在回答"大学应该是什么""应该如何办大学"这类必须回答的问题。《治理之道》在服务国家战略和民族工作、办学方向、办学宗旨、发展战略、中长期规划、办学特色等方面进行了深入分析、理性思考和科学论证，对民族院校"是什么""为什么""做什么"和"怎么做"的问题，努力进行了比较系统的回答，主题鲜明、视野开阔、富有创新，一系列观点和论断呈现出首创性和实效性等特点，难能可贵。

三是对民族院校的内部治理进行了有益探讨。内部治理是院校研究的重要问题，有助于实现民主管理、平等参与、共同决策、有效监督，保障民族院校的持续健康发展定规矩、定规则，建立现代大学制度。院校治理体系与治理能力现代化是当前我国高等教育改革走向深化阶段的重要主题，同时是高等教育理论研究领域可能突破的学术创新点。当前有关院校治理改革的研究主要侧重于介绍国外大学的治理经验，以及分析我国高校治理改革的现实问题，院校治理体系尚在建构和完善之中，民族院校治理的研究则更相对薄弱。《治理之道》围绕主题主线，结合高等教育改革实际，致力于治理体系与治理能力研究，在理论内核和逻辑构架上均与民族院校现代治理有着高度的契合度和一致性，是民族院校办学治校的进一步规范化、法治化和相关研究的一大收获。

四是对民族院校的发展方向进行了潜心思考。中国大学未来发展的主要方向在于质量、效益和国际化。民族院校的发展，不仅要解决好"做什么"和"怎么做"的问题，还要解决好"向何处去"的问题。《治理之道》重视民族院校发展"龙头"的学科建设规划研究，提出了"建设高水平民族大学关键是要坚持内涵发展，主动实现学校发展思路的战略性转移，使数量扩张服从质量提高，硬件增加服务于软件升级；从局部调整转向功能提升，从建设大楼转向培育大师；以科学发展为要义，以改革创新为动力，把学校发展推向更深层次、更高阶段、更高水平"等观点。此外，作者还出版了专著《民族院校学科建设战略研究》，并在《高等教育研究》《光明日报》（理论版）等刊物发表多篇论文，在学术界产生了一定的影响。

总之，《治理之道》是一部思考有深度、视野有宽度、内容有广度的著作。在高兴和祝贺的同时，也真切希望达云同志百尺竿头，更进一步，从理论和实践上为民族高等教育事业的发展作出新的贡献。

吴仕民

2016 年 8 月 20 日

前　言

作为中国高等教育的分支学科，民族高等教育学科的建设与发展既要符合普通高等教育的规律，也要符合少数民族教育的实际特点，符合少数民族高等教育的特殊规律。办好民族院校，要回答办什么样的民族大学和怎样办好民族大学等重大问题。这就要求不仅要掌握普通高等教育学的原理和方法，还要掌握少数民族教育的特殊性。因此，加强对该领域的研究就显得尤为重要，要求更高。

2013年，习近平总书记在给清华大学的贺信中指出："教育决定着人类的今天，也决定着人类的未来。人类社会需要通过教育不断培养社会需要的人才，需要通过教育来传授已知、更新旧知、开掘新知、探索未知，从而使人们能够更好认识世界和改造世界、更好创造人类的美好未来。"2014年，在中央民族工作会议上，他还强调了："要紧扣民生抓发展，重点抓好就业和教育。"这一指引对少数民族高等教育的发展来说，应是更加紧迫的。相对于中东部地区的发展，西部少数民族地区要想获得经济快速发展、社会长期稳定、民族团结、宗教和睦，那就必须加快推动少数民族教育的发展。

作为长期服务于民族院校的一名教育工作者，作者十分希望通过民族院校自身的教学实践、办学实践、理论研究，力求提升民族院校的治理水平、充实和丰富民族高等教育的内涵、提升民族高等教育的教育质量。这不仅是我国高等教育发展的要求，更是民族高等教育自身发展的不容推卸的使命与责任。

本书主要内容囊括了作者多年来对民族院校内部治理各个环节的思考和研究。其中有的是曾经发表过的；有的是根据给研究生讲课的提纲整理而成的；有的是改编自己在各种场合的讲座、讲话稿而成的，汇总下来，共有73篇之多，均具体结合了民族院校自身的办学实际，就民族院校内部治理的各个环节作出系统的思考。为了能给读者一个清晰的阅读思路，根据文章主题，将其分为"办学理念篇""人才培养篇""学科建设篇""队伍建设篇""教育改革篇""教育创新篇""党建德育篇"等7组论文。中心议题主要涉及"如何坚持面向少数民族和民族地区，面向地方，面向全国，为少数民族和民族地区服务，为党和国家的民族工作服务，为国家战略需求服务的办学宗旨""办什么样的民族大学？""如何办好高水平的民族大学？"等一系列根本性问题，对此进行了积极的探索，并结合时代发展的要求，系统地提出了民族院校内部治理机制的建构和完善，教育教学创新的理念、方法、措施。

相对于既往有关民族院校的研究成果，本书的论述摆脱了从理论到理论的空泛，而是回归到民族院校办学的基本宗旨、民族院校自身的内涵建设和特色发展、民族院校内部治理机制的建构和完善等基本问题和实际困境。本书不仅描绘了我国民族高等教育发展的基本脉络，更重要的是，其进行了有关民族院校内部治理机制完善的探索。主要涉及对我国各类民族院校建设与发展的理念与实践措施。

在某种意义上，民族教育发展的程度如何，是一个国家教育公平的试金石。习近平总书记一再强调,要让13亿人民享有更好、更公平的教育,努力让每个人都有人生出彩的机会。这就是告诉我们,光有形式和表面的公平是不行的,真正的教育公平是"有质量的教育公平",这已经成为世界各国教育发展的趋势。就我国来讲,民族教育的发展仍需要给予更多的关注,需要国家不断加大投入,需要社会各界的广泛理解,逐步达成共识。只有真正把民族教育事业视为促进民族地区发展的根本性措施;帮助各族群众牢固树立正确的祖国观、民族观;弘扬社会主义核心价值体系和社会主义核心价值观;增强各族群众对伟大祖国、中华民族、中华文化、中国共产党、中国特色社会主义道路的认同感;促进各民族构建中华民族思想共同体的基础性工程;民族教育事业才能获得"深入人心"的发展,民族高等教育学科的发展才能真正把握住正确的方向,才会真正将中国教育公平推向一个新的历史高度,彰显中华民族的文化自信。

作者先后在西南民族大学、中南民族大学从事教学管理工作30多年,对民族高等教育有着深厚的感情,内心的感恩、使命责任的驱使,希望有更多同行来研究这一中国特色社会主义高等教育的重要领域,促进民族院校的科学发展、创新发展是作者编写本书的初衷。

本书出版获得国家社会科学基金项目"西部民族高等教育的发展特色研究"(GSY12107)和教育部委托项目"少数民族教育立法问题研究"(BSZ15001)的资助,在此一并感谢国家社会科学基金规划办和教育部高教司的大力支持!

陈达云
2016 年 11 月 12 日
于武汉武昌南湖之畔

目 录

办学理念篇 ... 1

坚持民族高等教育发展的正确方向 ... 3
英国大学办学理念、资金筹措及国际化战略的特点 ... 5
试论构建和谐校园若干关系 ... 19
基于核心竞争力理念的民族院校发展战略 ... 26
追求卓越 止于至善 ... 35
论民族高校发展战略选择的合理性 ... 37
如何彰显宗旨意识和办学特色 ... 44
科学编制发展规划的几点要求 ... 46
实现"民大梦"的四个关键 ... 52
高水平民族大学建设的思考 ... 55
民族院校内涵建设的关键词 ... 60
"四个全面"对民族高校发展的启示 ... 67
民族院校"双一流"建设的新理念 ... 69

人才培养篇 ... 73

民族院校人才培养的"三个面向" ... 75
民族地区专业技术人才现状与对策研究 ... 77
当务之急是提高研究生培养质量 ... 87
以实践性教学模式培养创新型人才 ... 89
关于提高少数民族就业能力的建议 ... 96
民族高校如何培养高层次研究应用型人才 ... 101
少数民族大学生国家认同教育的路径选择 ... 105
民族院校在民族团结进步事业中的积极作用 ... 109
民族高等院校人才培养的使命与责任 ... 112
研究生培养工作中如何贯彻"五大理念" ... 114
民族院校开展民族团结教育的措施与路径 ... 118

学科建设篇 ... 121

关于加强高校学科建设问题的思考 ... 123
用高水平科研成果提升学校的核心竞争力 ... 129
学科建设的原则和重点 ... 133

民族院校学科建设的战略措施 ·· 135
民族院校学科建设的定位 ··· 152
民族院校的特色发展与学科建设 ······································ 181
科技兴校与人才强校 ·· 207
民族院校"双一流"建设思考 ··· 210
民族院校哲学社会科学的使命与担当 ································ 216

队伍建设篇 ·· 219

培养高素质的高校干部队伍 ·· 221
关于高校教师教学发展工作的思考 ···································· 223
领导干部办学治校能力的全面提升 ···································· 229
怎样建设好领导班子 ·· 237
作风建设始终是学校质量发展的关键 ································ 241
民族高校如何加强人才工作 ·· 247
人才工作改革与民族高校的科学发展 ································ 249
凝心聚力进一步提升教育教学质量 ···································· 252
督促履职尽责是作风建设的有力抓手 ································ 257
高校教师职业精神的三个关键词 ······································ 262

教育改革篇 ·· 267

民族高等教育跨越式发展的要求 ······································ 269
民族院校的改革发展之路 ··· 274
深化教学改革应强化质量意识 ··· 282
关于民族高校教学改革的几点思考 ···································· 291
改革创新是民族院校内涵发展的核心 ································ 296
民族院校改革必须破解的四个难题 ···································· 301
论高校办学自主权与民族院校大学章程建设 ······················· 304
关于民族高校全面深化改革的构想 ···································· 311
少数民族大学生国家认同教育创新初探 ····························· 320
加强少数民族大学生国家认同教育的思考 ·························· 327
高校开展中华民族多元文化教育的路径研究 ······················· 332

教育创新篇 ·· 337

我国民族高等教育回顾与展望 ··· 339
民族高等教育的协同创新 ··· 362
民族高等教育的创新及其保障 ··· 368

简论民族院校的创新发展 ··· 376
民族高等教育创新的几个问题 ··· 378
科学发展观与高校绩效管理 ··· 382
民族区域发展与民族院校的管理创新 ··· 388
科学地推进高水平民族大学的全面发展 ·· 392
夯实民族院校治理体系现代化的基础 ··· 404
以创新驱动引领民族院校的质量发展 ··· 416

党建德育篇 ·· 423

高校学生中党建工作思考 ·· 425
高校精神文明建设的理路与方法 ·· 429
高校精神文明建设的基本要求 ··· 434
增强高校德育的实效性 ··· 437
新形势下高等学校学生党支部建设的创新与实践 ····························· 439
谈谈如何自觉提高党性修养 ··· 444
关于高校建设学习型党组织的若干思考 ·· 447
"创先争优"与民族院校的科学发展 ··· 451
新常态下民族院校发展的超越 ··· 456

办学理念篇

坚持民族高等教育发展的正确方向

江泽民同志曾为民族院校题词"努力发展民族教育，促进各民族共同繁荣"，其中包含的一个重要思想就是要求民族院校要为民族地区的经济、社会、文化发展承担起强有力的人才和智力支持重任。在教育相对落后、人才相对匮乏的民族地区，面对知识经济浪潮的冲击，面对各民族共同繁荣的历史重任，民族院校应当给予民族地区以怎样的人才和智力支持，怎样才能给予民族地区强有力的人才、智力支持呢？在我国高等教育大发展的情况下，我们认为：

第一，必须做到"三个坚持"，即坚持社会主义办学方向，坚持培养少数民族人才，坚持为少数民族地区培养人才。民族院校要承担起党和国家交给的历史重任，适应少数民族和民族地区发展的实际需要，必须把培养具有坚定的共产主义信念、坚定地执行党的民族政策的少数民族各类人才放在首位，使少数民族人才在促进少数民族和民族地区的经济与社会发展、维护祖国统一与民族团结上起到带头作用，促进各民族的共同繁荣。因此，认真贯彻党的教育方针，坚定不移地坚持社会主义办学方向，任何时候、任何情况下都是摆在我们面前的一项头等重要的任务。同时，民族院校为民族地区的经济社会发展提供人才、智力支持，要通过坚持为少数民族培养人才、践行办学宗旨来实现。如果不坚持为少数民族和民族地区培养人才，民族院校的存在就失去了意义和作用。与其他院校相比，民族院校在为少数民族和民族地区培养"进得来、学得好、回得去、用得上、留得住"的各类人才方面发挥了不可替代的作用，成为少数民族和民族地区最重要和最稳定的人才培养基地。

第二，必须做到"三个面向"，即邓小平同志提出的"教育要面向现代化、面向世界、面向未来"。邓小平同志提出的"三个面向"是互相联系、互相补充、缺一不可的整体，它概括地提出了我国教育发展的战略方向，是发展教育事业总的指导思想，充分反映了时代发展的趋势，充分体现了以经济建设为中心的党的基本路线的要求。民族院校尽管实现了从"培养政治干部为主"到"培养适应民族地区现代化建设需要的高级人才"办学方针的转变，但应该看到，民族院校目前在人才规格、培养模式、专业设置、课程建设、教学手段等方面都还不能完全适应民族地区现代化建设对人才的要求，与为少数民族和民族地区培养面向世界、面向未来的高规格、高质量的人才要求还相距较远。因此，民族院校必须以"三个面向"为指导，进一步转变教育思想和教育观念，大力加强教育教学改革。只有坚持"三个面向"的方针办学，才能真正承担起为民族地区的经济发展提供高质量人才和智力支持的重任。

第三，必须做到"三个代表"，即江泽民同志指出的"代表先进生产力的发展要求，代表先进文化的前进方向，代表最广大人民的根本利益"。江泽民同志"三个代表"的思想，是一切工作的出发点和落脚点。就教育而言，贯彻落实"三个代表"思想，是贯彻执行党的教育方针的根本要求和具体体现。民族院校作为少数民族地区人才培养和知识创新的重要基地,在科学技术是第一生产力的当今社会,代表先进生产力的发展要求,就是要面向民族地区经济建设的主战场。走教育与经济相结合的道路,加速培养适应民族地区现代化建设需要的各类人才,努力攻克民族地区经济社会发展中急需解决的技术难题,大力推进科技成果向现实生产力的转化,充分发挥人才和知识优势,为民族地区生产力的解放和发展作出贡献。高校是社会的理性之光,是先进文化的生产和传播基地,代表先进文化的前进方向,我们民族院校就是要继承和发扬中华民族的优秀文化,吸收和借鉴全人类的文明成果,高举邓小平理论伟大旗帜,大力培育有理想、有道德、有文化、有纪律的"四有"新人,为民族地区经济建设提供强大的智力支持和精神动力、代表先进生产力的发展要求,代表先进文化的前进方向,就是代表广大少数民族人民群众的最大利益。

同时,民族院校在办学过程中,还必须做到从少数民族、民族地区、少数民族学生的特点和实际出发,认真执行党的民族政策,办出民族院校的特色,使民族院校的一切工作真正成为党的民族政策的具体体现。

(原文载于《学习月刊》2001年11期)

英国大学办学理念、资金筹措及国际化战略的特点

——中国高校领导赴英国培训团的报告[①]

  由教育部和国家外国专家局共同主办，中国国际人才交流基金会具体承办的"2005年中国高校领导赴英国培训团"，在团长谭振亚、副团长龙超云的领导下，自2005年6月4日至7月3日在英国进行了30天的培训。在这30天里，我们考察访问了伦敦教育学院、诺森比亚大学、女王大学（贝尔法斯特）、曼彻斯特大学、卡迪夫大学、牛津大学和剑桥大学等七所大学。先后听取了50多场国外专家学者关于英国高等教育的专题报告和演讲。此外，我们还先后访问了英国高等教育拨款委员会、英国高等教育委员会、英国文化委员会、英中贸易协会及英国文化协会（苏格兰）、中国驻英大使馆及其教育组、中国驻贝尔法斯特总领馆和中国驻曼彻斯特领事馆等单位的领导及其有关人员。这次培训的内容非常丰富，重点就英国大学的办学理念和战略定位、组织架构和运行机制、资金筹措与财务管理、国际交流战略与具体实施等专题进行了深入探讨，启发颇多。

一、大学的办学理念与战略定位

（一）英国大学的办学理念与战略定位

  学校发展的关键在于其战略定位和发展规划。英国政府及其大学高度重视学校的战略定位和发展规划的制定。2003年颁发的《高等教育的未来》高等教育白皮书为英国高等教育未来的发展描绘了美好的蓝图。在这一总框架下，各高等学校都重新审视和修订了本校的战略定位和发展规划。英国高校制定战略规划是一个自上而下、自下而上、统一认识、集思广益、反复锤炼、不断提升的过程。此次访问的这七所大学的战略定位呈现出以下几种不同形式：

  （1）创新办学理念，引领世界潮流——剑桥、牛津模式。剑桥大学具有近800年的发展历史，已培养出80多位诺贝尔奖获得者，在艺术与人文学科、经济与社会学科、生物学科、技术学科等方面拥有世界上最好的学者和最有发展潜力的学生，大多数学科水平国际领先。牛津大学具有838年历史，在政界有13位英国历代首相出自于该校，培养了10多位诺贝尔奖获得者，在法律、政治、艺术与文学、生物、科学、医学等方面的大多数学科水平国际领先。因此，剑桥大学和牛津大学的发展战略在于：创新办学理念、拓展办学空间、确保领先地位、引领世界潮流。其模式特点：通常没有具体的规划，更多地在于办学

---

  ① 报告全文3万字，本文为删节本。报告执笔人为黄永林、王革、叶华、陈达云、冀永强等参与了部分内容的撰写。
本团团长：谭振亚，副团长：龙超云。成员：郭广生、郭淑兰、安连锁、汪晋宽、宋立群、曲福田、董双林、王聪、黄永林、王志强、濮德璋、王革、刘伯权、潘志祥、黎树斌、雷昭海、陈达云、刘庆慧、冀永强、叶华、李超兰、王靖华、俸兰、白鸥、万奇峰。

理念和战略文化，在于一种高瞻远瞩的境界。

（2）实行强强联合，实现跨越式发展——曼大、卡大模式。曼彻斯特大学、卡迪夫大学均建校于19世纪，属于"红砖"大学，它们学科门类较全，有着较强的综合实力。2004年曼彻斯特大学与曼彻斯特理工大学进行了成功合并，旨在强强联合、交叉互融、寻找新的增长点。该校提出到2015年要成为世界领先大学的宏伟目标。卡迪夫大学继1988年与威尔士理工大学合并后，又于2004年与威尔士医学院合并，两次合并使其在学科结构和财政状况方面得到了很大改善，加之采取"科研强校"战略，卡迪夫大学的科研排名在全英高校已由原来的30名很快提升到第7名。该校在此基础上进一步提出：近几年要使自己的科研排名在全英高校上升到第5位。模式特点：这些大学有着较为悠久的历史和优良的办学传统，在新的竞争极为激烈的国际背景下，为了加快发展、增强实力，实行了"强强联合，科研强校"，实现跨越式发展，争创世界一流的战略。

（3）坚持改革创新，走内涵发展道路——女王大学模式。女王大学（贝尔法斯特）始建于1845年，是英国历史最悠久的十所大学之一。一个半世纪以来，已培养了一大批杰出人才，其中包括2名诺贝尔奖获得者和爱尔兰总统Mary McAleese。该校在20世纪末进行了一场学科设置和教学机制的改革，其计算机设备和交互多媒体教学体系在全英大学中居领先地位，大学教学更加联系实际，为区域经济服务，毕业生就业率和就职能力获得大幅度提高。该校未来的发展目标和战略规划是：学术领先（leading）、思想启迪（inspiring）和科技传播（delivering），即在国际上领先，使学生得到新思想的启迪，向学生传播知识和技能。实现上述目标的动力是创造力、创新和发明。强调学校与区域和社区的联系，充分发挥其作用。模式的特点：坚持改革，强调创新，强化学校与社会的联系，走内涵发展的道路。

（4）坚持特色、发展优势，以优势和特色制胜——诺大、伦敦教院模式。诺森比亚大学始建于1870年，是全英目前规模最大的学校之一，是1992年由学院升格为大学的。该校以出色的教学质量而连连获得好评，目前在30所新大学中其教学质量排第4位，尤其以教育、护理、物理学、现代语言等课程著称。因此，他们根据自己的优势和特色将学校未来的发展定位为教学型大学，其目标是：给学生最好的教育、较完善的体验、最远大的前程。伦敦教育学院于1902年建校，学校规模不大，但学科建设颇具特色，其教学与科研完全集中在教育及其相关的社会科学领域，其科研成果对英国学校的课程内容和教学方法产生着积极的影响，成为英国的教育科研中心。模式特点：发展历史短，但发展速度快，其战略核心在于突出特色，发展优势，抓住机遇，以优势和特点制胜。

（二）大学办学理念与战略定位的思考

首先，发展目标要突出特色和优势。英国各高等学校的战略定位，都能结合本学校的实际，突出自己的特色和优势，如教学、科研、社区服务等方面的优势，有的甚至是突出某些学科方面的优势，以强调自己的与众不同并走在其他大学的前面，从而形成自己鲜明的特色。例如，剑桥大学和牛津大学突出世界领先地位，女王大学突出强调培养人才和科学研究为社区服务，曼彻斯特大学和卡迪夫大学突出各自在某些学科的特色和优势，如卡迪夫大学突出自己在生物技术和生命科学方面的优势；诺森比亚大学认为，大学之间的竞争，最主要的是使自己与其他大学有所区别，由于他们的强项在职业和专业的基础教学，为此他们提出到2015年要把本校建设成为一个世界性的教学型大学。反思我国高校的战略定位，有少数学校不是从自己的特点和优势出发，而是盲目攀高、贪大求全，一味地向研究型、综合化、国际性看齐，丧失了个性，也丧失了竞争力。通过学习考察英国高校的定位战略，我们认为大学的定位是国家科学研究、技术发展和人才培养等多样化需求的必然结果，没有高低贵贱之分，没有好坏优劣之分，只要在同类型的学校中能办出特色并对社会有贡献即可。因此，各高校应以科学发展观作为指导，从实际出发，在满足本地区、本行业人才需求的情况下，找出自己的优势和特长所在，找准自己的位置，以增强学校在新世纪经济全球化的背景下的竞争力。不能为追求宣传效益，不切实际地拔高自己都去搞"一流大学""高水平大学""研究型大学"，造成"眼高手低"，力不从心。大学的定位必须注意多样性，应当根据教育对象与社会需要分类别（公立大学与民办大学）、分层次（研究型、教学科研型、教学型和高等职业型）设立，强化自身在市场中的地位，突出优势和强项，追求与自身实际和我国高等教育整体水平状况相称的发展目标，促进学校全面、协调和可持续发展。

其次，发展目标要清晰简明可行。英国各高校的定位和规划一般都十分清晰简洁，并把学校的各项工作置于战略规划的指导之下，让学校的远大目标和战略规划成为各年度、各部门、各学院制定工作计划的指南，并让这一目标成为激励师生为之奋斗的动力，从而形成凝聚力。例如，曼彻斯特大学明确提出了到2015年要实现的9大目标，如学校要成为全英前5位的大学，培养出诺贝尔奖获得者，办学经费翻一番等，这些目标成为全校24个学院年度工作计划的指南，而且全校每个教职工都十分清楚这一目标；卡迪夫大学的奋斗目标之一是要在全英大学的综合排名中提升到前5位，全校各院系围绕着这一目标的实现制定了具体的实施方案。反思我国高校的发展定位和战略规划，许多高校受校长任期制等客观因素的影响，有急功近利、好大喜功的思想，目标往往看似宏伟，却根本无法实现；规划繁杂庞大，口号式的内容多，与实际工作结合得少，根本无法操作；出台后往往停留在领导的文件和报告中，没有形成全校师生的共识，更没有发挥学校定位和规划在凝聚师生、鼓舞人心方面的作用。

第三，战略定位既要相对稳定，也要与时俱进。学校的战略定位是针对未来一定时间内事业发展的一种构想和一个奋斗目标，一旦确定之后，必须相对固定下来，并进行广泛宣传，动员全校师生为之共同努力。强调学校定位的稳定性，并不意味着今后一成不变，而是要在相对稳定的基础上，形成自己的特色，同时通过抓住机遇，不断发展和提高，在高等教育系统中拥有自己独特的地位。英国大学也强调，大学发展的内部和外部条件是不断变化的，一个好的战略定位和发展规划要体现时代特征和与时俱进的本质。因此，一个战略定位和发展规划完成以后，在经过一定的时间后也要根据变化的情况对学校的定位和规划进行重新审视、修改和调整。反思我国高校的学校战略定位和发展规划，存在着两种倾向，一种是没有相对的稳定性，随着主要领导的人事变动，新官新法，为显示自己的改革和创新，采取全盘或者基本否定前任所制定的战略和策略，重新来一套，致使工作无连续性。另一种情形是，一个战略定位和发展规划制定后，无论学校办学的外部环境和内部条件如何变化，始终不变，机械地执行已经过时的规划，从而贻误了学校发展的机会。因此，以科学的发展观来看，一方面，学校要强调战略定位和发展规划的严肃性和连续性；另一方面，也要根据新的情况重新审视和及时修订发展战略,以保证学校的持续稳定和快速发展。

第四,校长的办学理念直接影响到学校的战略定位。大学校长的主要职责之一就是要确定学校的发展方向,校长要正确地确定本校的战略定位,必须具有远大的志向、宽阔的胸怀、战略的眼光、超前的意识、全面的素质和超强的能力。大学校长作为积累知识、传授知识和创造知识的促进者,作为大学文化的创造者,作为大学发展战略的制定者,只有与时俱进、更新观念方能使学校在激烈的竞争中求生存、谋发展。例如,2004年曼彻斯特大学与曼彻斯特理工大学合并为新的大学后,从澳大利亚聘请了原墨尔本大学的校长来担任校长,由于他具有世界一流大学的工作经验、远大的志向,因此,他根据新曼大的实际提出了具有超前意识的、通过努力有可能实现的学校的宏伟规划,从而成为凝聚师生、鼓舞人心、加快学校发展的动力。如卡迪夫大学前任校长伯瑞·史密斯勋爵认为:"校长就是要将自己的办学战略思考和价值理念传播出去,让学校所有员工接受,然后选择合适的人(主要是行政管理层、优秀的系主任和教授)去实现这些策略。"在他的领导下,卡迪夫大学通过几年的努力,学校的科研排名在全英高校中由原来的第30名很快提升到第7名。对中国高校来说,为了跟上国际步伐,实现跨越式发展,培养和选拔具有世界眼光、国际意识、卓越领导能力的校长极为重要和急迫。因此,中国政府一方面要加大对本国高校领导培养的力度,另一方面,也可以在世界范围内招聘强有力的人做中国高校的校长,以促进中国高等教育的发展。

第五,大学定位是政府和学校共同的责任。政府要通过正确的引导,通过建立科学、公平的发展环境,制定科学的高等教育发展及学校设置的规划和方案,来引导大学正确定位。英国政府于2003年9月颁发《高等教育的未来》高等教育白皮书,希望英国大学在国家发展、社会进步、个人成功、经济发展、国际合作等方面发挥更大的作用,也为英国大学制定战略规划提供了指南。高校要正确认识高等教育发展的规律、国家和社会对高等教育的需求,长期坚持自己的正确定位,并不断抓住机遇发展和提高。只有政府的指导和学校的主导相结合,学校的定位才可能既符合国家战略的需要,又适合学校自身的发展实际。从目前的情况来看,在我国的大学定位中,由于政府对高等学校指导不够,部分高校对宏观政策把握不准和对自身的特点认识不清,因此出现了脱离实际的学校定位。而政府有关部门也没有对这些学校的定位和规划给予认真评估,因此造成了学校规划与政府的要求相脱节的现象。目前,我国正在制定中长期发展规划,高校的战略定位和发展规划是其重要的组成部分,政府对大学的战略定位起着重要作用。建议我国政府根据经济建设和社会发展的总体需要,对各层次大学/学院的设置数量和地域分布进行宏观分析和控制,并实行分级、分类管理。对各类学校发展的战略定位作宏观指导和政策引导,以提高教育资源配置的有效性和针对性。政府还应当科学制定分类型的评价标准,对高校分类进行评估和排名,引导各类高校在自己所在的类别中争上游、创一流。

二、大学的组织框架和运行机制

(一)英国大学组织框架和运行机制的特点

(1)政府管理重心下移与责权利相统一。纵观英国高等教育发展的历史,经过几个世纪不断适应市场经济发展需要的改革与探索，现在已经建立起与市场经济相适应的高等教育管理体制。政府对大学只是宏观管理，主要负责对大学的评估、经费的拨付等，学校具有很大的办学自主权。英国高校享有在法律范围内的高度自主权，主要表现为FAM，即：①F为经济自主，高校可以从一切可能的渠道获取资金，而政府和高教拨款委员会不将学校从其他渠道获取资金多少作为向学校拨款多少的一个依据（即学校其他收入的多少与高校正常获得的拨款多少不相关）；②A为学术自主，一般而言，高校根据市场导向，自主设置专业、设置学位和开设课程，当然，当市场导向有误导时，政府也会要求高教拨款委员会对某些学科专业拨付一些特殊补贴性质的款项；③M为管理自主，高教拨款委员会按有关规定将经费拨给高校后，只要是用于教学、科研和相关活动，学校可以在内部自主安排使用。各学校在专业设置、招生计划、教学管理、经费使用等方面有很大的自主权。FAM"三自主"所体现的是责权利相统一的原则。这一体制有力地促进了英国高等教育的发展。

（2）学校统一领导与学院分级管理相结合。英国高校内部管理实行的是学校统一领导下的分级分权管理模式。在英国，传统大学的领导机构是校务委员会，校务委员会负责大学的全面事务。新型大学的领导机构是董事会，董事会负责大学的全面事务。董事会成员中校外成员至少占一半，董事会主席是从这些校外成员中任命的。所有的成员必须具备专业技能，或在工业、商业界有丰富的工作经验，其中至少一名成员是教育专家。学校设有校长、常务副校长、副校长、行政总监（或教务长）、学部部长、院长、系主任等职务，并对上述机构和负责人的职责和权力作了较为明确的规定。董事会管宏观、管战略、抓校长；校长一般由社会地位较高的人担任，只管学校的大事、出席开学典礼和毕业典礼，以及颁发学位证书等大型活动，一般不是学校的法人代表。常务副校长实际负责全校的日常管理；其他副校长负责有关专项事务。学校下设学部（或学院），由学院直接管理教学和科研、教师和学生的相关事宜。例如，曼彻斯特大学校董事会由25人组成，其中10人为本校职工，15人为校外人员。学校设立4个学部，学部的部长由一位副校长兼任，4个学部下设24个学院，学院下不再设系，由学院直接管理教师和学生、组织教学和科研；卡迪夫大学的管理体制是只设校院两级，院下不设系，以减少中间层次。这种线性的直接管理，在责权利明确的情况下，有利于调动基层的积极性，有利于提高工作效率。虽然董事会章程和学校章程对各个层次机构及负责人，如对董事会、校长、教务长等职责和权力都作了具体的规定，但规定一般是战略性的、简明扼要的，根据实际情况坚持原则与灵活的统一，在大的原则框架下，建立工作的一种默契。

（3）以教学科研为中心和以人为本相统一。英国大学的管理者认为，学校的一切管理工作都是围绕学科、教学及科研而进行的，管理为教学科研服务的理念已深入人心。他们认为教师与学生是学校教学科研的主体，以教学为中心就是要以教师和学生为中心，从而提出了教师和学生是"客户"的服务理念。英国有些大学提出，学校要把教授从繁杂的事务工作中解脱出来，回归于教学和科研。行政服务工作必须职业化，以良好的服务使教师把更多的精力投入教学和科研，真正发挥他们的优势和特长。因此，英国各大学中都有较完整的管理队伍，工作分工很细，服务意识很强，其人数远远多于教师队伍，实行的是多数管理人员为少数教学科研人员服务,体现出以教师为本和以教学科研为中心的理念。英国大学以人为本的精神同样体现在学生群体利益保障和为学生服务上。曼彻斯特大学学生事务管理部主任认为,学生是我们的客户,他们从入学到毕业,都应该得到持续的良好的服务。诺森比亚大学甚至提出该校的办学宗旨是给学生"很好的学习、完美的体验、远大的前程",为实现这一目标,学校采取多种途径了解学生在学校的感受和体验,征求他们的意见、建议和要求,从而更有针对性地为他们提供服务。提高学生的满意程度是为了提高学校的声誉,以吸引更多的优秀学生。

(4)重视学校"第三使命"功能的发挥。英国大学的功能通常包括教学、科研、服务于产业界与地区发展(即"第三使命")。1988年撒切尔夫人强调,大学应该与社会经济发展和工商业紧密地联系起来,大学担负着为社会经济发展作贡献的"第三使命",在知识经济时代,大学理当在创造知识、转化知识、应用知识中发挥作用。2003年,英国《高等教育的未来》报告中更明确和强化了大学的社会功能。英国大学都普遍接受了政府关于大学应担负"第三使命"的理念,他们越来越清楚地意识到,学校必须正确处理好大学教育与商业化的关系,处理好科学研究与知识转化的关系。为此,英国各大学纷纷通过与企业合作建立"创新开发"机构,转化专利技术,提供培训、文化服务、咨询等,以多种形式为地方或区域经济服务,实现他们所担负的"第三使命"。例如,诺森比亚大学为了更好地使教学服务于社会和地方经济,提出课程的设计要符合社会的需要,要与相关实际领域紧密结合,要得到相关行业的认可;牛津大学在1988年成立了"伊希斯创新公司",该公司致力于学术研究的产业化,负责牛津大学所有研究人员的研究专利和许可事宜,并拥有几百万英镑的风险资产,该公司正筹备每年新建大概8个大学持股的公司;卡迪夫大学也成立了"创新网络"公司,主要针对小规模的地方企业,为这些公司的领导者提供交流的平台,帮助他们建立相互的联系,在促进这些公司发展方面发挥重大作用。为促进科学技术发展和科技成果尽快产业化、商品化,英国大学还建立了一些跨学科、跨单位的联合开发中心,有的联合开发中心还是松散型结构。例如,曼彻斯特大学成立了40多个联合研究中心,这些联合研究中心的教授,人在原单位工作,或就某一项目开展合作研究,或围绕一个项目联合攻关而在一定时间内在联合中心工作。女王大学还与地方政府共同建立大学科技园,以促进科技成果的产业化。这些高校以他们的实力和优势为地方经济的发展作出了巨大的贡献。在英国,无论教学型大学,还是研究型大学;无论世界一流大学,还是地方性大学,几乎所有的大学都同样强调学校的"第三使命",强调学校为社会、为地方经济建设作贡献。

(二)高校组织结构和运行机制的思考

(1)政府应进一步扩大高校办学自主权。与英国政府对高校实行高度自主的管理体制和高校内部分级管理的模式相比,我国现行的高等教育管理体制还不能完全适应市场经济发展的需要。随着我国社会主义市场经济体制的建立和完善,市场对高校的影响越来越明显。我国政府应在确保国家宏观调控能力的基础上,根据《中华人民共和国高等教育法》,真正确立高等学校作为面向社会、自主办学的法人实体地位,进一步扩大高校办学自主权,增强学校的使命感和责任感,让高校根据市场规律和教育规律办学,逐步放开专业设置与学位授予权的限制,以提高学校应对市场的能力。国家应通过立法和政策引导,实施对高校进行宏观调控,科学合理地制定拨款机制与标准,建立与各高校绩效挂钩的拨款体制,定期向社会公布各个高校办学状况等措施,加强办学水平和质量保证监控,促使各个高校不断提高办学质量和效益。

（2）学校内部管理要实行重心下移、责权利相统一。我们应该借鉴英国高校内部线性的扁平化的管理模式,学校内部管理要重心下移,减少中间层次,改变以往交叉管理效率低下的状况,提高管理的时效性。实行集体领导与分权管理,权、责、利相统一的机制,更多地发挥基层院系的作用,充分调动基层办学的积极性。要将行政权力与学术权力分开,在行政事务上要加强校长的权力;在学术事务上要加强教授委员会的权力,发挥教授治校的积极性。

（3）树立以人为本的办学理念。我们要借鉴英国高校把教师和学生作为"客户"的理念,以为教师和学生服务为工作的出发点,以做好服务为目的,以教师和学生满意程度为衡量行政服务工作好坏的标准,在学校管理工作中真正体现以人为本的精神。尤其要关心学生的思想,注意学生的体验,为学生提供更为完善的生活和学业服务。如建立班级学生辅导小组、配备学术辅导教师、设立学生"一站式"联通服务机制、实现服务、管理的一体化、集约化等。

（4）学校应进一步增强为社会和区域经济服务的能力。与英国政府和高校重视发挥大学的"第三使命"相比,我国对大学的教学、科研、社会服务的职能同样有较为深刻的认识,在最近的20多年中,各大学在实行产学研、创办企业等方面进行了积极的探索,积累了一些宝贵的经验,产生了一批有影响的大学企业,如北大的方正、清华的紫光、复旦大学的复华、上海交通大学的昂立、天津大学的天财等公司都取得了骄人的成绩。同时,许多省、市、区,还支持大学创办大学科技园。但从总体上说,目前我国政府和高校对大学为社会和地方经济服务强调得还不够,举措还不多,大学产业与地方的相互联系仍需要进一步加强,尤其是地方政府怎样才能把大学真正作为地方经济发展的强大推动力,仍需要进步探索,学校产业与学校的关系还需要进一步理顺,学校产业的风险防范机制尚需建立等问题还需向英国政府和高校学习,还需做更深入的探讨。大学要增强为经济建设服务的意识,建立一套完善的机制,以确保科研成果能够产业化、商业化。政府也要加大对大学科技产业的支持力度,鼓励学校和产业的紧密联系与合作;将科技成果转化的情况作为高校评估的重要指标,并和经费划拨挂钩,努力办好大学科技园和孵化中心;在世界范围内寻求合作伙伴,对科研成果转化方面有突出贡献的人员给予特殊的奖励。

三、大学的资金筹集与财务管理

（一）大学资金的筹集

1. 英国大学资金筹集的特点

（1）政府拨款的科学性和严密性。英国高教拨款委员会（HEFCE）是英国大学政府拨款的主要渠道,它对高校的拨款主要有两种模式:一种是通过公式计算出的周期性拨款:主要用来支持教学和科研活动。这些计算公式包含各个院校教学科研的总量并综合考虑其他因素。大部分的教学科研经费是通过这种方法划拨的。另一种是给予特殊项目的周期性和固定拨款：这类拨款一般是通过招标的形式完成。所有用于帮助院校与工商业界、与社区发展相联系的项目，都是通过这种拨款完成的。特殊拨款通常是鼓励学校进行更多的创造性活动的方法。国家拨款是有严格的公式计算的，一般而言，对于教学和科研的资金采取了不同的拨款方式与标准。教学资金拨款基本上是根据学生人数来拨付的，但是对于不同的专业拨款标准有所不同，如医学类专业的国家拨款一般为13500英镑，其他普通的为4500英镑。

英国现行的高校科研拨款制度主要由两大部分组成：一是经常费拨款中的科研拨款，由高教拨款委员会负责下拨；二是各大研究委员会的科研项目拨款。前者主要用于大学自身的科研投入，包括学术人员、技术人员、文秘人员和行政人员的时间投入，图书馆、计算中心和其他服务的开支以及研究委员会资助项目所需实验室的基建、设备和日常开支。后者主要用于科研项目的直接开支，但不包括实验室的日常运行开支及所需设备的开支。高校从这两大部分获得的研究经费在使用方面各有侧重，相互补充，体现了双重科研拨款体制的特色。对于科研资金的分配是有高度的选择性的，一般做法是每4~5年在全英国对水平最高的科研人员和科研成果进行一次调研和评估，科研质量评估（RAE）科研项目分为68个评估单元，以学科为基础，每一个评估单元由一个9~18人组成的评估组负责。评估组用统一的标准对申请评估的学科打分，一般分为7级，即1、2、3b、3a、4、5、5*，对公认研究水平很高的学科也会给予5*级的评价。根据评估的质量，给予研究经费。由于少数学校集中了最优秀的科研人才和科研成果，这样就导致了75%的科研经费拨款是给了少数学校。对于这种做法所带来的弊端，英国政府正采取措施进一步加以改进。

（2）学校资金筹集的广泛性和多元性。英国大学办学资金的来源渠道有两个方面，一是政府拨款，二是学校通过自身的努力获得政府拨款以外的收入（即自筹收入）。对于整个高等学校的平均水平，目前所有来自公共资金的收入占到61%，其中英国高等教育拨款委员会提供了全部资金的39%，成为高等院校最大的资金来源者。具体情况可参见2000~2003年度英格兰大学和学院资金来源示意图（图1）。

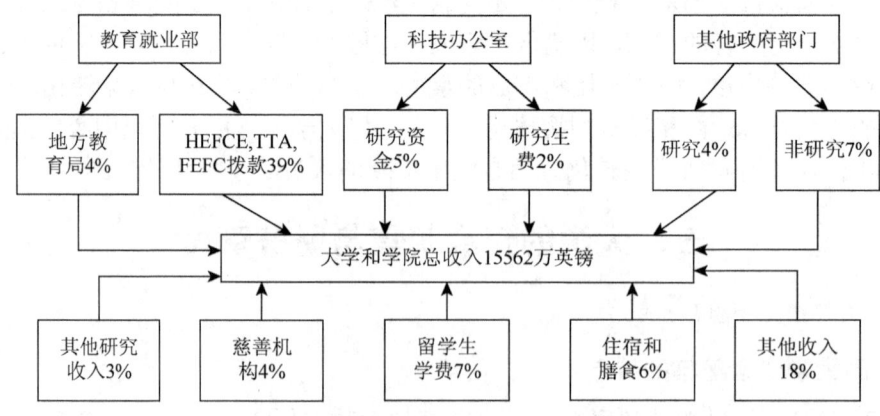

图1 英格兰大学和学院资金来源示意图（2000~2003年）

在英国，就具体的学校而言，不同的学校国家拨款占总收入的比例是不一样的，即使是同一学校的不同时期的比例也是不一样的。换言之，在英国所有的高校都开展了不同程度的自筹资金活动。在诺森比亚大学，20年前政府拨款占学校总收入的比例为70%，而2004年仅为37%，自筹占到63%。同时，学校收入总数由4年前的1亿英镑变为1.6亿英镑。该校去年资金来源的比例结构为：政府拨款占37%，与当地卫生部门合作培训护士等收入占13%，培训教师收入占2%，学生学费收入占14%，海外学生学费占12%，研究生学费占5%，咨询、学生住宿费等其他收入占17%。在曼彻斯特大学，2004~2005年总收入为5.17亿英镑，其中政府拨款1.63亿英镑，占31.5%，教学收入1.132亿英镑，占21.9%，科学研究经费为1.24亿英镑，占24.0%，其他业务收入1.168亿英镑，占22.6%。在女王大学，2004~2005年总收入为2.1亿英镑，其中政府拨款9700万英镑，占46.2%；教学收入（学费等）3458万英镑，占16.5%；科学研究经费为3458万英镑，占16.5%；其他业务收入4046万英镑，占19.3%；捐资等收入280万英镑，占1.4%。

从上述数据可以看出，在英国高校收入中政府教育经费的比重1998~1999年度为46%，而2000~2003年度为43%，下降了3%；与此相关的学校自筹经费的比重增加了3%，自筹资金来源中所占比例最大的是教学收入和科研收入，在教学收入中主要是学生学费收入，其中很大部分是海外学生学费收入。随着英国近些年来国家经济的滑坡，从20世纪60年代开始政府不断削减教育拨款，国家财力难以适应教育迅速而持续的发展速度，从而提出了向社会各界集资办学的方针，向学生收取学费的办法也被提出来。1998年英国开始对高校学生收费且有提高之趋势，但是向本专科生收费在英国引起了很大的争论，英国政府制定了"英格兰高等教育白皮书"，提出了每个学生（本土）收费大约为每人每年3000英镑，由学生贷款公司贷款给学生，并直接支付给学校，这一贷款是由学生就业后以税收的形式归还给国家，即直接从学生就业的收入中扣税执行。英国的国外留学生、研究生学费是由学校全额自主收取，学校有权决定收费的标准。英国高等学校因此努力开拓国际市场，招收海外留学生，提供国际教育与合作，向国际市场争经费。近几年海外留学生学费占学校经费的比重增加较快。这些举措有效地缓解了英国政府对教育投入不足的矛盾。

2. 大学资金筹措的思考

（1）高校经费来源形成以政府拨款为主，学校自筹经费为辅的格局。英国高校来自公共财政资金的收入占到总收入61%，政府主渠道的投入为实现教学质量目标提供了基本的保证，但仍远远不能满足学校发展的需求。与此同时，英国也在进行教育投入体制和机制的改革。英国政府强调高等教育对经济服务的职能，鼓励高等学校与工商界的联系，加快科研成果的转化，为地方经济服务，这既弥补了政府教育投入的不足，又树立了学校的形象和在业界的地位，提升了学校的品牌。依据我国宪法和教育法律，教育的基本属性是社会公益性事业，必然是公共财政主要的支出领域。政府要切实落实教育优先发展的战略地位，把增加财政性教育投入作为建设公共财政体制的重点，明确各级政府的财政支出责任，进而构建起与社会主义市场经济体制相适应的、满足公共教育需求的、可持续增长的教育投入机制。根据优质优价的原则，我国要进一步改革大学的收费政策，实行学费标准与市场接轨，不同学校的声誉价值不同，培养成本不同，培养出的学生质量不同，满足社会的需求层次也不同，因此，高校的收费标准应当因大学类别和层次的不同而各异。另外，要通过制定和完善与市场经济体制相适应的企业和公民个人向教育捐赠税收优惠政策,扶植发展各种形式的公益性教育基金和信托基金,鼓励高等教育领域开展中外合作办学等途径,扩大高校办学资金的来源渠道,增强办学实力。

(2)高校经费筹集和管理是"一把手工程"。英国各大学都十分重视办学资金的筹措工作,各大学的校长、学院院长等各级的"一把手"都将筹集办学资金作为自己管理工作中第一位的工作,并在其战略规划中明确规定办学经费增长的比例。同时,大学校长履行财务管理的职责,监督领导成员执行国家及其高教拨款委员会的财政规定,将学校年度财务收入和支出情况报董事会审批,并对经董事会通过的财政预算和其他来源的收入进行管理。我国各大学的校长、学院院长等各级的"一把手"在筹资意识方面远远比不上英国,因此,应向英国学习,高度重视学校的筹资工作,将它作为管理工作中最重要的工作之一来重点抓,调动广大教职工广开财源的积极性。特别是要通过加强学校与社会的广泛联系、为社会和地方经济服务、加快科研成果的转化、开拓海外教育市场和开展社会捐赠等途径,努力增加学校的收入,增强学校办学的经济实力。

(二)大学资金的管理

1. 英国大学资金管理的特点

(1)预算管理的公开性和透明性。英国政府对高校拨款的办法和程序科学合理。国家对高校的拨款是有充分依据和严格公式计算的,教学资金拨款基本上是根据学生人数来拨付的,但是对于不同的专业拨款标准有所不同。对高校科研的拨款是按科研质量评估结果决定的。以英格兰高等教育机构的拨款为例,HEFCE 每年对高校的科研拨款额度约占高等教育总拨款的 20%,在科研拨款中,80%~90%是根据 RAE 评估结果有选择地对高校进行资助的,而其中的 30%~40%都进入了排名前 6 位的一流科研水平的大学。根据评估结果,对获得 4.5 以及 5*级评价的学科(系)拨款系数分别为 1.793 和 3.362,3a 级以下的不拨款。另外,依据政府《高等教育的未来》白皮书的要求,对于获得 5*的学科还另外增加一部分拨款。英国政府采用了三年一周期的年度拨款体制,这一体制已经英国议会通过。每年英国高教拨款委员会都会将来年拨款的细目下发给各高校,同时设定这一年中使用经费的一些大前提。

英国高校内部经费预算很细,调控和分配功能较强。学校编制预算时,充分与各学院(含分校)协商,充分听取各学院对预算的意见,预算编制得相当细,具体到教学和科研的基本活动单位、教授和学科,同时十分注重成本的核算,可行性和操作性强。学校拨给每个学部(院)的钱都是高度透明的,学校在进行学部之间的经费分配时,必须讲清为什么给这个学部这么多,给另一个学部那么多。曼彻斯特大学在内部管理体制上实行的是学校下设学部,学部下设院,每个学部都是实体,并设有财务机构,每个部长负责组织本院收支计划的制定,必须保证预算平衡。学校的预算方案一旦确定和批准,即具有很强的刚性,必须不折不扣地执行,不允许改变资金的用途,更不允许做预算方案之外的其他事情。

(2)注重资金投入的效益。英国高等学校不仅预算管理较为严格,而且十分注重资金投入的效益,讲究资源利用的全面性和有效性。学校的资金计划安排服从学校总体规划,资金投入讲究社会和经济效益,为促进学校的发展服务。以曼彻斯特大学为例,在财务方面，校董事会主要的职责之一是讨论通过学校的年度预算，使学校资金投向符合学校长期发展的需要；监督学校的财务收支预算执行情况，听取财务工作的有关汇报，保证学校的财务管理工作符合国家有关法规。从该大学 2004~2005 年预算的支出结构来看，58%用于教师等人员经费的支出，40%用于学校公用运行支出，2%用于其他支出。在整体安排上，体现了学校重视教职工利益的以人为本的理念。英国的许多大学都加大了在人才培养和引进方面的投入力度，为引进有影响的人才而不惜重金。他们认为这种人力资源的投入，对学校今后的发展意义深远。在公用资源的分配上，体现了向学校已确定了需要重点发展的学科（群）的重点倾斜。英国大学对重点研究基地的建设十分重视，因此，构建具有国际竞争力的重点研究基地是学校资金投入的重点方面。重点研究基地在规划上要坚持"有所为，有所不为""择需、择重、择优"的原则，合理分布，突出"基础性、前瞻性、国际性"的特点，同时在管理上体现"开放、竞争、联合、流动"的特点。

2. 大学资金管理的思考

（1）提高预算的科学性和权威性。英国政府对高校的拨款模式和程序、校内预算管理的规范化、制度化和程序化值得我国认真学习。我国政府对高校的拨款也应像英国那样建立科学可行的公开透明的机制，建立一套完整的科学的系统的拨款计算公式，以保证拨款的公开、公正和公平。我国高等学校的预算一般都过粗，只是划分大块，调节功能和可操作性还不强，应借鉴英国大学预算管理经验，在编制预算时应充分听取各预算单位的意见，进一步细化预算。同时要加强高校的预算管理，改变目前我国高校预算执行过程中随意性大、干扰因素多的状况，强化预算的权威性，确保预算执行的严肃性。

（2）实行拨款的评估机制。英国政府对高等学校的拨款比较强调绩效评估理念，以维护教育拨款的公平和确保资金的使用效益的提高，尽管目前绩效拨款占教育经费的比例不高，但其作用与发展趋势值得重视。我国高等教育的拨款也应当逐步规范评价行为，建立以成本绩效为基础的拨款方式，成立专门的评估与拨款机构，在政府指导下负责高等教育评估和拨款事宜，如配合拨款方式，对高等学校实施教学基本质量评价、学科建设水平评价、社会服务和贡献评价，充分利用评估和拨款相结合的手段，努力提高拨款管理的科学性、公开性、公平性，促进高校资源配置的优化和经费使用效益的提高。

（三）大学的财务监督

1. 英国大学的财务监督的特点

（1）问责监督。问责制是英国高等学校内部管理和监督的重要举措。在财务管理方面，主要体现在学校的董事会、学校教职工代表大会以及教职工个人有了解学校财务信息的知情权，有权对学校的任何行政管理者或者对资金负有责任的雇员进行询问，要求陈述学校每年的财务状况、财务管理情况，说明资金使用情况和效益，并就学校的资金运作和重大投资、年度预算和决算进行说明，回答他们的质疑。对于财务管理出现问题的单位和个人，有权要求和督促有关单位和部门根据有关法律和规章制度作出相应的处理。如果学校未能按照经费预算的要求分配和使用资金，违反了财务制度的有关规定，将受到学校有关部门和教师的问责，受到相当严厉的处罚。这种财务问责制形成了强有力的学校内部的群众监督。

(2) 审计监督。财务的审计监督有外部审计监督和内部审计监督两种。从外部审计层面上来说，英国大学每年都要委托外部的审计或会计公司等社会中介组织对学校的财务活动状况、会计报表、内部控制等进行审计，并向大学提出审计报告和管理建议，这种委托是大学自身的事情，委托与否、委托谁不受政府任何干涉。然而这种委托在大学又是必要的，因其审计结果是政府、社会公众、学校都承认的。这种外部审计是通过合同关系约束的，而且是有偿的。从内部的审计层面上来说，英国大学一般都设有内部审计机构和专职审计人员，如审计委员会就隶属于校董会（学校决策机构）行使内部审计职责。每年都对学校及其所属学院（含分校）的财务状况、资金使用效益、内部控制等事项进行审计，并向校董会提交审计报告，尤其是年度审计报告必须交校董会进一步审核后才能通过。这种审计也是相对独立进行的，不受校长（学校日常工作执行机构）等学校行政官员的任何干涉。内部审计的职责是对大学的各类财务收支和其他经济事项等内部控制系统进行评价，并对自己作出的评价结果负责。内部审计主要的对象是学校内部控制系统和资金的安全与效率。在英国，大学内部审计的要求与高等教育拨款委员会的审计标准相一致。大学还接受高等教育拨款委员会内部审计机构、国家审计办公室的外部监督，这些审计同样拥有与内部审计和委托外部审计一样的权力，审计标准基本是一致的。

2. 大学财务监督的思考

首先，我国要借鉴英国大学财务监督的经验，建立财务问责制度，以增强学校领导人和财务管理人员的责任意识，加强财务内部控制和责任的追究，防止决策的失误，规避财务风险，堵塞工作中的漏洞，杜绝损失浪费，提高资金的使用效益。其次，还要进一步健全和完善教育审计制度，政府要加大对高校审计的力度，同时要协调好不同性质和不同形式审计之间的关系，合理安排审计的频率。第三，要充分发挥内部审计的作用，探索做好高校内部监控的有效方法，尤其要加强从财务预算的编制、预算的执行到决算的全过程的监督，强化学校审计部门对学校各项经济工作的全方位介入，提升其权威性，不断提高内审工作质量，促进财务管理工作水平和质量的提高。

四、大学的国际化战略与具体实施

（一）英国高校国际化战略及其实施的特点

（1）对高等教育国际化的强调。没有国际化就没有一流大学，这是经济、科技全球化的必然结果，这已逐渐成为英国教育界的共识。最近，有关大学和机构在对国际前 200 名大学进行排名时，主要采用了国际同行评议、学术人员的国际化程度、学生的国际化程度、师生比以及科研成果引用率等五个指标，这些指标充分体现了一所学校的国际化程度。作为扩大英国高等教育影响、增加办学收入、占领国际高教市场的一个战略，英国政府采取积极措施促进高校国际化的进程。英格兰高等教育拨款委员会认为，办学的绩效要按照国际标准来衡量。诺森比亚大学提出要在国际化的背景下摆正自己的位置，并主张对学校员工进行高等教育国际化有关知识的培训和教育。卡迪夫大学把国际化作为自己的办学特色之一，提出要开展全球性的教育合作，在全球范围内选择并建立学术研究上的伙伴。女王大学提出学校要加强广泛的国际合作,制定了国际合作近期规划和远期目标。曼彻斯特大学要求他们的学生眼睛不仅要向内看,而且要向外看,要培养"国际公民""国际学生"。卡迪夫大学的学生来自100多个国家,该校认为应该注意生源结构的均衡,国外学生要有广泛性和代表性,使在校学生能得到更好的国际体验。另外,英国各高校都设有国际部或国际办公室,加强国际合作和交流。我们在伦敦教育学院培训时,他们还专门安排了一场"英国高等教育的某些国际化问题"的讲座。他们认为,在国际化背景下、在充满竞争的环境里,不同文化、不同背景的学者和学生在一起进行学术交流,更容易产生创新的激情和灵感,碰撞出新的学术思想和科技发明的火花。英国高校十分注重海外市场的开发和资源的利用,积极招收海外留学生。全英高校本科生中来自海外的学生占10%以上,研究生中来自海外学生的比例高达38%。曼彻斯特大学海外的学生已占整个学生人数的1/6,每年该校国际留学生所带来的学费收入就高达2500万英镑。在英格兰大学和学院资金来源中,1998~1999年度来自海外留学生学费的比重为5%,而到2002~2003年度上升为7%,增加了2%。

(2)对中国高等教育市场极为重视。在培训中,给我们的一个强烈印象是,英方的官员和学者都认为,中国的发展正积极地影响着世界,英国需要中国比中国需要英国更为强烈和积极,这是中国正在持续快速发展并为世界提供了广阔的市场所致,他们十分渴求与中国的合作。在英国高等教育领域,这种盼望与中国高校合作和进入中国高等教育市场的意识十分强烈,并采取了很多行之有效的措施。首先,在组织机构的设置上突出了中国位置。曼彻斯特大学认为,作为一个世界级的大学,应对中国问题有着世界级的研究,该校去年合并组成新大学后成立的第一个机构就是中国研究中心,新校长在学校战略基金中还专门拨出100万英镑用于该中心的建立。同时,该校正在筹划与复旦大学合作建立孔子学院。诺森比亚大学国际部去年在中国北京设立了专门的办公室,女王大学在本校的国际办公室中设立中国部,专门负责与中国交流与合作事宜。其次,在行动上,抓住一切机遇与中国同行接触,宣传各学校与中国合作的政策,并力争有实质性的进展。我们这次中国高校领导培训团在英国培训期间,英国各高校对我们表现出极大的热情,尽一切可能安排学校的有关方面与我们广泛交流,如通过讲演、报告、参观,甚至还通过举行酒会和宴请等方式,来加强与我们的交流,宣传学校的有关政策。例如,曼彻斯特大学人文学院为扩大自己的国际影响,还为海外友人举行了一场盛大的酒会,参加人员达300多人,其中邀请的中国代表占1/5以上。1998年以前,英国各高校与中国合作很少,那时英方认为中国贫穷,没有合作的潜质。从1998年开始,中国经济已经发展到一定水平,他们也开始重视中国的高等教育了,英国高校看到了中国发展的前景,更看到了中国这样一个巨大的教育市场,于是采取措施,积极招收中国留学生,以获得经济和文化双丰收。近几年中国留英学生数大增,英国成为接受中国留学生的主要国家之一,总数仅次于美国。我国现有在英国的留学生达8万人,一年的总消费达150亿人民币,其经济效益十分可观。例如,诺森比亚大学现有国际留学生3200名,其中来自中国的留学生就有1200名;女王大学有2000名国际留学生,其中中国留学生也有350余名。

(二)关于教育国际化问题的思考

(1)英国高校高度重视中国高等教育的原因。其一,由于中国高等教育近几年实现跨越式的发展,使他们感到在高等教育的国际领域多了一个竞争对手,他们必须了解中国这一对手,以利于竞争;其二,中英双方的高等教育都处在一个改革和发展的重要时期,都面临着相同或相似的问题,需要进行对话共同探讨解决办法;其三,重要的是中国广阔的高等教育市场对英国有着巨大的吸引力。

(2)在全球化背景下,教育的国际性竞争不可避免,而且将日益激烈。发达国家将凭借其经济优势、科技优势和教育优势,先发制人,抢占国际市场,而更加显示其强大的竞争力。中国作为发展中国家对此应引起高度重视,要有忧患意识、风险意识,要有强烈的责任感和紧迫感。中国的高等教育一定要树立国际意识,要及时了解和跟踪国外高等教育发展的最新动态,研究国际高等教育市场,下大力气以国际化的眼光和国际化的标准办好我国的高等教育,提高国际水准和国际竞争能力。例如,将毕业生在国际市场的就业率作为评价学校国际化程度的标准之一;以更优惠的政策吸引海外人才为中国的高等教育发展服务;积极开展对外教育、科技领域的合作,促进教育科技的发展;积极主动地开拓海外教育市场,扩大招收来华留学生;加强对国外高等教育的正确的舆论宣传和引导,加强对赴海外留学工作的管理和指导,加强对中介组织的管理,规范国际交流与合作,特别是要采取多种积极有效的措施开拓海外教育市场,注重市场营销,打造自己的品牌,并以此吸引更多的海外学生,在国际合作中提高自己,获得社会和经济效益。

(原文刊发于《教育财会研究》2006年第4期)

试论构建和谐校园若干关系

和谐校园建设作为和谐社会建设的一个重要组成部分,已经引起各级教育行政部门和学校的高度重视。深入探讨和谐校园的建设问题对于推进教育改革、完善学生思想政治教育、健全安全保障机制、培养合格人才、创新学校管理、维护学校稳定等具有十分重要的意义。和谐校园是一种以和衷共济、内和外顺,协调发展为核心的教育模式,是以校园为纽带的各种教育要素的全面、自由、协调,整体优化的育人氛围,是学校教育各子系统及各要素间的协调运转,是学校与社会互动、教与学相长、自然与人文共融、学校各项事业协调发展的整体效应,因此,从高等学校与外部的联系、学校内部结构及其各要素的组合来看,构建和谐校园必须协调好如下基本关系。

一、协调好学校小环境与社会大环境的关系

世界高等学校教育从建立到现在已有800多年的历史,其中大学的办学思想随着时间和地域的不同而不断变化,从欧洲中世纪以宗教为主流的教育到文艺复兴时期的人文教育以及自由教育、专业教育到科学研究以及"服务社会"各领风骚,从保存、传授、发展知识到担负起为公众服务的职能,最终走向与社会的密切联系。大学发展的最终归宿不是大学或社会的一厢情愿,而是社会政治、经济、文化综合发展的必然结果。纵观高等教育的发展历史,高等学校走出象牙塔,服务社会成为当今中外高等教育发展的必然趋势,引导社会的发展和促进社会进步成为当今大学的责任。

诚然,高等学校不能游离于社会之外,应在坚持"三个面向"办学思想的前提下,一是主动适应国际国内经济与社会发展的需要,通过发挥其培养高级人才、传承与创新文化、服务社会的职能为社会提供服务,获取一定的办学资源,并与国际国内接轨;二是在充分发挥大学职能的同时,要敢于和善于引导社会。"大学现在不仅是教育的中心,而且是社会生活的中心。它仅次于政府成为社会的主要服务者和社会变革的主要工具……它是新思想的源泉、倡导者、推动者和交流中心"。西方的一些学者还认为,如果大学没有加入社会发展之中,大学就变成了空中楼阁,落到了时代后面,甚至是反生产力的,"学术"(academic)就变成"贫血"(anemic)的代名词。如果大学拥有大量为社会服务的知识,但是缺乏把这些知识用于实践的决心和责任感,那么,公众就会认为大学是无用的,就会失去存在的依据。我国著名哲学家、教育家涂又光先生指出,《大学》中的"大学之道,在明明德,在新民,在止于至善"就是我国高等教育的总规律。"新民"是高等教育与社会发展最佳关系的规律。其表现为,"大学新民,则大学与社会俱兴;大学不新民,则大学与社会俱衰"。当前时兴"适应"说,要高等教育适应社会,这只算维持平常关系,不算发展最佳关系,从历史发展看,"适应"说是倒退,不是前进,因为大学固有的、曾经发挥的新民作用反而削弱殆尽,"引导"才是高等教育的应有之义[1]。因此,当前在教育的国际化、大众化、个性化、多元化已成为世界教育的发展趋势,高等教育已从社会的边

缘走向社会的中心的形势下，作为一所大学，想远离尘世，在象牙塔里过世外桃源的生活显然是不可能了，红衣主教纽曼在他的《大学理想》里倡导的自由教育统领的传统教育已经成为历史，大学不再是少数有闲阶层所能享有的特权和专利。当今的大学已经从本土化走向全球化、从精英化走向大众化、从单一化走向多元化、从共性走向个性。大学在做好内部教学、科研的同时，要从象牙塔走向社会，不仅要关注政治、经济，而且要关注社会生活中的各个方面；不仅要为社会提供知识贡献和人才支持，而且要从社会中获取源源不断的信息资源。

但需要强调的是，高等学校在适应需要和引导社会发展的同时，又必须坚持自身内在的规律，保持系统的稳定性和持续性。正如英国著名学者阿什比所说："任何大学都是遗传与环境的产物"。"如今的大学已经成为经济发展和国家生存绝对不可或缺的事物……他们在向前演化的过程中，正经历着遗传体系经常遇到的进退两难的困境：一方面它们本身必须改变以适应社会的新形势，否则将遭受社会的抛弃；另一方面，它们在适应社会的改变中，又不能破坏大学的完整性，不然就将无法完成它们所承担的社会职责"[2]。要协调好学校小环境与社会大环境的关系，就得在适应和引导中求得某种平衡。

二、协调好外延扩张和内涵发展的关系

近几年来，我国高等教育获得了长足的发展，但前一阶段发展的主要特征还是规模的扩张，质量、结构、效益问题没有得到很好的兼顾，其负面影响有的已经产生，有的正在显露。例如，基础办学条件总体吃紧、高层次人才缺乏、生师比例过大等。因此，今后一段时期应把重点转移到内涵建设、提高质量上来。大众化教育不是降低要求的教育。现在有一种极其错误的质量观，好像情况不同，就可以降低质量要求。虽然高等教育质量观具有多层面、多元化、动态性、全面性内涵的特点，这种质量观要求在国家给定的基本规格、基本要求的基础上，根据培养目标的不同，可以在知识结构、能力要求等方面有所侧重，但决不能因此降低要求。

没有一定的办学规模，就无法满足人民群众对高等教育的需求。但在大学规模问题上确实不能单纯用规模经济理论，把大学当做企业来办，认为招生招得越多越好，学校规模越大越好，却忽视学校自身的办学条件。无论什么大学，都在一味地追求"人无我有，人有我大，人大我全"的时髦。大学使命不明确，定位不准确，思路不清晰，盲目攀比，乐道于"高、大、全"。在人才培养方面，个别大学一味求大，只重经济效益，忽视质量把关；在学科建设方面，盲目求全，没有正确处理主流学科、优势学科、龙头学科、新兴学科和支撑学科之间的关系，存在重申报、轻建设的情况；在人才培养规格上，以高为时尚，结果是，有限的教育资源不能按照主次轻重合理地分配到最需要的地方，造成"只见高原，不见高峰"的局面。事实上，优化结构规模，有效配置资源，才能为大学全面发展奠定物质基础。结构决定功能，良好的系统结构，适度的发展规模，高效率的资源配置，是一个组织生存和发展的必备条件。大学必须以培养高素质的人才和产出高水平的科研成果为根本目标，不应当也不必要成为路边店或马路经济，路边店或马路经济追求的是短平快，可以打一枪换一个地方，而大学则以个性化和创造性的工作为根本。大学必须有所为，有所不为。

总之，在高等教育的发展过程中，规模、结构、质量、效益等诸多因素里，质量是大学发展的核心动力，是大学效益的原发资源，是大学规模的底线保证。高等教育的内生特殊性、自在规律性和后发优势性决定了质量是高等教育第一生命线。高等教育的质量可分解为不同的层次结构的质量，主要包括教学设施、教学秩序、课程体系、教学方式、教师队伍等的质量，也就是高等教育实现其职能的基本要素和主要环节，每一个要素或环节都有其内在的规定性和实质性要求。高等教育要注重每一个环节的质量要求，也就是需要全面的、全过程的质量管理。高等教育最终完成的是对一个人的社会定型、能力定型、职业定型和人格定型的终极任务。质量理念是高等教育管理和发展的根本观念和永恒追求，讲究质量、注重质量是高等教育发展的永恒主题，追求更高质量是高等教育管理和发展的规律使然。百年大计，教育为本；教育大计，质量为本。高等学校的根本任务是为社会主义现代化建设培养合格的建设者和可靠的接班人，这也是党和国家赋予高等学校义不容辞的责任和神圣而崇高的使命。学校的办学要始终服从和服务于这一大局，坚持走内涵发展的道路，从战略的高度，把办学质量放在首位，对学校建设目标进程进行科学规划，对发展进程的诸要素、诸矛盾、诸环节进行全面评价，在改革和发展实践中循序渐进，科学决策，精心实施，将发展中出现的矛盾和问题消除在发展中，自觉统筹协调好办学规模、结构、质量、效益的关系，办好人民满意的高等教育。

三、协调好师生关系

协调的师生关系的建立既是学校教育的前提和条件，又是学校教育的内容和任务。关注人是教育的核心理念，师生的平等关系是师生关系的核心。民主平等是重要的人道原则，是现代师生关系的重要标志，是社会发展的必然要求。良好的师生关系能使学生身心愉悦，思想活跃，发展创新才能，达到教育的目的。因此，在民主平等的原则下，努力创建理解信任的师生情感关系、交往互动的师生教学关系和民主和谐的师生人际关系等的新型师生关系。理解信任的师生情感关系是一种真正的人与人的心灵沟通，是师生个性魅力的生动展现，是师生相互关爱的结果。它需要教师对学生的期待与欣赏，需要教师对学生的真情关爱，需要教师完善个性和个人魅力，使自己成为一个真理的象征，智慧的化身，人格的楷模。交往互动的师生教学关系的建立，要求教师改变单向的传授知识的教学模式为双向的启发式的平等交流。教学过程不再是教师对学生的单向的"培养"过程，而是师生交往、互动的过程。良好的师生人际关系不仅可以提高教育效果、促进学生健康成长，还可以融洽师生间的情感关系，增进师生间的情谊，突出教师的个人魅力，增强教师在学生心目中影响力和感染力。古人说"亲其师则信其道"，就是这个道理。建立民主和谐的师生人际关系需要师生间的宽容与尊重，需要师生间的理解与合作，需要师生间的鼓励与期望。

值得强调的是，和谐的师生关系是以高尚的师德作为支撑的。有教育家曾说过，作为一名教师，他自己受了多大程度的教育和教养，在多大程度上使这种教育和教养成为他自己的财富，他只能在这样大的程度上对别人发生教育的影响，而且必然发生这种影响。由此看出，教师自身的学识与道德水平，在潜移默化中直接或间接地影响着学生，也影响着学生对他的看法，进而影响着师生关系。其作用机制表现在，良好的师德能提高教师的素质进而加强师生关系；良好的师德能提高教师的职业素质进而融洽师生关系；良好的师德能提高教师的业务素质进而增强师生关系；良好的师德能提高教师的艺术素养进而增进师生关系；良好的师德促进教师自我教育进而稳固师生关系。

四、协调好硬件与软件建设的关系

硬件建设是大学办学的外在条件，包括教学设施、后勤服务设施、娱乐设施等，是办学的物质基础；软件建设是大学办学的内在条件，主要包括学校的办学指导思想、师资队伍、专业设置和课程建设、教学管理、实践教学、教风学风、教学效果等，是大学办学的精神支撑，两者缺一不可，共同构成校园育人环境。校园环境的好坏直接关系到学校的办学效果。与硬件建设相比，软件建设是由教学理念和校园文化构成，它是灵魂，是更内在的东西。

正因为如此，高等学校的环境建设，在硬件建设与软件建设并举的同时，但必须有所侧重。对于一所大学，硬件建设和软件建设既相互制约、相互影响、相互作用，又相互依赖、相互生成、相互促进。硬件是软件的载体和支撑，软件依赖硬件而存在；软件对硬件具有能动作用，既可以促进硬件建设，又可以带动硬件建设，还可以弥补硬件建设的不足。所以，高校必须加大以现代教育技术设施为主的硬件建设，同时要坚持以人为本和促进人的全面发展，加强以师资队伍为主体的软件建设，为高校积极稳步发展提供良好的条件。但软件建设显得比硬件建设更紧迫。由于硬件建设的工作对象主要是物，加大投入、加强管理容易见效；而软件建设的工作对象主要是人，是精神财富的积累，相对硬件建设来说难度大、时间长、见效慢，如办学理念的提炼、校园文化和良好风气的形成、体制与机制的创新、教职工队伍素质的提高等显得比硬件建设更紧迫，需要花大力气，常抓不懈才行。

软件建设的核心和关键的内容就是要树大师。大学之大，在于它拥有一些能够引领时代前进，锻造现代文明，高举大旗的大师、名师。梅贻奇先生曾说过，大学之大，非谓有大楼之谓也，有大师之谓也。古往今来，每一个时代都是在一代大师、名师的映照下前行的，从"万世师表"的孔丘到"儒学大师"的董仲舒；从"开民智、育新民"的梁启超到"人世楷模"的蔡元培；从希腊先哲苏格拉底到"俄国教师的教师"乌申斯基，他们用自己的智慧、爱心及藉此形成的人格感召力影响了无数代人的成长，让智慧和真理之光把人类漫长的前行之路照亮。当今世界，国力竞争日趋激烈，而国力竞争最终是人力资源的竞争，培养众多具有创造性的高素质人才已成为各国教育决策的出发点。国运兴衰系于教育，教育大计，教师为本。经济全球化及政治多元化的格局，已使教师的角色发生了很大的转变，学为人师的科学文化素质、行为世范的思想道德素质、点石成金的教育创新素质、春风化雨的个性心理素质已成为新时代教师的基本要求。而且，教师素质的养成已不再是一个片面的、间断性的发展历程，而是一个全面的、连续的、终身的专业化发展历程。同时，有了大楼和大师，还要有"大爱"，即博大而深厚的情怀，是赋予大楼以灵秀生命、促成大师生成的情感动力。一所大学若没有大爱，大师不会在宽容的学术氛围中茁壮成长起来，大楼也将只是砖石的堆砌。

五、协调自然环境与人文环境的关系

校园环境是和谐大学环境的重要内容，构建和谐大学校园，必须积极改善校园环境，为师生员工提供良好的工作、学习和生活环境。良好的校园环境是无声的育人载体，对于陶冶师生的情操、启迪师生的智慧、激发师生的进取精神、积淀高雅的校园文化，有着潜移默化、举足轻重的作用。因此，要按照绿色校园、文明校园、数字化校园、教职工安居乐业的家园、师生迸发新思想的"畅想园"和塑造青年学子健康人格的大课堂的标准，塑造一个功能优化、布局合理、环境优美、个性鲜明、格调高雅、人文与自然和谐、传统与现代交融的现代化大学校园，为师生员工创造一个心情舒畅、工作与学习便利、生活安逸的和谐人居环境、和谐工作环境与和谐学习环境。

要达此目的，一是要深入开展校风建设。要在充分挖掘学校历史传统宝贵资源的基础上，结合学校发展战略和规划，根据学校办学思想和理念，大力营造崇尚科学、严谨求实、善于创造、具有时代特征和学校特色的良好校园风气。要扎实开展师德教育，积极建设"志存高远、爱国敬业，为人师表、教书育人，严谨笃学、与时俱进"的优良教风和勤于学习、奋发向上、诚实守信、敢于创新的良好学风。大力加强人文素质和科学精神教育。通过人文素质和科学精神教育，不断提升广大师生的人格、气质、修养等内在品质。要精心设计和组织开展内容丰富、形式新颖、吸引力强的思想政治、学术科技、文娱体育等校园文化活动，把德育、智育、体育、美育渗透到校园文化活动之中，使师生在活动的参与中受到潜移默化的影响，思想感情得到熏陶、精神生活得到充实、道德境界得到升华。积极开拓校园文化建设的新载体。要充分发挥网络等新型媒体在校园文化建设中的重要作用，使网络成为校园文化建设的新阵地。要充分发挥各种社团在校园文化建设中的重要作用。二是要大力加强高校校园文化环境建设。重视校园人文环境建设，写好校史、建好校史陈列室，通过资料记载和实物展示，生动形象地反映学校办学历程，激励师生继承和弘扬学校优良传统。要确定校训、校歌、校徽、校标，提倡师生牢记校训、学唱校歌、佩戴校徽、使用校标。要发挥优秀校友在校园文化建设中的独特作用。重视校内文化设施建设，按照有关规定，建设、设计好教学场所、图书馆，完善教学设施，优化学习环境，不断满足师生工作、学习、生活的需要。规划、建设好大学生文艺、体育、科技活动场所，完善校园文化活动设施，要建设好大学生活动中心，为开展校园文化活动提供必要的场地和条件。加强校报、校刊、校内广播电视、校园网、学校出版社、宣传橱窗等的建设，发挥宣传舆论阵地在校园文化建设中的更大作用。要重视校园景观建设。加强校园规划和建设，特别是要做好绿化美化工作，使校园的山、水、园、林、路等达到使用功能、审美功能和教育功能的和谐统一，用优美的校园景观激发师生的爱校热情，陶冶师生关爱自然、关爱社会、关爱他人的美好情操。要在公共场所布置具有丰富内涵的雕塑、书画等文化作品，营造高尚健康的人文景观氛围。要组织师生广泛参与校园楼宇、道路、景点的规划、建设、命名以及管理工作，增强他们对校园文化环境的认同感。

六、协调好依法治校与人文关怀的关系

依法办事、公平公正、机会平等是实现社会和谐重要的条件。构建和谐校园,必须坚持依法治校,用制度管权,按制度办事,归宿于以人为本。首先,"依法治校"是学校管理正常运转的保证。"法制"按照字典的解释是"统治阶级按照自己的意志,通过政权机关建立起来的法制制度,包括制定和执行法律两个方面"。法制在办学中有着十分重要的教育功能、管理功能、奖励功能、处罚功能等,这四项功能的有效发挥对于组织和个人的行为起着一种规范作用,使学校各项工作沿着健康、稳定的方向发展。依法治校是学校正常运转的客观要求和保证,以人为本是现代学校管理的要义和归宿。学校管理要以人为本,这是由学校管理的特殊性决定的。学校的根本任务是培养人才,即教职工在学校管理者的组织、指挥和协调下开展教育活动,是一个由"人"构成的管理系统。所以,学校管理归根到底是对人的管理。对"人"的管理与对"事"的管理,显然是两种不同性质的管理。这是因为活生生的人,具有丰富的情感和巨大的主观能动性,它不可能像机器和商品一样,无条件地接受管理者的一切指令。管理者的指令只有经过被管理者头脑的加工、消化并得到认可以后,才能自觉地付诸行动。否则,管理者的指令就会落空。因此,只有在管理过程中,以人为本,重视并做好人的管理工作,促使被管理者对指令或目标的认同,才能保证学校各项工作富有成效地进行下去。"人法双馨"是学校管理的方略和途径。美国管理学家罗伯特·布莱克和简·穆顿提出来的"权变理论"——"管理方格论"认为,以任务为中心和以人员为中心是同一事物的两个方面,并非互不相容,在实际工作中这两个方面可以不同程度地融合在一起。领导者既非常关心组织成员的情况,又极其重视组织任务的完成,努力使组织成员个人的需要和组织的目标最有效地结合起来,工作效率最高,目标的实现程度最大[3]。"以人为本"和"依法治校"二者从不同的角度,采取不同措施来管理学校,一个强调的是人文关怀、人本化管理,另一个强调的是纪律、秩序、制度,依法管理,违法必究。但两者又是不可分割的,这是因为二者的目的相同,都是从学校事业的角度出发,都是为了人的健康发展,以人为本是依法治校的出发点和归宿,依法治校是以人为本的保障,二者相辅相成、相互促进、缺一不可、不可偏废,把二者整合起来,才是学校管理正确的方略和途径。

要构建符合法治精神的"人法双馨"的育人环境,一是要牢固树立法制观念,增强依法管理学校事务和治校兴校的能力。学校领导干部必须带头学习法律知识,切实增强法制观念,自觉按照依法行政的要求,履行对学校的管理职责。要不断加强对高校师生的思想政治教育、道德教育和法制教育,不断提高师生的道德水准和法律素质,提高学校依法处理各种关系的能力。二是要大力加强制度建设,为依法治校提供依据。构建和谐大学环境,必须有完善、规范、合理的制度作为基础。当前尤其要依法健全和规范申诉举报和信访制度,自觉接受师生和社会监督,通过设立校长信箱和落实校领导接待日制度,保障师生申诉的法定权利,及时办理师生申诉案件。另外要全面实行校务公开制度,及时向教师公布学校改革与发展的重大决策、学校的财务收支、福利待遇以及涉及教师权益的其他事项,进一步完善教师代表大会制度,切实保障教师参与学校民主管理和民主监督的权利,保证

教师对学校重大事项决策的知情权和民主参与权。要健全学籍管理制度，对学生的处分做到事实清楚、证据充分、依据合法、符合程序，保障学生的知情权、申辩权。三是要切实转变管理职能，提高依法行政水平。依法行政是依法治校的前提和保障，要在落实学校办学自主权的基础上，完善学校各项民主管理制度，实现学校管理与运行的制度化、规范化、程序化、科学化。管理中要突出人性化特点，尊重和保障师生的合法权益，通过管理体现人文关怀，激发师生的爱校建校热情[4]。

七、协调好改革发展与稳定的关系

高等学校正处在发展的关键阶段，各种矛盾日趋复杂多样，经济利益矛盾成为主导性矛盾，并与政治、思想、文化等方面的矛盾交织在一起；矛盾的群体性增强，易造成群体性事件；矛盾的危害性增加，易发生连锁反应；处理矛盾的成本高，易出现种种后遗症等。我们必须采用正确的手段和方法，及时化解和处理各种矛盾，这是增进校园和谐应该提倡的文明方法。总之，只有加快发展，才能有效地克服前进道路上遇到的一切困难，才能创造出和谐的局面。

综上所述，构建和谐校园，就是要坚持科学民主依法治校，发展校园民主政治；就是要抓住高校加快发展的契机，不断提高教育教学质量；就是要加强各级班子建设和各项规章制度建设，提高治校兴校能力，保证各项工作和谐高效运转；就是要着力维护校园稳定安全，建设先进校园文化，营造良好的育人环境。构建和谐校园是一项艰巨复杂的系统性工程，是一个随着学校的各项事业发展而不断推进的过程，更是一项长期的任务和永恒的主题。需要举全校之力，同心同德，同舟共济。

加快发展是构建和谐校园的根本之道，在构建和谐校园的过程中，要坚持以科学发展观为统领，牢牢把握发展这个治校兴校的第一要务，聚精会神搞建设，一心一意谋发展，以发展增和谐，以改革促和谐，以公平求和谐，以稳定保和谐，把学校各项事业不断推向前进。

参 考 文 献

[1] 涂又光. 中国高等教育史论. 武汉：湖北教育出版社，1997：360-361.
[2] 姚启和. 办大学的若干理论与实践问题. 武汉：华中科技大学出版社，2003：52.
[3] 郭其俊. 以文为本与依法治校. 徐汇教育信息网.
[4] 周绪红. 论精心构建和谐大学环境. http://news.chd.edu.cn/content/content-1460.php.

（原文载于《西南民族大学学报》（人文社科版）2006年第2期）

基于核心竞争力理念的民族院校发展战略[①]

2005年年底举行的全国民族院校工作会议，全面总结了民族院校几十年来取得的成就与经验，分析了民族院校当前面临的形势与任务，作出了进一步办好民族院校的部署。但是，究竟该如何贯彻落实会议精神，每一个民族院校都有不同的考虑。我们认为，现阶段民族院校最重要的任务是制定和完善各自的发展战略规划，用发展战略统领各项工作。民族院校应该以什么为中心或主线制定发展战略呢？我们的回答是：核心竞争力。

一、构建民族院校发展战略的思想基础

（一）民族院校办学自主权的扩大与发展战略的调整

民族院校制定和实施发展战略的根本原因，是当前民族院校的发展获得了一定的自主权。20世纪50年代初民族院校的办学宗旨是"以培养政治干部为主，培养专业技术人才为辅"[1]。1956年6月召开的第二次全国民族工作会议上，提出了民族院校"培养政治干部与培养专业技术干部并举"的办学宗旨，这是对民族院校办学宗旨的一次调整。1960年的第三次民族院校院长会议讨论了贯彻执行党的教育方针问题，研究了民族发展规划。1964年第四次民族院校院长会议强调：民族院校是培养少数民族共产主义干部的学校，是革命的扩大式的政治学校，继续坚持"培养政治干部为主，培养专业技术人才为辅"的办学方针，这一办学宗旨和方针一直持续到1978年。可见，民族院校从其诞生之日起就具有强烈的政治色彩，政府行政行为和约束是民族院校运行的绝对力量，民族院校没有自主办学权利和独立做出决策的权力。

1979年，召开了第五次全国民族院校院长会议，会议指出民族院校是培养少数民族政治干部和专业技术干部的社会主义新型大学，不再是"革命的扩大式的政治学校"，必须为少数民族地区的社会主义现代化建设服务。因此，民族院校应根据民族地区人才需要的特点，主动调整学科专业和培养方案，这使得民族院校有了一定的自主权。

1989年，中共中央《关于教育体制改革的决定》里明确提出了"扩大高等学校的办学自主权"，随后《中国教育改革和发展纲要》又指出："在政府与学校的关系上，要按照政事分开的原则，通过立法，明确高等学校的权利和义务，使高等院校真正成为面向社会自主办学的法人实体……学校要善于行使自己的权力，承担应有的责任，建立起主动适应经济建设和社会发展需要的自我发展、自我约束的运行机制"[2]。随着这些政策的贯彻和执行，民族院校自主办学的权力和独立决策的权力不断扩大。特别是20世纪90年代以来，部分民族院校抓住机遇，快速发展，取得了令人瞩目的成就。

21世纪高校之间的竞争形势变得日益复杂，使得民族院校制定发展战略的紧迫性更

[①] 本文是四川省哲学社会科学研究"十一五"规划2006年度课题"中国民族院校核心竞争力研究"（批准号：SC06Z004）、西南民族大学校级重点课题"我国民族院校核心竞争力研究"的成果之一。与刘德昌、高阳、付勇、聂晶等人合作。

加凸现。2005年年底,全国民族院校工作会议召开,会议强调:民族院校是培养少数民族高素质人才的重要基地,是研究民族理论和政策、传播和弘扬各民族优秀文化的重要基地。民族院校要积极为少数民族和民族地区服务,为民族地区和社会发展培养更多的合格人才。这次会议的召开,是对改革开放和第五次全国民族院校会议以来民族院校实践经验的高度总结和概括,正如李德洙主任在会议讲话中指出:民族院校只有因时而变,才能把握机遇;只有乘势而上,才能开拓进取。这就需要民族院校具有不断调整自身适应外界变化的自主权。今后,民族院校的办学自主权会得到更多的尊重,各民族院校将渐渐成为独立的利益主体。

与此同时,从20世纪80年代后期以来,整个高等教育界内部竞争渐渐展开,最近几年越演越烈。高校之间在争优秀生源、争优秀师资、争科研项目、争学科制高点等方面展开了激烈的竞争。与此形成的竞争机制、效益观念、经营意识以及顾客导向的服务意识等市场因素对民族院校的发展产生了越来越明显的作用。在这样的背景下,民族院校必须制定基于自身资源和能力的、足以应对外界环境变化的发展战略,才能使民族院校在我国高等教育体系中争得一席之地。

(二)以市场为驱动构建民族院校的发展战略

根据伯顿·克拉克(Burton Clark)的观点,在高等教育体系内,国家权威、学术寡头及市场是三股影响各国高等教育形态及发展方向的主要力量。国家权威代表社会集体的意志,学术寡头由资深教授组成,其影响力来自专业知识和专业权威,市场则是个别消费者的意愿,如图1所示。

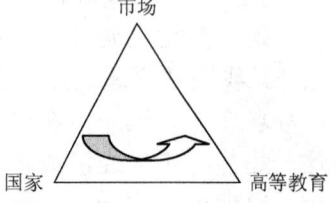

图1 高等教育的三角示范[3]

传统欧洲高等教育强调学术本位主义,强调学术自由、教授治校。纽曼在《大学的理想》中明确提出科学研究与教学相分离,大学应以教学为其唯一功能,大学的真正使命是"培养良好的社会公民",并随之带来社会的和谐发展[4]。由谁来决定传授什么样的"普遍知识"?当然应由掌握高等知识、普遍知识的大学学者、教授决定。后来,洪堡又提出了大学应坚持教学与科研并举的"洪堡"模式,强调教学与科研相互促进的作用。总之,20世纪80年代前的欧洲大学多强调高等教育自身的学术性,在图1所示的高等教育的三角关系中,大学强调自身的作用,强调学术和学术自由在高等教育中的决定性作用。

我国及苏联等社会主义国家的高等教育体系则强调国家或政府的作用,国家或政府是高等教育形态和方向的决定性力量。其作用机制主要表现为:一是资源由教育主管部门以行政命令形式配置;二是教育部门对高校的运作和行为方式作出一系列的正式决定,大学几乎没有办学自主权和决策权;三是严格的等级管理和垂直管理;四是通过政治压力和行政强制管理。过多的政府行政干预,使高校只需服从政府或主管部门的安排,无需了解现实需要,从而削弱了高校与经济、社会发展的联系,限制了竞争和教育资源的优化配置,使高校缺少应有的活力。从20世纪80年代后期开始,我国高等教育体制开始了艰难的变革,各大学的自主权和活力有了一定提升,但国家或政府主导高等教育的格局尚未从根本上改变。

"科研与教学相统一"的洪堡理想给19世纪的德国大学带来了发展中的领先地位,但20世纪以来就落后于美国。伯顿·克拉克等在《探索的场所》一书中认为美国高等教育系统的基本特征是竞争性。"在一个无计划的系统之内,成百所公立的私立的大学或学院,不断竞争、模仿和分道扬镳。经过激烈竞争,美国各类大学自政府、私人基金会获得巨额科研和教育经费,即通过一个高度竞争性环境美国大学系统保证了自身的运作效率"[5]。竞争性是市场最显著的特征。美国高等教育系统的竞争性特征与美国高等教育强调服务社会的大学职能紧密相关。高等教育不是为了教育、科研而存在,高等教育的教育科研必须要服务于社会,要提供社会所需要的科研成果和专门人才,这就需要高等教育系统时刻关注社会的需求,并根据这种需求调整自身资源及其配置,确定自身的发展战略和具体战术。正因为美国大学在这些方面做得很优秀,才使其更具竞争力,从而在与欧洲老牌著名大学竞争中后来居上。

鉴于此,20世纪80年代后,很多国家开始仿效和学习美国,全球性的高等教育市场化趋势出现。市场化趋势主要有下面三种方式:一是解除管制,就是减少政府对大学的管制,将决策权下放给学校,以市场力量取代政府干预,赋予高校更大的管理权限,调动其参与竞争和面对变化的积极性;二是消除垄断,就是政府取消那些禁止私立大学与公立大学竞争的规定,促使平等竞争;三是私有化,允许高校向受教育者收取一定的学费,鼓励或强迫高校努力去争取经费、资助等,减少政府财政提供比重和负担[3]。随着我国市场经济的发展,我国高等教育受市场化的影响也发生了重大变化,这些变化主要体现在:权力下放、非政治化、多样化、产品化、竞争、合作等方面[6]。我国政府通过放松控制和扩大自主权,使高等学校更灵活、主动地适应社会经济环境变化,这一点在民族院校近十年的发展中也明显地体现出来。我们确信,由于这一趋势与市场经济改革趋势、与国际性高等教育的市场化趋势相一致,在以后一段较长时期内,这一趋势仍会延续和深化。因此,民族院校应深入地研究这一变化的影响,并制定和实施市场驱动的发展战略。事实上,在现有的民族院校管理体制下,国家民委及各级政府对民族院校的行政支持和管理,也是对民族院校的要求,其角色和地位相当于向民族院校委托培养人才的集团用户(顾客)[7],民族院校应尽可能满足这些大"客户"的需求和期待。

(三)用市场驱动战略构建和加强核心竞争力

民族院校构建发展战略,必须以培育和提升核心竞争力为目标,这样才能在战略实施过程中及实施后真正地提高民族院校的持续发展能力,如图2所示。

该战略要素整合模型主要是从战略定位和执行两个层面着手构建的。定位层面的两大模块是办学方向和办学目标,描述了民族院校发展的方向和目标。确定民族院校的定位,能够解决"如何取得竞争优势""民族院校应该做什么"等问题。而执行层面的三大模块解决的是"为什么会产生竞争优势""民族院校能够做什么""民族院校应该如何做"等问题。如果民族院校办学方向、目标等定位战略不当,无论执行层面如何优秀,也不能取得良好的绩效。同样,无论民族院校定位战略多么精妙,如果缺少、缺乏实践定位战略的资源和能力,提升民族院校核心竞争力的愿望也只能是镜花水月。

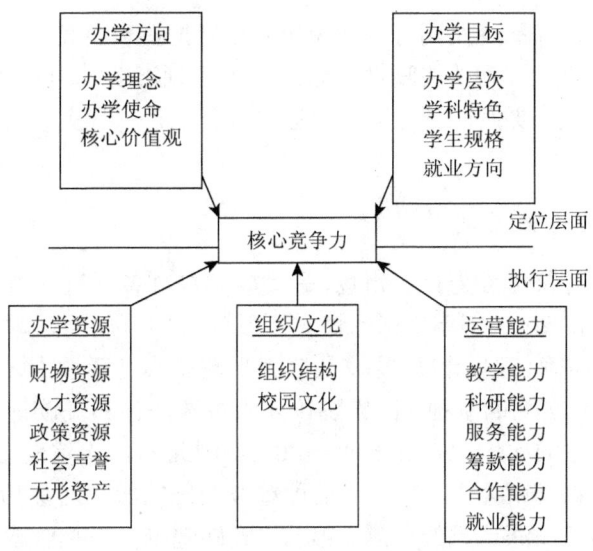

图 2 构建与提升核心竞争力的战略要素、整合[8]

要构建和加强民族院校的核心竞争力，不仅要求定位层面和执行层面的相互协调和配合，更需要将这些战略要素高效地整合。主要表现在以下三个方面：一是每一模块内每一要素之间的协同，使每一模块为核心竞争力提供最大的合力；二是五大模块之间的协同，促使形成一致的核心竞争力；三是战略模块和要素与外部之间协同，要反映社会对民族院校的要求和期待，使核心竞争力具有价值增值性。

该模型强调通过战略要素整合形成与提升民族院校核心竞争力，这与前面所提出的核心竞争力构成要素是完全一致的：办学方向、办学目标、组织文化三大模块更多地反映了管理能力和整合能力；运营能力模块更多地反映了学校的技术能力和管理能力；办学资源模块包含一定的管理、技术能力，又反映了资源作为核心能力载体和表现的重要地位。而且，这些战略要素的协同与整合，才是形成核心竞争力的关键，强调了整合能力在构成核心竞争力中的关键作用。因此，通过对战略要素的管理和整合，是形成民族院校核心竞争力的必然之路。

二、以核心竞争力为基础的民族院校的战略定位

根据现代战略管理思想和理论，以核心竞争力理念为基础制定市场驱动的民族院校发展战略，一般包括了三项内容：第一项是远景和使命确定和陈述，是民族院校对办学方向（观念、使命），办学目标等的确定和选择；第二项是战略定位，要求民族院校通过外部环境和内部条件研究，确定自身在高等教育体系中合适的地位；第三项是战略选择，即民族院校选择合适的发展途径。由于前两项内容都涉及民族院校确定"应该做什么"的问题，故合称为战略定位。这样，制定市场驱动的发展战略就包括了两大内容：战略定位和战略选择，这里先讨论民族院校的战略定位问题。所谓"高等学校定位"，是指高等学校根据自身条件、职能、国家和社会需要以及需求，按照扬长避短的原则，参照高等学校类型和层次的划分标准，经过纵横向比较和分析，在清醒认识自己的基础、优势和不足的基础上，

明确自身在整个高等教育系统及同行中的位置,准确把握自身角色,并确定服务方向、发展目标及任务而进行的一系列的前瞻性战略思考和规划活动[9]。我们认为,民族院校进行的发展战略定位,关键是要抓住三方面:一是服务对象,二是竞争对手,三是竞争优势或特色。

(一)民族院校的服务对象

民族院校的服务对象也称为目标市场,是民族院校准备通过自身努力满足其需求的一类或一群人或组织。在2005年年底国家民委下发的《国家民委、教育部关于进一步办好民族院校的意见》中明确指出:民族院校是培养少数民族高素质人才的重要基地,是研究民族经济理论、政策和文化的基地。民族院校要为少数民族和民族地区培养更多的合格人才,要使少数民族学生的比例保持在65%~70%。因此,民族院校的服务对象是明确的:以少数民族地区和少数民族为主。但是在这种看似明确的服务对象后,还存在许多需要民族院校深入调查了解和加深认识的问题。第一,民族院校多是招收多民族学生的院校,来自不同地区和不同环境的民族大学生,对学校提供的教育等服务的要求肯定有一定差异,这些差异主要存在于哪些方面?对学校教学管理等工作提出了哪些新要求?第二,即便是同一民族的大学生,也会因为来自不同地区、不同家庭背景而对学校的期待和要求不同,这对学校又将产生什么影响?第三,民族院校的服务对象不仅包括在校学生和未来的报考者,也包括接收毕业生的用人单位,用人单位的用人需求会随社会环境而变化,这就需要民族院校及时调整专业设置和办学方向,加强对学生的引导和培养,让毕业生能适应社会的变化。第四,国家民委和地方政府是民族院校的主管部门,同时是民族院校很重要的服务对象。因此,了解和认清国家民委和地方政府的真实需求是民族院校培养人才的关键。可见,确定民族院校服务的对象,不仅是确定为什么人服务或主要为哪些少数民族服务的问题,更重要的是确定服务对象的真实需求,只有这样,民族院校才能根据这种需求制定针对性的战略和决策,真正满足社会需求。

(二)竞争对手研究

定位是根据竞争者所提供的服务或产品在市场所处的地位和服务对象(顾客)对服务或产品某些属性的重视程度,塑造本组织鲜明的形象,以便与其他竞争者区别开来。显然,民族院校进行战略定位,不仅要考虑目标市场的需要,对竞争对手也要进行深入研究,这样才能扬长避短,才能显示自身与众不同的特点,才有可能形成竞争优势。民族院校研究竞争对手的第一步是识别竞争对手。识别竞争对手并非一项简单的工作,根据产品或服务替代观念,我们可以至少可识别出三种层次的民族院校竞争者。第一,品牌竞争者,是指以相似的方式向相同的顾客提供类似的产品与服务的高等院校。大多数民族院校之间,地区民族院校与民族地区高校之间大致都可以展开这一类竞争。第二,行业竞争者,民族院校可把其他普通高等学校视为行业竞争者,这些行业竞争者能提供同样或同类的产品和服务。第三,形式竞争者,民族院校可以把其他成人高校、民办高校、夜大、函大、自考学校等视为竞争者,因为他们可能成为民族院校教育服务的"替代供货商",抢夺民族院校的"顾客"和利益。

民族院校研究竞争者的第二步是进行行业内战略群分析。高等教育行业内的战略群，属于次行业范畴，一个战略群是指高等教育行业内在某些战略特征方面相同或相似的高校的集合。高等教育行业内战略群的划分有不同的标准，常见的有重点院校与非重点院校，研究型、教学型、教学研究型大学以及理工、农、医、财经、师范、民族、综合院校之分等。民族院校划分战略群，可根据高校招生范围、招生分数、学校所在地等因素，将高等学校至少划分为三个不同的战略群：一是高端战略群，是指较自己拥有更多资源和更强能力的高校群体，它们采取高端战略，如北京大学、清华大学、各省市的重点大学都是民族院校的高端战略群（除中央民族大学外），民族院校与之少有直接竞争；二是平行战略群，是与民族院校在招生、教学、科研、学校所在地等方面有较多相似之处的高校群体，某一民族院校平行战略群内，通常包括其他民族院校、该民族院校所在地的其他与之条件相近的高校，以及少数外地与之条件相近的高校；三是低端战略群，是比民族院校资源更差、能力更弱的高校群体，这些高校采用低端战略，在招生、教学、科研等方面对民族院校影响或挑战有限。显然，三类群体中，民族院校应该重点研究和分析平行战略群体中的竞争者行为，他们是民族院校的主要竞争者。通过竞争对手分析，能帮助民族院校回答：我们与谁竞争以及我们应采取何种行动？竞争对手的战略意味着什么？我们应如何对付？

（三）识别潜在竞争优势

通过竞争对手研究，民族院校就做到了"知彼"。但要取得良好绩效，民族院校还应在此基础上加强服务对象和自身的研究，做到"知己知彼、知顾客"，方能认识自身的实力与不足，识别潜在的竞争优势，减少失误，增加成功机会。民族院校对自身的研究可以结合对主要竞争对手的研究同时进行。竞争优势可能来源于教学、科研、社会服务、学科、专业、人才、资源等方面，也可能来源于管理制度、校园文化、学术水平、创新能力、成果转化、人才培养等方面。因此，对民族院校自身和竞争对手的比较应从这些方面全面进行。

识别潜在竞争优势可以帮助民族院校以逆向的方式识别其相对能力的强弱，从而更深地了解自身的能力构成及其大小，为其确认和提升核心竞争力提供思路和方向。识别潜在竞争优势可按下列步骤进行。第一，分析和确认民族院校所有学术活动中对赢得竞争优势起关键作用的诸多因素，找出"关键所在"。第二，分析这些"关键所在"在自身和对手中的存在状态，拥有的"关键所在"是否比竞争对手更具有优势？评价"关键所在"及与对手在这些"关键所在"上存在的差异，可采用内部评价和外部评价两种方法进行全面衡量。第三，这些"关键所在"能带给自己竞争优势吗？"关键所在"所创造的价值能被社会认可和接受，才能形成竞争优势，因此，要求"关键所在"必须具有市场价值。第四，关键所在的优势能持久吗？如果"关键所在"容易被竞争者仿效或替代，或者，"关键所在"创造的价值对"顾客"的吸引力减弱，或者"关键所在"不符合高等教育发展趋势，其形成的优势都不可能持久。

完成了潜在竞争优势的识别，民族院校就可以进行战略定位了。在这一过程中，民族院校有必要回答和确认下面的内容：在识别出的全部潜在优势里，哪里潜在优势较之主要竞争对手更为显著？能获得更加明显的差别利益优势？这些潜在优势能使民族院校比竞争对手更有效，更优秀地满足顾客或用户（社会、学生、用人单位等）的需要。民族院校必须在这些潜在优势里选取一个或有限的几个作为重点,并为之制定明确的市场战略来加强和体现,使学校发展战略定位为引领民族院校工作和资源的"无形的手",逐渐形成和强化民族鲜明的形象和定位。

三、差异化:培育和构建民族院校核心竞争力的战略选择

哈佛商学院教授迈克尔·波特认为,战略选择主要有两类:成本领先和差异化战略。差异化战略主要通过提供给目标顾客更有针对性的、具有相对价值优势的产品和服务而取胜。独特性与差异性是高校核心竞争力最为显著的特征,即核心竞争力应是高校特有的,在短时间内竞争对手难以模仿的,具有鲜明的个性。因此,民族院校要形成核心竞争力必须首先具有独特性的要素,必须考虑在科学研究、教学育人、社会服务中寻求差异化的机会,必须考虑在学科建设、专业建设、课程体系、学术研究、校园文化等方面形成自身的特色。差异化战略是建立在学校特色基础上的差异化,是特色化发展的继续和延展。差异化战略强调"有选择性的卓越""有所为有所不为",强调在竞争中应扬长避短。

(一)民族院校实施差异化发展战略的必要性分析

民族院校具有50多年的历史,但真正办正规大学的时间才20多年,所积累的办学经验、技能等较国内其他知名大学相差甚远。并且民族院校面对的是不同文化背景、入学时文化知识相对较低的学生,再加上投入不足,办学条件相对较差,致使民族院校整体发展水平和教育质量与社会需求不能完全适应。民族院校办学基础和竞争力相对薄弱,教育观念相对落后,学科建设水平偏低,师资队伍整体水平有待提高,而且,民族院校之间发展也不平衡[10]。这就是民族院校的总体现状。在这种现状下,民族院校要想在学术活动的全局或主要方面取得竞争优势,几乎是不可能完成的任务。民族院校必须根据社会需要和自身的实际以及竞争对手状况确定自己的优先领域,抓住那些有社会需要、竞争对手没有或没能顾及或全力以赴,而且自身又有条件参与的领域,实施重点突破和差异化发展,争夺这些领域内制高点,逐步形成自身的竞争优势。

全国13所民族院校,多分布于少数民族集中的地区。不同的民族院校主要服务的对象各不相同,不同民族地区、不同民族在经济社会发展水平、教育、文化、历史、自然、宗教等方面的差异巨大。民族院校只有深入了解这些差异所引发的不同需求和期待,并针对性地制定方针和措施,才能更好地为这些地区和民族提供更好的教育服务,这就要求民族院校实施具有针对性的差异化战略,选择独具特色的学科进行差异化研究。

(二)民族院校实施差异化发展战略的可行性分析

杨振宁指出,一所大学如果有三四个学科在世界上处于领先地位,这所大学就可以说是世界一流大学。民族院校虽然大多数是综合性院校,但在学科领域内的优势地位并不明显。因此,民族院校在学科发展规划中应采取重点突破战略,力争打造一两个在国内有影响的学科。事实上,国内外不少高等院校都是通过差异化战略实施重点突破形成竞争优势的。在民族院校系统中,大连民族学院就是一个较典型的例子。该校1993年才开始招生,在十多年的发展中却取得了令人称道的成就,其以工科为主的差异化发展战略,与其他多

以文科为主的民族院校形成鲜明对比,独具特色。又如广西民族学院则充分利用其区位优势重点发展东南亚语言学科,并逐渐形成了显有较大优势的东盟学科群。

可见,民族院校实施差异化战略不仅可行,而且是必需的道路和选择,只有通过差异化和重点发展战略,各民族院校才可能在某些学科形成竞争优势,才可能在构筑这些竞争优势中不断提升技术和能力,提升核心竞争力。

(三)民族院校实施差异化战略的层次框架

民族院校实施差异化战略,是为了突出自己在满足社会需求方面与竞争对手相比存在的不同和优势。民族院校实施差异化战略可在不同层面上进行,我们归纳为三个方面:学校内部的差异化、学校之间的差异化和学校群体之间的差异化。

由于受资源约束,学校必须将资源集中在某些重点学科上。民族院校考虑校内学科间的差异化时,必须结合学校的历史、自身条件等现实条件,注重不同学科的社会发展潜力和趋势,确定重点学科。当然新兴的边缘学科,特别是与社会经济结合紧密的交叉学科,也可能成为新的重点学科。学校对重点学科的支持通常表现为重点院系建设、重点实验室建设、精品专业建设、重点课程或精品课程建设等形式。

民族院校进行同层次的差异化选择时,主要应考虑两类学校:一类是其他民族院校。不同的民族院校应有不同的重点研究领域或方向,特别是服务对象、服务地区近似的民族院校更应实施差异化互补战略。例如,青海民族学院、西藏民族学院和西南民族大学都进行藏学研究,如果不实施差异化战略进行选择性的重点研究,重复劳动和相互竞争程度都会加剧。同样,云南民族大学和广西民族学院都设有东盟语言文化学科或基地,都开设有越南语、老挝语、泰国语、缅甸语等专业,两所学校之间除了存在竞争外,更应加强交流和协作,实施差异化战略,这样不仅可以使这一学科研究范围更广、更完善,而且研究深度也可能有更大的突破。此外,民族院校实施差异化战略,还要考虑民族地区的其他普通高校,诸如当地的师范学校、地区性大学等。这类学校多以招收当地各民族学生为主,对当地情况更加熟悉,具有研究当地民族文化、培养当地民族学生的先天优势,民族院校在与之竞争的过程中应采取差异化发展战略,从而增强自身的竞争力。

民族院校除了考虑在本战略群体内实施差异化战略外,还要考虑与高级战略群体、低级战略群体的差异化。高级战略群体内的高校研究是事关整个国家、地区全局的重大项目的问题,主要目标是培养创新型人才。民族院校这一战略群体内的高校主要研究的是地区性、局部性的项目和问题,主要目标是培养应用型人才。低级别战略群体内的高校,主要研究地方性的项目或问题,主要目标是培养技能型人才。民族院校的性质决定了其具有"民族"的特性,决定了其应以民族学为主要和研究学科和方向,这是民族学院这一群体与其他战略群体之间存在的重要差异。但仅有这种名义的或表面的差异是不够的,因为其他高校也可以进行民族学的研究,承担培养少数民族人才的任务,在很大程度上能替代民族院校的职能,对民族院校的生存与发展形成压力和威胁。民族院校这一群体必须在民族类学科表现出卓越的能力和核心竞争力,才可能真正形成和维持这一差异并形成竞争优势,才可能实现可持续发展,确保民族院校在高等教育体系中占有一席之地。

参考文献

[1] 马麒麟. 中国民族高等教育的改革与发展. 北京：教育科学出版社, 2001: 37.
[2] 毛亚庆. 论市场竞争下的大学发展战略. 北京师范大学学报（社会科学版）, 2004, (2): 31.
[3] 戴晓霞. 全球化及国家（市场）关系的转变：高等教育市场化脉络分析//戴晓霞, 莫家豪, 谢安邦. 高等教育市场化. 北京：北京大学出版社, 2004: 19-20.
[4] [英]约翰·亨利·纽曼. 徐辉, 等, 译. 大学的理想. 杭州：浙江教育出版社, 1999: 16.
[5] 李璐岚. 论大学核心竞争力的内涵与特征. 漳州师范院校学报（哲社版）, 2004, (4): 97.
[6] 岳经伦. 教育市场化趋势下中国大陆高等教育与政府关系//戴晓霞, 莫家豪, 谢安邦. 高等教育市场化. 北京：北京大学出版社, 2004: 205-227.
[7] 刘德昌, 付勇. 民族院校的消费者行为分析. 西南民族大学学报（人文社科版）, 2005, (3): 236.
[8] 夏仕武, 毛亚庆. 基于战略要素来提高大学核心竞争力. 现代教育科学, 2005, (4): 15.
[9] 陈厚丰. 浅谈高等学校分类与定位的若干理论问题. 中国高教研究, 2003, (11): 48.
[10] 吴仕民. 在全国民族院校工作会议上的总结讲话. 国家民委网站[2005-12-29].

（原文题目为《用核心竞争力理念构建民族院校发展战略》载于《西南民族大学学报》（人文社科版）2007年第1期）

追求卓越　止于至善

在中南民族大学，曾经有我人生中最重要的一段工作时期和最重要的一段成长经历。这里有帮助我激励我的同事，有支持和关心我的老师，2005年我曾经说过："湖北是我的第二故乡，中南民族大学是我的第二母校。"在此，我要感谢党组对中南民族大学发展事业的高度重视，感谢党组再次让我回到中南民族大学工作与老师、同志一道工作，感谢大家对地震灾区献出的爱心，感谢中南民族大学的各位老师、领导和同事。

中南民族大学从创办到现在，在以孟夫堂、白瑞西、韦思顼、黄子亮、贾青波、哈经雄、夏冰、彭英明、李步海、高瑞等历任领导，以吴泽霖、岑家梧、严学宭先生为代表的知名教授的带领下，筚路蓝缕、艰辛开创、开疆拓土、凯歌前行，目前她是一所在国内有着重要影响的、知名度较高的、竞争力较强的和极富活力的民族大学。中南民族大学近十年的发展是她发展史上最好的时期之一，在此，我要特别感谢黄子亮、彭英明、李步海和高瑞等几届班子及与我共事的同志，你们辛勤的工作和杰出贡献在学校的发展史上留下了浓墨重彩的篇章，你们的人格魅力、激情活力和领导艺术，都令我深深的敬仰与钦佩。

老师们，同志们，我们的国家正处在一个新的发展的关键时期，国家的进一步发展对民族高等教育提出了新的要求，中南民族大学这些年的进一步发展，也同样处在一个新的发展的关键时刻。

国家的发展需要全党、全国人民认真贯彻好党的"十七大"精神，高举中国特色社会主义的旗帜，落实科学发展观，坚定地走中国特色社会主义道路，朝着全面建设小康社会的目标奋进。在正式上任之前，杨传堂书记、杨晶主任专门找我谈话，对中南民族大学的发展提出了明确要求和重要指示，他们提出办学一定要落实科学发展观，坚定地走内涵发展之路，提高人才培养质量和办学水平，一定要围绕民族工作的大局和民族地区的实际，开放办学，有长远的规划，把学校办出特色，办出水平。一定要始终依靠广大党员干部，广大教师，把班子建设好，师资队伍建设好，为党和国家培养各民族合格的建设者和接班人。这些重要指示，我们要坚决贯彻落实。

2007年8月31日胡锦涛同志在《全国优秀教师代表座谈会上的讲话》中再次强调："坚持教育为社会主义现代化建设服务，为人民服务，努力办好让人民满意的教育"。这里讲的就是"为社会服务"的责任，教育要对国家、对民族、对社会和对人民负责，大学更不能丝毫例外。民族大学是中国特设色高等教育的重要体现，民族大学肩负着其他大学不可替代的特殊的光荣使命，这种责任和使命是我们办好民族大学的强劲动力。

办好一所大学有两个基本问题是我们必须思考和回答的，一是办什么样的大学？二是怎样办大学？我们按照党和国家的要求早已确定，"办人民满意的大学"和"把中南民族大学办成国内一流的民族大学"是我们不懈努力的目标。

这里还要特别提到，2007年5月14日，温家宝同志在同济大学百年校庆前视察学校时讲到一段话，他说："大学的生命在于它的日新之德"。他引用了《礼记.大学》中的一段话："大学之道，在明明德，在亲民，在止于至善"。接着，他精辟地提出："这段话，就是在讲大学的生命在于它的日新之德"。学校的生命也在于日新之德！

中南民族大学进一步的发展，需要体现"日新"的理念，"苟日新，日日新，又日新"。先人尚且如此，我相信中南民族大学的同仁，更会在继承的基础上开创新的局面。具体讲：

（1）日新之德，就需要我们树立为社会服务的办学理念和大学精神。胡锦涛说过："要把学校的命运，每一个老师和同学的命运同国家和民族的命运联系在一起。无论在困难的时候，还是在顺利的时候，都要与国家和民族同舟共济，都要为国家和民族工作"。国家当前提出提高高等教育质量的要求与提高服务社会、引领社会发展的质量完全一致，我们需要进一步坚持"二为"宗旨，服务民族地区和少数民族。一所大学的精神所在，是它既要对历史、现在负责，更要为未来负责。

（2）日新之德，就需要我们"把学校办出特色"。中南民族大学既要体现大学的共性，又要突出自己的"两为宗旨"和办学特色。特色就是我们生存的个性，它主要体现在学术上，高水平的学科、专业上，学科特色的凝练上，高质量民族人才的培养上。

（3）日新之德，就需要我们"坚持培养全面发展的人才"。以人为本，是因为学校因学生而存在，因学生教师而存在。因此，要办人才培养质量作为我们的生命线，持之以恒、永不动摇光荣任务。一切要为学生服务，要用高尚的师德去陶冶学生，要发扬、尊重和依靠广大教师的优秀传统，最大限度地发挥教师的才智。人才是我们的当务之急，发展中最大的危机是人才的危机，要加大力度培养和引进学术人才。

（4）日新之德，就需要我们"开放办学"，兼容并蓄，海纳百川。开放应是我们持续发展的氛围与素养。开放就不会孤芳自赏；开放才会使我们有立足之地，"入流入圈"；开放才会使我们包容、打破学科的、人为的壁垒；开放才会使我们更宽和更强。我们既要背靠五千年，又要坚持"三个面向"。

（5）日新之德，就需要我们"勤俭办学"。勤就是讲"笃信好学，自强不息"，"自助者天助之"。俭，除了节约、节省之意外，讲办学就是要优化资源配置，追求办学效益的最大化。

（6）日新之德，就需要我们不断加强和改善党的领导，加强基层党组织和党员先进性建设。党风决定校风，校风决定教风，教风影响学风。我们应当以制度为保障，尊重规则，信守制度，杨传堂书记要求我们："要做执行党的决定，贯彻党的路线方针的表率，做认真贯彻落实民主集中制的表率，做党风廉政建设，廉洁自律的表率。"

我曾经担任校长，这次被任命为学校党委书记，深感荣幸。事业无穷期，任期有限期。责任重大，任务艰巨，只会激发我迎接挑战的决定。"干净做人，清白做事，踏实工作，真诚奉献"，与同志们一道前行，有党组织的坚强领导和支持，有广大教职工和干部的智慧，我们的目标一定能达到，中南民族大学的明天一定更美好！

（本文为2008年7月就任中南民族大学党委书记时的演讲稿）

论民族高校发展战略选择的合理性[①]

比较优势理论被广泛应用于国际贸易、社会分工、产业发展和有关政策制定等方面，比较优势理论的核心思想是要素禀赋结构，同时要素禀赋具有动态性和变化性等特点。"比较优势不是天然的，而是历史上投资形成的，是可以培养并不断变动的"[1]。民族院校的比较优势是相对于其他普通高校而言的，我国是一个多民族国家，民族院校在培养少数民族高素质人才和服务民族地区社会经济建设等方面有相对于其他普通高校的比较优势。本书应用比较优势理论的思想对民族高校发展战略的合理性选择进行评价，从学校定位、学科建设、人才培养、科学研究和服务社会等五个方面分析民族高校发展战略选择的合理性。

一、民族高校发展战略的定位与主要内容

发展战略是指导高校未来较长时间内的办学定位、人才培养、科学研究和服务社会等各主要方面的纲领性文件。民族高校既有普通高校共有的人才培养、科学研究和服务社会等三大功能，又具有服务民族地区和服务少数民族的特殊性。因此，民族高校的发展战略既要反映作为普通高校的共性，又要体现作为民族院校的特殊性。

（一）民族高校发展战略的定位

高等学校定位是指高等学校根据自身条件、职能、国家和社会的需求，按照扬长避短的原则，参照高校类型和层次的划分标准，明确自身在整个高等教育系统及同行中的位置，准确把握自身角色，并确定服务方向、发展目标及任务而进行的一系列的前瞻性战略思考和规划活动[2]。

制定高校发展战略是一项系统工程，核心是确定学校发展的战略目的，即科学地进行学校发展定位和谋划。从发展定位的结果来分析，高校发展定位与高校发展目标的基本内涵是一致的，一般包括高校发展的类型、特色和性质等。

目前，在高校类型上，教育部提出了研究型、研究教学型、教学研究型和教学型等四种形式。在民族高校中，除中央民族大学属于211和985院校的研究型大学之外，其他民族高校基本属于教学研究型或教学型。

南昌大学副校长甘筱青教授指出，建设教学研究型的综合性大学要认识到：高等院校在未来的发展过程中应立足于学校学科体系的扩展、学科结构的优化和学科整体水平与综合实力的提升；有自己的学科特色、优势和与其他综合性大学不同的个性特点；应立足于实现教学研究型综合性大学发展目标的建设过程[3]。

高校发展特色一般包括办学理念、学科特色、科学研究特色、人才培养特色和校园文化特色等。民族高校发展特色是指在长期的办学过程中，通过几代人积淀而形成的个性特

---

① 与高阳同志合作。

征。民族高校发展的办学理念集中体现在积极、有效和高水平地为民族地区和少数民族培养人才、解决社会科学问题和提供智力服务等三项功能上。在特色学科方面,主要以民族学为一级学科(包括民族学、马克思主义民族理论与政策、中国少数民族经济、中国少数民族史和中国少数民族艺术等二级学科)为核心形成民族高校的特色学科。一般地说,高校学科特色包含三层递进的含义:第一层含义是"人无我有";第二层含义是"人有我优";第三层含义是"人强我新"。这同样适应于指导民族高校的学科特色建设。民族高校学科和专业设置遵守国家规定,"人无我有"是一个相对的概念,就某所民族高校而言,几乎没有唯一的学科或专业。因此,民族高校特色学科建设应重点关注第二层和第三层含义。

民族高校的"跨越"式和"追赶"式发展战略的核心是发展,特别是抓住机遇大发展。2005 年年底举行的全国民族院校工作会议,全面总结了民族院校几十年来取得的成就与经验,分析了民族院校面临的形势与任务,作出了进一步办好民族院校的部署。《国家民委、教育部关于进一步办好民族院校的意见》(民委发〔2005〕240 号)(以下简称《意见》)指出,办好民族院校,培养少数民族高素质人才,始终是我国民族工作和教育工作的重要内容。在培养少数民族人才方面,民族院校在我国整个高等教育体系中具有不可替代的地位和作用。在新的历史条件下,为更好地推进民族地区的小康社会建设,推进我国的民族团结进步事业,促进各民族的共同繁荣,要继续办好民族院校。

(二)民族高校发展战略的主要内容

民族高校发展战略的主要任务是实现办学规模、质量、结构和效益的综合协调,全面提升办学水平、综合能力和社会声誉等,它涉及学校全面发展的各方面内容,本书着重就学科规划与建设、人才培养、科学研究和服务社会等主要内容进行分析。

1. 关于学科规划与建设

民族高校学科规划与建设要体现特色学科、学科特色和优势学科的特征,服务于民族地区社会经济发展和少数民族人才培养。同时要遵循高校学科规划与建设的基本要求。

(1)学科规划与建设的主体。明晰学科规划与建设的主体是探讨高校学科规划与建设规律的重要基础。一般来讲,高校学科规划与建设的主体有三个层次[3]。首先,学科与学校。学校规划的核心是学科,学科是组成学校的基本单元;学科的强弱代表学校的强弱,学科的特色代表学校的特色。这一点学校的战略谋划和决策设计很重要。其次,学科与院系。院系是学科的主要载体,是实施学科建设的基层组织;在一定程度上,学科建设是院系的发展建设,学科强意味着相应的院系强。学科建设的基础在于发挥院系的积极性和创造性。第三,学科与教师、教授、名教授。某个学科的水平通常集中体现在教师,尤其是教授的学术水平上,名教授的学术成就代表学校该学科的水平。教师是学科建设的基础和根本,办学须以教师为本。

(2)学科规划与建设的任务、要素和体系之间的关系。学科规划与建设的任务和要素可以用以下两个公式表示:

$$学科=科学研究+人才培养$$
$$学科=方向+人才+平台+制度+成果$$

学科规划与建设的体系包括：①科学研究方向与选题、经费支持和平台；②教师队伍和学生队伍；③创新成果、评价体系与奖惩机制、管理体制和学科文化（价值取向）等。

2. 关于人才培养

人才培养有三个层次的问题需要考虑：首先是培养对象现有的知识结构和接受水平，尤其要注意遵循少数民族学生的认知规律；其次是如何组织人才培养，从学年制转向学分制是适应高等教育发展的一种必然选择；第三是培养什么样的人，按照国家民委和教育部的要求，民族院校的人才培养除符合其他普通高校要求外，还要树立为民族地区和少数民族社会经济发展服务的思想品德和敬业精神。

3. 关于科学研究

国家民委和教育部在《意见》中提出，从民族地区经济建设、社会发展的需要和民族院校的实际出发，确定一批具有较高水平的科研机构予以支持。民族院校需要制定科学研究发展规划，首先是确定学校的重点研究领域，在项目经费和其他条件方面予以重要保障；其次要拟订科研政策，建立和完善科研评价机制和激励机制，有利于高级别项目和高级别科研成果（包括论文和专著）的产生；第三要发挥科学的团队作用，形成老中青相结合和"传、帮、带"的学术梯队，鼓励青年教师和研究人员脱颖而出。

4. 关于服务社会

民族高校服务社会主要体现在服务民族地区的社会经济发展上，主要方式有调研、在职培训、科技与管理咨询和联合开发研究项目等。将服务社会的职能纳入民族高校发展战略具有两方面的作用，一方面有利于解决民族地区和少数民族急需解决的实际问题；另一方面有助于民族高校的教学与科研发展，形成高校与服务对象之间的良性互动。

二、民族高校发展战略选择的合理性评价

合理性概念最早是由马克斯·韦伯提出来的，他从主体与客体的关系考察合理性问题，认为合理性是人理性地认识和表达了客观的真实世界[4]。

本书从环境适应性和比较优势理论两个角度评价民族高校发展战略选择的合理性，其中环境适应性评价是民族高校作为高校的基本特征评价，比较优势评价是民族高校有别于其他高校的特征评价。

（一）外部环境适应性评价

合作与竞争是高校外部环境的主要特点。高校发展战略选择的外部环境主要指政治和经济环境，可概括为：一个宏伟目标，两个基本确定和三个发展趋势[3]。

"一个宏伟目标"是党的"十六大"确立的"全面建设小康社会"，为实现这个目标高等教育要培养数以千万计的各类专门人才，促进科技创新、文化繁荣、经济发展和社会进步。高校及所培养的人才成为推动我国经济社会发展的重要力量。"两个基本确定"是大学基本格局和重点建设方针。①大学基本格局，包括层级结构、类型结构和区域结构等已经基本确定。

②重点建设方针，即确定重点建设一批大学和学科，如985工程、211工程、部、省（市）共建等，国家集中有限的财力资源于少数的高校和重点学科。"三个发展趋势"是大众化、国际化（办学理念、质量标准、评价体系、校际交流等）和市场化。高等教育由精英教育向大众化教育转变，生存于国内和国际两个竞争市场中，高校外部的市场发育程度逐步提高。

民族高校面临的外部环境同其他普通高校基本一致，符合外部环境适应性评价是民族高校作为我国高校重要组成所应满足的基本条件。

环境适应性评价由多个评价主体完成，评价主体可以是学校决策层、中层管理者、教工代表和评价专家等，评价结果采用100分制或语言变量，按照某种合成规则计算出环境适应性评价的最终结果。

（二）基于比较优势的合理性评价

根据比较优势理论的资源禀赋结构思想，民族高校在学校定位、学科建设、人才培养、科学研究和服务社会等主要方面都有别于其他普通高校，在服务民族地区社会经济发展和培养少数民族人才方面相比其他普通高校具有自己的优势，从成本角度讲主要是节约培养少数民族人才、开展民族问题研究和服务民族地区社会经济发展的机会成本。此外，根据马克斯·韦伯提出的合理性概念，民族高校发展战略选择的合理性是指实现国家设置民族高校的定位目标和符合民族高校的实际情况。

民族高校发展战略选择的合理性评价是一类社会问题评价。一般情况下，一个评价系统由目标层、准则层和指标层等三部分构成，其中建立评价准则和指标体系是评价系统的核心，评价准则反映各要素之间的关系和相对重要性，评价指标体系是对评价客体按照评价目的所进行的刻画，根据评价指标体系得到单因素的评价结果，采用某种合成规则即可得到目标的最终评价结果。

本书提出民族高校发展战略选择合理性的评价结构模型、模型解释与指标分解等，这是建立民族高校发展战略选择合理评价的基础内容，其中评价结构模型和模型解释从形式上符合一般评价系统，在准则层考虑了学校定位、学科建设、人才培养、科学研究和服务社会等五个因素；指标分解符合民族高校的实际情况，体现民族高校与其他普通高校的比较优势观点。

1. 评价结构模型

按照评价系统的构成要素，建立民族高校发展战略选择的合理性评价结构模型如图1所示。

2. 模型解释

（1）目标层。目标是确定民族高校发展战略选择的合理性，即实现国家设置民族高校的定位目标，理性地认识和表达了民族高校的实际情况。

（2）准则层。准则层包括两方面的内容，首先是确定影响民族高校发展战略的主要因素，包括学校定位、学科建设、人才培养、科学研究和服务社会等，这些因素构成评价系统的一级指标；其次是确定一级指标的相对重要性，采用专家咨询或其他方法确定5个一级评价指标的相对重要性，即完成设计权重工作。

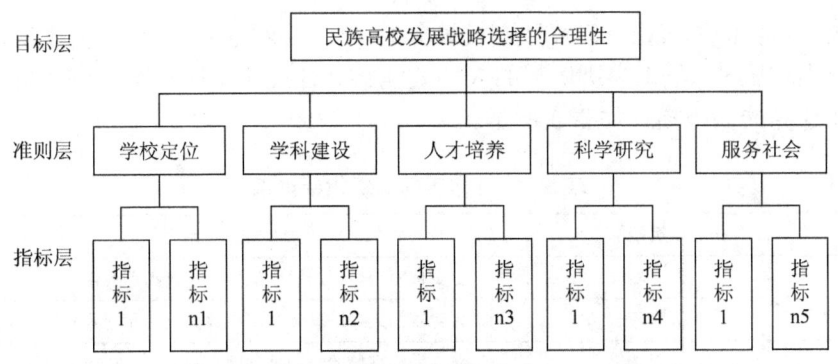

图 1 民族高校发展战略选择的合理性评价结构模型

（3）指标层。民族高校发展战略选择的指标体系由多层结构构成，一级评价指标体系（即准则层）可细分为二级指标体系，二级指标体系还可再细分为三级指标体系，以此类推，形成符合评价目的要求的多层评价指标体系。

3. 评价指标分解

本书讨论把一级评价指标分解成二级评价指标体系。

（1）学校定位的二级指标。民族高校的定位综合反映民族高校与其他普通高校的主要区别，因此在相应的二级指标解释方面应体现民族高校的特色。提出一种民族高校定位的二级指标如表1所示。

表 1 学校定位的二级指标体系

序号	二级指标	指标解释
1	政策要求	符合法律规定，遵守国家民委和教育部的要求
2	办学方向	坚持正确的办学方向，体现多民族团结和相互尊重
3	办学类型	学校类型判断符合学校情况，从四种学校类型中选择
4	学校特色	学校特色明显，主要包括少数民族教育和为民族地区服务
5	战略步骤	学校发展战略步骤可行，能够分步实施战略
6	资源保障	学校办学资金来源与使用有保障

（2）学科建设的二级指标。学科建设首先要体现民族院校的学科特色，以民族学一级学科为核心发展其他学科；其次是学科建设有助于提高服务少数民族人才培养和民族地区社会经济发展的需要。民族高校学科建设的二级指标如表2所示。

表 2 学科建设的二级指标体系

序号	二级指标	指标解释
1	学科特色	体现学科特色，以民族学一级学科为核心发展其他学科
2	民族学科	民族学科的研究在人、财、物等方面得到保障
3	学科专业	重点发展与民族地区社会经济发展紧密结合的学科专业群
4	学科规划	特色学科、学科特色和优势学科有科学建设的中长期规划
5	学科认同	学科建设被各民族教职工认同和接受
6	师资队伍	师资队伍建设适应学科建设，各民族教师共同进步与发展

(3) 人才培养的二级指标。民族高校培养的学生主要是少数民族，需要根据少数民族学生的特点因材施教。同时，所培养的人才要能够胜任民族地区社会经济发展的需要。民族高校人才培养的二级指标如表 3 所示。

表 3　人才培养的二级指标体系

序号	二级指标	指标解释
1	因材施教	主要按照少数民族学生的特点进行高等教育
2	培养环节	有管制的人才培养环节，少数民族人才培养的独特探索
3	校园文化	形成民族高校的校园精神动力和文化，有特色的管理
4	培养质量	培养的人才胜任民族地区社会经济发展，社会认同程度较高

(4) 科学研究的二级指标。民族高校的科学研究首先要面向民族地区社会经济发展的需要，其次要有利于培养少数民族科学研究人才。民族高校人才培养的二级指标如表 4 所示。

表 4　科学研究的二级指标体系

序号	二级指标	指标解释
1	研究选题	民族地区社会经济发展的需要
2	研究人才	利于培养少数民族科学研究人才
3	研究内容	提出和解决与民族学科交叉的科学课题
4	政策咨询	提出适合民族地区和少数民族实际情况的科技政策

(5) 服务社会的二级指标。帮助民族地区解决发展过程中面临的技术和管理问题是民族高校服务社会的主要任务和宗旨。民族高校人才培养的二级指标如表 5 所示。

表 5　学科建设的二级指标体系

序号	二级指标	指标解释
1	服务宗旨	帮助民族地区解决发展过程中面临的技术和管理问题
2	服务方式	利用民族高校的比较优势深入民族地区，有调研、座谈、咨询、科技与管理讲座、委托和联合开发等服务方式
3	服务效益	服务于民族地区的各项事业，产生比较好的社会经济效益
4	服务的外部性	有利于各民族的理解和团结

三、结　　语

本书在分析民族高校发展战略定位与主要内容的基础之上，主要探讨了民族高校发展战略选择的合理性问题，通过环境适应性评价说明民族高校作为高校应该具备的共同环境适应性特征；根据合理性概念，运用比较优势理论建立民族高校发展战略选择的合理性评价结构模型、模型解释和评价指标分解,说明民族高校作出的发展战略决策应符合客观真实情况。旨在为民族高校制定发展战略提供一些理论上的参考,为进一步系统研究民族高校发展战略选择奠定基础。

参 考 文 献

[1] 赵果庆. 我国产业部门群结构与战略性调整研究. 财经问题研究, 2006, (1). 卿前龙, 刘慧. 比较优势理论对中国出口加工贸易的适用性研究. 商场现代化, 2006, (1). 朱敏. 跨国企业与东道国企业竞争策略选择——基于比较优势的分析. 财经研究, 2006, (1).

[2] 陈厚丰. 浅谈高等学校分类与定位的若干理论问题. 中国高教研究, 2003, (11): 48.

[3] 胡李钦. 甘筱青副校长作高校发展战略规划学术报告. http://www.ncu.edu.cn/schoolmate-web/ campus/4.doc[2004-12-08].

[4] 马克斯·韦伯. 韦伯作品集·Ⅱ: 经济与历史支配的类型. 康乐, 译. 桂林: 广西师范大学出版社, 2004: 181.

(原文载于《中南民族大学学报》(人文社会科学版) 2008 年第 4 期)

如何彰显宗旨意识和办学特色

要办好民族院校，发挥民族院校特有的功能，必须解决好"办什么样的民族大学，怎样办好民族大学"，"培养什么样的民族人才，怎样培养民族人才"这两个根本问题。在分析检查阶段，我们深入查找了影响和制约学校科学发展的八个方面的突出问题，深究问题的原因，进一步强化宗旨意识，坚持以人为本，拓展办学思路，突出办学特色，全校达成共识，取得了实实在在的效果。

一、为谁科学发展——强化宗旨意识，担当社会责任

民族院校的办学宗旨是"面向少数民族和民族地区，为少数民族和民族地区服务"，但学校当前的办学实践与民族地区经济社会发展的需要还不能完全适应。

通过分析检查，我们深刻认识到，要切实发挥好民族院校在社会和谐发展中的独特作用，必须进一步强化全校党员干部尤其是党员领导干部的宗旨意识和服务民族院校的责任意识。一是要进一步搞好理论武装，以科学发展观为指导，不断深入了解国情、民族地区社情及校情，调查研究学校服务民族地区经济社会文化发展的新机制。二是要勇于承担民族院校的特定社会责任，突出办学特色。进一步树立育人为本、开放办学的理念，积极投身民族地区经济社会发展的主战场，服务党和国家民族工作的迫切需要，使各民族学生"进得来、学得好、回得去、靠得住、干得好、扎得牢"。

二、靠谁科学发展——坚持以人为本，达成上下共识

学校从领导班子自身建设着手，从深挖内部体制机制弊端着手，从师生员工最为关注的问题着手，在"靠谁科学发展"问题上形成了四点共识。

一是以特色学科和优势学科为平台，提升师资队伍建设水平。学校瞄准国家发展战略需要，引入竞争机制，实行开放式管理，做大做强现有优势学科。同时重点发展民族医药等特色学科，安排教师到民族地区政府、知名企业顶岗挂职，让教师在服务社会的过程中增长才干。

二是以大开放广纳外智，整合人才资源促进学校事业大发展。利用南方少数民族研究中心、武汉市共性技术推广中心、重点实验室等学科平台，向社会开放办学资源，吸引优秀人才加盟学校事业；加强与政府、企业、有关社会团体的合作，探索"产、学、研、政"互动双赢的新机制。

三是探索具有民族特色的人才培养模式，提升教育教学质量。学校制定了"以学生为本，重基础、重发展、重能力、重创新"的培养方案，大力开展创新创业教育，建立具有自身特色的本科教育体系。

四是深化内部管理体制改革，推进现代大学制度建设。学校对各项制度进行梳理，进

一步理顺学术权力与行政权力的关系，学校集中管理与学院自主管理的关系；推行项目管理，实施督办制度，提高管理效率；完善民主集中制，学校重大事项必须经教代会审议方能实施；完善岗位设置与聘任制度，建立能上能下、能进能出的激励机制。

三、怎样科学发展——拓展办学思路，实现自我超越

在广泛征求意见、深入查找问题、细致分析原因的过程中，我们形成了"三个超越"的办学思维。一是超越关门办学的局限，将高水平民族大学建设与时代精神相结合，建立富有民族院校特点的现代大学制度，紧扣经济社会发展需要，着力在促进民族团结、实现共同进步的大局上下工夫。二是超越被动适应的局面，积极探索创新发展的道路。不等不靠不要，加强与社会各界的合作，在主动争取办学经费、人才资源、科研项目上有所作为，提升学校抗风险的能力和自主创新的水平。三是超越局部利益的藩篱，全心全意为各民族群众谋福利。在学校发展规划上突破一校一地利益的局限，在政策制定上超越对局部利益、眼前效益的追求，始终把学校的科学发展融入促进民族团结进步事业的全局之中。

（原文题目为《强化宗旨意识 突出办学特色》载于《中国民族报》2009年7月3日第3版）

科学编制发展规划的几点要求

规划是指导工作的重要手段，是科学谋划未来的重要途径。在发展环境错综复杂，不确定因素增多的背景下，科学编制和实施好"十二五"规划，对于积极适应发展形势的新变化，妥善应对经济社会发展，高教发展的新挑战，全面落实建设"特色鲜明，人民更加满意的高水平民族大学"的新要求，都具有十分重大的意义。规划编制的过程，实质上就是深化校情认识的过程，是更加彰显特色的过程，是廓清学校科学发展思路的过程。根据《国家中长期教育改革和发展规划纲要（2010—2020年）》的总体要求，结合学校实际，编制好学校"十二五"规划，应着力把握好以下几个问题。

一、深刻认识"十二五"规划制定的时代背景

（一）深刻认识国际金融危机的时代特征

"后国际金融危机时期"市场需求是稀缺资源，原有经济增长模式难以为继，发展格局深度调整，产业升级步伐加快，对各国经济的增长、发展和产业结构升级提出新要求。这些变化对人才培养的专业结构和专业层次提出新的要求。新兴产业的发展和人才培养、科学研究紧密相连，相生相伴。这是学校面临的重大挑战和历史机遇。

（二）深刻认识加快我国经济发展方式转变的紧迫性

我国出口、外汇世界第一，经济总量世界第三，"中国相对崛起"。真正崛起和可持续发展需要教育的强有力支撑。

后金融危机使我们转变经济发展方式更加紧迫，表面上看是对增速的冲击，实际上是对经济发展方式的冲击，经济发展结构性矛盾更加凸显。经济发展方式的转变，也必然要求教育发展方式、发展领域、发展方向作相应转变。这是全党全国今后的工作重点，是一场深刻变革。在中央经济工作会议上，胡锦涛对经济增长方式转变提出了"八个加快"。在经济社会协调发展中，首先就提出要加快提高教育现代化水平，适应经济发展方式转变、建设创新型国家，合理配置教育资源、更新教育观念、创新培养模式、推进教育改革、优化教育结构、提高教育质量，教育将怎样转变，得到更高度关注。

（三）深刻认识国际高等教育快速发展的阶段性特征

世界上存在两大高等教育体系，一个是中国数量上最大，另一个是美国质量上最高。

（四）深刻认识我们高等教育面临的机遇和挑战

一是抓住高等教育进入第二阶段的机遇。可以预期全国新一轮的高教竞争会更加激烈，加快提升我们的办学质量，从而实现我们的办学目标。

二是抓住《国家中长期教育改革和发展规划纲要》的机遇，加快学校内部的调整转变，

以适应国家加快转变的要求。"转"字既是对我们的挑战，更是机遇。要紧紧围绕加快转变学校发展方式，实现科学发展为主题，广泛动员教职工，统一思想，深入研究和探讨教学质量如何提高，创新人才如何培养，专业结构如何调整，自主创新如何增强，学科水平如何提升等一系列问题。

三是抓住"国家自主创新示范区"、新的十年国家新一轮西部大开发的机遇，加快我们办学水平的提升，更好地服务湖北地方经济、服务西部、服务全国。

二、坚持"十二五"时期发展的主题和主线

"十二五"时期是我们积极应对国内外发展环境重大变化，实现"建设特色鲜明、人民更加满意高水平民族大学"目标承前启后的关键时期；是深入贯彻落实科学发展观，加快转变学校发展方式的重要时期；是加快实施"特色鲜明、提高水平、跨越式发展"总体战略，实现学校又好又快发展的黄金时期，也是学校教育教育改革的攻坚时期。提高教育教学质量，提供优质社会服务两大重点任务，着力推进从增加一般性资源转变到积聚和激活战略性优质高等教育资源、从数量扩张尽快转变到质量提高、开拓服务民族地区领域，加强师资队伍建设为主的三大转变。目标是建设特色鲜明、人民更加满意高水平民族大学，发展方式是特色发展、质量发展、跨越发展。

"十二五"时期的主题是科学发展，主线是加快学校发展方式的转变。这是由这个时期的阶段性特征决定的。这个时期的主要特点是：高教发展出现新变化，高教（校）发展进入新阶段。

要进一步加快适应经济发展的转型、调整，并依靠已有的科技，教育优势，抢占教育的制高点。发达国家经济危机的冲击，使"留学热"高烧不退，加剧了国际高教的竞争；各国高等教育的国际化的不断推进、国际化程度要不断提高的挑战越来越严重。这些因素普遍联系，互相影响，纵横交错，盘根错节，共同组成了我们高教发展面临的重大外部挑战。

国内发展进入新的阶段表现为：我国高教已经进入大众化阶段，与此同时在发展模式、学校定位、学科建设、教育教学改革、人才培养模式创新、提高教育教学质量、服务社会等方面也出现一些亟待研究解决的新问题。

这就要求我们不仅要注重数量增长，而且要注意质量提高，彰显特色，科学管理，提高办学水平，提高办学要素的质量和使用效率。

不仅要注重学科平台，科研总量的扩张，更要注重教学（办学）结构的优化和办学运行质量的提高，不仅要注重学校事业的发展，更要注重改革稳定等的协调发展。

为此，"十二五"规划必须紧紧围绕科学发展这个主题，牢牢抓住加快转变学校发展方式这条主线，坚持在发展中促转变，在调整中谋发展，推动学校科学发展、加快发展和转型发展。

在编制"十二五"规划过程中，抓住转变发展方式这条主线，重点是要把握两个关键："转变"和"加快"。

强调"转变"，既要统筹兼顾，又要突出重点。

一是提高办学要素的质量和使用效率；二是提高投入产出效率；三是优化办学结构，更加突出教学、科研的地位；四是提高办学运行质量。

强调"加快"，既要讲速度，更要讲质量。关键是要做到在加快发展中谋求更好更快的发展，坚持加快发展"不动摇、不懈怠、不折腾"。其核心强调的是坚定不移地坚持社会主义办学方向，为少数民族和少数民族地区服务的办学宗旨，将学校建设成为"特色鲜明，人民更加满意的高水平民族大学"。在这三个"不"中，"不动摇"是根本，"不懈怠"是关键，"不折腾"是保证。"十二五"期间要实现"转变"，体现"加快"，就必须主观与客观相适应，善于抓住发展的主要矛盾，敢于突破矛盾的主要方面，坚定不移调结构，脚踏实地促转变。

三、明确学校"十二五"时期发展的战略要求

在"十二五"期间要实现办学目标的战略转型——基本实现由教学型向教学研究性大学的转型，特色战略、高水平战略取得突破性进展。我们应着眼于加快构建促进这两大战略实现的支点建设，科学确定"十二五"的总体目标和各项发展指标。因此要综合考虑以下因素。

一是符合上级对学校的总体定位。国家民委根据党和国家赋予民族高校的特殊使命，先后对学校作出了"办人民更加满意的民族大学"的目标要求和"进入部委属高校前100位"，"委属院校中游"，希望我们将"特色鲜明和高水平"有机统一的定位。这是我们编制"十二五"规划的重要依据。要把学校的发展纳入高教发展总范围考察，党在新时期民族工作的总体目标来考察，实现西部大开发的目标任务来考察。

二是体现党中央、国家民委、湖北省对学校发展的更高要求。要培养中国特色社会主义的"合格建设者和可靠接班人"，这是党和国家对高校的普遍要求，关于如何办好民族院校，中央领导和民委领导有一系列重要指示，要求我们培养的学生"首先要政治合格"，"要培养坚定地跟党走，维护祖国统一、民族团结的各民族优秀人才"，"共产党不能培养自己的掘墓人"，要求我们成为"少数民族人才、少数民族干部的培养基地"等，在培养人才上体现最大的特色和不可替代性。

三是坚持"三基地、一窗口"的基本定位。要实现我们的战略意图，我们既要立足学校的实情，又要跳出自身来认识学校，在委属民族院校系统，在省属重点乃至全国部委属院校这一更大空间和范围内考虑学校的发展，努力在"十二五"全国教育发展大局中发挥应有的作用。

民族院校要成为少数民族人才培养基地，这在培养人才上体现民族院校的特色和不可替代性；少数民族优秀文化的传承创新基地；党和国家民族理论和民族政策制定的研究、咨询基地；展示我国民族政策的窗口。这个基本定位符合上级对学校的总体定位，又与学校第六次党代会提出的目标相衔接，同时，学校"十二五"的战略又赋予它新的内容，是我们需要坚持的基本定位。

四是反映《国家中长期教育改革和发展规划纲要》的要求。要更加突出教育教学质量在办学中的核心地位，明确在"十二五"时期学校质量工程的主要任务，并在学校"十

二五"规划的目标体系中要充分体现,包括调整什么、转变什么、怎样调整、怎样转变等内容。

综上所述,"十二五"时期,在总的发展目标上,我们要实施调整转型战略,具体谋划上我们要实施"特色战略""高水平战略",以上级对学校的总体定位和基本定位及要求为指导,以"三基地、一窗口",坚持办学宗旨和办学方向,突出抓好办学质量的提升,从而使我们的发展走在民族高校的前列,加快学校的战略转型和办学目标的实现。

四、把握"十二五"时期学校发展的战略重点

"十二五"时期,要重视研究和解决以下几个方面的问题。

（一）确定学科、专业结构调整的立足点,推进内涵发展不断优化

从国家的导向和社会需求来看,一是我们的学科专业调整要更加符合社会的需求,要体现服务社会、服务民族地区、服务学生。二是要坚定不移地发展有基础的部分理工科学科专业,按国家导向培育战略性、高新技术的新兴学科专业（要不失时机,有突破性的发展）,面向产业服务的专业,如金融、科技开发、文化、物流;面向民生服务的专业如旅游、文化、社区等。三是富有特色地推进人文社会科学学科、基础学科,向特色鲜明、高水平发展。要在学科凝练、服务、技术含量、基地、平台等方面着力。重点是解决教什么、学什么的问题。

（二）找准内涵发展的结合点

内涵发展不是不要发展或放慢发展,而是追求质量价值的发展;稳定规模不是不要规模,而是要扩大优质资源的规模。扩大优质资源就是要让优秀的教师多得报酬,让优秀的学科多得发展,让优秀的成果多得认可。

扩大内需是我国经济发展基本立足点和长期战略,也是调整经济结构,转变经济发展方式的首要任务。恩格斯指出:"城市是经济发展的放大器,它可以放大工业化,放大城乡一体化,放大消费需求,放大社会就业。"我们要在城市化进程的背景中去思考我们的发展。

（三）明确改革的着力点,深化重点领域和关键环节的改革

加快转变发展方式,最根本的是要突破体制、机制障碍,这是解决发展中困难和问题的根本办法,也是促转变的根本的动力。纵观我国30多年的改革开放历程,发展给改革出题目,改革为发展开辟道路,这是发展与改革相互促进的基本路径。"十二五"时期,在激烈的竞争和巨大的压力面前,需要我们坚定不移地深化改革,以更大的魄力实现学校内部改革在重要领域和关键环节的重大突破,如队伍建设、教学改革,进人机制等。加快建立与科学发展相适应的体制机制,减少随意性,为创新发展模式提供强大动力的制度保障。深化改革要提上日程,但改革一定要有针对性,更要注重可操作性,要处理好各种关系,尤其要处理好改革与坚持的关系,某种程度我们该坚守的没有坚守,继承和发展的关

系，改革和坚持的关系我们要处理好。

（四）破解制约发展的关键点

牢固树立追求卓越，追求杰出，追求优质，止于至善的办学价值观，理顺分配关系，做好岗位设置分类管理等工作。准确分析找到校、院的优质、优秀、优势所在。我们存在领军人物缺乏、有影响的科研和成果缺乏、国家级重大项目、主要奖项没有等问题，这些问题归结起来是人才瓶颈的制约，是粗放经营、学术风气环境营造不够。因此我们要在坚持民族工作的特殊规律与高等教育普遍规律相结合，坚持民族高等教育特殊性与高等教育普遍规律性相结合的基础上，破解制约发展的瓶颈、关键点。

五、展示学校"十二五"时期发展的主要亮点

（一）学科建设的整体水平要上一个台阶

一是一级学科的博士点、学术型的硕士点、专业硕士点在量上，经过努力要有一个大的增长。二是博士点、学术型硕士点在质的升位上，经过努力要有一个具体升位目标。三是学科建设为龙头的理念牢固树立，师资队伍、研究生教育、科学研究、实验室建设等项建设真正围绕学科建设而进行，学科建设真正起到纲举目张的作用。各学院围绕学校学科建设的规划都有自己详细的学科建设规划，整体建设水平上一个新台阶。

（二）人才队伍的建设要有一个新的跨越

有一个质的提高师资队伍：领军人物、双师型、学历、结构、引进、培养；岗位实践，海外培训项目；管理队伍：懂教育、学历、结构、服务教学科研的能力；后勤队伍：节约成本、提高服务质量，减员增效。

（三）教育教学改革更加深入，教学质量有明显提高

提高质量是学校可持续发展的核心内容。改革到深入是教学、痛处是教学、难处也是教学。要以国家产业、经济增长方式转变为导向，在专业调整、新兴专业的举办上抢占制高点。

（四）在鲜明特色的彰显上有质的提高

彰显特色，提高水平是我们应对激烈竞争的根本。

一是特色学科，要在重大理论问题、实践问题的解决上进一步彰显特色，要在国内的影响力，学科升位上去彰显特色，要在服务民族地区，服务社会去彰显特色。

二是所有的学科，都要在学科特色的彰显上去狠下工夫，在学科方向的凝练上去狠下工夫，在人才培养的模式、特色上去狠下工夫，在服务人才需求上去狠下工夫。

（五）在办学的国际化程度上要有较大提高

国际化是高等教育发展的主要趋势。提高办学的国际化水平，就要有国际化的胸怀，

国际化的视野,在队伍建设上,要从世界范围内吸引人才;在人才培养上,要提高学生的"全球意识,国际化观念",借鉴国内外高水平办学经验,在教师、教材、教法上提高国际化的程度。

(原文题目为《转变与加快——关于学校"十二五"规划的几点思考——在2010年暑期党委中心组(扩大)学习会议上的讲话》)

实现"民大梦"的四个关键

党的"十八大"胜利召开以来，全党全国各族人民紧密团结在以习近平同志为总书记的党中央周围，为实现中华民族伟大复兴的"中国梦"而努力奋斗。全校各族师生员工在学校党委的正确领导下，深入贯彻落实第 21 次全国高校党的建设工作会议精神，积极参加"学习贯彻十八大、争创发展新业绩""两访两创""三万"等一系列学习教育实践活动，以实际行动践行中央"八项规定"，以参加征文比赛等形式畅谈"中国梦、民大梦"，抒发"爱国、爱校"情怀，学校强劲的建设特色鲜明、人民更加满意的高水平民族大学的正能量正在形成。

实现中华民族的伟大复兴是一项光荣而艰巨的事业，需要每一位共产党员，需要一代又一代中国人共同为之努力，需要每个行业和领域在已有基础上形成正确的方向标、清晰的路线图、明确的时间表，让全社会的每一个成员、每一个工作岗位都焕发出最大的创造活力，进而形成实现"中国梦"的强大精神正能量。最近，全国政协副主席、国家民委主任王正伟同志在国家民委传达党的群众路线教育实践活动会议精神的大会上，做出了实现中华各民族一家亲的"团结梦"、建设美好家园的"发展梦"的重要部署。中南民族大学作为民族高等教育的重要组成部分，要始终坚持正确的办学方向，始终坚持为少数民族和民族地区服务的办学宗旨，完成好培养各民族高素质人才，研究我国民族理论和民族政策，传承和弘扬各民族优秀文化，展示我国民族政策和对外交往的重要使命，努力践行为民、务实、清廉的具体要求。因此，建成特色鲜明、人民更加满意的高水平民族大学的"民大梦"是"团结梦""发展梦""中国梦"的有机组成部分，是我们每一个民大人现阶段的共同奋斗目标。

"民大梦"既是学校的梦，也是我们每位共产党员、每一个民大人的梦，它不是抽象的，而是具体的，它不是表面的，而是内在的，它有着丰富的内涵和外延，具体来讲，就是在学校党委和行政的坚强领导下，各族师生员工努力践行办学宗旨，以提高教育教学质量为核心，坚持质量立校、学科兴校、人才强校、特色荣校的内涵式发展战略，积极推进由教学型大学向教学研究型大学转变，全面提升学校的核心竞争力、社会影响力和国际化水平，实现学校"十二五"的办学目标和各项任务。换句话讲，实现"民大梦"，就是要坚持走群众路线，切实维护广大教职工的根本利益，就是要实现学校科学发展、学术繁荣发展、师生全面发展，这三者是有机统一的整体，相互联系、相互依存、相互促进。

我们中南民族大学有着光荣的传统。62 年来，一代又一代的民大共产党人团结带领全校各族师生员工，始终坚持社会主义办学方向，坚持为少数民族和民族地区服务的办学宗旨，认真贯彻落实党的教育方针和民族政策，艰苦创业、砥砺奋进、立足中南、服务全国，培养了成千上万的各级各类优秀人才，取得了许多有重要影响的科研成果，创建和发展了一批重点学科，探索出了一条在非民族地区办好民族高等教育的成功之路。当前，民大共产党人在学校党委和行政的坚强领导下，正带领各族师生员工胸怀梦想，全面推动学校各项事业在新的历史起点上实现新跨越。我们认为，实现"民大梦"，要着重把握以下"四个关键"。

第一，实现"民大梦"，关键要始终顾全大局。大局就是政治，讲大局就是讲政治。民族高校的大局观念就是肩负党和国家的特殊使命，践行办学宗旨，就是维护少数民族和广大师生员工的根本利益。没有大局观念，任何大事都很难办成，社会主义集中力量办大事的优越性就很难体现。学校在发展过程中，没有大局观念或大局观念不强，就会走偏方向，或是导致一些大事、好事难以办成，或大打折扣，影响发展质量。实现"民大梦"，要想少走弯路、少办错事、多办好事、办成大事，就需要我们共产党人带头讲政治、顾大局、守纪律，这是凝聚力量、实现梦想的政治基础、思想保证和组织保障。

第二，实现"民大梦"，关键要不断提高水平。水平就是质量，水平就是特色，水平既是管理能力的体现、也是办学思路的体现，更是思想觉悟的体现，水平、质量、特色三者有机统一。现实工作中，我们要按照大学的本质要求办事，要按照程序办事，要杜绝形式主义、官僚主义、享乐主义和奢靡之风在学校滋生。"四风"滋生必然影响学校的办学水平、办学质量、办学特色。我们共产党人时刻要有本领恐慌，要坚决克服能力不足的危险、脱离群众的危险，防止消极腐败滋生，要以制定大学章程为契机，建立和完善具有中国特色的民族高等教育现代大学制度，不断提高领导水平、工作水平和政策水平，只有这样，我们的"民大梦"才能早日实现。

第三，实现"民大梦"，关键要切实转变作风。习近平同志强调，党的群众路线教育实践活动的主要任务是聚焦到作风建设上，集中解决形式主义、官僚主义、享乐主义和奢靡之风。为克服"四风"问题，学校及时制定落实中央"八项规定"的实施细则，进一步改进工作作风、密切联系群众，取得了明显效果。同时，我们还要警惕好人主义、个人主义、自由主义，这些是"四风"在学校的一些表现，同样是影响学校改革发展稳定的作风问题。客观地讲，产生这些问题的原因是多方面的，学习文件不够、提倡什么和反对什么抓得不紧、制度建设的不健全、个人思想认识不到位等，都是造成风气不好的原因。要实现"民大梦"，就需要我们每个民大人，特别是共产党人要以"照镜子、正衣冠、洗洗澡、治治病"为总要求，不断实现自我净化、自我完善、自我革新、自我提高。

第四，实现"民大梦"，关键要坚持崇尚实干。邓小平同志曾讲过，"不干，半点马克思主义都没有。"习近平同志最近指出，"空谈误国、实干兴邦。"这些都明确告诉我们，没有实际行动，不崇尚实干，"民大梦"只能停留在梦想和空谈中。中南民族大学62年的发展，为我们实现"民大梦"奠定了坚实的基础，但学校所处的历史方位告诉我们，既不能妄自尊大、也不要妄自菲薄，而是要一切从民族高等教育和学校发展的实际出发，出实策、鼓实劲、干实事，一步一个脚印描绘蓝图、实现梦想。民大共产党人要带头求真务实，杜绝追求表面文章、努力克服形式主义；要带头攻坚克难，努力克服制约学校发展的思想问题、作风问题、制度问题；要带头开拓创新，探索新路径、积累新经验、采取新举措，实现"民大梦"。

同志们,"有梦想,有机会,有奋斗,一切美好的东西都能够创造出来",让我们紧密团结在以习近平同志为总书记的党中央周围,共同团结奋斗,共同期待"民大梦""发展梦""团结梦""中国梦"的早日实现。

(原文题目为《为实现建设特色鲜明、人民更加满意的高水平民族大学的"民大梦"而努力奋斗》,本文为 2013 年 7 月的七一表彰纪念讲话)

高水平民族大学建设的思考

目前世界高等教育呈现出更加注重引领社会，更加注重国际开放，更加注重全人教育，更加注重品牌质量，更加注重学科交叉融合等五大发展趋势。有专家提出，当代中国高水平大学应主动承担起"成为高素质创新人才培养的主阵地，成为科技创新、经济发展的引领力量，成为政府决策咨询的思想库和智囊团，成为弘扬先进文化、引领社会进步的灯塔，成为地区与全球合作交流的桥梁"五个重要使命[1]。《教育部、财政部关于加快推进世界一流大学和高水平大学建设的意见》明确提出："继续实施985工程，要坚持走'有特色、高水平'发展之路，办出'中国特色、世界水平'。既要体现国情，又要坚持国际公认的标准；既要在可比办学指标上和世界一流大学相当，更要为国家作出突出贡献；既要拥有世界一流学科，更要形成独具特色的发展模式和先进文化"[2]。

在我国民族院校系统，虽然只有中央民族大学进入了985工程建设行列，但作为我国高等教育体系有机组成部分和民族高等教育的重要承担者，如何借党中央、国务院重大决策和重大举措的东风，加快向高水平目标迈进的步伐，在"加强学科和人才队伍建设，提高办学质量和管理水平"[3]上实现新突破，具有非同寻常的意义。对高水平民族大学的深入解析，是建设高水平民族大学的基础和前提。

一、何谓高水平民族大学

高水平大学是一个多层面的概念。有学者认为，高水平大学是一个比较性、精神性、学术性与发展性的概念[4]。的确，现代高水平大学目前没有也难于制定出统一的"标准"，但却有相同的发展特征和发展机遇。依据特征谋求机遇，发展高校的软实力，是高校办学的生命所在。世界高水平大学的发展理念和发展历程给中国现代大学的发展提供了卓越的航标。有学者通过横向比较认为，独特的办学理念，特色的优势学科，拔尖的创新人才，优质的师资队伍，创新的科研成果，教育的国际化，创新的氛围是现代高水平大学发展的特征[5]。办出特色，办出水平，是高等教育贯彻落实科学发展观的基本要求，是遵循高等教育发展规律和高等学校办学规律的重要体现，是提高高等教育质量的根本举措，是我国高等教育和高等学校科学发展的根本方向。质量是特色的根本，并非著名大学的专利；特色是质量的体现，不能简单地等同于"人无我有"。质量、特色、水平三者有机统一，有质量一定离不开特色和水平；有特色，无论特色学科还是学科特色，一定是水平和质量的体现；高水平一定离不开质量和特色的支撑。通过三者之间的有机结合，相互提升，彼此强化，才能提高质量，提升水平，增强学校核心竞争力。

江泽民同志在北京大学百年校庆讲话时提出："为实现现代化，我国要有若干所具有世界先进水平的一流大学，这样的大学应该是培养和造就高素质的创造性人才的摇篮；应该是认识未知世界、探求客观真理、为人类解决面临的重大课题提供科学依据的前沿；应该是知识创新、推动科学技术成果向现实生产力转化的重要力量；应该是民族优秀文化与世界先进文明成果交流借鉴的桥梁"[6]。胡锦涛同志在清华大学百年校庆讲话时指出:"要以重点学科建设为基础,以体制机制改革为重点,以创新能力提高为突破,加大支持力度,健全长效机制,鼓励重点建设高校成为知识创新的策源地、深化教育改革的试验田、扩大开放的桥头堡"[7]。党的"十八大"报告明确指出,要实施创新驱动发展战略,更加注重协同创新。努力办好人民满意的教育,推动高等教育内涵式发展[8]。上述重要精神,为我国建设高水平大学指明了前进的方向和发展的道路。

民族院校是党和国家为解决国内民族问题而建立的综合性普通高等学校。高水平民族大学的建设,既要拥有国际大致公认的基本内涵,体现高水平大学的共同特质,同时要彰显民族大学的自身特质。这就是:首先要有体现民族大学本质属性、社会责任、特殊使命、价值追求、办学定位、办学特色和办学规律的先进理念,熟悉民族工作和高等教育工作的高素质领导班子,多民族组成的高水平师资队伍,具有辐射民族地区区域发展、相对优势明显的高水平学科专业,具有符合各民族师生特点的高水平管理与服务,融大学精神与民族特色于一体的高品位校园文化;其次要求我们必须培养高素质的各民族人才,产出服务国家民族工作决策和利于民族地区加快发展的高质量学术成果,为少数民族和民族地区提供高质量的服务,有大批服务在民族地区乃至全国各条战线的优秀校友。办特色鲜明、人民满意的高水平民族大学,应该在"民族特色"上动脑筋,下工夫,上水平。在体现自身特色方面,就是要始终坚持社会主义办学方向,始终坚守"少数民族和少数民族地区"的服务面向,始终践行"为少数民族和民族地区服务,为党和国家的民族工作服务"的办学宗旨,始终把贯彻党的教育方针同贯彻党的民族政策统一起来,把民族工作与教育工作结合起来,牢牢把握各民族"共同团结奋斗,共同繁荣发展"这个新世纪新阶段民族工作的主题,主动适应民族地区社会主义现代化建设的要求,不断满足各族群众日益增长的对高等教育特别是优质高等教育的需求,着力提高办学质量,将民族院校建设成为"我国培养少数民族高素质人才的重要基地,研究我国民族理论和民族政策的重要基地,传承和弘扬各民族优秀文化的重要基地,展示我国民族政策和对外交往的重要窗口"[9],成为民族地区的人才摇篮、信息中心、科技基地、服务窗口,努力担当增强民族团结,维护祖国统一,促进民族和谐,服务民族发展的特殊社会责任[10],为民族地区的经济社会发展和全面建成小康,为构建社会主义和谐社会和中华民族的伟大复兴作出新的更大的贡献,充分发挥非民族院校不可替代的作用。

二、如何建设高水平民族大学

要建设高水平民族大学,关键是要走内涵发展的道路。坚持内涵发展,就是要主动实现学校发展思路的战略性转移,使数量扩张服从质量提高,硬件增加服务于软件升级;从局部调整转向功能提升,从建设大楼转向培育大师;以科学发展为要义,以改革创新为动力,把学校发展推向更深层次、更高阶段、更高水平。因此,建设高水平民族大学应该遵循如下原则:一是恪职尽责的原则。民族院校赋有培养少数民族高素质人才、研究我国民族理论和民族政策、传承和弘扬各民族优秀文化、展示我国民族政策和对外交往的重要窗口的基本职能,承担增强民族团结、维护祖国统一、促进民族和谐、服务民族发展的特殊社会责任,肩负促进"一体多元"中华文化整合的特殊使命,因此,要牢牢把握办学宗旨,在培养忠于祖国统一、维护民族团结、全面和谐发展的各民族人才方面，发挥普通高校不可替代的作用；二是质量立校的原则，要视质量为责任，视质量为良知，视质量为前途，视质量为生命，确保教学工作的中心地位，教学改革的核心地位，教学质量的首要地位和教学投入的优先地位；三是特色兴校的原则。特色就是质量和水平，特色体现作用和地位，民族院校要根据办学传统和自身条件，针对民族地区经济结构调整、特色产业优势、生态和环境保护、民族文化发展等方面的需求，准确定位，合理规划，突出自身的学科特色、科研特色和校园文化特色，在培育特色中形成和强化优势，在优势积累中提升核心竞争力；四是人才强校的原则，人才资源是最重要的战略资源，师资队伍建设是内涵发展的核心。实施人才强校战略，要从高层次人才和创新团队建设入手，带动师资队伍的整体建设，加快造就一支高素质的各民族教师队伍。

在高水平民族大学建设原则的指导下，科学规划学校事业的发展蓝图，把握新时期学校事业发展的战略重点。

第一，抢占特色建设的制高点。所有世界著名大学都因自身的学科特色而著称。办出水平，办出特色，主要指办出学科水平与特色。换言之，学科建设是特色建设的核心要素，特色建设是学科建设的重要表征。要办人民满意的民族大学，受人尊重的高水平民族大学，其关键之点就是学科水平的提升与特色的彰显。学科是大学组织教学和科研的基本单元，狠抓学科建设是由学科在高等学校事业发展中的龙头地位、战略制高点地位决定的，是由学科建设在高等学校整体事业的中心地位决定的，是贯彻高等学校实施战略转移，确立走内涵为主发展方针的必然选择，是彰显高等学校学科特色品牌的战略需要，是适应中国高等教育改革发展，坚持学校办学宗旨的客观需求。做好学科建设，一要抓学科建设规划，二要抓队伍建设，三要抓机制建设，四要抓人文环境建设，五要抓合力机制建设。而学科建设的根本是队伍建设。按照"教师要向学科团队集中，学科团队要向硕士点、博士点集中，硕士点、博士点要向重大项目、重点学科、实验室基地平台集中，学科平台要向重点学科、优势学科、特色学科集中"；"学科队伍建设要以基地为导向，要以重点实验室为导向，要以重点项目为导向，要以社会需要为导向，要以优势学科、特色学科为导向，要以名师为导向"的"四个集中"和"六个导向"的原则狠抓队伍建设。通过"四个集中"，实现师资队伍的有机整合，实现学科结构的整体优化，实现学术团队力量的规模集成。坚持"六个导向"，发挥学科集群和交叉融合的优势，组建多种形式的创新学术组织，形成充满活力的创新团队[11]。学科建设是民族院校特色建设，内涵发展的重中之重，也是急中之急，难中之难。因此，我们要以改革的精神、开放的精神、创新的精神、求实的精神、执着的精神，抓住机遇，攻坚克难，民族院校的特色建设才会充满活力，展现魅力，富有价值，发挥自身独特的作用。

第二，找准结构调整的立足点。《国家中长期教育改革和发展规划纲要（2010—2020年）》要求，"适应国家和区域经济社会发展需要，建立动态调整机制，不断优化高等教育结构。优化学科专业和层次、类型结构，重点扩大应用型、复合型、技能型人才培养规模，加快发展专业学位研究生教育"[3]。以学科为例，从国家的导向和社会需求来看，一是民族院校的学科专业调整要更加符合社会的需求，要体现服务社会、服务民族地区、服务各民族学生。二是由于学科和专业结构的先天不足，要坚定不移地发展有良好基础的部分理工科学科专业,按国家导向不失时机、有突破性地培育和发展战略性、高新技术的新兴学科专业,面向产业服务的专业,如金融、科技开发、文化、物流;面向民生服务的专业,如旅游、文化、社区等。三是富有特色地推进人文社会科学学科、基础学科,向特色鲜明、高水平方向发展。要在学科凝练、服务质量、技术含量、基地、平台等方面着力。在教学结构调整上,重点解决好教什么、学什么的问题。

第三,抓住内涵发展的结合点。内涵发展不是不要发展,放慢发展,而是追求质量价值的发展;稳定规模不是不要规模,而是要扩大优质资源的规模。扩大优质资源就是要让优秀的教师多得报酬,让优秀的学科多得发展,让优秀的成果多得认可。内涵发展的结合点在哪里?我们认为,在于服务国家战略,履行特殊社会责任,完成国家赋予民族高校亟待解决的重大理论和实践问题的紧迫任务,在于满足国家发展不断扩大的内部需求。国家先后出台了《中国农村扶贫开发纲要(2011—2020年)》《国民经济和社会发展第十二个五年规划纲要》《中共中央国务院关于深入实施西部大开发战略的若干意见》《全国主体功能区规划》和《关于下发集中连片特殊困难地区分县名单的通知》等一系列文件,在这一大背景下,把握新时期民族工作主题,围绕"以增强自我发展能力为主线,以改善民生为核心,以科技进步和人才开发为支撑"[12],在民族地区基础设施建设、生态建设和环境保护、经济结构调整和自主创新、社会事业发展、基本公共服务均等化和民生改善、优化区域布局、体制机制创新、扩大对内对外开放等方面去寻找结合点,去实现无缝对接。在结合中抓机遇,在贡献中求发展,在发展中被认可。

第四,明确深化改革的着力点。深化改革要围绕科学发展这个主题,抓住加快转变发展方式这条主线。实现科学发展不仅要注重资源平台的数量增长,更要追求办学质量的全面提升。"转变",既要统筹兼顾,又要突出重点;"加快",既要求速度,更要讲质量。为此,要以提高人才培养质量为核心任务,更加突出教学的中心地位,以教学改革作为学校工作的着眼点和深化改革的着力点,通过重点突破带动整体推进,深入思考教学改革"为什么要改、改什么、如何改"的问题,从教育教学理念更新,到人才培养模式创新,再到教学模式改革,要触及教学改革的深处、痛处和难处,全面而有效地破解制约教学改革的难题,使教学质量取得根本性提升,人才培养水平收到实质性成效,实现民族大学的战略性跨越,办人民满意的高水平民族大学。

第五,突破制约发展的关键点。要牢固树立追求卓越,追求杰出,追求优质,止于至善的办学价值观,在理顺分配关系、做好岗位设置分类管理等工作,理性分析校与院的优质、优秀、优势所在的同时,深挖民族院校普遍存在领军人物缺乏、有影响的科研和成果缺乏、国家级重大项目、奖项缺乏等问题的根源,在坚持民族工作规律与高等教育规律相结合,坚持民族高等教育特殊性与高等教育普遍性相结合,贯彻建设高水平民族大学原则精神的前提下,采取有效措施,全力破解高层次人才培养与引进难、管理科学化水平的提高难、浓厚学术风气的营造难等制约高水平民族大学建设的关键点,使优势不断积累,特色得以彰显,水平和质量不断提高。

参 考 文 献

[1] 谢和平. 认清高水平大学的发展趋势和使命. 中国教育报,2008-8-29.

[2] 教育部、财政部关于加快推进世界一流大学和高水平大学建设的意见（教重[2010]2号）. 2010-6-27.
[3] 国家中长期教育改革和发展规划纲要（2010—2020年）. http://www.Gov.cn/jrzg/2010-07/29/content_1667143.htm[2010-7-29].
[4] 徐吉洪. 高水平大学的本质特征论析. 高等理科教育，2010，（4）：28.
[5] 高兵. 现代大学视阈下的高水平大学建设. 高等建筑教育，2009，（5）：8-9.
[6] 江泽民在庆祝北京大学建校一百周年大会上讲话——继承和发扬五四运动的光荣传统. http://politics.people.com.cn./GB/8198/153609/153613/9219608.htm[2009-04-03].
[7] 胡锦涛在清华大学百年校庆大会上的重要讲话 http://www.bi.uanet.com/bjpD_sdzx/2011-04/25/content_22604972_1.htm[2011-04-25].
[8] 胡锦涛. 坚定不移沿着中国特色社会主义道路前进为全面建成小康社会而奋斗——在中国共产党第十八次全国代表大会上的报告. http://cpc.people.com.cn/n/2012/1118/c64094-19612151.htm[2012-11-18].
[9] 国家民委教育部关于进一步办好民族院校的意见. 国家民族事务委员会. 国家民委文件选编（1996-2007）（下）. 北京：民族出版社，2010：1319.
[10] 杨胜才. 试论民族院校的特殊社会责任. 高等教育研究，2010，（11）：64-67.
[11] 陈达云. 以科学发展观为统领，认真落实第六次党代会精神，扎实抓好学科建设工作——在中南民族大学学科建设工作会议上的讲话. http://new.scuec.edu.cn/xww/detail.php?id=14359[2009-01-07].
[12] 中共中央国务院关于深入实施西部大开发战略的若干意见（中发[2010]11号）. 2010-06-29.

（原文载于《高等教育研究》2013年第9期）

民族院校内涵建设的关键词

多年来，我们一直都在持续地执行暑期党委中心组（扩大）学习制度，今年的学习，虽然是例行，但意义不同寻常：全国上下正在深入学习贯彻党的"十八大"、十八届三中全会和习近平总书记系列重要讲话精神；开展群众路线教育实践活动深化整改工作；中央新疆工作座谈会结束不久，中央民族工作会议召开在即；全面实施《国家中长期教育改革和发展规划纲要》，全面深化高等教育综合改革；筹备召开学校第七次党代会，总结第六次党代会以来学校事业发展的成就与经验，科学谋划未来发展的目标与愿景，部署全面深化学校内部改革，全力冲刺"十二五"规划任务。在这样一个重要时期、关键时刻，举办今天的扩大学习会议，意义重大，影响深远。

学校发展到今天，再走外延发展的老路，空间不大，没有出路，也不合时宜；走内涵发展的新路，问题很多，难度很大，但大势所趋，箭在弦上，不得不发。新的形势，新的任务，新的要求，倒逼我们：必须以改革创新精神破解难题，加快发展。

我今天的发言，围绕"学校发展目标"这条主线，从改革的视角，对其中的关键问题进行阐发。

一、把握事业发展关键词

学校事业的发展要牢牢把握三个关键词：特色鲜明、高水平、人民更加满意。这三个关键词，是"办什么样的民族大学"的科学定位，是"怎样办民族大学"的战略抉择，是"评判民族大学是否办好"的根本标准。这几个方面的问题，过去我曾多次、在不同场合阐述过，还在高等教育学科权威期刊《高等教育研究》（2013年第9期）发表研究论文。下面，我从这三个关键词切入，从学校全面深化改革的视角，再加以系统的梳理、综合的分析和深入的思考，这不是对办学目标简单的复述和描绘，而是对长期的办学理念的一种深化和强化。下面，我谈谈个人的思考，抛砖引玉，希望大家能有所启发，共同思考。

（一）关于"特色鲜明"

关于这个命题，从"特色是什么""特色在哪里""如何去彰显"三个维度去思考。

1. 特色是什么

所谓特色，就是事物所表现的独特色彩、风格，特点或个性，是构成这一事物区别于其他事物的特殊本质。

所谓办学特色，是指一所大学在发展历程中形成的比较持久稳定的发展方式和被社会公认的、独特的、优良的办学特征，且必须具备明显有别于其他大学的办学风格与传统的独特性，办学过程的积累性，与时俱进的时代性，持续发展的稳定性，学科建设的超强性，社会发展贡献的突出性及办学理念的先进性等特质。办学特色是有关办什么样的大学以及如何办大学的问题，涉及办学理念、办学定位和人才培养等教育核心问题。

办出特色，办出水平，是高等教育贯彻落实科学发展观的基本要求，是遵循高等教育发展规律和高等学校办学规律的重要体现，是提高高等教育质量的根本举措，是我国高等教育和高等学校科学发展的根本方向。质量是特色的根本，并非著名大学的专利；特色是质量的体现，不能简单地等同于"人无我有"。质量、特色、水平三者有机统一，有质量一定离不开特色和水平；有特色，无论特色学科还是学科特色，一定是水平和质量的体现；高水平一定离不开质量和特色的支撑。通过三者之间的有机结合，相互提升，彼此强化，才能提高质量，提升水平，增强学校核心竞争力。

2. 特色在哪里

建校60多年，学校在办学宗旨、服务对象、办学层次和人才培养、学科专业设置、教学方法、科学研究、思想政治教育、校园文化、生活服务等方面均形成了自身的特色。应该说，是富有特色，才成就了中南民族大学的今天；我们更要强调，只有进一步彰显特色，才能开创中南民族大学更加美好的未来。

3. 如何去彰显

对于特色的形成和发展，有学者通过研究得出结论：定位是特色形成的基础；优势是特色形成的体现；创新是特色的进一步发展。我们不妨假设：学者的研究结论是科学的，学校的定位是合理的，这样，我们就可以集中思考"优势"和"创新"两方面的问题。那么，我们接下来要追问的是：优势在哪里？如何去创新？

（1）优势所在：一是党和国家更加高度重视民族工作，我们有得天独厚的政策优势；二是学校地处教育大省和强省的湖北，教育资源极其丰富，有独特的地理环境优势；三是学校经过60多年的探索，尤其是改革开放30多年来的持续发展，积淀了一定的基础条件和局部优势。

（2）如何创新：一是打民族牌，立足各民族高素质人才培养，坚持立德树人，努力把各族学生培养成为政治坚定、德才兼备、全面发展的中国特色社会主义事业的"合格"建设者和"可靠"接班人，成为增强民族团结的骨干，成为维护祖国统一的骨干，成为促进民族关系和谐的骨干，成为推动民族地区改革与发展的骨干；立足各民族优秀传统文化的传承与创新，丰富中华民族共有的精神财富，巩固民族团结、国家统一牢不可破的精神纽带；立足于服从和服务党的民族工作大局，出思想、出思路、出对策、出人才，当好党和国家民族工作智囊团、思想库；立足于服务民族地区各级政府决策、经济建设、社会事业发展，努力使学校成为民族地区人才摇篮、信息中心、科技基地、服务窗口。积极争取，并用好、用活、用足党和国家的民族政策的支持。二是入湖北戏。首先，就地取材，要用好湖北当地的行政资源、社会资源和教育资源；其次，加强与地处湖北的一流高校交流与合作，就地入流入圈；第三，就地融入，主动服务湖北加快构建促进中部地区崛起重要战略支点和武汉市建设国家中心城市的战略布局，以服务求支持，以贡献求发展。三是走"民大"路。坚持社会主义办学方向，坚持办学宗旨；坚持党的民族工作规律与高等教育规律相结合，民族高等教育的特殊规律与普通高等教育的一般规律相结合，追逐民大梦与圆好团结梦、实现发展梦、共铸中国梦相结合；坚持实施"四大战略"，紧扣全面实施素质教育这个战略主题和加快转变发展方式这条主线，秉持以学生为本，以教师为本，以学术为本，以发展为本的办学理念；以立德树人为根本，践行和培育社会主义核心价值观，大力弘扬以"笃信好学、自然宽和"为核心的校园精神，与时俱进，矢志追求"止于至善"的理想境界；坚守大学文化本质，守望大学价值追求，坚定不移地走科学发展、内涵发展、创新发展、特色发展、协同发展、改革发展、开放发展和保障发展的办学道路，办国内一流、国际知名、具有中南民族大学特色的高水平民族大学。

（二）关于"高水平"

客观而言，高水平大学是一个多界面的概念。现代高水平大学目前没有，也难于制定出统一的"标准"。有专家按照国际化的学术标准，通过抽取关键要素的方式，归纳出"具有一流的国际声誉、具有世界一流的师资队伍、具有世界一流的优势学科、培养出大批的精英人才、具有充足而灵活的办学资源、具有完善的管理构架、具有较高的国际化水平"等世界一流大学共同的特质。还有学者通过横向比较认为，独特的办学理念，特色的优势学科，拔尖的创新人才，优质的师资队伍，创新的科研成果，教育的国际化程度，创新的良好氛围是现代高水平大学发展的特征。

我认为，高水平民族大学的建设，既要拥有国际大致公认的基本内涵，体现一流大学的共同特质，同时要彰显民族大学的自身特质。这就是：首先要有体现民族大学本质属性、社会责任、特殊使命、价值追求、办学定位、办学特色和办学规律的先进理念；熟悉民族工作和高等教育工作的高素质领导班子；多民族组成的高水平师资队伍；具有辐射、支撑和引领民族地区区域发展，相对优势明显的高水平学科专业；具有符合各民族师生特点的高水平管理与服务，融大学精神与民族特色于一体的高品位校园文化；其次要求我们必须培养高素质的各民族人才，产出服务国家民族工作决策和利于民族地区加快发展的高质量学术成果，为少数民族和民族地区提供高质量的服务，有大批服务在民族地区乃至全国各条战线的优秀校友。

建设高水平民族大学应该遵循"恪职尽责、质量立校、特色兴校、人才强校"四项原则，推动学校内涵发展，主动实现学校发展思路的战略性转移，使数量扩张服从质量提高，硬件增加服务于软件升级；从局部调整转向功能提升，从建设大楼转向培育大师；以科学发展为要义，以改革创新为动力，把学校发展推向更深层次、更高阶段、更高水平；要在"四项原则"的指导下，科学规划学校事业的发展蓝图，把握新时期学校事业发展的战略重点，切实做到以下几点。

第一，抢占特色建设的制高点。所有世界著名大学都因自身的学科特色而著称。办出水平，办出特色，主要指办出学科水平与特色。要办人民满意的民族大学，受人尊重的高水平民族大学，其关键之点就是学科水平的提升与特色的彰显。加强学科建设，一要抓好学科建设规划，二要抓好队伍建设，三要抓好机制建设，四要抓好人文环境建设，五要抓好合力机制建设。而学科建设的根本是队伍建设。关于这个问题，过去我多次提及，今天还要再次强调，一定要按照"教师要向学科团队集中，学科团队要向硕士点、博士点集中，硕士点、博士点要向重大项目、重点学科、实验室基地平台集中，学科平台要向重点学科、优势学科、特色学科集中"；"学科队伍建设要以基地为导向，要以重点实验室为导向，要以重点项目为导向，要以社会需要为导向，要以优势学科、特色学科为导向，要以名师为导向"的"四个集中"和"六个导向"的原则狠抓队伍建设。通过"四个集中"，实现师资队伍的有机整合，实现学科结构的整体优化，实现学术团队力量的规模集成。坚持"六个导向"，发挥学科集群和交叉融合的优势，组建多种形式的创新学术组织，形成充满活力的创新团队。"不集中"，一盘散沙，空耗资源；"不导向"，各自为政，难成大事。学科建设是学校特色建设、内涵发展的重中之重，也是急中之急，难中之难。应该引起大家的高度重视。

第二，找准结构调整的立足点。《国家中长期教育改革和发展规划纲要（2010—2020年）》要求，"适应国家和区域经济社会发展需要，建立动态调整机制，不断优化高等教育结构。优化学科专业和层次、类型结构，重点扩大应用型、复合型、技能型人才培养规模，加快发展专业学位研究生教育"。以学科为例，从国家的导向和社会需求来看，一是学科专业调整要更加符合社会的需求，要体现服务社会、服务民族地区、服务各民族学生。二是由于学科和专业结构的先天不足，要坚定不移地发展有良好基础的部分理工科学科专业，按国家导向不失时机、有突破性地培育和发展战略性、高新技术的新兴学科专业，面向产业服务的专业，如金融、科技开发、文化、物流；面向民生服务的专业，如旅游、文化、社区等。三是富有特色地推进人文社会科学学科、基础学科，向特色鲜明、高水平方向发展。要在学科凝练、服务质量、技术含量、基地、平台等方面着力。在教学结构调整上，重点解决好教什么、学什么的问题。

第三，抓住内涵发展的结合点。内涵发展不是不要发展，放慢发展，而是追求质量价值的发展；稳定规模不是不要规模，而是要扩大优质资源的规模。扩大优质资源就是要让优秀的教师多得报酬，让优秀的学科多得发展，让优秀的成果多得认可。内涵发展的结合点在哪里？个人认为，在于服务国家战略，履行特殊社会责任，完成国家赋予民族高校亟待解决的重大理论和实践问题的紧迫任务，在于满足国家发展不断扩大的内部需求。国家先后出台了一系列关于扶贫开发的政策措施，中央民族工作会议召开在即，在这一大背景下，把握新时期民族工作主题，围绕"以增强自我发展能力为主线，以改善民生为核心，以科技进步和人才开发为支撑"，在民族地区基础设施建设，生态建设和环境保护，经济结构调整和自主创新，社会事业发展，基本公共服务均等化和民生改善，优化区域布局，体制机制创新，扩大对内对外开放、民族工作体系等方面去寻找结合点，去实现无缝对接。在结合中抓机遇，在贡献中求发展，在发展中被认可。

第四，明确深化改革的着力点。全面深化学校内部综合改革，是为了推动内涵发展，提高教育质量和办学水平，教学改革是着眼点和着力点。通过重点突破带动整体推进，深入思考教学改革"为什么要改、改什么、如何改"的问题，从教育教学理念更新，到人才培养模式创新，再到教学模式改革，要触及教学改革的深处、痛处和难处，全面而有效地破解制约教学改革的难题，使教学质量取得根本性提升，人才培养水平得到实质性提升。

第五，突破制约发展的关键点。要牢固树立追求卓越，追求杰出，追求优质，止于至善的办学价值观，在理顺分配关系、做好岗位设置分类管理等工作，理性分析校与院的优质、优秀、优势所在的同时，深挖民族院校普遍存在领军人物缺乏、有影响的科研和成果缺乏、国家级重大项目、奖项缺乏等问题的根源，在坚持民族工作规律与高等教育规律相结合，坚持民族高等教育特殊性与高等教育普遍性相结合，贯彻建设高水平民族大学原则精神的前提下，采取有效措施，全力破解高层次人才培养与引进难、管理科学化水平的提高难、浓厚学术风气的营造难等制约高水平民族大学建设的关键点，使优势不断积累，特色得以彰显，水平和质量不断提高。

（三）关于"人民更加满意"

人民满意，是一个动态的概念，发展的概念，现实的概念，相对的概念。"办好人民满意的教育"涉及多方面的含义和要求。但从我国目前社会经济和教育发展的实际，以及教育本身的改革与发展而言，至少应该包括三个方面的政策含义：一是基本教育机会的供给让人民感到满意；二是教育资源的分配体制与机制实施让人民感到满意；三是教育质量能够基本符合人民的期望和要求。基本教育机会的供给指的是义务教育的入学机会的供给，是一种底线的满意，直接的满意，也是一种历史的范畴；教育资源配置的体制设计和机制的实施让人民感到满意，是一种体制的满意，是一种间接的满意，由于资源的有限性和诉求的多样性之间的矛盾，这种满意也是一种带有遗憾的满意；人民对教育结果或质量的满意，主要包括三个方面：教育质量不仅要符合教育的内在标准，而且要适应社会的要求和期望；教育质量不仅体现为促进人们的成熟和转变，而且要能够引导青少年朝着正确的方向转变；教育质量不仅表现在个体的培养质量和水平方面，而且表现在能够不断优化整体的教育结构，使之能够适应社会经济文化发展的要求。

我们办人民更加满意的高水平民族大学，从服务对象来看，首先是要让少数民族和民族地区的群众满意，让学校所在区域的群众满意，这是我们赖以生存和发展的基础。从功能发挥来看，我们在发展的内涵上，要使教育资源及要素进一步优化提质，上档升级，满足各族学生健康成长和服务与引领经济社会发展的需要；其次，要使各族学生学有所获，政治成熟、品德高尚、学业有成、身心俱健、全面发展；再次，毕业生步入社会，可就业，能创业，敢创造，尚实干，勇担当；学校在学术创新，在服务和引领经济社会发展方面有作为，有建树，有声望。

如何才能让人民满意？就要回到上述"特色鲜明"和"高水平"两个关键上来，换言之，只有更大程度地彰显办学特色，更加努力地提高办学质量，才会得到人民"满意"的回应和认可。

二、求实务实狠抓落实

（一）铭刻组织重托和各族人民的期盼，牢记特殊使命

（1）2008年7月9日，国家民委党组书记、副主任杨传堂同志在中南民族大学出席干部大会，就中南民族大学今后的改革与发展提出了三点要求，并首次提出要办"人民更

加满意"的高水平民族大学的目标。

（2）2009年5月23日，国家民委主任杨晶视察了中南民族大学，围绕"培养什么人，怎样培养人""办什么样的大学，怎样办好大学"这两大根本性课题，就学校应该如何科学发展提出了四点要求，并提出要学校努力进入全国高校前100名的目标。

（3）2013年5月14日，全国政协副主席、国家民委主任王正伟视察学校，对学校未来发展提出了五点要求，并特别强调要自觉树立一流标准，在打好"民族牌"的同时，在质量上不搞特殊，与其他高校同等要求、同台竞争、同步提高。

（4）2011年10月20日，中共湖北省委书记李鸿忠在学校建校60周年讲话中，他希望努力探索新时期办好民族院校的新思路、新办法、新举措，不断提高办学质量和水平，为民族地区和地方经济社会发展提供更加有力的科技、人才和智力支撑，为促进民族团结进步，推动湖北科学发展、跨越式发展作出新的更大贡献。

（5）2009年3月19日及同年8月31日，国家民委副主任吴仕民先后出席学校学习实践科学发展观活动动员和总结大会并做重要讲话。要求学校要有特色、上水平，并强调要将目标进一步量化。

上级领导的指示，是关心，是关怀，是关注，是办学目标要求，也是办学重要遵循，是工作压力，更是发展动力。

（二）求实务实狠抓落实，用发展诠释担当

所谓"实"，就是"实事""实际"和"实践"，是不断发展变化的客观存在。而"求"和"务"是研究、追求、探索、实践，体现了共产党人与时俱进、追求真理的主观能动性，是我们党带领广大人民投身认识世界、改造世界的伟大实践。求实务实是马克思主义的知与行，理论与实际的有机结合，是认识真理、实践真理与发展真理的辩证统一，也是毛泽东同志在《实践论》中提出的实践、认识、再实践、再认识的马克思主义认识论的必然体现和本质要求。倡导求实务实，就是要：尊重事实，坚持真理；立足实际，稳扎稳打；艰苦奋斗，开拓创新，不做假，不空谈，不虚伪；就是要"严以修身、严以用权、严以律己，谋事要实、创业要实、做人要实"。

再就是长期抓、经常抓"风气"问题，"校风建设""作风建设"永远在路上，没有休止符。校风建设要融入并体现在"特色鲜明""高水平"之中，要体现在"谋事要实、创业要实、做人要实"之中，要体现在校园精神之中。

关于"狠抓落实"的问题，在本学期开学的中层干部会上我已经做了专门的强调。今天我想借用我们党数代领导集体关于狠抓落实的至理名言与大家共勉。毛泽东同志指出，工作"抓而不紧、等于不抓"。邓小平同志讲过，"世界上的事情都是干出来的，不干，半点马克思主义都没有"。江泽民同志也指出，"要落实，落实，再落实，因为这是做好一切工作的关键环节"。胡锦涛同志强调，"我们必须从党的路线方针政策全面贯彻执行、确保党和国家发展目标顺利实现的高度，把抓落实问题十分严肃地提到全党面前"。习近平同志近日强调"一分部署，九分落实"进一步突出了落实的重大意义。实干兴邦，空谈误国。李克强同志说得好，"喊破嗓子不如甩开膀子"。

如果没有落实，学校理想的蓝图、宏伟的目标、完善的规章、正确的抉择都会落

空。落实，凝聚着心血和责任，体现着作风和意志，反映着能力和水平，收获着喜悦和成功。只要我们以对党对国、对人民对事业高度负责的精神，狠抓落实，我们就一定会创造出民族高等教育史上的奇迹，为圆好团结梦、实现发展梦、共铸中国梦作出新的更大的贡献！

（原文题目为《牢牢把握发展关键　凝心聚力攻坚克难；求实务实狠抓落实　全力推动内涵发展——在2014年暑期党委理论学习中心组（扩大）会议上的讲话》，2014年7月11日）

"四个全面"对民族高校发展的启示

——用"四个全面"引领民族高校科学发展

党的"十八大"以来，习近平总书记立足中国实际国情，把握世界发展大势，坚持问题导向和战略思维，以当代中国共产党人的全局视野和战略眼光，提出了一系列治党治国治军的新思想、新认识、新观念、新论断，形成了"全面建成小康社会、全面深化改革、全面依法治国、全面从严治党"的战略布局。"四个全面"相辅相成、相互促进、相得益彰，是有机联系、相互贯通的顶层设计，是我们党治国理政方略与时俱进的新创造，是马克思主义与中国实践相结合的新飞跃。当前，中南民族大学（以下简称"中南民大"）正处在改革发展的关键阶段和重要机遇期。"四个全面"战略布局的提出，对于推动学校全面发展具有重要的启示和指导意义。

一、围绕既定目标不懈奋斗

目标是方向、是动力，也是共识。中南民大第七次党代会提出了"力争在建校 100 周年之际，建成特色鲜明、国内一流、国际知名的高水平民族大学"的奋斗目标。这个奋斗目标集中体现了中南民大的共产党人和各族师生为推动学校全面发展的集体智慧和坚强决心，是当前和今后一个时期学校改革发展的共同行动纲领。这个奋斗目标既符合学校当前实际和长远利益，又符合民族高等教育发展趋势；既服务于民族工作和民委工作大局，又与圆好"团结梦"、实现"发展梦"、共筑"中国梦"一脉相承。这个奋斗目标的实现，意味着人才培养质量、科学研究水平、社会服务效益稳步提高，体现着为国家和社会发展需要培养更多的各民族优秀人才，昭示着学校的核心竞争力、社会影响力和国际知名度不断跃升。因此，我们要进一步丰富和发展奋斗目标的内涵和外延，切实加大宣传力度，用这一目标来统一思想、凝聚共识、坚定信心、汇集力量，推动改革、共谋发展，动员和引领各族师生为之艰苦奋斗、顽强奋斗、不懈奋斗。

二、加快推进综合改革步伐

改革是解决发展过程中遇到矛盾和问题的根本途径。当前，影响学校改革发展进程和办学效益的"四风"问题、"自由主义、好人主义、个人主义"和"庸、懒、散、软"等现象仍不同程度地存在。克服和解决这些矛盾和问题，必须坚定依靠改革。今天学校的改革，不只是为了应对挑战，更是为了把握机遇；不只是为了短期目标，更是为了长远发展；不只是时代要求，更是历史责任。我们要坚持以问题为导向，科学制定学校"十三五"发展规划，全面推进面向国家需求、社会需求、个人需求与学术自由相结合的科研体制改革，科学规范学术权力与行政权力运行机制，继续加大以提高人才培养质量为主要目标的本科教学改革和研究生培养机制改革力度，不断深化包括人才引进制度、评估考核制度、利益分配制度在内的人事制度改革。同时，在改革推进的过程中，要更加注重改革的科学性、系统性和协同性，准确把握各方面的关系和承受力。通过改革，既要从根本上解决"干与不干一个样、干多干少一个样、干好干坏一个样"的"吃大锅饭"现象，又要成功摆脱功利主义的藩篱。通过改革，逐步建成一批特色鲜明、国内一流、国际知名的学科、学科群和学术成果，逐步形成培养、吸引和汇聚优秀拔尖人才的体制机制，逐步培养学生的独立思考能力和教师的理性批判精神，真正回归大学本质，不断弘扬大学精神。

三、牢固树立依法治校理念

改革必须于法有据。大学章程是大学依法治校的法律基础和根本大法，是"依法治国"基本方略在大学治理中的具体体现。根据教育部的有关文件精神，中南民大凝聚全校各族师生的智慧和力量，制定了建校以来的第一部大学章程，这在学校办学史上具有里程碑式的重要意义。大学章程凝练了学校的办学传统、人文精神和大学使命，明确了办学方向、办学宗旨和办学目标，界定了办学者与学校的权利和义务，理顺了学校内部机构各方面的关系，为学校依法治校、民主管理提供了基本依据。当前，最根本的任务，就是要进一步培养各族师生的法律意识和法治思维，牢固树立法治观念，提升大学章程的法律地位和重要作用，增强各族师生对大学章程的价值认同，从而将综合改革与依法治校有机结合起来，形成推动学校全面发展的强大合力。同时，我们还要以大学章程为"总纲"，制定一系列遵循办学规律、符合现代大学制度、保障学术自由和学术自律、能激发各方面积极性和创造性的规章制度，形成一整套科学、管用、高效的管理体制机制，确保大学治理有规可依、有章可循。

四、务必始终加强党的建设

要想办好学校，关键在党，关键在人。作为民族院校，政治性、政策性、敏感性比一般院校要更强。因此，我们在加强党的思想建设、组织建设、作风建设、制度建设和反腐倡廉建设等方面，要始终坚持高标准、严要求。面对新的形势与任务、新的机遇与挑战，我们要不断坚持和完善党委领导下的校长负责制，坚持党的领导地位和中国特色社会主义办学方向不动摇，牢牢把握宣传思想政治教育工作的领导权、管理权和话语权。要牢固树立群众观念、坚定站稳群众立场、坚持走好群众路线、坚决消除"四风"顽疾，始终保持党同各族师生的血肉联系，不断增强自我净化、自我完善、自我革新、自我提高的能力，始终保持党的先进性和纯洁性。要坚持做好抓基层、打基础、利长远的工作，充分发挥基层党组织的战斗堡垒作用和党员的先锋模范作用。要按照"信念坚定、为民服务、勤政务实、敢于担当、清正廉洁"的好干部标准和"三严三实"要求，建设一支懂教育、会管理，对民族院校和各族师生有深厚感情的干部队伍。要严明政治纪律、严守政治规矩，把好坚定理想信念的"总开关"，始终与党中央保持高度一致，积极建设健康向上的政治生态。

（原文题目为《以"四个全面"为引领 推动中南民族大学全面发展》，载于《中国民族报》2015年5月15日第5版）

民族院校"双一流"建设的新理念

2016年6月,教育部公布了《关于宣布失效一批规范性文件的通知》,其中《关于继续实施"985工程"建设项目的意见》《"985工程"建设管理办法》《"211工程"建设实施管理办法》等一批规范性文件失效。这也意味着,延续近20年的211、985工程即将谢幕。

2015年年底,国务院颁布《统筹推进世界一流大学和一流学科建设总体方案》(以下简称《"双一流"总体方案》),这是"双一流"建设规划实施的纲领性文件。该方案囊括了此前实施的"211工程""985工程"以及"优势学科创新平台"和"特色重点学科项目"等项目,将以"到本世纪中叶,建成高等教育强国"为主要目标。

"双一流"建设为民族高校提供了哪些难得的机遇和挑战?民族高校将如何利用这一重大机遇,发挥自身学科优势和特长,全面提升办学水平?

教育是国家发展的基础,关系民族的未来,高水平教育是国家综合竞争力的重要体现。2015年10月,国务院印发《统筹推进世界一流大学和一流学科建设总体方案》,进一步明确了我国建设世界一流大学和一流学科的指导方针、目标和要求,吹响了新形势下我国高等教育向更高水平迈进的冲锋号,在政治、经济、文化、科技等方面将发挥十分重要的促进作用,为民族高校在新形势下创新发展提供了难得的机遇。

一、"双一流"建设是时代发展的战略需要和必然要求

世界一流大学是国家强盛的标志。纵观世界史和高等教育发展史,大国的崛起必然伴随着与之相称的强大的高等教育。发达国家大多拥有世界一流大学,仅美国就集中了2/3的世界一流大学。随着世界经济全球化的步伐加速,各国之间的竞争集中体现为教育、科技和人才的竞争。为抢占科学技术制高点,许多国家相继实施高校重点建设工程。强国必先强教,强教助推强国。面对当前日趋激烈的国际竞争,我国实施"双一流"建设顺应了世界历史发展的潮流。

世界一流大学是国民经济转型发展的发动机。当今我国的经济、社会发展正处于一个重要的转型期,即从连续十多年的高速增长转向中高速增长,经济结构从低端向中高端优化升级,发展驱动从要素驱动、投资驱动转向创新驱动。"创新"在这一过程中的作用至关重要,而创新必须依靠一流的教育,尤其是一流的高等教育。面对当前国际政治经济形势变化和新一轮科技革命的兴起,国家需要高等教育聚集优秀人力资源,产出大量原创成果,提升整体实力,破解发展难题,在促进经济保持中高速增长、实现全面建成小康社会的征程中担负更大责任,发挥支撑作用。

"双一流"建设也是我国高等教育飞速发展的必然要求。新中国成立以来,我国高等教育发展迅猛。从在校生总规模来看,1949年,全国在校生人数为11.7万,2015年达到3700万,位居世界第一,与新中国成立时期相比,高等教育的规模增长超过310倍,增长速度世界第一。从高等教育毛入学率来看,1949年是0.26%,2015年是40%,预计2019年将

达到50%以上，进入高等教育普及化阶段。截至2015年，全国各类高校共2852所，位居世界第二。伴随着规模的扩张，高等教育正在从社会的边缘走向社会的中心，逐渐成为影响经济增长和社会发展的主要因素，人们对高等教育质量的关注与需求随之攀升，建设世界一流大学成为高等教育进一步发展的迫切需要。

同时，我国高等学校建设"双一流"的条件日益成熟。随着综合国力的增强，国家对高等教育持续加大投入，使得我国高等教育取得巨大进步，一批著名大学的办学水平日渐提高，有望建成世界一流大学。据《泰晤士报高等教育》2014～2015年世界大学排名，北京大学、清华大学、复旦大学分别位居48、49、193位，中国科学技术大学、南京大学、上海交通大学进入201～275位区间。QS2015年世界大学排行榜上，清华大学、北京大学、复旦大学、上海交通大学、浙江大学、中国科学技术大学、南京大学7所高校进入世界前130名。高等教育现有基础加上国家的重视和支持，使得进军"双一流"成为高校自我发展的必然选择。

二、"双一流"建设是民族高校提质进位的难得机遇

"双一流"建设破除身份固化，为民族高校提供了争创一流的可能性。在传统的高校重点建设格局下，民族高校由于起点低、底子薄，绝大多数学校难以进入重点建设范围。以国家民委直属高校为例，6所学校仅有中央民族大学1所进入"211工程"和"985工程"。重点建设存在身份固化等问题，不利于公平竞争和国家资源的充分利用，而"双一流"建设明确提出要破除身份固化，促进公平竞争，鼓励和支持不同类型大学和学科差别化发展。《"双一流"总体方案》支持措施中第一条就是"总体规划，分级支持"，鼓励高校根据自身实际，合理选择"一流"建设路径。《"双一流"总体方案》特别指出："拥有某一高水平学科的大学，要突出学科优势，提升学科水平，进入该学科领域世界一流行列或者前列。"

"双一流"建设强化绩效、注重特色，为民族高校指明了努力方向。"双一流"建设破除身份固化的同时，强调要"强化绩效，动态支持"，这就突破了原有985、211高校格局，使得更多高校有机会参与到"世界一流"建设中来，充分激发广大高校办出特色、争创一流的动力和活力。《"双一流"总体方案》指出："资金分配更多考虑办学质量特别是学科水平、办学特色等因素，重点向办学水平高、特色鲜明的学校倾斜，在公平竞争中体现扶优扶强扶特。"对于民族高校，尽管综合实力有待进一步提升，但在学科特色和特色学科等方面独具优势，借助"双一流"建设政策支持，有望迎来新一轮的跨越式发展机遇。

国家的"双一流"建设为民族高校在新形势下改革发展提供了优越的政策机遇，能否把握住机遇加快发展，关键在民族高校自身。作者认为民族高校建设"双一流"，必须按照"一流为目标、学科为基础、绩效为杠杆、改革为动力"的基本原则，准确定位、科学规划，有所为、有所不为，以"一流学科"为目标，发挥比较优势，走选择性追求卓越的发展道路。

民族高校建设"双一流"应瞄准"一流学科"。一流大学的特征很多，但是其中一流的学科最为重要。学科作为高等学校的一个基本单位，是按学问的性质而划分的知识门类，

是知识创新的源头,最能够体现学校发展方向和特色。学科发展水平直接决定了学校人才培养、科学研究、社会服务的水平,影响着学校整体的办学实力。因此,学科发展水平是大学地位的主要标志,学科建设是大学发展建设的核心。同时,基于大多数民族高校发展的实际,民族高校也应该将"一流学科"建设作为当前努力的主要目标。

三、中南民大多举措建设"一流学科"

中南民族大学以习近平总书记系列重要讲话精神为指导,深入贯彻中央民族工作会议和全国民族教育工作会议精神,按照国家民委主任巴特尔关于民族高校"特色立校、质量强校、开放兴校、依法治校"的总体办学思路,结合国务院、湖北省有关"双一流"建设的政策措施,研究制定了《中南民族大学创建一流学科实施办法》,坚持特色发展、非均衡发展和开放发展战略,扎实推进"一流学科"建设。

一是特色发展。中南民大将坚持社会主义办学方向,切实推动中国特色社会主义理论体系进教材、进课堂、进头脑。坚持民族高校办学宗旨,加强中国特色民族理论和民族政策研究,不断增强各民族"两个共同""三个离不开""五个认同"意识,切实打牢中华民族共同体的思想基础。坚持"顶天立地"办大学——"顶天"就是面向国家战略,面向学科前沿,面向未来趋势,产出新思想、新理论、新成果;"立地"就是立足民族工作实际需求,探索、发现和解决民族地区和民族工作领域的现实问题。

二是非均衡发展。在进行学科建设时,中南民大坚持"有所为有所不为",采取适度的"偏好"发展策略。通过资源优先配置打造学科"增长极",通过这些学科优先发展所发挥出的辐射、扩散效应,带动其他学科发展,最终实现整体水平提升。学校将现有学科划分为优势学科、重点学科、培育学科三个层次,集中力量加强民族学、化学、生物学、中国语言文学、教育学以及药学、马克思主义理论等学科建设。

三是开放发展。办学过程中,中南民大坚持向国内高水平院校开放,向社会开放,虚心学习兄弟院校,尤其是高水平大学的成功经验,争取得到兄弟院校的支持与帮助;加强学校与社会各界的联系,争取地方政府和企业的资金投入,改善办学条件;积极主动地与地方政府和企业密切合作,实现协同创新。同时,我们也注重加强国际交流与合作,积极推进"四个国际化"即学生生源的国际化、教师队伍的国际化、教学内容的国际化、学术交流的国际化,利用好国际平台,加强交流互动,在提升教学科研水平、增强学科实力的同时,大力宣传中华文化、社会主义核心价值观、中国特色民族理论与民族政策,提升国际话语权和影响力,为解决民族问题这一世界性难题贡献中国智慧。

(原文题目为《"双一流"建设为民族高校创一流提供机遇》,载于《中国民族报》2016年7月2日理论版)

人才培养篇

民族院校人才培养的"三个面向"

在我国的民族高等教育中,建立民族院校是我们党在长期革命斗争实践中总结出来的宝贵经验。从 20 世纪 50 年代起,我国陆续兴办了 13 所民族院校。60 年来,民族院校在解决国内民族问题,消除民族间事实上的不平等,促进各民族共同繁荣上发挥了重要的作用。

民族高等教育是我国高等教育的一个重要组成部分,在我国高等教育中占有极其重要的地位。民族院校作为民族高等教育的主力军,在民族高等教育中同样占有着极其重要的地位,起着十分重要的作用。据统计,1998 年,我国 13 所民族院校的在校本科生近 35000 人,仅占全国高校 1.2%的民族院校,承担了全国高校总数 18%的少数民族学生的培养任务,民族院校在我国民族高等教育中的重要地位和作用,不仅说明民族院校是少数民族高层次人才最重要、最稳定的培养和输送基地,更是我们党的民族政策的生动体现。办好民族院校,是落实党的民族政策的重要内容,是解决新时期民族问题的有效途径,是处理好民族问题,促进各民族共同繁荣的迫切需要。

民族院校是民族地区现代化建设人才和智力支持的重要基地。在教育相对落后、人才相对匮乏的民族地区,面对知识经济浪潮的冲击,面对各民族共同繁荣的历史重任,民族院校应当给予民族地区以怎样的人才和智力支持,怎样才能给予民族地区强有力的人才、智力支持呢?

第一,必须做到"三个坚持",即坚持社会主义办学方向,坚持培养少数民族人才,坚持为民族地区培养人才。民族院校要承担起党和国家交给的历史重任,适应少数民族和民族地区发展的实际需要,必须把培养具有坚定的共产主义信念、坚定地执行党的民族政策的少数民族各类人才放在首位,使少数民族人才在促进少数民族和民族地区的经济与社会发展、维护祖国统一与民族团结上起到带头作用,促进各民族的共同繁荣。因此,认真贯彻党的教育方针,坚定不移地坚持社会主义办学方向,任何时候,任何情况下都是摆在我们面前的一个头等重要的任务。同时,民族院校为民族地区的经济社会发展提供人才、智力支持,要通过坚持为少数民族培养人才、为少数民族地区培养人才的办学宗旨来实现。与其他院校相比,民族院校在为少数民族和民族地区培养"进得来、学得好、回得去、用得上、留得住"的各类人才上发挥了不可替代的作用。尽管目前我国的民族院校在办学实力、办学水平上与其他院校相比还存在一定的差距,民族院校面对的"生源战""质量战"的压力越来越大,但坚持为少数民族和民族地区培养人才的宗旨始终不能变。

第二,必须做到"三个面向",即邓小平同志提出的"教育要面向现代化、面向世界、面向未来"。教育要面向现代化,就是要为社会主义现代化建设服务,培养适应现代化建设需要的人才;教育要面向现代化,就必须要面向世界,要与国际经济技术发展的要求相适应,培养能够适应新形势下对外开放需要,适应经济全球化发展趋势所需要的人才;教育要面向现代化,就必须要面向未来,培养适应未来发展需要的高质量人才。民族院校尽管实现了从"培养政治干部为主"到"培养适应民族地区现代化建设需要的高级人才"办学方针的转变,但应该看到,民族院校目前在人才规格、培养模式、专业设置、课程建设、教学手段等方面都还不能完全适应民族地区现代化建设对人才的要求,与为少数民族和民族地区培养适应全球经济发展的人才,能面向世界、面向未来的高规格、高质量人才的要求还相距较远。因此,民族院校必须以"三个面向"为指导,进一步转变教育思想和教育观念,大力加强教育教学改革。只有用"三个面向"的方针办学,才能真正承担起为民族地区的经济发展提供高质量人才和智力支持的重任。

第三,必须努力实践"三个代表","三个代表"的重要思想是我们一切工作的出发点和落脚点。就教育而言,贯彻落实"三个代表"思想,是贯彻执行党的教育方针的根本要求和具体体现。教育要为社会主义现代化建设服务,怎么服务?"三个代表"为我们指明了方向。民族院校作为少数民族地区人才培养和知识创新的重要基地,在科学技术是第一生产力的当今社会,代表先进生产力的发展要求,就是要面向民族地区经济建设的主战场,走教育与经济相结合的道路,加速培养适应民族地区现代化建设需要的各类人才,努力攻克民族地区经济社会发展中急需解决的技术难题,大力推进科技成果向现实生产力的转化,充分发挥人才和知识优势,为民族地区生产力的解放和发展作出贡献。高校是社会的理性之光,是先进文化的生产和传播基地,代表先进文化的前进方向。民族院校就是要继承和发扬中华民族的优秀文化,吸收和借鉴全人类的文明成果,为民族地区经济建设提供强大的智力支持和精神动力。

代表先进生产力的发展要求,代表先进文化的前进方向,就是代表广大少数民族人民群众的最大利益。同时,民族院校在办学过程中,还必须做到从少数民族、民族地区、少数民族学生的特点和实际出发,认真执行党的民族政策,办出民族院校的特色,使民族院校的一切工作真正成为党的民族政策的具体体现。

(原文题目为《实践"三个代表"思想努力办好民族高等教育》,载于《中国民族》2001年12期)

民族地区专业技术人才现状与对策研究

——湘鄂渝民族地区专业技术人才队伍调研报告[①]

人才包括党政人才、企业经营管理人才和专业技术人才三大类。专业技术人才由于其工作面向国民经济建设和社会发展事业的主战场，在人才体系中占有极为重要的地位。民族地区目前专业技术人才的状况如何？如何加强这方面人才队伍的建设？作者就此对湖北省恩施土家族苗族自治州（以下简称恩施州）、湖南省湘西土家族苗族自治州（以下简称湘西州）、重庆市黔江区的专业技术人才队伍进行了考察，对三个民族地区专业技术人才队伍存在的有关问题有了较为清楚的了解，对于如何加强民族地区专业技术人才队伍建设形成了初步看法。

一、民族地区人才数量严重不足

（一）人才总量明显不足

新中国成立后，特别是改革开放以来，湘西州、恩施州和黔江区的专业技术人才虽然增长较快，但同全国人才增长速度相比仍有不小差距，也与这些地区经济社会发展对人才的需求不相适应，三个地区人才总量明显不足。例如，2002年年底，恩施州专业技术人员有59733人，占该州总人口的1.7%，低于湖北省2.5%的水平；湘西州专业技术人员总数为47101人，占该州总人口的1.8%；重庆市黔江区专业技术人员为6604人，占该区总人口的1.4%。

（二）高级人才十分缺乏

以上三地区除人才总量不足外，高级人才更加缺乏。例如，2002年年底，恩施州仅有省级及省级以上专家26名，湘西州有21名，黔江区有5名。2002年年底，恩施州专业技术人员中有正高职称者81人，占专业技术人员总数的0.1%，副高职称者2005人，占3.4%。湘西州专业技术人员具有正高职称者12人，占专业技术人员总数的0.03%，副高职称者1124人，占2.4%。黔江区具有高级职称的专业技术人员所占比例不到3%。

二、民族地区人才结构及分布不合理

调查中发现，上述三个民族地区专业技术人才文化结构、学科专业结构和行业及地区分布很不合理。

（一）学历结构不合理，文化层次偏低

2002年年底，恩施州专业技术人员中具有研究生学历者105人，占专业技术人员总

[①] 与段超、杨胜才同志合作。

数的 0.2%，大学本科学历者 5510 人，占 9.2%，专科学历者 20535 人，占 34.4%；湘西州专业技术人员中具有研究生学历者 25 人，占 0.05%，大学本科学历者 6280 人，占 13.3%，专科学历者 24007 人，占 50.9%。

（二）人才的学科专业结构不合理

在上述三地区专业技术人员中，中文、数学、物理、化学等基础学科的较多，外语、工程技术、计算机及应用、工民建、农业生产等专业的较少，而环境科学、水土保持、旅游、天然林保护、生物工程等方面的人才基本上是空白。例如，湘西州凤凰县近年来旅游业发展迅速，而目前该县没有一个旅游专业毕业的大学生。恩施州正在大力发展反季节蔬菜和无公害蔬菜的种植，而该州学习蔬菜专业的本科生只有 2 人。各地外语教师严重不足，外语专科毕业生教高中的现象十分普遍，农村乡镇初中很少有学外语专业的外语教师。

（三）区域和行业分布极不均衡

（1）文化、教育、卫生行业人才相对较多，工业、农业、工程技术等面向国民经济建设主战场的人才严重缺乏。2002 年年底，恩施州文化、教育、卫生类专业技术人员占人才总数的 74.1%，农林渔业类专业技术人员占 11.5%，工程技术类人员占 9.5%，经济类人员占 3.8%；湘西州教育、文化、艺术类专业技术人员占人才总数的 59.6%，农林牧渔业类专业技术人员占 11.5%；黔江区分布在教育和卫生两大行业的专业技术人员占人才总数的 77.9%，而农业与经济类专业技术人员所占比例分别为 4.1%和 7.8%。人才总量过分集中在文教卫行业，高层次人才的分布也是如此。例如，恩施州教育、卫生部门具有副高以上职称者占全州副高以上总人数的 88.4%；湘西州教育、卫生部门具有副高以上职称者占全州副高以上总人数的 92%。

（2）分布在事业单位的专业技术人员多，而分布在生产第一线的人员不足。恩施州、湘西州、黔江区现有专业技术人员大部分集中在事业单位，在生产第一线的人才非常少。

（3）县直及以上单位专业技术人员多，乡镇基层的专业技术人员少。恩施州专业技术人员分布在县直及以上单位者占 94.3%，分布在乡镇的只占 5.7%；湘西州分布在县直及以上单位专业技术人员占 95.4%，分布在乡镇的只占 4.6%；黔江区专业技术人才的 96.5%分布在区属事业单位中，乡镇只占 3.5%。

（4）事业单位、全民所有制单位专业技术人员相对较多，企业及非公有制单位专业技术人员很少。各地公有制单位人才比重过大，存在人浮于事的现象，非公有制实体人才严重缺乏。湘西州非公有制实体的人才只占人才总数的 1.2%；黔江区非公有制经济单位的专业技术人才只占人才总数的 4.4%。

人才的年龄结构、学历结构、学科专业结构、地区和行业分布的不合理，导致整个人才队伍创造力不强。直接从事生产的专业技术人员严重不足，民族地区急需的商贸、旅游、金融、信息等专业人才极其缺乏，直接影响着经济社会发展和产业结构调整。

三、民族地区人才流失严重、人才就业率低、人才引进困难

（一）人才流失严重

通过调查发现，上述三地人才流失问题在 20 世纪 90 年代以前尚不明显，90 年代以

后，人才流失逐渐加剧，到目前已发展到十分严重的程度。例如，湘西州1998～2002年，共调出各类高级人才162人，调入18人，净流失144人，占现有高级人才的14.7%；调出中级人才582人，调入107人，净流失475人。黔江区1998年以来引进人才不足150人，而流失200多人。

与此同时，人才队伍的补充十分困难。三地考入高校的大学生多数没有回本地工作。如近5年中，湘西州考入大学本科者有10686人，而回该州工作的只有950人，仅占8.9%。黔江区专科以上毕业生回乡率逐年下降，1997～2003年，流失本科生200人，流失率为55%；流失专科生150人，流失率为35%。近年来，民族地区考研者增多，考取研究生者绝大多数没有回本地工作，造成优秀人才大量流失。

通过分析，发现上述三个民族地区人才流失有如下特点。

一是流向大中城市和发达地区。据调查，三地流失的专业技术人员90%以上到了武汉、长沙、重庆、成都、广州、宜昌、珠海等大中城市和广东、浙江、江苏等东南沿海地区。从人才流向上可以说，民族地区在为发达地区培养和输送人才。

二是高层次人才流失多。据统计，三地流失的专业技术人员中，中、高级人才占60%以上。

三是流失人才年富力强。据统计，三地流失的专业技术人员年龄大多在30～45岁，他们都是各行业年富力强、经验丰富的业务骨干。

四是流失人才中以民族地区本地籍人居多。20世纪90年代以前，三地区流失的人才以非本地籍人居多，这些人才都是20世纪五六十年代支援山区的，80年代以后，由于国家政策变化，这些人才陆续返回原籍。90年代以后，三地流失的人才以本地籍人居多。

民族地区人才流失的主要原因如下。

一是国家人事政策松动。20世纪80年代以前，国家对人员调动控制较严，户籍迁移十分困难。80年代后，随着改革开放进程的加快，人事政策、户籍管理制度也较以前松动，人才流动成为可能。因此，20世纪五六十年代支援山区的武汉、长沙、成都籍教师、医生纷纷调回原籍。90年代后，随着市场经济体制的逐步建立，人事政策更加松动，民族地区人才流失更加严重。

二是大中城市和沿海地区经济发达，工作和生活环境优越，对人才有吸引力。改革开放初期，各地经济社会发展虽有差别，但差距不大，民族地区人才向外流动很少。随着改革开放力度的加大，沿海地区经济社会高速发展，与内地差距迅速拉大。例如，2004年左右在恩施州、湘西州工作的大学毕业生月收入只有800元左右（有的地区还不能按时），而在武汉市工作的大学毕业生月收入为1500元以上，在沿海地区工作的大学毕业生月收入超过2000元。大中城市和沿海发达地区工资高，福利好，医疗条件好，工作环境优越，子女受教育条件好，因此一些民族地区人才流向沿海地区或大中城市。

三是本地工作环境不理想。调查中发现，有些人才并不太向往大中城市和沿海地区生活，他们对于民族地区有感情，想干出一番事业来，但其所处的创业环境不好，一些制度不规范，长官意志严重，对人才重视不够，缺乏科学研究和实验的经费和设施。这种工作环境使不少人才感到要建功立业十分困难。调查显示，三地对创业环境不满意而要求调离者占24%。

四是改革过程中因为政策不配套造成人才流失。农村税费改革是 2003 年全国农村的一项重要工作,其内容之一是减少工作人员,使人头经费下降。由于措施不配套,一些地区大量裁减乡镇农业技术员,使本来人才较少的农业领域人才更加缺乏。

进行财政体制改革、压缩财政开支是各级政府的一项重要工作。目前,恩施等三地财政供养系数较大,应当降低供养系数。如恩施州要将财政供养系数控制在 2 以内,近 3 年内要减少财政供养人员 7000 人。由于相关措施不配套,人员分流过程中不少人才流失。

机构改革过程中也导致人才流失。如黔江区进行区、县合并,因享受优惠政策而提前退休的专业技术人员有 748 人,提前离岗者 207 人,辞职者 71 人,这在一定程度上形成了人才资源的流失和浪费。另外,民族地区企业因为效益不好而倒闭者较多,由于政府没有妥善安置有关人员,造成企业许多人才流失。

(二) 人才就业率低

对于人才相对缺乏的民族地区,本应当大力引进人才,广泛安置大中专毕业生,但由于经济困难,特别是财政体制的限制,民族地区的大中专毕业生就业岗位不足,就业率呈下降趋势。如黔江区 2001 年毕业生就业率不足 70%,2002 年不足 60%,不少毕业生纷纷外出打工。

(三) 人才引进困难

在调查中发现,民族地区人才引进十分困难,高职称、高学历、从事科技开发的人才引进更难。民族地区人才就业率低和引进困难,主要有如下原因。

一是就业观念落后。目前,许多大中专毕业生和有关专业技术人才在就业问题上思想陈旧,他们认为,只有到行政、事业单位工作才算就业,到一般企业单位、民营经济单位工作不算就业。一些人认为,只有到事业单位、国有大中型企业工作才能建功立业。

二是国家"分灶吃饭"的财政体制的局限性。"分灶吃饭"财政体制实施以前,民族地区安排了大量大中专毕业生,例如,20 世纪 90 年代以前,恩施等三个民族地区对大中专毕业生全部分配工作,目前这些地区的专业技术人才大多数是这一时期吸收进来的。20 世纪 90 年代以后,国家实行"财政包干、分灶吃饭"体制,各单位定员定编,超编的人头经费由地方财政自行解决。民族地区由于经济落后,财政收入少,无力解决更多人的工资和福利。为此,有关地方政府规定,凡是吃财政饭的单位,严格限制接受毕业生。若超编接受毕业生,由单位自行解决工资及各种福利,地方财政概不负责。这样一来,便形成一种现象:一方面,民族地区人才匮乏,客观上需要大批大中专毕业生;另一方面,民族地区经济落后,财政困难,各单位编制满员,拒绝接受前来求职的毕业生,造成"最需要人才的地方不要人才"的局面。

三是"不出不进"的人事体制。许多单位都有一些表现不好、能力差、做不了事的人,但在现行体制下,除非本人愿意,单位不能将他们调离。这些人不走,可以做事的人才进不来,形成"有人不做事,有人无事做"怪现象。

四是民族地区工作环境和生活条件较差。由于种种原因,民族地区生活条件、工作环境与大中城市和发达地区相差较大。为此,许多人包括本地籍大中专毕业生不愿意回民族地区工作。问卷调查显示，80%的大学生认为，民族地区待遇低、工作环境不好、发展空间不大；70%的大学生认为，尽管在民族地区工作某些方面有优势，但由于受经济基础、传统习俗、区位环境、交通条件、政策环境等方面的限制，民族地区创业较为困难。

四、民族地区人才的培养和再教育情况喜忧参半

（1）九年义务制教育基本得到落实。到2003年中期，恩施州等三地绝大多数县市通过了九年义务制教育达标验收。

（2）高级中学教育不断发展，高中毕业生接受高等教育的比例不断增加。各地方政府均重视高中教育，注意提高高中的办学水平，在办学基础设施、师资队伍建设等方面都作了较大努力。由于近年高校扩招和国家对少数民族考生实行优惠政策，特别是位于该地区的中南民族大学、湖北民族学院、吉首大学对三地考生实行倾斜政策，这些地区高中毕业生进入高等学校学习的比例逐年增加。目前，大多数高中毕业生都能进入不同类别的高等学校学习，不能接受高等教育的高中毕业生多为农村家庭，主要是受经济条件的限制。

高中教育在取得成绩的同时，也存在一些问题，主要是高级中学数量较少。例如，人口超过30万的恩施州来凤县、宣恩县均只有1所高中。高级中学数量不足的原因有二：一是受财力和师资力量限制；二是各县在指导思想上想集中力量以提高质量。

（3）职业教育得到一定发展。三地都建有职业初中、职业高中和高等职业技术学院，湖北民族学院、吉首大学、中南民族大学、西南民族大学都在三地招收高职学生，这些学校对三地考生有优惠政策。当然，三地职业教育与经济发展要求尚有差距，主要问题是专业设置与社会需求不相适应。

（4）专业技术人员再教育存在一些问题。人才有一个再教育问题，在科学技术发展迅速、知识更新速度加快的今天，人才的再教育十分必要。而在这方面，三地区尚有诸多不足。

一是专业技术人员再教育开展不够。从问卷调查中得知，90%的大学毕业生工作以后没有受过相关培训。相当多的专业技术人员知识老化，对新知识、新信息、新技术不熟悉，与社会的要求不相适应。三地目前正在着力发展生态农业和特色经济，高产优质水果、特种经济作物种植成为农业经济支柱，而目前农业战线大多数技术人员是学习传统粮食种植出身，对生态农业和特色农业的知识了解太少，严重制约了农业产业结构调整和经济发展。

二是再教育对象的选择具有一定的盲目性。各地在选派培训对象时，考虑欠周全，许多业务骨干没有被送去培训。不少被送去培训的人员基础较差，培训效果不好，回来后解决不了实际问题。有的领导在培训问题上不是从工作出发，而是照顾关系，将工作责任心不强、业务基础较差的人送去学习，以解决这些人的学历问题。

五、加强民族地区专业技术人才队伍建设的对策和建议

（一）优化社会环境，为人才成长和发挥作用创造良好条件

（1）提高认识，更新观念，尊重人才。民族地区专业技术人才队伍要得到壮大，必须树立正确的人才观，形成尊重知识、重视人才的社会环境。

一是各级领导要重视人才。目前，各地区领导对人才的认识有所提高，但在现实生活中，不重视人才的现象也有存在。在调查中，不少干部群众反映，有的领导"官本位"思想严重，重视官员，不重视专家。县领导只知本县乡长、局长，不知在当地和邻近地区都有十分有名的专家，不听取专家意见。有的领导将经济建设当做硬指标，抓得较紧，认为培养人才费时费力，短期内难见成效，将其作为软指标。为此，民族地区各级领导要深入学习邓小平理论和"三个代表"重要思想，加深对"人才资源是第一资源"的理解并采取相应措施，统筹人才规划，研究人才问题，行政决策时多听取专家意见，将尊重知识、尊重人才落到实处。

二是大力对全社会成员进行尊重知识、尊重人才的教育，形成尊重人才的社会风气。要召开人才表彰会，对有突出贡献的人才进行重奖。要通过多种渠道宣传人才的作用和事迹，使人们从活生生的实例中体会到人才的重要性，形成尊重知识、重视人才的社会氛围。

（2）大力发展经济，为人才培养、成长、引进、创业提供基础。人才问题与经济社会发展水平密切相关，人才可以促进经济发展，经济发展水平同时也制约着人才的发展。民族地区存在着的上述人才问题归根到底是经济发展水平低下造成的。要改变民族地区人才状况，必须大力发展经济。只有经济有了较大发展，才能为人才的吸收、引进、培养和创业创造条件。

（3）提高人才待遇和改善工作条件。在民族地区工作的人才，除享受《关于西部大开发若干政策措施实施意见》规定的待遇外，还可以享受多方面的优惠政策，提高其工资待遇和福利，解决其住房、配偶调动、子女就业等问题。

（4）完善人才职称评定制度。有不少同志反映，目前，在职称评定过程中存在论资排辈、搞照顾、讲关系等情况，导致有无本事一个样，本事大小一个样，甚至能力弱的上去了，而能力强的上不去，影响专业技术人员特别是青年专业技术人员的积极性，造成人才流失。应当改变这种做法，通过完善职称评定制度，使职称评定成为调动专业技术人员积极性的一种手段。

（二）改变束缚人才正常成长和流动的制度性和非制度性因素，建立与社会主义市场经济体制相适应的人才成长机制

一是对人才进行教育，打破"学而优则仕"的观念。目前，民族地区专业技术人才队伍中不同程度地存在着"学而优则仕"的思想，一些人因此改行从事行政工作。要通过思想教育来改变观念，同时通过提高待遇，创造良好工作环境，使其安心于专业技术岗位。

二是改革和完善财政体制。民族地区现行"分灶吃饭"的财政包干体制有一定合理性，但这种体制对于人才有限制、束缚作用，应当加以完善，以利于人才的引进。

三是打破现行"只进不出"的人事体制，促进人才合理流动。目前，影响人才吸收和引进的一个重要原因是"只进不出"的人事体制。没有能力的人占据着单位的位置和编制，他们不分流出去，人才就进不来。应当进行人事制度改革全面推行聘用制，建立岗位责任制，能够胜任工作者留下，反之则到期解聘。

四是要使事业单位改革与行政单位改革相配套。我国企业单位改革早已经结束，行政单位改革也已基本完成，目前正在进行事业单位改革。但事业单位改革与行政单位改革政

策很不配套。与行政系统改革相比，事业单位改革优惠政策太少，如行政单位改革后富余人员可以进入事业单位，事业单位改革后富余人员没有退路；事业单位改革中，只有工人分流后可以进入社会保险，分流后的一般职工和干部没有保险。国家政策存在重行政、轻事业的倾向。事业单位改革要顺利推进，也要制定和实施一系列优惠政策。

五是将人才与经营实体结合。人才作用发挥不充分的一个重要原因是其劳动价值没有充分体现出来。将专业技术人员与经济实体结合，共同发展实业，共享成果，是提高其积极性和创造性的好办法。这方面发达地区有成功的例子，民族地区应当加以推广。例如，让农技人员以技术股份参与农户或公司的经营活动，经营所得按股份分成。恩施州、湘西州和黔江区目前正在发展反季节蔬菜、无公害蔬菜的生产及高产优质水果、百合等经济作物的种植，有关技术人才可以通过技术入股，在促进这些产业发展的同时，也为自己带来实惠。

（三）确立人才培养和引进的重点，努力扩大人才队伍

在民族地区人才培养和引进问题上应当注意以下几点。

一是将当前民族地区经济社会发展急需的人才作为培养和引进的重点。目前民族地区正在大力进行产业结构调整，许多新兴产业应运而生。要适应这一形势，必须进行相应的人才调整，大力培养经济社会发展急需的人才。一方面，对现有人才进行培训和组织进修，进行知识更新；另一方面，大力引进和培养从事生态农业、治理水土流失、农产品加工、旅游、商务外语、特色经济与小城镇建设等方面工作的人才。

二是要以民族地区现有人才为培养和使用的重点。调查中，大部分干部群众反映，根据目前情况，民族地区应当以培养、利用好当地人才为主，在此基础上再广泛吸收外地人才。从目前情况看，大量引进外地人才存在许多困难，不太现实。本地人才由于生于斯、长于斯，对家乡有感情，能够成为建设民族地区的主力军，国家应当确立这一人才发展重点。

三是进行制度创新，吸收和引进更多外地人才。在确立以本地人才为主的同时，吸收和引进外地人才的工作也不能放松。目前民族地区吸收和引进外地人才客观上有一定困难，但如果我们的思路开阔、方法对路，在这方面也是大有可为的。以前，我们将"吸收引进外地人才"理解得太狭隘，认为只有永久性来民族地区工作的才算引进成功。在市场经济条件下，人才吸收和引进有多种方式，要探索人才和智力引进的新形式和新途径。除永久性的引进外，还有季节性引进、兼职、项目合作、技术咨询、专家讲学等方式。要树立"不求所有，但求所用"的思想，不断拓宽人才引进渠道。

（四）国家对民族地区人才建设实施一系列优惠政策

民族地区人才建设既要发挥市场的作用，同时要发挥国家的宏观调控作用。由于民族地区基础较差，发挥国家政策的支持作用就显得十分重要。从目前的情况看，国家应当采取如下措施。

一是制定和实施西部民族地区人才发展规划。目前，国家对民族地区人才发展只有宏观要求，没有具体目标和计划。应当制定一个人才长远规划，以此来指导民族地区人才工作。

二是建立民族地区人才培训专项基金。鉴于民族地区财政较为困难,国家应当设立民族地区人才培训专项基金,以此培养民族地区经济建设急需的人才。此基金由国家民委掌握,安排给有关高等院校或专门人才培训机构。

三是建立发达地区对民族地区人才支持机制。这种机制包括两方面内容:其一是发达地区为民族地区输送人才和培训人才;其二是发达地区与民族地区进行人才交流。一方面,让发达地区相应人才到民族地区工作一段时间,在民族地区经济建设中发挥作用,同时指导和培训民族地区人才;另一方面,民族地区选送优秀人才到发达地区工作,参与当地经济建设和社会发展。通过这种机制,促进民族地区人才队伍的壮大、人才素质的提高。

四是让"西部志愿者行动"制度化并使之完善。为弥补西部民族地区人才的不足,2003年国家在西部地区推行"西部志愿者行动",这对西部地区人才建设和经济社会发展发挥着重要作用,应当将其固定下来,使其制度化。与此同时,要完善这一制度。目前,这一制度针对性不太强,选派的部分大中专毕业生所学专业与有关地区的需求不相符。今后应该按需选派,基层将人才需求情况和要求向上级反映,有关部门进行综合,最后有针对性地选派。

(五)加强人才管理部门建设,创新人才管理机制,为人才提供服务

人才的管理具有科学性,从事人才工作的组织、人事等部门的干部所肩负的责任重大,要提高他们的素质,认真做好人才工作。

第一,加强组织、人事等人才管理部门的建设,全面提高自身素质,增强为人才服务的能力。人才管理部门的自身素质对于人才工作十分重要。调查中发现,恩施、湘西、黔江三地人才管理部门的素质有待提高,不少人事干部对于辖区内人才情况不熟悉,不了解国家人事、人才政策,至于制定本地区人才规划、创新人才管理机制就更是力不从心了。因人事、组织部门的失误而造成人才流失的现象时有发生。为此,要选派熟悉人才管理的专家进入人事、组织部门工作,现有人才管理部门的工作人员要通过学习和培训,全面提高能力。

第二,加强对人才的管理,创新人才管理机制。一是全面清理本区域人才家底,建立人才信息库。二是加强对各级各类人才管理。三是制定本地区人才发展规划和政策。按照国民经济和社会发展需要来统筹人才发展,制定相应的人才政策。四是加强人才市场建设,优化人才配置。要发挥人才市场在人才配置中的作用;加强人才市场政策法规体系建设;加强人才信息网络体系建设;加强人才市场中介组织及场所建设,完善社会化服务,建立多层次、多功能面向全社会的人才社会化服务体系。五是全面进行人事制度改革。事业单位人事制度改革要建立以聘用制和岗位管理为重点的,适应不同类型事业单位特点的人事管理制度。实行事业单位职员、专业技术人员的分类聘用和管理。搞活事业单位工资与分配,探索工资总额包干制,推行按项目分配、按生产要素分配、档案工资与实际工资分离和一流人才、一流实绩、一流报酬的分配方法。建立现代企业人事制度。推行企业管理人员岗位聘用合同制,探索建立企业经营者任职资格管理制度,逐步形成由人员的身份管理向岗位管理转变。运用人事代理、人才测评、人才培训等方式,促进人才在不同行业、不同所有制企业间的流动,做好经营管理人员的有效配置。建立与业绩挂钩的激励机制,研

究企业经营、管理技术等生产要素参与分配的实现形式。加强对非公有制企业经营管理人员队伍建设的指导。

（六）大力进行民族高等教育改革，使民族高等教育适应民族地区经济社会发展对人才的需要

民族高等院校在民族地区中、高级人才的培养中发挥着主渠道作用，要使其作用得以充分发挥，应当注意以下几个方面。

一是坚持面向少数民族和民族地区，为少数民族和民族地区服务的办学宗旨不动摇，要使民族高校真正成为为民族地区经济社会发展培养人才的大本营。

二是向大学生特别是少数民族大学生宣传少数民族和民族地区，鼓励和动员他们到民族地区建功立业。

三是进行学科、专业调整和改革培养面向民族地区国民经济建设和社会发展的急需人才。目前，民族地区外语、旅游、工程建筑、现代农业、企业生产和营销、环境工程、生物工程等方面人才缺乏，要大力培养这些方面的人才。

四是进行教育教学改革大力培养具有创新精神和实践能力的复合型人才。在调查中发现，一些大学毕业生由于在大学学习期间没有进行专业实习和社会实践，不能将所学知识运用于实践，一般经过3年后才适应工作。应当通过教育教学改革培养大批有较强实践能力的创新型人才。

五是建立民族地区"专业技术人才培训部"，支持民族地区人才建设。过去，民族高校设立干训部，培养了大批少数民族干部，有力地促进了民族地区经济建设和社会发展。在全面建设小康社会需要大批专业技术人才的今天，应当建立"专业技术人才培训部"，满足少数民族和民族地区对专业技术人才的需求。

就湘、鄂、渝民族地区来说，在人才队伍建设上除要做好以上工作外，还应注意以下几点。

一是大力培养和引进旅游、生态农业、水电开发、水土保持、现代医药制造方面的人才。旅游、生态农业、水电开发、水土保持、现代医药制造等是近期湘、鄂、渝民族地区主导产业和经济建设的重点，该地区人才建设要体现这一点，应当将这些方面的人才作为当前培养和引进的重点。

二是发展壮大非公有制单位人才队伍。非公有制经济在湘、鄂、渝民族地区经济社会发展中居重要地位，而目前该地区这方面人才不多，有关方面对其重视不够。应当制定相应政策，加速发展壮大非公有制单位的人才队伍。

三是大力开发当地乡土人才。湘、鄂、渝民族地区有大批乡土人才，他们或是经济作物种植的高手，或是乡镇企业家，或是生态农业的内行，或是养殖专业户。尽管他们学历不高，没有职称，但其在特定领域有专长，是山区脱贫致富奔小康的带头人，是当地的宝贵人才，对他们应当予以高度重视。要大力开发乡土人才，壮大这支人才队伍，发挥他们在经济建设中的作用。

四是开发利用"银色"人才。随着老龄社会的到来，老龄人口比例会增加，老龄人口中拥有一些身体健康的中、高级专业技术人才，他们有着丰富的经验和娴熟的技术，应当充分发挥他们的作用。就人才总量不足的湘、鄂、渝民族地区来说,开发利用好这支人才队伍尤为重要。要制定利用离退休人才的政策,用返聘、技术咨询、技术承包等形式鼓励老龄人才发挥余热。

五是充分发挥湖北民族学院、吉首大学、三峡大学、重庆三峡学院在该地区人才建设中的作用。有关部门要主动与上述高校联系,探讨人才发展大计。四所高校要把为湘鄂渝地区服务作为重要工作来抓,为当地经济建设和社会发展提供人才保障。

(原文载于《民族研究》2004年第2期)

当务之急是提高研究生培养质量

尊敬的刘应明先生，朋友们：

大家好！在新的一年即将到来之际，我们在这里隆重召开四川省学位与研究生教育学会 2005 年学术年会，借此机会，我谨代表西南民族大学党委、行政和全校 56 个民族的师生，向光临本次会议的各位领导、各位代表表示热烈的欢迎！向长期关心、支持学校学位与研究生教育的各位专家、各位老师表示衷心的感谢！

西南民族大学成立于 1951 年，是在周恩来、邓小平、刘伯承、贺龙、王维舟等第一代领导人亲自关怀下最早建立的民族院校之一，由国家民委主管，现已发展成为一所包括文、史、哲、经、管、法、理、工、农等学科门类的多科性民族高校。建校 50 多年来，学校始终坚持"为民族地区和少数民族服务"的办学宗旨，为广大民族地区培养、输送了一大批"下得去、用得上、留得住"的各级各类人才，为民族地区的政权建设、社会稳定与经济发展作出了特殊的贡献，发挥了不替代的作用。

学校的学位与研究生教育开始于 20 世纪 80 年代。1986 年，经国务院学位委员会批准，学校增列为硕士学位授予单位，并有宗教学等四个学科、专业获得硕士学位授予权，1987 年招收首届研究生。经过近 20 年的努力，在四川省政府、教育厅及有关部门的大力支持下，在各兄弟院校及科研院所的热心帮助下，学校的研究生教育不断发展壮大，现有 1 个博士点，28 个硕士点，2 个专业学位授权点，在校研究生近 800 人，研究生教育已成为学校的一个重要办学层次。在第十次学位授权审核工作中，学校认真组织有关教学、科研单位开展申报工作，从目前了解的情况看，有望新增 1 个博士点，1 个一级学科硕士授权点，10~12 个硕士点。这些学位授权点的建立，为学校"十一五"期间大力发展研究生教育，努力构建适应民族地区人才需求的学科体系，奠定了良好的基础。

即将到来的 2006 年，是我国"十一五"规划的开局之年，也是学位与研究生教育发展历程上的重要一年。2006 年，在第十次学位授权审核中的一批学位授予单位正式开张运作，一大批新增的学位授权点开始招收、培养研究生，将使我国学位授予单位的地区布局更趋于合理，学科结构、层次结构和模式结构得到进一步优化，为学位与研究生教育的健康发展作了比较充分的准备。可以预见的是，"十一五"期间，随着我国科教兴国、人才强国战略的进一步实施，研究生在国家经济建设、科技进步和社会发展等方面将发挥越来越重要的作用；随着我国高等教育大众化的进程、学习型社会的建立和社会对人才需求层次的上移，学位与研究生教育也将面临更大的发展空间。同样可以预见的是，"十一五"期间，在科学发展观的指导下，在构建和谐社会的大背景下，我国学位与研究生教育也将发生一些明显的变化。其中，协调发展将作为一条主线，规模与质量并重的意识将进一步加强，采取切实行效的措施，大力提高研究生培养质量，将成为"十一五"期间急需解决的突出问题。

在整个学位与研究生教育工作中，培养质量无疑是一个至关重要的方面。"十五"期间研究生规模大幅度扩张，培养质量成为各方面关注的焦点，社会上流行的各种说法也比较多，这些说法虽然未必正确，有的是非常片面的，甚至是错误的，但它们却从一个侧面反映出我国学位与研究生教育确实存在着比较突出的问题。而研究生培养工作又非常复杂，涉及国家、社会和培养单位的各个方面，可以说是一个十分复杂的系统工程，面临的问题很多，诸如建立怎样的学位制度，如何确定适应社会发展变化的培养目标，怎样体现本单位的培养特色，以及培养机制、培养模式的改革与优化、研究生教学与培养工作的规范管理等，都是需要我们认真反思、深入研究的一些重要问题。

正是在学位与研究生教育处于转变阶段的关键时期，四川省学位与研究生教育学会、省学位办及时组织召开这次学术年会，大家一起总结、交流学科建设与学位授权申报的工作经验、探讨提高研究生培养质量的有关问题，这对四川省、对学校学位与研究生教育都会产生良好的促进作用。因此，我在这里要特别感谢学会、感谢省学位办给学校提供了这次难得的学习机会。同时，作为承办单位，我在这里慎重承诺，我们将尽最大的努力、协助学会和学位办办好这次会议，为各位领导、各位代表提供更好的服务。

最后，预祝本次会议获得圆满成功！

祝各位领导、各位代表会议期间身体健康，生活愉快！

祝大家在新的一年里心想事成，万事如意！

谢谢大家！

（原文是时任西南民族大学校长于2005年12月18日在四川省学位与研究生教育学会2005年学术年会开幕式讲话）

以实践性教学模式培养创新型人才

推进和完善高等教育教学体制的改革,已经成为推动我国教育事业全面协调和可持续发展的核心。如何解决大学生就业难,缓解供需矛盾是各高校必须思考和解决的问题,实践性教学模式的探索及运用是培养社会需要的创新人才的必由之路。在这方面学校作了一些有益的探索和实践,在这里作一个介绍,希望得到各位专家学者的指正。

这里给大家汇报三个问题:第一,实践性教学模式探索的意义;第二,学校实践性教学模式探索的体系与运用实践;第三,学校实践性教学模式探索的初步成效。重点讲述的是第二个问题,实践性教学模式探索的体系与运用实践。

一、实践性教学模式探索的意义

首先,实践性教学模式的探索及运用对解决大学生就业难具有重要意义。教育部预测,"十一五"时期,全国将有2700万名以上的普通高校毕业生需要就业,每年净增70万~100万人。同时,中国已进入劳动年龄人口增长高峰期,每年劳动力供求缺口仍在1300万~1400万人,对毕业生有效需求的增长相对滞后,结构性矛盾突出。对大学生就业难原因的网上调查结果显示,55%的网民认为教育体制不适应社会需求,10%认为中国人才过剩,10%认为大学生眼高手低,还有25%认为是整体就业环境不宽松。中国社科院人口与劳动经济研究所副所长张车伟表示,大学生就业难以后将成为常态,而且真正意义上会变得越来越难。大学生就业难制约着经济的发展和社会的和谐。这是计划经济体制下的教学模式与市场经济条件下的社会需求的矛盾,是大学教育观念、教学内容、教育模式、教育方法与社会发展需要的矛盾,也是以自我为中心的人才思维模式与关注他人才能成功的社会需要产生的矛盾。实践性教学模式的探索及运用,在改变大学教育观念,更新大学的教学形式和内容,培养实践性、创新性人才方面具有工具性的作用。

其次,实践性教学模式的探索及运用是培养社会需要的高素质、创新型人才的必由之路。一方面是大学生工作难找,另一方面却是企业人才难求,不少企业多方寻求也找不到合适的人才。中国教育这几年重视规模扩张,为培养大量高学历人才提供了平台。然而,教育体制对劳动力市场的反应却相对滞后。缺乏适应市场需要的快速反应能力。著名国际咨询公司麦肯锡公布的《应对中国隐现的人才短缺》报告中指出,虽然中国大学生的数量是美国的2倍多,但只有不到10%能够满足跨国公司的要求。"中国拥有160万年轻的专业人士,是所有国家中最多的,占全部大学生的33%,德国只有20%,印度则只有4%。然而,教育体系偏重理论,使适于在跨国公司中工作的中国年轻工程师的数量仅有16万人,这就形成了中国高级人才的供应悖论"。

我们在对一些大学生就业状况与企业用人情况的调查中还发现,学生抱怨企业待遇低,要求高;企业则认为大学应届毕业生眼高手低,不能吃苦,缺乏动手能力和团队精神,所以很多企业在招聘时都强调需要有工作经验的人才。这两者之间的分歧,还有一个原因是以自我为中心的人才思维模式与关注他人才能成功的社会需要产生的矛盾。另外，大学毕业生对某些行业、地域的就业观与现实中这些行业、地域的容纳量之间的矛盾也是如此。

显然，原有的教育教学模式必须进行改革，才能培养适应社会发展需要的人才。社会对实践性、创新性、高素质人才的需求呼吁高校进行教育教学模式的改革，而学校实践性教学模式的探索正是在这一条件下产生的。我党第十六届六中全会通过的《关于构建社会主义和谐社会若干重大问题的决定》，在重点关注的教育问题中强调，要"保持高等院校招生合理增长，注重增强学生的实践能力、创造能力和就业能力、创业能力"。这对我们在实践性教学模式的探索方面给予了理论支撑和有力的支持。

我们在探索与研究中发现：实践性教学模式的探索及运用是培养社会需要的高素质、创新型人才的必由之路。

第三，实践性教学模式的探索及运用是探索高校培养人才新模式的一种有益尝试。

我们到四川省内的近30家企业作了调查研究，不少企业反映，高等院校培养的学生在创新精神和实践能力方面均不能达到企业现代化建设的要求。他们很需要高素质、实践性强的创新型人才。通过调研认为，我国高等教育中确实存在着一些问题，例如，教育观念不能适应社会发展的需要，重理论轻实践，重单科轻综合的习惯使教学的完整性被割裂；教学模式单一，教育方法呆板，学生缺乏学习的积极性和主动性，人才培养没有形成封闭的链条，导致培养的学生缺乏足够的个性和创造力。这样，一方面，企业急需的能胜任研究、开发、设计、策划等工作并具有较强创新能力的人才不能迅速到位，很多企业的专门人才非常紧缺，另一方面，大量大学生自贬身价也难求一职，事实上造成了教育资源和人才的浪费。高等教育中存在的这些问题，急需在改革中得到解决。

教育必须适应社会发展的需要，必须根据社会需求和自身的性质、特点，确定自己的培养目标；必须按照目前社会行业和现代化企业生产经营过程中的职责和岗位分工去塑造培养对象，并且需要具有一定的前瞻性。只有在教育中让学生的个性优势充分展示出来，才能在职场中让学生根据自己的特长和优势去竞争，普通高等本科教育所培养的学生，应具有较宽厚的理论基础、系统的专业知识和相关知识，掌握科学的研究方法和实验技能，对社会经济发展中的新事物有一定的敏感，在新产品、新工艺的研究、开发、设计方面有较大的潜力与后劲。

因此，如何适应现代大学教育的发展趋势，"以人为本"，以全面提高人的综合素质为宗旨的教育观为指导，以人文、科学、创新的统一为核心，为世界范围的残酷竞争和职场中的严峻挑战提供一种适应性的最佳教育，努力把当代大学生培养成为具有人文精神、科学素养和创新能力的一代新人，是我们从事大学教育的人们必须思考的内容。实践性教学模式的探索及运用正是探索高校教育教学新模式的一种有益的尝试。

二、实践性教学模式探索的体系与运用实践

国家"十一五"规划提出要"提高高等教育的质量"，这个提法在先前所有的文件中都没有出现过。它为我国高等教育教学的改革吹响了号角。教育部质量工程的实施，其主旨也在于如何提高高等教育的质量。因此，适应社会变革的需要，培养高素质的综合性创

新人才，走内涵发展的路子，提高教育质量就成为学校办学的主要目标。为了达到这个目标，我们进行了实践性创新型人才培养模式的探索，构建了以学生为中心，以教师为主导，以制度为保障的创新型人才的培养体系。

第一，构建培养创新人才的体系，形成创新人才培养的组织制度保障。我们通过课程体系的改革，为学生构建一个合理、完整、系统和科学的知识结构和能力结构。在我们的本专科专业指导性培养方案中，我们的课程体系（约170学分）分为通识平台（约27%）、文理基础平台（约20%）、专业平台（约43%）和实践平台（约10%）。通识平台包括通识必修课板块和通识选修课板块，通识必修课板块包括政治与德育模块和专项基础模块，通识选修课板块包括人文科学、社会科学、自然科学、信息科学、就业知识与技能、美学与艺术、农学与菌学、世界文化与民族文化、现代教育理论与技术等模块。文理基础平台包括人文、法政、经管、理学、工学和农医等板块。专业平台与实践平台都设有必修课和选修课。学分制的实施和文理互选的通识选修课的开设，使学生拓展了知识背景和综合素质，为学生发展创造性思维能力奠定了基础。通识平台建立的目的就是要让我们的学生成为具有好奇心、反思和怀疑精神，能够多视角地认识自身和周边世界，能创造性地适应变化环境的人才。现代科学和人文研究往往跨越了传统学科边界，现代社会很多人也在进行着跨学科的工作和研究。因此，我们鼓励学生在跨学科中探索。对理工科学生进行人文教育，对文科学生进行定量思维的培养，对创新性人才的塑造具有独特的意义。大量同学通过通识选修课得到了跨学科、跨专业学习的机会。专业基础的拓宽，也为同学们进行边缘学科和实际社会问题解决的探索提供了有利条件。

我们在组织制度的健全方面也为培养创新型人才提供了必要条件。在学校，有一个创新型人才培养的组织框架。学校有一个学生创新中心领导小组，由一名副校长挂帅，其主要职责是领导学校创新活动的开展，对学生创新活动项目进行评审和学生创新活动项目的结题验收。学校还设有一个创新活动中心，这是学生创新活动的常设机构，设在教务处，由学校科技处和团委协助工作，负责策划学校一级的创新活动以及与校外各级学生创新活动组织机构的联系。各二级学院都设有学生创新活动分中心，主要由各二级学院主管教学和科研的领导负责，由分团委具体抓创新活动的实施。学校学术委员会是创新专家组的成员，也是学生创新活动的评委。学校创新活动按自然科学类学术论文、哲学社会科学类社会调查报告和学术论文、科技发明和科技制作等分为四类。学校每年举行一次学生创新活动项目结题验收暨学生创新活动项目评审工作会议。会议由教务处召集并主持。每年产生校级和院级的竞赛项目与非竞赛项目达100多项。近几年来，学校单年参加全国的"挑战杯"大学生课外学术科技作品竞赛，双年在校内自己组织"创新杯"大学生创业计划竞赛，加之每年都参加一些全国性的各类竞赛活动，学校学生的创新活动层出不穷。

第二，转变观念，以学生为中心，让学生在自主学习中激发创新热情。学校也非常注意以人才培养为本，从学生的实际出发，为了学生的成长，做好相关的引导与辅助工作。在教学的有关工作中，利用各种形式，让学生自主选择、自我负责。

例如，利用学分制给学生以更多的学习自由。学分制集中体现了"以学生为中心"的办学理念。由于开设了通识选修课，同学们可选择的课程面广量多，学生选择的余地很大。学生不必按某一固定模式塑造自己，在学业上享有最大限度的自主权、主动权，可以充分发挥潜力与特长，各取所需，各得其所。不少学生的跨学科课程，往往更多地将人文教育与科学教育结合起来。学生对跨学科主修的评价很高，因为它们不仅有趣而且富有挑战性，也给了学生许多独立研究的机会。

又如，利用学生学术论坛激发学生的创新能力。学校定期或不定期地举行研究生学术论坛讲座，让研究生同学成为学术论坛的主角。主讲同学首先阐述自己的讲座内容，可以是实验论文，也可以是综述。听讲的同学采取现场提问的方式，向主讲同学提出相关问题，大家一起思考、探讨研究，以此来提高研究生的科研水平。同时，主讲同学可以将自己遇到的困难请教在场的教师和同学，大家共同研究、献计献策，从而增进学术交流。最后由主讲人所在的硕士点导师对讲座给予点评。

一些本科课程的老师也在课堂上开设论坛，引导学生主动学习，探索性学习，研究性学习。在这些论坛上，主角都是学生，老师只做点评的工作。学生学术论坛既可以让学生在学习本专业的同时，对其他有所了解，融合其他学科的知识，提高学习兴趣和科研水平，又可以利用学术讲座这种形式锻炼同学的讲演能力、口头表达能力，这对增强他们以后的社会竞争力以及增加求职方面的优势是非常有益的。同时，论坛为学生提供了一个广阔的交流平台，对学生学术水平的提高，创造意识和创新能力的培养都起到了积极的推动作用。

还有，利用学生社团活动为同学们提供更为广阔的成长空间。学校鼓励学生参加现有的社团，但如果学生感到现有的社团不能满足自己的需要，也可以与学校有关方面联系，申请建立一个新的社团。在学校的 50 余个学生社团中，学科范围涵盖经济学、管理学、语言文学、旅游、历史、法学、政治学、社会学、财务、文化与社会人类学、哲学、环境保护、数学、生命科学、体育等众多学科。各学生社团每年举办丰富多彩的活动，如电子技能大赛、统计技能大赛、营销策划大赛等。

这些大赛不仅使参赛同学的创新能力、动手能力得到了很好的锻炼，而且激发了广大同学对某些专业技术的兴趣和爱好。一些优秀选手脱颖而出，为今后代表学校参加全国各级大赛奠定了良好的基础。

我们还利用社会实践活动让学生更贴近社会现实。学校规定每学期都有一周时间为社会实践周，要求学生参加社会实践活动，体验社会生活。每个假期，更要求学生在参加了社会实践后写出社会实践总结报告或调研报告，并且由指导老师评阅。在教学过程中，老师也注意抓住机会让同学们直接进入市场，参加社会实践。每年的糖酒会学校管理学院都会组织市场营销专业的同学们深入到糖酒会的各个会场，用不同的方式参与糖酒会的各项活动。会后，又组织学生代表形象生动地讲述自己在糖酒会上的所见、所闻、所感。通过这些实践活动既丰富了学生的理论知识，又总结了市场营销的实践经验。管理学院还经常组织学生到企业参观访问，2003 级工商管理班同学到四川互惠商业集团总部和各门店参观考察后组织了主题为"我为'互惠'献一策"的教学实践活动，取得了很大成功。同学们普遍认为，在原有专业知识的基础上，联系市场，开拓创新，努力去适应社会，得到社会的认可，是当代大学生的必修课。

第三，以教师为主导，变灌输为引导，让学生主动学习，创新学习。学校教师普遍认为自己对破解"工作难找和人才难求"这一魔方也负有重要责任，并积极地在教学方法上寻求解决的途径。他们想方设法调动学生的积极性和主动性，在学生的知识结构和能力培养方面形成良好的框架，架起学生通向社会的桥梁。为此，学校教师在人才培养模式、教学方法等方面作了一些有益的尝试。

一是对学生进行思维方式的训练，让学生乐于学习。在大学里所学的，不仅要有专业知识，还要学会一种思维方法和学习精神。为了培养高素质的综合型人才，学校教师在对学生进行专业知识传授的同时，设计了很多课堂试验引导学生思考，由此帮助学生在掌握专业知识时分析出各自不同的思维方式，并要求学生及时总结自己的心路历程，描述出自己处理问题时的心灵轨迹，找出自己与企业需要的差距。由于学生自己就是试验的主体，亲身感受自己与试验结果的距离，因此学生的体会特别深刻。通过课堂中各种教学活动，让学生了解自己的价值观和思维方式，了解了自己与时代，与社会要求的差距，促使学生对自己的行为方式进行反思，从而主动调整自己的思维方式与行为方式。这样就为学生尽早适应由以自我为中心的人向社会人转变，向企业人转变打下了基础。这样的训练让学生很感兴趣，从而乐于学习。在各种思维方式的训练中，学生不断地总结自己的成功与失败，不断发现自己的优势和劣势，最后在老师的指导下，把缺点变为特点，再把特点变为优点，同学们说，在大学中受到的良好锻炼，不仅可以掌握本专业知识，更获得了在社会中生存和发展的能力。

二是亲验式教学法促使学生对知识产生兴趣。亲验式教学法原为亲验式练习法，是企业培训中的一种独特而有效的方法。它主要包括结构性练习、角色扮演和心理自我测试三类活动。学员通过在教学活动中的亲身体验，得出结论。这样的学习往往比单纯接受别人讲授的知识和原理要深刻得多。特别是在能力培养方面的效果，更是一般讲授所无法比拟的。

根据美国学者胡佛的研究，与传统的课堂教学法相比，由于亲验式练习法使学员变成了教学与培训的主角，在教学的过程中不仅有认知的成分，而且包含感情的因素；不仅具有传授知识的功能，同时可以传授与改变态度和价值观。所以能吸引学员更高程度的参与。胡佛特别认为感情因素是亲验式练习很独特的因素，即它需要学员感情和行为上的参与，要求他们去做某件事，并体念所发生的事，而不仅仅停留在认知的改变上。

学校教师探索亲验式教学法获得了很大的成功。它通过让学生真切地体验学习内容而产生强烈的兴趣，从而变"要我学"为"我要学"，变被动学习为主动学习，探索性学习，研究性学习。它使学生亲身感受到所学知识的完整性，在学习中去发现自己的不足。例如，在人力资源管理课程中，教师根据人力资源管理的有关理论，事先按照学科的教学目的要求，安排和设计了一套明确而系统的程序，让每个班的学生自由组合成为若干小组，组建微型的模拟公司。学生自己进行市场调查，自己创建市场需要的公司，体验企业中各种角色的要求和人力资源配置情况。学生通过简化和典型化的现实情景模拟，进行举一反三的思考和推理，以求在真实情景下的行为中获得一些有启迪性的结论。每个同学都在公司里找到了适合自己个性与能力发展的职位。同学们妙招频出，各个公司大显神通。在公司组建与运营中，学生主动学习，并尝试运用多学科知识解决现实问题，在现实问题的处理过程中，去体念成功与失败，去总结自己的优势与不足。

亲验式教学法的探索受到了同学们的好评和欢迎，也引起了社会的关注。湖南卫视的王牌节目——晚间新闻节目组专门到学校采访了老师和同学，并在节目中对这种探索给予了高度的肯定。其他众多新闻媒体也作了转载或报道。

三是本科生导师制让学生得到更多的课外辅导。学校实行本科生导师制，每一位教师在一个年级辅导 10 余位同学。同学们可以在学习方向、学习研究方法方面得到更多的指导，管理学院人力资源管理专业的教师还指导学生进行职业规划。本科生导师制使同学们将课内和课外学习结合起来，避免了学生学习的盲目性。在课外，学生不仅要读书、写文章，更要参加各种各样的社会实践活动。我们倡导教师充分地尊重每一个学生，既鼓励学生在课堂上积极参与有关教学内容的讨论，更鼓励学生在课外自主地学习、锻炼和提高。

本科生导师制有助于学生在老师的指导下进一步认清自己，从而根据本人的特点和职场规划选择选修课，确定今后的主修乃至以后攻读研究生的方向。选修课程不需要多少前修课程知识，但是他们用的是特定学科的方法和材料，是真正的探究；有助于学生产生对别的专业的兴趣，实现知识交叉；有助于学生与任课教师更多的接触，从而了解不同的研究方法，产生强烈的研究兴趣，进行创新性的探索。这种教育方式，尊重了学生的兴趣，有利于培养学生的个性，而兴趣和个性正是他们今后创新的前提。

三、实践性教学模式探索的初步成效

在实践性教学模式的探索中，我们取得的初步成效如下。

第一，学生的学习热情和学习积极性得到很大提高。由于实践性教学模式要求运用多种形式开展教学活动，丰富了教学手段和方法，寓教于实践，寓教于乐，对学生进入社会具有直接的帮助，因此受到了学生的普遍欢迎。学生反映，这样的教学模式让他们在理论和实践的结合上得到了更多的收获，更容易灵活地、牢靠地掌握理论知识。教学实践活动还让同学们进一步认识了自己，认识了怎样去发掘身边的人力资源和物质资源。同学们把多学科的知识融为一体，尝试着在实践中去运用，在运用中发现问题，解决问题，在实践中提高自己的实际工作能力。

第二，学生的综合素质和职场适应能力得到显著增强。实践性教学模式对于培养高素质人才，促进学生全面发展具有十分重要的作用。不少同学进校前得到了就业难的各种信息，对就业产生了恐惧感。但是，在各种教学实践活动中，每个同学都综合地运用所学的知识，锻炼了能力，深化了对知识的理解，培养提高了团队合作的精神和意识。到快毕业时，他们的恐惧感反而减轻甚至没有了。"我们身边不是缺少市场，而是缺少发现"。"对于未来，我不再那么害怕了"。2002 级会计班的同学们如是说。这是在上人力资源管理课安排的一次教学活动——组建公司以后同学们总结出来的。

综合素质的提高直接影响了学生的就业，近年来，学校学生就业情况良好。学校连续 3 年获得四川省高校毕业生就业工作先进单位。学生能力也得到显著增强，多位学生在国际和全国性各类比赛中获得一等奖。特别是今年 1 月在第 26 届国际企业管理挑战赛（GMC）中国赛区总决赛中，学校管理学院学生以本科生的身份和知识结构在众多学校的有较多研究生参与的竞赛中，获得中国赛区团体总分第一名、总决赛第二名（西南民大触电队）总共十个奖项，众多新闻媒体纷纷报道了这一突出的成绩。其余各种全国性奖项也收获颇丰。

第三，教师的教学水平得到较大提高。在实践性教学模式中，教师不能满足于纸上谈兵，必须尝试着让学生确有所得，因此必须千方百计地更新教学内容，改进教学方法。这样的要求促进了学校教学质量的不断提高。例如，管理学院教师根据人力资源管理中最新的测评方法策划并实施了反对式案例分析大赛。同学们在活动中分析企业的案例并接受其他同学的质疑和评价。这样的教学实践活动既让同学们锻炼了发现问题、分析问题和解决问题的能力，又让同学们锻炼了胆量和语言表达能力。

通过实践性教学模式的探索，我们得出如下结论。

实践性教学模式的探索是学校在大学生就业难的社会大环境下的举措，是以学生为本的教育观的体现，是培养适应社会需要的有创造精神和创新能力的人才的需要，是高等学校迎接市场经济条件下职场竞争挑战的需要。实践证明，学校坚持以学生为中心，以教师为主导，以制度为保障，将科学与人文相结合，课内与课外相结合，教学与研究相结合作的一些探索，是非常有益的。

教育的目的与功能就是全面培养学生掌握知识技能的能力，并且正确、有效地开发学生的思维能力。以调整学生的思维方式为主，以学生的认识过程为依托，启发引导学生变"学会"为"会学"，变单纯接受为主动学习，研究性学习，从而为国家培养适应社会发展需要的高素质创新型人才，这是知识经济时代对人才培养的需要，也是对教育的必然要求。我们的探索期待着能为提高教育质量，培养实践性创新人才，破解工作难找与人才难求的魔方作一点贡献。

（原文与陈丽琳和高阳合作，题目为《探索实践性教学模式，培养社会需要的创新型人才》，汇报时间为 2006 年 12 月 15 日）

关于提高少数民族就业能力的建议[①]

2009年8月，胡锦涛在考察新疆时指出："新疆的问题归根到底要靠加快发展、科学发展来解决"[1]。胡锦涛同志的这一论断同样适用于除新疆以外的广大民族地区。目前，少数民族和汉族从业人员在就业能力上存在差距，在产业和职业上存在结构差异。民族地区的科学发展，关键在人的发展，关键在教育的发展。大力发展少数民族高等教育，促使少数民族人力资源纵向分布与汉族趋同，促使少数民族与汉族在全国范围内的劳动力产业结构、职业结构趋同化，使少数民族获得和汉族大致接近的就业竞争能力，是缓解民族矛盾的必由之路。

一、横向的区域性差异不可避免并且无法根本消除

少数民族人力资源存在差距有两大原因：既有西部少数民族区域与东部沿海区域的差距，我们称为横向的区域性差异，即横向的劳动力市场分割，囊括了所有制分割、城乡分割、产业分割、地区分割等情形[②]；也有少数民族和汉族劳动力纵向分割的差异，即纵向的劳动力市场分割，指源于劳动者能力及受教育程度的差别，而生成的职业或技术等级界限[2]。

在分析西部少数民族区域与东部沿海区域的差距时，往往首先归因于这些地区的历史及自然环境因素，再归因于少数民族从事落后的传统农牧业。事实上这两者都可以归为区域性因素。鉴于民族地区所处的自然环境的巨大差异，我们必须承认，不可能从根本上消除因为地域所带来的经济社会发展的差异。高寒地带、沙漠地带、崇山峻岭地带不可能发展成高度发达的现代产业结构，也不可能达到类似长三角一样的经济社会发展水平。我们只能尽量对这些区域提供帮扶，以缩小其与全国平均水平的差距，尽量改善居住和生活在这些区域的居民的生活。我们不排除个别民族地区由于其所在地的矿产或其他因素导致其在一段时期内其富裕程度超过民族地区总体水平，甚至超出全国总体水平，但就民族地区整体而言，并不能从根本上消除其所在地域的自然环境的限制而形成的发展瓶颈。

二、少数民族和汉族就业差异根本表现在劳动力纵向分割的差异

对于劳动力市场的纵向分割，介入更多的是市场因素，即由于劳动力市场对不同人力资本给予的不同评价，因而形成了界限不分明的工资链条或界限分明的职业等级。职业无贵贱之分，却有等级之别，这个等级是代表着人的能力的符号。这种职业间的收入差距是市场经济的客观规律，也符合"按劳分配"的原则，无法消灭也不应消灭。

[①] 本文属国家民委政策研究室委托课题"少数民族大学生国家认同教育创新研究"（GM-009-002）的阶段性成果。

[②] 这其中，所有制分割、城乡分割、产业分割是全国的共性问题，本文对于横向的劳动力市场分割只关注地区分割，因为民族性差异只与区域性差异直接相关。

纵向分割往往遵循市场规律，其带来效率的地方在于由市场通过学历、职称、资历等信号客观评价劳动力价格，在这个过程中，因为政府某些不当的政策或是其他因素引导而可能发生价格扭曲，但无损于整体效率的提高。高能力、从事复杂劳动的劳动者理应谋得好职位，低能力、从事简单劳动的劳动者就只能混迹于差强人意的职位。

尽管纵向分割同样阻碍了劳动力市场之间的流动，但这是有效率的阻力，因为它确保了精英劳动者与普通劳动者各就其位的高概率，而无需要求用人单位在培训前拟订严密的招聘与测试制度。当然，纵向分割也难以成为完美的配置资源方式。普通劳动者中的一部分不乏可造之才，往往为世俗的眼光所埋没，这个世俗的眼光就是纵向分割的准则，即以学历论英雄。学历高的庸才也不是没有的，但根据统计性歧视（statistical discrimination）的观点，只要高文凭的求职者能力高的可能性大于低文凭的求职者，那么企业偏爱高学历的行为就是合理的[3]。以效率的角度看，小部分人才的浪费是可以接受的，尽管它对个体而言是不公平的。

现代化和工业化的发展一般伴随着劳动力从第一产业先后向第二、三产业的转移[4]。这种产业转移是伴随着市场机制的引进、商品与劳动力市场都逐步推行市场化的体制改革而进行的。市场经济的发展需要建立与之相适应的自由流动和完全竞争的劳动力市场。这种劳动力市场只会单纯地依照求职人的就业能力来作出选择。那些学习基础薄弱但由于政府优惠政策才进入大学的少数民族学生，如果在进入劳动力市场时就业能力落后，在面临劳动力市场竞争时就可能面临就业困难，即使被招收，在新的业绩评估的竞争机制中也可能面临被淘汰的风险。在一些对于人员素质要求较高的领域，如高精尖技术领域、金融领域，少数民族毕业生从总体而言面临的困难就更大。

Fischer 等学者发现，由于藏族劳动力汉语能力和实际教育水平的低下，在城镇发展以及产业升级等事关民族地区经济社会质的发展中难以胜任[5]。进一步的研究与分析发现，由于缺乏竞争力导致少数民族在劳动力的纵向分布上与汉族存在明显的差异。如果不是民族政策对少数民族的保护，如各民族自治政权对于一些部门（如政府部门）少数民族成分比例的硬性规定，这种劳动力的纵向差异会更大。

事实上，在民族地区，有国家移植的技术比较先进、生产效率比较高的现代大工业经济，而这些先进的现代大工业经济对于解决当地少数民族就业并没有带来太明显的效果。例如，在新疆有不少国家大型项目，但其中能吸纳的当地少数民族就业人员却很少。究其原因，根本上还是由于少数民族与汉族在受教育程度、人力资源分布上的差距，无法胜任。这样，在民族地区，就经常出现经济结构的二元化。一元是技术落后、效率低下的传统经济部门，其主要就业人员是当地少数民族；一元是国家移植的技术比较先进、生产效率较高的现代大工业经济，其就业人员主要是汉族。这种二元结构也是我国少数民族劳动力纵向分割与汉族劳动力纵向分割差异的典型体现。令人忧虑的是，这种差异在一定条件下，可能引起种族间的不满，埋下民族隔阂甚至冲突的祸根。

三、发展民族高等教育提升少数民族就业能力

美国学者 Blau 和 Duncan 曾研究过先赋因素和自致因素对社会地位的影响。在他们看

来，社会分层结构主要表现为职业结构，而某种职业地位的获得主要取决于代际教育水平和职业以及本人的教育水平。如果身份等"先赋因素"是无法改变的事实，教育等"自致因素"则保有巨大的发挥空间。

一些中国学者也通过实证研究，发现子女接受过高等教育，其所从事的职业受父母职业的影响就会相对较小，跨越职业的代际效应所造成的劳动力市场分割的可能性也会相对较大；而接受过中等教育和初等教育的劳动者则很难跨越职业的代际效应造成的劳动力市场分割。并且，受教育程度越高，代际间向上流动的可能性就越大，向上流动的距离就会越长[6]。这就意味着，少数民族如果不能接受高等教育，就很难跨越职业的代际效应。在世居的草原、山地中，他们就将高概率地继续父辈的职业，继续作为牧民、农民，继续从事落后的产业。而由于语言的差异，以及距离东部沿海地区的遥远，他们连前往发达地区打工的成本都将大大增加。

民族地区和少数民族的落后根本上是少数民族发展的"造血能力"的落后，具体到高等教育而言，就是少数民族受教育者在面临全国范围内的自由竞争的劳动力市场上就业能力的落后。只有发展民族教育，尤其发展民族高等教育，使少数民族跨越职业的代际效应所造成的劳动力市场分割的可能性增大，才可能真正实现少数民族的发展。

就长期而言，对少数民族的扶持，不能仅仅是保护其在就业能力落后的情况下生硬地通过排斥汉族的方式保护少数民族的就业，而应当从根本上提高其就业能力，使其获得与汉族接近的核心就业能力，使少数民族就业能力和汉族趋同化。这就要求民族高等教育具备培养少数民族学生与汉族趋同化的就业能力的能力，即要求民族高等教育机构在保留住自己特色的同时，本身的核心竞争力与普通的综合性大学趋同化。

民族高等教育面向少数民族和民族地区，服务于少数民族和民族地区，但这绝不意味着民族高等教育培养的标准是只能服务于少数民族和民族地区。更不能以民族高等教育面向和服务于少数民族地区为由而从定位上自我束缚，在教学和科研上降低标准，使得教学和科研水平只能服务于少数民族和民族地区，而不能面向全国。民族高等教育无法让西部地区完全与中东部尤其是沿海发达地区具有同样的竞争力与发达程度，但是通过教育使得少数民族具有同汉族同样的竞争力是可能的。

四、发展民族高等教育提高少数民族核心就业能力的对策建议

国家要从根本上解决民族问题，就应当帮助少数民族在全国范围内而不仅仅是限于民族地区具有和汉族同样的就业竞争力，实现全国范围的跨区域的流动和迁徙，才可能改变世居和聚居的传统模式。仅仅是经济的发展不能完全彻底地解决民族问题，要彻底地解决民族问题必须实现各民族在全国范围的散居与相对的均匀分布。为使得少数民族达到与汉族同样的就业竞争力，实现与汉族一致的就业产业分布和职业分布，最终实现全国范围的相对均匀分布的民族分布，国家应当采取重大措施，帮助民族院校获得与一般综合性大学相同的核心竞争力，使之具有将少数民族生源培养成与汉族生源具有同等核心就业能力的核心能力。

（一）重塑民族高等教育的培养目标

民族高等教育的培养目标，应当使得其培养对象尤其是少数民族学生在全国性劳动力

市场范围内能和汉族学生具有同等的竞争力。少数民族学生应当具有同汉族学生接近甚至是一致的机会进入到跨国公司管理人员、高精尖技术人员的行列。在全国范围内，而不仅仅限于民族地区范围内，少数民族劳动力的职业结构及其所服务的产业结构接近汉族。

少数民族毕业生可以选择回到出生和成长的故乡，但同样有权选择生活在祖国的沿海发达地区。我们必须承认，许多少数民族毕业生是希望能在诸如北京、上海、深圳等发达地区生活、工作与发展的，他们中的许多人最后回到西部地区回到家乡很大程度是因为他们的就业能力与发达地区对他们的需求还有差距。而要保障那些事实上想在发达地区工作与发展的少数民族毕业生的选择权，根本上就是要通过教育提升他们的就业竞争力，使少数民族的劳动力市场纵向分割与汉族趋同。

（二）采取重大措施大力提升民族院校综合实力

过去十多年来，众多高校抓住国家高等教育管理体制改革和高等教育大众化的机遇，通过合并扩大规模、争取资源、优化学科、提升实力，在高等教育的激烈竞争中抢得了先机，已呈现良好的发展态势，而民族院校则被忽视和边缘化了。国家应当采取重大措施对民族院校进行扶持，重点建设民族院校，从根本上改变学科结构，优化专业设置，加强师资力量，推动民族院校核心竞争力获得质的飞跃，消除民族院校本身的薄弱和因为过去十多年高校合并潮将民族院校边缘化而导致的对民族院校的事实上的"忽视"。

在武汉，如果只对华中理工大学（原）和武汉大学（原）中的一所采取重大措施帮助其完成强强联合组成高校航空母舰，而对另一所不采取重大措施提供相应力度的帮助，那么显然是对另一所的忽视，将对没有获得这一重大措施资助的高校在今后的竞争中造成极其不利的影响。同样，过去十多年间对非民族院校采取重大措施以帮助其完成的大规模的重组合并、强强联合而对民族院校不提供同样力度的帮助，事实上就是对本来就十分薄弱的民族院校的忽视，极大加剧了民族院校在激烈的高校竞争中的不利局面，人为地造成了民族院校生存与发展的挑战与危机。

即便是清华、北大、复旦这些国内顶尖学府仅靠自身力量也不太可能顺利完成其已完成的高校合并、强强组合，我们不能将这些国内顶尖院校依靠和借助政府力量来获得学科和资源的巨大帮扶看做"等、靠、要"。同样地，仅靠民族院校自己薄弱的力量更不太可能完成具有一般综合性大学尤其重点综合性大学同等核心竞争力的转变。

（三）夯实民族基础教育，为民族高等教育提供保障

大学犹如一个生产车间，为了保证产品输出的质量，就必须对输入的质量进行严格的把关。

基础教育的最终产出，包括小学、初中、高中教育，决定了民族院校生源的质量。目前，虽然"两基"攻坚目标已如期实现，但是到2007年年底，还有42个县没能完成"两基"攻坚。从民族教育的实际情况来看，普通中学阶段的民族教育尤其是高中教育发展严重滞后。根据教育部提供的有关数据，2005年全国初中毕业生升入普通高中的比例为39.03%，而少数民族学生升入普通高中的比例为30.36%，低8.67%。少数民族高中毕业生生源不足是目前民族高等教育发展面临的主要问题。在全国高中阶段毛入学率已经达到

47%，而少数民族高中阶段毛入学率还不足30%的情况下，加快发展高中阶段教育、扩大生源数量是提升少数民族素质的必经之途[7]。

此外，应当考虑加强少数民族预科教育。基于少数民族小、初、中教育的相对薄弱，在面临高考时的学习效果和应试能力相对落后，在预科教育中加以弥补，通过一两年专门的强化学习后再通过统一的高考并以基本一致的录取分数区分录取与淘汰。

（四）通过立法加强对民族教育的支持和保护

依法治教是世界各国发展教育事业的基本原则。对于少数民族教育，尤其如此。许多国家为了解决本国少数族群的教育问题，先后制定了一些针对少数民族教育的法律法规，实现了少数民族教育的法治化。这样就可以有效地避免民族教育发展中的大起大落，为民族教育的发展提供一个良好的法律基础。

民族教育政策层级过低、刚性不足。从现行的民族教育政策来看，大量是由国家教育主管部门或其他有关部门制定的，由国务院制定的民族教育政策很少，特别是综合性法规很少，民族教育政策体系不完善，民族教育法规体系远远没有建立起来。由于民族教育政策体系不完善，政策层级过低，必然导致刚性不足，从而影响其效力的发挥，很难起到应有的对民族教育的保障和促进作用。2002年，国家曾启动《少数民族教育条例》的调研起草工作，并计划于"十五"期间颁布实施，但《少数民族教育条例》至今未能出台。当前，为适应我国依法治国、依法治教的需要，以及民族教育的进一步改革和发展，迫切要求有关方面将《少数民族教育条例》的制定工作列入紧要工作议事日程，促成其尽快出台。与此同时，从现在起就应着手起草我国少数民族教育的基本法——《少数民族教育法》，为它的出台积极创造条件。《少数民族教育法》的起草制定，将极大地推进我国民族教育政策的发展及民族教育法规体系的建设和完善，使我国民族教育事业尽快走上法制化轨道。

参 考 文 献

[1] 胡锦涛. 坚持一手抓改革发展一手抓团结稳定加快建设繁荣富裕和谐社会主义新疆. 人民日报，2009-08-26（1）.
[2] 杨宜勇. 劳动力市场的行政分割. 经济研究参考，2001，(27)：30.
[3] 张曙光等. 市场分割，资本深化与教育深化. 云南大学学报，2003，(5)：75.
[4] "克拉克-费舍假设"，United Nations. Patterns of Urban and Rural Populate Population Studies，No.68.1980.
[5] Fischer M A. State Growth and Social Exclusion in Tibet. Copenhagen：NIASPress. 2005.
[6] 郭丛斌，丁小浩. 高等教育跨越职业代际效应的作用. 高等教育研究，2004，(4)：28.
[7] 陈立鹏，石英德. 坚持和谐、公平、法治理念实现民族教育的科学发展. 中国民族教育，2008，(1)：14.

（原文题目为《大力发展民族高等教育提高少数民族就业能力》载于《西南民族大学学报》（社会科学版）2007年第1期）

民族高校如何培养高层次研究应用型人才[①]

按照部属高校学习实践科学发展观小组的要求，中南民族大学校党委把深入学习实践科学发展观活动作为2009年的工作主线，把全校师生的智慧和力量凝聚到高等学校当前的首要政治任务上来。以科学发展观为统领，抢抓机遇，锐意改革，乘势而上，进一步提高了学校的综合实力和核心竞争力。

民族院校是民族团结与发展的窗口，促进民族地区的和谐、加快民族地区的发展、培养少数民族人才必须坚持学习实践科学发展观。结合自身优势和特色，学校确定了"勇于创新、科学发展、建设有特色高水平民族大学"的实践载体。勇于创新，即在办学理念、发展思路、制度完善、运行机制等方面大胆改革，破解办学过程中的难题；科学发展，即以发展为第一要务，突出"以人为本"的核心，按照统筹兼顾的根本方法和全面协调可持续的基本要求，推动学校事业又好又快地发展；同时做到"有特色、高水平"，把学校办成人民更加满意的民族大学。学校确定的实践载体，不仅仅是一个振奋人心的口号，更是学校发展长期追求的目标，它为学习实践科学发展观吹响了"转变发展观念、增强发展能力、破解发展难题、提高发展质量、创新发展机制、推动科学发展"的新时代号角。

紧扣实践载体，结合学校58年的办学历史尤其是最近10多年的发展情况，学校的学习实践科学发展观活动着力体现"提高认识、解决问题、创新机制、科学发展"的实践特色。在学习实践过程中，学校始终坚持"面向少数民族和民族地区、为少数民族和民族地区服务"的办学宗旨；坚持党的民族工作规律与高等教育规律相结合、民族高等教育的特殊性与普通高等教育的普遍性相结合的办学道路；坚持以提高质量为中心，教学科研并重，办特色鲜明民族大学的办学思路；坚持质量立校，学科兴校，人才强校，特色荣校，规模、结构、质量、效益协调发展的内涵式发展战略。在深入学习实践科学发展观的大环境中，唱响了谋发展、育英才、创一流的"三部曲"。

召开深入学习实践科学发展观动员大会，是深入学习实践科学发展观活动在学校正式全面启动的标志。国家民委党组成员、副主任、部属高校学习实践科学发展观领导小组成员吴仕民莅临大会，充分肯定了学校深入学习实践科学发展观实施方案。按照吴仕民同志对开展学习实践活动的六点要求，学校充分认识到学习实践科学发展观是学校建设发展的需要，是认真贯彻党的"十七大"精神的需要，是国家经济建设和社会发展现实的需要；并明确学校深入学习实践科学发展观的自身特色，即有鲜明的实践特色、有中南民族大学的办学特色和作为高水平大学应当具有的特色。按照第十三指导检查组在动员大会上的号召，学校有组织有步骤地做好学习实践科学发展观活动3个阶段6个环节的各项具体工作。

成立领导小组，校院两级实行"双组长"制，为学校学习实践科学发展观提供了有力的领导与组织保障。以"坚持实践第一、质量第一、群众满意第一"为标尺，领导小组围

[①] 与雷召海同志合作。

绕理念与目标、载体与思路、队伍与学科、格局与协调四个专题展开工作，妥善处理日常工作和学习实践活动的关系，并在总体上掌握进度，在大局上进行指导。

推动解放思想大讨论，通过"阔胸开眼"从传统思维定式中解放出来，是学校学习实践科学发展观的创新学习形式。学校组织成立了学习实践科学发展观教授、博士宣讲团，校领导带头，围绕中国特色社会主义理论体系、民族地区经济社会发展等内容面向全校师生开办专题讲座；邀请校外知名教授来学校介绍发展经验，尤其是开展了学习"华中科技大学经验"活动，邀请《高等教育研究》主编刘献君教授作"以科学发展观为指导，努力推进学校发展"的辅导报告，为处理好学校的教学科研与社会服务、重点突破与全面提高等十个关系奠定理论基础；围绕"科学发展大家谈"主题，开展领导干部谈发展、党员干部谈认识、党员师生谈理想的"三谈"活动。学校与国家教育行政学院合作，启动"管理者在线学习中心"的视频在线学习平台，为全校处级以上干部深入学习实践科学发展观活动搭建起一个"新颖、便捷、快速、高效"的"第二课堂"。

加强党风廉政建设、党的作风建设、思想理论建设，使科学发展观"入脑入心"，是学校深入学习实践科学发展观活动的着力点。在加强党风廉政建设方面，国家民委原党组成员、纪检组长、部属高校深入学习实践科学发展观活动第十三指导检查组组长郝文明，对学校增强反腐倡廉的主动性予以了指导。学校领导班子从提高党的执政能力、保持和发展党的先进性的战略高度，把反腐倡廉建设同思想、组织、作风、制度建设并列起来，加强反腐倡廉教育，筑牢领导干部廉洁从政的思想道德基础。建立健全反腐倡廉制度，加强惩防体系建设，从源头上防治腐败，推进惩治和预防腐败体系建设；在加强思想政治建设方面，结合以"笃信好学，自然宽和"校训为核心内容的民大精神，全校党员以奋发有为的姿态投入深化理论武装、提高思想政治素质和科学文化水平中，深刻领会科学发展观的重大意义、科学内涵、精神实质和根本要求，切实增强推进学校科学发展的责任感与使命感，掀起了认真学习实践科学发展观活动的热潮；在加强党的作风建设方面，学校多次召开中心学习组、党委扩大会议和常委会议专题学习科学发展观，通过内强素质、外树形象，努力建设团结和谐、风清气正、坚强有力的领导集体。

借助"四个互动"之力开展调研，使调查研究"汇聚民智"，是学校深入学习实践科学发展观活动的特色方式。调研活动通过学校上下互动、校内校外互动、工作学习互动、师生员工互动，成为汇集全校师生员工智慧和力量的鼓舞人心的最好平台。一是开展校内调研，领导领题带队，实现学校上下互动。学校领导班子结合主管工作确立了现代大学制度、科学发展整体思路、开放办学、反腐倡廉等调研选题，深入学院开展提高教学质量专题调研、科研工作专题调研、大学生思想政治工作专题调研，虚心听取基层单位意见，真正做到问计于民。二是开展"走出去"调研。学校派遣四个小组赴北京、上海、南京、天津等地著名大学学习调研兄弟院校教学质量工程建设情况。由校领导带队组成两个调研队伍，赴湘西、鄂西等民族地区调研民族院校服务少数民族和民族地区经济社会发展的途径。三是开展"请进来"调研，谋求学校与社会的合作共赢。招生就业处邀请湖北省各级招生系统人员来校座谈，明确提高学校生源质量的方式方法。校友办公室邀请武汉地区20余位校友来校座谈，请他们对学校产学研联合、校园文化建设等方面的发展建言献策。

开好专题民主生活会，通过"刨根究底"形成高质量的分析检查报告，是学校学习实践科学发展观"分析检查阶段"的得力举措。在民主生活会上，学校领导班子向国家民委及部属高校第十三指导检查组作了工作汇报：近年来，学校通过务实、求是、扎实工作，党建工作逐步改进、学科建设取得长足进步、师资队伍建设成效显著、科学研究呈现良好发展势头、教学水平和人才培养质量进一步提高、国际交流与合作迈上新台阶。在学习实践活动分析检查阶段，领导班子认真查找了影响和制约学校科学发展的9个方面25条存在的主要问题，如办学理念方面，办学特色和水平与建设有特色高水平民族大学的要求还存在不适应的地方；人才培养方面，教育教学改革、人才培养模式的"质量工程"创新还需进一步推进；科技创新方面，团队建设、联合攻关、资源共享等方面做得还不够；学科建设方面，学科凝练还存在差距，"学科高地"不多；人才队伍建设方面，回国人员的职称认定与评聘、高级专业技术职务任职资格的正常晋升与破格晋升问题亟待解决；学生工作方面，大学生思想政治教育和管理工作需要进一步把握规律性、体现时代性、增强实效性；党建与思想政治工作方面，基层党组织的政治核心和战斗堡垒作用需要进一步加强；廉政建设方面，党风廉政建设的长效机制还需完善；管理机制方面，干部队伍的考核评价机制跟不上形势发展的需要。并针对观念问题、发展问题、机制问题、形象问题、和谐问题提出了解决办法和工作思路。第十三检查指导组听取学校汇报后认为，学校高度重视学习实践科学发展观活动，领导班子态度认真，通读"三本书"，撰写发言材料认真，交换意见坦诚；民主生活会的内容、步骤、方法严谨规范；工作方案的实施体现了中央精神。

服务新农村建设，提高为民族地区服务水平，是学校学习实践科学发展观的实践宗旨和现实行动。学校举行了贵州黔南州少数民族干部培训班开学典礼，校领导班子与黔南州相关领导就培养民族地区人才进行了交流学习；积极与海南乐东县党校联合办学，实施"一村一名大学生计划"，让来自乐东各乡镇的88名现任村官走进了课堂；举行繁荣发展民族院校哲学社会科学高层论坛，邀请教育部社会科学司副司长张东刚，教育部民族教育司副司长张强等到会，并与中央民族大学等13所民族院校及四川大学等14所民族地区高等院校的代表交流经验；学校积极实施"城乡互联，结对共建"实践活动，工作组赴"共建对子"——湖北通山县大路乡进行实地考察调研，对该村的基层党支部规范建设予以指导，并援建了农村文化中心户和新桥冯村小学，为当地经济社会发展助力。

促进大学生就业，是学校学习实践科学发展观"关注民生"的重要体现。学校招生就业处邀请35家知名企业，共同探讨校企合作的方式和途径；举办模拟职场招聘大赛，邀请社会不同层面的知名人士担任评委，着力提升在校大学生的就业能力；学校工商管理学院针对部分师生提出的放开专业选择限制，让学生根据专业兴趣选择所学专业，促进学生个性发展。通过千方百计为毕业生拓展就业渠道，积极探索促进大学生就业的长效机制。

加强学科与团队建设、提高本科和研究生教学质量、提高对外合作与服务少数民族水平，是学校把学习实践科学发展观活动视为并变为机遇的实际行动。要在经济全球化背景下办好民族大学，学校坚持以尊重学生主体地位、教育创新、素质教育、开放教育、崇尚学术"五个理念"为指导，突出做好12个方面的工作：一是提高深入学习实践科学发展观的认识，解决好为什么要科学发展，怎样科学发展，靠谁科学发展的问题；二是明确民族高校肩负重要的特殊的国家责任和使命，深化办什么样的民族大学和怎样办好民族大学，培养什么样的人，怎样培养人的认识；三是更新教育思想、教育观念、教育内容，解决好教师教什么、怎么教，学生学什么、怎么学的问题；四是推进高层次人才和高水平创新团队建设；五是科学准确地定位，提高办学水平，大力彰显优势学科、特色学科和学科特色；六是树立两个服务的宗旨意识，面向少数民族地区社会发展和经济建设主战场，努力提高科学研究服务民族地区的水平和能力；七是坚定改革开放的意识，深化内部管理体制和机制改革，积极推进现代大学制度建设；八是深化集中力量办大事，增强"有所为，有所不为"的意识，优化资源配置；九是以改革创新的精神推进党的建设，充分发挥党组织政治核心和战斗堡垒作用；十是加强领导班子建设，提高学校科学发展关键在党、关键在人的认识；十一是加强和改进思想政治工作，充分发挥工会、共青团、民主党派等各种组织的作用，解决群众关心的热点，难点及实际问题；十二是加强党风廉政、反腐倡廉建设，加强教育、监督、制度、惩处并重，着力长效机制的建立。

在开展深入学习实践科学发展观活动的全过程中，学校严格按照"高度重视、精心组织、周密安排、扎实推进、务求实效"的总体要求推进工作。国家民委主任杨晶到学校视察指导工作，校领导班子代表学校55个民族的23000多名师生员工对学校基本情况作了汇报，总结了学校由一所以培养少数民族干部为主、规模有限的民族学院，发展成为目前人才培养层次齐全、规模较大、效益较好、发展潜力大的多学科、综合性民族大学的办学体会，并查找、分析了影响和制约学校科学发展的突出问题，提出了推进学校科学发展的工作思路和措施。杨晶同志听取汇报后，认为学校学习实践活动工作基础扎实、思路清晰、方向明确，抓好了组织机构、宣传发动、学习任务、抓调查研究、重点活动的落实，梳理出了影响和制约学校科学发展的突出问题，明确了今后学校科学发展之路，形成了全校上下"一心一意谋发展，聚精会神育英才，安安静静做学问，扎扎实实搞服务，争创一流的教学水平、一流的科研成果、一流的社会服务"的良好局面，并希望学校继续做实、做大、做强。

今后五年，是学校深入学习实践科学发展观，圆满完成"十一五"发展规划任务、精心编制和认真实施"十二五"规划的重要时期。乘着学习实践科学发展观的春风，学校将继续深化内部管理体制、机制改革，进一步提升教学、科研、社会服务水平，使学校真正成为培养民族地区高素质人才的阵地，成为研究少数民族和民族地区经济社会发展理论、制定完善民族政策、构建社会主义和谐社会的重要理论研究基地，成为传承和弘扬各民族优秀文化和对外交往的重要窗口。为努力把学校建设成为特色鲜明、人民更加满意的高水平民族大学谱写新的篇章！

（原文题目为《提升教学科研社会服务水平　培养高层次研究应用型人才——中南民族大学深入学习实践科学发展观笔谈》，载于《中国教育报》2009年6月12日第3版）

少数民族大学生国家认同教育的路径选择

当代少数民族大学生是少数民族的精英分子,是各少数民族的未来和希望所在,是民族传统文化继承、传递、批判、创新中最为活跃、最有生气的力量。因此,在广大少数民族大学生中开展国家认同教育,树立正确的国家认同观,对深化爱国主义教育特别是社会主义核心价值体系教育,对弘扬民族文化、加强民族团结、维护祖国统一、促进社会主义精神文明建设具有重要意义。

一、国家认同与国家认同教育

(1) 国家认同是维系一个国家的根基。国家认同指个人确认自己属于哪一个国家以及对这个国家产生归属感、依恋感的心理过程,是在有他国存在的语境下,人们构建出归属于某个"国家"的"身份感"。对个人来说,国家认同指个人在心理上认为自己归属于该政治共同体,意识到自己具有该国成员的身份资格。在这一过程中,个人与国家之间发生情感上的结合,对国家的合理性表现出无上的忠诚,在政治生活中,表现为对国家的政治权威、政治制度、政治价值和政治过程等方面的理解、赞同、支持和追随。国家认同是民族认同的前提与基础,是爱国主义的升华和体现,是维系一个国家的根基。国家认同是爱国主义的最基本的价值认同。爱国主义是集认知、行为于一体的价值体系,以爱国情感为基础,以爱国认知为导向,以爱国行动为归宿。爱国主义作为对自己祖国的一种深厚的情感,是一个人从内心深处所表达的对于国家的认同感和归属感,其形成发展无不以国家认同为基础。国家认同是维系公民与国家关系维度的桥梁和纽带,是维系我国各民族群众的自尊心、归属感、责任感的基本价值认同。爱国主义作为公民道德建设最基本、最首要的道德规范,是提高公民道德水平和民族素质的重要的价值载体和精神动力,也是每个公民实现个人价值的最高体现。邓小平同志明确指出:"中国人民有自己的民族自尊心和自豪感,以热爱祖国,贡献全部力量建设社会主义祖国为最大光荣,以损害社会主义祖国利益、尊严和荣誉为最大耻辱。"

(2) 国家认同教育是爱国主义教育的核心内容。爱国主义是社会主义核心价值体系的重要组成部分,它是一个国家的公民忠诚、热爱、报效祖国并集情感、意志、行为于一体的高尚的精神追求和道德情怀,是一个国家公民最基本的价值取向,集中表现为公民对自己国家的炽烈热爱和无限忠诚。在我国改革发展的关键时期,开展爱国主义教育要把国家认同教育作为核心内容,作为推动中国特色社会主义建设的重要精神资源,充分发挥国家认同能够最大范围地统一思想、凝聚力量、弥合分歧、增进共识的优势,鼓舞和动员全国各族人民为实现祖国繁荣富强和民族伟大复兴而团结奋斗。

面对经济全球化趋势,爱国主义教育的内容体系要始终注意突出国家和民族利益高于一切这个灵魂,进行国家观念和民族精神的教育,使大学生始终保持清醒的政治头脑。2001年颁布的《公民道德建设实施纲要》指出,爱国主义是每个公民应当承担的法律义务和道德责任,强调要把爱国主义教育置于公民道德建设的全过程,阐明了爱国主义教育的主要内容是提高民族自尊心、自信心和自豪感,以爱国为荣,以损害国家利益和民族尊严为耻。我们的大学生特别是少数民族大学生要把爱国落实到以国家民族利益为重的具体行动上,积极投身于建设中国特色社会主义的伟大事业中。在弘扬和培育民族精神的过程中,必须始终坚持以国家认同为核心,采取切实有效的措施不断地加强爱国主义教育,以增强爱国意识、团结意识和自强意识。

二、加强少数民族大学生国家认同教育的重要性和必要性

当前,部分少数民族大学生由于受生长的地域文化所限,加上缺乏足够的阅历和成熟的心境,辨别是非能力不高。而境内外敌对势力千方百计地利用由于历史原因和我国目前经济发展所造成的不同区域发展的差距、特别是民族地区与内地发达地区的实际差距,利用宗教、民族问题,对少数民族大学生进行思想渗透和政治分化,使一些少数民族大学生容易对党和国家的方针政策产生模糊认识,甚至否定,这对我国的稳定发展无疑是十分不利的。因此,加强少数民族大学生国家认同教育具有重要的现实意义。

(1)加强少数民族大学生国家认同教育是新时期高校培养合格人才的基本要求。新时期衡量大学生是否是社会主义现代化建设的有用之才,更加看重"德才兼备"的标准。大学生不仅要有过硬的基础文化知识,即"才",更需要拥有回报祖国、回报社会的炽热之情,即"德",德、才缺一不可。如果不能够把国家的利益放在首位,不能够与祖国人民同甘共苦,反而利用国家的优惠政策及信息资源,做破坏民族团结、国家稳定的事情,即使才华出众,也只能挫伤祖国人民的感情,给国家、民族带来麻烦和灾难,这样的大学生实际是庸才,是教育的失败,是国家、民族之不幸。

(2)加强少数民族大学生国家认同教育是使其健康成长的重要途径。在大部分少数民族学生的成长地,尤其在少数民族聚居地,由于语言或方言差异较大,加上历史和地理环境等原因,从不同维度造成了地域文化守旧、封闭的特点。个别少数民族大学生从小在这种文化氛围中成长,身上有民族的传统思想,民族认同意识强烈,集中表现在对本民族宗教信仰的狂热、对本民族风俗习惯的遵从、对本民族传统节日的向往等方面,这与汉族学生相比具有一定的差异性。在离开生长地到千里之外开始大学生活时,在新的生活环境刺激下,他们又面临着对陌生环境如学习、生活、气候、人际交往等方面的适应问题,已然建立的民族认同与国家认同也存在重新定位等问题。因此,在内心与外界改变激烈碰撞下,如果任其自由发展或引导不当,处理不妥,则少数民族大学生很容易形成孤独、寂寞、无助、抑郁、偏执等不健康的心态,无法适应大学及社会,最终不利于少数民族大学生的健康成长。

(3)加强少数民族大学生国家认同教育是维护民族团结和国家稳定的长久策略。积极的国家认同作为一种重要的意识形态,能深深激励、规范、指导人们的行为,促使人们产生对国家的自豪感和归属感,国家认同意识强的人能够与国家同甘苦、共命运。了解国家共同体的尊严、优越和进步,使国家中的不同民族、不同利益集团认识到,离开了国家

这个共同体，任何一个成员都不能更好地存在。少数民族大学生是少数民族群众中的精英分子，很多人毕业后都回到自己的家乡工作，成为各行各业中的骨干分子，他们的言行在普通群众中具有极强的权威性和引导性。如果他们能够树立正确、积极的国家认同意识，能够客观地看待当前由于历史原因和客观条件造成的民族之间暂时的差异，无疑能够做好民族团结工作，起到沟通中央和民族地区、各民族之间的桥梁作用，这对维护各民族间的团结和国家社会稳定发展将起到非常重要的作用。

三、民族院校提升少数民族大学生国家认同感的路径选择

民族院校是党和国家为了培养少数民族人才和解决民族问题而创建的。作为为少数民族和民族地区培养人才的主体，民族院校担负着重要的历史使命。如何在新形势下不断提升少数民族大学生的中华民族认同感、国家认同感，不断探索和开拓民族院校的人才培养之路，是民族院校所面临的重大历史课题。

（1）坚持办学宗旨。民族院校坚持正确的办学宗旨是提升少数民族大学生国家认同感，使其成人成才的根本。民族院校始终坚持"面向少数民族和少数民族地区，为少数民族和民族地区服务"的办学宗旨不动摇，并以此为出发点，进一步明确办学指导思想、学校定位和办学思路等涉及学校发展的根本大计，使学校始终保持着健康、快速的发展势头，为少数民族大学生的成人成才提供了保障。在办学指导思想方面，民族院校坚持全面贯彻党的教育方针和民族政策，坚持以马克思主义、毛泽东思想、邓小平理论、"三个代表"重要思想和科学发展观为指导，确保社会主义办学方向。在学校定位方面，民族院校不断适应新形势的需要，积极调整学科专业设置和创新人才培养模式，积极为少数民族和民族地区经济社会发展和全面建设小康社会与和谐社会作出自己的贡献。在办学思路上，民族院校由规模发展向质量发展，办学类型上呈现多样化，即由教学为主向教学为主、教学和科研并重、研究型多样化发展，切实将办学宗旨落实到学校招生、学科建设、师资队伍建设、专业建设、教育教学、科学研究、社会服务、文化传承等办学过程和各个环节之中。

（2）遵循办学规律。民族院校遵循正确的办学规律是民族院校科学发展，提升少数民族大学生国家认同感，使其成人成才的保证。民族院校是从民族干部培训学校发展而来的普通高等学校，办学过程中，曾经存在一个较为普遍的问题是，对民族工作规律的重视，优于对教育规律的重视；对民族高等教育特殊性的重视，优于对普通高等教育共性的重视；强调特殊性有余，遵循普遍规律不足；对政策的依赖性有余，自主发展的动力不足。因此，民族院校应该根据少数民族和民族地区经济社会发展的需要，坚持把党的民族工作规律与高等教育规律相结合，把民族高等教育的特殊性与普通高等教育的普遍性相结合，不断提高办学水平和办学质量。针对社会上存在的忽视民族高等教育的特殊性、怀疑民族院校存在的必要性等错误认识，我们要旗帜鲜明地提出办好民族院校的必要性、重要性及其不可替代性。扭转忽视高等教育的普遍性，片面强调民族院校的特殊性，低标准、低要求、低层次办民族大学等与当代高等教育发展不相适应的思想观念和办学行为，自觉地以高等教育的普遍规律来规范办学行为，大力开展各项建设，主动适应社会和民族地区的发展要求，艰苦创业，开拓进取。

（3）提高办学水平。民族院校提高办学水平是加强少数民族大学生国家认同感，使其

成人成才的基础。第一，我们要树立适应当今时代需求的办学理念。要树立"以学生为中心"的理念，树立不断创新人才培养模式的理念，树立素质教育的理念，树立国际化的办学理念等。第二，要加强学科专业建设，要不断调整专业结构和层次结构，适应少数民族群众对人才培养的需求，适应民族地区经济社会发展的要求，促进学校全面、协调、可持续地发展。第三，要大力加强教师队伍建设。民族院校要有中长期的师资队伍建设战略规划，要注重"引进"与"培养"相结合，制定切实可行的措施，力争多出大师、名师。要通过大师、名师的引导示范作用，促进教学与科研团队建设和教学与科研改革工作，努力建设一支适应民族院校教育教学改革与发展的高素质师资队伍。第四，注重人才培养模式的创新。要注重因材施教，不断提高教育教学质量，引导学生进行自主式学习，激发学生的学习兴趣，改变传统的成绩考核方式，推行重能力、求创新的考试方式，组织学生尽早开展科学研究、社会调查、社会实践活动，进行创新性实验和实践，培养学生的创新精神和创新能力，努力提高人才培养质量。第五，要提高教育管理水平。在少数民族大学生的教育管理方式方法上，要充分考虑少数民族学生的特点。教育对象的特殊性决定了民族院校的教育管理工作从形式到内容都必须有其独到之处，而不能以不变应万变。针对少数民族大学生的特点做好教育和管理工作，这是民族院校的优势和长处，是一般高等院校所无法比拟和代替的。

（4）加强思想政治工作。加强思想政治工作是提升少数民族大学生国家认同感的最重要的途径。在新的形势下，民族院校必须与时俱进地采取一系列富有时代气息和时代特征的工作方法，走出一条民族院校学生思想政治工作的新途径。

第一，加强马克思主义民族观、宗教观教育，培养学生自觉维护祖国统一、民族团结的爱国主义情怀，构建民族团结的和谐校园。要坚持在全校范围内开设"马克思主义民族理论与民族政策"公共政治课，使学生学习和掌握党的民族理论与民族政策。坚持在学校的教育管理和服务工作中体现和贯彻党的民族政策，把党的温暖送到每个少数民族学生心中。第二，实施"大学生成才导航工程"，鼓励学生发奋成才。民族院校实施"大学生成才导航工程"，帮助学生确立学习目标、树立人生理想、提高道德素质和规划职业生涯。按各个年级各有侧重，分阶段、有重点、全过程为大学生提供成才指导和帮助。第三，开展扶贫助困活动，培养学生自立自强的品质。民族院校学生家庭经济不仅贫困面大，而且贫困程度深。我们要通过"奖、贷、助、补、减、免"等学生资助政策和措施，通过开展"爱心超市"救助活动等多种方式，为经济困难学生解决后顾之忧。第四，加强心理健康咨询，促进民族学生健康成长。民族院校学生来自不同的民族和地区，由于各自不同的民族文化和民族心理特征，在环境适应、同学交往、学习压力面前，一些心理上的不适应时有发生。学校聘请对民族学生心理研究有专长的专业教师，发挥好心理健康咨询中心的作用，针对性地开展心理健康咨询工作。

青年代表未来，青年创造未来。只有赢得青年，才能赢得未来。我们要通过国家认同教育，使广大少数民族大学生树立正确的、积极的国家认同意识，使他们更好地成人成才，为促进民族团结、国家统一和社会和谐作出应有的贡献。

（原文题目为《对少数民族大学生进行国家认同教育的重要性和路径选择》载于《中国民族教育》2012年第5期）

民族院校在民族团结进步事业中的积极作用

习近平总书记在中央民族工作会议上的重要讲话,深刻阐述了当前和今后一个时期民族工作的大政方针,作出了一系列新决策、新部署、新要求,是做好新形势下民族工作的纲领性文件。民族院校要结合自身实际率先垂范、突出特色、发挥优势,在推进中华民族大团结的伟大事业中发挥重要作用。

一、要把培养各民族优秀干部人才摆在突出位置

习近平总书记指出,"民族地区条件艰苦、形势复杂、任务繁重,有的还面临反分裂的尖锐斗争,好干部还要做到明辨大是大非立场特别清醒、维护民族团结行动特别坚定、热爱各族群众感情特别真挚"。这为民族院校培养什么样的干部人才、怎样培养干部人才提出了明确要求。民族院校要坚持"三个特别"的好干部标准,始终把培养各民族优秀后备干部人才作为首要任务和中心工作,把加强各民族大学生的培养作为一项基础性、战略性、长远性工作来抓,充分发挥民族院校培养各民族优秀干部人才"后备库"的重要作用。

一是要切实加强思想政治教育,大力培养明辨大是大非立场特别清醒的各民族干部人才。民族院校要创新载体和方式,运用历史事实和科学理论,教育和引导各族学生正确认识我国历史演进的特点、中华民族多元一体的格局和统一多民族国家的基本国情;深刻认识中华民族和各民族的关系是一个大家庭和家庭成员的关系,各民族的关系是一个大家庭里不同成员的关系;要充分认识党的民族理论和方针政策是正确的,中国特色解决民族问题的道路是正确的,我国民族关系总体是和谐的,我国民族工作做的是成功的。

二是要不断开展民族团结教育,大力培养维护民族团结行动特别坚定的各民族干部人才。民族院校要牢固树立"两个重在"的思想理念,动员各方面的力量,帮助各民族学生解决好学习、生活、就业等方面的困难和问题,一起来做交流、培养、融洽感情的工作,争取人心,让各民族学生时时、处处都能感受到民族大家庭的温暖,感受到民族团结的伟大力量。只有当学生成为民族团结教育最直接的参与者和受益者,维护民族团结才能成为各族学生自觉的行为。

三是要坚持搞好群众路线教育,大力培养热爱各族群众感情特别真挚的各民族干部人才。民族院校要通过社会实践、志愿服务、田野调查等方式不断激发各族学生积极投身开发建设民族地区的热情,要鼓励和引导广大毕业生到条件艰苦、环境复杂、岗位特殊的民族地区和边疆地区砥砺品质、增长才干,为各级组织部门选拔任用干部提供"源头活水"。

二、要把服务民族地区的科学发展摆在突出位置

习近平总书记指出,"如果民族地区发展差距持续拉大趋势长期得不到根本扭转,就

会造成心理失衡乃至民族关系、地区关系失衡"。民族院校应发挥学科优势、科研优势和人才优势,服务民族地区发展。

一是要发挥科研优势,为民族地区科学发展提供可靠的政策咨询。民族院校要建立研究少数民族、民族地区和民族工作的长效机制,组建一批政治上强、业务上精、特别能吃苦、对少数民族群众有深厚感情的学术科研团队。结合民族地区实际,深入民族地区开展调研;结合民族工作实际,深入研究,形成一批具有理论价值和实践价值的调研报告及学术成果,为促进民族地区科学发展,进一步做好民族工作提供决策依据和重要参考。

二是要发挥学科优势,为民族地区科学发展解决突出的困难问题。民族院校学科专业门类齐全,在服务民族地区发展方面,民族学、社会学、少数民族语言、民族教育等学科专业优势明显。民族院校可充分利用这一优势,大力开发课程教材,率先在民族地区推进民族理论、民族政策、民族知识进教材、进课堂、进头脑工作。同时,民族院校可面向少数民族和民族地区考生提供更多、更符合实际就业需求的报考专业,适当扩大招生规模,培养更多适应民族地区发展需要的有用人才。此外,民族院校可发挥语言学科特色优势,针对性地为民族地区培训更多更实用的"民汉双语"干部人才,为巩固基层政权,推广"双语教育"提供人才储备。

三是要发挥人才优势,为民族地区科学发展提供强大的智力支撑。2012年以来,国家民委结合武陵山片区区域发展与扶贫攻坚试点工作,选派了3批共171名优秀司处级干部和具有高级职称的专业技术人员,派驻武陵山片区77个市州、县市区担任联络员。联络员依托民族院校这一有利平台,充分发挥自身优势,利用学校资源,在武陵山片区稳步推进校地和校企产学研合作。以此为借鉴,民族院校还可结合民族地区实际,每年有计划地遴选一批学术骨干,以担任联络员、挂职锻炼或参加博士服务团等形式,深入到民族地区开展工作,既为民族院校培养更多接地气、知民情、解民忧的人才,又为民族地区发展提供人才支持和智力支撑。

三、要把传承和创新优秀民族文化摆在突出位置

多年来,民族院校积极开展少数民族文化的教学和研究工作,为少数民族文化的传承和创新提供了理论指导,创造了学术条件,既推动了优秀民族文化的保护和传播,也促进了民族院校办学水平的提升,彰显了民族院校的重要地位和办学特色。新形势下,我们要继续把传承和创新优秀民族文化摆在突出位置。

一是充分认识文化认同的重要意义。习近平总书记强调,"加强中华民族大团结,长远和根本的是增强文化认同,文化认同是最深层次的认同,是民族团结之根、民族和睦之魂。文化认同问题解决了,对伟大祖国、对中华民族、对中国特色社会主义道路的认同才能巩固"。这充分表明了文化认同在建设各民族共有精神家园中的地位和作用。民族院校要充分利用少数民族师生多、来自民族地区的学生多、民族文化底蕴深厚等优势,教育引导各族师生增强对各民族文化的认同感,汇聚实现"两个一百年"奋斗目标和中华民族伟大复兴中国梦的强大力量。

二是积极营造文化认同的学术氛围。多民族、多语言、多文种是我国的基本国情之一。

55个少数民族中，53个民族有自己的语言，数量超过80种，使用人口约6000万人；22个民族正式使用着28种文字，使用人口约3000万人。而民族文化的学习、研究、传播必须以少数民族语言文字为载体。很多民族院校在民族语言文学学科专业建设方面具有突出优势，要充分利用这一得天独厚的学科专业条件，面向各族师生、面向民族地区、面向基层培养双语人才，为他们研究少数民族语言文字奠定专业基础、拓宽知识领域、提高语言技能、增强竞争实力，为传承和创新优秀民族文化提供重要保障。

三是传承和创新优秀民族传统文化。民族院校要牢牢把握民族人才培养目标和民族文化育人功能这个切入点，整合各方面的资源，努力挖掘、整理、抢救、展示、研究各少数民族文化，注重把优秀民族文化资源纳入教学过程，构建民族特色课程教材体系，在育人的过程中传承和弘扬民族优秀传统文化。民族院校是民族优秀文化传承创新的重要载体和动力源泉，我们要用发展的眼光来看待少数民族文化，去粗取精、去伪存真、推陈出新，使少数民族文化经过批判继承之后，成为社会主义先进文化的有机组成部分，为培育和践行社会主义核心价值观提供更多文化养分。

（原文题目为《民族院校要在推进民族团结进步事业中发挥积极作用》载于《中国民族报》2014年12月12日第1版）

民族高等院校人才培养的使命与责任

党的"十八大"以来，习近平总书记发表了一系列重要讲话，内容涉及党的建设、经济建设、军队建设、法制建设、外交方略、改革开放、群众路线教育和反腐倡廉建设等方面。认真学习贯彻讲话精神，是在思想上、政治上、行动上同以习近平同志为总书记的党中央保持高度一致的前提基础，是不断推进理论创新和理论武装、提高全党理论素养的内在要求，是在新的历史起点上更好地推进党和国家各项工作的必然要求。习近平总书记在一系列重要论述中，深刻阐明了对教育工作的总体思路和殷切期望，对党和政府更加重视教育、教育系统更加办好教育、社会各界更加支持教育做出了新的重大部署，成为推动教育事业发展的指针，对于实现我国教育事业特别是民族高等教育事业科学发展具有重大意义。

一、以讲话精神为民族高等教育发展总指针

民族高等教育是我国整个教育事业的重要组成部分，也是党和国家民族工作的重要内容。在党和国家的高度重视下，我国民族高等教育获得了持续快速发展。

习近平总书记对教育发展作出的一系列重要论述，坚持从保障和改善民生、维护社会公平正义的高度出发，深刻阐释了教育事业历史方位的准确判断，鲜明昭告了党和国家优先发展教育事业的政治承诺，对于动员全党全社会进一步关心支持教育事业的改革和发展，具有极其重要的指导意义。以习近平总书记讲话精神为指针，大力发展民族高等教育，是贯彻总书记系列讲话精神在民族工作中的具体体现，是解决新时期民族问题的有效途径，对提高各民族素质、维护国家统一和民族团结、推动民族地区全面建设小康社会步伐、促进各民族共同繁荣与发展、构建和谐社会具有基础性、先导性、全局性的作用和重大的战略意义。

以习近平总书记讲话精神为指针，中南民族大学领导班子当前正着力进一步解放思想，努力提高把握方向、谋划发展的能力，改革创新、攻坚克难的能力，心系群众、服务师生的能力，促进校园和谐、维护学校稳定的能力，大力推动民族高等教育科学发展。

二、引导教师自觉肩负起推动现代教育发展的使命

教育大计，教师为本。有好的教师才有好的教育，一个国家和地区的教育水平，根本上取决于其教师队伍的整体素质，培养出优良的师资队伍才能为民族高等教育科学发展奠定坚实基础。

2013年9月9日，在第29个教师节即将到来之际，习近平总书记向全国教师致慰问信，在对广大教师表示亲切关怀的同时，充分肯定和特别强调了教师在教育发展全局中所肩负的重要而光荣的历史使命，并明确希望全国广大教师要"牢固树立中国特色社会主义理想信念""牢固树立终身学习理念""牢固树立改革创新意识"。三个"牢固树立"，言简

意赅、立意深远。"牢固树立中国特色社会主义理想信念",对教师而言,既是政治立场,也是思想品质,更是职业道德。立德树人、教书育人必须与践行社会主义核心价值体系有机结合在一起,融入促进学生健康成长的全程之中。"牢固树立终身学习理念",是时代的需要、教育的需要、教师自身生存和发展的需要,广大教师要做热爱学习、善于学习和重视学习的楷模,不断提高教学质量和教书育人的本领。"牢固树立改革创新意识",对教师而言是更高的综合素质要求,是教师在教育创新中的重要的使命。广大教师要积极投身教育教学改革,把最先进的方法、最现代的理念、最宝贵的知识传授给学生。

中南民族大学一直把教师队伍建设当做最为重要的基础性工作来抓,出台了《关于加强和改进青年教师思想政治工作的实施意见》等一系列规章制度,把加强师德建设和全面提升教师素质结合起来,关心教师身心健康、维护教师合法权益,引导广大教师爱岗敬业、立德树人,自觉肩负起推动现代教育发展的使命,充分发挥学生引路人、文明传承者的作用;落实师德考评制度、完善培养培训体系,加快建设一支结构合理、师德高尚、素质精良、勇于创新的高素质教师队伍,着力培养各民族高素质人才、推动人民更加满意的高水平民族大学建设。

三、努力培养各族学子成为有用之才、栋梁之材

中南民族大学始终坚持社会主义办学方向,把学校的发展置于国家发展全局中去定位,置于民族事业发展的大局中去思考,置于少数民族和民族地区社会经济发展形势中去谋划,致力于培养社会主义事业合格建设者和可靠接班人。

去年5月,习近平总书记同各界优秀青年代表座谈并发表重要讲话,强调要用"中国梦"打牢青少年的共同思想基础,用"中国梦"激发青少年的历史责任感。去年10月,在中央民族大学附属中学百年华诞之际,习近平总书记亲切地给全校学生回信,希望同学们"努力成为建设伟大祖国、建设美丽家乡的有用之才、栋梁之材,为促进民族团结进步、实现共同繁荣发展作出应有贡献"。

习近平总书记的谆谆教诲既为各族学子成长发展指明了方向——成为建设伟大祖国、建设美丽家乡的有用之才、栋梁之材;又对民族工作者、教育工作者提出了殷切希望——培养更多维护民族团结、担当现代化建设重任的栋梁之材,为圆好中华民族一家亲的"团结梦"、各民族共同繁荣进步的"发展梦",实现中华民族伟大复兴的"中国梦"提供人才保障,为促进民族团结进步、实现共同繁荣发展作出积极贡献。

我们要学习领会、深刻把握习近平总书记讲话的丰富内涵和精神实质,把思想和行动统一到党中央对青年一代的希望和要求上来,用"中国梦"打牢各族学子的共同思想基础,用"中国梦"激发各族学子的历史责任感。用梦想把国家与个人联系起来,以"中国梦"激励"青春梦";用梦想把民族与个人联系起来,以"团结梦"鼓舞"青春梦";用梦想把发展与个人联系起来,以"发展梦"带动"青春梦";用梦想把学校和个人联系起来,以"民大梦"助推"青春梦",引导青年学生为实现"中国梦""团结梦""发展梦""民大梦""青春梦"而努力学习奋斗,争取早日成长为建设伟大祖国、建设美丽家乡的有用之才、栋梁之材。

(原文题目为《坚持以讲话精神为指针 培养各民族高素质人才》载于《中国民族报》2014年2月7日第5版)

研究生培养工作中如何贯彻"五大理念"

学校召开研究生培养工作会议是认真贯彻落实党的十八届四中、五中全会,第六届全国民族教育工作会议和全国研究生教育工作会议精神的重要举措,是一件大事,也是一件要事。这次会议安排得很紧凑,内容很丰富,开得很好。上午,大家听取了段超副校长所作的主题报告,两位导师代表的典型发言。刚才,六个小组分别作了讨论交流,金林校长就如何提升研究生培养发表了讲话。下面,我就如何学习贯彻五中全会关于"五个发展"(创新、协调、绿色、开放、共享)理论和如何进一步贯彻落实教育部关于研究生教育决策部署,全面深化研究生教育综合改革,提高研究生培养质量,谈几点意见。

一、切实转变发展方式,牢固树立质量意识

当前,国内外研究生教育均步入重大转型期。在国际上,许多国家把发展研究生教育作为创新驱动发展和提高国际竞争力的战略选择,加大投大和支持,推动内涵发展。我国研究生教育也进入新的发展时期,研究生教育发展方式正在从"规模扩张型"向"质量提升型"转变。党的"十八大"以来,习近平总书记就培养什么人、培养人这一根本问题,发表了一系列重要讲话,反复强调要落实"立德树人",培养中国特色社会主义事业的合格建设者和可靠接班人。教育部及相关部委密集出台了系列文件,强调质量是研究生教育的生命线,是研究生教育科学发展的基石,并积极推动研究生教育内涵发展。因此,我们必须准确把握当下研究生教育发展形势,切实转变发展方式,牢固树立研究生培养质量意识。

一是树立"生源质量是研究生培养质量前提"的意识。研究生生源是研究生培养的"原材料",好的"原材料"才能加工成好的"产品",生源质量直接影响到研究生的培养质量。一定要正确把握研究生生源质量和数量的关系,积极扩大宣传,采取切实有效的鼓励措施,在不断扩大生源数量的同时,提高生源质量,吸引更多的优秀学子到学校攻读硕士、博士学位。

二是树立"创新能力是研究生培养质量核心"的意识。研究生教育的根本目的是培养具有创新精神和创新能力的高层次人才,不断推进科技创新和社会进步。提高研究生培养质量,关键要推进教育创新。创新研究是培养创新能力的有效途径,也是研究生从事科学研究的前提。坚实的理论基础和丰厚的专业知识,是研究生学术创新和科技创新的基础,良好的学术氛围和严谨的学风是研究生学术创新和科技创新的重要保证。

三是树立"师德师能是研究生培养质量关键"的意识。自古"名师出高徒",导师的素质和水平决定着研究生培养质量的高低,提高研究生培养质量,关键在导师。研究生导师一定要把培养人放在首要位置,牢固树立育人为本的思想。导师一方面要加强自身道德素养的提升,为人师表;另一方面要不断加强自身业务学习,把握学科前言,提高自身的

学术水平，并注重因材施教，采取科学的指导方法，提高研生培养质量。

四是树立"制度建设是研究生培养质量保障"的意识。制度是提高人才培养质量的重要保障，我们要以《中南民族大学章程》为基本遵循，不断建立健全课堂教学、学位管理、导师管理等各项规章制度，实现研究生教育管理工作制度化、规范化、标准化、法治化，促进研究生培养工作良性发展。

二、深化培养机制改革，着力提高培养质量

当今时代，研究生教育已进入"质量时代"，提高研究生培养质量是现代研究生教育的核心。习近平总书记在中央政治局第九次集体学习时围绕提升我国科技创新能力、实施创新驱动发展战略对教育工作明确提出，提高人才培养质量，必须"深化教育改革，推进素质教育，创新教育方法"。质量优先、追求卓越、培养拔尖创新人才始终是建设一流大学、一流学科的终极目标。培养研究生是国家和社会赋予高水平大学的重要使命，是学校学科建设、科学研究、人才队伍建设的重要使命。从这个意义上讲，研究生培养质量是学校发展实力的集中体现和学校办学水平的重要标志。

经过多年的发展和改革，学校研究生教育招生规模稳步扩大，授予博士、硕士学位人数持续增长，各学位授予学科、专业布局更加合理，生源和导师队伍类型、层次结构进一步优化，研究生培养机制改革有效推进，整体培养质量稳步提高，为国家和社会培养了一大批各民族高素质高层次人才，学校的社会知名度和美誉度不断提升。但是，当前学校研究生教育也存在一些薄弱环节，如培养机制改革有待深化，博士学位授权点少，研究生创新能力不足，学风建设有待加强，研究生教育国际化程度不高，专业学位研究生教育有待进一步发展等。面对这些问题，我们要围绕提高培养质量这一主题，以求真务实的态度，改革创新的精神，精心谋划，勇于实践，不断深化研究生培养机制改革。

深化研究生培养机制改革，要注重理顺学校、研究生院、学院、学科、学位点以及专业领域的关系，保证学术权力全程全面地在研究生培养中发挥主导作用。一要按照研究生院的规范和标准，建设好研究生院，高标准做好顶层设计，做好规范，改革机制，完善制度。二要充分发挥导师的主导作用，明确导师是研究生培养的第一责任人，既要教好书，又要把思想教育融于研究生培养全过程。三要进一步突出科研导向，建立动态的奖助学金体系，充分发挥招生指标分配、导师经费配套和研究生奖助体系的引导激励作用，着力实现优秀导师、拔尖学生、优质资源的最佳结合，最大限度地激发学生创新积极性，培育创新精神，提升实践能力和学术水平。四要继续推进教育教学改革，加强课程建设和教材建设，推进学校研究生教育教学与国内外高水平大学接轨，进一步夯实具有国内竞争力、国际影响力的创新人才培养的基础。

总之，深化研究生培养机制改革，重点是建立质量保障机制、结构调整机制、资源调控机制和资助项目竞争机制。下一步，要着力做好以下几方面工作：一要明确各培养环节的质量标准，规范过程管理，完善质量监控、评价和反馈体系；二要在完善激励机制、奖助制度的同时，健全对缺乏学习动力、学风不正以及无法完成预定学习和科研任务的研究

生在课程教学、中期考核、开题报告、毕业答辩、学位评定各环节的分流、淘汰机制;三要努力推进研究生教育国际化进程,引进国外先进的教育理念和教育资源,有步骤地推动与国外高水平大学联合培养研究生。

三、优化学科与培养类型结构,创新人才培养模式

规模、结构、质量是密切联系、互相影响并决定办学效益的三大要素。结构失衡是质量问题的重要表现,要从根本上提高质量,就必须把调整和优化结构作为重中之重。对学校而言,调整和优化结构的目的是要进一步集中整合学校的人、财、物资源;标准是使高层次人才培养更加适应社会需要和学术发展规律;关键是把质量意识、创新意识贯穿于研究生培养全过程。

第一,调整学科结构,优化学科布局。国家学位授权审核政策调整后,学校办学自主权进一步扩大,学位授权学科发展快、增幅大,但校内各学科间发展很不平衡。一要着力加强省部级重点学科、优势学科和特色学科建设,瞄准学科前沿提升整体实力和学科水平。二要继续发挥特色学科优势,加强对国家和区域经济社会发展有重大影响的应用学科领域建设,注重部署和建设国家战略性新型产业和改善民生等相关学科,主动适应国家经济发展方式转变,提高服务国家和区域经济社会发展的能力。

第二,调整培养类型结构,构建分类培养模式。把稳步发展学术型学位教育,大力发展专业学位教育,重点扩大应用型、复合型、技能型人才培养规模,作为培养类型结构调整的基本方向和优化重点。一要以国家需求和学科发展为主导,从保证学位授予质量入手,以强化科研能力为导向,以培养创新精神为核心,改革学术型研究生培养模式,为国家培养一批活跃在学术前沿的创新性拔尖人才。二要从专业人才培养定位出发,以社会需求为导向,以提高实践能力为中心,构建专业学位研究生培养模式,加大"双师导师"队伍建设力度,探索"产、学、研、政"等联合培养方法。为国家培养一批能主动适应适应经济发展方式转变的高层次应用型人才。

第三,大力推进协同创新。研究生教育,质量是根本,创新是灵魂。协同创新是提升学校乃至国家创新能力的重要手段。我们要充分利用校内外、国内外的优质教育资源,发挥校地、校企、校校、校院(所)各自比较优势,形成开放、集成、高效的协同创新模式,以高水平科学研究支撑高质量人才培养;要借助重大科研平台、科研项目和科研基地、企业的创新平台和实力实训基地培养研究生的创新能力与实践能力,推行产学研、社会团体、政府联合培养学位研究生的"双导师制",切实加强专业学位研究生职业能力训练。

学校正处于建设人民更加满意的高水平大学的关键时期,全国上下正认真学习贯彻第六次全国民族教育工作会议精神,国家正统筹推进建设世界一流大学和一流学科的"双一流建设工作",学校研究生培养工作面临新的机遇和挑战。我们要牢牢把握"服务需求、提高质量"这条主线,遵循研究生教育发展规律,认真贯彻落实本次会议精神,深化培养机制改革,创新人才培养模式,优化各类资源配置,努力实现研究生教育发展方式从注重规模发展向注重质量提升转变;培养类型结构从学术学位为主向学术学位和专业学位协调

发展转变；培养模式从注重知识学习向知识学习和能力培养并重转变；人才质量评价方式从注重在学培养质量向学习期间的学业表现与毕业后的职业发展能力并重转变，推动学校研究生培养工作再上新台阶！

（原文题目为《深化教育综合改革 提高人才培养质量，着力推进研究生培养工作再上新台阶——在学校研究生培养工作会议上的讲话》，2015年12月30日）

民族院校开展民族团结教育的措施与路径

民族院校是党和国家为解决国内民族问题而建立的综合性普通高等院校,是民族工作的重要基地,肩负着培养各民族高素质人才、服务各民族共同团结进步、促进各民族共同繁荣发展的特殊使命。学校党委坚持以"立德树人"为根本任务,牢牢抓住民族团结这一各族人民的生命线,在"全员、全程、全方位"育人实践中弘扬社会主义核心价值观,构筑中华民族共有精神家园。

一、完善人才培养方案,为民族团结教育"立法"

一是组建民族团结进步教育课程模块。开设《民族理论与民族政策》《中国传统文化》等通识必修课,《中国少数民族文化》《中国少数民族经济》等公共基础课和《民族史》《宗教史》等专业课程,加强对各民族大学生的民族理论和民族政策教育,《民族理论与民族政策》建成国家级精品课程。

二是开发"民族团结教育"隐性课程。把校史校情、民族文化等纳入党课团课中,增强各族学生的民族团结意识。

三是打造民族团结教育实践平台。整合马克思主义、民族学等学科资源,建设了民族团结进步创建活动研究中心和少数民族学生思想政治教育研究基地;组织学生深入民族地区进行社会实践,实施伴飞计划,民族团结进步创建进社区等。

《民族院校国家认同教育教学改革的理论与实践》获国家级教学成果二等奖,《中国共产党与民族文化建设研究》入选《国家哲学社会科学成果文库》,《民族思想政治教育学导论》《大学生成才导航工程论纲》《少数民族大学生教育管理研究》等一批学术专著得到学术界的好评。

二、建立"三全"育人体系,为民族团结人才"立命"

一是确保学生安心向学。建立健全了经济资助与精神育人相结合的资助体系以及心理健康教育与危机干预体系,确保没有一个学生因家庭经济困难或心理压力过大而失学。

二是确保学生持续发展。重点关注边疆及人口较少民族等学业基础薄弱群体。实施分级教学,建立学业发展中心,帮助他们提振学业,树立信心。设立"学业进步奖",奖励学业进步学生。

三是确保学生学有所长。鼓励学生成立科研团队、创新工作室,参与创新训练和科学研究,提高创新与实践能力。仅 2013 年,在校学生获省部级以上创新奖 533 项,国家级奖励 64 项。

四是确保学生学有所成。深化就业创业教育,建立大学生就业创业实训平台,开办职业训练营；举办优秀毕业生论坛、就业创业沙龙；建设大学生创业孵化基地等，鼓励学生创想、创新、创造、创业、创富，近年来学校毕业生就业率达到90%以上。

三、创新思政教育载体，为民族团结事业"立心"

一是融入反分裂教育。坚守民族院校价值底线。

二是融入"梦想"教育。把"中国梦"教育与"民大梦""发展梦""团结梦"教育相结合，塑造民族大学价值愿景。

三是融入学生学习生活。开展家史家训调查，举办喜闻乐见的民族美食文化节、寝室评选、"光影图绘"主题画展、"青春励志"微电影大赛等主题活动，让社会主义核心价值观内化于心、外化于行。

四是融入文化校园建设。建设"民族团结进步创建专题网"、微博、微信平台、民族大团结主题校园景观等教育载体，举办"大学生民族团结进步论坛""民族团结教育活动月""中小学生民族教育开放周""中华民族文化周"等教育活动，使民族团结教育真正入脑入心。

四、培育民族学生骨干，为中华民族复兴"立人"

一是严格选人标准。挑选在学生中具有影响力的少数民族学生骨干入营。

二是精心设计培训课程。开展多民族国情教育、爱国主义教育、民族团结教育、党史党情教育。

三是注重实践锻炼培养。提升营员领导能力与组织能力，增强营员责任意识与实践能力。

四是培育和谐团队文化。校领导亲自参与营员文化活动，凝练"崇德明辨、义理华章"队训，确立《砥砺青春振中华》队歌，培育民族团结文化。

骨干训练营已培养各民族学生骨干40多人，在一些突发事件应急处置中发挥了快速而精准的积极作用。少数民族学生骨干训练营员成为学校维稳工作的中流砥柱，这种创新方式得到了教育部民族司调研组、湖北省教育厅的高度评价。北京市教委组织60所在京高校前来学校学习少数民族学生教育管理经验；武汉市公安局负责同志亲自带队，组织省内相关高校在学校召开现场会议，学习交流少数民族学生教育管理经验。目前训练营覆盖到全校各学院，被誉为各族学生精英的"摇篮"。

近年来，学校党委先后被湖北省委评为"先进基层党组织""先进党委中心组""党建工作先进单位"；被国家民委、湖北省高校工委多次评为"民族院校大学生思想政治教育先进集体"；被湖北省武汉市多次评为"为民族和睦宗教和顺办实事先进单位"；多次荣获全国和省市"民族团结进步模范集体"，维吾尔族女教师玛丽亚于2014年荣获"全国民族团结进步模范个人"。

（原文题目为《抓住民族团结生命线　弘扬社会主义核心价值观》载于《学习月刊》2015年5期）

学科建设篇

关于加强高校学科建设问题的思考

学科建设是高等院校一项基础性工作。面对高等教育日趋激烈的竞争形势，加强学科建设有着特别重要的意义。学科建设应当解决什么问题？如何加强学科建设？结合中南民族大学学科建设实践，作者就这些问题谈几点认识。

一、学科建设在学校工作中的地位

（1）学科建设是学校工作的龙头。高等学校工作繁多，教学、科研、师资队伍和管理队伍建设、党的建设等都是学校的重要工作。学科建设是一项综合性工作，涉及教学、科研、师资队伍、政治保障和后勤保障等问题，学科建设开展好了，就会带动教学、科研、研究生教育、师资队伍建设和实验室建设，从而促进学校各项工作的发展。学科建设工作开展不好，学科水平不高，就会影响教学，制约科研和学校整体发展。因此，要充分认识学科建设在学校工作中的龙头地位，以学科建设推动学校的各项工作。

（2）学科水平是影响学校知名度、影响力、竞争力的主要因素。学校知名度、影响力和竞争力的大小对于学校发展有决定性影响，其制约因素有很多，其中最为重要的是学科水平。学科水平直接影响学校的教学水平和科研水平，在社会上知名度高、影响大的学校，都有一些在全国甚至世界知名的学科。当今高校间竞争十分激烈，竞争力的获得主要靠高水平的学科，最有竞争力的学校一定拥有多个高水平的学科，没有在全国有影响的学科，学校不可能有影响力和竞争力。加强学科建设，打造品牌学科，对于扩大学校影响，使学校在激烈的竞争中处于有利态势都是十分重要的。

（3）学科水平是提高教学水平和人才培养质量的关键。学科、专业是人才培养的基本单元，高校的教学和人才培养是在一定的学科、专业之下进行的，学科水平直接影响教学水平和人才培养的质量。要提高教学水平和人才培养质量，必须提升学科水平。学科水平提升后，学生就会接受到本学科最前沿的信息，受到最规范的训练，才会培养出优秀人才。因此，加强学科建设，建设高水平的学科，对于提高教学水平和人才培养质量有着决定性意义。

（4）学科建设直接影响着国民经济建设和社会发展。当今时代，经济社会发展越来越依赖知识创新和科技进步。学科发展与知识创新、科技进步有着十分紧密的联系。一方面，知识创新，科技进步，重大科技成果的取得，可以促进学科发展。另一方面，学科是知识创新和科技进步的重要平台，学科水平影响和制约着知识创新和科技进步。学科发展可以促进科技进步和知识创新。加强学科建设，通过学科创新，推动学科发展，将会促进新技术的产生和运用，推动经济社会发展。

二、学科建设的主要任务

学科建设要解决的问题很多，最为主要的是要做好以下工作。

（1）明确学科定位。学科要发展，必须要有明确、清楚的定位。不同的学校，学科定位各不相同，只有定位准确，学科才会健康发展。影响学科定位的因素有学校的性质、办学宗旨和办学目标，学校各学科的历史传统和学科基础，学科梯队的水平，学科发展规律等。学校应当在综合考虑上述因素的情况下，确立自己的学科发展方向、重点学科和新兴学科。以前，学校学科发展总体定位不明确，究竟应当建立什么样的学科体系？应当重点建设哪些学科？大力发展哪些学科？各类学科应当朝什么目标迈进？应当如何建设？这些问题没有形成一致意见。2004年5月，中南民族大学召开的学科建设会议对这些问题进行了讨论，学科定位问题基本解决。

（2）确立学科建设的任务和思路。面对新的形势，学科建设必须要有明确的任务和清晰的思路。总的来说，学科建设的任务是创造知识，培养人才，服务社会。学校学科建设的任务是：坚持面向少数民族和民族地区，为少数民族和民族地区服务的办学宗旨，大力进行教育创新，深化教育改革和内部管理体制改革，整合资源，通过5~10年的努力，力争建成1~2个在国际上有一定影响、在国内处于先进水平的重点学科，建成2~3个在国内有较大影响的学科群，初步形成基础学科牢固，新兴、应用学科特色明显，重点学科优势突出，博士、硕士授权学科专业与本科学科专业门类齐全、结构合理、协调发展的学科体系。

学校学科建设的总体思路是：发挥优势、突出重点、培植特色、加强应用。以新兴、应用学科为依托，以重点学科为突破口，全面推进学科建设；以学科建设为龙头，促进教学、科研和师资队伍水平的全面提高，使学校综合实力明显增强。

（3）把握好学科建设的原则。学科建设过程中，制定和遵循一些基本原则十分必要。我们认为，学科建设要遵循以下原则。

一是实事求是、从实际出发原则。要在综合分析学校已有基础、特色、优势和学科发展趋势的基础上，科学定位，走有自身特色的学科建设之路，做到"有所为，有所不为"。要坚持发挥优势，突出重点，整合资源，大力支持优势学科、重点学科建设，真正做到"人无我有，人有我强，人强我特"，打造学科品牌，占据学科制高点。

二是创新性原则。学科创新是学科发展的生命，也是学科建设取得成效的关键。学科创新包括学科建设理念的创新、学科体系的创新、学科内容的创新、学科研究方向的创新和学科建设体制和方法的创新。学科创新既要遵循学科发展的规律，又要体现国民经济与社会发展的需要，特别是要将学科建设与为国民经济建设和社会发展服务结合起来。要通过学科创新带动学科的发展。

三是统筹兼顾原则。在学科建设中，既要突出重点，又要兼顾一般，处理好重点学科与特色学科、基础学科与应用学科、传统学科与新兴学科、一般学科与交叉学科之间的关系。在加强重点学科建设的同时，加大对基础学科的投入和建设力度，有计划、有步骤地大力发展前景好、经济社会发展需要的应用学科建设，注重从新兴学科、交叉学科中培植学科增长点。

四是可行性原则。学科建设要有明确的规划和可行的方案，各学科都要在科学论证的基础上，制定学科发展规划，做到学科定位准确，研究方向明确，研究重点突出，建设目标明确，建设措施具体可行。

（4）优化学科结构和学科布局。学科结构和布局是否合理对学科发展有直接影响。经过努力，学校现有学科专业覆盖面虽有较大拓展，但学科结构仍欠合理。人文社会科学类学科专业较多，自然科学类学科专业较少；传统学科较多，新兴、应用学科较少；处于学科前沿的专业、高科技学科专业严重不足。此外，学科布局也不尽科学，有的学院学科较多，有近10个本科专业，5～6个硕士点；有的学院本科专业和硕士点都很少。调整专业结构，优化学科布局的任务还很艰巨。

（5）科学选择和重点建设重点学科与特色优势学科。重点学科是学科体系的核心，是学校的品牌，在学科体系中占有十分重要的地位。选择好重点学科十分重要。在选择和确立重点学科时，应当考虑学科基础、学科发展前景、学科队伍水平等因素。将学术基础好、学科队伍强、有广阔发展前景、能够带动其他学科发展、能够创造较好的经济效益和社会效益的学科确立为学校的重点学科。

特色学科是研究对象特色鲜明，全国高校和科研机构中仅为本单位设立，或只有少数单位设立的学科。特色学科往往与学校、研究机构的性质和学术研究传统有关系。例如，民族学是民族高校特色学科。特色学科由于研究领域的独特性，往往容易成为优势学科。在学科竞争中，特色学科往往处于有利地位。大力发展特色学科，加强特色学科建设，使其成为优势学科，是学科建设的重要任务。

学科特色是指在众多高校、科研院所广泛设置的学科中，自身学科的某一研究方向、研究领域有特点，为同类学科所没有。学科特色是一般学科发展的关键，就一般性学科而言，要在学科竞争中能够生存与发展，必须培植学科特色。

（6）加强以学科带头人为核心的学科队伍建设。学科带头人、学科梯队的水平直接影响着学科水平和学科发展，应当加强建设。以前，学校民族学曾产生过在全国有重要影响的专家。由于种种原因，目前学校十分缺乏在全国有较大影响的学科带头人，造就有较大学术影响的学科带头人和有较强战斗力的高水平学科队伍是摆在学校面前的重要任务。

（7）拓展和巩固学科建设的平台。研究所（中心）、重点研究基地、重点实验室、科技实验基地（实验园）、硕士点、博士点、对外学术交流等是学科建设的重要平台。只有加强和拓展这些平台，学科建设才会有坚实的支撑，学科才会持续发展。目前，学校学科建设的平台较为单一，重点研究基地、重点实验室不多，一些重要的研究性仪器设备缺乏，科技实验基地（实验园）缺乏，真正开展工作的研究机构不多，对外学术交流开展不够。加之科学研究整体水平不高，在获取重大科研项目与科研经费、取得重要研究成果和获得重大奖项等方面能力较弱，学科建设和学科发展受到严重制约。

三、加强学科建设的若干具体措施

学科建设要取得实效，必须要有强有力的保障措施，就中南民族大学来说，加强学科建设，应当采取如下措施。

（1）进一步提高对学科建设工作重要性的认识。学科建设水平影响着学校的整体教育水平和学校的进一步发展，决定着学校的地位和影响力。不加强学科建设，不建成一流学科，就不会建成一流民族大学。在当今高等教育、高等学校日趋激烈的竞争中，学校就会面临生存危机,就会有被淘汰的危险。面对新的形势,要从提高人才培养的质量和层次,提高科研水平,增强办学实力,更好地为少数民族和民族地区服务等方面充分认识学科建设的意义。学校党委和行政把学科建设工作摆在重要位置,明确提出学科建设是学校工作的龙头,要用学科建设带动教学、科研、师资队伍建设、研究生教育和实验室建设,促进人才培养质量的提高和学校各项工作的全面发展。书记、校长是学科建设的第一责任人,校党委定期研究学科建设工作,听取有关方面对于学科建设的意见,加强对学科建设的领导。学校要求各学院、部、所和职能部门都要高度重视学科建设工作。

(2)大力进行学科创新,以学科创新推动学科发展。学科创新是指运用科学的教育思想和教育理念,通过学科改造、学科交叉、学科整合等方式,使传统学科和新兴学科具有生机与活力,实现知识创新、技术创新、科学研究的创新,提高人才培养的质量,取得科学研究的突破,推动科学技术的发展。学科创新内涵十分广泛,既包括学科内容、研究方向、研究方法的创新,也包括学科建设体制和管理体制的创新;既包括传统学科的变革、新兴学科的建立,也包括传统学科体系中某一个研究方向的创新。要将学科创新思想贯穿于学科建设的始终,通过学科创新,实现学科的发展。

(3)进一步加大对学科建设的投入,改善学科建设的条件。学校学科建设的基本条件已得到较大改善,但面对学科建设新的目标和任务,必须加大投入,进一步改善学科建设的条件,夯实学科发展的基础。学校决定,在每年的事业费中列专项经费用于学科建设,数额不少于3000万元,并保证经费总量逐年增加。在学校加大投入的同时,我们要求各学院、部、所、有关职能部门和各学科也要大力争取外来经费,增加学科建设的投入。

(4)加强制度建设,做好学科规划,有计划、有步骤地开展学科建设工作。学校的教育制度、管理体制、组织结构、运行方式影响着学科发展。学科建设要取得成效,必须进行制度创新,消除影响学科发展的落后的制度性因素,建立促进学科发展的管理制度、组织结构、运行方式和创新激励机制。

制定学科规划,增强学科建设的计划性和科学性,对于学科发展十分重要。学校目前正在组织力量制定5~10年中长期学科建设规划,内容包括重点学科、特色优势学科、基础学科、新兴应用学科的建设计划和方案、不同阶段学科建设的目标和任务等。我们要求学校所属各学院、部、所也要制定本单位学科建设的规划。

(5)加强重点学科、特色优势学科建设,打造学科品牌。重点学科是学科建设的龙头,必须重点建设。重点学科应当是学术基础好,学科队伍强,特色鲜明,具有强大的辐射功能,能够带动相关学科发展,能够培养高质量硕士、博士研究生,完成重大科研项目,取得重大科研成果,在国内外有重大学术影响和社会影响的学科。

要科学地选择和确立重点学科。重点学科的确立主要有两条路径。一是从已有省、部级重点学科中选取。已有省、部级重点学科中,学科队伍强、特色鲜明、成果较多且有影响力、发展前景良好者可以成为学校重点建设的学科。目前,学校有国家民委重点学科5个,湖北省重点学科6个,学校要加强对这些省、部级重点学科的建设,力争通过3~5年的建设,使之达到优良等级,并使其中的1~2个达到申报国家级重点学科的水平。二是从新兴交叉学科中产生。对于研究方向有特色,符合学科发展趋势,学科队伍较强,对于学校发展有重要影响,对国民经济建设和社会发展有重要作用的新兴交叉学科,也可以确立为学校的重点学科。此外，经过讨论，学校决定确立5～8个发展潜力大的学科作为今后5～10年重点建设的学科。

对于确立的重点学科，学校制定特殊政策，集中力量加强建设，力争在较短时间内获得突破，在培养高质量、高层次人才，承担我国国民经济与社会发展中的重大研究课题，促进科学技术的发展与进步，接受高级人才进修和开展国际学术交流与合作等方面取得显著成效和实质性进展。以学科优势提升学校声誉。

民族学作为民族高校的特色、优势学科，必须重点建设。学校民族学包括民族历史、民族文化、民族关系、少数民族经济、民族教育、民族法制、民族语言文学、民族艺术以及民族社会学等方面。民族学学科建设要有大民族学的视域，要在大力加强民族学理论与方法、马克思主义民族理论与政策的研究的同时，重点突出对民族地区现代化建设中的重大理论问题和现实问题的研究以及散杂居地区民族问题研究，争取为有关决策部门提供参考，为民族地区全面建设小康社会作出贡献。要通过建设，使学校民族学学科成为学术水平高、科研能力强、特色鲜明、在国内有重要影响的国家级重点学科，成为提升学校声誉的品牌学科。

（6）大力发展新兴、应用学科，为学科和学校发展提供新的增长点。基础学科、新兴应用学科是综合性大学学科体系的重要组成部分，在拓展学科领域、优化学科结构、扩大招生规模、拓宽就业路径、服务经济建设等方面有重要作用。自然科学可以产生新兴、应用学科，解决经济社会发展中的工程技术问题；人文社会科学也可以发展新兴、应用学科，解决社会发展中的问题，繁荣哲学社会科学，发展社会主义先进文化，促进精神文明建设。要在尊重学科发展规律的基础上，通过学科交叉和渗透，有计划地建立国民经济建设和社会发展所需要的新兴、应用学科。

对此，学校决定整合校内资源，建立跨学院、部、所的新兴交叉学科。民族社会学、民族医药学、应用催化、电脑农业等新兴、应用学科专业有着良好的发展前景，学校予以高度重视和相应支持。要通过建设，使一批新兴、应用学科成为省、部级重点学科，成为学校重点建设的学科，成为推动学校发展的新的增长点。

（7）加强学科梯队建设，努力提高学科队伍的整体水平。学科梯队是支撑学科大厦的支柱，必须将其置于学科建设的首要位置。学校学科梯队由首席教授、学科带头人、重点骨干教师和优秀青年教师四个层次组成。优秀青年教师是思想品质好，学术基础好，具有强烈的创新意识、进取精神和良好培养前途，出类拔萃的年轻教师；重点骨干教师是思想品质好，教学效果好，科研能力强，具有很好发展前途，年富力强的中青年学者；学科带头人必须思想品德好，学术水平高，有较强组织能力和协调能力，在国内有较大学术影响；首席教授是国内学术界公认的知名专家，必须有重要影响的学术著作，多篇在国内外权威期刊上发表的学术论文，承担过国家级、多项省部级课题，获得过高等级的奖项。

优秀青年教师是学术梯队的基础，同时是学科发展和学校发展的希望。学校高度重视其培养工作，通过教学锻炼、在职学习、提升学历、争取校级科研课题、老教师及学科带头人传、帮、带等方式，培养和造就大批优秀青年教师，夯实学术梯队的基础。重点骨干教师是学科建设的中坚力量，拟通过鼓励中青年教师攻读博士学位，承担省、部级和国家级科研课题，支持他们参加有影响的学术活动，发表重要研究成果等方式来加强培养。学科带头人是学术梯队的龙头,也是学科发展的关键。一方面靠自我培养,另一方面靠引进。通过鼓励和支持学术骨干、教授主持重大科研项目,参加国内外学术交流,出席国内外重要学术会议,发表、出版有较大影响的学术成果,锻炼组织协调能力等方式来培养。学科带头人要增强使命感,不断提升自身水平。学校严格按条件从带头人中选拔首席教授,同时欢迎国内外知名专家竞聘学校首席教授岗位。

优秀青年教师、重点骨干教师、学科带头人和首席教授要在学术竞争中产生,必须有严格的选拔标准、遴选程序和考核标准。应当引进竞争激励机制,严格考核,滚动发展,宁缺毋滥。在学科梯队选拔中,我们强调要克服简单凭文章数量遴选学科带头人和重点骨干教师的弊端,注重成果质量,强调重大项目、重大奖项、学术影响和实际能力。要求学科带头人必须承担过国家或省部级项目,有国家或省部级奖项,有在权威期刊发表的学术论文或国家权威出版社出版、在学术界有重要影响的著作。学科带头人必须起带头作用,在教学、科研特别是带队伍方面发挥作用。首席教授要向学术大师奋斗,要在培养学术骨干、整合学科力量、打造学科品牌、扩大学科影响、提高学校知名度上取得突破。

(8)认真做好人才引进工作。人才引进是充实师资队伍和学科队伍的重要举措,人才引进应当与学科建设相适应,体现学科建设的要求。我们要求,人事部门和有关学院根据学科建设需要,制定人才引进计划。要建立完善的人才引进制度和程序,使人才引进工作制度化、规范化。要努力探索新时期人才引进方式和方法,多形式、多途径引进人才。要通过人才引进,切实改变目前教师缺编过多、现任教师教学工作负担过重、难以顾及提高业务素质和开展科学研究的被动局面。要通过3~5年的努力,使师生比、具有硕士学位和博士学位的教师人数均达到教育部的要求。要特别重视一流人才的引进工作,对于重点学科和新兴学科所急需的学科带头人和学术骨干应当采取超常规措施加以引进,包括团队引进和成建制引进。对于国内知名专家的引进,学校要给予更加特殊的优惠政策,如提供更多的安家费和科研启动费,配备助手等。

(9)深入开展科学研究工作。科学研究是学科建设的重要内容,也是提升学科水平的重要手段。应当以科研"养"学科,以学科"促"科研。我们要求,科研工作要在争取省、部级以上课题特别是国家级课题上取得突破;在争取纵向课题的同时,积极争取横向研究课题。充分发挥校级科研项目的作用,使校级一般项目成为提高学校青年教师科研水平、培养他们独立从事科学研究能力的平台,成为申报省级、国家级项目的基础;使校级重点项目在形成特色、系列研究成果、培养高层次人才、扩大学科影响等方面发挥作用,并为获取国家级课题提供坚实的支撑。在科学研究过程中,我们不断强调,要以创新精神为指导,立足学术前沿,进行原创性研究,推出有影响、成系列的研究成果。科学研究要选准突破口,大力进行填补空白式研究和跨学科研究;要面向国民经济建设主战场,在进行基础研究的同时,大力开展现实问题的研究;注意科研成果的转化,走产、学、研相结合的道路。要通过制度创新,全面推进科研工作,提高科研水平。学校通过设立校基金重点项目,持续支持特色重点学科的研究。学校每年设立5~10名流动性科研编制(可减免教学工作量),为研究人员深入基层调查研究、集中精力完成重大科研项目创造条件。

(原文载于《中南民族大学学报》2005年第1期)

用高水平科研成果提升学校的核心竞争力

经过今天一天的会谈，学校科研工作会就要胜利闭幕了，在大家的共同努力下，我们已顺利完成了预定的各项议程，会议取得了圆满成功。在此，我谨代表学校党委和行政，向全体参会代表表示最诚挚的感谢！

本次会议，是学校在顺利完成多件大事的基础上，学校党委、行政提出走内涵式发展道路，和"科技兴校，人才强校"战略后，如何搞好学校科研工作的一次总动员。本次科研工作会紧张有序，始终洋溢着热烈、务实的气氛，取得了丰硕的成果。

第一，听取了罗布书记的重要讲话。上午，罗布书记做了题为《以人为本，树立科学发展观，努力促进学校科研工作上新台阶》的讲话，肯定了"十五"以来，在全校教职工的共同努力下，学校科研队伍的建设、科研项目的争取和实施、科研成果的完成、科研平台建设、科研管理和服务的规范等多方面取得的较好成绩；分析了目前学校科研工作面临的挑战；明确了新时期学校科研工作的目标与思路；提出了在今后一段时间内学校科研工作在人才队伍建设，学科整合、交叉、渗透，争取科研项目，扩大科研总量，科研成果转化，营造学术氛围，科研平台建设，改革和完善体制，加大科研激励、规范科研管理等方面的主要任务与措施。

第二，讨论了《中共西南民族大学委员会关于进一步加强科研工作意见（征求意见稿）》（以下简称《意见》），围绕今后一段时期内如何加强学校科研工作提出了 7 大方面的 21 条意见，供大会讨论。《意见》中提出要从战略高度提高对科研工作重要性的认识；明确了学校今后一段时期科研工作的指导思想和发展目标；指出了要结合学校学科建设规划，根据学科特点和科研实际情况，确立今后一段时期学校科研工作的重点研究领域和突破方向；提出了关于科研工作考核、科研工作量化、科研分配，科研经费投入和使用、科研资源配置、科研评价制度和体系、科研奖励等方面的体制改革措施；认为要通过科研队伍建设、加强科研实验室及科研基地建设、争取高级别的科研项目，扩大科研总体规模、提倡学术交流，提高学校的学术水平和社会知名度，努力提升科研水平；强调要加强应用技术的开发研究，建立应用技术研究体系，完善技术成果转让机制，加强成果转化平台建设，大力发展科技产业；强化了在科研管理工作中的服务意识，要改进对科研工作的领导，加强制度建设，切实做好科研管理工作。

第三，探讨了科研工作量化管理方案。会议着重探讨了科研工作的考核和科研分配体制，形成了《西南民族大学科研工作量化管理办法（征求意见稿）》（以下简称《办法》），在《办法》中，一方面提出了完善学校科研考核制度的方案，按此办法对学校科研工作进行全面量化计分，规定了单位和个人的年度科研工作定额，作为考核单位和个人的依据；另一方面提出了科研与教学同等重要，科研工作报酬体现为科研津贴，在原有的《科研激励暂行办法》的基础上，加大了科研激励力度，采用积分制，对教职工完成的科研工作进行量化统计，作为发放个人科研津贴、评选杰出科研精英奖、杰出科研成就奖和科研工作先进集体奖的依据。此办法在大幅度加大科研正激励的同时，建立负激励机制，不断增强科研工作的发展后劲。相信通过本办法的实施，通过对教职工从事科研工作在精神和物质上的进一步肯定，必将进一步挖掘学校科研工作的潜力，增加学校科研工作的新动力。

第四，集思广益，展现了集体智慧。为迎接本次科研工作会的召开，4月18日至4月22日的每天下午，科技处牵头组织召开了学院教师代表，中青年教师代表，博士和引进人才代表，院系部负责人，行政、教辅部门负责人等一系列的科研工作座谈会。围绕《中共西南民族大学委员会关于进一步加强科研工作的意见（征求意见稿）》和《西南民族大学科研工作量化管理办法（征求意见稿）》展开了充分的讨论。学校广泛听取了各个层面的意见，收集了代表们提出的建议，在集思广益的基础上对两个文件进行了修改和完善。在本次会议分组讨论中，同志们踊跃发言，积极为发展学校科研工作献计献策，看到了许多存在的问题，提出了许多建设性意见。例如，有的代表提出要加强学术交流，多举办各种形式的学术活动，以活跃学术氛围，既要"走出去"，也要"请进来"，有的代表阐述了教学与科研互促共进的辩证关系，代表们针对青年科研人才的培养、人才引进与稳定、团队建设、资源共享和利用、增加学校科研为社会服务等方面提出富有价值的建议。通过这次会议，学校教职员工的集体智慧、主人翁精神、责任感和使命感得到了集中的体现。

第五，表彰了一批优秀科研工作者。会上颁发了2004年四川省科技进步奖及其配套奖励、四川省教育厅第五届人文社会科学奖、西南民族大学第十二届科研成果奖，对老师们的辛勤工作给予了精神和物资上的肯定，进一步调动了科研积极性。

总的来说，这次会议主题明确、内容充实、气氛热烈、安排有序、进展顺利、成果丰硕，是一次全面动员、总体部署的大会。希望各单位在这次科研工作会议后，认真学习罗布书记讲话，巩固会议的成果，认真落实会议精神，按照会议文件的要求，切实抓好各个方面的落实工作。在此，我想仅就如何以学科建设为龙头，促进科研与学科建设良性互动，推动学校科研整体水平的提高，谈点自己的认识和看法。

学科建设在学校教学科研工作中处于龙头地位，学科建设是强校之本。要以学科建设带动教学专业建设、师资队伍建设、研究生培养、科研工作、实验室建设。科研水平是学校办学层次的整体反映。面对新的发展机遇和挑战，学校要走内涵式发展道路，唯有进一步加强学科建设，教学科研并重，实现学校向教学型科研型大学转变，推动科研工作更高水平发展，提高学校核心竞争力，才能适应我国高等教学发展的需要，顺应时代发展的要求。加强学科建设，促进学校科研整体水平的提高，要重点做好以下几方面的工作。

（1）培养学科带头人和学术骨干队伍，造就学科建设和科研工作的生力军。学科带头人和学术梯队建设是学科建设的关键。教师是学科建设的主体，也是科研工作的生力军。没有一流学科，学校投资再多也不能建成一流的学科，不可能开展高水平的科学研究。因此，要抓好学科建设工作，推动科研发展，最首要的问题还在于坚持人才强校、科技立校的发展战略，以人才队伍建设为根本。因此今后一段时期内，我们要注重以人为本，一是进一步加强人才和人力资源的建设。进一步加强高素质人才队伍建设，积极实施"高层次创造性人才计划"，加强高水平、高层次学科带头人"内培外引""内育外吸"工作。二是抓好科研平台建设，对教师要有明确的科研工作要求，提高广大教师的科研积极性。积极探索以创新平台、重点科研基地、重点学科为依托，以学科带头人为核心，以重大项目牵引、汇聚学科队伍和创新人才组织模式形成一批优秀的创新团队，带动学校教师队伍的整体实力的提升。三是进一步改革体制，积极推动科研工作评估体系的建设和创新，正确引导科研工作的发展，坚持以提高科研绩效为目标，充分发挥教师潜力的原则，提倡科研的多样化，创造项目制科研管理体制，考核以定量和定性相结合。充分调动广大教师的工作积极性和主动性，使其成为学科建设和科学研究的中坚力量。四是科研管理工作要进一步科学化、规范化、现代化，要进一步增强服务意识。

（2）科研工作在学校的传承创新知识，培养人才，服务社会三大功能中起着基础性作用。科研工作要与学科建设相结合；要与人才培养有机结合；要牢记教学、科研的基本使命，高校的首要使命是培养人才，因此要妥善处理教学科研之间的关系；要与民族地区经济和社会发展相结合，要做好科学研究工作，必须抓好重点学科点、重点实验室（基地）、各大科研课题、各大科研成果工作。

（3）凝练学科研究方向，努力形成学科群体优势，提升科研核心竞争力。凝练学科研究方向是学科建设的基础，学科的研究方向要根据原有的基础和条件、学科发展的需要、经济发展的需要来确定；要根据学校走内涵式发展的需要来确定；要围绕今后一段时期内的重点研究领域和突破方向来确定；要根据学校的特色学科和学科特色来确定。我们要按照"有所为，有所不为"的原则，分层次地建设学科。要保证重点把有基础、有特色、有发展前景的重点学科优先发展，并通过重点学科的建设，带动相关学科的发展，以期在学科建设中形成有优势的学科群；要实施学科交叉、综合集成战略，促进跨学科集成、多学科合作和新学科开创，要瞄准学术前沿和经济与社会、国家发展相关的重大问题，集中优势力量重点突破。在打造精品学科的同时，推动相关方向科学研究的发展，取得高水平的科研成果，提升科研核心竞争力，提高学校综合实力。

（4）重点科研项目为支撑，加强重点学科建设；以重点学科为后盾，承接重大科研项目。科研项目是学科建设的载体。重点学科要重点建设，重点建设要体现在机制上，在人力、物力、财力加以扶持和保障，推动重点学科尽力抢占学术前沿，争取承担重大科研项目，提高学科水平，扩大学科影响，增强学科自我发展能力。学科建设必须以科研项目为支撑，没有高水平的科研课题做依托，学科建设将成为空谈。能否抓住学科前沿，是学科成熟的标志，只有高水平的学科研究，才能洞悉学科前沿，才能建设高水平的学科。同时，科学研究中的重大问题的解决要靠强大的学术实力。只有建设高水平的学科，以有吸引力、知名度的重点学科为后盾，社会才能产生认同感、信任感，因而才有可能承接重大科研项目。

（5）以重点实验室、基地、中心建设为基础，开展学科建设和科学研究工作。重点实验室、研究基地、中心的建设是学科建设的重要依托，是培养高水平、高层次、具有创新能力的人才以及开展科学研究的重要条件。这些建设包括：增强实验室的开放性、提高实验室的利用效率和开发能力、图书资料及其他相关硬件条件的建设、增强所建设学科与相关学科相互支撑的能力、改善所建设学科获取国内外信息资料的手段等。在以后的工作中，我们一方面要充分利用好现有资源，发挥学科综合优势，整合资源，克服资源分散、缺乏有效配置的弱点，让现有的资源和设施在学科建设和科学研究中发挥最大的作用；另一方面要进一步在实验室建设方面实行重点支持，大力加强科研基地建设，建立一批以研究所和研究中心方式运作的校级重点科研基地。同时，要积极争取与地方或企业合作，在校外建立开发研究中心等产学研结合的基地，使基地真正成为有相当影响的、更高层次的人才培养和科学研究中心。

（6）以科研"养"学科，以学科促科研，促进科研与学科建设良性互动。要在理论与实践的结合上促进学科建设。用学科建设带动科学研究工作，促进科研与学科建设良性互动。完成一项科研任务之后，要从学科建设的角度对其成果进行进一步的理论分析与研究。要将科研成果转化为学术成果促进学科发展和技术进步。以科研"养"学科，以学科促科研。在科研工作中还要注意将科研成果转化为生产力，特别是要注意高新技术成果的开发，并将其产业化。这样，就可以有更多的经费投入学科建设，更新和增加仪器设备建设实验室，改善学科的条件，进而更有利于开展科研工作，形成良性循环。同志们，在党中央提出科学发展观的历史条件下，我国的高等教育和科研工作拥有难得的重要发展机遇，我们要牢牢抓住这一历史机遇，谋求更快、更好、更和谐的发展。科技兴校、人才强校是引领学校科研事业发展的动力源泉。本次科研工作会是一次圆满的大会，成功的大会，对学校今后科研工作的开展、科研事业的进步将具有重要的指导意义。必将进一步鼓舞士气、振奋精神，进一步激发广大教师、科研工作者的工作热情。我们要以这次会议为新的起点，以实际行动提升学校科研发展水平。我们相信，在党委和行政的关心和支持下，经过全校师生员工团结一致、坚持不懈的努力，一定能够促进学校的科研工作再上新台阶，不断开创学校科研工作的新局面，谱写学校科研工作的新篇章！

（原文题目为《西南民族大学2005年科研工作会议总结讲话》，编入本书时，略有修订）

学科建设的原则和重点

学科建设是高等院校的一项基础性工作。学科水平不高，就会制约教学、科研和学校整体发展，进而影响人才培养的质量；同样，没有在全国有影响的学科，学校就不可能有竞争力。

那么，面对高等教育日趋激烈的竞争形势，学科建设应当解决什么问题？如何加强学科建设？结合中南民族大学学科建设实践，作者就这些问题谈点认识。

学科建设过程中，制定和遵循一些基本原则十分必要。我们认为，学科建设要遵循以下原则。

（1）从实际出发原则。要在综合分析学校已有基础、特色、优势和学科发展趋势的基础上，科学定位，走有自身特色的学科建设之路，做到"有所为，有所不为"。要坚持发挥优势，突出重点，整合资源，大力支持优势学科、重点学科建设，真正做到"人无我有，人有我强，人强我特"。

（2）创新性原则。学科创新是学科发展的生命，也是学科建设取得成效的关键。学科创新包括学科建设理念、体系、内容、研究方向以及建设体制和方法等方面的创新。学科创新既要遵循学科发展的规律，又要体现国民经济与社会发展的需要，特别是要将学科建设与为国民经济建设和社会发展服务结合起来。

（3）统筹兼顾原则。在学科建设中，既要突出重点，又要兼顾一般，处理好重点学科与特色学科、基础学科、应用学科、传统学科与新兴学科、一般学科与交叉学科之间的关系。在加强重点学科建设的同时，加大对基础学科的投入和建设力度，有计划、有步骤地加强发展前景好、经济社会发展需要的应用学科建设，注重从新兴学科、交叉学科中培植学科增长点。

（4）可行性原则。学科建设要有明确的规划和可行的方案，各学科都要在科学论证的基础上，制定发展规划，做到定位准确，研究方向明确，研究重点突出，建设目标明确，建设措施具体可行。

学科建设要解决的问题很多，最主要的是要做好以下工作。

（1）明确学科定位。一个高校的学科要发展，必须要有明确的定位。不同的学校，学科定位各不相同。影响学科定位的因素有学校的性质、办学宗旨和目标、学校各学科历史传统和学科基础、学科梯队的水平、学科发展规律等。学校应当在综合考虑上述因素的情况下，确立自己的学科发展方向、重点学科和新兴学科。

（2）着重建设重点学科与特色优势学科。"重点学科"是学校的品牌。应将学术基础好，学科队伍强，有广阔发展前景，能够带动其他学科发展，能够创造较好的经济效益和社会效益的学科确立为重点学科。"特色学科"是研究对象特色鲜明，全国高校和科研机构中仅为本单位设立，或只有少数单位设立的学科。特色学科往往与学校、研究机构的性质和学术研究传统有关系。例如，民族学是民族高校的特色学科。特色学科由于研究领域的独特性，往往容易成为优势学科。在学科竞争中，特色学科往往处于有利地位。"学科特色"是指在众多高校、科研院所广泛设置的学科中，自身学科的某一研究方向、研究领域有特点，为同类学科所没有。就一般性学科而言，要在学科竞争中能够生存与发展，必须培植学科特色。

（3）优化学科结构和布局。学科结构和布局是否合理对学科发展有直接影响。经过努力，学校现有学科专业覆盖面虽有较大拓展，但学科结构仍欠合理。人文社会科学类学科专业较多，自然科学类较少；传统学科较多，新兴、应用学科较少；处于学科前沿的专业、高科技学科专业严重不足。因此，调整专业结构，优化学科布局的任务还很艰巨。

学科建设要想取得长期的发展，就中南民族大学来说，有如下几点启示。

（1）大力进行学科创新，以学科创新推动学科发展。学科创新内涵十分广泛，既包括学科内容、研究方向、研究方法的创新，也包括学科建设体制和管理体制的创新；既包括传统学科的变革、新兴学科的建立，也包括传统学科体系中某一个研究方向的创新。要将学科创新思想贯穿于学科建设的始终，通过学科创新，实现学科的发展。

（2）加强制度建设，作好学科规划。学校的教育制度、管理体制、组织结构、运行方式影响着学科发展。学科建设要取得成效，必须进行制度创新，消除影响学科发展的制度性因素，建立促进学科发展的管理制度、组织结构、运行方式和创新激励机制。

（3）加强学科梯队建设。学科梯队是支撑学科大厦的支柱，必须将其置于学科建设的首要位置。学校学科梯队由首席教授、学科带头人、重点骨干教师和优秀青年教师四个层次组成。优秀青年教师是学术梯队的基础，同时是学科发展和学校发展的希望。学校高度重视其培养工作，通过教学锻炼、在职学习、提升学历、争取校级科研课题、老教师及学科带头人传、帮、带等方式，培养和造就了大批优秀青年教师，夯实了学术梯队的基础。重点骨干教师是学科建设的中坚力量，我们拟通过鼓励中青年教师攻读博士学位，承担省、部级和国家级科研课题，支持他们参加有影响的学术活动，发表重要研究成果等方式来加强培养。

学科带头人是学术梯队的龙头，也是学科发展的关键。一方面靠自我培养，另一方面靠引进。通过鼓励和支持学术骨干、教授主持重大科研项目，参加国内外学术交流，出席国内外重要学术会议，发表、出版有较大影响的学术成果，锻炼组织协调能力等方式来培养。学科带头人要增强使命感，不断提升自身水平。学校严格按条件从带头人中选拔首席教授，同时欢迎国内外知名专家竞聘学校首席教授岗位。

（4）积极开展学科文化建设。学科文化是校园文化的重要组成部分，包括学术道德、学术规范、教风学风、科研态度、进取精神、创新意识、团队精神、学术风格等。学科文化建设就是通过对上述文化要素的培养，营造浓厚的学术氛围，创造学科发展的文化环境。

我们提出，要通过培育和建设，在学校形成尊重他人劳动和成果，不弄虚作假，严格遵守学术规范的学术道德；精诚团结、协作攻关的团队精神；积极向上、锐意进取的精神面貌；相互尊重、平等讨论的友好气氛；虚怀若谷、海纳百川的学术胸怀；不媚俗，不趋炎附势，不畏权威，追求真理的学术品格；精益求精、细致缜密的科学态度。通过学科文化建设，铸造学校学人积极向上的价值观念、高尚美好的道德情操、奋发有为的精神面貌、卓尔不群的学术风格，为学科建设提供良好的氛围。

（原文题目为《关于加强学科建设的思考》载于《光明日报》2005年1月25日第10版）

民族院校学科建设的战略措施

民族院校是党和国家为解决国内民族问题而建立的综合性普通高等学校，是培养少数民族高素质人才，研究我国民族理论和民族政策，传承和弘扬各民族优秀文化的重要基地，也是展示我国民族政策和对外交往的重要窗口，在我国高等教育体系和民族团结进步事业中具有十分重要的地位。半个多世纪以来，民族院校围绕民族地区的民主改革、政权建设、三大改造和经济建设、社会发展培养了大批少数民族干部和专业技术人才，在我国少数民族调查与识别、民族理论研究与创新等方面，取得了很多重大成果，作出了重大贡献。但是，由于受历史、社会、自然条件以及特殊的创办背景和服务面向等因素的影响，民族院校与其他普通院校尤其是重点院校相比，在办学水平上还存在较大差距。我国民族院校要改变相对落后的状况，尽快提高办学水平，就必须抓好学科建设这一基础性、战略性工作。面对建设创新型国家、实施科教兴国战略和人才强国战略的新形势、新任务，民族院校需要在综合分析自身学科基础、特色、优势和学科发展趋势的基础上，结合全国及学校所在区域的社会发展需要和教育发展规律，立足于自身学科发展的基础和办学条件，突出重点，整合资源，大力支持优势学科、重点学科建设，保持和发展自身的优势特色，使学科上台阶、上水平，从而最终提升自己的整体办学水平。

一、建立健全管理机构，提供强有力的组织保障

强有力的组织保障是学科建设工作正常开展的必要条件。从目前高校学科建设的实际运作情况来看，高校内部学科建设管理机构的设置呈现出多样性：有的高校设立专门的发展规划处管理学科建设；有的高校将学科建设直接划归研究生部管理，或将专门设立的学科建设管理部门挂靠研究生院；还有的高校成立了多头管理机构，学科建设发展规划由某一职能部门如政策研究室或高教研究中心负责制定，"211工程"重点学科建设项目由211办负责，省部级重点学科由科技处或社科处负责，学位授权学科专业点申报由研究生处负责，遇到重大事情则由校领导牵头、相关职能部门分工落实。实践中高校学科建设管理部门设置上的差异性，表明学科建设本身的复杂性，因此高校在究竟应当设立什么样的机构来管理学科建设的问题上尚未达成共识。那么我们应当依据什么来设置学科建设的管理机构呢？作者认为，高校学科建设的管理部门的设立应根据学科建设管理的内容和特点来确定。高校学科建设是一个系统工程，涉及教学、科研、学位管理、人事管理、实验设备管理、图书资料建设、学术交流等众多方面和环节，涉及学院和学校各个管理职能部门，而学科建设的各项工作又相互关联，具有内在的规律，这就要求建立专门的职能部门和管理人员，使各部门在统一的学科建设目标的指引下，协调一致地工作。

就目前的情况而言，民族院校学科建设的管理体制不健全，导致有关学科建设的某些政策或措施衔接松散，落实乏力，甚至政出多门，不能形成合力。以科研工作为例，院校科研工作长期存在"小而散"的问题。"小"是指研究工作档次不高，科研工作大多限于

"小课题、小发明、小成就",甚至是低水平的重复研究;"散"是指科研工作长期以来分散在多个部门和职能领域的状态中,学科研究领域各自为政,科研人员单兵作战,缺少凝聚力和向心力,难于形成整体优势,以致人力资源和物力资源的投入分散,从而导致学科研究方向的分散,严重制约科研水平的提高。因此,民族院校有必要建立专门的职能部门负责学科建设的管理工作。具体而言,民族院校可以根据学科建设的需要,组建由校长直接领导的发展规划与学科建设办公室,在学校和学院两个层次设立学科建设领导小组。校级学科建设领导小组由校领导、部门领导和相关学科的知名专家学者组成,主要制定并贯彻实施学校有关学科建设的方针政策,负责全校学科合理布局及学科结构的调整与优化配置,促进各学科协调发展,保证学校学科建设总体目标的实现。院级学科建设领导小组由院领导及有关学科带头人或学科负责人组成,受校学科建设领导小组的领导,制定本院(系)学科建设规划并组织实施;协助校级学科建设领导小组做好有关的协调工作。学科建设办公室主管学科建设的职能部门,主要制定学校学科建设的目标和分阶段实施方案,并组织有关单位实施各学科、专业点的评估工作,定期检查计划和各项任务的执行情况。只有建立健全学科建设的组织机构及相应的管理制度,明确职责,层层落实,齐抓共管,民族院校的学科建设工作方能抓出实效。

二、加强学科基础设施建设,提供高水准的发展平台

学科基础设施建设是学科建设的重要内容和带有支撑点性质的基础工程。加强学科基础设施建设,构筑高水平的学科创新平台,有利于高水平人才的聚合和高素质人才的培养,有利于承担高水平的科研项目,有利于重大科研成果的产生,有利于多学科的交叉融合和产生新的学科生长点。总之,加强学科基础设施建设,构筑高水平的学科创新平台,可以将优势资源和特色资源转化为学校发展的竞争优势,是实现学科可持续发展的必要条件。

(一)加强学科基地建设

研究基地是开展基础性研究和科技攻关课题的主要载体,也是人才培养的重要场所。民族院校应创造条件,建立高水平的重点实验室、专业实验室、工程(研究)中心、文科研究基地、教学实验基地、产业化基地等,推动学科建设的发展。民族院校在学科研究基地建设中,要做到以下几点。

第一,要重视实验技术队伍的培养和提高,建设一支具有一定研究和开发能力、安心工作、热忱服务的实验室队伍,尽力解决他们业务提高、专业技术职务晋升和待遇等问题,使他们安心为基地建设做出成绩。

第二,要随着科学技术发展,注意实验设备的更新换代,改进实验装备的质量,提高实验水平,发挥实验室的教学演示和科学研究的整体功能,为提高教学质量、加强学科建设和吸引、稳定高层次人才打造创新基地。

第三,要加强重点研究基地的专业图书资料室、专业数据库和基础数据库以及多种文字互联网站(页)建设,提高文献资料管理和信息化服务水平,改进研究手段,促进学科建设上层次、上水平。

第四,要根据学科发展需要,以优化学科结构、促进学科交叉与学科群形成为目的,

整合现有研究机构,组建新的特色研究基地。尤其是新兴学科和交叉学科科研机构,要集中有限资源,加大投入力度,提高其承担国家、地方重大科研项目的能力。鼓励、支持校内各学科、各院(系)根据经济建设和社会发展需求,在全校范围内整合科研资源,建立跨学科研究机构,搭建更多学科发展平台。

第五,不断改革、完善科研基地的管理体制和运行机制,实施分类指导、分层管理,实行主任负责制或项目负责人制、人员流动制、课题合同制。建立开放课题制度和客座研究制度,吸引国内外优秀人才,形成"开放、流动、联合、竞争"的运行机制,产出一批原创性研究成果,使之真正成为高水平科学研究、高层次人才培养的重要基地。

民族院校的学科基地建设,除了建立高水平的实验室、工程(研究)中心、文科研究基地、教学实验基地以外,还应结合自身的特色与优势,与民族地区的支柱产业、特色产业、高新技术产业密切联系,在企业建立产学研结合的学科基地。例如,大连民族学院在内蒙古自治区开鲁县建立荒漠化防治与生物资源开发科技示范基地,作为科学研究的基地和为民族地区服务的窗口[1]。针对当地突出的生态环境问题和丰富的生物资源,围绕资源开发利用和环境保护两大主题,开展基础性、战略性、前瞻性的创新研究,为区域生态安全和经济发展提供科学依据和关键技术;构建和完善生物资源开发研究有关的技术平台,研发具有自主知识产权的生物高新技术产品,推动生物科学和生物技术及其产业的发展;充分利用民族地区自然资源优势,变资源优势为经济优势,逐步改善生态环境,为实现民族地区的循环经济和社会可持续发展作出贡献。民族院校在为民族地区经济建设作出贡献的同时,可以得到地方和企业资本的投入和课题上的积极支持,进一步促进学科的建设和发展。

(二)抓好项目建设,构建学科建设载体

世界一流大学的发展经验表明,一流学科包含了大项目、大平台、大师、大成果、大奖。其中,大项目是学科建设的依托,以大项目为集约地,形成大平台、汇集大师、产生大成果、获取大奖。如果脱离大项目,则大平台无大宏图可展,大师无用武之处,大成果无产生之地,大奖无缘以生[2]。项目是学科建设的突破口,也是学科建设的得力"抓手"。

项目不仅指科研项目,专业、学位点、重点实验室、重点学科、精品课程、国家教学名师、优秀博士论文等都可以看做学科建设的项目。从一定意义上说,项目获取的过程,实际上也是学校的学科水平得到国内外同行专家认可、发展和壮大的过程。项目的争取,尤其是重大项目,将提供学科发展的机遇、课题、经费,将有效地促进构成学校各层次学科之间的交叉、融合以及学科资源的优化配置。同时,在项目申报和评审过程中,还可以获得有关学科研究方向和突破点的合理性的评价信息反馈,可以在更广泛的范围内传播和扩展学术影响。

一般而言,项目建设的基本思路是以学科带头人和学术骨干为核心,组织团队积极申报和承担国内外重大项目,进行联合攻关。对民族院校来说,由于自身条件、实力、服务面向等的限制,在争取科研项目和科研经费时往往处于相对不利的地位。因此,民族院校在进行项目建设时,可以从校内立项做起,从小项目做起,从与企业联合申报,与其他高校院所联合攻关做起,从其他大项目中承担子项目做起,逐渐锻炼队伍,扩大影响。同时,要注重发挥团队的力量,联合攻关。学术带头人应利用自己的优势,围绕自己的科研方向和科研项目,带动一批有一定科研能力的教师共同攻关。通过联合攻关,使本学科教师相互促进、共同提高、整体发展,从而促进整个学科水平的提高。

三、加强学科队伍建设,提供人力资源支持

2007年8月31日,胡锦涛同志在全国优秀教师座谈会上的讲话中明确指出:"当今世界,经济全球化深入发展,科技进步日新月异,国际竞争日趋激烈,知识越来越成为提高综合国力和国际竞争力的决定性因素,人才资源越来越成为推动经济社会发展的战略性资源,教育的基础性、先导性、全局性地位和作用更加突出。"激烈的国际竞争表现为人才的竞争,人力资源是最重要的资源、是决定一个国家核心竞争力的重要因素。对高等学校而言,要快速健康地发展,关键是要有一支优秀的教师队伍,正如梅贻琦先生所言:"所谓大学者,非谓有大楼之谓也,有大师之谓也"[3]。从某种程度上讲,学校、学科之间的竞争主要是教师队伍的竞争;学校、学科之间的差距主要是教师队伍的差距。只有建设一支一流水平的学科队伍,才能建成一流水平的学科。

民族院校由于在学科建设上的投入相对不足,吸引人才的"硬件环境"无法与其他普通高校尤其是重点高校相比,虽然在人才引进方面出台了一系列优惠政策,但在总体上讲人才引进政策的效果不尽如人意。另外,部分院校在人才政策上存在"重引进,轻培养"的急功近利的思想,将人才工作的中心放到学科带头人的引进,忽视了内部人才尤其是中青年学术骨干的培养,导致学术队伍后备力量不足。因此,民族院校要加大人才工作的改革力度,采取一切有利于优秀人才脱颖而出的超常规措施,稳定、培养、吸引真正优秀的人才。在学科队伍建设中,民族院校要切实认识到:一流水平的学科队伍,不仅表现为其学科带头人具有一流水平的学术造诣和学术声望,而且要求这支学科队伍群体应具有一定的水平和实力。因此,在学科队伍建设中,我们不仅要重视学科带头人的选拔和培养,更要重视学科队伍整体素质的建设和水平的提高。具体而言,民族院校在学科队伍建设中要特别注意抓好如下几个方面的工作。

首先,要加强学科文化建设,倡导讲团结、讲奉献、讲协作的精神,强化团队观念,增强团队凝聚力;在重视权威专家地位作用的同时,要充分发挥学科内及相关学科学术骨干及其他梯队人员的积极性。

其次,按照严格的选拔标准和遴选程序挑选好学科带头人。学科带头人是学科发展的"领头羊",其作用主要体现在:一是在学术上起带头和指导作用,能够站在学科前沿及时准确地指明研究方向及领域;二是在教学、科研活动中起组织领导作用,充分发挥学科的整体功能。因此,选好学科带头人十分重要,其甄选的具体条件是:学术造诣高,视野开阔,能够全面把握世界学科发展趋势,开展高水平的学术研究,带领本学科始终走在学科发展的前列;德高望重,具有较强的组织管理能力,能够团结带领大家开展协作攻关;善于选拔、扶植与培养学科带头人和学术骨干。

第三,要加强学科梯队成员的培养。优秀青年教师是学术梯队的基础,同时是学科发展和学校发展的希望。民族院校要高度重视其培养工作,通过教学锻炼、在职学习、提升

学历、争取各级科研课题、老教师及学科带头人传、帮、带等方式，培养和造就大批优秀青年教师，夯实学术梯队的基础。

第四，加强学科团队能力建设。现在部分高校存在"有团队无能力"、团队成员个人能力强、团队整体能力弱的现象。因此在学科团队建设中应该特别重视团队能力建设。团队能力大小取决于能否发挥每个成员的长处，不断激活每个人的潜能，依靠整体力量，实现组织目标、成就个体价值。就民族院校学科团队而言，需要通过优化团队的知识结构、能力结构、素质结构以及开展必要的继续教育、建立科学的评价体系和运行有效的竞争激励机制等途径来提升团队能力。

四、调整学科布局与结构，夯实办学活力的基础

学科建设作为学校本质内涵的基础性建设，与学校整体的长远发展目标戚戚相关，与学校发展的各个重要方面紧密关联。高校学科建设的首要任务就是要根据学校的发展定位，结合学科发展的趋势和社会发展的需要，适时地调整和优化本校的学科布局和学科结构[4]。学科布局作为高校的战略布局，不仅深刻体现着高校综合实力和特色，而且必定要体现学校新学科发展的方向，引领学科向着与学校长远目标相一致的方向发展。这一战略布局对高校的整体性发展发挥很大的导向作用，在很大程度上引导着学校的人、财、物等资源的流向和配置。因此，学科布局和结构的调整与优化，在民族院校学科建设中具有十分重要的作用。

在学科布局上，应该根据不同学科之间的内在联系建立合理的学科结构。一般而言，合理的学科布局有以下三个方面的特点：一是有宽厚的文理等基础学科；二是有若干强大的应用学科，并形成自己突出的类型特色，如工、农、医、药、经济、政法、管理等；三是学科之间能相互支撑、相互依托、相互促进，有利于交叉学科、边缘学科等新兴学科的产生和发展。

从科学学的角度来看，文理等基础性学科是知识的源头，它以揭示自然界和人类社会发展的普遍规律为主要目的，虽然不能直接转化为现实的生产力，带来直接的经济效益，但它是一切应用型学科发展的基础，没有雄厚的基础学科，应用学科就缺乏后劲和潜力；而应用型学科以直接应用为目的，虽然不能在科学发展上取得划时代的重大成果，但一旦取得突破，却能立即带来巨大的经济和社会效益。所以，没有应用型学科，基础学科也会缺乏生机和活力[5]。因此，在学科建设实践中，调整好文理工各学科的关系、基础与应用的关系等，促进学科之间的共生与和谐发展是进行学科结构调整、科学布局的主要目标。

目前我国民族院校人文社会科学类学科专业较多，自然科学类学科专业较少；传统学科较多，新兴、应用学科较少；处于学科前沿的学科专业、高科技学科专业严重不足，这种学科结构不能适应少数民族和民族地区经济社会发展的需要。为了充分体现"为少数民族服务，为民族地区服务"的办学宗旨，民族院校在继续办好文理等基础学科的同时，应集中力量办好一批能够带动少数民族地区社会、经济、文化、科技等发展的特色学科和应用技术学科；重点扶持发展一批少数民族地区急需的高新技术学科，如信息技术、生物技术、材料科学、生态农业等，以满足国民经济主导领域对高层次人才的迫切需求；通过改

组、改造、整合、优化等方式形成一批新兴学科、交叉学科和边缘学科；鼓励传统学科与相关应用学科的结合，形成基础更厚实、体系更完整、发展前景更广阔的高水平的学科群。

五、塑造学科特色，发挥民族院校的比较优势

高等院校的办学特色是指一所学校区别于其他学校的标志性特征，是学校发展的历史与现实的合理的结合。特色不仅代表着学校的风格和理念，决定了大学对前沿学科的占有程度，还标示着学校现实的水平和发展的潜力。一所学校如果没有特色就没有优势，就没有发展。就学科而言，特色既是一个学科的"立足之根"，又是一个学科的"竞争之本"。

在学科规划与建设进程中，民族院校在相当程度上存在着遵循高等教育一般规律有余，尊重民族教育特殊规律不足，从而导致个性与特色缺乏的问题[6]。在计划经济时代，民族院校刚从民族干部培训学校转型而来，学科建设曾经存在的一个较为普遍的问题就是重视民族工作规律而相对忽视教育规律，导致民族院校的办学水平不高；而在社会主义市场经济体制下，伴随高等教育大众化、国际化、高等教育资源配置的准市场化进程的加快，民族院校的学科建设又存在另一个问题，即重视教育规律而对民族工作规律重视不够，民族院校的特色体现不够。

民族院校在教育对象、教育宗旨、教育目标以及培养规格等方面的特殊性，决定了其必须是高等教育一般规律与民族教育特殊规律的有机结合，是高等教育普遍规律与民族工作规律的有机结合[7]。我们应该始终认识到，正确处理民族问题，加快少数民族和民族地区的发展，是事关全局与长远的战略任务。进入 21 世纪以后，民族和宗教问题越来越成为世界和平稳定与发展的重大根本性热点问题。我国是由 56 个民族组成的统一的多民族国家，无论应对全球化的挑战，还是全面建设小康社会和构建社会主义和谐社会，都必须解决好民族问题。因此，民族院校的学科建设必须把握"面向少数民族和民族地区""为少数民族服务、为民族地区服务"的办学宗旨，在制定教育发展规划、实施人才培养的过程中，要以服务于少数民族和民族地区为最终目标，并以此来衡量教育活动的实际效果。随着国家西部大开发战略的实施，全面建设小康社会多方位、多层次的人才需求，民族院校应该根据民族地区经济发展状况和社会需要以及当今世界发展的潮流，确定自己的学科重点和办学特色。如何将民族的特色、优势和文化结合起来，办出有民族特色的教育，这是民族院校学科建设中最核心的问题。

特色是学科建设的生命。注意选准、培育和用好自己的学科特色，走适合自己的发展道路，以特色提升学校的办学水平和竞争力，这是民族院校学科建设成功的关键。民族院校学科建设要形成特色，要着重在"选、育、用"上下工夫。

"选"，即从民族院校自身长期的办学实践中找出本校特有的、优于其他学校的学科专长。在过去很长一段时间，民族院校以鲜明的带"民字号"的特色优势学科作为立校之本、办学之基，这既是时代的要求，也是发展的动因所在。随着社会主义市场经济体制的建立和发展以及我国高等教育制的改革，民族院校要继续保持自己的特色，就面临新的困难，如"八五"、"九五"期间云南民族学院的"少数民族语言文学"和"少数民族古籍学"被列为省级重点学科，在云南高校中处于领先地位，国际上也有一定影响，然而正是这些较具特色和优势的学科在市场经济条件下因其就业面和适应性窄，生源匮乏难以为继，发展

困难重重。但是，我们应该认识到，没有特色就没有优势，没有优势就没有水平，民族院校的学科建设要始终保持其民族特色。60多年来办学实践所形成的传统优势学科，如民族语言文学、民族文化宗教、民族艺术、民族经济、民族医学等，仍然是民族院校办学水平、学术地位和社会贡献的主要标志。这些特色学科，既是民族院校经过长期努力和不懈创造形成的优势，又是民族院校赖以生存发展的一个立足点，是其他院校所不具备的。因此，我们不仅不能妄自菲薄，任意摒弃，相反还应认真结合、思考和分析各校学科现状，坚持在继承和发扬自身的"优势"和"特色"上做文章。

"育"，即充分利用各种有利条件，整合内部资源，会聚学术队伍，挖掘潜在力量，进行重点建设，形成优势与特色。对民族院校而言，无论传统学科，还是新兴应用学科，都要适应当代和未来经济与社会发展、科技进步、理论创新的要求，着重围绕"民族"二字下工夫，探索学科发展的增长点，并逐步做大、做强，形成新的优势与特色。特别是要在保持传统特色的同时，重视质量建设，通过改造和学术创新，走以内涵发展为主的道路，使其向高层次高水平方向迈进。例如，民族类学科的建设不能固步自封，而要随着学校学科领域的拓展，促使其与别的学科交叉和渗透，才能具有新的活力。西南民族大学在"十五"期间，按照传统文化与现代科技相结合的思路来对特色学科群予以改造、重构和建设，就取得了良好的效果[8]。如计算机与民族语文信息处理相结合，计算机与民族语言艺术相结合等，使得特色学科群在扑面而来的知识经济和信息网络时代继续获得大的发展，使学校成为高级双语人才培养基地、高级民族艺术和卡通动画艺术人才的培养基地。

"用"，即想方设法利用好民族院校的有利条件，根据民族地区经济建设和社会发展需要，不断拓宽服务领域，开辟新的研究方向，使特色学科建设不断发展，迈上更高水平。例如，中央民族大学在"985工程"建设中，瞄准少数民族和民族地区经济社会发展的战略需求，瞄准民族问题研究的学科前沿，发挥比较优势，以民族学、人类学、少数民族语言文学、民族宗教学、民族史学等传统优势学科为辐射源，推动学科交叉与融合，按照"有所为、有所不为"的原则，着力组建三个优势学科群，即围绕中国当代民族问题战略研究组建起民族学-人类学-宗教学-法学学科群；围绕中国少数民族语言文化与边疆史地研究组建起语言文学-历史学-民族教育-民族艺术学科群；围绕民族地区经济社会与公共行政管理研究组建起经济学-管理学-人口学-生态与环境科学-少数民族传统医药与公共卫生-信息科学与工程学科群，初步形成了以民族类学科为主导、特色鲜明的学科体系，使该校在国家创新体系建设中占据了一定的优势地位[9]。学科建设的扎实推进，使该校特色更加突出，整体办学实力和竞争能力得到进一步增强。

六、实施非均衡发展策略，加强重点学科建设，尽快提升学科水平

民族院校学科建设资源的有限性，决定了其学科建设不可能全面铺开、面面俱到，只能坚持"有所为、有所不为"的方针，采取非均衡发展策略，立足于办出特色、发挥优势的学科建设原则，以投入为导向，有重点、分层次地建设学科，优先发展与扶持特色学科和民族地区经济建设与社会发展急需的学科，集中有限资源，力争在某一学科领域或某几个研究方向实现突破，进而带动其他学科的发展，最终实现民族院校整体跨越式发展。

美国加州大学伯克利分校前校长田长霖先生曾经指出世界上地位上升很快的学校，都是在一两个领域首先取得突破。因为一个学校不可能在很多领域同时达到世界一流，一定要有先后，重点建设大学一定要想办法扶植最优异和有发展前景的学科，把它变成世界最好的。待它有名气了，其他学科也会自然而然地上来[10]。国内外成功的学科建设经验证明，任何一所大学的学科建设，都必须确立发展重点，形成自己的特色，从某几个学科领域突破，进而拉动其他学科的发展，有所为，有所不为。例如，斯坦福大学从第二次世界大战时期的二流院校一跃成为世界瞩目的一流大学，就得益于其重点学科发展战略。第二次世界大战结束后，斯坦福大学作为一所私立的二流院校，地处弗兰西斯科海湾一隅，地理位置偏僻，师资流失严重，要想成为世界一流大学极为困难。面对这种严峻的形势，时任斯坦福大学副校长兼教务长的特曼大胆地提出了"学术顶尖"的构想，决定打破所有学科均衡发展的传统作法，采取特殊措施，重点发展化学、物理和电子工程学科。经过努力，除化学成效稍逊外，物理学科成就斐然，最突出的是布洛克因发现核磁共振现象而获得1952年的诺贝尔物理学奖。这是斯坦福大学建校半个世纪以来获得的第一个诺贝尔奖，也是该校步入名牌大学的一个标志。而成就最大的还是电子工程学科。特曼依靠出租学校的土地，建立高科技工业园，不仅使该地区成为美国高新技术企业发展的集散地，而且极大地增加了学校的收入，吸引了人才，为电子工程学科的发展创造了更好的条件。现在，斯坦福大学的电子工程学科和"硅谷"一起成为世界各国著名大学进行学科建设的一个样板。

民族院校要抓好重点学科建设，目前特别注意要抓好如下几个方面的工作。

（一）建立科学的学科发展决策机制

管理工作首先要保证"做正确的事"，否则"正确地做事"就失去了意义。学科建设中如果出现战略方向上的决策失误，将会给学校带来无法估量的损失。建立科学的学科发展决策机制对民族院校抓好重点学科建设十分关键。

从世界一流大学的经验看，其组织结构大多是三级，即学校、中间组织（如学院）和基层组织（如系、所），并赋予中间组织和基层组织很大的办学自主权，使集中管理和分权自主有机结合，以保证各学科能根据各自的特点，发挥各自的优势，从而增强学校学术发展的生机和活力。在学校一级，各大学主要通过由一批知名教授组成的各类委员会进行宏观决策，具体交由职能部门执行，如麻省理工学院成立了十几个独立的、对学校最高领导负责的、以教授为主组成的常设委员会，有"教育政策委员会""研究生院政策委员会""教师本科生计划委员会"等[11]。这些委员会对于麻省理工学院保持正确的决策，发扬民主，增强凝聚力具有极其重要的作用。

反观我国民族院校的情形，在有关学科发展的重大决策上，中间组织和基层组织没有最终的决策权，它们主要履行执行性职能；在学校一级，决策权掌握在党政领导、行政性委员会和各行政部门；少数几个有学术人员参与的委员会如学术委员会、教师职称评审委员会等大多都存在建制不全、职责不明、权限模糊、影响微弱的问题。为此，应当建立和完善学术委员会等学术管理制度，赋予其学科发展规划的决策权，使学科发展由长期的行政决策转变为专家决策，使民族院校的学科发展牢固地建立在专家学者的集体智慧的基础之上。

（二）遵循学科发展规律，凝聚学科方向

从学科的体系结构来看，学科的框架包括学科门类、一级学科、二级学科和学科方向（也有称三级学科）。一级学科由若干二级学科组成，二级学科由若干学科方向组成。科学发展的无限性决定了任何一个学科都有很多发展方向。由于资源的有限性，任何一个学科组织都不可能在所有的学科方向上争创一流，而必须作出选择。研究方向的选择是否准确合适，将决定着该学科的前景与地位。在这方面，英国剑桥大学的卡文迪什实验室是很好的例证[12]。卡文迪什实验室是一个物理学实验室，有长期科研的传统，在第二次世界大战前长期从事原子结构和原子核物理研究并作出非常重要的贡献。这个实验室也有多位诺贝尔奖获得者。第二次世界大战期间多数科学家都放弃原来从事的研究工作，加入到为国防服务的行列中，特别是参与发展核武器和雷达的工作。第二次世界大战后原子能和核武器的发展，由于规模大、保密要求高，不能继续在大学的实验室进行，各国都决定成立新的独立研究机构。英国核物理的研究工作从卡文迪什实验室分离出去，因而实验室经费就减少了，并面临科研方向的重新选择和确立。第二次世界大战后新任卡文迪什实验室的主任布腊格开辟新的研究方向，由一个以物理学前沿为主要研究方向的世界知名实验室，改为利用物理学发展出的仪器和物理学家的思维方法，重点从事天文和生物的研究。这样一个决定后来被证明是非常正确和极有远见的。经过几年的努力，卡文迪什实验室在两个新的研究方向上都取得了划时代的研究成果，如其发现了DNA双螺旋结构，此发现成为20世纪人类几个重大科学发现之一。

民族院校由于受种种条件的限制，于短时间内形成和确立在某一学科领域的绝对领先地位是非常困难的。但是，在学科建设过程中，如果能找准适合自身的学科发展方向，并结合自身的相对优势，充分预见学科的发展趋势，瞄准学科发展前沿，大力推进学科的交叉融合和发展，通过凝聚、锤炼，就能使学科方向在学科建设中更加清晰，更具特色并不断创新。这样，就能走出有特色的学科建设之路。因此，从某种意义上说，学科建设的关键是凝练学科方向。民族院校学科建设要从实际出发，做到以下几点。

第一，发挥优势，形成特色。在学科建设上不能千篇一律，民族院校必须根据国内外学科发展现状、自身学科特色、优势，选择能在国内外产生重大影响，或者研究方向独一无二的研究领域，或者某一方向的某一或某些重要理论来取得进展和突破，形成特色学科而增强学科发展的生命力和影响力。例如，青海民族大学结合自身特色，坚持优化学科布局，凝练学科方向，推进学科交叉，形成学科特色的原则，经过专家建议和项目之间的进一步交叉融合，将学校的学科凝练为青藏高原民族文化、高原生态环境科学技术（含高原民族医药）、区域经济与民族经济学、综合管理科学与技术工程、基础学科等重点学科群，这些学科方向，有些具有明显的学科优势和特色（如藏学），有的是新兴的交叉和边缘学科（如民族经济、高原民族医药等），有的是青藏高原最核心、最具特色的应用型学科（如高原生态环境科学与技术）[13]。这些学科方向的凝练，既注意发挥学校人文社会学科见长的优势，又体现了青藏高原地区的自然特色和人文特色，并紧密结合该地区经济社会协调发展的需要。

第二，跟踪学科发展前沿，创新学科增长点。现代科学技术的发展呈现出不断分化和

综合的趋势,新兴学科、交叉学科和综合学科不断涌现,这就要求不断跟踪学科发展的前沿,敏锐地寻找新的学科增长点,开辟新的学科研究方向和领域。

第三,坚持需求导向。我们要认真研究少数民族和民族地区社会经济发展对学科建设的要求,研究学科自身发展的要求,并把二者有机地结合起来,要瞄准民族地区经济建设主战场,要致力于培养用高新技术改造传统农业、传统工业的实用技术人才,努力开发和传播实用技术,把学校科研和民族地区经济建设紧密结合起来,把学科建设融入促进民族地区产业结构调整、提升民族地区生产力水平的过程中。

(三) 精心组织,集中优势力量攻关

民族院校由于科研基础比较薄弱,往往是单兵作战,各自为战,个人小打小闹,形不成气候,造成了学科建设上的离散性。这种离散性导致学科建设力量分散,不能形成学科梯队建设,不能在学校形成优势学科,最终影响了学校学科水平的提升。要克服这种离散性,除了科学规划学科方向之外,更重要的是要精心组织,实施规划,按照选准的方向,集中优势力量攻关,力争在学科建设的初期阶段取得成效。对于选择准确、科学可行的学科建设方向,要列入学校重大工作的范畴,围绕学科方向组织力量,实施目标管理,坚持进行下去,不可随意改变或因人而变。实践证明,集中优势力量攻关的策略是可行的。例如,华中科技大学(原华中工学院)在20世纪80年代初选准"计算机外部设备"这一学科方向开始建设时,并没有这方面的人才,国内也极少,他们果断地组织了一批从事精密机械的教师转向这一领域。经过数年的攻关,他们走在了这一学科的前沿。为了建设激光学科,他们断然决定撤销电真空和低压电器两个学科,将教师调来加强激光,使这一学科逐渐由弱变强。

(四) 突出重点、带动整体,处理好重点学科与一般学科之间的关系

当然,民族院校在加强重点学科建设时,要注意正确处理好重点学科与一般学科之间的关系。实践中有些院校只重视重点学科,忽视一般学科;有的搞平衡,没有突出重点。前者将学科建设简化为重点学科建设,优质资源过于集中,既使一般学科失去了发展空间,又使重点学科因失去了众多一般学科的强有力支撑而丧失发展后劲,后者虽然回避了资源分配的矛盾,却违背了在优质资源稀缺情况下通过优化配置实现"有所为、有所不为"的基本原则,极易造成学科建设无亮点、无成效、无后劲。

民族院校学科建设应当按照"整体规划、突出重点、分层建设、全面提高"的思路来积极推进,把重点学科建设与一般学科水平的提升结合起来。民族院校应该重点建设一批学术基础厚实、研究优势与特色突出的学科,抢占相应学科领域的制高点,并且注意充分发挥其在一般学科建设中的样板和带动作用。重点学科经过长期的探索和积累,已经形成了比较科学成熟的学科建设思路,一般学科可根据自身特点和资源条件,积极借鉴重点学科的建设思路,避免发展过程中的一些不必要的曲折。另外,民族院校在突出重点的同时,也要兼顾其他新兴、交叉、边缘学科及非重点学科的发展,通过重点学科与非重点学科的横向交叉,使之相互补充、综合、延伸,建设一批与学术前沿接轨的新兴交叉学科群,形成重点学科与一般学科相互促进、协同发展的局面。

七、强化重点学科为民族地区经济社会发展服务的功能

探讨 21 世纪民族院校学科发展,必须考察学科定位特别是重点学科的定位,服务功能定位是重点学科定位的重要内容,民族院校重点学科必须强化为民族地区经济社会发展这一功能,通过加强重点学科建设,服务经济社会发展;通过强化服务经济社会发展,促进重点学科建设。

(一)民族院校必须强化重点学科为民族地区经济社会发展服务的功能

1. 重点学科有服务地方经济社会发展的土壤

尽管改革开放以来,特别是国家实施西部大开发战略以来,党和国家采取一系列重大举措,有力地促进了民族地区各项事业的发展,但是,民族地区的发展仍然是不全面、不平衡、低水平的,还存在一些亟待解决的突出问题和特殊困难[14]。表现在这些地区实现经济和社会发展的愿望非常强烈,在原有文化底蕴基础上实现文化创新的工作还在延续;建立平等、团结、互助、和谐新型民族关系还有许多工作要做;宗教信仰等方面的工作还有待改善;人力资源开发工作也需要进一步加强等。政治文明、精神文明和物质文明建设方面,民族地区都面临着加快发展的现实需要。因此,民族院校的重点学科大有用武之地,为民族地区服务是民族院校作为人才培养基地得以存在的现实基础,是决定民族院校重点学科仍具旺盛生命力的最直接因素。

2. 重点学科有服务地方经济社会发展的义务

民族院校是党和国家为解决国内民族问题而建立的综合性普通高等学校,是培养少数民族高素质人才的重要基地,是研究我国民族理论和民族政策的重要基地,是传承和弘扬各民族优秀文化的重要基地,也是展示我国民族政策和对外交往的重要窗口,在我国高等教育体系和民族团结进步事业中具有十分重要的地位。近 60 年来,民族院校取得了令人瞩目的办学成绩。民族院校的特色学科民族学,也是民族院校发展的优势学科,予以重点建设势在必行。民族学作为一级学科,涵盖了中国少数民族语言、中国少数民族语言文学、中国少数民族经济、中国少数民族艺术、中国民族理论和民族政策、中国少数民族史等专业,基本建立了本科、硕士、博士到博士后的完整的学科教育体系,在民族院校中基本上都处于重点投入、重点建设的第一阵营,理所当然要做服务民族地区经济社会发展的排头兵。

3. 重点学科有服务地方经济社会发展的要求和动力

对办学历史不长、办学基础相对薄弱的民族院校而言,如果没有建设成功的重点学科,学校就很难快速发展。但重点学科要经过长时间的建设,还要经过一定程度的评估。重点学科评估是对某一重点学科经过一段时间建设后的综合评估,旨在检验重点学科建设的水平和成效,从而及时发现问题,以便加强重点学科建设的指导和组织管理,提高重点学科的整体建设效益[15]。其中,服务地方经济社会发展是评估的重要内容,并占有较大权重[16]。

一般而言，评估包括建设周期中期评估和总结性评估验收。对中期评估不合格的学科，要限期整改，停止经费资助，甚至取消重点学科资格。对总结性评估验收不合格的学科，取消下一轮重点学科评选资格。对重点学科进行评估与验收，有利于民族院校对重点学科实行动态管理，引入竞争机制，提高学科建设的效益和水平。

4. 坚持为民族地区经济社会发展服务是重点学科成长的基础

民族类学科以研究解决国内民族问题和培养民族类高级专门人才为其优势，在继承和发展我国少数民族传统文化、做好国内民族工作和正确处理民族关系方面起着极为重要的作用。一般来讲，这类学科的人才培养活动是较其他普通高等学校所特有的教育教学内容，这类学科服务民族地区的力度是其他学科所不具备的。例如，中南民族大学的民族学1988年被国家民委评为重点学科，2006年取得博士学位授予权，并被湖北省评为有突出贡献的创新学科，2008年被评为湖北省一级重点学科、湖北省优势学科。该学科之所以得到不断成长壮大，就是因为坚持在进行教学和基础研究的同时，面向少数民族和民族地区，大力进行民族地区现代化过程中所面临的现实问题的研究，为少数民族和民族地区服务。

（二）重点学科服务地方经济社会发展的基础和贡献

1. 发挥认识世界的作用，为民族识别和民族自治地方建立提供科学依据

中南民族大学为国家识别与确定毛南、仫佬、土家、京等民族成分提供了科学依据。1950年土家族问题提出后，引起周恩来等党和国家领导人的高度重视，国家指派潘光旦等专家赴湘鄂西调查研究土家族问题，中南民族大学严学宭、刘孝瑜等参与其中。1952~1954年，严学宭等教授深入到湘西北永顺、龙山、泸溪等地，对土家语作了大量的调查研究，分别写出了《访问湘西北土家》和《湘西北、鄂西南、川东南的一个兄弟民族——土家》等10万多字的调查报告。著名语言学家王静如教授根据严学宭、汪明瑀等的调查，结合历代地方志对土家语的记载，写成了《关于湘西土家语言的初步意见》。严、汪、王等教授通过比较研究后一致认为，土家语属于汉藏语系藏缅语族接近彝语支的一种语言，这为认定土家族的民族成分提供了语言证据。1956年，中央确认土家族为单一民族。

20世纪80年代，随着党的民族政策不断落实，湖北省大批土家族群众要求恢复其民族成分，地方政府要求落实民族政策，实行民族区域自治。省委、省政府十分重视少数民族群众的愿望与地方政府实行区域自治的要求，组织中南民族大学专家刘孝瑜、彭英明、吴永章、张雄、谢志民、何天贞、段超等先后赴鄂西考察，为大批土家族群众民族成分的认定和恢复以及恩施土家族苗族自治州和长阳、五峰土家族自治县的建立提供了科学依据。土家族除聚居在湘西、鄂西南外，生活在其他地区也有不少人口。20世纪90年代中后期，神农架林区下谷坪乡和松滋市卸甲坪乡的土家族群众多次向有关部门反映，要求确认他们的民族成分，落实有关民族政策。1997~1998年，中南民族大学专家彭英明、何天贞、段超教授先后多次对两地土家族的来源、语言、风俗习惯和群众意愿进行调查研究，为谷坪土家族乡、卸甲坪土家族乡的成立提供了科学依据。

2. 发挥传承文明的作用，为少数民族和民族地区撰写大批论著，加强了解，走向全国乃至世界

中南民族大学早在 1954~1957 年，组织几批民族研究学者对海南 22 个黎族村点进行过规模比较大的综合考察，结集为《海南岛黎族社会调查》[①]，成为世界各民族文化遗产重要组成部分，至今仍是黎学、黎族研究的宝贵资料。继著名民族学家、社会学家吴泽霖、岑家梧和著名语言学家严学窘之后，一批在民族学、社会学、语言学等领域卓有成就的中青年专家正苗壮成长，他们深入少数民族，走向民族地区，整理和撰写了数百万字的民族史、民族学等方面的资料。《中国南方民族文化源流史》《中南民族关系史》《南方民族发展史》《中国土司制度源流与发展史》《湖北民族史》《中南地区回族史》《土家族语言简志》《江永"女书"之谜》等专著填补了有关研究领域的空白。参与拍摄制作的民族风情片《土家山歌太阳钟》，其主题歌《山路十八弯》家喻户晓，风行全国。

除注重国内宣传外，中南民族大学学者还通过学术研究，使国外研究机构和学者关注少数民族和民族地区，不少学者到民族地区进行考察研究，扩大了民族地区在国外的影响。1996 年春，美国西雅图华盛顿大学鲍梅丽博士与董珞教授等一起深入恩施和湘西土家族地区进行为期一个多月的考察，鲍女士最后写成《土家族历史文化变迁》的博士论文。1996 年 9 月，日本东洋大学谷口房男教授对恩施土家族教育现状及历史文化进行考察。2000 年，日本关西学院社会学部山路胜彦教授深入湘鄂西土家族地区调查研究；同年，日本东海大学教授郭武对鄂西南、渝东南土家族民俗进行考察，日本大东文化大学国际关系学部风田宏二教授对黔东北、湘西、鄂西土家族地区进行了为期一个多月的考察，回国后在《东洋研究》上发表了《中国土家族研究》的论文。2001 年，日本名古屋大学齐藤美子一行对土家族的茶文化进行了考察。2002 年春，英国剑桥大学白丰霖深入湘西土家族地区重点考察土家语，并写出了《土家人和土家语》。

3. 发挥咨政育人的作用，研究民族地区经济社会发展中的重大问题

改革开放以来，我国少数民族和民族地区发生了巨大变化。"没有调查就没有发言权"。中南民族大学紧紧围绕发展这个第一要务，选择少数民族和民族地区改革、发展、稳定中的重大问题，坚持深入开展调查研究，许多建议为有关部门所采纳，为国家民委、地方党委、政府制定民族地区经济社会发展战略和政策提供了依据。如 1998 年湖北省委、省政府作出了《湖北省委、省政府关于加快恩施州发展的决定》，明确表示，"要举全省之力支持恩施州建设，要像全国支援西藏那样支援恩施州建设"，长阳、五峰两县享受同等待遇；并就我省民族地区经济社会发展出台了 10 多条优惠政策。1999 年省人大常委会第 19 次会议通过《湖北散居民族工作条例》，使我省散居民族工作走上了法制化、规范化的轨道。此外，协助制定了《长阳土家族自治县清江库区管理条例》和《五峰土家族自治县水电管理条例》，受到省人大的高度评价。1997 年，全国农村文化工作现场会在长阳召开。湖北省委、省政府落实民族政策的各项措施取得了积极成效，受到国家民委的充分肯定。国务

[①] 中南民族学院本书编辑组. 海南岛黎族社会调查（上、下册）[M]. 南宁：广西民族出版社，1992.

委员、原国家民委主任司马义·艾买提在1999年的全国民委主任会议上指出："全国学湖北、湖南，用两湖经验指导全国的民族工作。"

改革开放以来，城市民族与宗教问题日益突出。中南民族大学以武汉市为考察重点，发表了《中国城市多民族化与城市民族工作》《城市民族关系与民族工作》《城市化与民族关系的新发展》《城市与民族地区的关系》《当前我国城市民族问题的特点与发展趋向》《城市少数民族传统文化的保留与发展》《城市少数民族人才的培养》《城市的宗教工作》等系列论著。直接促进了1999年年底《武汉城市民族工作条例》《武汉市少数民族权益保障条例》的出台。2000年10月全国城市民族工作会议在武汉召开，国家民委给予了高度评价。

4. 发挥理论创新的作用，承接各类课题，获取各类奖项

民族院校通过争取各级各类课题和获取各类奖项，在国内外学术刊物上发表论文，出版专著、教材、工具书等方式，一方面传播少数民族和民族地区优秀传统文化，另一方面发挥理论创新的作用。例如，中南民族大学近几年，随着民族学实践"两个服务"和民族类学科群的大力建设，学科规模不断扩大，学科水平不断提高，科研成果、项目、奖项等，都达到了历史最好水平。2003~2007年，学校主持的国家级项目达到51项，其中，直接研究民族问题的有19项，民族学学科特色得以彰显。雷振扬教授主持的《民族地区财政转移支付的绩效评价与制度创新研究》和段超教授主持的《湘鄂渝民族地区旅游经济发展与旅游区社会文化变迁》都属国家社会科学基金重点项目。自然科学基金项目中也有多个项目因为关注少数民族和民族地区的实际问题而得以立项，如《西部生态补偿机制研究》《民族地区农村家庭贫困的代际传递及其突破》《制度创新、技术创新与西部乡镇企业发展》。2006~2007年，中南民族大学又承担了主持修订《中国少数民族》、部分修订《中国少数民族简史丛书》（13种）的重任，为国际人类学民族学16届大会在我国召开积极贡献力量。2006~2007年，他们在民族问题研究成果中产生了一系列的奖项，如国家民委社会科学优秀成果奖21项，湖北省社会科学优秀成果奖7项，武汉市社会科学优秀成果奖18项，湖北省委宣传部、省民委、省教育厅等奖项100多项。

（三）加强重点学科建设，服务经济社会发展

由于起点相对较低，发展相对缓慢，综合实力相对较弱，学科建设一直是各民族院校面临的一项重要而艰巨的任务，也是影响学校发展的一个重要方面。在资源经费有限的情况下，民族院校学科建设应实行"重点突破，带动全体"的策略。通过加强重点学科建设，服务经济社会发展；通过强化服务经济社会发展，促进重点学科建设。

1. 实施"差别化战略"

要将有限的资源集中投放于具有优势、具有远期价值的学科方向，将自己与竞争者有效地区别开来，提高民族院校的"市场价值"。但凡世界知名院校，几乎都是因为首先在某个或某几个学科上处于领先地位，例如，斯坦福大学的化学、物理、电子工程、政治学和计算机科学等；耶鲁大学的法学等。又如香港科技大学，尽管建校时间很短，但扬长避短，重点发展纳米材料研究，取得了举世瞩目的成果，大大提升了国际学术地位和知名度。可见,只有对优势特色学科予以重点投入和建设,使之保持和发扬优势,加快发展,把民族学等重点学科建设成一流的学科,争取在国际、国内学术舞台上占有一席之地,带动学校其他学科的整体发展,才能提高民族院校的学术地位和知名度,实现学校的跨越式发展。

2. 围绕重点学科建立学科群

围绕"民族"二字建立学科群,与其他学科建设相结合,是提升民族院校竞争力和地位的重要途径。民族院校50多年来办学实践所形成的传统优势学科,如民族学、民族史、宗教学、民族语言、民族艺术、民族医药等,目前仍然是其办学水平、学术地位和社会贡献的主要标志。人类进入21世纪以后,民族和宗教问题越来越成为世界和平稳定与发展的重大根本性热点问题。我国是由56个民族组成的统一的多民族国家,无论应对全球化的挑战,还是全面建设小康社会和构建社会主义和谐社会,都必须解决好民族问题。正确处理民族问题,加快少数民族和民族地区的发展,是事关全局与长远的战略任务。民族院校必须牢固树立为少数民族和民族地区发展、为党和国家民族工作服务的办学宗旨,并按照这一宗旨确定学科建设的方位。无论传统学科,还是新兴应用学科,都要适应当代和未来社会发展、科技进步、理论创新的要求,着重围绕"民族"二字下工夫,探索学科发展的增长点,并逐步做大、做强,形成新的优势与特色[17]。

3. 强化重点学科为民族地区现实服务的功能

当前高校培养的学生在一定程度上存在着"三多三少"问题。即对历史事实了解比较多而对现实问题了解少;对外国国情注重比较多而对中国国情,特别是民族地区区情注重比较少;对理论问题研究比较多而对实践问题研究比较少。这既影响了特色学科理论体系的建设水平,又影响到此类学科、专业的人才培养质量。由于民族类学科目前存在着的这些自身建设的不足和某些缺陷,致使这些学科培养的学生无论在知识储备方面,还是在实际工作能力方面都或多或少地存在着"先天不足"的问题,不能较好地与我国,特别是民族地区实际需求实现有机的结合[18]。因此,民族院校重点学科建设必须履行直接为民族地区现实服务的宗旨。

4. 加强与民族地区的交流与合作,建立重点学科服务社会的联动机制

随着改革开放的深入,民族地区与民族院校的联系在理论上应该得到进一步加强,但事实上,民族地区的规划项目、科技平台建设更多由知名高校或专业院校承担,民族院校参与得并不多。所以当务之急,就是要建立一个民族地区与民族院校信息交流与合作的平台。一方面民族地区要加强信息化建设,及时发布需求信息;另一方面,民族院校也要加强自身的学科建设服务地方的工作,加强科技成果的宣传,寻找双方合作的结合点,形成良性互动[19]。

同时,创新科技开发与成果转让的模式,实现双赢的局面。目前,民族院校的科技开发与成果转让仍沿袭传统的模式,即民族院校作为科技开发和成果转让的主体在课题的选择和科技成果转让的活动过程中处于被动地位,科技开发的课题来自企、事业单位的委托,科技成果的转让来自企业的洽谈,而较少主动地走向市场。随着市场经济的深入发展,民

族院校的科技开发和科技成果转让需要观念和模式创新。首先,科研管理部门和科研人员必须树立市场意识,既要请进来,也要走出去;既要关注科技发展的前沿,也要考虑市场的需求;既要满足民族地区的需求,又要结合民族地区的资源优势。其次,在科技开发和成果转让模式方面,既可接受企业的委托,用一定的金额作为开发和转让的费用,也可以事前与企业沟通,寻找双方共同关注的结合点开展研究。学校利用自身的学科优势和智力优势,借助企业的科研设备和条件进行开发,并以技术作价作为股份,参与效益分配。这种开发和转让模式,已在实践中取得良好成效,缩短了开发和成果转让周期,有利于科技成果转化为现实生产力。

5. 加强理工学科为民族地区服务的力度

在我国实施西部大开发战略的宏观背景下,民族地区的经济发展与生态环境建设的协调统一已经成为西部开发过程中至关重要的问题。因此需要从不同角度去探索、研究和解决,使不同民族的社会、经济与文化活动与生态环境相适应,这就为民族院校理工科的发展提供了机遇。由于不同学科的研究领域和研究对象的扩展以及社会需求对学科发展的影响,学科之间的相互渗透融合不仅发生在理工类学科之间,如生物化学、生物物理、生物数学等,而且发生在文理两大不同学科之间,如环境经济学、生态经济学、民族医药学、民族植物学等。中南民族大学早在1994年完成了《来凤县国土资源规划》,受到省计委以及有关专家的好评。2002~2007年,通过服务少数民族和民族地区,相继与云南、湖北、黑龙江等省的民族地区互设研发中心和实习基地,扩大学校在该地域和行业的影响,先后承接100多个横向课题,并在民族药物研究与开发、工业废水处理及回用、管理咨询与决策支持、社会经济发展模式和战略规划等领域为来凤植酸厂、湖北八峰药化、五景药业、开瑞医药等民族企业提供技术支撑。

八、加强合作与交流,扩大学科开放与影响

当前,高等教育国际化已成为世界高等教育发展的趋势。在当今全球贸易、经济与政治趋于一体化以及对文化间了解日益增长的情况下,知识的探求、发展和传播通过国际学术界集体努力得到很大的推动。国际合作与交流既是学科建设的重要内容也是促进学科水平走向国际前列的重要措施之一。民族院校如果没有足够的对外开放性,没有与国外学术、科研机构合作与交流的经验,没有对学科前沿的真正了解,根本不可能办成高水平的大学。因此,民族院校要通过国际合作与交流,不断提高自身的学术水平和影响。

(一)广泛开展国内外学术交流与合作,提高师资学术水平

建立国际交流基金,努力为学科及其学术团队争取学术资源,增加国内外学术交流的机会;选派学科带头人和学术骨干到国外著名大学和研究机构进行学术访问、考察和开展项目合作,支持优秀教师出国学习交流;创造条件,聘请国内外一流专家来校兼职、讲学和短期工作,加强同国内外同行专家的联系,充分发挥校外专家在学科建设中的作用。

（二）积极参与国际学术交流和合作科研，不断提高民族院校的学术水平

在学科建设中，只有积极参与国际学术交流活动，努力争取国际合作科研项目，才能及时进入科学技术的前沿，了解世界科学技术发展的动态与趋势，不断提高学术国际化的程度。民族院校要不断扩大与国内外著名大学和研究机构的双向交流与合作，积极与国内外著名大学、科研机构合作建立研究中心，从事学科前沿研究，催生一批具有重大影响的科研成果，从而提高民族院校的国际声誉。

参 考 文 献

[1] 姜国斌，胡文忠. 面向民族地区的民族高等院校学科建设探索. 大连民族学院学报, 2005, (6): 18.
[2] 徐小洲，梅伟惠. 论世界一流学科建设的战略起点. 高等教育研究, 2007, (11): 1.
[3] 刘述礼，黄延复. 梅贻琦教育论著选. 北京: 人民教育出版社, 1993: 10.
[4] 于学涛、叶绍梁. 对高校学科建设特点的几点认识. 中国高教研究, 2005, (6): 17.
[5] 罗云，孙东平. 世界一流大学学科建设的基本经验及其启示. 高等理科教育, 2006, (3): 65.
[6] 雷召海. 浅议民族院校学科建设的路径选择. 中南民族大学学报, 2007, (6): 177.
[7] 周济. 深化改革突出特色办好让人民满意的民族院校. 中国民族教育, 2006, (3): 6.
[8] 石迎春，张立辉. 学科建设: 新世纪民族院校改革发展的永恒主题. 西南民族学院学报, 2002, (3): 107.
[9] 鄂义太. 实施"两大战略"培育优势学科，把中央民族大学建设成高水平研究型大学. 中央民族大学学报, 2006, (3): 6.
[10] 宋晓梦. 21世纪如何创新重组研究型大学. 光明日报, 2000-01-02.
[11] 赵爱军, 等. 世界一流大学的学科特征及启示. 高等农业教育, 2001, (12): 56.
[12] 王焰新，蒋洪池. 大学学科模型构建的理性审视. 中国高教研究, 2007, (5): 30.
[13] 王作全. 学科建设: 直面竞争与挑战—论我国民族院校的学科建设. 青海民族研究, 2007, (1).
[14] 李俊杰. 民族自治地方经济差距的实证分析及对策研究. 中央民族大学学报, 2008, (1): 14.
[15] 田恩舜. 对民族院校重点学科建设若干问题的思考. 贵州师范大学学报, 2007, (4): 126.
[16] 魏志远，谷新利，井明霞. 高校重点学科评估指标体系与方法的研究. 石河子大学学报, 2002, (1): 55.
[17] 雷召海. 浅议民族院校学科建设的路径选择. 中南民族大学学报, 2007, (5): 178.
[18] 孟立军. 对民族院校特色学科建设问题的思考. 黑龙江高教研究, 2006, (8): 137.
[19] 邓行，夏彦芳. 民族院校的科研要面向民族地区. 西北民族大学学报, 2005, (2): 68.

民族院校学科建设的定位

学科建设要顺利向前推进，实现预定目标，必须有准确的定位。就民族院校来说，确立科学的学科建设定位，对于学科建设目标和学校发展目标的实现有着十分重要的意义。

一、学科建设定位含义及其意义

（一）学科建设定位的含义

学科建设定位包括以下几方面的含义。

一是学科发展水平的定位，即通过学科建设，学科要达到什么样的水平。包括学科整体达到什么样的水平，不同类别学科达到何种水平，哪些学科达到国际一流水平，具有世界影响；哪些学科达到国内一流水平，具有国内影响，等等。

二是学科服务对象的时空定位，即学科建设在什么样的范围、为哪些群体服务。是面向全国，为国民经济与社会发展综合服务，还是面向特定地区，特定行业，为区域发展、行业发展服务。如农业大学学科建设面向农业与农村，为国家农业和农村发展服务，石油大学学科建设为国家石油行业发展提供服务，等等。

三是学科建设功能的定位，即学科建设在哪些方面发挥作用，发挥哪些作用。依据国家对高校的要求，高校要在人才培养、社会服务、知识创新方面作出贡献。学科建设要体现学校的目标，要在人才培养、知识创新、服务社会方面发挥作用。目前少数学校对于学科建设的这一功能定位，在认识上存在问题。认为学科建设的目标就是获得硕士点、博士点，成为国家级重点学科、省级重点学科。这是对学科建设的片面理解，成为硕士、博士授权学科，成为国家级、省部级重点学科，并不是学科建设的目的，学科建设的最终目的是要培养高水平的人才、实现知识创新，为国家经济社会发展提供服务，创造巨大的物质财富和精神财富。

（二）学科建设定位的意义

学科建设定位意义重大，主要体现在如下四个方面。

一是学科建设定位关系学科的持续发展。学科定位是学科建设的首要问题，只有定位准确，才能促进学科发展。

二是学科建设定位决定学科建设的方向、内容、重点、方式与方法。学科建设定位不同，学科建设的内容、重点、方式和方法就不一样。成为国际上有影响的学科，与成为国内有影响的学科，学科建设的内容与方式不一样；以应用为主的学科建设定位，与理论研究为主的学科建设定位，学科建设的方向、重点和方式方法也不一样。

三是学科建设定位影响学校目标的实现。学科是知识传授的基本单位，是高等院校进行人才培养、科学研究的基本单位。学校的目标与定位是通过学科实现的，只有学科定位准确，才能实现学校发展目标。在市场经济条件下，正确的学科定位，意味着学校在中国高等教育市场竞争格局中找准了位置，获得了生存发展空间。

四是学科建设定位决定学校的生存与发展前景。高校办学定位的实质，就是找准学校在区域经济社会中的发展空间，以及自己在发展过程中的相应位置。在市场经济条件下，在高等教育大众化背景下，数量众多的高校要生存，要持续发展，必须找准自己的位置。而学科建设定位反映着学校的定位，只有准确定位，学校才能在中国高等教育领域、在社会经济发展中，求得生存与发展空间。

从高校发展史和学科发展史可以看出，正确的学科建设定位，能够促进学科发展和学科目标的实现，不正确的学科定位制约学科发展，影响学校目标的完成。学科定位影响学科、学校发展的正反实例，学科建设的成功经验与负面教训，值得我们认真总结与吸取。

二、影响学科建设定位的要素

科学的学科定位要考虑的因素很多，主要包括以下因素。

（一）影响学科建设定位的内部因素

1. 大学职能

大学的职能通过其所设置的学科来实现，高校学科建设必须以实现高校的职能为目标。作为高校学科建设，必须反映大学职能，大学职能自然成为学科建设定位必须考虑的因素。大学肩负着人才培养、科学研究、服务社会三大职能，大学的学科建设定位要体现这三职能，学科建设工作必须围绕此三方面来开展。这就是说，学科建设定位要体现学校人才培养的要求与目标，要在科学研究方面有所贡献，并体现学校服务社会的具体内容与目标。

2. 社会需求

社会对大学的要求会通过国家进行传达，国家对学校办学目标提出要求，转达社会的声音。学校要通过学科建设来回应与实现国家和社会的要求。

一个国家在一定时期内，经济社会发展目标是确定的，作为大学必须为国家实现经济社会发展目标服务。大学应当根据自身特点，在为国家实现经济社会发展目标上作出贡献，大学的学科建设定位要以实现社会目标为指向。

我国大学的设置与学科建设与国家需求紧密联系在一起。20世纪五六十年代，我国大学的建设体现了国家政治、经济与社会发展的需要，那就是稳定新生政权，全面恢复和发展经济。高校布局、学科设置、人才培养目标都体现新生人民共和国的政治、经济、文化需要。

改革开放以来，以经济建设为中心，全面推进现代化建设，成为国家战略与发展目标。高校学科建设体现着这一战略与目标。高校在学科设置方面，增加了许多面向经济建设主战场的学科。在科学研究方面，强化科研成果的转化与应用，为经济建设与发展提供技术支撑。近些年来，许多高校在办学定位与学科建设定位上，更加注重体现经济社会发展的需求，将自身的学科建设定位与经济发展需求有机地结合起来。

例如，浙江高校针对该地区经济结构以及长江三角洲的区域经济发展需求，不断优化学科和专业结构，高等教育与区域经济发展呈现良好互动势头。一方面，长江三角洲地区的经济发展为浙江高校的可持续发展提供招生与就业平台；另一方面，浙江各类高校在育人模式、人才培养结构等方面，体现出区域经济发展的需要，走出了一条高等教育地方化的道路。尤其是高等职业教育，通过发展与区域经济密切相关的机电、信息、建筑、商贸、旅游、服装以及先进制造业和现代服务业等专业，有力地促进了区域经济的发展。宁波地区高校，确立了以港口为依托，面向长江三角洲的高校办学定位。这些高校在服务区域经济建设的同时，促进了高校自身的发展。宁波高校已成为石油化工、生物医药、纺织服装、机电模具、IT产业、旅游会展、文化服务、港口物流、经管经贸、金融保险等十大专业人才培训基地，带动了重点学科和紧缺专业建设[1]。

我国民族院校的学科建设也体现了国家需要。我国最早的民族学院是1945年建立的延安民族学院。从那时到现在，民族院校已有60多年发展历史。在这60多年中，不同时期，民族院校的学科建设，都是围绕国家与社会的需要展开的。

20世纪五六十年代，新中国建立初期，巩固和稳定政权成为压倒一切的任务。如何实现民族地区的稳定，是党在民族地区工作的出发点，为民族地区培养干部是国家实现民族地区社会稳定的重要措施。与国家目标相一致，这时期我国民族学院的主要任务是培养少数民族干部，各民族院校的学科建设围绕这一目标来展开，换言之，这时期民族院校学科建设定位是培养民族干部，学科建设的相关工作都体现了这一点。如学科设置上建立了干部培训系科，教学内容为民族政策与民族知识。这时期学科建设定位明确，实现了民族院校的工作目标，为新中国培养了大批少数民族干部，为民族地区社会稳定作出了重要贡献。

20世纪80年代以后，随着以经济建设为中心，改革开放政策的确立，为民族地区培养大批高素质的建设者，促进民族地区经济社会发展，是重要任务。各民族高校把培养专业技术人才，为民族地区经济建设服务确立为办学目标。为实现这一目标，在学科建设上有新定位，把培养民族地区专业技术人才放在首位，学科建设以此来展开，院系设置上有许多面向国民经济建设主战场的学科。这与20世纪五六十年代学科建设的定位有明显差异。

3. 学校办学宗旨

办学宗旨是一个学校设置与发展的终极任务与目标，学校的一切工作必须围绕办学宗旨来进行。学科建设作为实现学校任务的重要工作，也必须体现办学宗旨，学科建设定位必须与办学宗旨相一致，体现办学宗旨的要求。换言之，学科建设定位受制于办学宗旨，要体现办学宗旨。

中国高校是共产党领导的社会主义高等院校，其办学宗旨总体上是一致的，即为国家培养人才，为经济文化建设服务。由于学校类别、层次等方面的差异，办学宗旨的具体内容有所不同。例如，农业高校与工业院校的办学宗旨是不一样的，农业院校要为国家农业发展服务，工业院校要为国家工业经济发展服务。师范大学要为不同类型学校教育提供优秀师资，职业院校要为社会提供高素质的专业技术劳动者。北大、清华等全国著名大学与一般省属院校的办学宗旨是不相同的，北大、清华要以培养大师级人才为目标，在国家技术创新中起主干作用，而一般的省属院校不可能起主干作用。学科建设必须体现学校办学宗旨，学科定位要反映办学宗旨。

4. 学校情况

学校情况主要包括学校的历史与现状、优势与特色等。学校情况影响学科建设定位。

一方面，不同类别、不同发展水平的高校，学科定位各不相同。重点大学与一般高校、综合性大学与专科院校、中央部委所属院校与地方院校、历史悠久院校与刚刚组建院校、理工院校与文科院校等不同水平、不同类别、不同性质高校学科建设目标应该各不相同，学科建设定位必须考虑这一要素。

作为全国重点大学，其学科建设目标必然会以国内领先、国际有重要影响为目标定位，例如，北京大学、清华大学学科建设以达到世界知名学科为目的；作为普通地方院校，学科建设要以在全国有一定影响为目标，中央部委所属院校要以服务全国为目标，地方院校要以服务地方经济社会发展为目标；行业院校学科建设要以服务行业为中心，综合性大学学科建设要以为社会经济发展提供全方位服务为己任。

另一方面，各个高校在长期发展过程中，形成了自身办学特色，许多学科有其较长的历史、深厚的积淀和学科优势，学科建设定位也要考虑这一点。

5. 学校发展目标

学校未来发展目标是学科建设定位必须考虑的因素。目前，我国高校从类别上来分有四种类型，综合性研究型大学、多科性教学研究型大学、教学型大学、职业技能型大学。从隶属关系来分，有部委院校和地方院校。许多高校在办学定位上不明确，或者定位后没有按照既定目标前进，盲目拔高、升级和攀比现象严重。刚升大专就要升本科，刚升本科，就急于申办硕士点，刚有硕士点，就急于申报博士点。一般高校与211高校攀比，211高校与985高校攀比，理工科大学与文理科大学比，一般院校与重点院校比，重点院校与名牌院校比。结果是什么都想上，什么也上不去。

目前，各类大学定位都存在一些问题。其一，一流大学定位存在问题。我国必须建设若干一流大学、一大批一流学科，尽快培养出一批高水平，能够站在高新科技领域前沿，在国际上具有竞争力的拔尖创新人才。从国外情况看，80%一流人才毕业于一二十所少数一流大学。我国科技落后于发达国家，主要是缺乏大师级人才，加强一流大学建设十分重要。

创建一流大学、一流学科，要把精力财力用于高水平人才的培养，高科技成果的创造上，切忌四面出击，分散力量。目前我国一些以创建一流大学为目标的高校，忙于办网络学院、二级学院、高职学院，这必将分散精力，干扰创一流工作。什么都想得到，什么也得不到。

一流大学、一流学科建设要在高精尖上下工夫，要在努力培养高水平的人才，攀登科学文化高峰，发展高科技产业中发挥作用。当前尤其是要在电子信息、新能源、海洋、航空等领域的高级管理人才、大师级人才培养方面多作贡献；一流大学并非一流规模，不要把自身承担的精英教育降低为大众教育，不能将重点放在规模扩张上。一流大学是最有创造力的大学，是培养创造性人才的大学，不是规模最大的大学。普林斯顿大学连续三年在美国高校排行榜排名第一，该校规模不大，本科生 4500 人，硕士博士生 1800 人，关键在于其重视本科教育和基础研究。以培养科技精英、航天人才而闻名世界的加州理工学院，只有 2000 多人。

其二，地方院校定位过高。近些年来，不少地方院校普遍回避基础相对薄弱，建校历史较短，学术积淀不深的实际，向部属高校、名校、老校看齐，在人才培养目标设定上，盲目攀高，表面强调应用型，内容却照搬名校、老校"厚基础、宽口径、创新型的设计"。他们认为，不这样做，社会就会看低自己的水平。这样做的结果，是把自己与名校、老校同台比武，使自己在竞争中处于不利地位。

我们认为，各类高校在科教兴国、全面建设小康社会中都有作为，都有广阔空间。研究型大学主要培养高层次、高水平、有研究能力、创新能力的拔尖人才，教学型大学主要培养宽口径、应用型人才，职业技能型院校主要培养一线的技术精英、实践能力强的人才，这些不同类型的人才都是社会所需要的。各类高校必须正确定位，安于本位，不要越位。

（二）影响学科建设定位的外部因素

影响学科建设定位的外部要素很多，主要有如下几个方面。

1. 国家政策

国家政策影响着经济社会发展，作为支撑经济社会发展的教育也当然受国家政策的影响。一方面教育要为落实国家政策服务，只有与国家政策相一致，教育才会得到发展。另一方面，国家政策确定后，也要求教育在推行国家政策方面作出贡献，国家也会主动调整教育内容，促进政策的全面实施。作为高等教育重要内容的学科建设，直接受国家政策的影响。任何一项国家政策的实施都需要人才、成果和技术作保障，作为直接影响人才培养、成果和技术获取的学科建设是政策实施的基础和支撑。通过调整学科建设规划、学科结构、学科发展重点，为政策实施提供人才和技术保障。

事实上，每一项国家的政策和战略都影响着教育，决定着学科建设的重点和方向。新中国成立初期，为了国家安全，决定发展两弹一星。配合两弹一星战略的实施，相关高校和研究机构调整学科结构，大力发展空气动力学、材料学、测量学、应用化学等学科，培养相应技术人才，产出了大量支撑成果。两弹一星的成功又促进了相关学科的发展，提升了这些学科的水平。

随着改革开放的深入，中央提出了建设社会主义市场经济体制的战略。社会主义市场经济对高校学科建设产生了重要影响。为了为社会主义市场经济建设服务，许多高校对学科建设进行重新定位，调整了与市场经济体制不相适应的学科，增加了经济学、管理学、法学等应用型文科和工科设置，有力地促进了经济建设，加快了社会发展。

当东部地区发展到一定程度后，中央提出了西部大开发战略。西部大开发战略提出后，许多高校将为西部地区发展提供一流建设人才，为西部地区基础设施建设、能源建设、生态建设提供相应成果和技术，作为自己的重要任务，部分改变学科设置，增加一些新兴学科，调整学科结构和学科发展重点，以使人才培养规格满足西部地区需要，科学研究成果有利于解决西部大开发中的实际问题。

面向21世纪，中央提出了建设创新型国家的战略，这一战略也影响高校学科建设，制约学科建设定位。各高校要在创新型国家建设中发挥作用，学科建设必须突出"创新"二字，包括培养创新人才，取得创新成果等。特别是要在能源、新材料、生命科学、海洋、航天等领域取得创新成果，以便在21世纪激烈的科技竞争中占据制高点，实现中华民族的伟大复兴。创新型人才培养，要在学科创新中得到实现；创新成果要在学科建设体制改革和制度创新中获取。高校要想在创新型国家建设中作出贡献，必须对其学科体系进行全面审视，调整部分学科的设置，确定学科建设的重点，创新人才培养的模式和方法。

2. 时代要求

学科产生于实际需求，学科建设的重要目标是为社会服务。紧密结合社会实际，不断满足社会需求，是学科发展的生命，脱离社会需求的学科是没有前途的。社会需求影响学科定位，决定学科发展。

社会需求决定学科结构和学科重点。不同的社会需求对人才、技术和成果技术的要求是不一样的，学科建设定位也不相同。战争时代，社会需要各种与战争相关的军事人才和军事成果，高校和研究机构学科建设必然会设置相应学科专业，如发展机械制造业，发展飞机枪炮制造技术和成果。和平建设时期，全面发展经济是主要任务，学科建设必须提供相应的人才与成果技术。社会需要大批高精尖技术人才，就必然发展技术学科；社会需要高技能人才，就必然发展职业技术教育的相应学科。

三、影响民族高校学科建设定位的要素

（一）民族院校作为大学的职能与目标

作为大学组成部分，民族院校具有一般院校的共同职能：人才培养，科学研究和为社会服务。民族院校学科建设的定位要有利于实现这一目标。要通过学科建设为社会培养合格人才，产出大批创新型成果，为人类知识创新作出贡献，为国家发展贡献力量，为人类社会进步作出贡献。

（二）民族院校的办学宗旨

我国在设置民族院校时，党和国家对其办学宗旨有明确要求，即面向少数民族和民族地区，为少数民族和民族地区服务。民族院校学科建设包括学科建设定位，必须体现民族院校的办学宗旨。

一是学科设置要与少数民族学生占主体相适应。民族院校落实"两个面向"办学宗旨的直接方式，就是多招收少数民族学生，要使少数民族学生占学校学生总数的60%以上，使学校真正成为少数民族人才培养的基地。与少数民族学生占多数相适应，学科设置要体现这一点。要建立民族学、宗教学、马克思主义民族理论与政策、中国少数民族史、中国少数民族语言文学、中国少数民族艺术、民族医药等学科，开设马克思主义民族理论与政

策、中国少数民族概论、中华民族发展史、宗教学概论、世界民族志等课程。

二是学科设置要体现民族地区对应用型人才的需求。少数民族和民族地区人才缺乏，缺乏高素质的民族干部，特别缺乏应用型人才。民族地区全面建设小康社会需要大批应用型人才，对于产业发展人才、经济管理人才、农业技术人才、工程技术人才、社会管理人才需求量大，目前这方面人才严重不足，制约民族地区经济社会发展。民族院校要在这些领域的人才培养方面作出贡献。学科建设定位要牢牢体现为民族地区培养应用型人才的目标，要设置民族地区经济社会发展需要的应用学科，主要是理工科和经济管理类学科。这些学科要以培养应用型人才为目标，强调学生对学科基本知识和理论的掌握，特别重视学生应用知识能力的培养。

三是学科建设成果要面向少数民族和民族地区，为少数民族和民族地区经济社会发展服务。当前，民族地区经济社会发展过程中有许多问题要解决，如大力发展少数民族和民族地区经济，促进民族地区和谐发展。民族院校的学科建设目标定位要体现民族地区经济社会发展需要，大力产出适应民族地区经济社会发展的学科建设成果，为民族地区发展提供科技成果与咨询。

四是大力发展民族类学科，满足少数民族传承、弘扬民族传统文化，发展民族文化的需要，促进民族团结，维护国家统一。民族院校在传承与繁荣少数民族文化，促进民族文化大发展、大繁荣，促进少数民族和民族地区社会进步，发展社会主义民族关系，促进民族团结，维护民族地区社会稳定，促进边疆地区稳定维护，反对民族分裂，促进国家统一等方面负有更多责任。民族院校学科建设定位要体现这些要求，要大力发展为民族政策制定提供理论指导的民族类学科，大力建设马克思主义民族理论与政策、民族学、中国少数民族史、中国少数民族语言文学、中国少数民族艺术、民族医药等学科，为国家制定与完善民族政策和宗教政策，解决中国民族问题和宗教问题，提供理论支持。

目前，各民族高校在学科建设中，都强调要面向少数民族和民族地区，为少数民族和民族地区服务这一宗旨。部属院校希望为全国范围民族地区服务，省属院校都强调为所在省区的民族地区经济社会发展服务。例如，中南民族大学提出，学科建设要面向民族地区经济建设主战场，为少数民族和民族地区经济社会发展服务[2]。广西民族大学认为，建设创新型国家和全面建设小康社会，为学校带来了历史性机遇。"十一五时期，广西经济社会发展总体目标是要落实科学发展观，全国推进富裕文明和谐新广西的建设，学校在建设富裕文明和谐新广西中大有可为"，学科建设要为广西和谐社会建设服务[3]。

（三）民族院校的现状

学科建设是在学校现有学科基础上进行的，开展学科建设不能离开学校现状和学科发展现状，包括学校历史、目前办学水平、现有师资队伍水平、学科设置、各学科历史与现状、学科优势与特色等，离开学校和学科基础谈学科建设，只能是乌托邦式的美妙空想。学科建设定位也要考虑学校实际，要根据学校和学科的实际情况，明确学科建设定位。我国民族院校的实际各不相同，但也有一些共性因素，学科定位时要考虑以下情况。

一是民族院校最初是从少数民族干部教育开始的，规范地进行学科建设的时间不长，学科基础还不牢固。与此相应，学科建设不能够全面出击，不能在短时间内建立完整的学科体系，应当循序渐进，逐步推进。

二是民族院校由于种种原因，目前整体水平不高，与全国重点大学差距较大，与教育部所属一般院校和一些省属重点大学也有差距。这就意味着绝大部分民族院校建设目标应当是教学型、教学研究型大学，而不是研究型大学。在人才培养上，应当以培养应用型人才为主，而不是以培养理论创新的高端人才为主。学科建设定位也应与此相一致，不能按照研究型大学的目标进行学科定位，开展学科建设。

三是由于历史原因，民族院校理工科一直偏弱，目前仍然如此。除大连民族学院以理工科为主外，其他民族院校文科相对较强，理工科相对较弱。这就决定了民族院校理工科发展定位不以全国领先为目标，重在加强其应用性，在一些学科的局部实现突破。

四是民族院校文科特别是民族类学科有较为悠久的历史，学术积淀丰厚，学科建设定位中要体现这一优势。要做大做强民族、语言、宗教等优势学科，占据这些学科的制高点，使这些学科达到全国领先水平。

（四）民族院校的未来发展目标

学科建设的目标是实现学校发展目标，学校发展目标决定学科建设目标定位。民族院校学科建设定位必须与学校发展目标相适应，反映学校发展目标，学科建设要为实现学校发展目标服务。

"十五规划"完成以后，各民族院校都在思考自己的办学定位，确立发展目标。例如，中南民族大学提出，立足中南，面向全国，建设特色鲜明、人民更加满意的高水平民族大学。广西民族大学"十一五"发展规划提出，该校的发展目标是："立足广西，面向民族地区，以普通本科教育为主，积极发展研究生教育、国际教育、继续教育，稳步发展民族预科教育，力争把学校建成在国内和东南亚地区有较大影响的、具有民族特色和地方特色的高水平的教学研究型综合性大学。"民族院校发展目标要顺利实现，学科建设必须有相应的定位和措施，学科建设定位必须准确反映发展目标。

四、民族院校学科建设的正确定位

综合考察民族院校的办学宗旨、发展目标、现实情况等因素，我们认为，民族院校学科建设定位，可以从以下方面考虑。

（一）牢固树立学科建设为少数民族和民族地区服务的功能定位

民族院校自设立之初，其办学宗旨就是为少数民族和民族地区服务。在全面建设小康社会的新时期，民族院校的目标与任务仍然是为少数民族和民族地区服务。国家民委、教育部《关于加强民族院校发展的决定》（民委〔2005〕240号）（以下简称《决定》）指出："民族院校是党和国家为解决我国民族问题而建立的综合性普通高等学校，是培养少数民族高素质人才的重要基地，是研究我国民族理论和民族政策的重要基地，是传承和弘扬各民族优秀文化的重要基地，是展示我国民族政策和对外交往的重要窗口。"

民族院校在新时期的任务，具体体现在以下几个方面。

一是为少数民族和民族地区培养人才。《决定》指出,"本世纪头 20 年,是我国现代化建设的重要战略机遇期,也是加快少数民族和民族地区经济社会发展,实现各民族共同团结奋斗、共同繁荣发展的关键时期。民族地区的改革、发展、稳定和构建社会主义和谐社会,需要一支德才兼备的高质量干部队伍和各类专业人才队伍。对此,民族高等教育和民族院校承担着重大的责任。在培养少数民族人才方面,民族院校在我国整个高等教育体系中具有不可替代的地位和作用"。民族院校要"为民族地区经济社会发展和全面实现小康,为构建社会主义和谐社会和中华民族的伟大复兴培养更多的合格人才"。

二是为民族地区经济社会发展服务。《决定》指出,"面对新形势和任务,民族院校要审时度势,坚持正确的办学方向,坚定地贯彻党的教育方针和民族政策,把握各民族共同团结奋斗,共同繁荣发展这个新世纪新阶段民族工作的主题,积极为少数民族和民族地区服务"。

为完成上述任务,民族院校学科建设定位要注意两点:一是学科设置要体现和满足少数民族和民族地区对人才的需求,调整不适用民族地区人才需求的专业学科结构,建立较为完整的适应民族地区经济社会发展的人才培养学科专业体系,按照"民族院校以培养应用型专业技术人才为主,同时要高度重视培养复合型人才和民族类特色学科的开发型人才和创新型人才"[4]的要求,建立学科体系;二是学科建设要以服务民族地区经济社会发展为出发点与落脚点,科学研究要以应用研究为主,多产出民族地区经济社会发展所需要的研究成果。

(二)加强民族类特色学科建设,使其成为民族院校的优势学科,成为国家重点学科,为解决我国民族问题提供理论支持

民族类学科包括马克思主义民族理论与政策、民族学、中国少数民族史、中国少数民族经济、中国少数民族艺术、中国少数民族语言文学、民族教育、民族法制、民族医药等学科。这些学科在民族院校均有设置,而其他高校很少设置。民族院校设置这些学科时间较长,经过较长时间的积累,目前这些学科都有很大的发展,许多学科达到了很高水平,不仅在国内影响很大,还产生了世界影响。民族类学科建设也产生了重要的社会价值,为党和国家制定民族政策,促进民族地区经济社会发展作出了重要贡献。

在全面建设小康社会的新形势下,民族问题面临着许多新情况,少数民族和民族地区的许多现实问题需要这些学科去研究、去解决,大力发展民族类学科有非常重要的现实意义。对此,《决定》明确指出,民族院校"要进一步加强民族学科的建设,整合各民族院校民族类学科资源,逐步建立布局合理、优势互补、资源共享和协调发展的高水平民族类学科专业体系"。

为实现上述目标,民族院校学科建设定位时,必须明确民族类学科在民族院校整个学科体系中的重要地位,将民族类学科作为特色、优势和重点学科加以建设。要"创新发展民族学科",提升水平,使之成为国家级重点学科,为民族地区经济发展和社会稳定服务。

(三)面向民族地区经济建设主战场,大力发展应用学科,为民族地区经济发展提供技术与智力支持

学科建设要产生重要影响,必须紧密结合社会需求,满足社会需要。民族院校学科建

设定位必须紧密结合民族地区的需要。在现代化建设的新时期，民族地区面临加快经济发展、建设和谐社会的任务，工农业生产、商业服务、民主法制建设、社会稳定等各行各业都有许多问题要解决。对此，民族院校要"大力发展现代化建设事业需要的、与民族地区经济社会发展紧密联系的应用学科和理工类学科"[4]。

目前，民族院校学科设置中，基础学科特别是文科较多，直接为民族地区经济社会发展服务的应用型学科偏少，学科建设为民族地区服务的能力不足。因此，要调整学科结构，发展应用性强的理工科，建设现代农业、旅游业、资源开发、环境保护、文化建设、企业发展所需要的新兴应用学科。要通过学科交叉，发展新兴学科，满足民族地区经济社会发展的最新需求。

（四）加强基础较好、积淀深厚学科建设，争取在这些学科的某些领域取得优势，以局部优势的获取，促进学科发展，提升学科水平

民族院校除民族类学科在全国具有特色与优势外，其他学科特别是基础学科、应用类学科在全国有较大影响者不多。由于长期的学术积淀，也有一部分基础学科水平较高，在全国有一定影响，如中央民族大学的历史学、语言学、宗教学等。一些学科的特有领域在国内有重要影响，如中南民族大学的物理化学学科，在催化材料领域有一定影响，西北民族大学计算机技术应用学科在计算机文字处理方面水平较高。在学科建设定位中，应当重视这些学科的建设，发挥优势，扬长避短，突出重点，局部突破。通过获取局部优势，推进学科整体水平的提高，在学科竞争中奠定自己的地位，实现教育部、国家民委提出的充分考虑自身办学条件和优势，建设一批高水平有影响力和竞争力的重点学科，推进学科间的融合和优势学科群的形成[4]的目标。

五、目前民族院校学科建设定位存在的问题及其影响

民族高校自成立以来，较为重视学科建设，对于学科定位问题进行过一定的思考。由于不同时期民族院校的具体任务不同，人们在学科建设方面所作的思考也不尽相同，总体说来，在20世纪90年代以前，对学科建设研究不够深入细致，学科建设定位存在一些问题，这些问题对于学科发展产生了负面影响。

（一）学科发展贪大求全，重点不突出，导致学科整体水平不高

20世纪80年代以后，国家提出教育面向现代化、面向世界、面向未来。20世纪90年代，国家实施大力发展高等教育政策，社会上还提出了高等教育产业化的口号。在大力发展高等教育背景下，每个学校都发展很快，规模扩张十分明显。各高校在学科建设中，以全面发展、跨越式发展为目标，学科专业数量增加很快，如几乎所有高校均建立了法学、经济学、计算机等学科专业。学科建设"全面论"的定位，违背了"有所为，有所不为"的原则，带来了如下问题。

一是学科整体水平不能提高。大多数高校人力物力有限，全方面发展学科专业，导致每一个学科专业建设的资源都严重不足，发展困难。新建立的学科专业，疲于应付教学，顾不上提高水平；以前相对强势的学科，因为学校不能集中力量进行建设，水平不升反降，

学校学科整体水平上不去。随着时间的推移，小而全式的学科建设定位带来的弊端日益明显。对此，许多民族院校都有这样的认识，"从学校学科建设的总体发展来看，高水准的学科结构相对单一，优势学科不多，新兴学科、应用学科后续力量不足，有些学科相对比较薄弱，学术水平亟待提高"。"缺乏在全国有较大影响的重点学科和特色、优势学科。许多学科与全国高校同类学科相比，差距较大；有的学科还刚刚起步，学科水平较低"[5]。

近年来，国家明确指出，要提高高等教育的质量。许多民族院校在反思学科建设工作时，提出要改变全面发展式的学科建设定位，加强对学科建设的统筹，突出重点，兼顾一般，践行"有所为，有所不为"的学科定位。如湖北民族学院提出，"十一五"期间，学校要适时进行学科重组和调整工作，解决学科建设中低水平重复和小而全等问题，实现学科优化升级，整合学科力量，形成学科间资源共享、相互关联，特色与优势明显的学科群，以此打造学科品牌，扩大学科影响。

二是就全国民族院校整体而言，各高校小而全的学科建设，在教育资源十分短缺的情况下，造成学科建设重复和资源浪费。

（二）学校发展目标定位太高，与学校实际不符，导致学科建设目标定位过高，学科建设目标无法实现

经过考察，我们发现，前些年许多高校，包括地方高校、新建设院校等，在制定学科发展规划时，将学科建设目标定位较高，普遍存在着与重点大学进行攀比现象，无论基础如何，都希望成为研究型大学、教学研究型大学。这些学校认为，不把自己定位于这样类型的大学，社会上就会看不起自己，学校培养的人才就没有地位。民族院校在发展目标定位方面，也存在这种倾向，学校发展目标定位偏高，学科建设目标定位相应也高，如许多学校都提出要建立若干在全国领先学科、一流学科。学科建设定位与学科实际水平不相匹配，学科建设任务难以完成。

（三）学校发展定位模糊，导致学科目标定位模糊

前些年，不少高校在发展目标定位上比较模糊，如提出建设国内高水平大学、国内一流大学等。民族院校在制定学校发展目标时，同样存在这种情况，如提出"建设一流民族大学"目标。究竟什么是一流大学、一流民族大学？含义不清，内容不明确。这种学校发展目标的模糊，导致学科定位模糊，一流民族大学学科定位是什么样的，难以把握。

（四）学科建设服务经济社会发展的定位没有全面落实，学校对经济社会发展贡献率低，学科建设缺乏地方、行业支持

面向少数民族和民族地区，为少数民族和民族地区服务，是民族院校的办学宗旨，也是民族院校学科建设的目标定位。前些年，民族院校学科建设在为民族地区经济社会发展方面做了一些工作，取得了一些成绩。例如，西南民族大学重视"动物遗传育种与繁殖"学科建设，对青藏高原特有的牦牛及藏山羊和藏绵羊进行研究与利用，该学科为藏族、彝族、羌族等少数民族地区培养了大批畜牧业专业人才。在2009年以前的10年中，该学科共获得国家自然科学基金3项，省级重点科研项目15项，一般项目20项，获得联合国援

助项目 1 项，并获得省部级一等奖 3 项，二等奖 10 项，三等奖 15 项。该学科研究成果在一定地域得到推广，大大提高了牦牛生产经营水平、产品质量和商品率，取得明显的经济效益。其中，藏山羊研究成果被应用于藏山羊的生产，每年新增经济效益 1780 万元。该学科为发展我国青藏高原畜牧业，提高藏族同胞的生活水平作出了贡献。

但应当看到，民族院校在全面落实面向少数民族和民族地区，为少数民族和民族地区服务办学宗旨方面存在一些不足。20 世纪 90 年代以后，由于学校课堂教学任务重、师资总量不足、办学经费紧张等原因，各民族院校与民族地区联系不够密切，对民族地区了解不够，学科建设在为民族地区经济社会发展服务方面，所做工作不够。一些领导和教师对学科建设为民族地区经济社会发展服务的认识不足，不注意学科建设与经济社会发展的结合，关起门来搞学科建设，把学科建设目标简单地看成获得硕士、博士点，学科建设为民族地区经济社会发展服务的成效不明显。具体表现如下。

其一，学科结构中基础性学科多，应用类学科少；文科多，理工科少。这种学科结构难以满足民族地区经济社会发展需要，不能向民族地区提供实用人才，也难以为民族地区提供技术和应用型成果。

其二，理工类学科与经管类学科注重理论探讨，应用研究开展不够，导致民族院校应用型科技成果偏少。为数不多的应用型成果停留在实验室，停留在论著中，不注意将其应用到民族地区经济建设中去。中南民族大学是民族院校综合性高校，自然科学类学科水平在民族高校中处于前列，其成果能够反映民族院校的普遍情况。

从表 1 可以看出，中南民族大学近 8 年来自然科学类学科获奖数量偏少，在这些有限的奖项中，能够应用于经济建设的只有二三项，为民族地区经济社会发展服务能力比较有限。

表 1 中南民族大学自然科学获奖情况表

序号	获奖成果名称	奖项名称	获奖等级	获奖日期
1	铝合金仿不锈钢材料	武汉市科学技术奖	二等奖	2004-10-15
2	非有机溶剂液-固萃取体系研究及应用	湖北省科学技术奖	三等奖	2004-12-1
3	铝合金仿不锈钢材料及技术	湖北省科学技术奖	三等奖	2004-12-1
4	离子通道门控动力学模型及其在药物对离子通道作用研究中的应用	湖北省自然科学奖	三等奖	2004-12-31
5	部队农副业基地猪场生产信息管理系统	中国人民解放军科学技术进步奖	三等奖	2006-10-10
6	钴基费——托合成催化剂的基础研究	湖北省自然科学奖	二等奖	2006-12-31
7	野生稻资源研究与重要基因的发掘和利用	湖北省自然科学奖	一等奖	2008-12-15
8	湖北省土家族重要植物药资源鉴定分析方法及开发利用研究	湖北省科技进步奖	二等奖	2010-12-25
9	利用酸性废水和粉煤灰制备聚合氧化硫酸铝铁的新工艺	湖北省科技进步奖	三等奖	2010-12-25
10	含氮超支化聚磷酸酯/环氧树脂复合材料	武汉市科学技术奖	三等奖	2010-12-31

与自然科学类学科相类似，民族院校人文社会科学研究中应用性较强的成果同样很

少。人文社会科学研究理论探讨较多,关注现实问题不够。对于影响民族团结、社会进步、文化发展、社会稳定、边疆稳定等重要问题研究不够,一些研究成果的水平不高,可操作性不强。

其三,学科建设服务对象不明确,与特定区域经济社会发展结合不紧密,学科建设缺乏地方和行业支持。2000年以后,许多省属民族学院为了扩大学生来源,招生已超越本省范围,达到10个省区以上,有的甚至还达到20多个省区。学生来源扩大,学科建设服务区域不明确,是以招生范围为学科建设的服务范围,还是以本省为服务范围,学校思想不统一,学科建设为区域经济社会发展服务难以落实。对此,许多学校在总结学科建设工作时,都认识到,以前"学科建设与经济社会发展需要不尽适应"[6]"与地方经济建设,少数民族、民族地区的经济发展及社会进步相适应的新兴学科,特别是交叉学科发展比较缓慢"[7]。作者认为,在招生范围不断拓展情况下,省属民族院校必须明确学科建设服务区域定位,应主要面向本省或数省,以服务特定民族地区经济社会发展为主要目标。

目前,各民族院校都重视学科建设为国家经济建设和社会发展服务,为民族地区全面小康建设服务。例如,中南民族大学民族学定位于立足中南,面向全国,将中南民族地区作为主要服务区域,瞄准该地区经济社会发展中现实问题,进行科学研究,在2003~2009年的七年中,对南方少数民族地区经济社会发展方面的若干问题进行调查研究,产出了一系列有影响的成果,其中有46项成果受到国家民委表彰,详见表2。

表2 中南民族大学近年来民族问题调研获奖成果

序号	成果名称	获奖等级	年度
1	海南黎族传统文化资源保护与利用的考察报告	二等奖	2003
2	农村合作医疗的新生——长阳土家族自治县新型农村合作医疗调研报告	三等奖	2003
3	关于现代城市少数民族社区及功能的调研——以武汉回族社区为例	三等奖	2003
4	民族地区致富模式研究——长阳土家族自治县发展特色农业的调查报告	二等奖	2004
5	近现代西北穆斯林家族问题调查报告	二等奖	2004
6	劳务输出:民族地区农民脱贫致富的重要途径——对恩施州农村劳动力流动与异地转移的调查与思考	三等奖	2004
7	关于民族传统文化创新问题的调查与思考——湖北民族地区民族传统文化创新调研报告	三等奖	2004
8	鄂西少数民族地区行政执法责任制的现状、问题及对策	三等奖	2004
9	《取消农业两税对民族地区基层财政的影响——以广西壮族自治区百色市为例》	一等奖	2005
10	《湖北省民族地区农村小康建设研究》	二等奖	2005
11	《关于长阳土家族自治县招标建设专业村的模式调查》	二等奖	2005
12	《民族地区之间和省发展问题调研报告——对湖北来凤县、湖北龙山县促进和谐发展的调查与思考》	二等奖	2005
13	《村民选举:规范与创新——广西桂北少数民族地区村民选举调查报告》	三等奖	2005
14	《加快少数民族地区义务教育扶持力度是当务之急——湖北长阳土家族自治县义务教育调查报告》	三等奖	2005
15	《回族妇女权益保障现状抽样调查报告》	三等奖	2005

续表

序号	成果名称	获奖等级	年度
16	《依靠资源优势，发展中药产业——武汉地区中药资源开发与产业化发展调查》	优秀奖	2005
17	《湖北湘西土家族苗族自治州"农家乐"致辞调查报告》	优秀奖	2005
18	《关于少数民族大学生心理素质及培养的调研》	优秀奖	2005
19	《少数民族流动人口的城市适应与社会支持——以武汉市为例》	优秀奖	2005
20	《民族地区反贫困战略中农户小额信贷扶贫效果的实证分析——以湖北省湘西土家族苗族自治州为例》	一等奖	2006
21	《政策差异对中西部结合地带民族地区经济社会发展影响的调查报告》	二等奖	2006
22	《自治县财政运行的困境及对策——以广西壮族自治区三江侗族自治县为分析对象》	二等奖	2006
23	《当前民族地区农民参与新农村建设情况及其对策研究——以黔西土家族苗族自治州为例》	二等奖	2006
24	《农民工参与民族地区新农村建设的问题与对策——对湖北巴东县的个案调研》	三等奖	2006
25	《民族地区农民权益分析与新农村建设思考——以湖北湘西土家族苗族自治州巴东县为例》	三等奖	2006
26	《民族信息资源管理的内容、现状及对策——对西部民族地区及回家民族信息资源管理的调查研究》	三等奖	2006
27	《关于广西、贵州两地毛南族认同感的调查报告》	三等奖	2006
28	《少数民族地区生育政策执行现状、长期影响及对策研究——以广西三江侗族自治县为例》	三等奖	2006
29	关于少数民族地区农村法律援助现状的调查	一等奖	2007
30	广西壮族自治区财政转移支付的调查与研究	二等奖	2007
31	西部民族地区近期中央农村政策实施绩效性调查	二等奖	2007
32	民族地区的"最后安全网"——恩施州农村致低生活保障制度的调查与启示	三等奖	2007
33	侗族大歌传承的生态重建与模式重组——基于地方政府作用的调查	三等奖	2007
34	对民族地区农村义务教育经费保障机制改革若干问题的思考	三等奖	2007
35	关于设立多民族走廊区域治理试验区的调研报告——以湘鄂渝黔边土家苗瑶走廊为例	一等奖	2008
36	民族地区退耕还林生态补偿现状调查——以湖北恩施自治州、广西河池市为例	二等奖	2008
37	民族地区乡村债务风险：评估与化解	二等奖	2008
38	改革开放以来我国民族地区农村政策冲突状况调查	三等奖	2008
39	服务民族地区精神文明建设，传承和发展少数民族传统习俗——以湖北恩施土家族苗族自治州为例	三等奖	2008
40	关于民族地区农村脆弱性贫困治理的调研报告——基于贵州省两个国家级扶贫开发重点县的农户调查	一等奖	2009
41	少数民族大学生国家认同现状调研及教育创新研究	二等奖	2009
42	关于民族区域自治制度发展的调研报告——以恩施土家族苗族自治州为例	二等奖	2009
43	关于内地边疆民族班（校）办学模式的研究报告	二等奖	2009
44	湖北省民族地区农民工返乡创业研究——以恩施土家族苗族自治州咸丰县为例	三等奖	2009
45	民族地区推进"新农保"：现状、障碍及政策选择——来自浙江景宁、福建惠安3个民族乡的农村养老调查	三等奖	2009
46	桂黔民族地区天主教发展对民族工作的影响调查与思考——以广西贺州、贵州凯里为例	三等奖	2009

（五）特色学科的特色不突出，一般学科的学科特色不明显

经过长期努力，目前民族院校产生了一些特色学科，有些特色学科的特色十分鲜明，学科水平很高，如中央民族大学的中国少数民族语言学科等。但不少院校的民族学、中国少数民族史、中国少数民族经济、中国少数民族艺术等特色学科的特色还没有完全彰显出来，学科还未达到应有水平。

民族学是民族院校的特色优势学科，所有民族院校均设置了这一学科，仔细探究，我们发现，全国民族院校民族学的设置大同小异，高校中特色鲜明的民族学太少，详见表3。

表3　民族院校民族学（二级学科）建设情况表

高校名称	所在学院	学科水平	学科特色存在的问题
中央民族大学	民族学与社会学学院	博士点 国家级重点学科	应以民族学理论、北方民族研究为主，目前还不明显
中南民族大学	民族学与社会学学院	博士点 国家民委重点学科	应以中东南少数民族研究为主，目前还不明显
西南民族大学	民族学与社会学学院	博士点 国家民委重点学科	应以西南藏、彝、羌等民族研究为主，目前还不明显
西北民族大学	民族学与社会学学院	一级硕士点 国家民委重点学科	应以西北藏、回、土等民族研究为主，目前还不明显
北方民族大学	民族学与社会学学院	硕士点 国家民委重点学科	应以回族、蒙古族研究为主，目前还不明显
大连民族学院	民族研究所	省部级重点学科	应以东北人口较少的鄂伦春、鄂温克、达斡尔等民族及满族、朝鲜族研究为主，目前还不明显
云南民族大学	民族学与社会学学院	一级硕士点 云南省重点学科	应以纳西、傣、白、回等西南少数民族研究为主，目前还没有优势
广西民族大学	民族学与社会学学院	一级硕士点 广西壮族自治区重点学科	应以壮、瑶、汉以及人口较少的京、毛南、仫佬族研究为主，目前还不明显
湖北民族学院	民族学与社会学学院	硕士点 湖北省重点学科	应以武陵山区的土家、苗族研究为主，目前较为薄弱
内蒙古民族大学	民族学与社会学学院	一级硕士点 国家民委重点学科	应以蒙古、满等民族研究为主，目前较为薄弱
青海民族学院	民族学与社会学学院	一级硕士点 青海省重点学科	应以本省的藏、回、土、东乡、撒拉等少数民族研究为主，目前较为薄弱
贵州民族学院	民族学与社会学学院	硕士点 贵州省重点学科	应以贵州世居的苗、布依、侗、水等少数民族研究为主，目前仅开展部分民族研究，许多领域还未开辟
西藏民族学院	民族学与社会学学院	硕士点 西藏自治区重点学科	应以藏族、门巴、珞巴等民族及西藏地区历史文化研究为主，目前研究还有待深入

民族类学科是民族院校的特色与优势，只有彰显特色，才能体现优势。就全国来说，民族类学科发展，应该和而不同。如何在彰显各自特色基础上，整合资源，做大做强民族类学科，提升整体中国民族类学科水平，充分发挥学科功能，是必须要解决的问题。

另外，民族院校理工科、经济管理类等普适性学科的学科特色缺乏，与非民族院校没有差别，整体水平不高，难以与非民族院校同类学科竞争。这些学科要得到充分发展，必

须打造特色。当然，理工科的特色不是简单地加上"民族"两字就能够解决的，没有"民族计算机""民族化学""民族物理学"。理工类学科的特色应当在特色研究方向上下工夫，所谓特色研究方向，或者是与特定区域相联系，或者是由学科交叉产生，或者是由某个领域的优势确立。例如，中南民族大学物理化学学科利用催化材料方面的优势，打造物理化学学科特色，西北民族大学将信息技术应用到少数民族文字处理方面，以此作为特色研究方向，利用学科交叉，解决了藏文的输入传播问题，其研究成果获国家科技进步成果二等奖，由此奠定了在中国少数民族语言文学学科中的学术地位。

（六）学科定位彰显学校个性不够

办学历史悠久的高校，都形成了自己的传统和个性。这种传统与个性包括办学理念、人才培养模式、人才服务地区与行业、学科特色、学科优势、学术传统、学术交往圈、治学方法、校园文化等。学科建设过程中，应当考虑如何将这些传统与个性承袭与发展。一方面它是承袭学校传统，积累优势的需要。将传统与个性纳入学科建设的范围，既可以使学校的传统与个性得以传承，又可以在新的起点上，使传统与个性更加厚重，为创新提供源泉。另一方面，可以进一步彰显学校的优势与特色，进一步扩大学校的影响，国内外知名大学学科建设无一不是这样做的。目前部分高校对这个问题重视不够。特别值得注意的是，由于学校更名、合并，使许多学校学科结构发生了重大变化。例如，原来纯农学类的农业大学演化为以农学为主，文、理、法等学科兼有的综合性农业大学，原来纯纺织类的纺织学院演化为文、理、工、法兼备的综合大学，原来纯工科大学变成理工文医等多学科大学。这种学科结构的变化极易使原来学校的个性与传统丢失。若不重视这个问题，寻求妥善解决办法，以前的优势资源将很快消失，造成无限遗憾。

民族院校由于各自的经历不一样，每个学校都有自己的传统与个性。中央民族大学、西北民族大学、西南民族大学、广西民族大学等都有自己的办学特色、学科特色与个性。今天进行学科建设，应当研究如何继承其传统与个性问题。目前，不少学校对这个问题重视不够，一些学校的学科传统优势正在削减。例如，中南民族大学以前在全国有重要影响的中国少数民族史、马克思主义民族理论与政策等学科，水平在下降，在全国的影响在弱化；中国少数民族经济学科"民族地区边境贸易研究"方向，以前在全国很有特色、优势与影响，目前其优势与影响已不复存在。中央民族大学的专门史、中国少数民族史等学科的特色、优势、影响也在削减。之所以如此，就是因为学科建设定位中，没有注意承袭业已形成的个性与优势。民族院校学科建设如果不注意彰显学校长期以来形成的个性与优势，学科建设的成效会受到影响。

六、民族院校学科建设的定位模式

综合考虑以上因素，民族院校学科建设的正确定位可以提炼出以下几种模式：面向特定区域定位、面向特色经济定位、面向特殊群体定位、面向民族文化定位。

（一）要面向少数民族和民族地区特殊区域定位

地域是推进高校发展和形成个性特征的重要条件，因此民族院校学科建设必须面向民族地区的特殊区域定位。

一是面向西部大开发定位。毛泽东同志在《论十大关系》中曾经说过："我们中国地大物博，人口众多，实际上是汉族人口众多，少数民族地区'地大物博'，至少在地下资源很可能是少数民族'物博'"[8]。西部大开发实际上是民族地区大开发[9]。少数民族地区特殊区域和丰富的资源为民族地区乃至整个国家的发展提供了雄厚的物质基础。许多民族聚居区蕴藏有丰富的自然资源，但苦于缺乏必要的技术力量和资金设备。加强民族地区尤其是西部地区的资源开发，人才培养是关键。朱镕基在谈到西部开发问题时，曾提出西部地区大开发要大力发展教育，积极培养各级各类人才，全面提高劳动者的素质，只有科技加人才，才能把自然资源优势转化为经济优势。

二是面向草原牧区定位。民族地区是我国主要的牧区，就草地面积来看，新疆位居第一，计12.0亿亩，西藏名列第二，有9.0亿亩，青海第三，有8.0亿亩，以后依次为内蒙古、甘肃、宁夏。由于畜牧业资源丰富，我国北方民族地区形成了以下四大畜牧业生产基地，即内蒙古草甸草原的肉、乳牛及细毛羊、肉用牛羊生产基础，新疆北部阿勒泰、塔城、伊犁的细毛羊、肉用牛羊和养马生产基地；青藏高原东南部地区牛羊肉、乳、毛生产基地；西北半农半牧区的牛羊肉、毛生产基地。

三是面向西南喀斯特地形和丘陵山区定位。如广西、云南、贵州、四川等西南地区的少数民族生活在典型的喀斯特岩溶地区，山高沟深，耕地极少，土质极差，生活相当艰难。西藏闭塞的交通与独特的高原环境，强烈地影响着自然资源的开发利用与经济发展。新疆塔什库尔干塔吉克自治县，地处海拔4000米以上，25000平方公里养活25000人都比较困难，县财政的自给率只有3.3%[10]。地处丘陵地带的沪蓉高速公路宜昌——恩施段是湖北省迄今投资最大、施工难度最大、工期最长的高速公路项目。湖南民族地区高速公路，施工难度大，造价高，每公里平均造价达到5000万元，超过平原微丘区造价将近一倍[11]。

四是面向民族地区特殊的生态环境定位。民族地区旱、水、雪、风、雹、沙尘暴等自然灾害频繁，生态环境十分脆弱，加之人口增长、不合理耕作、不合理开发，原本脆弱的生态进一步遭受破坏，形成人口、资源、环境的尖锐矛盾，陷入资源破坏、环境退化、贫困加深的恶性循环。这些地区致贫因素多，贫困程度深，出现"丰年越温，灾年返贫"的现象，各地常年返贫率在15%以上。例如，四川阿坝州金川县是一个省级民族贫困县，地处高寒，自然灾害频繁，危害强度大，正常年景，返贫率高达40%[12]。良好的生态环境，是社会经济可持续发展的关键，民族院校学科设置对此应给予高度重视，尤其应对过度开垦、过度放牧等问题给予关注，并加强植被生态恢复与重建技术、高原地区荒漠化防治、湿地恢复与保护等领域的研究。

五是面向高原定位。如高原特色农牧业、高原特色生物、矿产资源开发、旅游资源的合理开发利用、藏医药发展等方面。例如，西藏大学地处青藏高原这一独特的地域，学校发展与西藏发展战略及支柱产业的发展紧密结合，既能得到经费支持，也能更好地为西藏的经济和社会发展服务。近三年来，西藏大学根据自身优势确定了一批具有民族特色和区域特色的研究方向，在各级各类科研项目申报中取得了显著成绩。全校获各类科研项目118项，其中国家社科基金20项，国家自然科学基金13项，省部级科研项目64项，国际合作项目10项，横向合作项目11项。出版专著、译著49部，发表学术论文605篇，获省部级以上科研成果奖 16 项。9 项科研成果通过了省部级鉴定，其中"跨平台藏文输入法研发"项目被信息产业部科学技术司和电子信息产品管理司鉴定为国际领先水平。学校研究的"信息技术信息交换用藏文编码国际标准"和"信息技术信息交换用藏文编码国家标准（基本集）"被确定为 IS 010646 国际标准和 GB 18030 国家标准[13]。

（二）要面向少数民族和民族地区特色经济定位

目前，发展特色经济已经成为我国各省、市、县等各级区域发展共同关注的话题，特色商品、特色产业、特色资源也都成为各地经济发展备受关注的热点。少数民族和民族地区发展特色经济具备先天的优势，民族院校学科建设理所当然要面向少数民族和民族地区特色经济定位发展。

一是面向特色产品（或服务）定位。发展特色经济，首先就是要有特色产品。只有在特有品种的前提下，实现资源的产业化开发和商品的规模化生产，才能称为特色经济。具有产业化开发的特有资源品种，例如，新疆的石油、天然气、葡萄、棉花、哈密瓜，宁夏的枸杞、甘草和发菜，四川的川贝、川连和虫草，云南的烟草，等等。具有规模生产的特有商品品种，例如，民族风情旅游产品、西部风光旅游产品，新疆的葡萄干产业、棉花产业，内蒙古的奶制品产业和羊绒制品产业，四川的川酒产业、川菜产业，云南的烟产业、鲜花产业，宁夏的稀有金属冶炼加工产业，青海的钾肥产业，西藏和青海的藏药产业，等等[14]。

二是面向特色产业群的开发定位。在现代经济的战场上，特色产品要形成巨大的经济优势，必须以产业集聚为基础，以实现产业化为前提，依托大规模的产业开发，以市场为导向，实行区域化布局、专业化生产、一体化经营和社会化服务，形成独具优势的区域化的产业群体，进而形成规模经济，以增强价格、成本及价格、成本之外的非价格竞争力。因此，特色经济一方面具有调整地区产业结构的功能，另一方面还能够在区域内部实现有效的资源组合，不单形成特色产品生产的产业化，而且要形成一个有协调的、强力的产业链，一个有利于特色产业生成的经济生态体系和社会环境。

三是面向特有资源转化定位。没有特有的资源，特色经济的发展便是无源之水、无本之木。因此发展特色经济，必须立足本地实际，抓住特有资源，大做特色文章。但这里的资源包括各种资源，如自然资源、人力、交通、生态环境、社会文化、历史基础、产业结构、现有产品等。自然资源是人类社会、经济活动的物质基础，自然资源空间分布的非均衡性，造成了特定区域的特定自然资源富集的格局。地域性越强的自然资源，越具有独占优势从而越易形成区域优势，依托特色资源发展特色经济，可以避免产业结构和产品结构的雷同性以及由此引发的过度竞争，并减少内耗。但在市场经济条件下，由于生产要素可以自由流动，特色产业或特色产品可以不受本地自然资源丰匮度的约束，而通过人力资源、资本资源、技术资源及区位优势来构建区域特色经济。

四是面向特色技术定位。当代经济的一个显著特征是以先进科学技术为基础的比较优势居于主导地位。先进的特色技术成为决定区域特色的主要因素，特色技术及其创新能力不仅决定了区域优势的专业化领域，也决定了特色产业乃至特色经济的生命周期。在知识经济迅猛发展的背景下，同样的资源、同样的产品，技术级别不同，经济价值和市场竞争力会截然不同。要用先进的适用技术开发资源，用先进的工艺生产产品，这既是特色经济蔚为壮观的必经之路，也是特色经济的主攻方向。原来我国的羊绒原料产于西部，初加工于东部，精加工于日本，羊绒产品没有形成我国的特色经济。但是，自从内蒙古鄂尔多斯市引进国外最先进生产设备和生产技术后，在短短十来年时间里，就形成了以鄂尔多斯和鹿王为代表的、年产值10多个亿的、驰名中外的羊绒产业的特色经济[15]。

（三）要面向少数民族人口素质特点定位，坚持多层次办学

我国是一个坚持民族平等、民族团结和各民族共同繁荣的社会主义国家，各民族在政治地位上一律平等。各少数民族不仅享有平等的受教育权利，而且在教育政策上占有优先发展和重点发展的地位。民族高等院校在办学目标上以为民族地区的经济发展和文化发展服务为主，在学科专业设置、办学管理体制和教学方法上充分尊重民族风俗习惯和文化特色，在教学内容、学科专业设置和教学管理上都体现了中华民族多元一体国情的格局。多层次办学也是民族院校根本办学宗旨和体现基本特色的重要方面。

一是民族院校应积极开展针对民族地区的职业教育和职业培训。教育部关于贯彻落实《中共中央国务院关于进一步加强民族工作加快少数民族和民族地区经济社会发展的决定》做好民族教育工作的通知指出，要大力推进民族地区职业教育的改革与发展。民族院校应在国家职业教育实训基地建设、专业设置等方面突出民族及区域特色，承担起为农村劳动力转移培训服务和为建设社会主义新农村服务两大历史性任务，当好农科教结合的载体，为民族地区经济发展作出贡献。

二是继往开来，积极开展干部培训。早在20世纪五六十年代，民族学院就培训了大批少数民族在职干部和知识青年，以及部分支援民族地区的汉族干部和民族上层爱国人士，对民族地区社会主义改造的顺利完成和社会主义建设的起步发挥了巨大作用。但是时代不同了，发展了。江泽民同志在"十五大"报告中指出："必须把改革的力度、发展的速度和社会可以承受的程度统一起来，在社会政治稳定中推进改革、发展，在改革、发展中实现社会政治稳定。"改革、发展与稳定的这种辩证关系，"发展是硬道理"，因此干部培训也应适应发展的需要，在对民族地区党政干部培训的同时，加大、增大对民族地区生产、经营和管理干部的培训工作，使部分人得到再充实与提高，适应当今技术的发展，胜任本行业生产、经营与管理。

三是加强民族地区人才培养工作，努力办好预科教育。坚持贯彻科教兴国战略和人才强国战略，把为民族地区培养人才、建设人才摆在重要位置，采取多种形式为民族地区培养各类人才。继续举办少数民族本专科预科班，并适当扩大招生规模；加强民族预科教育基地建设，深化预科教育改革，提高教育质量。民族预科班作为我国民族高等教育比较特殊的形式之一，使一些因语言障碍或文化基础水平低而升学难的民族学生可以顺利升入大学，并通过预科的学习，进一步提高文化基础，迅速适应大学的学习生活。这样，既增加了民族学生进入大学深造的机会，又保证了学生的质量。

四是努力办好现有民族院校，积极实施"少数民族高层次骨干人才培养计划"。积极发展民族地区高等教育，加大对民族地区高校科技工作的指导和支持，引导鼓励民族地区高校充分发挥学科综合人才密集的优势，结合区域特色开展科学研究和成果转化工作，服

务民族地区经济建设。要支持民族地区高校课程建设，加快民族地区高校数字资源的建设步伐。通过"西部之光""高等学校青年骨干教师国内访问学者""博士服务团"等项目向民族地区的倾斜，积极实施"少数民族高层次骨干人才培养计划"，促进民族地区高校的学术交流和教师队伍建设。要进一步加强对民族地区高校的对口支援工作。进一步加大对民族院校的支持力度，在基地建设、科技项目、人才计划方面予以倾斜。

五是面向民族地区培养高质量的少数民族师资队伍，因地制宜搞好"双语"教学及科研开发。民族高等教育的发展，还加快了民族地区基础教育的发展速度，民族高校不仅为基础教育培养了大批的师资，还编写或编译了多种民族语言文字教材，为民族基础教育领域双语教学的发展创造了有利条件。目前，民族院校要通过"民族贫困地区中小学综合素质培训项目""农村中学教育硕士师资培养计划""中英西南基础教育项目""联合国儿基会师资培训项目"等项目，积极培养"下得去、留得住、用得上"的少数民族师资，尤其是"双语"师资。要采取鼓励和优惠政策，吸引师范院校毕业生到民族地区基层学校任教，充实民族地区教师力量。鼓励和支持大中城市教师、高校毕业生到民族地区基层支教和任教。要进一步采取措施加强教育对口支援。

（四）民族院校学科建设要面向少数民族多元文化定位

民族人文资源如丝绸之路、大观楼、丽江壁画、程阳风雨桥等，又如火把节、泼水节、开斋节等，都因其反映了各民族历史及生活风貌而令人神往。许多民族省区把民族文化产业作为特色产业。

民族院校是各种文化融合和交流的重要机构，是民族文化的研究基地、传播平台和创新主体。文化是一个民族的重要标志，是维系民族生存的重要纽带。在现代社会，学校是文化传承的重要场所，而教育本身也是组成文化的重要内容。民族院校是各民族优秀青年荟萃之地，通过这些学校的教育，少数民族丰富多彩的传统文化可以在下一代身上得到很好的继承和发扬。民族院校又是各种文化融合和交流的重要机构，各民族的学生可以在这里体验到不同文化的魅力，这里还集中了较多的民族文化研究者，他们的研究成果，推进了民族文化发展和创造。我国各少数民族具有悠久的历史文化，这是中华民族宝贵的文化遗产。在民族语言、文字、历史、宗教、民俗研究方面，民族院校和民族地区高校具有得天独厚的优势，这里汇聚了大量的民族学研究专家，设有多种民族文化研究中心或系科，使少数民族缤纷多彩的文化得到了弘扬、发展。同时，多元文化共存的校园环境、各具特色的民族节日和民族特色学科的开设，为少数民族学生提供了学习少数民族文化的良好环境，使民族文化在青少年身上代代相传。

民族高校不但应该承担起民族研究、民族文化遗产和成果的搜集、挖掘、整理、加工、开发、利用、研究的任务，成为弘扬、传播民族优秀文化的中心和枢纽，而且应该承担协助党和政府处理民族问题的咨询任务。自新中国成立以来，民族高等院校就为党和政府解决民族问题（历史的、现实的），进行过和继续进行着广泛、深入的社会调查和研究工作，为党和政府制定有关政策作了颇有成效的一系列工作，并且把民族优秀文化的收集、整理和研究工作放在了十分重要的位置，也作出了卓有成效的贡献。时值改革开放日益深入之日，知识经济正在兴起，人们的认识似乎形成了一种定势，大凡民族方面的问题，都自然而然地向民族院校"求教","民族研究所""民族学研究所""宗教研究所""藏学研究所"等学术研究机构在民族院校如雨后春笋般地涌现就有力说明了这个问题。如果民族院校不承担这些任务,或者承担不了这些任务,那就不为其民族院校了。民族院校义不容辞地承担此任,也是它的性质和任务所决定的。

民族院校学科建设的定位必须坚持面向少数民族和民族地区,为少数民族和民族地区经济社会发展服务,民族院校的专业设施和教学,必须具有民族的内容和形式,必须以少数民族学生为主要的教育对象,与民族地区的现代化建设实际紧密联系。正如周恩来总理说过的:"我们的教育是民族的,要有民族的形式。普遍真理是各民族都适用的,但在不同的民族会有不同的表现形式。我国是个多民族的国家,要注意各兄弟民族特点和形式,兄弟民族之间也要互相学习彼此的长处,这样,才能将科学的内容输送到各民族人民中去,把教育办好"[16]。

七、民族院校学科建设科学定位的保障措施

(一)学科建设坚持为经济社会发展服务,为少数民族和民族地区服务

为社会服务是大学的重要职责与使命。一所大学立足地方,不为地方和区域的经济社会发展服务,是不能成为高水平大学的。在西方发达国家,任何一所著名高校它的影响首先体现在服务于当地的经济社会发展上,为当地培养人才,为当地提供直接服务。如剑桥大学为社会经济发展服务,使剑桥科技园欣欣向荣,对地方经济乃至英国经济都产生了深刻影响;斯坦福大学对硅谷的发展与兴旺起了决定性作用。从西方发达国家过去几十年从工业经济向知识经济发展的过程来看,大学的发展和经济社会发展之间的结合越来越紧密。我国的大学建设,一方面要产出世界先进水平的科学研究成果,为人类知识创新作出贡献,要站在关系国计民生全局重大课题的前沿,为解决这些问题做出回答。另一方面,也要服务于经济社会发展,特别是服务于地方经济的发展,不断造福于人民群众,把高校巨大的知识和人才优势,不断转化为国家的利益、社会的财富和人民的实惠。目前,厦门大学、浙江大学、中山大学等高校在此方面,进行了积极探索,取得了成功。例如,浙江大学自觉地把学校的发展和浙江省、长三角地区乃至全国的发展紧密结合;中山大学与广东 21 个地级市建立了合作关系,为广东信息、生物、医药、海洋、节能等区域支柱产业解决了一大批关键技术难题[17];福建省依托厦门大学建立了 20 多个重点实验室和研究中心,目前这些平台不仅成为海峡西岸经济区的高层次人才培养基地,也是相关领域国家产业化基地的支撑单位。厦门大学已成为厦门经济特区和海峡西岸经济区建设的人才库、技术创新的支撑和地方政府科学决策的智囊团[18]。

必须指出的是,高校为经济社会发展服务,也是新形势下自身发展的需要,是学校前进的动力。如厦门大学为福建、厦门经济社会发展作出了重要贡献,政府也加大对厦门大学的投入,1983 年至今,福建、厦门市共支持厦门大学建设经费 13.8 亿元。在服务地方过程中,社会对学校的支持力度大大增加,学校自身发展的步伐也就更快了[18]。

以前,民族院校为民族地区经济社会发展作出了贡献,在今后的发展过程中,必须加大服务少数民族和民族地区的力度,在民族地区全面小康建设中作出更大贡献,以此获得

民族地区的更多支持。目前各民族院校学科建设在为民族地区服务方面都有明确规划。

广西民族大学提出,哲学社会科学要注重经济社会发展的重大理论和现实问题研究,要为地方经济和文化发展服务。积极参与马克思主义理论研究和建设工程,推动理论创新;利用学科优势,参与广西各民族非物质文化遗产的研究和抢救工作;发挥影视文化创作中心在富裕、文明、和谐广西建设中的作用。自然科学研究要在做好基础研究的同时,着力发展应用基础研究,力争有更多的科研项目进入广西和各级科技园区,同时争取与各地市政府联合申报应用基础研究项目,争取获得更多的科研立项,加强科研成果的转化工作,改变重研究成果,轻成果转化的局面。

湖北民族学院提出,推动高科技成果的转化和产业化工作,争取建设若干个科技成果孵化基地和转移中心,加速成果产业化的进程;充分发挥学校在地方经济建设中的窗口和辐射作用,努力提高学校科技创新和科技服务的质量和水平;充分利用条件,加强对地方特色资源的研究,为地方经济发展服务。

大连民族学院提出,人文社会学科要注意不断发现和解决构建和谐社会中出现的新问题,为地方和民族地区经济与社会发展献计献策,弘扬社会主义先进文化,促进精神文明建设。自然科学在进行基础研究的同时,支持应用研究和技术开发,鼓励教师和学生参与企业的科技创新活动,服务民族地区和区域经济建设。以"科技开发服务中心"为依托,针对民族地区及地方经济发展的热点问题开展横向课题的研究,探索产学研相结合的新路。加快有发展前景、有应用市场的科技成果转化工作,建设学校高科技产业基地,拓宽学校的社会服务领域。该校针对民族地区资源开发、生态环境保护、经济可持续发展,以及东北老工业基地振兴,特别是软件基地、机械制造与装备基地的建设等区域性应用领域,构建了生物化工、计算机应用技术、民族学、日语语言文学及人口资源与环境经济学等以区域特色和民族特色学科(方向)为主导的学科体系,在生物饲料添加剂的开发,民族地区生物资源利用,植物抗逆生理生态与民族区域生态保护,少数民族语言信息学,跨文化交际,民族地区人口、资源与环境经济可持续发展,人口较少民族研究,旅游资源开发等方向上,形成了具有一定规模的研究队伍。2008年6月18至20日,该校刘玉彬副院长与经管学院马林院长等一行6人,赴吉林省延边朝鲜族自治州就学校与民族地区的科技服务、民族干部培训、招生和就业等事项与延边朝鲜族自治州相关领导进行了广泛深入的接触,并取得了丰硕的成果。19日上午,双方在延边朝鲜族自治州安图县召开了隆重的签约仪式,正式启动了对安图县"绿色产业体系发展战略研究"的技术服务项目,项目金额40万元。20日上午,学校领导与龙井市市委书记尹成龙就龙井产业与城市发展战略进行了深入的交流,初步达成项目合作意向。学校为民族地区的科技服务实现了历史性的突破,"立足沿海,服务民族"的办学理念得到了贯彻和落实。

(二)遵循共性与彰显个性相结合

中国民族院校作为一个整体,在设置背景、办学宗旨、学科布局、存在问题与面临困难等方面有许多共性,学科建设的定位、学科发展的对策等方面,有一些共性。但是由于建校时间、服务区域、隶属关系、学校所在地、学科历史、学术积淀、学术传统、建设目标等方面的差异,学校发展面临的问题与困难又不完全相同,学科建设也有许多不同之处。

各民族院校在学科建设上既要注意共性，也要张扬个性。

作者认为，从发展水平看，中国民族院校目前可分为三种类型，这三种类型学校的学科建设定位应有所差别。

一是中央民族大学。其特点是地处首都北京，办学历史早，学术积淀特别是人文社会科学积淀丰厚。目前是全国重点大学，211、985重点建设学校，博士授权学科多，硕士学位点体系完备。党和国家领导人十分重视中央民族大学的建设与发展，江泽民同志提出，要"把中央民族大学建成世界一流民族大学"，国家民委、教育部《关于加强民族院校发展的决定》（民委〔2005〕240号）指出，"要把中央民族大学办成综合性研究型大学。"

中央民族大学定位于世界一流民族大学，学校学科建设定位要与此相适应，要建成若干国内一流学科、国际知名学科，彰显民族院校的水平。

二是国家民委所属的中南民族大学、西南民族大学、西北民族大学这三所院校。三校立足大区，服务全国，具有博士学位授予权，硕士学位点已成规模，师资力量雄厚，文理协调发展。学科建设目标定位可考虑为教学研究型大学。

三是云南民族大学、广西民族大学、内蒙古民族大学、湖北民族学院、青海民族大学、贵州民族学院、西藏民族学院、北方民族大学、大连民族学院。除大连民族学院以外，其他八所院校具有硕士学位授权，但许多院校获硕士学位授权时间短，硕士点数量少。这些学校目标定位可考虑为教学型大学，主要培养服务于地方经济建设的应用型人才。

上述三类高校中的每一所学校也有自己的特点，在学科建设中，要根据自身实际，进行科学定位。值得高兴的是，目前许多民族院校学科建设在体现个性方面正在进行着积极探索。

大连民族学院根据建立时间短、地处改革前沿、以理工科为主的特点，学校确立了立足沿海，服务于民族的办学方针，"立足于新校新办，构建新型民族高等教育理念。学校在高起点上审视我国民族高等教育区域结构、学科优势和服务特点的前提下，大胆创新了传统民族高等学校在民族地区区域办学和培养少数民族干部为主的办学模式，利用沿海经济发达的资源信息优势，瞄准民族地区的经济社会发展需要，准确办学定位，面向少数民族和民族地区，开展人才培养、科学研究和社会服务"。"充分利用工科和应用学科为主的优势和特长，为民族地区经济建设、科技进步和社会发展作贡献"[19]。该校学科建设"十一五"目标为：坚持以工科和应用学科为主，多学科协调发展，建立健全保障机制，提高自主创新，原始创新，集成创新的能力和水平。经过努力，使学校成为知识创新、科技创新、人才荟萃的战略高地和国际文化交流的窗口，学科专业建设达到国内同类院校的先进水平。

青海民族大学根据自身特点，组建青藏高原民族文化、高原环境科学与技术（高原民族医药）、区域经济与民族经济学等学科群。学校扬长避短，集中资源，在少数民族文化、青藏文化、青藏高原特殊生态环境保护与开发方面，在青海省未来的主导优势产业、城市化建设和少数民族地区现代化管理方面，在民族化与国际化、生态保护与经济发展等交叉综合领域等方面，实施重点突破[20]。

（三）加强巩固基础学科、新兴应用学科

基础学科和新兴、应用学科是综合性大学学科体系的重要组成部分，在拓展学科领域，

优化学科结构，承载招生规模，扩大就业路径，服务经济建设等方面有重要作用，对于这类学科的发展要有正确定位。要在加强重点学科建设的同时，做好基础学科、应用学科的建设工作，加大对基础学科的投入和建设，有计划、有步骤地发展前景好的应用学科。

目前民族高校在基础学科、应用学科的建设定位上进行了思考。例如，中南民族大学提出，要根据学科发展趋势，结合自身实际，确立应当大力发展的新兴、应用学科，根据学科发展要求和国民经济建设和社会发展的需要，整合校内资源，发展交叉学科。基础学科建设要在突出特色上下工夫，力争在某些方面有所突破，形成局部优势。新兴、应用学科要在提高教学质量，增强学生实际操作能力，创造良好的经济效益和社会效益上下工夫，同时将培植学科特色放在重要位置。要通过建设，使一批新兴、应用学科成为省部级重点学科，成为推动学校发展的新的增长点。

大连民族学院提出，基础学科建设要把目标定位在学术前沿，与国内历史较长的综合性大学相比，更要在知识创新和突出研究特色上下工夫，力争在某些方面有所突破，形成局部优势。新兴、应用学科要在保证提高教学质量的同时，寻找为国民经济建设服务的切入点，为科技发展和社会进步提供技术和智力支持，扩大学校的社会服务领域。

青海民族大学提出，基础学科要选准突破口，注重以科研项目带动建设，承担国家级科研项目，取得标志性成果，在本学科的某些领域形成自己的特色和优势，并在全国产生影响。应用类学科要瞄准经济建设的需求，明确对经济社会发展的贡献率，积极与相关行业或企业合作，增强服务社会的主动性，在短期内取得成效。有条件的学科要坚定不移地走产学研相结合之路，积极促进科技进步，创造经济效益，增强学科建设的活力。

另外，民族院校在基础学科、新兴应用学科如何寻找特色，提升水平方面进行了成功探索。例如，湖北民族学院将"野生动植物保护与利用"学科，作为该校为地方经济建设服务的重点学科，做大做强。使该学科在培养高质量、高层次人才，承担重大研究课题，促进科学技术的发展与进步，接受高级人才培训进修，开展国际学术交流与合作等方面取得显著成效和实质性进展。"中医学和中药学"学科在突出重点，形成亮点上下工夫，尤其要在土家族医药的基础理论与临床应用研究，以及本地中草药资源的开发与利用方面不断上水平、出成果。"生物化学与分子生物学"学科以资源开发利用为特色研究方向，将产、学、研有机结合起来，为地方形成新的支柱产业提供可持续的人才和技术支持。

青海民族大学扶持了一批新型学科和交叉学科，不断发掘其特色与优势。在生物技术领域，运用遗传学、分子生物学和体质人类学方法，对青藏高原人群的DNA多态性进行研究，提示其群体的遗传结构，建立民族遗传资源样本库和法医学DNA数据库，力争在高原遗传疾病研究和完善司法实践的公正性方面作出贡献。在药学领域，从分析藏药有效成分入手，逐步深入到其药理毒理研究，为解开藏药机理之秘作出贡献。在藏药质量控制、剂型、创新药研制等方面进行实验探索，有望在藏药现代化研究领域占领居高点，走出一条产学研一体化之路。在凝聚态物理学研究领域，由于其基础研究与现实技术应用密切相关，其成果往往成为一系列新技术、新材料、新器件的源泉，尤其近年来凝聚态物理学研究成果、研究方法和技术日益向材料物理、材料化学、物理化学、生物物理、信息科学、地球物理学等相邻学科、交叉学科渗透扩展，如结合青海省丰富的盐湖晶体和稀有金属等资源，在这一领域从事研究开发，能够为青海省经济建设作出贡献，甚至破解经济发展的一些难题。在数学非单调数理逻辑和近似推理、非单调推理等领域,在现有基础上深入研究,力争取得在人工智能和信息科学,以及模糊识别、数据挖掘、智能控制、神经网络、决策分析等领域能够广泛应用的成果。

(四) 建设重点学科、特色学科

重点学科是学科建设的主体,是学校学科实力与水平所在。对于一个学校,资源总量有限,如果每个学科平均用力,最后的建设结果可能是小有建树而无大成果。民族院校要选择好重点学科,并进行重点投入,加强建设。

特色学科是具有生命力、发展稳定、市场前景广阔,历史文化积淀深厚,学科队伍较强的学科。它除具有自身优势外,还能彰显自身办学特点和学校特色,它往往表现为学校学科和优势,跟学校属性几乎一脉相承。

特色学科在学科体系中占有十分重要的地位。它既具有传统优势,也与时俱进,体现学校品牌,是学校走向社会的名片,加强特色学科建设意义重大。特色学科要保持学科优势并积极拓展,加强学科体系建设,通过特色学科建设带动学科群建设,取得大批高质量的研究成果,进一步提高办学层次,成为本学科的学术研究中心和人才培养基地,确保特色、优势地位不动摇。

民族院校要选择好特色学科,要在综合考虑学科传统、学科实力、学科前景基础上,确立本校的特色学科。特色学科确立以后,要将其作为重点学科,集中力量进行建设。

目前民族院校在选择与建设特色优势学科方面,在进行有益探索。例如,广西民族大学正在加强民族学、大东盟学科群等特色学科群的建设,提出,充分利用民族学、亚非语言文学和中国少数民族语言文学等特色学科,以及国家外语非通用语种本科人才培养基地在区域、人才、成果、项目等方面的优势,建设好大东盟学学科群和民族学学科群,发挥两大学科群及民族医药资源的优势,研究发掘民族传统医药和民族传统医药文化,使上述学科争取承担更多的省部级以上重大项目与课题,产出一批在国内外学术界有重要影响的标志性成果。

中南民族大学加强民族学特色学科建设,提出"学校民族学包括马克思主义民族理论与政策、民族历史、民族文化、民族关系、少数民族经济、民族教育、民族法制、民族语言文学、民族艺术以及民族社会学等方面"。民族学学科建设要有大民族学的视域,要重点突出对民族地区现代化建设中的重大理论问题和现实问题的研究以及散杂居地区民族问题研究,争取为有关决策部门提供参考,为民族地区全面建设小康社会作出贡献。要通过建设,使学校民族学学科成为学术水平高、科研能力强、特色鲜明、在国内有重要影响的国家级重点学科,成为提升学校声誉的品牌学科[21]。

大连民族学院加强民族学科建设,构建高水平的特色学科。提出"民族学研究方向要从实际和优势出发,以民族地区现代化建设的重大理论和现实问题为主攻方向,突出民族问题理论、人口较少民族、满族文化、民族地区经济社会可持续发展、跨界民族以及民族教育等方面的研究,力争取得一批具有重要学术价值和社会影响的研究成果。发挥学校多学科的优势,在运用现代科技解决民族问题研究前沿领域相关课题方面取得新突破,在运用党和国家民族理论、民族政策研究解决民族地区经济、政治、文化、社会发展中的实际问题方面取得新突破，使学校成为东北地区民族问题研究的重要基地"。

为使特色学科建设扎实推进，各民族院校都重视特色学科的平台建设。中南民族大学加强民族学特色学科平台——湖北省普通高校人文社会科学重点研究基地"南方少数民族研究中心"的建设，提出研究中心要在聚合研究力量，整合研究队伍；明确主攻方向，打造学术品牌；推出拳头产品，扩大学术影响上下工夫。研究中心的研究方向、研究特色和发展规划要体现重点学科的发展要求，要通过3～5年的努力，使该中心达到国家教育部人文社会科学重点研究基地的水平。广西民族大学提出，加强国家外语非通用语种本科人才培养基地的建设，重点建设壮学研究中心、瑶学研究中心、中国-东盟研究中心、民族研究中心，力争"十一五"期间，把壮学研究中心建设成为国家级人文社会科学重点研究基地，把瑶学研究中心、中国-东盟研究中心、民族研究中心建设成为自治区级人文社会科学重点研究基地。青海民族大学"十一五"发展规划提出，要建设一批服务于青海发展的人文社科基地和科技平台，使学校承担重大科研任务和服务社会发展的能力明显增强，取得一批具有重要社会影响的学术成果，为青海经济社会发展提供技术和智力支撑。

（五）调整与优化人才培养计划与学科结构

学科定位确立以后，人才培养计划和学科结构必须体现定位要求，对于与学科建设定位不符的人才培养计划和学科结构要及时进行调整。目前，有关民族院校正在按照学科建设目标定位，对人才培养计划和学科结构进行调整与优化。

广西民族大学提出，"根据经济社会发展对人才的需求，调整和设置学科专业，不断优化学科专业结构，加强新设置专业建设和管理，把拓宽专业口径与灵活设置专业方向有机结合，建设一批应用技术型专业"。大力扶持公共管理、工商管理、法律、软件工程等专业硕士点的建设。通过专业硕士点的建设，培养广西经济社会重点发展领域急需的高层次人才。通过专业改造、学科交叉等途径，形成新的学科方向，更好地适应经济社会发展[22]。

湖北民族学院提出，根据少数民族地区的需求和高等教育发展的趋势，按照"面向现代化、面向世界、面向未来"和"科教兴国"以及"西部大开发"的战略方针，适时调整招生规模和人才培养计划，大力发展与国家和地方经济建设密切相关的应用型专业。在相应学科内，实行按专业门类招生和培养，淡化专业，实施"加强基础、拓宽口径、强化能力、注重创新"的培养模式，体现培养具有创新精神和实践能力的高级专门人才的培养目标[23]。

青海民族大学提出，要立足青藏高原，适应国家和青海产业结构调整的需要，以市场为向导，及时更新、灵活调整相关专业。

大连民族学院提出，以经济社会发展和需求为导向，建设一批高水平、有特色、有影响力和竞争力的重点学科，调整和优化学科专业结构，推进学科间的融合和优势学科群的形成。加大生物化工、计算机应用技术、日语语言文学、民族学、人口资源与环境经济学等重点学科和相关专业建设的力度。按照学科交叉、融合、拓展、延伸的原则，统筹处理好基础学科和应用学科、传统学科和新兴学科、单一学科和交叉学科以及学科发展和专业内涵建设之间的关系，建设高新技术学科，扶持新的学科生长点。

（六）树立正确的高等教育观念

高校学科建设是在高等教育思想指导下进行的。思想是行动的指南，学科建设要准确定位，指导思想必须正确。必须把握高等教育规律，把握高等教育发展趋势。当前正确理解以下两点有着重要的意义。

一是充分认识高校之间分工的客观性。计划经济时代，高校有分工，部属高校与地方院校分工不一样，不同类别的高校分工也各不相同。在市场经济条件下，高校仍然有分工。全国知名高校、部属院校占据的教育资源较多，有条件选择建设研究型大学，服务于高端人才市场；地方院校、新建院校由于种种条件限制，只能选择应用型大学为建设目标；绝大部分民族院校不能选择研究型大学作为建设目标，应当选择教学研究型、教学型大学作为建设目标。

理性地接受高校之间的分工，并不意味着培养应用型人才的民族院校、地方院校没有自己的发展前途和领地，更不是弱化这些高校的职责。全面建设小康社会，需要培养数以亿计的高素质劳动者，数以千万计的专门人才，一大批拔尖创新人才，需要各种类型、各种规格、各种层次学校的共同努力。目前我国高等教育还很落后，科技水平和劳动力素质还很低，必须大力发展各类高等教育。国家关注重点大学发展，绝不是不发展非重点院校、民族院校、地方院校，不发挥这些院校的作用。任何学校不可能是全能冠军，我国不能没有北大、清华，但不能只有北大、清华，北大、清华不能包打天下。包括民族院校的各类院校都应抓住机遇，充分利用国家政策，利用社会和市场的广阔空间，改革创新，有所作为。

二是树立正确的高等教育质量观。在学科建设中，高校之间之所以盲目攀比，定位模糊，与没有正确的教育质量观有关。相当多的人认为，只有具有硕士点、博士点的大学，才算高质量的大学。这是一种错误的教育质量观。质量指产品的工作状况和优劣程度，不同类型的工厂企业都有一流的产品、优质产品，不同类型的大学都有一流人才。正确的质量观应当是：各类院校只要实现既定的培养目标，就是质量；各类院校的人才培养，只要满足社会的需求，受到社会的欢迎，就是质量。如师范院校学生成为优秀教师，就是质量；医学院学生成为好的医生，就是质量。不同类型学校质量标准是不一样的，不能用一元的质量标准，衡量所有院校的质量。各高校不要把自己放在不属于自己的平台层次上去比较质量。

（七）树立正确的学科建设的思路与指导思想

树立正确的学科建设指导思想和科学的学科建设思路，对于学科建设准确定位有重要帮助。目标各民族高校在这一点上都在积极探索与思考。

湖北民院提出："为了适应现代高等教育大众化、多元化、市场化、信息化、国际化的新形势，我们必须正确认识学科建设在高校改革与发展中的重要地位与作用，把学科建设放在首要地位，解放思想、更新观念，改变单一的增长理念，树立科学发展观，在学科建设中充分体现人才培养的国际意识、终身教育意识、教育的现代化意识、特色意识和质量意识。"在学科建设思路上，学校提出"立足湖北，服务地方，突出民族研究和区域资源研究特色，充分发挥师范类、医学类学科基础优势，以队伍建设为核心，科学研究为重点，推动学科建设上水平、上层次，全面提高人才培养质量和整体办学水平"。围绕把学校建设成为国内地方同类院校中先进的综合性民族大学这一目标，开展学科建设。

广西民族大学提出，学科建设要贯彻"精心规划、动态调整、发展优势、适度超前、分层建设"的方针，按照"突出特色、重点突破、协调发展"的学科发展思路，注意选择对国家和地方经济建设、科技进步、社会发展有重大影响的特色学科和优势学科进行重点扶持和建设。

中南民族大学提出，学科建设的总体思路是：统筹兼顾、发挥优势、突出重点、培植特色、支持应用、勇于创新、打造品牌。要以新兴、应用学科为依托，以重点学科为突破口，全面推进学科建设；要以学科建设为龙头，促进教学、科研和师资队伍水平的全面提高，使学校综合实力明显增强。

在此基础上，该校提出了学科建设要遵循的几项原则。一是学科建设要遵循实事求是、从实际出发的原则。要在综合分析学校已有基础、特色、优势和学科发展趋势的基础上，科学定位，走有学校特色的学科建设之路，做到"有所为，有所不为"。二是坚持发挥优势，突出重点原则。要整合资源，大力支持优势学科、重点学科建设，真正做到"人无我有，人有我强，人强我特"，打造学科品牌，占据学科制高点。三是学科建设要贯彻创新性原则。学科创新既要遵循学科发展的规律，又要体现国民经济与社会发展的需要，特别是要将学科建设与为国民经济建设和社会发展服务结合起来。要通过学科创新带动学科的发展。四是学科建设要贯彻统筹兼顾的原则。在学科建设中，既要突出重点，又要兼顾一般，处理好重点学科与一般学科，特色学科、基础学科与应用学科，传统学科与新兴交叉学科之间的关系。在加强重点学科建设的同时，加大对基础学科的投入和建设力度，有计划、有步骤地加强发展前景好、经济社会发展需要的应用学科建设，注重从新兴学科、交叉学科中培植学科增长点。

（八）国家制定学科建设的科学评价体系，出台促进各类层次高校学科发展的支持政策

目前，包括民族院校在内的高等学校学科建设定位出现的问题，很大程度上与教育部门制定的学科评价体系和学科发展政策有关。教育部对于全国重点大学、教育部所属高校学科建设有明确要求，制定了高校学科建设评估指标体系，对国家重点学科建设有明确的要求与政策支持，对国家重点学科以外的学科，也有包括经费在内的支持政策。这在实践过程中造成了所有高校学科建设以综合性大学、重点大学为标准来展开，学科定位与这些学校相攀比，向这些学校看齐，学科建设评估指标体系向教育部院校看齐，从而导致许多院校学科定位与自身实际不符，学科建设偏离正确的方向。教育部门应当改变这种做法，针对不同层次、不同类别的高校，提出学科建设的指导性意见，并制定适用他们实际的学科评估指标体系，在政策上、经费上支持这些高校的学科建设。我国高等教育不能只有教育部直属高校，教育部直属高校以外的学校也是我国高等教育的重要组成部分，应当对其学科建设进行关注，通过制定鼓励政策，促进他们在学科建设中科学定位，健康发展。

（九）加强政府在高校办学定位上的指导

高等教育发展过程中，政府要在办学功能上分类指导，促使各高校明确自己的发展定位，努力在同层次、同类型高校中争一流、创特色。不同类型和不同层次的高校，要按性质、任务和市场导向来制定人才培养质量标准，探索适合自己发展的多样化人才培养模式、教学内容、教学方法和评价标准。不同类型和不同层次的高校，都应该根据高等教育体系的整体性要求，各司其职，办出水平，充分满足社会对人才多样化需求，以市场机制来实现公共高等教育资源配置的优化。中央部委要加强对其所属院校的指导，地方政府要加强对包括民族院校在内的地方院校办学定位的指导，坚持把社会服务能力和经济贡献度作为学校发展规划、教育资源调配的重要依据。使市场机制在资源配置中的基础性作用，充分发挥出来，引导高校更好地服务于经济建设。以市场为导向，引导高校调整学科与专业建设，实行重点学科专业与地方经济结构挂钩，与高校的长远发展相结合，提高人才培养针对性与应用性。国家民委要加强对所属院校学科建设的指导，帮助帮助学校正确定位，健康发展。

参 考 文 献

[1] 王晓勇、熊和平. 创新机制模式走出地方高教特色发展新路. 中国高等教育，2006，（10）：50.
[2] 中南民族大学. 学科建设"十一五"规划. 2004-06.
[3] 广西民族大学. "十一五"发展规划. 2007-03.
[4] 国家民委、教育部. 关于加强民族院校发展的决定（民委[2005]240号）. 2005-10.
[5] 大连民族学院. 学科建设"十一五"规划. 2006.
[6] 广西民族大学. "十一五"学科建设规划. 2006.
[7] 大连民族学院. "十一五"学科建设规划. 2006.
[8] 毛泽东. 毛泽东选集（第五卷）. 北京：人民出版社，1977：277.
[9] 杨清震. 西部大开发与民族地区经济发展. 北京：民族出版社，2004.
[10] 杨健强. 扶持人口较少民族发展 文化发展问题不可忽视. http://www.china.com.cn/chinese/kuaixun/962178.htm[2005-09-06].
[11] 湖南省交通厅. 加大投资力度，加快民族地区交通建设步伐. 民族论坛，2004，（9）.
[12] 四川省委民族工委、省民委. 阿坝州金川县贫困问题调研报告（2003）. 2003.
[13] 韩勉，丁玲辉. 西藏大学民族区域特色研究成果显著. 西藏日报，2008-06-02.
[14] 庄万禄. 论西部民族地区特色经济发展战略. 中南民族大学学报（人文社会科学版），2004，（1）.
[15] 李俊杰. 全面建设小康社会与民族地区经济发展战略——以武陵山区少数民族州县为例. 北京：民族出版社，2006：81.
[16] 中共中央文献研究室. 周恩来文化文选. 北京：中央文献出版社，1998：387.
[17] 中山大学借脑给广东科技兴市——在信息生物医药海洋节能等领域大显身手. 中国教育报，2008-11-30.
[18] 厦门大学认准校地合作发展之路——赢得省政府政策资金等强有力支持. 中国教育报，2008-11-30.
[19] 黎树斌. 质量立校，加快民族高等教育发展. 中国高等教育研究，2006，（10）.
[20] 青海民族学院. "十一五"发展规划及加强学科建设的若干意见. 2006.
[21] 中南民族大学. 关于加强学科建设的若干意见. 2005.
[22] 广西民族大学. "十二五"发展规划. 2007-03.
[23] 湖北民族学院. "十一五"学科建设规划. 2006-11.

（本文根据给研究生教案整理而成）

民族院校的特色发展与学科建设

民族院校的学科建设是一项带有全局性的基本建设,它对实现民族高等教育的培养目标,确保民族院校特色发展方向,优化民族地区专业人才结构,提高人才培养素质,促进民族地区经济社会发展都有重要作用。

一、民族院校学科发展历程

新中国成立后,民族院校的学科建设从无到有,从少到多,经历了准备、起步、曲折、稳步前进、调整优化五个时期。

(一)学科发展的准备时期(1949~1955年)

新中国成立初期,民族院校围绕"培养普通干部为主,迫切需要的专业和技术干部为辅"的办学方针,结合民族地区的实际,开展教育教学活动,为学科专业建设准备了条件。

首先,在全国院系调整过程中,一些具有民族特色的学科专业进入我国民族院校。1952年根据国务院的指示,北京大学、清华大学、燕京大学等高等院校的民族学、民族语言学专业并入了中央民族学院,并相继设置了维吾尔语言文学专业、内蒙古语言文学专业,建立了民族学研究部和民族语文系。1956年11月,西北大学民族学系、兰州大学少数民族语文系并入西北民族学院,并在1953年设置藏语、蒙古语、维吾尔语三个民族语言文学专业。

其次,民族院校开始设置民族类以外的专业。1952年,中央民族学院设置政治本科专业。1953年,西北民族学院设置了政治专科专业,1954年设置法律专科专业。

再次,在师资队伍建设方面,各民族院校在全国院系调整过程中,调入了一批高水平的师资和管理干部。在历年高等院校毕业生中,国家分配一批具有本科学历或研究生学历的毕业生,到民族院校担任教学工作。选送一些具有培养前途的在职教师,到中国人民大学、北京师范学院、武汉大学等重点院校进修。

最后,全面开展民族地区社会调查。从1950年开始,各民族院校在国家民委、中央教育部的指导下,组织广大师生对西藏、新疆、内蒙古、宁夏、广西五个少数民族自治区,以及海南、湖南、云南、贵州、甘肃、青海、辽宁等少数民族自治地方,进行社会调查。民族院校对民族地区社会调查投入的人力之多、时间之长、内容之广、成果之多是史无前例的,为发展我国民族高等教育、建立适合民族地区需要的学科专业,提供了宝贵资料。

(二)学科发展的起步时期(1956~1966年)

在全面建设社会主义时期,民族院校调整了办学方针,开始向正规高等专业教育转轨,学科建设开始起步。

20世纪50年代后期,民族学院进行了结构调整,以学科为基础,划分和设置专业,建立科系。西北民族学院 1955 年设置蒙古语文、藏语文、维吾尔语文和汉语文 4 个专科专业；1956 年建立语文系，改设为蒙古语、藏语、维吾尔语和汉语 4 个本科专业，同时设置政治专科专业；1959 年建立政治系，设置政治教育本科专业、畜牧兽医专科专业。西南民族学院 1956 年设置中文、数学、物理、生物、地理、政治、历史 7 个师范专科专业；1960 年，在原 7 个师范专科专业基础上，改设汉语言文学、数学、物理与化学、政治与历史、生物与地理 5 个本科专业；1967 年，将藏、彝两个少数民族语言文学专科专业，改设为本科专业。中央民族学院 1954 年设置历史本科专业，1959 年设置艺术本科专业，1964 年设置汉语言文学本科专业。中南民族学院 1956 年开设中文、历史 2 个师范专科专业；1959 年改设为中文、历史 2 个本科专业，增设政治本科专业；1960 年设置数学本科专业。青海民族学院 1956 年建立藏文本科系，1958 年改为大学部，下设藏语言文学、汉语言文学、政史、数学、体育等系科。贵州民族学院 1957 年设置艺术师范专科，1958 年建立民族语言系，设置苗语、布依语、侗语 3 个本科专业。广西民族学院 1960 年设置政治、语文、历史 3 个本科专业，1964 年设置越南语、老挝语、泰国语 3 个外国语言文学专科专业。西藏民族学院 1963 年设置藏语文、师范、会计、卫生、农业、畜牧兽医 6 个专科专业。到 20 世纪 60 年代初，除云南、广东的 2 所民族院校外，其他 8 所民族院校都已初具规模，具备了开展本专科教育的能力。

这一时期，民族院校普通高等教育与成人高教、学历教育与非学历教育、中等教育与本专科教育同时并存，干训部教育形式得以保留。与此同时，创立与规范了少数民族预科教育形式。20 世纪 50 年代初，各民族院校均设立预科教育，当时的预科教育属于中等教育层次。从 20 世纪 60 年代开始，预科教育属于高等教育层次，是民族高等教育的重要组成部分和特殊层次。同一时期，民族院校为适应新形势、完成新任务，调整了办学方针。将学科专业结构的改造和调整，作为学校工作的重要内容、以学科为中心、划分系科，设置了一批文史、理工、农林、财经、师范类专业、培私各类专业技术人才。民族院校开始由民族干部教育向普通高等教育转化，由单一的低层次干部培训教育向多科类高等专业教育转变，由专科教育层次向本科教育层次转化，由文科单科类专业结构向文理综合类专业结构转化，由推荐选拔招生制向全国统考招生制转化。政治干部的培养不再是民族学院的主要任务，各类专业技术人才的培养成为中心任务。该时期民族院校的学科建设，促进了自身发展，使其在社会主义建设事业中的作用发挥得更加充分。

（三）学科发展的曲折时期（1966~1976 年）

"文化大革命"期间，民族院校的学科建设处于一个曲折阶段。一些学校停止招生，不少学校被撤销或解散。

学校教学、科研工作处于停顿状态。教学被批判，科研成果被否定，学校成为派性组织打、砸、抢的牺牲品。学科专业建设被称为"资产阶级教育思想产物"，学科划分、专业设置不讲规律，随意拆拼，专业层次任意升格降位。学校教学、科研设备损失巨大，有的校舍被别的部门占用，有的变为农场、工厂，导致民族地区各类专业人才青黄不接、后继乏人。

（四）学科发展的稳步前进时期（1977～1993年）

1977年，随着民族院校的逐步恢复和发展，民族院校在学科建设上步入稳步发展时期。随着全国民族院校的拨乱反正，"文革"期间停办、取消的专业得到恢复。1978年，中央民族学院、西南民族学院、西北民族学院、广西民族学院、云南民族学院、广东民族学院等9所民族院校，已设置文、理、农、医、艺术5个学科的普通本专科专业26种58个，其学科门类、专业数已超过"文革"前民族院校的科类专业设置数。随着时间的推移，民族院校学科专业建设成就更加明显。截至1985年，民族院校新设的专科专业41个，新设民族学科博士学位专业2个，文理科类硕士学位专业14个，结束了全国民族院校长期以来无博士点和硕士点的历史。在10所民族院校中，中央、西北、贵州、云南这4所民族院校首次设立理科专业，西北、云南、西藏3所民族院校首次设置医药专业，西北民族学院首次设置农科专业。

1985年，中共中央颁布了《中共中央关于教育体制改革的决定》。根据民族地区经济社会发展对人才的需要，国家民委所属民族院校在"七五"期间较大幅度地调整了本专科的专业结构。新设专业48个，使委属民族院校专业达到81种185个。新增专业有如下特点。

一是突出民族特点。新设了中国少数民族经济等5个专业，占新专业的9.2%。

二是加强理工科专业。新设了电子技术、食品工程等19个应用型理工科专业，占新设专业的35.2%。

三是增加财经类专业。新设了工业经济、财会、企业管理等15个财经类专业，占新设专业的27.8%。

通过调整，民族院校长期以来理工、财经、政法类学科专业的薄弱状况得到初步改变，很大程度上改变了文理型传统专业，加强了应用型专业，发展了新兴、特色专业，学科专业结构趋向合理，基本上能够满足民族地区经济建设和社会发展需要。

（五）学科发展的调整优化时期（1994年至今）

1994年10月，党的"十四大"确立了建立社会主义市场经济体制的改革目标。民族院校学科建设面向国家需求，面向区域经济社会发展，面向少数民族和民族地区改革发展需要加快了学科调整优化的步伐。

1. 党和国家高度重视民族院校的发展

民族院校学科发展离不开党和国家对民族教育工作的高度重视。1993年中央民族学院改名为中央民族大学时，江泽民同志为学校专门题写了校名。2000年全国人大常委会审议民族区域自治法修正案草案时，重点讨论在修正案草案第三十七条"举办民族师范学校、民族中等专业学校、民族职业学校和民族学院"的基础上，还要更多地创办高等院校[1]。2001年，江泽民同志为西南民族大学50周年校庆题词："努力发展民族教育，促进各民族共同繁荣"。2001年6月14日，朱镕基同志视察了中央民族大学，提出要将中央民族大学建成世界一流的民族大学。2002年，国务院下发了《国务院关于深化改革加快发展民族教育的决定》,为新时期民族教育的发展指明了方向。"十七大"报告又特别指出:"教育是民族振兴的基石,教育公平是社会公平的重要基础……扶持贫困地区、民族地区教育"[2]。

积极争取国家对民族院校如大投入是民族工作的一项重要内容,是民族院校学科调整优化的非常重要的因素。1994年以来,国家民委根据全国高等教育发展的形势和民族高等教育的特殊要求,适时召开了多次重要会议,推动全国民族院校转变办学方向,同时积极争取国家将民族院校学生的生均事业费提高到8000元。2005年,继党中央、国务院召开中央民族工作会议、印发《中共中央、国务院关于进一步加强民族工作加快少数民族和民族地区经济社会发展的决定》(中发〔2005〕10号)后,教育部关于贯彻落实《中共中央、国务院关于进一步加强民族工作加快少数民族和民族地区经济社会发展的决定》的通知具体指出:民族教育还面临着很多特殊的困难和问题,民族地区的教育水平与东部发达地区相比,还存在很大的差距;做好新时期新阶段的民族教育工作,不断推动民族教育发展,真正使民族教育各项工作能有新的突破性进展。而到了2010年,民族自治地方的普通高等学校本科生均教育经费支出都超过14000元。在教育较不发达的西藏、青海和新疆等地区,普通高等学校本科生均教育经费支出都超过20000元(依次为24683元、20130元和21228元),远高于全国生均17823元的水平[3]。

2. 21世纪的发展机遇促进了民族院校学科调整优化

特别是进入21世纪,中央实施西部大开发战略以来,民族院校学科调整优化迎来新的发展机遇。

一是系列政策措施为民族院校学科调整优化提供了正确指导原则和政策依据。这些政策和措施包括:①根据党中央、国务院实施西部大开发战略的重大决策,于2000年12月,国务院制定和颁布的《关于实施西部大开发若干政策措施的通知》,与此同时,教育部制定的《关于支持西部大开发的十项具体政策措施》,以及2001年9月21日,国家民委制定印发的《国家民委基本建设与事业发展十五计划纲要》等;②为深化改革创新体制,实现民族高等教育的跨越式发展,于2002年7月7日,国务院制定和颁发的《关于深化改革加快发展民族教育的决定》;③依据21世纪新阶段中央民族工作会议精神,进一步办好民族院校,培养少数民族高素质人才,于2005年12月30日,国家民委、教育部制定和印发的《关于进一步办好民族院校的意见》;④依据人才强国的战略方针,培养少数民族高层次、高素质人才,于2004年11月,教育部、国家发改委、国家民委、财政部、人事部联合印发的《关于大力培养少数民族高层次骨干人才的意见》;⑤根据西部大开发的长远规划与现实需要,结合西部地区教育发展的基本情况,于2004年9月22日,教育部、国务院西部开发办印发的《2004—2010年西部地区教育事业发展规划》;⑥根据党中央国务院提出的中国高等教育大众化政策目标和进一步扩大高等院校招生规模的重大决策,于2001年1月2日,国家民委制定印发的《国家民委高等教育事业"十五"计划和2010年发展规划》;⑦依据党和国家加快培养少数民族地区人才的特殊政策,于2005年6月3日,教育部制定和印发的《普通高等学校少数民族预科班、民族班管理办法》;⑧依据党中央、国务院关于进一步加强民族工作,加快少数民族和民族地区经济社会发展的精神,于2007年

2月27日，国务院办公厅印发的《少数民族事业"十五"规划》等。这些内容丰富的政策措施，为推进民族院校学科建设调整优化提供了正确指导原则和政策依据。

二是将西部地区民族院校纳入西部项目申报范畴。国家自然科学、社会科学基金西部项目是落实西部大开发战略的一个重大举措。哲学社会科学西部项目设立以来，18所民族院校有13所具有西部项目申报资格，西部项目在民族院校的国家社科基金中占"半壁江山"，对民族院校的哲学社会科学繁荣与发展产生了巨大的促进作用。国家自然科学基金面上项目也专设地区科学基金项目，申请者须是青海省、海南省、云南省、贵州省、江西省、内蒙古自治区、宁夏回族自治区、新疆维吾尔自治区、西藏自治区、广西壮族自治区和延边朝鲜族自治州等地区行政所辖单位的正式受聘人员，也将大部分民族院校纳入申报范畴。

三是设立中央院校科研基本业务费。2009年，中央院校科研基本业务费将国家民委部分直属院校纳入资助范畴，中央民族大学每年资助600万元，中南民族大学、西南民族大学每年资助400万元，大连民族学院每年资助200万元，并且以后逐年增多。

四是启动多轮博士、硕士学位授权申报工作。2005年4月，国务院学位委员会部署了第十次博士、硕士学位授权审核工作，特别提出"努力优化学位授权的地区布局，积极促进西部地区高层次人才培养基地的建设与发展"。2011年，国务院学位委员会发文下达了第十八次学位委员会审批通过的新增博士和硕士学位授权一级学科名单的通知。借多轮申报机会，通过努力，各个民族院校均建立了较为完备的学科体系。例如，中央民族大学有覆盖10个学科门类的55个本科专业、4个一级学科博士学位授权点、34个二级学科博士学位授权点和132个硕士学位授权点、8个专业硕士学位授权点、3个博士后流动站。中南民族大学开设了9大学科门类的68个本科专业；拥有民族学一级学科博士学位授权点和3个二级学科博士点；拥有19个学术型一级学科硕士授权点，72个学术型二级学科硕士授权点，8个硕士专业学位授权点（10个专业领域）；授权学科覆盖了除军事学之外的其他全部12个学科门类。西南民族大学有本科专业71个，硕士学位授权点100个，专业学位硕士点10个，博士学位授权点7个，博、硕士学位授权一级学科18个，博士后流动站1个。

3. 形成了两个面向、两个服务、两个有机结合的学科发展模式

民族院校发挥民族院校科研特色和优势，面向少数民族和民族地区，为少数民族和民族地区的共同繁荣进步提供科技、智力支撑，创造性地把民族工作规律与高等教育规律、民族高等教育的特殊性与普通高等教育普遍规律性有机结合，很好地体现了民族院校的办学宗旨，为民族院校的学科发展提供了更为广阔的空间和平台。

4. 又好又快科学发展成为民族院校学科建设鲜明的特征

一是在学校定位上适应了新形势发展的需要，即由以干部培训为主向正规大学发展。二是在办学规模上实现了快速发展，即由小规模办学向适度规模办学发展。三是在办学层次上实现了结构性调整，即由单一层次向多层次发展。不仅具有本科、专科、民族预科、干部培训、成人教育等办学层次，而且具有硕士、博士和留学生教育办学层次，总体办学

水平有了较大提升。四是在办学类型上呈现了多样化，即由教学为主向教学为主、教学和科研并重、研究型多样化发展[4]。

5. 高度重视教育质量，学科建设工作重心实现了重大转移

培养多民族高层次合格人才是民族院校的根本任务，质量是民族院校的生命线。民族院校正按照教育部《关于进一步加强高等学校本科教学工作的若干意见》精神，高度重视人才的引进、稳定和培养，多渠道、多方位地引进和培养高层次、高水平人才。坚持引进和培养并重，建设一支具有创新精神的高水平民族师资队伍。全力以赴地实施"高等学校教学质量与教学改革工程"，进一步加大教学投入力度，保证教学工作的有效运行，学科建设实现了规模结构效益协调发展。

二、民族院校学科建设的现状和存在的问题

在60多年的发展历程中，民族地区高等院校的学科建设取得丰硕成果。不仅学科数量大幅增加，学科结构也不断趋向合理，并且建立起一大批具有民族特色的、符合民族地区经济发展需要的学科群和学科专业。但是，随着社会经济的发展以及西部大开发战略的实施，民族地区对各类人才的需要发生了较大变化。而目前民族地区高等院校学科发展状况还不能很好地适应这种新的变化。

（一）民族院校学科建设的现状

党的十一届三中全会以后，民族高等教育更加受到重视，民族院校进入了快速发展的新时期，学科建设上了一个新的台阶，初步形成了具有中国特色的学科结构。

1. 学科数量上有一定的突破，学科覆盖面进一步扩大

民族院校创办之初，以培养少数民族干部为主，学科建设处于准备阶段。随着国家经济社会的发展，民族院校人才培养层次得以提高，学科建设开始受到关注。改革开放后，学科建设步伐加快。1978年，全国民族院校已恢复了9所，普通院校本专科共设专业57个，至1985年达到99个，增加近1倍，1988年达205个，又增加1倍多，1990年发展到215个。从1986~1993年，全国民族院校共13所，设置普通本专科专业达296个，增加了3倍，新增普通本专科专业197个。1998年年底，国家民委所属院校本科专业就已达131个，2002年本科专业达到237个，2007年年底已形成293个本科专业点，覆盖了1998年教育部颁布的专业目录的11个学科门类。

2. 改变了单纯的文理型学科结构，学科结构趋向合理

20世纪50年代，民族院校设置的专业几乎是清一色的文科。60年代初期，增加了少量理科。80年代进行学科专业调整，摆脱了文理型的专业建设模式，结束了工科类、财经类、政法类、教育类、管理类专业一直处于空白的状态。90年代末，经过学科建设，民族院校呈现文、理、工、管、财经、政法、农牧、医药、教育、艺术等多学科并存的专业结构，大大拓展了民族院校教学、科研领域，增强了为社会主义现代化建设服务的能力。

目前，民族院校学科专业已达 100 多种，涵盖文、史、哲、理、农、工、医、法、经济、管理、教育、艺术等 12 大学科门类，形成了高职、本科、硕士、博士、博士后多层次人才培养格局。

3. 建立了一大批具有民族特色、符合民族地区实际需要的学科群和专业

在特色学科方面，目前民族学类学科群涵盖了马克思主义民族理论和政策、民族学、中国少数民族经济、中国少数民族艺术、中国少数民族史、中国少数民族语言文学等专业。民族类学科已成为优势学科，成为国家级或省部级重点学科，对少数民族和民族地区经济社会发展起了重要作用。

各民族院校处于不同区域，为了为所在地区经济社会发展服务，各校均设置了一些适合当地需要的特色学科专业。如西南民族大学的畜牧兽医、中南民族大学的民族药学专业等。这些学科专业的建立为地方针对性地培养了大量专业人才。这些学科水平较高，成为有较大影响的特色、优势学科。

（二）民族院校学科建设存在的问题

随着少数民族和民族地区经济与社会发展，社会主义市场经济体制的不断完善，国家经济结构的调整，西部大开发战略的实施，民族地区对各类专门人才的需求发生了较大变化，需要大量应用型人才。目前民族院校面向国家经济建设主战场的学科数量偏少，水平偏低，所培养的人才社会竞争力不够，民族院校学科建设存在一些问题。

1. 学科建设缺乏总体规划

（1）缺乏人才需求科学预测和专业发展规划

目前，民族地区的经济结构、产业结构、技术结构现状如何，各类专业人才结构现状如何，哪些专业需要发展，哪些专业需要调整，哪些需要改造更新，哪些需要新建，对这些问题目前缺乏研究，缺乏系统的人才需求科学预测和专业发展规划，不注意基本的数量统计和数量分析，在确定学科结构比例、层次、布局和招生数量上，往往依据不够充分，不够明确，存在一定的盲目性和随意性。

（2）在管理上缺乏整体协调

民族地区之间、民族院校之间、科系专业之间存在着较大的差异。在学科专业建设上如何分工合作，如何发挥各自优势、办出特色，如何构建合理的专业结构，发挥整体效应，这些都要整体协调，以便形成相互补充、相互促进、协调发展的新格局，以防止造成学科资源的结构性浪费。

（3）学科建设目标缺乏特色

我国民族院校因办学历史长短不同，学科基础不同，应该有不同的学科建设目标。但长期以来，我国民族院校也与其他院校一样，实行"统一专业设置、统一教学计划、统一培养规格、统一教材、统一要求"的严格的计划体制管理，致使民族院校形成了统一的办学模式。这种模式使少数民族院校的学科建设不可能形成自己准确的目标定位，只能按国家指令办学，致使所有同类别的少数民族院校的目标全部一致，形式相同，学科功能趋同。

2. 学科发展定位不准确，目标过高

自1999年实行高考扩招以来，各地高等院校追求学校规模、学科专业齐全之风盛行。各民族院校也在向部属院校看齐，导致多数民族院校自己的学科建设目标缺失。少数民族院校根据自己的办学传统和学科基础，结合少数民族地区社会发展的实际需要，确立了自己学科建设的目标。但不少民族院校，对高等教育规律认识不清，对少数民族地区社会发展对人才的需求研究不够，加上政府主管部门不科学的行政干预，在学科建设上盲目攀比、盲目跟风，追求大而全。学科建设目标定位的不准确，造成了民族院校学科布局的不合理，同时限制了我国民族院校学科水平的进一步提高。

3. 学科结构失衡，专业设置重复现象严重

由于缺乏对民族地区人才需求的科学预测和专业改造的主动性，而且受到办学条件的限制，我国民族院校目前的专业结构还存在不少缺陷。例如，工学、农学、医学等学科门类专业缺乏，而文科类学科专业比例偏高，几乎占民族院校专业总数的60%以上；文科专业中语言类专业比例偏高，应用文科比例偏低。民族院校的专业设置重复现象普遍存在，客观上带来了教育资源不集中，使本来有限的教育资源分散使用，造成了人力、物力、财力的浪费，导致教育资源利用率低下，不利于学科专业规模的发展。

4. 学科建设单兵挺进，忽视整体优化

民族院校的特色之一是民族性，其特色和优势学科一般都是民族学科，而在其他学科上的优势相对较少。因此，各民族院校都非常重视民族学科，无论在人力还是在财力上，民族学科的投入都是最有优势的。但与此同时，忽视除民族学学科以外的其他学科的建设，忽视了学科群的建设，忽略了学科发展的交叉、综合性，使民族院校无法形成学科综合优势。

5. 重点学科、特色学科建设水平偏低，优势不明显

目前民族院校的重点学科、特色学科建设水平与其他普通院校相比还存在着较大的差距。除民族类学科外，其他重点学科建设水平都不高。主要表现在以下几个方面。

（1）特色学科结构需完善

民族院校特色学科结构的缺陷主要表现为：民族院校的特色学科大都以民族学为主，而完全符合民族地区经济发展需要的应用型特色学科数量不足、质量不高，缺乏充分利用民族地区独特自然资源的特色学科。传统特色学科建设领域偏窄，不利于民族文化的整体传承与发展，特色学科与其他学科联系不够紧密，交叉融合度不深，交叉学科、综合学科、边缘学科发展滞后，不利于构建良好互动的特色学科群体。

（2）特色学科团队建设需加强

教师是学科建设的主体，没有一流的高水平的师资队伍，就不可能建成一流的学科。因此，师资队伍建设是学科建设的核心。当前，民族院校在学科队伍建设上，投入相对不足，人才培养和引进政策不尽如人意，民族院校学科队伍整体实力相对较弱，有实质性合作的学科团队数量少，尤其是缺乏有影响的学科带头人，学科团队内部的凝聚力不足，难以联合攻关学科难题。

（3）特色学科研究成果需创新

特色学科是民族院校的优势学科，其科研成果的创新水平在一定程度上代表着特色学科发展水平。民族院校依托特色学科开展的科研数量不断增加、成果也比较丰硕，但其创新能力远远不足，尤其是在重大理论、实践技术方面没有突破性的进展，难以突显特色学科的优势。

6. 学科环境建设未引起足够的重视

在校内，由于学科结构不合理，学科群建设未提上日程，学科间的交叉渗透的学术氛围无法形成，学科带头人与学术梯队成员之间的关系、各成员之间的关系、导师与学生之间的关系都相对松散。另外，学科文化建设未引起办学者的普遍关注，学科文化的核心作用未能发挥。学术自由环境未从理念和制度层面加以建设，每个学科独特的学科文化未被挖掘和利用，需要对学科文化进行积极建设和引导，为学科建设营造良好的学术氛围。

7. 学科建设资金不足

民族院校学科建设经费投入不足，致使学科基础薄弱。新中国成立以来，国家对民族院校建设投入相对不足。今后高等教育建设的重点是"211工程""985工程"大学，除中央民族大学外，其他民族院校建设又面临投入不足问题。目前，国家民委所属院校每年的教育事业费用于人头费已达70%～80%[5]，能够用于学科建设的经费十分有限。从民族院校自身来看，由于历史的原因，民族院校以文科为主，相当长时间局限于民族干部培训基地的定位，应用型学科数量少，发展慢，水平不高，难以发展科技型的产业，自我筹资能力较弱，学科建设面临资金困难。

三、影响学科建设的因素及面临的矛盾分析

对民族院校的学科发展进行建设和管理，需要从根本上把握影响学科发展的主要因素，分析各种因素之间如何相互影响、相互作用、相互冲突，并根据民族院校自身发展的目标定位寻求协调关系、解决矛盾的对策。

（一）影响民族院校学科发展的主要因素

1. 内在动力：科学发展的内在逻辑

（1）科学知识增长和发展的模式

把科学作为知识体系研究其发展变化，最有代表性和广泛影响的论点，一是普赖斯关于科学知识增长的"指数"——逻辑斯蒂曲线，二是库恩关于"科学革命的结构"，即科学的发展要通过"范式转换"实现。他们用不同的方式描述了科学知识增长发展的一般规律。

普赖斯针对科学研究成果、科学出版物、科学家队伍等在一段时间内的数量呈指数增长的统计现象，一方面指出了科学是在加速发展，而且每个学科都有蓬勃发展的"科学青年期"，一段时间内确实呈指数增长；另一方面又指出，"科学发展的所有明显的指数型规

律终将成为逻辑型"[6]。库恩设想科学的发展是一系列"革命"。他认为科学在其常规的发展过程中，每门学科都有自己的"范式"，当出现的许多新的现象、新的问题不能用已有"范式"来解答和解决时，在科学共同体内就出现了一种危机，只有通过"范式转换"形成新的"范式"从而使学科得到进一步发展。本·戴维指出："科学革命的概念的主要意义在哲学上——说明科学发展不像通常人们认为的那样是累积式的，而是由一系列不同、不连贯的开始、增长和衰落所组成的，有点儿像各种文明的兴起和衰落一样"[7]。

（2）科学向应用研究领域的延伸

在科学发展的过程中，科学领域的扩大，一方面表现为各门学科的研究领域在不断扩大，另一方面表现为新的学科不断涌现。毫无疑问，学术领域内部概念体系自身的逻辑运动是科学发展的一个源头。这些新的学科中，有一批学科是从对实际问题的研究中产生的，或者说是从"学术的边缘地带"产生的。科学从基础研究领域向应用研究领域延伸，表明它不是一个封闭的纯理论体系，而是一个在人类的实践活动中不断发展和变革的开放系统。基础研究、应用研究和研究的应用以及技术之间没有不可逾越的鸿沟。如果说19世纪下半叶应用学科加入了科学的行列，是科学发展的内在逻辑的体现，那么20世纪中叶以来日益强大的"科学技术一体化"的潮流，也正是科学技术发展大趋势的必然结果。

（3）各门学科在科学体系中的地位会发生变化

苏联学者凯德洛夫在20世纪70年代初提出的"带头学科"理论，被认为是一个很有影响的理论假说。凯德洛夫认为，从近代科学兴起以后，"带头学科"依次是：力学→化学、物理学、生物学→微观物理学→控制论、力能学、宇航学→（将来）分子生物学→心理学。该理论认为：自然科学各学科的发展并不是齐头并进的，而总是要有一门作为主导学科带头向前发展的。这门科学对其他学科以及整个自然科学的发展有重大影响[8]。不少科学家也根据对各门学科的发展历史的研究，提出了不同时期的若干带头学科。某门学科能否成为一个时期的带头学科，取决于当时整个科学技术的发展状况和这门学科所能发挥的影响作用。随着人类实践和认识领域的扩大和科学实验手段的进步，随着社会对科学技术不断提出新的要求，新的学科会加盟到带头学科的行列或者取代原来的带头学科。凯德洛夫还提出，"科学的突破点往往发生在社会需要和科学内在逻辑的交叉点上"[9]。这使得一些学科成为某一时期备受关注、成果累累的所谓"热门学科"。显然，在科学发展的过程中，某一门具体学科在科学体系中的地位会发生变化，这种变化具有不以人的意志为转移的客观性。

（4）各门学科在高度分化基础上的交叉与综合

随着人类对世界认识领域的不断扩大和深化，自然科学现在已发展到如此程度，以致它再不能逃避辩证的综合了[10]。马克思还指出："自然科学往后将包括关于人的科学，正像关于人的科学包括自然科学一样：这将是一门科学"[11]。列宁也曾指出："自然科学奔向社会科学的潮流，在马克思时代就已经存在了，在20世纪这个潮流就更加强大了"[12]。学科的交叉融合，一方面表现为产生了一大批综合性学科、边缘学科、横断学科，另一方面表现为不同学科的概念、研究方法被移植运用到其他学科之中。这种交叉、渗透和融合不仅在自然科学和社会科学两大门类内发生，而且在两大门类之间进行。

民族院校的学科，作为各门学科在民族院校集合而形成的子系统，必然受到科学发展的内在逻辑的影响。科学知识的增长与范式的转换,科学逐步向应用研究领域延伸,各门学科在科学体系中的地位变化,以及各门学科在高度分化基础上的高度综合,都将不同程度地在民族院校的学科发展中反映出来。这就要求民族院校在学科建设中遵循科学发展的内在逻辑,顺应学科发展的趋势,把握学科发展的特点,按照学科发展的内在要求建设和发展学科。

2. 外部动力:社会需求和政府干预

社会需要是科学发展不竭的源泉。100多年前,恩格斯就说过:"社会一旦有技术上的需要,则这种需要就比十所大学更能把科学推向前进"[13]。社会需求当然不只是包括技术上的,而是涉及社会经济、政治、文化等极其广泛的领域。改革开放以来,我国在发展科学技术和高等教育上,相继采取了一系列重大措施,制定了一系列诸如"863计划""211工程""973计划"、国家重点实验室建设和国家重点学科建设等重大政策,以及科技体制和教育体制的重大改革等,都是为实现21世纪中叶前我国经济社会发展"三步走"的战略目标威的。国家政府的这些重大科技教育政策的实行,强有力地带动了大学学科建设。

民族院校的学科作为一种社会建制存在和发展时,就成为社会大系统中的一个子系统,一方面对社会各方面产生广泛影响,另一方面要受到社会大系统的影响和制约。在知识经济这样一个典型的"大科学"时代,民族院校的学科与我国少数民族和民族地区的政治、经济和文化等方面保持着紧密的联系,由于民族院校的学科发展在促进我国少数民族和民族地区的政治、经济、文化发展等方面的作用不断增强,无论我国少数民族和民族地区,还是国家政府都要求民族院校不断提高学科发展水平,不断调整学科结构,增强为少数民族和民族地区服务的能力,在培养各民族人才,开展科学研究和直接为社会服务方面发挥更加突出的作用。

3. 中介因素:科学组织

在科学组织中,科学共同体成员的互动对科学发展产生重要影响。各个国家、各门学科的科学家一方面组成了各种形式的研究集体,另一方面,他们又都是"科学共同体"中的成员。各种学术社团、学术会议、学术期刊、学者访问等,甚至包括科学家个人之间的通信,都成为学术交流的网络、渠道。通过学术交流所形成的科学成果的传播,更为重要的是科学思想及方法的传播,加快了各门学科的发展。这种发展不仅意味着"抬高了每个地方的科学活动的一般水平",而且促进了各门学科间的交叉渗透。

民族院校各个学科的学术群体是整个科学组织的亚群体,且依附于整个"科学共同体"。"一方面,教授们在学校的院、系等事业单位中活动,另一方面,又活跃在与国内、国际密切相联系的学科领域。教师与学校、社会的联系主要通过学科,因此,他们对学科的忠诚大于对学校的忠诚"[14]。无论依循科学发展的内在逻辑,还是满足社会的需求和政府的规划,民族院校学科的学术群体都必须以科学共同体组织为桥梁和中介、利用组织或者个人的联系网络,加强与科学组织的联系,跟踪学科发展前沿,促进学科之间的交叉渗透,提升民族院校学科的发展水平。

（二）民族院校学科建设面临的基本矛盾

1. 外部矛盾：满足市场需求与满足政府规划之间的矛盾

（1）市场需求对民族院校的影响。民族院校作为我国高等教育体系的组成部分，已置身于社会主义市场经济环境之中，必须参与消费者市场、劳动力市场、高等院校市场的竞争，才能在竞争中求生存，求发展。具体包括：第一，按照入学者的发展要求，民族院校需要加强专业建设，改进教学内容和方式，不断提高教育质量；第二，按照劳动力市场对人才和劳动力的品种、规格、数量的要求，民族院校需要积极主动适应劳动力市场变化需求，改革人才培养模式，调整人才培养目标，培养适销对路的各类人才；第三，按照市场选择教师的竞争需求，加强民族院校师资队伍建设，促进师资队伍结构优化，提高教师待遇，为教师的成长和发展提供优良的学术环境；第四，民族院校需要引入竞争机制加强内部管理，促进教育资源的合理配置，通过成本核算和效益评估，促进学校在规模、质量、机构、效益方面科学发展，不断提高教育投资的效益。

（2）政府规划对民族院校的影响。民族院校创立于20世纪50年代，是党和国家为解决民族问题的需要而创办的特殊办学形式，是新中国在促进少数民族发展进步，增强中华民族团结，解决中国民族问题上的伟大创造。60多年来先后建立起来的一批民族院校，是中国特色社会主义高等教育的重要组成部分，在培养少数民族各级各类人才，促进中华民族的团结和共同繁荣，提升少数民族发展水平，推动民族文化和民族问题的研究等方面发挥了极为重要的作用，成为世界上举办少数民族高等教育的典范。在新的历史时期，党和政府仍然需要民族院校继续执行国家民族政策，紧紧围绕促进民族团结、实现共同进步这一主线，坚持为少数民族和民族地区发展服务。在政府政策机制的作用下，政府通过对民族院校的投资与资助，在办学方向上规划和引导民族院校的发展，要求民族院校以推进国家的民族团结进步事业为己任，承担起为少数民族和民族地区发展服务的特殊政治使命。

（3）民族院校学科建设在满足市场需求与满足政府规划上的矛盾市场需求和政府规划作为影响民族院校学科建设的外部作用力，共同构成民族院校学科建设的外部社会环境，二者既有统一性，也有矛盾性。民族院校的学科建设需要与市场结合，需要与政府合作，充分考虑社会环境对民族院校学科建设的影响和制约，与社会环境的发展变化相适应。民族院校对国家和社会的贡献通过学科显示出来，学科建设是衡量民族院校是否具有办学适应能力和综合竞争能力的重要方面，学科建设是否适应社会发展，重要的是看人才培养、科学研究和社会服务三大职能的作用发挥如何，这就要求民族院校学科建设要根据社会的人才、知识和智力需求确定学科体系、调整专业结构及设置相应课程，以获取人才的就业面、知识的创新力和智力的开发度。市场需求和政府规划作为影响民族院校学科建设的外部作用力，由于作用的机制不同，对学科建设的目标和要求也不一致，二者时常发生矛盾。市场需求影响民族院校学科建设，遵循市场机制，自发调节学科建设资源，通过参与市场竞争，民族院校学科在竞争中获得竞争优势。政府规划影响民族院校学科建设，遵循政策机制，通过政策引导民族院校学科建设服务于国家，推进民族团结进步的政治目标。这正是民族院校学科建设特殊性的体现。

2. 内部矛盾：满足人才培养需要与满足科学研究需要的矛盾

（1）民族院校的人才培养职能

民族院校自产生之日起就注重培养少数民族干部和专业人才。民族院校培养的各民族干部和专门人才，是少数民族和民族地区政治经济文化建设的中坚力量，是党和政府解决民族问题的可靠保证，在维护民族团结和祖国统一，促进少数民族和民族地区的政治、经济和文化的发展方面作出了重要贡献。在新的历史时期，民族院校要继续发挥人才培养的职能，培养具有宽广的国际视野和深厚的民族情感，具有较高的民族理论和民族政策水平和政治素养，具有高尚的人文精神和良好的科学素质，具有创新精神和实践能力，愿意为少数民族和民族地区政治经济文化服务的高级专业人才。

（2）民族院校的科学研究职能

民族院校的产生和发展是围绕民族问题的解决展开的，主要通过人才培养和科学研究两方面来解决民族问题。要解决民族问题，首先要培养执行党的民族政策，实现民族平等和民族团结的民族干部和专业人才；其次要具体研究民族问题的现状和特征，包括对少数民族的历史与现状，少数民族的政治、经济、文化和社会生活展开广泛调查和深入研究。研究成果不仅为教学提供教材，而且为党和政府制定民族政策提供依据。对民族问题的研究为民族院校的科学研究工作奠定了基础。随着民族问题的变化和发展，民族研究的内容日趋丰富和深入，研究成果日益丰硕，民族研究也由此成为民族院校独特的研究领域。经过几十年的发展，民族院校的学科在科学研究工作中也取得了长足的进步，诸如民族学、民族理论与政策、民族史、民族语言文学、民族教育、民族经济、民族艺术等与民族研究相关的学科不断发展壮大，业已成为民族院校学科的优势和特色。

（3）民族院校学科建设在满足人才培养需要和科学研究需要的矛盾

民族院校的学科是民族院校的基础结构，是人才培养、科学研究和社会服务的载体。民族院校的学科建设首先必须满足人才培养的基本要求，致力于实现人才培养的基本职能。同时，民族院校学科的发展离不开科学研究，通过科学研究可以促进学科的发展和课程内容的更新，从而提高教师的学术水平，提高教学水平，提高人才培养的质量。但是，在民族院校学科发展演变过程中，学科有一种为追求自身发展而专注科学研究，逐渐淡化人才培养职能的倾向。"学科迫使机构向学术性——有时是向研究性的方向发展。机构则迫使学科以学生为中心，有时还迫使它认识其他学术领域"[15]。民族院校学科建设在满足人才培养需要和科学研究需要中的矛盾，在本质上是完成学科承担的教育职能与满足学科发展自身需要之间的矛盾，从利益主体上说，这是满足学生发展需要与满足大学自身发展需要之间的矛盾。

民族院校学科建设在满足人才培养需要和科学研究需要的矛盾具体体现在以下几个方面。第一，在民族院校教师的教学与科研活动中容易出现"重科研、轻教学"的倾向。教师专注于科学研究，导致对教学的关注下降，甚至不愿意从事教学，对大学的教学起着消极作用。教师"重科研、轻教学"根源于学校"重科研、轻教学"。重视科研，是提高学校地位的需要，其原因在于各种"大学排行榜"在对大学排序时，都把科研成果作为最重要的评价指标。第二，民族院校人才培养与科学研究所追求的目标不同。民族院校培养的人才终究要参与就业市场的竞争，其规格和质量终究要通过竞争机制受到社会的检验。民族院校的科学研究是以科学发展的内在逻辑为依据，科研成果的水平最终要在学科共同体中去体现，通过同行进行评价。民族院校所培养的人才，在规格和目标上更具"普遍性"，要参与广泛的市场竞争，适应社会需要。民族院校的科学研究更具"特殊性"，尤其是诸如民族研究之类的学科，由于受政府规划的作用，多属于基础研究领域，但有着很好的研究基础，具有学科优势和特色，致使这类学科的适用范围较小，也具有"特殊性"。

3. 内外矛盾：满足科学发展的内在逻辑需要与满足社会发展需要的矛盾

（1）科学发展的内在逻辑对民族院校学科建设的要求

基于科学发展的内在逻辑的要求，民族院校的学科建设必须致力于学科发展的学术性目标。民族院校建立之初的学科虽多为如中文、历史、数学、物理之类基础学科，但由于历史的原因，民族院校的学科并没有得到深度发展，基础研究未得到重视，致使学科发展水平偏低，在学科共同体的相对位置靠后，基础仍然十分薄弱。要想实现民族院校学科的跨越式发展，就必须重视和加强基础研究，提升学科的基础研究水平，为学科的可持续发展奠定厚实的基础。

（2）国家和社会的需求对民族院校学科建设的要求

民族院校作为社会系统中的一个子系统，必然受到社会系统的影响，并努力为社会服务。满足国家和社会的需求，既是民族院校对社会的贡献，也是民族院校获得支持以满足自身发展的手段。因此，民族院校的学科承担着重要的社会职能，民族院校的学科建设必须重视发展学科的实用性目标，如围绕我国民族问题的解决，推进民族团结和民族进步事业，加快少数民族和民族地区政治、经济和文化发展，民族院校的学科建设应紧紧抓住解决民族问题这一中心工作，注重加强应用研究和开发研究，既为国家解决民族问题提供政策支持，同时在民族文化的传承与发展、民族地区经济发展、政治稳定方面提供智力支持和科技支持。另外，民族院校的学科建设还得关注每一科学共同体的发展态势，力争进入学科发展的高水平平台参与竞争，在争取国家级、省部级的科研项目方面取得突破性进展。

（3）民族院校学科建设在满足科学发展内在逻辑与满足社会需求的矛盾

毫无疑问，在学科发展多重目标的整合中，发展学术应是任何一门学科的首要目标，因为它是学科生存、发展的需要，是大学发展的根基。另外，满足社会和国家的实际需要，又是大学在确定学科发展现实目标时必须认真考虑的。

面对学术性与实用性的矛盾，民族院校学科建设的任务非常艰巨。在当今知识经济和经济全球化的时代，科学技术方面的激烈竞争和较量成了国家、地区之间经济实力比拼的重要内容。正是在这样的背景下，民族院校要想承担起历史的重任，学科建设必须上台阶、上水平，在现有的传统学科、基础学科领域加强基础研究，力争在某些优势领域取得领先，从而带动学科整体发展。大学虽然不是一个"温度计"，不必对社会每一流行风尚都作出反应，但面对市场经济的要求，面对国家对民族院校的要求，民族院校学科建设必须主动适应社会需求，发展应用研究乃至开发研究，发展应用学科、新兴学科，走学研产协调发展的道路。很显然，民族院校学科建设，在现有的学科发展状态下，要较好地解决科学发展内在逻辑与社会需要之间的冲突与矛盾，需要从战略高度把握学科发展趋势，确定不同学科在不同阶段的发展方向和重点，寻找学科发展的突破口，走跨越式发展道路。

（三）民族院校学科建设面临的具体矛盾

1. 学科建设与专业建设的矛盾

民族院校学科的划分，遵循知识体系自身的逻辑，因而形成"树状分支结构"。学科及其分支，是相对稳定的知识体系，即使是在一些学科分化与综合的演变中形成的新的交叉学科、边缘学科和综合性学科，也都有自己相对稳定的研究领域。民族院校专业的划分以学科分类为基础，与社会职业分工相适应，处在学科体系与社会职业需求的交叉点上。专业的设置和专业的招生规模，必须根据社会需求的变化而变化，确定专业口径的原则，应当是该专业的人才培养计划是否适所面向社会职业领域的需要。

民族院校的学科建设与专业建设在建设目标、建设方向、建设重点、建设路径、建设内容上有明显不同。民族院校的专业设置相对学科而言变动比较频繁，而学科相对比较稳定。因为专业设置要根据社会职业的需求适时调整，新兴专业、热门专业、应用型专业如法学类、经济类、管理类、计算机科学、通信等专业不断加入民族院校的专业行列。对一些与社会职业变动不相协调的老专业需要适时进行改造和调整。因此，民族院校的专业建设要根据社会职业领域的需要，遵循学科基本规律制定专业培养目标和规格，确定专业设置口径，制定专业教学计划（或称为人才培养计划）等。而学科发展遵循科学发展的内在逻辑，民族院校的学科建设，更多的是学科优势积累的过程，学科方向、师资队伍、基地建设、学科组织建制等，具有相对的稳定性和连续性。民族院校的学科建设重点关注那些有一定学科积淀，在学科共同体中有一定地位，能体现学校的水平、优势和特色的学科，如民族院校的民族学、中国少数民族史、民族理论与政策、民族医药、民族文化、民族语言文学等学科与研究领域等，都应该是民族院校学科建设的重点。专业建设主要通过本科教学与改革实现，而学科建设主要通过科学研究水平的提高实现；专业建设主要根据社会职业需求改革人才培养模式，加强课程建设，而学科建设主要是凝练学科方向，汇聚学科队伍，构筑学科基地。

2. 优势先行与整体优化的矛盾

所谓优势先行，是指注重追求优先重点资助优势学科、扶持新兴学科、有条件地兼顾其他学科的发展方式。所谓整体优化，是指注重追求结构合理、发展协调、综合功能强大的发展方式。这是在处理重点学科、优势学科、特色学科与一般学科、弱势学科、普通学科的关系上两种不同的学科建设理念。从现实看，优势先行是有高显示度和即时效应的，发展速度比较快，可以充分发挥优势学科的示范、辐射作用，通过学科的交叉、综合、渗透和延伸，促进学科结构调整，以重点学科建设为龙头，带动相关学科，使彼此在更高的水平上发展，从而形成优势突出，特色明显，相互促进、布局合理的学科体系。从长远看，整体优化是有持续发展优势的。

由于民族院校的资源是有限的,而各门学科对资源的需求几乎是无限的,因此各门学科对资源的竞争是一个必然的、永恒的矛盾。从理论上讲,民族院校的学科建设既要有利于保持和发展学校在原有若干学科上的优势,形成在学校内能起核心或带头作用的优势学科,又要有利于新学科在学科丛林中发展壮大,促进学科间的交叉渗透,营造有利于学科共生的学术生态环境。但学科建设在办学实际中面临的矛盾是:要保持和发展若干优势学科或学科优势,就必须在学科力量配置上向这些学科更加集中和倾斜,这就可能削弱对其他学科包括弱势学科的力量投入;如果弱势学科的力量并未得到加强,它们就很难在同一水平层次上和那些发展较好的学科交叉渗透;如果将有限的资源平均分配到各门学科上去,虽然"照顾了各方利益",却造成力量分散,难成气候。因此,优势先行与整体优化的矛盾是民族院校学科建设的永恒矛盾。

3. 跟踪学科主流方向与确定学科主导方向的矛盾

在大学的学科建设中,如何确定大学中的学科在一定时期内的主导方向,这是大学办学者需要深入思考的问题。其中存在如何处理学科主流方向与大学中学科主导方向关系的问题,也是有关大学学科发展的长远目标与现实目标的关系问题。

民族院校学科建设在确定学科主导方向时应特别处理好与学科主流方向的关系。民族院校的学科由于受多种因素的影响,加上学科发展水平不高,在确定学科主导方向时不能好高骛远,盲目追求学科主流方向,而只能跟踪学科发展前沿,了解学科发展的特点,把握学科发展的趋势,以此作为确定学科发展主导方向的学科环境,根据民族院校的学科发展现状与特点,选择学科发展的现实目标。

4. 学科带头人与学科创新团队的矛盾

(1) 尊重学术自由,充分发挥学术权威的作用

学术自由是保证学术发展、维护真理所必需的最基本原则。充分尊重学术自由,就是充分尊重每一个学者的学术权力,保证学者有权决定自己的学术研究工作,有权发表、坚持或修改自己的学术观点等。尊重学术自由,在学术群体中能形成一个宽松和谐的学术环境,激励学者的创造潜能,防止因对不同学术观点的压制而导致的学术衰落和群体的瓦解。学术权威是学术群体中的核心成员。一个学术群体内部的人际关系、学术自由的氛围、权力和资源的分配等,甚至一些成员的去留等,都极大地受到核心成员的影响。充分发挥学术权威的作用,能够增强群体的凝聚力,能够组建若干个相互支撑的学术梯队,能够扩大对外的学术交流和学术影响,等等。

(2) 处理好引进人才与培养人才的关系

一个学术群体完全靠"引进"是不能解决队伍建设问题的。要围绕学科发展方向有计划地培养人才,包括从博士生培养阶段起注意长期的学术积累;要为现有成员提出的有价值的研究课题提供必要的支持。忽视对学科群体现有成员的培养,很容易造成人才的流失,也容易使整个群体与学科带头人在学术水平上难以匹配。学术带头人的引进对学科发展起着至关重要的作用,往往比正常培养对学科建设的作用要快一些,特别是新兴交叉学科的学术带头人的引进。学术带头人的引进与学科骨干的培养应有机地结合起

来，既要重视外部引进，又要重视内部培养，鼓励教师开展学历进修，引进人才和培养人才同等待遇，才有利于构建良好的学科梯队，形成浓厚的学术氛围，学科的发展才能获得源源不断的人才支持。

5. "硬件"建设与"软件"建设的矛盾

大学的学科建设既包含外在的有形建设，如学术水平、教学活动、师资队伍、仪器和图书资料等"硬件"建设，又包含内在的无形建设，如思想建设、学风、学术氛围、管理体制等"软件"建设。

民族院校学科建设的根本任务和目标无疑是高水平的研究成果、高水平的人才培养和较好的经济、社会效益等。但学科的实力不仅体现在物质力量上，学科的软环境建设也是学科综合实力的重要标志，是学科建设不可或缺的部分。学术环境包括硬环境和软环境。所谓硬环境，一是要拥有省内、国内或国际一流的教学科研基地，二是要与国际、国内知名大学建立广泛的学术交流关系，切实开展学术交流，活跃学术氛围，进行合作研究，从而为学科建设和发展奠定坚实的基础。软环境首先体现在校内，不仅要有学科间的交叉渗透，形成一种不同学科间相互渗透的学术氛围，还要处理好学科带头人与成员之间的关系、各成员之间的关系、导师与学生之间的关系。民族院校必须给予教师以自由的学术环境，让教师们在自由环境中产生新的思想，形成新的理论，从而推进学科建设和发展。民族院校学科建设的软环境，还应特别关注学科文化建设。每个学科通过自身特有的语言、规范，形成自己的学科文化。这种文化对于本学科学者的发展起着定向和规范作用，引导学者的道德品质定向发展，影响学者的价值观和思维方式，对学者的价值观和思维方式产生影响，并对学者的性格施加一定影响。通过对学科文化的积极建设和引导，能为学科建设营造良好的学术氛围。

因此，民族院校学科建设要注重"硬件"建设和"软件"建设相互协调，共同发展。缺乏或削弱某一方面的建设，学科建设将得不到有力保障，从而制约学科整体水平的发展。实践证明，营造健康和谐的学术传统、环境和氛围是学科"软件"建设的关键，是学科建设中的基本内容。培养品德高尚、学问高深的中青年学科骨干和高层次专门人才，既要重视业务能力、学术水平的提高，更要重视深层次的学科文化建设工作。

四、民族院校特色发展进程中的学科建设战略

民族院校在教育对象、教育宗旨、教育目标以及培养规格等方面的特殊性，决定了其必须是高等教育一般规律与民族教育特殊规律的有机结合，是高等教育普遍规律与民族工作规律的有机结合[16]。民族院校的学科建设必须把握"面向少数民族和民族地区、为少数民族服务、为民族地区服务"的办学宗旨，在制定教育发展规划、实施人才培养的过程中，要以服务于少数民族和民族地区为最终目标，并以此来衡量教育活动的实际效果。因此，民族高等教育的特色发展离不开特色学科建设。而塑造学科特色，发挥民族院校的比较优势，也将直接推动民族高等教育特色发展进程。

本节将分两个部分来阐释民族高等教育特色学科的建设：首先分析民族高等教育学科建设的政策和措施，在此基础上进一步探讨特色学科建设的战略措施。

1. 建立健全管理机构，为民族院校学科建设提供强有力的组织保障

强有力的组织保障是学科建设工作正常开展的必要条件。就目前的情况而言，民族院校学科建设的管理体制不健全，导致有关学科建设的某些政策或措施衔接松散，落实乏力，甚至政出多门，不能形成合力。因此，民族院校有必要建立专门的职能部门负责学科建设的管理工作。具体而言，民族院校可以根据学科建设的需要，组建由校长直接领导的发展规划与学科建设办公室，在学校和学院两个层次设立学科建设领导小组。校级学科建设领导小组由校领导、部门领导和相关学科的知名专家学者组成，主要制定并贯彻实施学校有关学科建设的方针政策，负责全校学科合理布局及学科结构的调整与优化配置，促进各学科协调发展，保证学校学科建设总体目标的实现。院级学科建设领导小组由院领导及有关学科带头人或学科负责人组成，受校学科建设领导小组的领导，制定本院（系）学科建设规划并组织实施；协助校级学科建设领导小组做好有关的协调工作。学科建设办公室主管学科建设的职能部门，主要制定学校学科建设的目标和分阶段实施方案，并组织有关单位实施各学科、专业点的评估工作，定期检查计划和各项任务的执行情况。只有建立健全学科建设的组织机构及相应的管理制度，明确职责，层层落实，齐抓共管，民族院校的学科建设工作方能抓出实效。

学校要构建学科交叉融合机制；以优势学科和特色学科为核心，组建学科群。要通过学科群的交叉、融合、综合，形成具有突出学科水平和鲜明特色的学科群。学校要创建开放机制，实现学科建设向社会开放、向学术组织开放及不同学科之间相互开放。学校要建立创新机制，建立促进学校内部创新的制度、组织、评价体系，搭建交流合作创新的平台，使学校与政府主管部门、社会、企业保持密切联系和紧密合作，促进多种形式的政、产、学、研的有机联合。

2. 加强学科基础设施建设，为民族院校学科建设提供高水准的发展平台

研究基地是开展基础性研究和科技攻关课题的主要载体，也是人才培养的重要场所。民族院校应创造条件，建立高水平的重点实验室、专业实验室、工程（研究）中心、文科研究基地、教学实验基地、产业化基地等，推动学科建设的发展。民族院校在学科研究基地建设中，要做到以下几点。

第一，要重视实验技术队伍的培养和提高，建设一支具有一定研究和开发能力、安心工作、热忱服务的实验室队伍，尽力解决他们业务提高、专业技术职务晋升和待遇等问题，使他们安心为基地建设作出贡献。

第二，要随着科学技术发展，注意实验设备的更新换代，改进实验装备的质量，提高实验水平，发挥实验室的教学演示和科学研究的整体功能，为提高教学质量、加强学科建设和吸引、稳定高层次人才打造创新基地。

第三，要加强重点研究基地的专业图书资料室、专业数据库和基础数据库以及多种文字互联网站（页）建设，提高文献资料管理和信息化服务水平，改进研究手段，促进学科建设上层次、上水平。

第四，要根据学科发展需要，以优化学科结构、促进学科交叉与学科群形成为目的，整合现有研究机构，组建新的特色研究基地。尤其是新兴学科和交叉学科科研机构，要集中有限资源，加大投入力度，提高其承担国家、地方重大科研项目的能力。鼓励、支持校内各学科、各院（系）根据经济建设和社会发展需求，在全校范围内整合科研资源，建立跨学科研究机构，搭建更多学科发展平台。

第五，不断改革、完善科研基地的管理体制和运行机制，实施分类指导、分层管理，实行主任负责制或项目负责人制、人员流动制、课题合同制。建立开放课题制度和客座研究制度，吸引国内外优秀人才，形成"开放、流动、联合、竞争"的运行机制，产出一批原创性研究成果，使之真正成为高水平科学研究、高层次人才培养的重要基地。

民族院校的学科基地建设，除了建立高水平的实验室、工程（研究）中心、文科研究基地、教学实验基地以外，还应结合自身的特色与优势，与民族地区的支柱产业、特色产业、高新技术产业密切联系，在企业建立产学研结合的学科基地。

3. 加强学科队伍建设，为民族院校学科建设提供人力资源支持

学科建设的根本是队伍建设。要坚持"四个集中""六个导向"狠抓队伍建设。"四个集中"是指教师要向学科团队集中，学科团队要向硕士点、博士点集中，硕士点、博士点要向重大项目、重点学科、实验室基地平台集中，学科平台要向重点学科、优势学科、特色学科集中。通过集中，实现师资队伍的有机整合，实现学术团队力量的规模集成。"六个导向"是指学科队伍建设要以基地为导向，要以重点实验室为导向，要以重点项目为导向，要以社会需要为导向，要以优势学科、特色学科为导向，要以名师为导向。坚持"六个导向"，发挥学科集群和交叉融合的优势，组建多种形式敢于创新的学术组织，形成充满活力的创新团队。

首先，要加强学科文化建设，倡导讲团结、讲奉献、讲协作的精神，强化团队观念，增强团队凝聚力；在重视权威专家地位作用的同时，要充分发挥学科内及相关学科学术骨干及其他梯队人员的积极性。

其次，按照严格的选拔标准和遴选程序挑选好学科带头人。学科带头人是学科发展的"领头羊"，其作用主要体现在：一是在学术上起带头和指导作用，能够站在学科前沿及时准确地指明研究方向及领域；二是在教学、科研活动中起组织领导作用，充分发挥学科的整体功能。因此，选好学科带头人十分重要，其甄选的条件是：学术造诣高，视野开阔，能够全面把握世界学科发展趋势，开展高水平的学术研究，带领本学科始终走在学科发展的前列；德高望重，具有较强的组织管理能力，能够团结带领大家开展协作攻关；善于选拔、扶植与培养学术带头人和学术骨干。

再次，要加强学科梯队成员的培养。优秀青年教师是学术梯队的基础，同时是学科发展和学校发展的希望。民族院校要高度重视其培养工作，通过教学锻炼、在职学习、提升学历、争取各级科研课题、老教师及学科带头人传、帮、带等方式，培养和造就大批优秀青年教师，夯实学术梯队的基础。

此外，加强学科团队能力建设。现在部分高等院校存在"有团队无能力"、团队成员个人能力强、团队整体能力弱的现象。因此，在学科团队建设中应该特别重视团队能力建

设。团队能力大小取决于能否发挥每个成员的长处，不断激活每个人的潜能，依靠整体力量，实现组织目标、成就个体价值。就民族院校学科团队而言，需要通过优化团队的知识结构、能力结构、素质结构以及开展必要的继续教育、建立科学的评价体系和运行有效的竞争激励机制等途径来提升团队能力。

4. 实施非均衡发展策略，加强重点学科建设，尽快提升民族院校的学科水平

民族院校学科建设资源的有限性，决定了其学科建设不可能全面铺开、面面俱到，只能坚持"有所为、有所不为、有所先为、有所后为"的方针，特别要在"有所不为、有所后为"上统一思想、狠下工夫，采取非均衡发展策略，立足于办出特色、发挥优势的学科建设原则，以投入为导向，有重点、分层次地建设学科，优先发展与扶持特色学科和民族地区经济建设与社会发展急需的学科，集中有限资源，力争在某一学科领域或某几个研究方向实现突破，进而带动其他学科的发展，最终实现民族院校整体跨越式发展。民族院校要抓好重点学科建设，目前特别注意要抓好如下几个方面的工作。

遵循学科发展规律，凝练学科方向。学科建设的关键是凝练学科方向。民族院校学科建设要从实际出发，做到以下几点。

第一，发挥优势，形成特色。在学科建设上不能千篇一律，民族院校必须根据国内外学科发展现状，自身学科特色、优势，选择能在国内外产生重大影响，或者研究方向独一无二的研究领域，或者某一方向的某一或某些重要理论来取得进展和突破，形成特色学科，增强学科发展的生命力和影响力。

第二，跟踪学科发展前沿，创新学科增长点。现代科学技术的发展呈现出不断分化和综合的趋势，新兴学科、交叉学科和综合学科不断涌现，这就要求不断跟踪学科发展的前沿，敏锐地寻找新的学科增长点，开辟新的学科研究方向和领域。

第三，坚持需求导向。我们要认真研究少数民族和民族地区社会经济发展对学科建设的要求，研究学科自身发展的要求，并把二者有机地结合起来。要瞄准民族地区经济建设主战场，要致力于培养用高新技术改造传统农业、传统工业的实用技术人才，努力开发和传播实用技术，把学校科研和民族地区经济建设紧密结合起来，把学科建设融入促进民族地区产业结构调整、提升民族地区生产力水平的过程中。

第四，精心组织，集中优势力量攻关。要精心组织，实施规划，按照选准的方向，集中优势力量攻关，力争在学科建设的初期阶段取得成效。对于选择准确，科学可行的学科建设方向，要列入学校重大工作的范畴，围绕学科方向组织力量，实施目标管理，坚持进行下去，不可随意改变或因人而变。实践证明，集中优势力量攻关的策略是可行的。例如，华中科技大学（原华中工学院）在20世纪80年代初选准"计算机外部设备"这一学科方向开始建设时，并没有这方面的人才，国内也极少，他们果断地组织了一批从事精密机械的教师转向这一领域。经过数年的攻关，他们走在了这一学科的前沿。为了建设激光学科，他们断然决定撤销电真空和低压电器两个学科，将教师调来加强激光学科，使这一学科逐渐由弱变强。

5. 突出重点、带动整体，处理好重点学科与一般学科之间的关系

民族院校在加强重点学科建设时，要注意正确处理好重点学科与一般学科之间的关系。应当按照"整体规划、突出重点、分层建设、全面提高"的思路来积极推进,把重点学科建设与一般学科水平的提升结合起来。民族院校应该重点建设一批学术基础厚实、研究优势与特色突出的学科,抢占相应学科领域的制高点,并且注意充分发挥其在一般学科建设中的样板和带动作用。重点学科经过长期的探索和积累,已经形成了比较成熟的学科建设思路,一般学科可根据自身特点和资源条件,积极借鉴重点学科的建设思路,避免发展过程中的一些不必要的曲折。另外,民族院校在突出重点的同时,也要兼顾其他新兴、交叉、边缘学科及非重点学科的发展,通过重点学科与非重点学科的横向交叉,使之相互补充、综合、延伸,建设一批与学术前沿接轨的新兴交叉学科群,形成重点学科与一般学科相互促进、协同发展的局面。

6. 强化重点学科为民族地区经济社会发展服务的功能

(1) 民族院校必须强化重点学科为民族地区经济社会发展服务的功能

首先,重点学科有服务地方经济社会发展的土壤。改革开放以来,特别是国家实施西部大开发战略以来,党和国家采取一系列重大举措,有力地促进了民族地区各项事业的发展。但是,民族地区的发展仍然是不全面、不平衡、低水平的,还存在一些亟待解决的突出问题和特殊困难[17]。表现在这些地区实现经济和社会发展的愿望非常强烈,在原有文化底蕴基础上实现文化创新的工作还在延续;建立平等、团结、互助、和谐的新型民族关系还有许多工作要做;宗教信仰等方面的工作还有待改善;人力资源开发工作也需要进一步加强等。政治文明、精神文明和物质文明建设方面,民族地区都面临着加快发展的现实需要。因此,民族院校的重点学科大有用武之地,为民族地区服务是民族院校作为人才培养基地得以存在的现实基础,是决定民族院校重点学科仍具旺盛生命力的最直接因素。

其次,重点学科有服务地方经济社会发展的义务。民族院校是党和国家为解决国内民族问题而建立的综合性普通高等学校,是培养少数民族高素质人才的重要基地,是研究我国民族理论和民族政策的重要基地,是传承和弘扬各民族优秀文化的重要基地,也是展示我国民族政策和对外交往的重要窗口,在我国高等教育体系和民族团结进步事业中具有十分重要的地位。新中国成立以来,民族院校取得了令人瞩目的办学成绩。民族院校的特色学科民族学,也是民族院校发展的优势学科,予以重点建设势在必行。民族学作为一级学科,涵盖了中国少数民族语言、中国少数民族语言文学、中国少数民族经济、中国少数民族艺术、中国民族理论和民族政策、中国少数民族史等专业,基本建立了本科、硕士、博士到博士后的完整的学科教育体系,在民族院校中基本上都处于重点投入、重点建设的第一阵营,理所当然要做服务民族地区经济社会发展的排头兵。

第三,重点学科有服务地方经济社会发展的要求和动力。对办学历史不长、办学基础相对薄弱的民族院校而言,如果没有建设成功的重点学科,学校就很难快速发展。但重点学科要经过长时间的建设,还要经过一定程度的评估。重点学科评估是对某一重点学科经过一段时间建设后的综合评估,旨在检验重点学科建设的水平和成效,从而及时发现问题,加强重点学科建设的指导和组织管理,提高重点学科的整体建设效益[18]。其中,服务地方经济社会发展是评估的重要内容占有较大权重[19]。一般而言,评估包括建设中期评估和总结性评估验收。对中期评估不合格的学科,要限期整改,停止经费资助,甚至取消重点学科资格。对总结性评估验收不合格的学科，取消下一轮重点学科评选资格。对重点学科进行评估与验收，有利于民族院校对重点学科实行动态管理，引入竞争机制，提高学科建设效益和水平。

第四，坚持为民族地区经济社会发展服务是重点学科成长的基础。民族类学科以研究解决国内民族问题和培养民族类高级专门人才为优势，在继承和发展我国少数民族传统文化、做好国内民族工作和正确处理民族关系方面起着极为重要的作用。一般来讲，这类学科的人才培养活动是较其他普通高等学校所特有的教育教学内容，这类学科服务民族地区的力度是其他学科所不具备的。例如，中南民族大学的民族学1988年被国家民委评为重点学科，2006年取得博士学位授予权，并被湖北省评为有突出贡献的创新学科，2008年被评为湖北省一级重点学科、湖北省优势学科。该学科之所以得到不断成长壮大，一个重要原因，就是在坚持进行教学和基础研究的同时，面向少数民族和民族地区，大力进行民族地区现代化过程中所面临的现实问题的研究，为少数民族和民族地区服务。

（2）加强重点学科建设，服务经济社会发展

首先，实施"差别化战略"。要将有限的资源集中投放于具有优势、具有远期价值的学科方向，将自己与竞争者有效地区别开来，提高民族院校的"市场价值"。世界知名院校，几乎都是因为首先在某个或某几个学科上处于领先地位而出名。例如，斯坦福大学的化学、物理、电子工程、政治学和计算机科学等，耶鲁大学的法学等。又如，香港科技大学，尽管建校时间很短，但扬长避短，重点发展纳米材料研究，取得了举世瞩目的成果，大大提升了了国际学术地位和知名度。可见，只有对优势特色学科予以重点投入和建设，使之保持和发扬优势，加快发展，把民族学等重点学科建设成一流的学科，争取在国际、国内学术舞台上占有一席之地，带动学校其他学科的整体发展，才能提高民族院校的学术地位和知名度，实现学校跨越式发展。

其次，围绕重点学科建立学科群。围绕"民族"二字建立学科群，与其他学科建设相结合，是提升民族院校竞争力和地位的重要途径。民族院校50多年来办学实践所形成的传统优势学科，如民族学、民族史、宗教学、民族语言、民族艺术、民族医药等，目前仍然是办学水平、学术地位和社会贡献的主要标志。人类进入21世纪以后，民族和宗教问题越来越成为世界和平稳定与发展的重大根本性热点问题。我国是由56个民族组成的统一的多民族国家，无论应对全球化的挑战，还是全面建设小康社会和构建社会主义和谐社会，都必须解决好民族问题。正确处理民族问题，加快少数民族和民族地区的发展，是事关全局与长远的战略任务。民族院校必须牢固树立为少数民族和民族地区发展、为党和国家民族工作服务的办学宗旨，并按照这一宗旨确定学科建设的方位。无论传统学科，还是新兴应用学科，都要适应当代和未来社会发展、科技进步、理论创新的要求，着重围绕"民族"二字下工夫，探索学科发展的增长点，并逐步做大、做强，形成新的优势与特色[20]。

第三，加强与民族地区的交流与合作，建立重点学科服务社会的联动机制。随着改革开放的深入，民族地区与民族院校的联系在理论上应该得到进一步加强，但事实上，民族地区的规划项目、科技平台建设更多由知名院校或专业院校承担,民族院校参与得并不多。

因此，当务之急就是要建立一个民族地区与民族院校信息交流与合作的平台。一方面民族地区要加强信息化建设，及时发布需求信息；另一方面，民族院校也要加强自身的学科建设服务地方的工作，加强科技成果的宣传，寻找双方合作的结合点，形成良性互动[21]。

同时，创新科技开发与成果转让的模式，实现双赢的局面。首先，科研管理部门和科研人员必须树立市场意识，既要请进来，也要走出去；既要关注科技发展的前沿，也要考虑市场的需求；既要满足民族地区的需求，又要结合民族地区的资源优势。其次，在科技开发和成果转让模式方面，既可接受企业的委托，用一定的金额作为开发和转让的费用，也可以事前与企业沟通，寻找双方共同关注的结合点开展研究。学校利用自身的学科优势和智力优势，借助企业的科研设备和条件进行开发，并以技术作为股份，参与效益分配。这种开发和转让模式，已在实践中取得良好成效，缩短了开发和成果转让周期，有利于科技成果转化为现实生产力。

第四，加强理工学科为民族地区服务的力度。在我国实施西部大开发战略的宏观背景下，民族地区的经济发展与生态环境建设的协调统一已经成为西部开发过程中至关重要的问题；因此需要从不同角度去探索、研究和解决，使不同民族的社会、经济与文化活动、与生态环境相适应，这就为民族院校理工科的发展提供了机遇。由于不同学科的研究领域和研究对象的扩展以及社会需求对学科发展的影响，学科之间的相互渗透融合不仅发生在理工类学科之间，如生物化学、生物物理、生物数学等，而且发生在文理两大不同学科之间，如环境经济学、生态经济学、民族医药学、民族植物学等。

7. 加强合作与交流，扩大学科开放与影响

首先，广泛开展国内外学术交流与合作，提高师资队伍学术水平。建立国际交流基金，努力为学科及其学术团队争取学术资源，增加国内外学术交流的机会；选派学科带头人和学术骨干到国外著名大学和研究机构进行学术访问、考察和开展项目合作，支持优秀教师出国学习交流；创造条件，聘请国内外一流专家来校兼职、讲学和短期工作，加强同国内外同行专家的联系，充分发挥校外专家在学科建设中的作用。

其次，积极参与国际学术交流和合作科研，不断提高民族院校的学术水平。在学科建设中，只有积极参与国际学术交流活动，努力争取国际合作科研项目，才能及时进入科学技术的前沿，了解世界科学技术发展的动态与趋势，不断提高办学国际化的程度。民族院校要不断扩大与国内外著名大学和研究机构的双向交流与合作，"嫁接"先进的办学模式、教学方法、课程设置等，积极与国内外著名大学、科研机构合作建立研究中心，从事学科前沿研究，催生一批具有重大影响的科研成果，从而提高民族院校的国际声誉。

五、民族院校特色学科建设战略措施

学科水平决定一所大学的水平，学科建设是学校工作的重中之重。做好学科建设，关键要有效实行"四个集中"和"六个导向"。同时，加大学科建设经费投入，实行分层次建设，优先发展申报博士学位学科，重点打造学校的特色学科和学科特色；在本科专业建设上，深化专业结构调整，在加强文科专业建设力度的同时，着力加强理工科、应用型专业建设，大力发展新兴学科[22]。

(一)调整特色学科结构,为特色学科建设增强优势

学科建设作为学校本质内涵的基础性建设,与学校整体的长远发展目标息息相关,与学校发展的各个重要方面紧密关联。高等院校学科建设的首要任务就是要根据学校的发展定位,结合学科发展的趋势和社会发展的需要,适时地调整和优化本校的学科布局和学科结构[23]。在学科布局上,应该根据不同学科之间的内在联系建立合理的学科结构。一般而言,合理的学科布局有以下三个方面的特点:一是有宽厚的文理等基础学科;二是有若干强大的应用学科,并形成自己突出的类型特色,如工、农、医、药、经济、政法、管理等;三是学科之间能相互支撑、相互依托、相互促进,有利于交叉学科、边缘学科等新兴学科的产生和发展。

目前民族院校人文社会科学类学科专业较多,自然科学类学科专业较少;传统学科较多,新兴、应用学科较少;处于学科前沿的学科专业、高科技学科专业严重不足。这种学科结构不能适应少数民族和民族地区经济社会发展的需要。基于此,首先,各民族院校根据民族地区特点与需求调整特色学科结构。各民族院校除了建设民族学学科外,还应建设符合民族地区特点与需求的特色学科,促进民族地区的发展,从而提高特色学科的水平。其次,民族院校需调整传统特色学科,增强特色学科的活力。各民族院校的传统特色学科主要是民族学。建设民族学学科,需要不断拓宽学科领域,突显学科优势,凝练学科方向,同时以民族学学科为基础,吸收其他学科之精华,发展交叉学科、综合学科、边缘学科等,构建良好互动的学科群体,增强民族学学科活力。

(二)以学科带头人为核心,为特色学科建设发展高质量的特色学科团队

团队建设是影响特色学科建设的关键因素,而团队建设的关键在于学科带头人。因此,民族院校需引进或培养学科带头人,以学科带头人为核心建设高质量的团队。建设高质量的特色学科团队需要从以下方面入手。首先,要选拔学科带头人。选拔学科带头人要打破高等院校局限,突破地域限制,实行公开、公平竞选的机制,重视学科带头人的学术权威、品行与管理协调能力,将国内外有真才实学的优秀人才、知名教授和大师级学者,不惜一切代价予以引进,并重点资助。其次,以学科带头人为核心,充分发挥其领军作用,建设高质量的学科团队,重视团队成员年龄结构合理性、民族的广泛性、学科背景的多样性、人员的稳定性等。最后,建设宽松自由的学术氛围和合理的激励机制,增强学科建设人员的积极性、主动性、合作性和凝聚性。

(三)开展高水平的科学研究,为建设特色学科奠定良好基础

科学研究是进行学科建设的源泉,开展高水平的科学研究是提高特色学科水平的重要突破口。首先,民族院校应根据民族地区的社会需求开展应用型研究,促进特色学科理论与社会生产实践相结合。其次,民族院校应瞄准特色学科前沿和国际发展趋势开展前沿问题研究,凝练学科方向,突破地域限制,提高学科建设的国际化水平。最后,民族院校应以项目、课题为中心开展跨学科研究。项目、课题是吸引人才的高地,而且重大项目或课题的解决涉及多种学科的理论与实践,这就需要不同学科背景的研究人员共同参与,开展

跨学科研究，顺利完成项目或课题，促进交叉学科、综合学科、边缘学科的发展。

世界一流大学的发展经验表明一流学科包含了大项目、大平台、大师、大成果、大奖。其中，大项目是学科建设的依托，以大项目为集约地，形成大平台、汇集大师、产生大成果、获取大奖。如果脱离大项目，则大平台无大宏图可展，大师无用武之处，大成果无产生之地，大奖无缘以生[24]。项目是学科建设的突破口，也是学科建设的得力抓手。

一般而言，项目建设的基本思路是以学科带头人和学术骨干为核心，组织团队积极申报和承担国内外重大项目，进行联合攻关。对民族院校来说，由于自身条件、实力、服务面向等的限制，在争取科研项目和科研经费时往往处于相对不利的地位。因此，民族院校在进行项目建设时，可以从校内立项做起，从小项目做起，从与企业联合申报、与其他院校院所联合攻关做起，从其他大项目中承担子项目做起，逐渐锻炼队伍，扩大影响。同时，要注重发挥团队的力量，联合攻关。学术带头人应利用自己的优势，围绕自己的科研方向和科研项目，带动一批有一定科研能力的教师共同攻关。通过联合攻关，使本学科教师相互促进、共同提高、整体发展，从而促进整个学科水平的提高。

（四）加强各种资源条件的建设，为特色学科建设提供高效运作的平台

人才基地、实验室建设是培养高层次人才的重要场所，是建设高水平特色学科的基本条件。研究机构、博士后流动站是吸引国内外拔尖人才的高地，是开展重大科研项目、实现科研突破的实践平台。学术期刊是展示特色学科领域内高水平研究成果、开展对外交流的重要窗口。因此，民族院校应从以下三方面加强各种资源条件建设，为特色学科建设提供高效运作的平台。首先，根据特色学科合理规划人才培养基地、实验室，配置相应的先进设备资源，发挥基地的优势作用，提高实验室的利用率，为特色学科建设培养高层次人才。其次，以重大项目、课题为中心，加强研究机构、博士后流动站建设。为解决重大项目、课题，研究机构、博士后流动站建设需要营造良好的学术环境和管理制度，吸引国内外不同学科背景的拔尖人才和优秀博士，促进一流人才的交流与合作，为特色学科建设创造高水平的研究成果。再次，提高学术期刊的质量，扩大学术影响力，努力提高学术期刊编辑的水平，设置特色学科栏目，引导特色学科发展方向。

参 考 文 献

[1] 柳晓森. 全国人大常委会举行分组会议，李鹏参加审议婚姻法、民族区域自治法修正案草案. 人民日报，2000-10-28.
[2] 胡锦涛. 高举中国特色社会主义伟大旗帜 为夺取全面建设小康社会新胜利而奋斗——在中国共产党第十七次全国代表大会上的报告. 人民日报，2007-10-25.
[3] 教育部关于贯彻落实《中共中央国务院关于进一步加强民族工作加快少数民族和民族地区经济社会发展的决定》. 做好民族教育工作的通知. （教民[2015]13号）.
[4] 李德洙. 实现"六个突破" 加快民族高等教育的发展. 中国高等教育，2006，(5)：4.
[5] 国家民委教育司. 国家民委高等教育事业"九五"计划和2010年发展规划纲要. 1996-10-23.
[6] D·普赖斯. 小科学·大科学. 宋剑耕，等，译. 上海：世界科学社，1982：25.
[7] 约瑟夫·本·戴维. 科学家在社会中的角色. 赵佳苓，译. 成都：四川人民出版社，1988：9.
[8] 赵红州. 科学能力学引论. 北京：科学出版社，1984：249.
[9] 赵红州. 科学能力学引论. 北京：科学出版社，1984：251.

[10] 马克思,恩格斯. 马克思恩格斯全集（第20卷）. 北京：人民出版社，1979：16-17.
[11] 马克思,恩格斯：马克思恩格斯全集（第42卷）. 北京：人民出版社，1979：128.
[12] 列宁. 列宁全集（第21卷）. 北京：人民教育出版社，1959：189.
[13] 马克思,恩格斯. 马克思恩格斯选集（第4卷）. 北京：人民出版社，1993：505.
[14] 刘献君. 论高校学科建设. 高等教育研究，2000，（5）：16-17.
[15] 伯顿·R·克拉克. 高等教育系统—学术组织的跨国研究. 王承绪,徐辉,等,译. 杭州：杭州大学出版社，1994：37.
[16] 周济. 深化改革突出特色办好让人民满意的民族院校. 中国民族教育，2006，（3）：6.
[17] 李俊杰. 民族自治地方经济差距的实证分析及对策研究. 中央民族大学学报，2008，（1）：14.
[18] 田恩舜. 对民族院校重点学科建设若干问题的思考. 贵州师范大学学报，2007，（4）：426.
[19] 魏志远,谷新利,井明霞. 高校重点学科评估指标体系与方法的研究. 石河子大学学报（哲社版），2002，（1）：55.
[20] 雷召海. 浅议民族院校学科建设的路径选择. 中南民族大学学报，2007，（5）：178.
[21] 邓行,夏彦芳. 民族院校的科研要面向民族地区. 西北民族大学学报，2005，（2）：68.
[22] 陈达云. 风雨兼程创业路改革发展谱新篇——中南民族大学建校60周年回顾与展望. 光明日报，2011-10-18.
[23] 于学涛,叶绍梁. 对高校学科建设特点的几点认识. 中国高教研究，2005，（6）：17.
[24] 徐小洲,梅伟惠. 论世界一流学科建设的战略起点. 高等教育研究，2007，（11）：1.

（本文根据给研究生教案整理而成）

科技兴校与人才强校

2005年是学校"深化内涵发展年"和"科技兴校与人才强校年"。一年来，在国家民委的正确领导下，全校以"三个代表"重要思想为指导，贯彻落实党的十六大、十六届四中、五中全会精神，落实和树立科学发展观，以深化学分制改革为主线，坚持科技兴校，坚持人才强校，稳步推进学校内涵发展，使学校各项工作取得了新的进展。在过去的一年里，学校所取得的每一点成绩都是各位专家学者、广大教职工忠诚民族教育事业，埋头苦干，兢兢业业，共同努力奋斗的结果。在此，我也代表校党委和校行政，向为学校发展付出辛勤劳动的各位专家学者和广大教职工表示衷心的感谢！

2005年，我们主要做了以下工作。

一、深化学分制改革，推进教育教学改革向纵深发展

（1）根据教育部颁布的新的《普通高等学校学生管理规定》，不断完善学分制下学校各项规章制度；组织修订了2005级45个本科专业、7个专科专业的指导性培养方案和319门课程的教学大纲。

（2）积极推进示范性专业建设和精品课程建设，组织完成了19项校级精品课程的评审立项工作和省级精品课程的申报工作，迄今，学校共有5门省级精品课程；完成了2005年度11个新增本科专业的申报。

（3）建立教学督导公开反馈制度，建立健全课堂教学质量评价指标，实施以课堂教学评价为中心的教学质量工程；开展第一届青年教师授课技能大赛，33名教师获奖；评选出第六届教学质量奖，获奖教师30人；2005年度教材建设基金资助出版教材9部。

（4）组织完成了本年度校级重点和一般教改项目的立项评审工作，遴选出2005年校级教改项目26项，校级一般项目19项，校级重点项目7项。其中，10个项目获四川省教育厅教改项目立项。此外，有8项教学成果获得四川省人民政府2004年高等教育教学成果奖。

（5）大力发展研究生教育，2005年学校硕士研究生招生录取工作圆满完成，共招收硕士研究生300人，目前，在校研究生规模达759人；相继修订了硕士、博士研究生培养工作等规定；新一轮扩博扩硕工作取得了重要进展。学校"少数民族经济"博士点已获专家学科组评议通过；"中国古典文献学"等10个硕士点通过专家评议，学校的办学层次有望得到进一步提升。

二、坚持科技兴校，不断推动科研能力

围绕"以人才培养质量为中心，教学科研并重"的办学思路，学校在2005年，坚持科技立校，进一步加强科研项目、成果的管理，进一步注重提升学术水平。

（1）切实加大科研投入，学校科研工作取得新的突破。2005年，对学校2004年度41项科研项目实施了经费配套和对425项科研成果进行了奖励；对在2005年1月1日到12月31日期间获准立项的科研项目、完成的科研成果进行了奖励，科研项目配套经费67万元；科研项目、成果奖励经费99万元，共计166万元。

（2）完善科研管理制度，创新科研管理。学校召开了2005年科研工作大会，通过了《中共西南民族大学委员会关于进一步加强科研工作的意见》等文件，出台了《西南民族大学科研工作量化管理办法》，认真研究了新时期提升学校科研水平的新思路和新途径。

（3）申报科研项目和科研成果成绩丰硕。2005年学校各级各类项目的申报取得了较好成绩。学校争取到省部级以上科研项目55项，其他校外来源科研项目29项。2005年学校科研项目实现了三个突破，一是有12项科研项目获四川省科技厅立项资助，创历史最好成绩；二是软科学招标项目中标，实现了四川省科技项目招标中零的突破；三是获得国家社科基金资助项目达6项，共获资助经费44万元，立项数位列全省第三，取得了在国家社科基金项目立项数、资助经费数上的历史性突破。2005年，受国家民委委托，学校承担了21部少数民族简史的修订、续订工作。同时，2005年学校教师与地方政府、企业签订的横向科研项目19项、研究内容涉及民族地区旅游、民族地区经济规划等多个领域。2005年共组织申报各类科研成果奖70余项。

（4）开展多形式高水平的学术交流活动。先后承办"民族学/人类学与民族博物馆发展"学术研讨会、中国少数民族经济研究会2005年年会暨少数民族和民族地区非公有制经济发展研讨会等学术会议、"中国西部民族地区生态旅游国际学术研讨会"、第六届全国彝学学术研讨会暨彝学文献中心落成庆典等会议，构建学校高层次学术沟通交流的平台。

三、坚持人才强校，师资队伍建设明显加强

（1）学校加强学科梯队建设，进一步提高教师队伍的建设和管理水平、加大了人才引进的力度，新进教职工156人，其中具有硕士及以上学历的有112人、具有副高及以上职称的共有16人。2005年，有4名教授被批准为"第六批四川省学术研究和技术带头人"；1名教授被批准为"第六批四川省学术研究和技术带头人"后备人选；1名教授被列入2005年度四川省杰出青年学科带头人培养计划；另外，4名教授荣获"四川省有突出贡献的优秀专家"称号；1名教师获中共四川省委教育工委、四川省教育厅"四川省师德标兵"荣誉称号。

（2）通过多种途径，加强青年骨干教师队伍的建设，积极做好中青年骨干教师进一步深造的推荐工作。分别向国家民委教育科技司推荐国家公派出国留学人员候选人4人，向四川省教育厅推荐国家公派出国留学人员候选人3人；向国家民委教育科技司推荐国家留学基金委"青年骨干教师出国研修项目"候选人3人。2005年是学校获得国家留学基金委资助人数最多的一年。

四、对外交流与合作、招生录取、基础设施建设等工作取得较好进展

（1）为进一步扩大对外开放，学校继续组织了专家教授访问团分赴美、欧等国学习考

察，于 2005 年 6 月召开了学校外事工作会；承办了国家民委 2005 年委属院校外事工作研讨会；完成了 2005 年赴英国、韩国等国外高校留学的少数民族学生选拔工作。

（2）学校的招生工作持续了近年来的好势头 2005 年共招收本、专、预科各类学生共 4880 人；学校的学生民族数量由原来的 53 个增加为 56 个，真正实现了"56 个民族大团圆"。

（3）进一步完善了教学、科研设施设备，高质量、高效率地抓好学生公寓的新建工作；修建的教职工电梯公寓即将竣工；新校区二期工程建设、老校区整治改造的前期准备工作正有条不紊地进行。

五、办学空间进一步拓展，办学实力进一步增强

2005 年，国家民委与成都市签署了共建西南民族大学的协议；与成都市双流县委、县政府就新校区新征 400 亩地事宜达成了协议；与成都市武侯区人民检察院签署了"检校合作"共建协议；学校与马瑞卡公司就在学历教育和职业教育等方面开展办学项目达成了相关协议，成立了"西南民族大学马瑞卡（国际）酒店·物业管理学院"。

所有这些取得的成绩，都是大家精诚团结、辛勤劳动的结果，是全校教职工励精图治、开拓创新、勇于拼搏精神的体现，也是西南民族大学坚定不移地走内涵发展之路，进一步树立适应社会主义现代化建设新阶段要求的教育思想和观念，深入进行教学、科研改革，努力提高教育质量和科研水平的具体体现。

这里，我再次代表校党委、校行政向辛勤工作的全校各位专家学者、广大教职工表示衷心的感谢！你们辛苦了！同时，真诚希望作为学校建设、发展的生力军和骨干力量的各专家学者、各位教学科研骨干，继续立足岗位建功立业，继续在教学、科研和管理工作中努力拼搏，创造出更加优异的成绩，为提高西南民族大学的教学质量和学术水平，培养人才，促进民族团结和繁荣发展作出新的更大的贡献。

2006 年，是学校实施"十一五"规划的开局之年和"调查研究年"，开好头，起好步，对学校的发展至关重要。全年工作的总体思路是：坚持以邓小平理论和"三个代表"重要思想为指导，用科学发展观统领学校工作全局；把握"一个主题"，即深入贯彻党的"十六大"和十六届五中全会精神；抓好"两个落实"，即贯彻落实中央民族工作会议精神，贯彻落实全国民族院校工作会议精神；做好"三件大事"，即新校区二期工程建设和老校区整治改造；进一步提高教学质量和科研水平，大力加强学科建设；努力建设方向明确、特色鲜明、实力雄厚、环境优美、人民满意的现代化民族大学。

（本文根据《在西南民族大学教学科研骨干迎春座谈会上的讲话》2006 年 1 月 11 日整理而成）

民族院校"双一流"建设思考

教育是国家发展的基础,关系民族的未来,高水平教育是国家综合竞争力的重要体现。2015年10月,国务院印发《统筹推进世界一流大学和一流学科建设总体方案》(以下简称《方案》),进一步明确了我国建设世界一流大学和一流学科(以下简称"双一流"建设)的指导方针、目标和要求。"双一流"建设是国家继"211工程""985工程""优势学科创新平台"和"特色重点学科项目"等重点建设工程之后的新一轮支持高等教育发展的战略工程,吹响了新形势下我国高等教育向更高水平迈进的冲锋号,在政治、经济、文化、科技等方面将发挥十分重要的促进作用。

一、深刻认识"双一流"建设的重要意义

(一)"双一流"建设是提高我国综合国力和国际竞争力的战略需要

(1)世界一流大学是国家强盛的标志。纵观世界史和高等教育发展史,大国的崛起必然伴随着与之相称的强大的高等教育。发达国家大多拥有世界一流大学,当今世界最发达的美国集中了2/3的世界一流大学。随着世界经济全球化的步伐加速,各国之间的竞争集中体现为教育、科技和人才的竞争。为抢占科学技术制高点,许多国家相继实施高校重点建设工程。美国依托曼哈顿工程、阿波罗登月计划和人类基因组计划等重大科学工程,取代德国成为世界高等教育强国。韩国1999年提出一流大学建设"BK21计划",日本2001年提出"国立大学重建方针",欧盟21世纪初启动"博罗尼亚进程",都有力地推动了本国、本地区世界一流大学的建设,促进了经济崛起和国家强盛。实践证明,强国必先强教,强教助推强国。在当前激烈的国际竞争与经济新常态下,我国部署并实施"双一流"建设顺应了世界历史发展的潮流。

(2)世界一流大学是国民经济转型发展的发动机。当今我国的经济社会发展特别是经济发展正处于一个重要的转折期,即从连续十多年的高速增长转向中高速增长,经济结构从低端向中高端不断优化升级,发展驱动从要素驱动、投资驱动转向创新驱动。而创新必须依靠一流的教育,尤其是一流的高等教育。面对当前国际政治经济形势变化和新一轮科技革命的兴起,高等教育要通过创建"双一流"提升整体实力,聚集优秀人力资源,产出大量原创成果,在促进经济保持中高速增长,实现全面建成小康社会的征程中担负更大责任,发挥支撑作用。

(二)"双一流"建设是我国高等教育飞速发展的必然要求

(1)新中国成立以来,我国高等教育发展迅猛。从在校生总规模来看,1949年,全国在校生为11.7万,2015年达到3700万,位居世界第一,与新中国成立时期相比,高等教育的规模增长超过310倍,增长速度世界第一。从高等教育毛入学率来看,1949年是

0.26%，2015年是40%，高于全球平均水平。预计到2019年，将达到50%以上，进入高等教育普及化阶段。截止到2015年，全国各类高校共2852所，位居世界第二[1]。伴随着规模的扩张，高等教育正在从社会的边缘走向社会的中心，逐渐成为影响经济增长和社会发展的主要因素，人们对高等教育质量的关注与需求随之攀升，建设世界一流大学成为高等教育进一步发展的迫切目标。

（2）高等学校建设"双一流"的条件日益成熟。随着我国综合国力的增强，国家对高等教育持续加大投入，我国高等教育取得巨大进步，一批著名大学的办学水平日渐提高，在自身努力与国家支持下，有望建成世界一流大学或世界高水平大学。据《泰晤士报高等教育》2014~2015年世界大学排名，北京大学、清华大学、复旦大学分别位居48、49、193位，中国科学技术大学、南京大学、上海交通大学进入201~275区间。QS2015年大学排行榜上，清华大学、北京大学、复旦大学、上海交通大学、浙江大学、中国科学技术大学、南京大学7所高校进入世界前130名。高等教育现有基础加上国家的重视和支持，使得冲击"双一流"成为高校自我发展的必然目标。

（三）"双一流"建设是民族高校提质进位的难得机遇

"双一流"建设破除身份固化，为民族院校提供了争创一流的可能性。在传统的高校重点建设格局下，民族院校由于起点低、底子薄，绝大多数学校的综合实力难以达到重点建设的门槛条件，以国家民委6所直属民族院校为例，其中仅有中央民族大学1所学校进入"211工程"和"985工程"。由于高校重点建设存在身份固化的问题，获得国家支持的高校一劳永逸，在政策、资金等方面能够长期得到国家支持，而未能进入重点建设范围的高校无论如何努力，都将面临着与重点建设高校之间差距进一步拉大的严峻现实，不利于公平竞争和国家资源的充分利用。而"双一流"建设方案的一项重要创新，就是明确提出要破除身份固化，促进公平竞争，鼓励和支持不同类型大学和学科差别化发展。《方案》支持措施中第一条就是"总体规划，分级支持"，鼓励高校根据自身实际，合理选择"一流"建设路径。《方案》特别指出："拥有某一高水平学科的大学，要突出学科优势，提升学科水平，进入该学科领域世界一流行列或者前列。""双一流"建设强化绩效、注重特色，为民族院校指明了发展方向。"双一流"建设破除身份固化的同时，强调要"强化绩效，动态支持"，这就突破了原有985、211高校格局，使得更多高校有机会参与到"世界一流"建设中来，充分激发广大高校办出特色、争创一流的动力和活力。《方案》指出："资金分配更多考虑办学质量特别是学科水平、办学特色等因素，重点向办学水平高、特色鲜明的学校倾斜，在公平竞争中体现扶优扶强扶特。"对于民族院校，尽管综合实力有待进一步提升，但在学科特色和特色学科等方面有着独特优势，借助"双一流"建设的政策支持，有望迎来新一轮的跨越式发展机遇。

可见"双一流"建设不只是少数"尖子"高校的事，原有高水平大学自不甘掉队，努力进入"世界一流"，而包括民族院校在内的"一般院校"也可以努力在不同层次、不同类型上办出特色、争创世界一流或者国内一流。这样我们就能在"双一流"建设过程中带动高等教育水平整体提升，最终实现从高等教育大国到高等教育强国的历史性跨越。

二、如何认识世界一流大学和一流学科

（一）一流大学是世界公认的最好的大学

要建设世界一流大学、一流学科，首先要明确的一个问题就是，什么是世界一流大学、一流学科？世界一流大学是一个模糊的概念，是一个历史范畴，而且具有动态发展的特性，不同的时代、不同的人对世界一流大学应该有不同的见解。目前尚未有公认的世界一流大学的定义和评价标准，对世界一流大学的认识可谓是仁者见仁，智者见智。

哈佛大学荣誉校长陆登庭教授认为，一流大学除了要有一流的学科、一流的学术队伍、一流的科研教学成果、一流的生源和一流的基础设施，更要有一流的管理。牛津大学校长卢卡斯教授认为，牛津大学的理念体现在三个领域：一是享有很高的国际声誉，二是有雄厚的师资力量，三是有良好的人文环境；此外，一流大学应该强调科技与人文学科的平衡发展，离不开资金的支持。耶鲁大学校长理查德·莱温教授认为，世界一流大学必须有最好的学生和最有影响力的教员。斯坦福大学荣誉校长杰拉德·卡斯帕尔认为，成功的研究型大学必须具备四种特性：第一种特性是"对大学工作的不断认识"，包括对大学的使命、组织架构等不断地进行反思；第二种特性是"教学与研究的辩证关系"，相互促进，缺一不可；第三种特性是"学术自由"；第四种特性是"大学自我管理和相互竞争的灵活结构"，一所大学要明确定位，以与其他大学区分开来[2]。

目前世界上也有种类繁多的大学排行榜，其中比较著名的有"上海交通大学世界大学学术排名"（ARWL）、"泰晤士报高等教育世界大学排名"（THE）、"QS世界大学排名"、"SNEWS世界大学排名"（USNEWS），被称为"世界四大大学排名"。但他们也只是由不同的机构从不同的角度，根据各有侧重的指标体系计算得出的结果，并不一定是客观、公正、全面的，更没有得到绝大多数人的公认。因此《方案》也提出，要扎根中国大地，遵循教育规律"构建完善中国特色的世界一流大学和一流学科评价体系"。

总之，目前对世界一流大学还没有明确的评价标准。但通常来讲，可以这样认为，所谓世界一流大学就是全世界公认的最好的大学。它们通常具有以下基本特征：综合性、研究型、国际化、声誉优，而且它们在大学的很多关键点上都具有卓越性。也就是说，一流大学一定有一流学科、一流的师资、一流的科研成果和成果转化、一流的人才培养、一流的国际化水平、一流的办学条件、一流的管理与学术环境、一流的社会服务等。

（二）一流学科是一流大学的关键支撑

一流大学的特征很多，但其中一流的学科最为重要。学科作为高等学校的一个基本单位，是按学问的性质而划分的知识门类，是知识创新的源头，最能够体现学校发展方向和特色。学科发展水平直接决定了学校人才培养、科学研究、社会服务的水平，影响着学校整体的办学实力。所以，学科发展水平是一所大学在国内外地位的主要标志，学科建设是

高等学校发展建设的核心。综观世界一流大学的发展之路，从学科建设入手取得突破的居绝大多数。管理、经费、生源当然很重要，但一流学科是一所一流大学的中流砥柱。没有一流的学科，就没有一流的专业，也就很难吸引到一流的师资、一流的学生。杨振宁先生认为："一个大学的某个系能够在全世界各个学校的同一个系里排名进入前20名，那么我们就把这个系定位为世界一流的系。如果一个学校能有5至10个系进入世界一流行列中，它的其他系也不会太差，就可以被称为世界一流学校"[3]。可见，成为一流大学的关键在于有一流学科的支撑。

三、民族院校建设"双一流"的思考

唯物辩证法认为，外因是变化的条件，内因是变化的根据，外因通过内因而起作用。国家的"双一流"建设为民族院校在新形势下创新发展提供了优越的政策机遇，能否把握住机遇加快发展，关键在民族院校自身。民族院校必须积极主动抢抓机遇，齐心协力共谋发展，适应新常态，提振精气神，科学定位，精准施策，借"双一流"东风，切实提升民族院校的办学质量和水平。

（一）民族院校建设"双一流"的路径：选择性追求卓越

纵观高等教育发展史，世界一流大学的建设路径主要分为两种类型：第一种是以牛津、剑桥、哈佛、耶鲁等为代表的历史悠久的老牌世界一流大学，遵循大学自治、学术自由、教授治校的传统，走的是渐进式发展道路，在传统与变革、保守与开放之间保持一种平衡。第二种是以卡内基·梅隆大学、香港科技大学等为代表的新兴的世界一流大学，主要是通过选择性追求卓越来实现其目标。香港科技大学成立于1991年10月2日，其使命是"通过教学和研究以促进学习，追求知识，特别是注重科学、技术工程、管理和商业课程以及研究生培养，并促进香港经济和社会发展"。香港科技大学建校后，实施了一系列卓有成效的发展举措。一是准确定位。放弃大而全的发展目标，根据自身发展特色和地区特点，定位为"小而精"的名校，力争成为"一所具有重要国际影响和服务于地方的一流大学"。二是重视人才。从全球聘请最优秀的教师，到2004年，聘请了1位沃尔夫奖得主，2位美国国家科学院院士，4位美国国家工学院院士，2位加拿大院士，6位台湾"中央研究院"院士，1位中国科学院外籍院士等，几乎所有教师都拥有世界名校博士学位。三是建立与世界一流大学相适应的管理与运行机制。四是聘请具有大学管理经验和国际眼光的杰出人才担任校长。在泰晤士高等教育2014~2015世界大学排名中，香港科技大学位居51位，在QS2014年的世界大学排名中，香港科技大学位居40位，发展速度十分迅猛。

民族院校要实现跨越式发展，同样要准确定位、科学规划，有所为、有所不为，按照"一流为目标、学科为基础、绩效为杠杆、改革为动力"的基本原则，以"一流学科"为目标，深化综合改革，发挥比较优势，走选择性追求卓越的道路。

（二）民族院校建设"双一流"的举措：以学科建设为着力点跨越式发展

民族院校跨越式发展是办高水平民族大学的必然选择。新中国成立以来，民族院校的教育规模和办学水平都有大幅度提升，但与其他普通院校尤其是国家重点建设院校相比，民族院校在学科建设方面依然存在明显的差距。如果继续采用常规的、循序渐进的发展方式，民族院校将错过难得的发展机遇，不仅不会缩小，甚至会继续拉大与国内外高水平大学的差距。因此，以学科建设为着力点，发挥后发优势，实施跨越式发展，是民族院校在现实条件下加快发展的理性选择。

（1）非均衡发展。辩证唯物主义认为，"均衡发展只能使事物保持渐进态势，不可能获得大的突破；非均衡发展才能使事物发生质的飞跃，获得跨越式发展"[4]。民族院校在进行学科建设时应坚持"有所为，有所不为"，根据效益最大化原则和有利于学校整体实力提高的要求，采取适度的"偏好"发展策略，将资源优先配置到那些发展条件较好的学科，以及具有比较优势的学科，使之形成各具特色优势的学科"增长极"，通过这些有条件的学科优先发展所发挥出的辐射效应与扩散效用，带动薄弱学科发展，最终实现整个学校的学科发展。具体而言，民族院校建设"一流学科"，就是要从特色学科和重点学科建设入手，集中资源寻求突破，以点带面提升学校整体实力。

（2）集群化发展。支撑一所学校办学特色的是一个相对完整的学科体系，而不是互无关联的几个学科，搭建学科体系的也不是泾渭分明的几个学科门类，而是在优化学科整体结构的基础上形成的学科群。民族院校实施学科集群化发展战略，需围绕"民族"做文章。民族院校50多年来办学实践所形成的传统优势学科，如民族学、民族史、宗教学、民族语言、民族艺术、民族医药等，目前仍然是其办学水平、学术地位和社会贡献的主要标志。人类进入21世纪以后，民族和宗教问题越来越成为世界和平稳定与发展的重大根本性热点问题。我国是由56个民族组成的统一的多民族国家，无论应对全球化的挑战，还是全面建设小康社会和构建社会主义和谐社会，都必须解决好民族问题。从民族院校办学实际和外部现实需求来看，民族院校应围绕"民族"二字构建特色鲜明、优势突出的学科群，以形成"集团优势"，提升学科水平，增强核心竞争力，促进学校发展。

（3）开放发展。首先，民族院校要对国内高水平高等院校开放，对全社会开放。一是要虚心学习兄弟院校尤其是重点院校科学的办学理念和成功的办学经验，在人才培养、师资培训、干部进修、科学研究等方面争取得到兄弟院校的支持与帮助。二是要加强学校与社会各界的联系，取得社会的支持与帮助，争取地方政府和企业的资金投入，改善办学条件，积极主动地与地方政府和企业密切合作，实现协同创新。其次，民族院校要加强国际交流与合作。一是要积极推进学生生源的国际化，不断扩大留学生的招生规模，拓展本校学生参与国际交流与学习的形式和途径。二是要积极推进教师队伍的国际化，大力引进海外高层次人才，拓展教师参与国际交流与访学的渠道，派遣本校教师到国外高校访学、进修、攻读博士学位和从事博士后研究工作。三是要积极推进教育教学内容的国际化，充分吸收和学习国外高校先进的教育教学理念、教学内容和教学方法，引进和翻译相关课程的优秀教材，提升教育教学质量。四是要积极推进学术交流活动的国际化，积极同国外的高校及研究机构广泛而深入地开展学术交流，推进民族院校自身的学科建设。

参 考 文 献

[1] 教育部. 系列高等教育质量报告首次发布. http://www.moe.edu.cn/jyb_xwfb/xw_fbh/moe_2069/xwfbh_2016n/xwfb_160407/160407_sfcl/201604/t20160406_236891.html[2016-04-07].
[2] 周晓辉,霍国庆. 我国创建世界一流大学的思考. 科学学与科学技术管理,2005,(2):68.
[3] 梅志清. 大学要有深厚基础学科作根基——杨振宁与中山大学黄达人校长对话. http://www.South.Com/edu/zhuanti/zsu80/news/200411101279.htm[2016-04-15].
[4] 魏晓娜. 大学学科建设与发展战略选择. 当代教育论坛(宏观教育研究),2008,(11):70.

(原文载于《中南民族大学学报》2016年第1期)

民族院校哲学社会科学的使命与担当

——贯彻落实习近平总书记在哲学社会科学工作座谈会上的讲话精神

习近平总书记在哲学社会科学工作座谈会上的讲话充分肯定了哲学社会科学的历史地位和时代价值，深刻阐述了当前哲学社会科学面临的新形势，指出了当前存在的问题，指明了未来发展之路，明确表达了对哲学社会科学界的鼓励和时代的要求，深切地呼唤着我国哲学社会科学界的使命与担当。站在人类思想文明史的高度、结合中国实际，系统阐明了哲学社会科学的中国特色，即立足中国实践、传承中华文明、坚持马克思主义理论方法、拓展全球视野、贡献中国智慧、普及中国价值观、展现中国文化自信。这充分展现了中国特色哲学社会科学的大国责任与世界主义的人文关怀。

民族院校始终坚持服务少数民族和民族地区、服务民族工作、服务国家发展战略的特殊定位，这决定了民族院校的哲学社会科学有着特殊而光荣的使命。与国内高水平大学相比，民族院校的哲学社会科学存在创新能力不强、标志性成果不多、高水平人才不足、优势学科较少等诸多短板。当前的首要任务是深入学习、深刻领会、深度反思。在学习中，要具备全球视野、危机意识、反思意识和改革创新精神。否则会意识麻木、方向迷失、责任丧失、良机错失；在捍卫马克思主义民族理论时"失语"，在为党和人民述学立论、建言献策上"无语"，无力担当，有辱使命。民族院校的哲学社会科学如何担当起时代要求、国家需求、人民企盼的光荣使命？作者认为，应当从以下三个方面着手。

一、彰显特色，勇于做马克思主义民族理论的倡导者和引领者

论及学科建设时，习近平总书记指出："要突出优势、拓展领域、补齐短板、完善体系。"近年来，为突出优势，走特色化之路，中南民族大学坚持"有所为，有所不为"，打好"民族牌"，做足"民族文章"，以民族学特色学科为核心，打造大民族学学科群，取得了一定成效。但是，面对新形势、新要求，中南民族大学哲学社会科学在适应新常态上还存在一定差距。

近年，马克思主义民族理论及其中国化实践，不断遭遇"过时论""怀疑论""否定论"的质疑，这迫切需要民族院校倾力打造马克思主义民族理论的主阵地，勇于做马克思主义民族理论的倡导者和引领者。因为，"坚持以马克思主义为指导，是当代中国哲学社会科学区别于其他哲学社会科学的根本标志，必须旗帜鲜明加以坚持"。面对各种质疑与否定，要敢于坚持马克思主义立场，积极回应，传达正面声音。

要坚持马克思主义，必须熟悉马克思主义经典文本，做到真懂真信；必须坚持以人民为中心，做到真心真服务；必须坚持问题导向，做到真用真会用。只有真正把马克思主义民族观讲清，把马克思主义民族理论中国化讲透，把中国特色解决民族问题的正确道路讲精，把当前民族问题热点讲明，才能真正彰显民族院校的学科特色，总结民族政

策实践的中国经验，提炼民族理论的中国理念，构建民族理论政策的新体系，引领马克思主义民族理论中国化的新思想，全面树立中国特色解决民族问题的道路自信、理论自信、制度自信。

二、把握重点，勤于做少数民族和民族地区的服务员和咨询员

习近平总书记说："我国哲学社会科学应该以我们正在做的事情为中心……这是构建中国特色哲学社会科学的着力点、着重点。"而民族院校的哲学社会科学则应以服务少数民族和民族地区、服务民族工作为着力点和着重点。

新中国已经走出了正确解决民族问题的中国道路，但当前民族地区同全国一道实现全面建设小康社会目标难度较大，这迫切需要民族院校切实担当使命，勤于做少数民族和民族地区的服务员和咨询员，重点围绕坚持和完善民族区域自治制度、民族地区的全面建成小康社会、"一带一路"战略的实施、国家民族事务治理的现代化等方面有所作为、大有作为。

结合现实需求，民族院校应积极完善学科体系、学术体系、教育体系。当务之急是重点加强马克思主义学科特色化建设；加快具有支撑作用的学科，如民族历史、民族经济、民族教育、民族法学、民族文学等建设，注重发展马克思主义民族理论与政策学科；重视民族艺术、民族体育、民族医药等学科的传承，打造具有民族院校特色的学科体系。

唯有把握时代需求、国家战略，及时完善学科体系，民族院校哲学社会科学才能在民族政策决策水平的提升上、少数民族和民族地区的发展质量的提高上、民族地区民生改善的保障上、突发事件的应急管理上真正发挥出智库作用，有效履行使命。

三、紧扣主线，乐于做民族团结事业的宣传队和播种机

习近平总书记指出，当前形势发展迫切需要哲学社会科学更好发挥作用。目前，在巩固全党全国各族人民团结奋斗的共同思想基础上，在加快建设社会主义文化强国、增强文化软实力上，迫切需要民族院校紧扣民族团结的主线，创新载体和方式，全面推进我国民族团结进步事业的新发展。

2014年召开的中央民族工作会议指出："民族团结是我国各族人民的生命线。做好民族工作，最关键的是做好民族团结，最管用的是争取人心。"如何帮助各民族青年学生树立正确的祖国观、民族观、宗教观、历史观、文化观；如何增强各族人民对伟大祖国、中华民族、中华文化、中国共产党、中国特色社会主义道路的认同；如何增强各族干部群众分清大是大非、抵御国内外敌对势力思想渗透的能力；如何增强文化认同、建设各民族共有精神家园、积极培养中华民族共同体意识，这些都迫切需要民族院校做民族团结的宣传队和播种机。

民族院校多开设有"马克思主义民族理论与政策"课程，有的已建成为"国家级精品资源共享课"。近年，中南民族大学通过设立"民族理论与民族政策创新项目"，加深了学生对民族理论政策的理解，增进了各民族学生的交往交流交融。新形势下，进一步巩固全党全国各族人民团结奋斗的共同思想基础，进一步建设社会主义文化强国、增强

文化软实力，运用互联网和大数据技术，形成科学系统的课程群，将课程网站打造成为促进民族团结进步事业发展的信息化平台，实现全社会共享，彻底使民族团结教育走出校园、走入社会、走进社区，将社会主义核心价值观、各民族团结奋斗的种子播撒社会，使其深入人心。

新形势下，每一位哲学社会科学工作者，都应精确领会习近平总书记的讲话精神，精准定位学术方向，精心参与学科规划。在工作中，必须做到三个结合，即结合学校办学特色，系统优化学科建设；结合"十三五"规划，查找不足，补齐短板；结合"两学一做"和"双一流"建设，转变观念。

（原文载于中国民族报2016-07-29，《中国教育报》2016-8-1）

队伍建设篇

培养高素质的高校干部队伍

党的"十六大"报告中明确提出要建设一支能够担当重任、经得起风浪考验的高素质的领导干部队伍。深入学习党的"十六大"报告，按照"三个代表"要求，努力建设一支高素质的高校干部队伍，是新时期高校加强党的建设、推进高教事业全面发展的一项重要而紧迫的任务。

一、规范选拔任用是建设一支高素质干部队伍的前提

党的"十六大"报告和江泽民同志在"七一"讲话中都强调，要按照革命化、年轻化、知识化、专业化方针和德才兼备的原则建设高素质的干部队伍。要按照江泽民同志提出的"高校的党委书记、校长应该努力使自身成为社会主义政治家、教育家"的要求，选拔任用有较高政治理论素质，理想信念坚定，能正确贯彻党的教育方针和政策，组织领导和行政管理能力强、学术造诣深，群众威信高、熟悉高等学校办学规律和特点的党务及行政管理干部，把那些具有世界眼光、战略思维和创新精神，有强烈的事业心，有知识、懂业务的教育家选择到领导班子中去。特别是在高校的教学部门和专业性强的领导岗位，要注意处理好德才兼备的问题，选干部把德放在首位，业务强是硬条件，不能降低标准。还要合理地配备班子，形成较好的梯队结构，实现班子的优化组合，使高校真正拥有一支高素质的干部队伍。

二、强化教育管理是建设一支高素质干部队伍的基础

高校各级领导干部首先要增强理论学习的自觉性。要结合学校工作和思想实际，认真自觉地学习党的"十六大"报告和"三个代表"重要思想，在掌握精神实质、思想方法和指导实践上狠下工夫。其次，要加强理论学习的制度建设和考察力度。党委要高度重视，精心组织好全体干部的理论学习，建立各级理论学习小组、学习制度和干部定期理论培训制度，并将理论学习、理论培训情况作为干部考核、使用的重要内容。还要着眼于干部队伍的思想政治素质的提高。把努力提高思想水平，努力提高政治水平，努力提高领导管理水平相结合，增强干部全心全意为人民服务的宗旨，驾驭全局和解决复杂矛盾的能力，提高工作的预见性和创造性。

要坚持民主集中制，严格党内各项规章制度。党的"十六大"报告指出："民主集中制是民主基础上的集中指导下的民主相结合的制度。"高校领导班子建设必须以贯彻民主集中制原则为重点，坚持和完善党委领导下的校长负责制。高校党委要把主要精力放在抓方向、议大事、管全局上，努力提高驾驭全局的能力。既要保证党委充分发挥领导核心作用，又要尊重和支持校长依法行使职权。高校各级领导干部要重视学校的民主建设。在推进学校改革发展过程中，进一步完善校务公开、健全沟通渠道，充分发挥教代会、工会、

共青团组织、各民主党派在学校建设中的积极作用,充分发挥广大教职工在学校民主决策、民主管理、民主监督中的积极作用,努力做到"把坚持党的领导同发扬人民民主、严格依法办事、尊重客观规律有机地统一起来"。大力推进体制改革和创新,淡化校内业务领导岗位的行政级别,充分发挥学术带头人在教学、科研领导岗位上的专家管理作用,建立结构合理、配置科学、程序严密、相互制约的运行机制。大力加强党员干部的党性党风教育,引导广大党员干部在学校改革发展实践中不断加强党性修养,提高道德境界和情操,追求健康向上的生活情趣,培养共产党人的高风亮节。

三、严格监督考核是建设一支高素质干部队伍的保证

加强有效监督和考核是建设一支高校干部队伍的重要保证,也是防止干部腐败和犯错误的有效措施。要切实扩大群众参与监督范围,把学校的重大决策和干部的民主评议、年终考核的结果公之于众,扩大听取群众意见的渠道。要正确对待和处理群众的意见,对提批评意见的群众和干部"不打棍子,不抓辫子,不穿鞋子",切实把群众监督的重要作用发挥出来。要将每个干部置于法规的约束之中,使每个干部做到守法规、守纪律、守原则,始终保持纯洁性。

高校干部无论担任何种职务,从事何种工作,都要摆正自己的位置,在制度规定的范围之内办事,正确运用权力,全心全意为人民服务。

(原文载于《光明日报》2003年4月2日;《红旗文稿》2003年13期)

关于高校教师教学发展工作的思考[①]

在当前全球化影响下的教育变革中，高校教师的角色日趋重要，但是当前高校教师的教学发展却面临许多问题。20世纪80年代以来，世界高等教育进入了以提高质量为目标的时代，在大学内部建立教师教学发展中心或类似机构成为实现这一目标的重要举措。与世界名校相比，国内高校教师教学发展中心还处于初创阶段，如何通过推进教师教学发展中心建设，进而加快高校教师教学发展，是一个值得认真思考并深入研究的问题。未来教师教学发展中心的建设要在明确高校教师职责与定位、分析高校教师教学困难的基础上，借鉴国外经验并立足国情、校情，围绕服务性学术实体的定位，开展有特色的教师教学发展工作。

一、高校教师的职责与定位

几千年以来，无论东方还是西方，对"教师"这一职业都有着一系列美好的称谓，教师是"灯塔""红烛""灵魂工程师""人梯""托起太阳的人"等。这些称谓是对教师职业的一种内涵式表达。还有一种定义主要是对教师承担的职责、任务、使命的概括。例如，第30个教师节来临之际，习近平总书记同北京师范大学师生代表座谈时发表的重要讲话中对教师职业所做的凝练概括："三寸粉笔、三尺讲台系国运；一颗丹心、一生秉烛铸民魂"[1]。前者讲的是教师的地位和重要性，后者讲的是教师的责任与使命感。"系国运""铸民魂"是今天教师特殊的、光荣的使命。

社会在发展，时代在进步，教育在变革，面对教育对象的改变，高校承担的社会责任也随之发生了变化，高校教学的重点也在与时俱进，教学的手段也是日新月异。从高等教育发展史的角度看，高等教育从最初单一的教学职能，拓展为科学研究、社会服务、文化传承等主要职能。这些职能的变化是阶段性的，是伴随着人类社会而变化的。这些职能的延伸离不开社会发展的诉求，这是因为大学的本质就是引领社会、传承回报、培养人才。大学的发展、教师的发展还应该联系社会的发展及国家的利益，甚至要联系到世界的发展。另外，还要看到高等教育从精英教育走向大众化教育的发展趋势促使高校走出了象牙塔。新的形势促使我们思考：大学是什么？大学办什么？大学怎么办？这种反思的进一步深化是：大学教师是什么？大学教师教什么？大学教师怎么教？

在全球化影响下的教育变革中，教师教育被视为教育改革的核心。在知识与经济结合更加密切的时代，高等教育成为推动社会经济发展的重要力量。目前高校教学开启了"从教到学"的模式转变，意味着未来的教师将不仅是传授者，而是引导者。这是一场使命驱动的改革，每个教师都是其中的一环。那么，怎样才能成为好老师呢？既然教师的知识与教学实践对学生学习的影响如此之大，那么教师应该如何获取有用的教学知识？他们该如

---

① 与李永同志合作。

何学习行之有效的教学方式？教师有效的学习途径应具备哪些特征？如何帮助教师获取这样的教学素质？这些问题都值得大家思考。

二、当前高校教师教学发展的困境

目前高校的教师教学发展工作存在许多问题，主要表现在以下三个方面。

第一，教师培训机制滞后。现代社会知识更新的速度很快，部分中年教师入职多年缺乏进修提高，知识结构老化，主要表现为课堂教学形式呆板、创新不足，无法满足学生的学习兴趣和求知欲望。而青年教师则存在职前培训不足、职后培训薄弱的问题，也影响了教学的实际效果。

第二，职业倦怠期的存在。职业倦怠通常表现为对教育教学意义认识不足，排斥教育教学新理念、新方法的应用；对教学投入度不够，职业愉悦感降低，致使教学活动沉闷、枯燥和程序化，缺少生机和乐趣，直接导致教育教学质量的低劣。职业倦怠是教师发展中的客观现象，每位教师在自己的职业生涯中都或多或少地存在着停滞与退缩期，周期长短因人的主观能动性而异。

第三，青年教师遭遇"发展困境"。青年教师处于事业的初创阶段，虽然非常关注教学任务，但却是教学新手。他们往往根据书本知识和学生时代的经验组织教学，课堂随意性大、教学方法单一，甚至照本宣科；特别是语言表达死板生硬，缺乏启发性、感染力，更不用说表情手势恰如其分，由此导致课堂控制能力稍显薄弱。与此同时，青年教师还处于迅速适应环境及完成由学生到教师的角色转变，其中不乏面临着婚恋、住房、经济困难等一系列生活实际问题。从长远来讲，中青年教师是未来教师教学的中坚力量。国务院《关于加强教师队伍建设的意见》指出："高等学校教师队伍建设要以中青年教师和创新团队为重点，优化中青年教师成长发展、脱颖而出的制度环境。"可以说，中青年教师的发展关乎学校的办学质量，如何化解这一困境将是未来大学教师教学发展工作的中心任务。

哈佛大学校长科南特曾说过："一个学校的荣誉不在它的校舍和人数，而在一代代教师的质量。"教学质量归根到底有赖于教师质量，在大众化教育阶段想要提高人才培养质量，教师教学能力的提升就显得尤为重要，而加强教师教学发展中心建设则是提升教师教学能力的应然之选。

三、高校教师教学发展中心的目标与定位

国内外知名大学的成功经验表明，在大学内部建立教师教学发展机构或组织是提高教学质量的重要举措。与欧美大学的教师教学发展中心（以下简称教学中心）建设相比，国内高校教师教学发展中心还是一个新生事物、一个新型组织。

在当下全面提高高等教育质量的背景下，它应当承担怎样的使命？这是一个关系高等教育改革与发展的关键问题，是一个需要高校管理者、教师等认真思考的问题。

要回答上述问题，首先要明确教学中心的目标与定位。"教师教学发展中心"这一概念是源自美国的舶来品。密歇根大学学习与教学研究中心是美国高校第一个关注教师发展的教学中心，成立于1962年。此后，哈佛大学、斯坦福大学等高校在20世纪70年代也

相继建立了类似的教学中心。在密歇根教学中心的建设中，特别重视中心的支持性定位，即服务教师教学以及学生学习，为推动全校教学工作发挥积极的作用。从一定程度上讲，"支持性"原则及定位是密歇根大学教学中心取得成功的重要经验。

1. 坚持"支持性"运作原则

教师教学发展中心是服务性学术实体，"服务为导向"是中心的首要原则，而这一原则是由教学中心具有的支持性部门定位所决定的。教学中心的支持性定位决定了其工作不应该是独立的，在一定程度上应由学院自主提出教学质量评估与教学培训等现实的教学需求。教学中心则需要配合学院做项目，并在项目具体实施的过程中起组织落实的作用。当提出的项目不是强迫对象（主要是教师）的任务而是对象的主动需求时，才能与支持性的定位相契合。

国内大学行政机构较为复杂，政策落实不够迅速。但这对于各高校刚成立的教学中心来说却是一个机遇。国内的教学中心可以在刚开始就确立快速反应的机制，每当有项目需求时，就快速作出详细的计划并付诸实施，以赢得教师的肯定或各部门的认可，体现支持性的运作原则。

2. 把握"支持性"关键因素

作为促进学校教育质量提高的重要机构，从教学中心的服务对象来看，包括处于任何职业阶段的教师、学生、研究生助教、教学行政管理人员，其中最主要的应该是教师。学生是教学的主体，通过学生反馈帮助教师提高教学能力也是教师教学发展中心的重要工作。在密歇根大学，那些接受学生中期反馈咨询的教师在学生评价方面得分更高，其教学革新也更为明显。我国高校的教师管理主要由校人事部门、教务处以及各学院和教研室实行分权式管理[2]。从更好地实现支持性职能的角度来看，国内的这种分权式管理模式过于冗繁，易导致项目落实效率低下。教学中心的工作有赖于多个部门的联合行动，这就需要教学中心为这种行动做好前期准备工作。

另外，教学中心为实现服务性的长远目标，需要开展三项基本活动：使大学的各个部门和群体都知道教学中心，即宣传；给这些部门和群体提供一些条件和机会，让他们有意愿接受中心的服务，即计划；满足他们的需求，即实施。

3. 重建"支持性"教学文化

从整体层面来看，教学中心还应该是教学理念、教学文化的倡导者。促进教师教学发展的首要条件是营造优良的教学文化，树立教学为中心的观念。教师教学发展中心理应成为这一目标的推动者。美国教育家赫钦斯指出："大学唯一的生存理由，即在不受功利或结果的压力牵制的情况下，为追求真理提供一个天堂"[3]。从这个意义上讲，大学发展的关键是达成大学组织内部的协调，这就需要在教学问题上建立共同的信念，遵循共同的规则。更为重要的是，这种对教学的重视有助于教学中心在高校重建"支持性"教学文化"严格意义上的我国近代大学，已经走过了百年历史，当我们从历史视角看待今天的大学，常常感受到许多理论和制度的缺失，教师教学发展中心和教学文化就是其中之一……成立大学教师教学发展中心，是重建大学教学文化的第一步"[4]。具体而言，要以物质文化推动校园环境与教学设施的特色发展，以制度文化促进教学、科研、行政的协调发展，以精神文化实现办学理念与大学精神的契合发展。

四、高校教师教学发展中心建设的思考

教师教学发展中心的建设，要立足当前教育模式的变革与教育信息化的挑战，在明确中心"支持性"定位的基础上，应重点从以下三个方面开展建设。

1. 构建整体性组织，健全教师教学发展中心运行机制

从美国、澳大利亚等国大学教学发展中心的建设来看，它虽然是一个服务性机构，但是也是一个实体性组织，有专职人员、固定职能、专业培训场地。因此，在机构设置方面，教学发展中心应该成为一个独立建制的机构，直接由校长或主管教学的副校长领导。教学发展中心作为高校中新成立的组织机构，建设之初，如果在组织层次中处于较高的位置，就便于顺利获得各种资源，有效推动教师发展工作的开展，提升部门在师生中的影响力。

根据国外教学发展中心建设的经验，中心人员设置宜采用专兼职结合的方式。一方面要有具备教学科研经验、研究教师教学发展的专业人员，另一方面要有学科专家和教学能手担当中心的兼职顾问或培训教师。中心主任作为领导，其责任重大。根据目前国内外中心的运作经验，中心主任需要有教育学背景，或具备从事高等教育研究的经验，或是处于教学、科研、教学管理第一线的人员。因为这样的人选有足够的教师发展工作经验，对教师培训、教学质量评估、教学咨询、教育信息化建设等方面能够提出切实可行的意见和建议。例如，厦门大学教师发展中心为学校直属机构，设主任 1 人，由主管教学副校长兼任，常务副主任 1 人，副主任 2 人，成员 10 人。另外，机构人员的组成要注重学科融合，打破学科壁垒，组建培训团队，形成协同合力。

教师教学发展的任务不可能由教师教学发展中心一个部门单独完成，中心工作必须取得教务处、人事部门、研究生院、现代教育技术中心等职能部门的大力支持。教学中心必须注意理顺与各职能部门的关系，明确职责分工，加强教学中心的统筹管理，把有关教师教学发展方面的工作统一到中心来。同时，注意整合校内名师、卓越课程、学习平台等相关的教学优质资源，以促进教学培训专业化、教学咨询个性化、教学服务常态化。

2. 突显服务性意识，丰富培训、咨询、评价与研究等功能

2011 年教育部、财政部印发了《高等学校本科教学质量与教学改革工程》实施意见，提出了教师教学发展中心的建设目标："引导高等学校建立适合本校特色的教师教学发展中心，积极开展教师培训、教学改革、研究交流、质量评估、咨询服务等各项工作，提高本校中青年教师教学能力，满足教师个性化、专业化发展和人才培养特色的需要。"对教学中心而言，无论上述哪项工作，都应该以服务为先。

教师教学发展中心是服务性机构，其根本任务是"教学服务、教师发展、提高质量、培育名师"，总体上应起到为全校教学工作服务的作用。教学中心提供支持与服务的主要对象应是从事一线教学的教师。教学中心在开展项目时要关注教师的切身需求和利益诉求。首先，要对教师进行需求评估，了解和分析教师对相关活动的需要，服务的角度出发，

开展满足教师需要、能够吸引教师积极参与的项目和活动，让教师有参与教师发展活动的自主权和决策权，增进教师对活动的认同感，从而收到更好的效果。其次，将教师置于一个合适的教与学的环境中，提供有效的教学方式支持，以此促进有质量的教学，如研讨会、教学观摩、沙龙、个人咨询、专题研讨、一对一的培训等。总之，设计的活动项目要为教师成长提供多角度、全方位的支持。再次，教学发展中心应当为教师发展提供一个好的资源共享平台。学校所有部门和教师的优质资源都可以放在这个平台上，如人才培养创新模式探索、优秀课程和教材建设经验、课堂教学及考试改革的解决方法、实践教学和学生辅导的案例、各部门的培训材料等，以便教师通过这个平台直接深入了解学校和教学过程[5]。同时，教学中心应将工作进度、总结报告等内容公布在中心网站上，促进资源共享。

3. 寻求差异化路径，开创有特色的教师教学工作

大学特色建设是时代的要求。《国家中长期教育改革和发展规划纲要（2010—2020年）》指出：要促进高校办出特色，发挥政策指导和资源配置的作用，引导高校合理定位，克服同质化倾向，形成各自的办学理念和风格，在不同层次、不同领域办出特色，争创一流。现代战略管理理论认为，差异化和集中度是组织的基本竞争战略。差异化是指组织提供的产品或服务不同于对手的、特别的、独到的构思和做法；集中度是指要么做大求全、"遍地开花"，要么集中于一点。实施差异化和集中度的战略，其实质就是实施特色战略。因此，引领学校变革，避免出现学校的同质化局面，就必须走特色发展之路。

目前国家正在推动实施现代职业教育体系建设，一批地方普通本科高校开始向应用技术型院校转型，其目的就是要破解"千校一面"的局面，使不同高校办出特色，引导高校内涵发展，提高质量。这种转变需要解放思想，克服思想认识上的阻力，需要把应用型转化为培养目标和规格。此外，还有一个更大的困难，那就是师资。现在教师的学术水平越来越高，但学术水平高是不是就能胜任应用型大学的老师？潘懋元先生认为："能当应用型大学的教师必须有两张证书，一张证书是博士学位，另一张是有5年以上工作经验的证明"[6]。因此，无论院校发展方向如何转变，教师教学发展始终是第一要义。

高校在教学工作及教学发展中心建设中，要树立强烈的特色意识，实事求是地对待高校发展中的问题，善于从纷繁复杂的现象中找到自身的特色，凝练未来的发展方向。结合服务性定位，教学发展中心应组织相关学者开展本校教学特色及发展战略的研究，尤其是在教师教育层面。通过研究，为学校发展特色教学提供参考建议或咨询报告，促使学校教职工认清学校优势，找准定位，保持个性，办出特色。学校已经有明确定位的，要服务于这种特色，对相关活动给予支持。

每所高校都有属于自己的特色。作者任职的中南民族大学教师教学发展工作起步较早，2012年10月31日获批为国家级教师教学发展示范中心。学校立足实际，把中心的未来职能划分为三个层面：基础层面、拓展层面和特色层面。基础层面是"教与学"的一般性咨询、日常性事务及其教学研究工作；拓展层面是"面向未来教育"所作的准备，主要是更新观念、提升教育技术水平等方面；特色层面是设定具有民族院校特色的中心建设计划，确立服务民族地方院校的目标，形成具有民族院校特色的教师教学能力提升模块。

五、结　　语

回顾中外高等教育发展史,简单复制是建设不成一流大学的,关键在于制度创新。高校教师教学发展中心的建设,只是高校教育教学改革中的一个环节,但如果抓住这样的发展机遇,带动整个高校发展模式的调整,转变粗放型发展模式,走以提高质量为核心的内涵式发展道路,其价值不言而喻。

另外,还要推动教师教育理论创新。要发挥教学发展中心的研究力,整合多学科资源,实现教育理论与实践的深入结合,探索高校教学的内在规律,不断开拓理论视野,学习国外先进经验并注重发掘中国传统书院教育的理论宝库。"才知源海文为始,腹有诗书气自华"。让我们以中心为依托,开展教学研究与实践,努力提升中国教师教育研究在国际学术舞台的话语权与影响力。

参 考 文 献

[1] 习近平. 做党和人民满意的好老师——同北京师范大学师生代表座谈时的讲话. http://www.chinanews.com/gn/2014/09-10/6575002.shtml[2014-09-10].
[2] 黄睿彦. 以教学中心为依托,推进高校教师发展——基于哈佛大学的经验. 比较教育研究,2012,(9):42.
[3] 罗伯特·M·赫钦斯. 美国高等教育. 汪利兵,译. 杭州:浙江教育出版社,2001:25.
[4] 邬大光. 教学文化:大学教师发展的根基. 中国高等教育,2013,(8):36.
[5] 胡锋吉. 高校教师教学发展中心建设的理论思考与策略设计. 中国大学教学,2013,(3):74.
[6] 潘懋元. 高等教育大众化面临的困难. 光明日报,2014-09-23.

(原文载于《民族教育研究》2015年第1期)

领导干部办学治校能力的全面提升

今天，我们在这里进行集中学习，共谋学校发展大计，这是一年当中学校最重要的一次理论学习和思想解放活动，我们一定要学有所成、思有所得、研有所获。今年是一个很重要的年份，既是学校建校 60 周年，又是建党 90 周年，也是学校教育事业发展"十二五"规划的开局之年。经过近 60 年的发展，学校在各个方面都取得了长足的进步，在许多方面都发生了翻天覆地的变化，特别是"十一五"期间，学校办学规模稳步扩大（在校学生达到了 23000 余人，首次实现了 56 个民族全日制学生的大团圆），学科专业体系日益完善（开设了 9 大学科门类的 65 个本科专业，有覆盖 10 大学科门类的硕士学位点 53 个，其中一级学科硕士点 15 个，拥有博士学位授予权和民族学博士学位授权点），师资力量显著增强（现有正副教授 575 人，博士、硕士导师 320 人，享受国务院政府津贴专家 29 人，省部级专家 32 人，拥有博士、硕士研究生学位教师比例达到 73%），人才培养质量稳步提高，科研水平不断提升（仅 2010 年，学校就获得国家社会科学基金立项 9 项、国家自然科学基金立项 19 项、国家软科学项目 1 项、省部级项目 77 项，荣获省部级以上科研奖项 73 个），办学条件明显改善，服务社会与对外合作扎实推进，各项改革不断深化，党的建设和思想政治工作成效显著（如 2009 年，学校党委中心组被评为"湖北省先进党委中心组"，学校党委被评为"湖北省先进基层党组织"。2011 年，学校党委被评为"湖北省党建工作先进单位"），学校的综合竞争力、社会影响力和国际化水平不断提高，积累了宝贵的办学经验，为湖北省和少数民族地区经济社会发展、为我国民族团结进步事业和社会主义现代化建设作出了积极贡献。这些成绩的取得是各级党和政府关心支持的结果，是国家民委正确领导的结果，是全校各级领导干部和全体师生共同团结奋斗的结果。这些成绩是激励我们继续解放思想、实事求是、团结奋进、改革创新的坚实物质基础和强大精神动力。

当前，高等教育面临的形势复杂而严峻、肩负的任务艰巨而繁重，民族高等教育的使命更加光荣而特殊。虽然学校在过去近 60 年的发展中取得了显著的成绩，但是长期以来积累的问题也有不少，在一定程度上制约和阻碍了学校的发展。这次学习，我想借此机会谈谈一些比较突出的问题，并与大家共同探讨研究解决这些问题的办法。鉴于这次参加学习的人员都是学校专业技术职务为 3 级及以上的教授和正处级及以上干部，很多教授还兼任着行政职务，而学校的发展，最终起决定性因素的还是人，主要依靠对象还是我们在座的各位专家教授和领导干部。"政治路线确定之后干部就是决定因素。"因此，我围绕领导干部谈四个方面的问题：一是搞好理论武装与提高思想政治素质的问题，二是统一思想认识与振奋精神的问题，三是加强干部培养选拔与提升办学治校能力的问题，四是推进制度建设与用制度管好干部的问题。学校党委认为，只要这四个方面的问题解决好了，学校教育事业发展"十二五"规划（以下简称《规划》）就能够得到深入贯彻落实，学校既定的奋斗目标就能够顺利实现。

今天，我谈的问题，可能有的地方说的比较深刻、说得比较尖锐，但只针对具体的事情和突出的问题，不针对某个人。同志们有则改之无则加勉，讲得不对的地方请大家批评指正。

一、必须切实加强理论学习，不断提高领导干部的思想政治素质

我们知道，中国之所以能够在革命、建设和改革的各个历史时期取得如此巨大的成就，很重要的一条，就是因为我们始终坚持把马克思主义的基本原理同中国的具体实际相结合，用科学的理论武装头脑、指导实践、推动工作。胡锦涛同志在今年"七一"讲话中明确指出，"理论上的成熟是政治上坚定的基础，理论上的与时俱进是行动上锐意进取的前提。"这就是说，如果我们的领导干部不加强理论学习，就难以达到政治上的坚定，更谈不上在理论指导上实现与时俱进。因此，加强理论学习，搞好理论武装，是提高领导干部思想政治素质的必然要求，也是推动学校科学发展、实现学校既定奋斗目标的必然要求。

长期以来，学校各级领导干部一直坚持抓理论学习，特别是党的"十七大"中央提出建设学习型党组织以来，我们更是在理论学习方面加大人力财力物力的投入，建立健全校院（处）两级中心组理论学习制度，不断丰富理论学习的内容和形式。但是理论学习的成果如何？各级领导干部的理论水平如何？大家是否是真心实意地做到真学、真懂、真信、真用？这还需要打上一个大大的问号。我们常见的情况是，有的领导干部大会小会不愿意提中央的精神，不愿意研究各种文件的指导思想、方针政策、基本原则，认为帽子太长，显得啰嗦，浪费时间，心里有一种天然的抵触情绪，喜欢单刀直入，直奔主题；有的领导干部认为学习上级文件精神是务虚，与自己的业务八竿子打不着，自己不学习这些文件，照样能教书育人，照样能搞科学研究，还申报立项重点科研项目，照样能把管理搞得有声有色，他们不知道务虚和务实其实是一件事物的两个方面，谁也离不开谁，务虚是为务实做准备的，是务实的前提和基础；有的领导干部也认真学习中央和上级文件精神，学习毛泽东思想和中国特色社会主义理论体系，但是他们不是真正的学习，而只是简单注意其中一些新的提法，特别是读起来很顺口、容易记住，给师生讲课的时候用得上的一些排比句，很少去思考为什么是这样提而不那样提，很少去思考文件精神的历史背景和现实原因以及实际指导意义；还有一些干部总是抱怨没有时间没有精力去学习研究，他们不喜欢研究党报党刊，不喜欢看新闻联播，不喜欢动手写理论文章，久而久之，江郎才尽，赶不上形势，年年给师生上内容一样的党课。

胡锦涛同志在庆祝中国共产党成立90周年大会上的讲话中明确指出，"全体党员、干部都要把学习作为一种精神追求，深入学习和掌握马克思列宁主义、毛泽东思想，深入学习和掌握中国特色社会主义理论体系，牢固树立辩证唯物主义和历史唯物主义世界观和方法论，真正做到学以立德、学以增智、学以创业"。因此，大家必须充分认识加强理论学习，搞好理论武装的重要意义，因为它可以使我们在干事创业上，能够更加准确把握党的路线、方针、政策，能够更加具有责任心、全局观和方向感，能够更加牢固树立正确的世界观、权力观和事业观。如何坚持抓好理论学习？以什么样的态度搞好理论武装？中央政治局给各级党组织和领导干部作出了榜样和表率。"十六大"以来（从2002年12月26日

开始），中央政治局成员共进行了74次集体学习，内容涵盖党建、经济、法治、历史、文化、能源、民生等各个领域。中央领导人可以说是日理万机，但是他们非常重视理论学习，而且坚持的非常好。我们在座的领导干部虽然事情很多，但是不可能比中央领导还忙，我们应该向他们看齐、向他们学习。

当前和今后一个时期，学校党委认为要把学习贯彻胡锦涛同志"在庆祝清华大学建校100周年大会上的讲话"和"在庆祝中国共产党成立90周年大会上的讲话"（以下简称"'七一'讲话"），作为一项重要的政治任务抓紧抓实抓好。胡锦涛同志的讲话高屋建瓴、总揽全局，内涵丰富、思想深刻，令人鼓舞、催人奋进，具有很强的理论性、战略性、指导性。例如，胡锦涛同志在庆祝清华大学百年校庆的讲话中，在谈到提高高等教育质量时指出，"高等教育的根本任务是人才培养，要坚持育人为本、德育为先、能力为重、全面发展。"跟以往的文件相比，更加突出了人才培养在高校职能中的重要地位，更加突出了要注重学生的能力培养和全面发展，这对我们民族院校如何培养少数民族干部人才具有很强的指导意义，需要深入研究。又如，胡锦涛同志在今年"七一"讲话中，谈到加强党的执政能力建设和先进性建设时，指出我们党面临"四种考验"（执政考验、改革开放考验、市场经济考验、外部环境考验）和"四种危险"（精神懈怠的危险、能力不足的危险、脱离群众的危险、消极腐败的危险）。我们平时对这些考验和危险，特别是"四种危险"，也谈得比较多、注意得比较多，应该说在看待我们自己的问题和不足时有一定的前瞻性，时刻有一种忧患意识，但这次胡锦涛同志已经把它提高到更高的高度了，我们就更需要进一步学习和研究，对照我们自身、对照我们的单位、对照我们的事业进行分析和检查。我只是结合自己的学习认识简单举两个例子。那么，应该如何学习贯彻这两次重要讲话精神呢？我觉得，一是要进行系统深入学习，二是要突出学习重点，三是要注重学习实效，四是要不断深入研究，五是要结合工作实际（由于时间关系，我不展开讲了）。只有把握了这五个方面，才能真正弄懂、悟清、学透，才能真正学得进、记得住、用得好。

二、必须全面统一思想认识，始终保持领导干部奋发有为的精神状态

中国有句俗话："人心齐，泰山移。"意思是只要人们心向一处，共同努力，就能发挥出移动高山的巨大力量，克服任何困难。也就是说，行动从思想上来，只要思想统一了，大家就能保持奋发有为的精神状态和昂扬向上的斗志，就能干成许多大事。学校大部分领导干部的思想都是放在干事创业上的，都在努力思考如何更好地完成本单位的中心任务，促进学校教育事业科学发展。

但是，我们也不能忽视，还有一小部分领导干部的思想认识不到位，觉悟不高。有的干部工作不努力，得过且过，上班一杯茶，一支烟，一个电话聊半天，要么在网上不是玩游戏、炒股票，就是"斗地主""打麻将"，就是不读书、不学习；有的干部心思不在事业上，喜欢搞斗争，看谁在和自己竞争，看谁最有可能威胁到自己的位子，最怕别人在能力和水平上超过自己，把整个单位的氛围搞得很紧张，人人自危；有的干部"船到码头车到站"的思想十分严重，反正"混"个正处级干部已经足够了，颇受人尊重，再往上好像也

没有什么希望了，下去也是不可能的，谁也拿我没办法，小日子过得不错，高枕无忧；有的干部为了自己的一己之私，喜欢搞小圈子，搞小动作，培养自己的人，施舍小恩小惠，我想说的是，小恩小惠，只能让人感觉亲近，不会让人感到敬佩，只有把工作做得出色，才能让大多数人跟着走；有的干部好人主义严重，你好、我好、大家好，怕得罪人、怕丢选票、怕断后路，奉行"多栽花少栽刺，留得人情好办事"，不坚持原则，是非面前不开口，遇到矛盾绕着走，发现同志有是非过错，宁愿说些奉承话，也不肯"拉拉袖子提个醒"，该批评的不批评，该劝阻的不劝阻，该制止的不制止。那么，好人主义会带来什么严重后果呢？据最新调查研究表明，排在前几位的依次是"凡事和稀泥、实际问题难以解决，让真正坚持原则的人吃亏，没人愿意承担创新风险，阻碍规则的严格执行，隐瞒重大问题"。我想说的是，其实老好人不一定有恶意，但是他们往往让是非模糊了，原则不见了，这就会导致法律规章的颓坏，礼治秩序荡然无存，剩下的只是尔虞我诈、拉帮结派，社会信任受到彻底破坏，这些严重后果都要引起我们的注意和思考；有的干部个人主义、自由主义严重，前不久，我重读了毛泽东同志在1937年写的一篇文章——《反对自由主义》，深有感触，文章描述自由主义的11种情形或多或少在我们的干部中间仍然存在，有的还很严重，我们的领导干部很有必要再认真对照学习。无论好人主义，还是个人主义、自由主义（以下简称"三个主义"），都与各位领导干部所肩负的责任和使命极不相称，都会严重制约和阻碍学校各项事业的发展。

当前，我们的专业技术人才队伍中，也有一小部分人存在着一些不良的倾向和苗头。有的人不认真培养人才，只关心如何发财，在学校上上课挂个名，外面还有自己的大本营，心思完全不在教学科研上；有的人虽然在认真搞研究，但是很多时候是重复劳动，只顾埋头拉车，从不抬头看路，别人研究的成果都已经公开发表了，自己还在为努力为解决这个问题而寝食难安；有的人搞的是伪科学，数据是估算的，案例是编造的，结论是总结的，成果往专家学者面前一摆，原来一切都是假的；有的人问题还严重些，甚至懒得思考、懒得编造、直接窃取别人的劳动果实，复制粘贴到自己的名下，堂而皇之地发表，结果给自己和学校造成了名誉上的严重伤害；有的人利用自己的影响和地位搞学术团队，申报重大科研项目，其实真正干活的都是年轻人和职称低的人，自己却不动手、不动脑，专门捞好处，美其名曰给年轻人锻炼的机会；有的人评上教授了就不思进取，满足于现状，满足于学校规定的最低科研分数考核量，很少思考去自己和学校的前途命运，顶着教授的光环到处圈钱。

凡此种种，归根结底都是思想认识上出了问题，导致精神疲软，缺乏斗志，不作为或乱作为。他们完全忘记了自己是一名共产党员，完全忘记了自己是学校的一名重要领导干部，完全忘记了自己作为一名教育工作者所肩负的历史使命，从根本上讲，就是缺乏大局意识、责任意识、服务意识和忧患意识。虽然列举的只是一小部分人身上存在的部分问题，但这些现象，有的已经积重难返，有的才刚露苗头，它们的存在影响极坏，对学校良好的党风、校风、师风和学风的形成极为不利，精神懈怠已经成为影响领导干部先进性和治校兴校能力的一种严重危害，必须引起我们的高度重视，要认真加以研究和解决。

当前，我们如何统一思想，如何振奋精神，如何心向一处？解决这些问题就要回到我们刚才在第一部分谈到的理论学习。理论学习不但可以提高领导干部的思想政治素质，更能统一领导干部的思想认识。我们必须通过加强理论学习、搞好理论武装，把领导干部的思想统一到中央对高等教育发展形势的科学判断上来，统一到胡锦涛同志最近的两次重要讲话精神上来；把行动统一到国家民委和学校各项决策部署上来，统一到《规划》确立的奋斗目标上来。只有思想认识提高了，我们的领导干部才能够始终高举伟大旗帜，坚持社会主义办学方向；才能够始终把握两个关键，切实加快学校发展方式的转变；才能够始终树立全局观念，正确处理好学校改革发展稳定的关系；才能够始终坚定必胜信心，保持奋发有为的精神状态，把智慧和力量凝聚到学校教育事业发展上来。

三、必须坚持党管干部原则，全面提升领导干部的办学治校能力

今年3月份，习近平同志在《求是》杂志上发表了《关键在于落实》的理论文章，深刻阐述了落实的重要意义，并指出，"各级领导干部要认真贯彻胡锦涛同志关于狠抓落实的要求，进一步做好领导工作"。我也在多种场合讲过，"落实就是党性、落实就是责任、落实就是能力、落实就是水平"。现在，我们的《规划》制定好了，关键在于落实，落实得好不好，关键要看领导干部的办学治校能力怎么样。如果领导干部的办学治校能力跟不上形势任务的要求、跟不上学校发展的步伐，一切宏伟蓝图都将是画在纸上，一切奋斗目标都将成为空谈。

有些问题我本不想提，但是今天还是要提一提为好。这次在处理中美软件硕士项目严重违规办学的过程中，我思考了很多，为什么会出现这样的问题？除了思想认识上的问题之外，更主要的是干部综合素质和能力水平出了问题。稍微有点常识的人，绝对不会用党组织的公章代替行政公章去与个人私自签订合同，这说出去肯定要让人笑话。这次严重违规办学暴露了我们在管理上存在的突出问题，我们一定要举一反三、引以为戒、警钟长鸣。没有暴露问题的单位和个人，并不代表没有问题，也许有的问题还很严重。据我了解，目前学校在办学治校和管理上存在的一些突出问题，主要表现在以下几个方面。一是办文不够规范。很多文件在办理的时候，该请示的不请示，该汇报的不汇报，该讨论的不讨论，有些重要事情需要落实在纸上的不落实在纸上，一旦出了问题互相推诿、谁也不愿意承担责任。行文不规范的问题也比较突出，不按规定的格式起草印发文件，我们的干部要么不严格把关，轻描淡写地看一眼，随便签个字算了；要么是自己不懂，也不虚心学习，即使认真把关了也看不出什么问题，一层一层往上报，报到我这里，让我给他们当秘书。二是办事不按制度。在学校一级，我们的校党委全委会、党委常委会和校长办公会还是坚持得比较好的，但是在二级单位就很难说了。例如，《中南民族大学教学单位党政联席会议制度》，学校早就制定了，这个制度明确规定了哪些重大事项必须上党政联席会议集体研究决定，明确规定了单位党政负责同志的主要职责，可是实行起来，要么是写在纸上、挂在墙上，成为一纸空文；要么是变通执行、打擦边球，不能很好地贯彻落实，有的单位连个正规的会议纪要也没有，结果"一言堂""一个人说了算"的现象盛行，导致很多可以避免的严重错误屡屡出现。三是领导水平不高。我们的大部分干部整体素质还是不错的，站起来能讲，坐下来能写，沉下来能干。可有些干部在领导面前是奴才，干起工作讲起话来是庸才，一切活动都是为了升官发财，一旦掌权就搞独裁，而且往往总是自我感觉良好，

把自己当个"官"。这部分人工作没有思路，没有主见，更谈不上思考问题的前瞻性、全局性和思辨性了；讲起话来没有一句是大家想听的，抓不住重点，击中不了要害，找不到解决问题的有效办法，更谈不上号召力、影响力和凝聚力了。

胡锦涛同志在今年"七一"讲话中指出，总结 90 年的发展历程，我们党保持和发展马克思主义政党先进性的根本点有"四个坚持"，其中一个就是"坚持任人唯贤、广纳人才，以事业感召、培养、造就人才，不断增加新鲜血液，始终保持党的蓬勃活力"。因此，要解决学校管理上存在的突出问题，提高领导干部的办学治校能力，一方面，我们要始终坚持党管干部人才原则，坚持五湖四海、任人唯贤，以更宽的视野、更高的境界、更大的气魄，广开进贤之路，把各方面的优秀干部及时发现出来、合理使用起来。"德，才之帅也"。我们要坚持把干部的德放在首要位置，选拔任用那些政治坚定、有真才实学、实绩突出、群众公认的干部，形成以德修身、以德服众、以德领才、以德润才、德才兼备的用人导向。要坚持凭实绩使用干部，让能干事者有机会、干成事者有舞台，不让老实人吃亏，不让投机钻营者得利。要进一步深化干部人事制度改革，加大竞争性干部选拔力度，注重从基层选拔干部，进一步提高选人用人的公信度。要加快体制机制改革和政策创新，以引进和培养高层次人才为重点，有效利用国内国际两种人才资源，统筹推进学校各类人才队伍建设，实施人才强校战略。另一方面，我们要加强干部的教育培训。教育培训是干部实现知识更新、增强素质、提高能力的重要过程。我们要把教育培训作为提高干部素质的一个重要法宝，牢牢抓住不放。至于怎么抓好干部培训，我认为，一是要从思想上高度重视干部教育培训工作的重要性。不但各级党组织要重视，我们的领导干部更要重视，不要认为选派干部参加学习进修，是镀金、是旅游、是变相的福利待遇、是要被提拔的迹象，其实是充电的需要。二是要充分发挥校内培训机构的主渠道作用和校外培训机构的补充作用。学校党校和干部培训中心要从基础设施建设、课程教材建设、师资队伍建设和干部培训需求调研上下工夫，真正实现组织需求、岗位需求和干部需求的有机统一，不断提高干部教育培训质量。要积极协调中央民族干部学院、国家教育行政学院等培训机构，充分利用好校外、国外各种教育培训资源，严格选派有发展潜力、有培养前途、确实需要培训的干部到更高层次的培训机构学习进修。干部通过学习进修，真正提高思想道德素质、科学文化素质和办学治校能力。

四、必须扎实推进制度建设和体制机制创新

胡锦涛同志在今年"七一"讲话中指出，"全党同志都要牢固树立法律面前人人平等、制度面前没有特权、制度约束没有例外的观念，认真学习制度，严格执行制度，自觉维护制度"。这就是要求我们，一方面要不断加强制度建设，另一方面要认真贯彻落实制度。学校在科学治校、民主治校、依法治校的进程中，制定并落实了许多行之有效的制度，对学校规范办学、科学发展起到了很好的制度保证作用，在很大程度上实现了用制度管权管事管人。但是还有一些很重要的制度，有的没有建立，有的没有落实好。我想说的是，不管什么制度，都是人制定的、都是要人来落实的，用制度管权管事，权是人拥有的，事也是需要人来办的，所有的一切都是以人为中心，只要通过制度建设，扎实推进制度的贯彻

落实，把人管好，把领导干部管好，很多问题就会迎刃而解。

学校作为教育事业单位，同其他事业单位一样也存在着严重的平均主义，主要表现为"干与不干一个样，干多干少一个样，干好干坏一个样"（以下简称"三个一样"），这已成为制约学校加快发展和改革创新的重要顽疾。虽然专业技术人才当中也存在着"三个一样"的情况，但他们的干与不干、干多干少和干好干坏，在某种程度上可以用教学工作量、学生评教、科研成果来衡量（这些量化是否符合实际、是否科学有效也需要有关方面进一步研究并不断完善）。"三个一样"的现象主要体现在领导干部中间。对于那些明显触犯法律、违反纪律的干部好办，事实摆在那里，规定写在那里，该怎么处理就怎么处理，难就难在表现平庸的干部不好管。这些干部不思进取、庸庸碌碌，散漫懈怠、无所用心，推诿扯皮、不负责任，能力不强、没有业绩，严格说来属于不合格、不称职，但细究起来又没什么"硬伤"，让你拿他没办法。表现平庸不干活的干部处理难，究其原因，一是缺乏认定尺度。没有标准，无法界定，凭什么说人家不合格、不称职？二是决心不大，力度不够。拉不下脸，怕得罪人，不愿意惹麻烦，但求相安无事。三是处理的办法少，特别是没有广大群众的充分参与，形不成治庸治懒的氛围和对表现平庸懒散干部的强大压力。领导干部在一个单位干与不干、干多干少、干好干坏，群众心知肚明，只要让群众说话，让群众的意见起作用，就不怕对平庸干部没办法。我们要敢于挑战既定利益格局和体制顽症，敢于"涉深水、破坚冰、啃硬骨头"。

学校党委认为，要从根本上彻底解决"三个主义"和"三个一样"的问题，除了要加强理论学习、统一思想认识、提高干部能力水平外，关键是要加强制度建设和体制机制创新，用科学合理的制度管好我们的领导干部。在这次中心组学习之前，我专门要求有关部门起草《中南民族大学党政领导干部问责制暂行办法》（以下简称《问责办法》）初稿，拿到会上，让大家进行讨论研究。我想，《问责办法》至少要解决以下几个问题。一是要明确规定问责对象。也就是说如果工作失职，出了问题，或者工作干得不好，没有业绩，应该追究哪些干部的责任。对于中层干部，自己分管的工作出了问题要负全部责任，单位的主要责任人要负领导责任，上升到相应的分管校领导，也要负分管责任。二是要明确规定问责尺度。也就是说要根据问题的严重程度、失职造成的影响程度、工作完不成的程度来定责，明确责任等级。三是要明确规定问责程序。也就是说对于有责任的领导干部按照怎样一个程序来进行问责，需要经过哪些手续，需要上报到哪些单位等。四是要明确规定问责措施。也就是要根据问题的性质和责任的大小来确定不同级别干部应受到怎样相应的处理，努力实现责权利相统一。《问责办法》一定要符合学校实际，一定要符合干部情况，一定要有前瞻性和可操作性。但是仅有《问责办法》还远远不够，解决不了所有的问题，我们的制度建设任重而道远。

下一步，我们必须加强考核制的建设。对干部的考核评价制度应该做到均衡，既要有民主评议等主观性评价，又要有量化的考核标准，二者不可偏废。要真正让干与不干、干多与干少、干好与干坏的干部就是不一样。我们必须加强任期制的建设。要让干部能上也能下，能进也能出，要通过严格考核让总是占着位子不干事的干部下台，该降职的降职，该免职的免职，要让干部牢固树立"有为才有位"的思想观念，彻底摒弃只要升上去了就一劳永逸的思想观念。我们必须进一步完善学校调研员管理办法。调研员大多数都是从一线退到二线的领导干部，他们和其他同级别的领导干部一样，拿同样的工资和福利待遇，因此需要给他们安排具体的事情，或让他们分管某一项具体工作，对他们同样要进行严格考核。不能让他们懒散惯了，把学校当着游乐场、菜园门，想来就来想走就走，有时还摆摆老资格，好像没有人敢管他们似的。

2008年3月18日，温家宝同志在回答中外记者提问时指出，"只有把人民放在心上，人民才能让你坐在台上"。至今振聋发聩。有研究表明，领导干部的"辛苦指数"（包括廉洁指数、公平指数和守法守规指数）越高，人民群众的"幸福指数"就越高，人民群众的"幸福指数"高了，领导干部再苦也不觉得苦，就会达到"先天下之忧而忧，后天下之乐而乐"的思想境界。如果我们的领导干部时时刻刻把各族师生放在心中，我们就不会带头违规、破坏规矩，就不会独断专横，就不会个人说了算，那么也就不会失民心，各族师生的尊严感和幸福感就会不断提升，我们就可以把学校各级领导干部和各族师生的智慧和力量凝聚到《规划》作出的战略部署上来，建设特色鲜明、人民更加满意的高水平民族大学的奋斗目标就能早日实现。

同志们，今年是学校建校60周年，这是承前启后、继往开来的重要一年，这是学校发展史上的一个重要里程碑，我们能否创造出无愧于历史、不辜负前人、对得起后人的伟大业绩，必须紧紧依靠全校各族师生，关键在于在座的各位领导干部和专家教授，你们是学校教育事业发展的坚强脊梁。伟大的事业催人奋进，坚强的脊梁给人力量。让我们携起手来，共同创造中南民族大学的美好明天。

（原文题目为《统一思想、振奋精神、增强素质、提高水平，全面贯彻落实学校教育事业发展"十二五"规划，加快建成特色鲜明、人民更加满意的高水平民族大学》，2011年7月12日）

怎样建设好领导班子

学校第七次党代会圆满完成了各项议程和任务，选举产生了学校第七届党的委员会和新一届学校党的纪律检查委员会，所有议程都已进行完毕。刚才学校党委第七届一次全委会又选举产生了新一届的党委常委、副书记、书记，通过了第七届学校纪委一次全会的选举结果，此时此刻，我和各位常委一样，感受到的是党员干部的莫大信任和一份沉甸甸的责任。为此，我代表新当选的各位常委，对大家的信任、支持表示衷心的感谢！

新一届的学校党委全委会，肩负着学校工作的领导责任。在新的时期，我们全体委员，使命光荣，任务艰巨，责任重大，我们要不辱使命，认真贯彻落实好"十八大"以来中央全会、习近平同志系列重要讲话精神以及国家民委、湖北省委对学校工作的要求，凝心聚力落实好学校党代会的精神和各项目标任务，进一步推进学校党的建设，深化学校综合改革，加快学校发展。为此，我想从两个方面：一是建设什么样的领导班子，二是怎么样建设好领导班子，讲几点建议，与同志们共勉。

一、按照政治家、教育家的要求建设坚强有力的学校领导班子

我们新一届的党委会要高举中国特色社会主义的伟大旗帜，以中国特色社会主义理论体系为指导，深入学习贯彻习近平总书记系列重要讲话精神，紧紧围绕推进学校治理体系和治理能力现代化，抓住保持党和人民群众的血肉联系这一作风建设的核心问题，坚持从严治党、思想建党、制度治党，严格落实管党治党责任，以坚定理想信念、增强党性观念、保持高尚道德情操为重点，以严肃党内政治生活、从严管理监督干部、持续深入改进作风、严明党的纪律为抓手，努力营造学校良好的政治生态，培养选拔符合新时期"五条标准"（即信念坚定、为民服务、勤政务实、敢于担当、清正廉洁）的好干部，全面加强领导班子思想、组织、作风、反腐倡廉和制度建设，为全面深化学校综合改革、推进学校党委建设、依法治校、依法执教，为实现学校第七次党代会提出的奋斗目标，为加快建设特色鲜明人民更加满意的高水平民族大学提供坚强的组织保证。

二、履行好责任，从六个方面建设好领导班子

1. 建设信念坚定、政治可靠的学习型领导班子

校院（处）两级领导班子要扎实开展和加强理论学习和培训，教育领导班子、党员干部树立正确的世界观、人生观和价值观，坚持党的基本理论、基本路线、基本纲领、基本经验、基本要求，坚持共产主义信仰，做到虔诚而执着、至信而深厚，坚定中国特色社会主义的道路自信、理论自信、制度自信，始终做到对党忠诚，自觉维护党的领导和团结统

一，自觉维护中央权威，在思想上、政治上、行动上，同以习近平同志为总书记的党中央保持高度一致，矢志不渝为党的民族教育事业努力奋斗。

要着重学习把握中国特色社会主义理论体系和习近平总书记系列重要讲话的马克思主义立场、观点、方法，增强战略思维、辩证思维、系统思维、创新思维、底线思维、法治思维能力，保持政治清醒和政治定力。同时要加强全面学习，重点学习教育管理、法学等知识，增强治理学校的能力。要坚持党委中心组学习、专题学习、调研、研讨、自学、培训等制度，推进学习型领导班子的建设。

2. 建设严守党规、纪律严明、依法治校的领导班子

校（院）处领导班子、党员干部要坚决维护党章，模范遵守国家法律法规。坚持依法依规，按程序办事；依法依规，依程序用权；依法依规，依程序治校。把依法治校与以德治校、遵纪守法与崇德向善有机结合起来。坚守正道，弘扬正气，坚持以信念、人格、实干立身；襟怀坦荡，光明磊落，对上对下都讲真话、实话、心里话；坚持原则，恪守规矩，严肃纲纪，嫉恶如仇，敢于同"个人主义、好人主义、自由主义"等不正之风作斗争，艰苦奋斗、清正廉洁，经得起各种诱惑的考验。

要严明党的纪律，牢固树立政治意识、大局意识、责任意识，增强纪律观念，特别要严守党的政治纪律、组织纪律和政治规矩，克服本位主义。严格执行请示报告制度，个人重大事项报告等制度，切实加强和服从组织管理，绝不允许搞上有政策、下有对策，绝不允许有令不行、有禁不止，积极推进学校良好政治生态的形成。

3. 建设作风优良、清正廉洁、认真履职的领导班子

校院（处）领导班子、党员干部都要增强党性观念、宗旨意识、坚持党的群众路线，密切联系群众，切实维护群众利益，解决群众关心的实际问题。坚持求真务实，践行"两个务必"，始终做到"严以修身、严以用权、严以律己，谋事要实、创业要实、做人要实"，不断增强自我净化、自我完善、自我革新、自我提高的能力，把为民务实清廉的价值追求深深植根于思想和行动之中。带头践行社会主义核心价值观，见贤思齐、加强自律、接受他律，恪守道德规范，保持健康情趣和高尚情操。

在党风廉政建设上，学校党委、纪委要认真履行好职能，学校党委在党风廉政建设上要切实履行主体责任、全面责任、首要责任，即全面负起"五项责任"（即领导责任、教育责任、管理责任、检查考核、示范带头责任）。领导班子、主要负责同志和班子其他成员都要切实履行好自己的责任，请各位委员监督我一定履行好第一责任，各位同志对分管工作要切实负起领导责任，切实落实"一岗双责""一案双查""责任追究"制度。纪委要切实履行好监督责任，即在上级纪委和党委的领导下，切实履行党章赋予的"三项任务""五项经常性工作"，切实发挥党内监督专门机关的作用。不仅要对腐败和不正之风问题进行监督，还要对党委是否履行好其主体责任进行监督。因此，要聚焦主业，实现工作职能、工作方式、工作作风的"三转"。领导班子和党员干部都要严格执行反对"四风"的制度规定，完善并落实好联系服务群众、转变作风的制度规定。

4. 建设勤政务实、改革创新、敢于敢当的领导班子

校院（处）领导班子和党员干部都要坚持党的原则第一、党的事业第一、人民群众师生员工利益第一的观念，少说空话，多干实事，勤政务实，开拓进取，勇于负责，积极作为，破解难题，勇于创新，不安于现状，不盲目乐观。立足当下，多做打基础利长远、推动学校改革发展稳定的实事和好事，要做到"推功揽过"、不掩盖矛盾、不回避问题。主张什么，反对什么，要旗帜鲜明，自觉做到面对大是大非敢于亮剑、面对矛盾敢于迎难而上、面对危机敢于挺身而出，面对失误敢于承担责任，面对歪风邪气敢于坚决斗争，激发起想干事、能干事、干成事的正能量，带头营造风清气正的校园精神。

5. 建设团结奋进、坚强有力、业绩突出的领导班子

校院（处）领导班子、党员干部都应当形成一种共识：团结奋进是一种状态、一种力量、一种智慧、一种境界，因而就应该讲大局、讲原则、讲风格、讲团队、讲凝聚、"求同存异"；坚强有力是一种评价、一种考核、一种担当、一种责任，因而要讲使命、讲奉献、讲帮扶、讲忘我、讲全局。业绩突出是群众的一种公认、一种结果、一种荣誉、一种追求，因而应当讲努力、讲实干、讲创造、讲行动。团结奋进、坚强有力、业绩突出，这三者相互联系、你中有我、互为支撑。要很好地做到，就需要我们完善和落实民主集中制的各项制度，正确处理好个人与集体、个人与同志、集体领导与个人分工负责等关系，坚持科学治校、民主治校、依法治校，正确把握高等教育规律与民族工作规律，正确处理普遍性与特殊性的关系，不断提高我们运用法制思维和法制方式推动学校改革发展稳定的综合能力；就需要我们严格党性锻炼，加强党性修养，严肃党内政治生活，落实好党章规定，用好"坚持民主集中制、开展批评与自我批评、严格党内生活、坚持党性原则基础上的团结"四大法宝，提高我们发现和自身问题的能力，树立正确的政绩观、权力观、价值观，抢抓机遇，努力创造经得起实践、经得起广大师生员工、经得起历史检验的业绩。

以上两点意见，仅供大家参考，让我们携手共进，把学校的事业完成好。谢谢大家！

三、建设好学校领导班子的具体要求

（1）坚持服务大局、推进发展，建设好学校干部队伍。学校要将"民大梦"融入"团结梦""发展梦"和"中国梦"的伟大复兴之中，着眼于全面建成小康社会的奋斗目标，着眼于民族工作的新要求，着眼于深化教育综合改革，着眼于推进治理体系和治理能力的现代化，坚持党管干部、党管人才的原则，坚持五湖四海、任人唯贤，坚持德才兼备、以德为先，坚持新时期好干部的"五条标准"，坚持注重实绩、群众公认，建设坚强有力的学校领导班子和高素质治校执教干部队伍。

（2）坚持底线思维、问题导向。着眼应对"四大考验"、防范"四种危险"，不断提高学校领导班子和院（处）干部的领导水平和治校水平，及时发现、着力解决"干多干少、干与不干、干好干坏"一个样、"软、懒、散、庸"、个别基层组织和少数党员干部作用发挥不好等问题，增强党员干部队伍建设的针对性。

（3）坚持从严管理，强化制度约束。认真贯彻党要管党、从严治党方针，从学校各级领导班子抓起，从领导干部做起，严格教育培训、选拔任用、考核评价、管理监督，立明规则、破潜规则，正风肃纪、扶正祛邪，把从严管理贯穿在领导班子建设全过程和各方面。

（4）坚持遵循规律、健全制度。按照"十八大"提出的要求和习近平总书记系列重要讲话精神，把思想建党和制度管党紧密结合起来，遵循从严治党规律、领导班子建设规律、干部成长规律、坚持用制度管权管事管人，健全制度体系，突出重点，着力增强制度执行力，全面提高学校领导班子建设科学化的水平。

（原文题目为《在中共中南民族大学第七届委员会第一次全体会议上的讲话》2014年）

作风建设始终是学校质量发展的关键

在全党深入开展"党的群众路线教育实践活动",是贯彻落实党的"十八大"精神的一项重大战略部署。按照党中央、国家民委、湖北省委的部署和要求,学校党委高度重视,及时召开常委会议传达上级精神,统一思想认识,研究工作部署,成立了教育实践活动领导小组,在广泛调研的基础上,认真制定了《中南民族大学深入开展党的群众路线教育实践活动方案》(以下简称《活动方案》)。今天,按照《活动方案》的方法和步骤,我们召开动员大会,部署学校深入开展教育实践活动的工作任务。

下面,我代表学校党委,就学校如何深入开展教育实践活动讲几点意见。

一、充分认识开展党的群众路线教育实践活动的重大意义

在全党深入开展以"为民务实清廉"为主要内容的党的群众路线教育实践活动,是新形势下坚持党要管党、从严治党的重大决策,是顺应群众期盼、加强学习型服务型创新型马克思主义执政党建设的重大部署,是全面推进中国特色社会主义伟大事业的重大举措。

(一)开展群众路线教育实践活动,是保持党的先进性和纯洁性、巩固党的执政基础和执政地位的必然要求

开展党的群众路线教育实践活动,是实现党的"十八大"确定的奋斗目标的必然要求,是保持党的先进性和纯洁性、巩固党的执政基础和执政地位的必然要求,是解决群众反映强烈的突出问题的必然要求。先进性和纯洁性是马克思主义政党的本质属性,也是执政能力的重要体现,贯穿于党的性质、宗旨、任务和全部工作之中。习近平总书记突出强调,执政党的党风关系党的形象,关系人心背向,关系党和国家的生死存亡。群众路线是党在革命、建设和改革的长期实践中创造、发展并不断增强的优良传统和政治优势。群众路线是党的生命线。事关党和国家的未来,事关人心向背,全党充满期待,人民群众充满期待。党的根基在人民、血脉在人民、力量在人民。失去了人民拥护和支持,党就没有存在的依据,就没有立足之地,党的事业和工作无从谈起。我们一定要做清醒之人、明白之人、局中之人,深刻领会中央有关会议特别是习近平总书记一系列重要讲话精神,充分认识开展教育实践活动的重大意义,把思想和行动统一到中央的决策部署和要求上来,把教育实践活动作为一项严肃而重大的政治任务,摆在突出位置,抓紧抓好、抓出实效。

(二)开展群众路线教育实践活动,是实现"中国梦""团结梦""发展梦"的现实要求

党的"十八大"以来,以习近平为总书记的新一届党中央提出实现中华民族伟大复兴的中国梦。实现中国梦,是责任,更是担当。能否团结带领全国各族人民投身实现中国梦的伟大事业,是对全党凝聚力、领导力、执行力的考验,是对全体党员党性、政德、官德

的检验，更是对党员领导干部工作作风的考验。开展教育实践活动，就是要推动全党深入群众，更加谦虚地学习群众、更加周密地服务群众、更加坚强地团结群众、更加有力地带领群众，为实现中国梦、不断夺取中国特色社会主义新胜利构筑坚实的群众基础。民族工作是党和国家工作的重要组成部分，党的领导是做好民族工作、维护民族团结的根本保证。坚持党的群众路线，对于民族工作的创新发展，对于民族团结进步事业的破浪前进，具有特殊重要的现实意义。正如王正伟同志指出的，民族工作说到底是群众工作，是争取人心、调动人心、凝聚人心的工作。在新的形势下，我们更需要认真倾听群众呼声，深入了解民生疾苦，扎实解决民生难题，千方百计为各族群众办实事、办好事、办成事。民族工作者只有和群众打成一片，让群众感受到党和政府的关怀，感受到祖国大家庭的温暖，我们的工作才能始终拥有强大的感召力、旺盛的生命力以及绵绵不断的发展动力，才有可能实现民族地区同全国一道全面建成小康社会的"发展梦"，56个兄弟民族一家亲的"团结梦"。

（三）开展群众路线教育实践活动，是增强核心竞争力，建设有特色、高水平民族大学的紧迫要求

"十八大"报告中提出，要"努力办好人民满意的教育"，强调教育是民族振兴和社会进步的基石，坚持教育优先发展。《国家中长期教育改革和发展规划纲要》提出，"全面提高高等教育质量"，强调"提高质量是高等教育发展的核心任务，是建设高等教育强国的基本要求"。"十二五"期间，学校提出加快转变发展方式，继续推进由教学型大学向教学研究型大学的转变，建设有特色、高水平，人民更加满意的民族大学。要实现既定目标，调结构、促转变，找准内涵发展的结合点、明确改革创新的着力点、破解制约发展的关键点，智慧和力量来自广大师生，出发点和落脚点是服务师生，因此，我们要以这次教育实践活动为契机，以作风建设为抓手，以优良党风正校风、促教风、带学风，增强学校发展的文化软实力和核心竞争力，为早日实现特色鲜明、人民更加满意的高水平民族大学的"民大梦"打下坚实的基础。

学校全体共产党员尤其是党员领导干部，要把开展好党的群众路线教育实践活动作为首要政治任务，把中央的一系列精神和部署学习好、领会好、落实好，坚持党的群众路线，尊重师生意愿，维护师生利益，激发师生智慧，凝聚师生力量，真正做到思想认识统一、行动步调一致，汇聚起各民族师生推动学校顺利改革、跨越发展的强大力量。

二、转变作风、扎实有序推进党的群众路线教育实践活动

习近平强调指出，"开展党的群众路线教育实践活动，要牢牢把握反对形式主义、官僚主义、享乐主义、奢靡之风的目标任务，巩固和扩大作风建设成果"。学校作为第一批活动单位，要根据上级的部署和要求，以贯彻落实中央"八项规定"为切入点，把主要目标任务聚焦到作风建设上来。我认为，群众路线的关键是转变作风、重点是转变作风、核心是转变作风，抓住了转变作风就是扭住了群众路线的"牛鼻子"。中央"八项规定"出台后，学校学习宣传反应快，贯彻执行措施实，第一时间制定了《中共中南民族大学委员会关于改进工作作风、密切联系群众的实施细则》，且取得了较好的执行效果。通过一系列学习、宣传、教育，领导干部能够以身作则，率先垂范，要求党员干部做到的，自己首

先要做到；要求别人不做的，自己带头坚决不做；落实校领导与新进教师谈话制度，校领导带队多次深入课堂、学生宿舍、实验室等，密切联系师生，开展调查研究。厉行开短会、发短文、讲短话、简办事，切实改进了学校的会风、文风、话风、事风；2013年上半年学校"三公"经费支出较去年同期有大幅下降；大力精减文件，提高文件质量，推进绿色办公等。这些阶段性成果表明，学校的作风建设取得了一定的成效。但与学校事业发展，与群众的期待，与党的群众路线要求还有较大的差距。

（一）教育实践活动主要任务重在解决作风问题

当前，学校大部分党员干部的作风是好的，主流是好的，但是，破坏学校群众基础的形式主义、官僚主义、享乐主义和奢靡之风，破坏学校改革发展稳定大局的"好人主义、个人主义、自由主义"，破坏学校正能量聚集的"干与不干一个样、干多干少一个样、干好干坏一个样"，仍不同程度地存在，有的甚至还很严重。凡此种种脱离群众的现象，归根结底都是作风出了问题，导致精神疲软，缺乏斗志，不作为或乱作为，完全忘记了自己是一名共产党员，完全忘记了自己是学校的一名党员领导干部，完全忘记了自己作为一名教育工作者所肩负的历史使命。从根本上讲，就是缺乏大局意识、责任意识、服务意识和忧患意识。虽然这些现象只是在一小部分人身上显现，有的才初现端倪，有的已经积重难返，但是，这些现象影响极坏，对学校良好的党风、校风、教风和学风的形成极为不利，已经成为制约和削减学校软实力的一种有害因素，必须引起我们的高度重视，要认真加以研究和解决。如果这些危害得不到及时有效地根治，就好比"高楼大厦钢筋锈蚀之隐，千里河堤蚂蚁群居之患"。遏制"四风"抬头、防止"三个主义"蔓延、解决"三个一样"诟病，是全校各级党组织和全体师生员工尤其是共产党员的共同责任。学校开展这次教育实践活动恰逢其时，是集中查找和整治这些不良风气的重要契机。

（二）破解突出问题的根本方法

1. 落实中央总要求，击在痛处、打在点上

要认真贯彻落实"照镜子、正衣冠、洗洗澡、治治病"的总要求，对准焦距、找准穴位、抓住要害、击在痛处、打在点上，使"四风""三个主义""三个一样"等问题无所遁形，使之成为过街老鼠人人喊打。具体而言，组织动员要达到"醒醒脑"的效果，深刻认识活动的重大意义，真正从思想上重视起来、警醒起来；查找问题要达到"出出汗"的效果，深刻发现和剖析存在的问题和不足，从内心深处查找思想上的根源；召开专题民主生活会要达到"红红脸"的效果，不回避矛盾，不掩盖问题，敢于揭短亮丑，开诚布公地开展批评和自我批评；整改落实要达到"排排毒"的效果，针对排查出来问题，进行一次大检修、大扫除，为学校事业的健康发展固本强元。

2. 以整风精神解决突出问题，惩前毖后、治病救人

整风是我们党解决自身问题的一大创举。毛泽东同志讲过："凡是人民内部的事情、党内的事情，都要用整风的方法，用批评和自我批评的方法来解决。"中央强调，整个教育实践活动要贯穿整风精神，这是区别以往党内教育活动的一个鲜明特点。学校各级党组

织要不折不扣地贯彻落实这一重要要求，以整风精神开展好批评与自我批评。一要高质量开好民主生活会，切实纠正党内生活庸俗化、好人主义盛行的倾向，绝不搞形式、走过场。二要切实解决作风方面存在的突出问题，使学校存在的"四风""三个主义""三个一样"等问题一并解决，不等待观望、不敷衍塞责，不留尾巴、不踢皮球。三要强化正风肃纪，坚持惩前毖后、治病救人的方针，区别情况、对症下药，对不正之风和突出问题进行专项治理。四是加大治庸问责力度，要始终利剑高悬，坚持党纪国法校纪校规面前没有例外，无论涉及谁，都要一查到底、绝不姑息。

3. 切实抓好教育实践活动三个重要环节，做到不空、不虚、不偏

中央提出，这次教育实践活动在方法上要把握三个环节：一是学习教育、听取意见；二是查摆问题、开展批评；三是整改落实、建章立制。这三个环节在学校的实施方案中有具体安排，三个环节是相互联系、相互促进的有机整体，需要整体推进、全面推进。这次教育实践活动不分阶段、不搞转段，目的就是要把三个环节贯通、衔接起来，贯穿于教育实践活动的全过程，以达到解决突出问题，做到"不空"；力戒形式主义，做到"不虚"；紧紧围绕主旨，做到"不偏"的实施效果，坚持质量至上，确保活动取得实效。

4. 坚持领导干部带头，激发想干事能干事干成事的正能量

"作风好不好，关键看领导"。开展教育实践活动，领导干部要带头把自己摆进去，灯光不要总是聚焦在别人身上，自己"灯下黑"。"四风""三个主义""三个一样"等问题，不是普通群众的问题，不能"上面有病、下面吃药，领导有病、群众吃药"。要以普通党员身份，听意见，摆问题，抓整改，从自己做起。我们要坚持高标准、严要求，带头学习提高、带头调查研究、带头听取意见、带头交心谈心、带头开展批评和自我批评、带头进行整改，真正做到以身作则，率先垂范，使教育实践活动更有说服力和影响力。要扭转任务一来，大会讲一讲，小会议一议，上级报一报，网络发一发，走走过场了事的"应付之风"；要杜绝说起来热热闹闹、总结起来轰轰烈烈、个人事迹催人泪下的"表演之风"；要遏制落实起来冷冷清清、政治学习可有可无、不求有功但求无过的"懈怠之风"。调查研究，领导干部要"下得去、弯得腰、找得准、跟得进、办得妥"。整改落实，要直面问题实质，不能"浮在天上、大而概之、推而了之"，应该"人到、心到、情到"，形成想干事、能干事、干成事的正能量，切实解决广大师生关心的突出问题。

5. 科学构建长效机制，不搞"一阵风"

建立健全长效机制，需要不断建立完善好的制度，把权力关进制度的笼子，持续发挥制度的激励和约束作用。共产党人最怕认真，要敢于真抓实干，不搞一阵风。"四风""三个主义""三个一样"等问题不可能通过一次教育实践活动彻底根除，就是暂时根除了也不可能一劳永逸。转作风，贵在能持久。世间万事，贵在坚持。我们要坚决防止和克服"强调之时抓一下，强调过后放一下，出了问题紧一下，形势好了松一下"的现象。我们要充分认识到作风问题具有顽固性和反复性，转变和改进作风，容易陷入"转过来又退回去"的怪圈。改进作风关键在"常""长"二字上下工夫，坚持常态化、长期抓，完善相关制

度，建立长效机制，加强督促检查，步步深化、久久为功，以作风建设的实际成效凝聚各族师生、推进事业发展。

三、加强组织领导，确保教育实践活动取得实效

中央决定花一年左右的时间在全党深入开展党的群众路线教育实践活动，关系重大，意义深远，但时间紧、任务重、要求高。全校各级党组织要迅速行动起来，不等待、不围观，按照上级和学校教育实践活动方案要求，在"思想认识、改进作风、解决突出问题"三个方面做到与中央同步。

（一）落实领导责任，精心组织实施

学校成立了深入开展党的群众路线教育实践活动领导小组，我和金林同志任组长，徐柏才、雷振扬、罗建生、常青、白江源、赵晓珊、乔俊杰、赵文同志任副组长，学校办公室、纪检监察处、组织人事部、党委宣传部、机关工委、工会主要负责人和各基层党委（党总支）书记为成员。领导小组下设办公室，常一青同志兼任办公室主任，办公室设在组织人事部。办公室设协调组、材料组、宣传组，抽调精干力量组成工作组，负责活动的组织实施。学校成立督导组，常一青同志兼任组长，督导组分设七个小组，负责督促指导各部门各单位开展教育实践活动。

各单位主要负责同志、基层党委、党总支书记要承担起第一责任人的责任，深入广大师生，靠前指挥，吃透政策原则，把握进度节奏，解决关键问题。做到认识到位、组织到位、措施到位、工作到位、领导责任落实到位，要使学校制定的教育实践活动实施方案，在各个部门得到不折不扣的执行，做到不变通、不例外、不走样。

（二）要抓好舆论引导，集聚推动活动开展的正能量

搞好这次教育实践活动，应坚持正面典型引导和反面典型教育相结合，努力形成推动活动开展的正能量。要充分发挥报刊、广播、网站、微博等各类媒体的优势和作用，大力宣传开展教育实践活动的重大意义，宣传中央、国家民委和湖北省委关于教育实践活动的重要精神和决策部署，宣传教育实践活动的工作进展和实际成效，宣传活动中的好经验、好做法，宣传务实清廉的先进典型，营造一种开诚布公、敢于揭短亮丑、崇尚真理、改正缺点、修正错误的良好氛围，引导广大师生员工把思想和行动统一到中央精神上来。各部门必须高度重视舆论宣传工作，精心策划，把握好重点和关键，把握好时机和节奏，为活动的顺利开展营造良好舆论氛围。

（三）要坚持统筹兼顾，科学安排各项工作

各单位要把教育实践活动与做好当前各项工作结合起来，用教育实践活动来带动和促进各项工作的顺利开展，把教育实践活动融入日常的工作，从而达到日常工作有目标，教育实践活动有载体的工作境界。同时要把深入开展教育实践活动与"创先争优""民族团结进步创建""平安校园创建"等重要工作结合起来，做到"两手抓、两促进、两不误"，以作风建设的新成效推动学校的各项发展事业再上新台阶。

（四）要加强检查督导，达到群众满意的实效

学校开展教育实践活动，从根本上讲就是希望达到听真话、办实事、求实效的效果。为此，必须加强检查督导落实，既要看活动过程不变通、不例外、不走样，更要看广大师生员工对活动效果满不满意。检查督导落实的根本目的不是看形式，而是看实效。"找到不少问题，又不解决问题，过程越是轰轰烈烈，形式越是夺人眼球，就越是在搞新的形式主义"。实效的最终评判人不是督导组而是广大师生员工，对此必须要有清醒而深刻的认识。

同志们，我们党"两个一百年"的伟大事业催人奋进，我们党领导的坚强脊梁给人力量，我们党自上而下教育实践活动的玉露甘霖赋予动力！让我们携起手来，高举旗帜，同心协力，严格按照上级要求，扎实开展教育实践活动，以踏石留印、抓铁有痕的精神，进一步密切联系群众，进一步促进作风转变，更好地践行办学宗旨，更好地担当社会责任，更好地履行特殊使命使，为我国民族团结进步事业创新发展，为实现中华民族伟大复兴的"中国梦"贡献力量！

（原文题目为《高举旗帜　同心协力　转变作风　服务群众　为实现"民大梦"努力奋斗——在开展"党的群众路线教育实践活动"动员大会上的讲话》，2013年7月11日）

民族高校如何加强人才工作

近日,中共中央印发《关于深化人才发展体制机制改革的意见》(以下简称《意见》),明确了人才改革的指导思想、基本原则、主要目标和具体措施,为当前和今后一个时期高校人才工作指明了改革路径、提供了基本规则。面对新形势新任务新要求,民族高校要结合实际,认真贯彻落实《意见》,切实加强和改进人才工作。

目前,民族高校人才工作还存在一些深层次的矛盾和问题。例如,在人才引进方面,主动性和积极性不够,自信心不足,有畏难心理和懈怠情绪;人才培养方面,计划性和针对性不强,一些人才"等待自然成长";人才使用方面,有的教师把教书育人当做一个旱涝保收的职业,而不是一种毕生追求的事业,为评职称而做科研,为满足课时工作量而教学。因此,"干与不干一个样、干多干少一个样、干好干坏一个样"的现象时有存在,制约着学校事业发展。解决好"三个一样"的历史难题,使学校事业发展呈现出业尽其人、人尽其才、才尽其用的生动局面,必须创新人才工作体制机制。一是完善沟通协调机制。有关职能部门要加强与用人单位的沟通协调,整合资源,提高用人单位在人才队伍建设方面的积极性和主动性,保障用人单位的知情权、参与权、建议权和选择权。二是建立咨询决策机制。充分发挥学术组织和校内外专家在人才引进、使用、评价、激励等方面的咨询决策作用,适时引入校外专家匿名评审制度。三是创新人才培养机制。制定人才培养的年度计划和中长期发展规划,丰富培养的内容和方式,发挥在"产学研用"一体化进程中培养人才的积极作用。四是健全激励约束机制。强化契约精神,注重目标管理,加强业绩考核,明确学校、学院和个人的权利与义务,明确学术成果归属。探索以协议工资、协议津贴、年薪制等方式向引进的高层次人才支付报酬,与国际用人分配制度接轨,减少传统分配制度的弊端。五是完善使用评价机制。探索"低职高聘""高职低聘""评聘分离"的用人模式,建立以能力和业绩为导向的目标考核评价机制,营造民主、公开、竞争、择优的用人环境,建立能上能下、能进能出的进退留转机制。

办好民族大学,培养造就一支"有理想信念、有道德情操、有扎实学识、有仁爱之心"的优秀人才队伍是前提和基础。提升人才队伍整体水平,必须正确处理好以下三种关系。

一要正确处理好校内与校外的关系。建设高水平大学要有国际化视野、国际化标准和国际化师资队伍。民族高校必须坚持"走出去"战略,一方面,要鼓励教师积极参加校外各类学术活动,发出民族高校的声音,展示民族高校的形象,让人才长知识、见世面、转观念,入流入圈;另一方面,要加强对外交流合作,不断提升学校的影响力与吸引力,让更多的人才了解学校,吸引更多的人才来校工作。民族高校必须坚持"请进来"战略,一方面,邀请更多的大师、名家和优秀企业家来校讲学,丰富校园文化内涵,营造良好的学术生态和人才成长环境;另一方面,邀请更多国内外一流大学领导层、民族地区党政干部和企业高管来校参观考察,增进相互了解,推动校校合作、校地合作、校企合作,推进协同创新,共同培养高素质人才。

二要正确处理好引进与培养的关系。民族高校要加大高层次领军人才的引进力度,让人才向团队、项目、学位点、平台(基地)和学科聚集,充分发挥人才对学科建设和学校发展的支撑引领作用,推动学校在申请立项国家级重大科研项目、取得标志性学术成果和重大发明创造等方面实现新的突破。同时,要高度重视校内现有人才的培养,防止"招进女婿气走儿"。校内现有人才,特别是中青年骨干人才,代表着学科研究的方向,是学校发展的内生动力,体现着学校发展的后劲,要采取多种措施,整合各方面资源,为校内人才持续健康成长搭建平台,铺平道路。

三要正确处理好教育与管理的关系。民族高校要积极引导广大人才自觉地把个人的发展同学校的发展、时代的进步结合起来,正确认识和处理好个人成才与学校发展的关系,实现自身价值与服务祖国和人民的有机统一。要关心年轻教师的成长,着力解决年轻教师在学习、工作、生活等方面遇到的实际困难。要发挥资深专家教授对年轻教师的"传、帮、带"作用,引导他们尽快站稳讲台、学会科研、融入团队,不断增强爱校荣校的荣誉感和归属感。要准确理解和把握尊重人才与加强思想教育的辩证关系,坚持尊重与教育的有机统一,"克服只讲尊重,不讲教育;只讲信任,不讲管理;只讲团结,不讲批评的倾向"。针对个别知识分子存在文人相轻、不善协作等一些不良倾向的情况,要加强正确引导,帮助他们树立正确的世界观、人生观和价值观。要加强师德师风建设,大力树立先进典型,严肃查处学术不端、行为失范问题。对违反党纪国法、校纪校规、讲坛纪律的教师,要依法依规进行严肃处理。

(原文载于《光明日报》2016 年 5 月 17 日第 13 版)

人才工作改革与民族高校的科学发展

近日，中共中央印发《关于深化人才发展体制机制改革的意见》（以下简称《意见》），明确了人才改革的指导思想、基本原则、主要目标和具体措施，为当前和今后一个时期高校人才工作指明了改革路径、提供了基本遵循。面对新形势新任务新要求，民族高校要结合实际，认真贯彻落实《意见》，切实加强和改进人才工作，进一步发挥在人才培养、科学研究、社会服务和文化传承创新中独特而重要的作用。

一、牢固树立科学人才观

《意见》强调，"人才是经济社会发展的第一资源，要深入实施人才优先发展战略"。民族高校在办学理念、体制机制、学术氛围、成长环境等方面与国内外一流大学相比还有较大差距，必须把"创新、协调、绿色、开放、共享"五大发展理念贯穿人才工作全过程，不断推进体制机制创新，用创新倒逼改革，把目光瞄准国内外一流大学，吸取失败教训，吸收成功经验，吸引高端人才，努力建成一支专兼结合、以专为主、有序竞争、合理流动、充满活力的人才队伍，为早日建成人民更加满意的高水平民族大学创造先决条件，让广大师生和各族群众共享民族高等教育改革发展成果。能把人才凝聚到一起最有力的抓手就是事业，"环境好，则人才聚、事业兴；环境不好，则人才散、事业衰"。民族高校要努力创造"理解信任的工作环境、公平竞争的发展环境、民主宽松的学术环境、和谐融洽的人际环境、稳定舒适的生活环境"，始终把品质、知识、能力和业绩作为衡量人才的主要标准，用其所长、避其所短、不偏不倚、客观公正地评价人才，克服"重数量、轻质量""重学历、轻能力""重科研、轻教学""重学问、轻为人"等错误人才观念。要有以人为本、甘为人梯、助人成功的胸怀，尊重人才的个性和特长，鼓励创新、宽容失败，形成人才想干事、能干事、干成事的强大势场。

二、不断创新人才工作体制机制

《意见》指出，"要健全人才评价、流动、激励机制，最大限度激发和释放人才创新创造创业的活力"。目前，民族高校人才工作还存在一些深层次的矛盾和问题。例如，在人才引进方面，主动性和积极性不够，自信心不足，有畏难心理和懈怠情绪；人才培养方面，计划性和针对性不强，一些人才"等待自然成长"；人才使用方面，有的教师把教书育人当做一个旱涝保收的职业，而不是一种毕生追求的事业，为评职称而做科研，为满足课时工作量而教学。因此，"干与不干一个样、干多干少一个样、干好干坏一个样"的现象时有存在，制约着学校事业发展。解决好"三个一样"的历史难题，使学校事业发展呈现出业尽其人、人尽其才、才尽其用的生动局面，必须创新人才工作体制机制。一是完善沟通协调机制。有关职能部门要加强与用人单位的沟通协调，整合资源，提高用人单位在人才队伍建设方面的积极性和主动性，保障用人单位的知情权、参与权、建议权和选择权。二是建立咨询决策机制。充分发挥学术组织和校内外专家在人才引进、使用、评价、激励等方面的咨询决策作用，适时引入校外专家匿名评审制度。三是创新人才培养机制。制定人才培养的年度计划和中长期发展规划，丰富培养的内容和方式，发挥在"产学研用"一体化进程中培养人才的积极作用。四是健全激励约束机制。强化契约精神，注重目标管理，加强业绩考核，明确学校、学院和个人的权利与义务，明确学术成果归属。探索以协议工资、协议津贴、年薪制等方式向引进的高层次人才支付报酬，与国际用人分配制度接轨，减少传统分配制度的弊端。五是完善使用评价机制。探索"低职高聘""高职低聘""评聘分离"的用人模式，建立以能力和业绩为导向的目标考核评价机制，营造民主、公开、竞争、择优的用人环境，建立能上能下、能进能出的进退留转机制。

三、大力提升人才队伍整体水平

《意见》强调，"要坚持聚天下英才而用之，不唯地域引进人才，不求所有开发人才，不拘一格用好人才"。办好民族大学，培养造就一支"有理想信念、有道德情操、有扎实学识、有仁爱之心"的优秀人才队伍是前提和基础。提升人才队伍整体水平，必须正确处理好三种关系。一要正确处理好校内与校外的关系。建设高水平大学要有国际化视野、国际化标准和国际化师资队伍。民族高校必须坚持"走出去"战略，一方面，要鼓励教师积极参加校外各类学术活动，发出民族高校的声音，展示民族高校的形象，让人才长知识、见世面、转观念，入流入圈；另一方面，要加强对外交流合作，不断提升学校的影响力与吸引力，让更多的人才了解学校，吸引更多的人才来校工作。民族高校必须坚持"请进来"战略，一方面，邀请更多的大师、名家和优秀企业家来校讲学，丰富校园文化内涵，营造良好的学术生态和人才成长环境；另一方面，邀请更多国内外一流大学领导层、民族地区党政干部和企业高管来校参观考察，增进相互了解，推动校校合作、校地合作、校企合作，推进协同创新，共同培养高素质人才。二要正确处理好引进与培养的关系。当今时代科学研究更加重视协同创新、集体攻关，逐步从个体创新、分散创新、封闭创新，向团队创新、集成创新、开放创新转变。民族高校要加大高层次领军人才的引进力度，让人才向团队、项目、学位点、平台（基地）和学科聚集，充分发挥人才对学科建设和学校发展的支撑引领作用，推动学校在申请立项国家级重大科研项目、取得标志性学术成果和重大发明创造等方面实现新的突破。同时，要高度重视校内现有人才的培养，防止"招进女婿气走儿"。校内现有人才，特别是中青年骨干人才，代表着学科研究的方向，是学校发展的内生动力，体现着学校发展的后劲，要采取多种措施，整合各方面资源，为校内人才持续健康成长搭建平台，铺平道路。三要正确处理好教育与管理的关系。民族高校要积极引导广大人才自觉地把个人的发展同学校的发展、时代的进步结合起来，正确认识和处理好个人成才与学校发展的关系，实现自身价值与服务祖国和人民的有机统一。要关心年轻教师的成长，着力解决年轻教师在学习、工作、生活等方面遇到的实际困难。要发挥资深专家教授对年轻教师的"传、帮、带"作用，引导他们尽快站稳讲台、学会科研、融入团队，不断增强爱校荣校的荣誉感和归宿感。要准确理解和把握尊重人才与加强思想教育的辩证关系,坚持尊重与教育的有机统一,"克服只讲尊重,不讲教育,只讲信任、不讲管理,只讲团结、不讲批评的倾向"。针对个别知识分子存在文人相轻、不善协作等一些不良倾向的情况,要加强正确引导,帮助他们树立正确的世界观、人生观和价值观。要加强师德师风建设,大力选树先进典型,严肃查处学术不端、行为失范问题。对违反党纪国法、校纪校规、讲坛纪律的教师,要依法依规进行严肃处理,问题严重的必须坚决清除出教师队伍。

(原文题目为《加大人才工作改革力度 推动民族高校科学发展》2015年中南民族大学人才工作会讲话)

凝心聚力进一步提升教育教学质量

刚才金林同志为大家解读和部署了"十三五"规划，四个部门的五位同志就细化和落实核心规划向大家作了报告，下面我就近段时间的学习心得，结合学校"十三五"规划的推进落实谈三点想法和意见，与各位同志共同学习讨论。

一、用心谋事

一是忠心献党。从开展党的群众路线教育实践活动，到"三严三实"专题教育，再到"两学一做"学习教育，都是党的建设经常化的实践，根本目的都是增强党的观念，使每一名共产党员时刻牢记自己的政治面貌，在党言党、在党忧党，自觉履行党员的责任和义务。全体党员干部必须增强政治意识、大局意识、核心意识、看齐意识，经常、主动向党中央看齐，向党的理论和路线方针政策看齐，自觉同以习近平同志为总书记的党中央在思想上政治上行动上保持高度一致，自觉维护中央权威。但忠心向党不是空泛的概念。教育事业和民族团结进步事业是党的事业的重要组成部分，而民族教育是教育工作和民族工作的一个交汇点和结合部。忠心向党，就是要一切为了学生——把学生当亲人；一切为了学术——把职业当事业，要耐得住寂寞，要沉得下心来；一切为了学校——舍小家、顾大家，不任性、不自我；一切为了发展——朝前看，远处看，高处看，少一点内战内行，多释放正态能量。

二是虚心向学。学习是提高素质、增长才干的重要途径，也是做好工作、干好事业的重要基础。加强学习是树立正确世界观、人生观、价值观的根本，也是党员领导干部理论上成熟、政治上成熟的基础。我们的各级干部要始终保持一种知识恐慌、本领恐慌、业务恐慌的紧迫感，自觉把学习作为一种态度、一种责任、一种追求、一种境界，孜孜以求，苦学不倦，争做学习型领导，争带学习型队伍，在学习中拓宽视野、提升能力、增强本领。

学校恢复重建才短短 30 余年，办正规高等教育的时间不长，基础十分薄弱，不仅在硬件上，在大学文化、制度体系、体制机制等各方面的历史欠账太多。在高等教育竞争日益加剧，又面临着普及化、国际化、信息化的变革趋势，学校校既要入流入圈、不落伍掉队，甚至赶超，又要彰显民族特色，如果不学习，"十三五"规划就有打折扣甚至落空的危险。因此，必须加强学习，并且学习要"接地气、接人气、接网气"，要学习中国特色社会主义理论，尤其是习近平总书记系列重要讲话；学习党的民族宗教理论政策，学习现代高等教育理论，学习先进的管理经验，通过学习提高理论素养，通过学习创新教育理念，通过学习完善内部治理体系、提升治理能力，通过学习弥补知识不足和能力短板。要发扬理论联系实际的马克思主义学风，带着问题学，同时要注重总结学习群众的实践经验，做到干中学、学中干，学以致用、用以促学、学用相长。

三是精心谋划。"十三五"规划是对学校下一个五年发展道路的精心谋划，一步一个脚印的推进落实是各级党组织主体责任的重要任务。学校这些年在人才培养、学科建设、科学研究、队伍建设、文化建设、党建与思想政治工作、彰显办学特色等方面取得了一些成绩。同时，我们也看到了学校在高水平民族大学建设进程中还存在改革发展的紧迫感、危机感不够强，高端人才严重不足，高水平科研成果奇缺、国际化办学水平还不够等问题。要坚持问题导向，正视工作中存在的问题和困难，寻找破解重点难题的办法。哪些事和哪些做法值得肯定，哪些工作需要改进，要实事求是，具体务实的加以破解。

四是专心创业。科学的规划是未来发展的方向盘。我们在发展中保持冷静头脑和科学思维，要在全校形成干事创业的良好氛围，为想事、干事、成事的人搭建平台，为敢为、善为、有为的人撑腰，各部门要深入基层，充分调研，实施精细化、标准化管理，提高服务的质量和水平；职能部门要加强顶层设计、统筹协调和主动作为，鼓励各学院先行先试和创新实践。干事创业，需要全心全意、专心致志，三心二意、半心半意、把工作当副业，或者出工不出力、混工分是十分有害的；成就事业，需要同心同德、同向同行，各行其道、各怀心思、同床异梦是十分危险的。这些现象对自身、对事业、对学校发展都十分不利，这也是我们今后整治的重点之一。

五是操心推进。今年学校的工作任务头绪多、任务重、要求高、时间紧，各单位要精心谋划、操心推进、统筹兼顾。各单位要抓紧中心工作，又要围绕中心工作而同时开展其他方面的工作。毛泽东同志在《党委会的工作方法》中就提出了统筹兼顾、"弹钢琴"等思想方法和工作方法。他说："弹钢琴要十个指头都动作，不能有的动，有的不动。但是，十个指头同时都按下去，那也不成调子。要产生好的音乐，十个指头的动作要有节奏，要互相配合。"

要把"十三五"规划的推进落实和与学校各项建设发展任务统筹衔接、有机结合，形成合力。要处理好"十三五"规划与各项建设任务之间统领与支撑的关系，形成以学校规划为统领，以专项建设为支撑，以各单位具体工作为着力点的工作体系。协调发展是制胜要诀，我们要学会运用辩证法，善于"弹钢琴"，处理好局部和全局、当前和长远、重点和一般的关系，使各项工作不缺位、不漏项、不失速。

六是尽心履职。前段时间，学校刚召开了履职尽责的动员部署会议，近期省里还有督促检查。各级党员领导干部要坚持勤勉履职、清廉履职。下一个五年的发展需要全体教职工扎扎实实的工作，要避免因能力不足而"不能为"，因动力不足而"不想为"，因担当不足而"不敢为"。

作为领导干部要在"严"和"实"上下工夫，要在领导带头上体现从严要求，要在工作部署上体现从严要求，要在工作推进上体现从严要求。面对新形势新任务，每个领导干部都要继承和发扬党的优良作风，把"实"作为一种品质去追求，作为一种境界去修养，作为一种责任去承担。要求真务实谋事，就是从实际出发谋划事业和工作，使点子、政策、方案符合实际情况，符合客观规律，符合科学精神，不好高骛远，不脱离实际。能不能做到这一点，体现的是责任意识和担当精神，检验的是领导干部的党性和品行。

七是清心守戒。党的"十八大"以来，党中央依据党章，坚持问题导向，总结实践经验，制定和修订了一系列党内法规，进一步扎牢了制度的笼子，使管党治党建设党的尺子越来越清晰。全面落实从严治党要求，大力加强党的建设，要求我们的干部做到心中有责，心中有戒，履职尽责，敢于担当，当好事业发展的领头雁；学习贯彻《准则》和《条例》，在政治上讲忠诚、组织上讲服从、行动上讲纪律。

八是信心取胜。56个民族的几代民大人65年的艰苦创业为学校奠定了良好的发展基础，学校发展到今天，面对高等教育新形势，面对国家改革发展的新要求，面对各族人民的新期待，全体党员干部都要有二次创业的决心和敢打必胜的信心，以深化改革为动力，以高水平民族大学为目标，以踏石留印、抓铁有痕的狠劲和韧劲抓下去，一定会取得成功。

二、用力干事

一是在围绕总体目标上聚力。做好规划不仅是完成一个文本，更重要的是找出问题与差距，把握形势，准确定位，明确目标，理清思路。规划目标一旦确定，就要及时、认真加以落实，否则，"规划"真就变成了"空话"和"鬼话"。光有目标，不聚力，单打独斗，唱独角戏，难以实现。如何聚力？过去有句老话讲"火车跑得快，全靠车头带"，没有错。可现今的时代，是动车时代，车头不再是全车的动力，而是每节车厢都有动力。车头更多地承担引领方向，管理全车运行的作用。就学校而言，前进的"驱动力"不能只存在于书记校长或者学校领导班子之中，也不能只存在于各个部门和学院中层管理干部之中，而是要分布到每个岗位上、每名教职员工中，这样，学校发展的"和谐号"才会实现动力叠加、协同共进，达到或超越动车的前进速度。用现在的通用术语，就是每个人都是"责任主体"。希望学校各级领导干部，要胸怀全局，勇于担当，主动干在前面，走在前列。希望全体教职员工，自觉增强主人翁责任感，立足岗位，埋头苦干。只要全校上下齐心协力、砥砺奋进，我们就没有克服不了的困难，一定会向着既定的发展目标不断前进。

二是在完成指标任务上加力。一步一个脚印的推进落实是各级党组织主体责任的重要任务。针对发展瓶颈确立综合改革目标。着力突破高层次人才明显不足，师资队伍结构不够合理，缺少国家级研究基地、标志性成果不多等主要瓶颈，按照目标导向与问题导向有机结合，整体谋划与既定任务有机衔接，着力增强发展的整体性协调性。

三是在聚焦重点难点上发力。要把"十三五"规划编制转化为深化思想认识、明晰发展路径、加快推进综合改革的过程。思路、目标已定，关键在于推进落实，指向在于攻坚克难。作为领导干部，一定要树立责任意识、使命意识，善做善成，在实际工作中切实做到"做"为要，"干"为本，"学"为上，聚焦重点难点集中发力、精准发力、持续发力。要具有破釜沉舟的勇气、背水一战的决心、志在必得的信念，要拿出克难制胜的策略、强化管理的举措、战胜困难的办法，敢于攻碉堡，敢啃硬骨头，就一定能够逆势突围、弯道超车。

四是在抢抓发展机遇上借力。下一个五年我们要善于抢抓学校发展新机遇。一是要抢抓转型发展的机遇；二是要抢抓依法治校的机遇；三是要抢抓深化改革的机遇；四是要抢抓民族工作的机遇；五是要抢抓省部委共建的机遇；六是要抢抓"双一流"建设的机遇；七是要抢抓本科教学审核评估、学位点评估、博士点申报、2011协同创新中心建设的机遇。挑战已迫在眉睫，机遇稍纵即逝。人生充满机遇，但机遇从不等人，不争不抢是庸人，错过机遇是罪人，善抓机遇是聪明人。且不说要大家创造机遇，到了跟前的机遇，我们要善于借力，因势而谋、因势而动、因势而进。

三、用情成事

一是对党的感恩之情。民族高校要办人民满意的高等教育，就要牢记党的重托，坚决贯彻党的民族政策，紧贴民族地区经济社会发展实际。领导干部以身作则，广大党员才能学有标杆、行有指引。各级领导干部要以更高的标准、更严的要求践行"三严三实"，做到心中有党不忘恩、心中有民不忘本、心中有责不懈怠、心中有戒不妄为，做忠诚、干净、担当的标杆，为广大党员干部作出表率。

二是对社会的奉献之情。进一步树立以适应经济社会发展和国家战略需求为检验标准的理念，把社会评价作为衡量人才培养质量的重要指标，以学校事业的发展回馈社会，服务人民。

三是对学校的热爱之情。学校发展历程中新状态、新格局、新阶段总是在不断形成，我们要把握好这些大势，坚持以人才培养为中心，牢固树立发展是硬道理的战略思想，变中求新、新中求进、进中突破，推动学校发展不断迈上新台阶。其中，最重要的一条就是要有爱校情结，以校为家，校兴我荣，校衰我耻。凡是不利于学校发展的事不做，不利于学校发展的话不讲，一切为了学校事业发展，蜡炬成灰、鞠躬尽瘁在所不惜。

四是对事业的执着之情。规划是为学校今后五年发展描绘科学清晰、切实可行的路线图，既要凝神聚力，踏踏实实干事；又要敢于担当责任，勇于直面矛盾，善于解决问题。抓好工作落实，既要做好眼前的事，也要做好打基础管长远的事；要始终把工作的出发点和落脚点，放在办实事求实效上，用实事造福师生，用实绩赢得群众，努力创造经得起实践和师生检验的建设成果。

五是对学生的仁爱之情。2014年，习近平总书记在会见庆祝第30个教师节暨全国教育系统先进集体和先进个人表彰大会受表彰代表后，在北京师范大学强调全国广大教师要做"有理想信念、有道德情操、有扎实知识、有仁爱之心"的好老师，为发展具有中国特色、世界水平的现代教育，培养社会主义事业建设者和接班人作出更大贡献。有理想信念，这是实现中国梦的思想基础，体现了思想育人的导向；有道德情操，这是教书育人的前提条件，体现了道德育人的导向；有仁爱之心，这是教师从事的职业所需，体现了和谐育人的导向。孔子曰，仁者，爱人也。教师就是人类社会灵魂的工程师，只有真心诚意地去爱每一名学生，才能成为一名合格的教师。有了爱人之心，才会产生教育育人的动力，否则，只能是应付了事。十年树木，百年树人，教育是百年大计，必须心怀理想，出于爱心，才能坚持社会主义核心价值观，才能涌现出一大批好老师。仁爱之心，既是对教师的要求，也是对教师的挑战，要想有仁爱之心，必须热爱这个职业，把学生当亲人，努力与学生和谐相处，成为一家人。仁爱之心，对于民族院校而言尤为重要。党把未来各民族和民族地区建设者和接班人的培养重任交给我们，各民族家庭把全家的希望和未来托付给我们，这是一项政治任务，一份重大责任，一种光荣使命，只有"不让一个学生落伍，帮助每一位学生成功"我们才能交账、交差和交代，也才有可能让党放心、让人民更加满意。离开了仁爱大爱，教育将不复存在，民族院校只能是徒有虚"民"。

以上是我对于推进落实学校"十三五"规划的基点想法和意见,供大家思考和借鉴。总之,希望通过学习动员,把全校师生的思想统一到实现建设高水平民族大学的总目标上来,把力量凝聚到落实规划提出的各项任务上来,把行动落实到推进规划实施的各项举措上来,为实现"两个一百"的目标而努力奋斗!

(原文题目为《用心谋事用力干事用情成事 扎实推进"十三五"规划开好局起好步——在党委中心组(扩大)学习会议上的讲话》,编入文集时做了修订)

督促履职尽责是作风建设的有力抓手

刚才，李金林校长结合学校《接受履职尽责督促检查工作实施方案》和《开展财务报销违规问题、改革后公车管理使用违规问题专项治理实施方案》，讲了几点要求，讲得很好，请大家认真贯彻落实。

接受履职尽责督促检查和开展专项治理工作，是推动发展的直接动力，是改革落地的重要保障，是作风建设的有力抓手。今年，学校改革发展面临的大事多、要事多。有中央巡视组对民委系统的巡视，有本科教学审核评估等各项评估等。中央巡视组是政治体检，学科评估、博士点申报、专项评估、本科教学水平审核评估是专项体检、业务体检，履职尽责督促检查和专项治理工作是综合体检、全面体检。我们要按照"四结合一统筹"原则，协调开展好各项工作。

下面，我以"认识、履职、落实、问责"为关键词，补充讲几点意见。

一、提高思想认识，增强行动自觉

开展履职尽责全面督查工作，是省委、省政府的重要决策部署。同往年的做法相比，今年的督促检查工作具有一些新的特点，主要表现在以下几个方面。一是督促检查类型更多。今年督促检查实行分类督查：对包括教育厅在内的 8 个部门及系统实行"全面督查"，对 4 个部门及系统实行"点题督查"，对 8 个部门及系统实行"回头看督察"。"全面督查"是全方位的，"点题督查"是选取 1~2 个群众反映强烈的重点问题进行督促检查，"回头看督查"是对 2015 年 8 个被督促检查部门开展"回头看"情况进行督查。二是全面督促检查的内容更广。同以往的行风评议相比，不仅评议政风行风，而且评价职责履行情况；不仅聚焦政策落实情况、业务开展情况，而且聚焦主体责任落实情况、依法行政工作情况。三是考评程序更严。这次履职尽责全面督查考评，从等次划分上看：90 分以上为优秀，75~89 分为合格，75 分以下为不合格，标准高、要求严。从考评结果构成上看：考评总分由第三方监督、服务对象测评、集中民主评议和平时工作评价等 4 项考评加权计算得出，每一个方面的评价都直接影响最终结果。从考评比重上看：重在第三方评价（占 35%），重在群众民主评议（占 30%），重在服务对象测评（占 25%）。从去年的考评排序看：第一名和最后一名的差距非常小。四是问责力度更大。去年的督促检查工作，8 个部门及系统共处理相关责任人 3600 多人。今年的问责力度会更大。履职尽责督促检查结果要作为目标责任制考核及其主要领导干部工作绩效考核的重要依据，并与其党风廉政建设责任制考核、文明行业（单位）评选挂钩。在问题的处理上，不仅要追究直接责任，而且要"上追一级"。考评结果不仅要向省委省政府报告，而且还要函告上级主管部门。考评不合格或者整改问题群众不满意的，还要对部门主要负责人实行约谈。

开展"六个专项治理"（即财务报销违规问题、改革后公车管理使用违规问题、基层违反群众纪律突出问题、农村集体"三资"监管突出问题、扶贫领域侵害群众利益不正之风和腐败问题的专项治理），是湖北省纪委全面落实十八届中央纪委六次会议精神、国务院第四次廉政工作会议精神的重要部署，是营造作风监督的强气场、形成作风整治的高气压、推动全面从严治党向基层延伸的有力举措。与高校密切相关的主要是前两项，即财务报销违规问题和改革后公车管理使用违规问题。

开展履职尽责进行全面督查和"六个专项治理"，充分体现了省委省政府、省纪委对教育改革发展的重视和关心。中南民族大学作为地处湖北的民族院校，全体教职员工都要提高思想认识，强化责任担当，深刻理解做好这两项工作是我们的分内之责、应尽之责、共同之责，切实增强责任感、使命感、紧迫感。

第一，接受履职尽责督促检查和开展"六个专项治理"，是对教育系统整体工作的大检阅。

这次督查工作是立体式、全方位、全覆盖的。单就教育系统看，督察对象上，涵盖了各级教育行政部门、各级各类学校，涵盖了全省1000多万师生、15000多所学校。督查对象范围之广，前所未有。可以说，教育系统人人都是被督查对象、每个单位都在被督查之列。督察内容上，既有落实主体责任、严格依法行政的情况，又有改善民生、转变作风的情况；既包括教育行政部门依法行政，也包括各类学校依法治校，还包括全体教师依法执教，涉及教育工作的方方面面。时间跨度上，既是对过去工作的盘点，也是对现在工作的检查，还是对将来工作的督促。无论从哪个角度上看，这次全面督查，直接关乎湖北教育的整体形象，直接关乎干部教师的集体荣誉，直接关乎教育改革发展的综合评价。学校和广大教职员工务必要以应对大考的高度警醒，以责无旁贷的高度自觉，以展示教育人良好形象的高度责任，认真地、扎实地做好各项工作，向各族师生、历届校友、民族地区人民群众以及社会各界的热切期待交上一份满意的答卷。

第二，接受履职尽责督促检查和开展"六个专项治理"，是对学校全面从严治党、深化作风建设的大推动。

近年来，在国家民委、省委省政府的领导下，通过开展群众路线教育实践活动、"三严三实"专题学习教育，以及正在开展的"两学一做"学习教育，学校风气总体向好。但是，履职不力、作风不实、为政不廉的问题在学校仍有不同程度的存在。例如，有的人缺乏担当，怕做事、绕着走、推推攘攘不作为；有的人作风漂浮，做事"蜻蜓点水""点到为止"，不敢动真碰硬；有的人律己不严，"四风"问题"树倒根在"。教育是培养人的崇高事业，学校应是立德树人的纯洁高地，教育工作者理当"学为人师、行为世范"。只有解决"不力""不实""不廉"的问题，以党风带政风、促学风，才能推动教风学风的根本好转，才能肩负起立德树人的历史使命。我们要以接受履职尽责督促检查和开展专项治理为抓手，敢于向"履职不力""作风不实""为政不廉"宣战，敢于向违规违纪、损公肥私行为开刀，努力营造依法履职、优质高效、廉洁从教的发展环境，切实维护教育工作者良好形象，切实加强高等学校政风行风建设。

第三，接受履职尽责督促检查和开展"六个专项治理"，是对学校凝聚人心、加快发展的大促进。

近年来，在国家民委、湖北省委省政府的正确领导下，在社会各界的大力支持下，在全校师生的共同努力下，学校教育事业取得了长足进步，成绩喜人。但是，与党和国家对学校的要求相比，与各族人民群众和广大师生的期盼相比，学校在很多方面还有较大的提升空间，还有很多的难题等待我们去破解，还有很多的任务需要我们去完成。俗话说，"得道多助，失道寡助"。习近平总书记讲过，"打铁还得自身硬"，要凝聚全校师生的共同力量，加快推进学校改革发展，关键在我们自身的表现能够赢得广大群众的支持。通过接受履职尽责督促检查和开展专项治理，我们要更加牢固树立群众观点，更加自觉地坚持群众路线，倾听群众呼声，反映群众意愿，关心群众需求，回应群众期待，直面问题，敢于担当，为群众多办实事、办好事，切实提高群众对学校工作的满意度、获得感、支持度。只有如此，人心才能凝聚，力量才能汇集，发展才能持续，特色鲜明、人民更加满意的高水平民族大学才能早日建成。

总之，接受履职尽责督促检查，开展财务报销违规等专项治理工作，至关重要、十分必要、非常紧要。这是我要讲的第一个关键词——"认识"。

二、理清"职""责"关系，切实履职尽责

履职尽责，首先要把握"职能、职务、职责"的含义，明确"职能、职务、职责"和"责任"四者之间的关系。以我的理解：职能，是一个单位、一个机构本身具有的功能或应发挥的作用；职务是指在机构内部，一个职员所具有的头衔称谓，它与工作岗位相关，包括职权和职责两方面内容；职责是因职务和岗位所应尽的责任，在一定的工作岗位上，享有一定的权力，理所应当要承担相应的责任。可见，"职能、职务、职责"最终都要落脚在"责任"上。

对干部来说，"权"因"职"而生，有"职"才有"权"。但权力意味着责任，权力的大小和责任的大小辩证统一。权力不是风光而是重担，权力不是安逸而是辛劳，权力不是索取而是奉献，权力不是无拘无束、为所欲为的放纵，而是夙夜在公、如履薄冰的谨慎。"职"与"责"共生共存，相辅相成，有职必有责，无责必无职。履职必须尽责，失责就是失职。

因此，党员干部要正确认识和处理"职"与"责"的关系，要坚守权为民所用、利为民所谋、情为民所系，要"心中有党、心中有民、心中有责、心中有戒"，要"信念坚定、为民服务、勤政务实、敢于担当、清正廉洁"，一切从人民群众的切身利益出发，在服务学生成长、服务教学科研、服务学校发展中体现工作价值、岗位价值和人生价值。

这是我要讲的第二个关键词——"履职"。

三、把握"三个到位"，抓好贯彻落实

习近平总书记在山东考察时指出，"一分部署，九分落实"。全校各单位要高度重视，严格按照省纪委、教育厅和学校两个工作方案的要求，切实完成各项工作。

一是组织领导到位。学校针对这两项工作分别研究制订了实施方案，成立了领导小组，专项治理工作还成立工作专班。各个单位和各工作专班要制定具体工作方案，并认真组织

实施。各牵头单位与配合单位之间要注重协调配合，切实形成各司其职、各负其责、齐抓共管的工作合力。

二是自查自纠到位。两项工作都有自查自纠环节。自查自纠必须实现全覆盖，横向到边、纵向到底，不留死角、不留盲区。自查自纠没有问题的，主要负责人要签字确认并承担责任；有问题的要按要求整改落实。对不认真自查自纠，弄虚作假、欺瞒组织的，一经查实，按照有关规定严肃处理。

三是责任落实到位。各单位要把接受履职尽责全面督查和开展专项治理工作作为落实党风廉政建设主体责任的重要内容，明确治理重点，落实工作责任，把握时间节点，强化工作措施，不折不扣地落实好各项任务。各工作专班、各单位要明确负责部门和负责人，按照业务对口的原则及时向学校、向省工作专班报送相关报告和表格。

这是我讲的第三个关键词——"落实"。

四、强化追责问责，确保工作实效

履职尽责是目的，追责问责是手段。要切实做好这次履职尽责督促检查和专项治理工作，必须要以更强的力度、更实的举措，以追责问责倒逼履职尽责，确保取得良好成效。

一是要强化领导责任。各职能部门，教学单位的领导班子要切实承担主体责任，加强组织领导，加强统筹协调，在接受履职尽责全面督查和开展专项治理上做到同心同德、同步同向。各位书记、院长、处长是第一责任人，要以上率下、负总责、亲自抓。分管领导要负责管好分管领域，把履职尽责各项要求融入到部门业务工作中去。要指定专人负责这两项工作，确保"事有专管之人、人有明确之责、责有限定之期"，形成上下联动、左右贯通的责任链条。全校每一名干部、每一名教师都要做履职尽责全面督查工作和专项治理的清醒人、明白人、局中人，做履职尽责和廉洁从教的主动参与者、积极推动者、有力促进者，凝聚强大合力。

二是要强化追责问责。动员千遍，不如问责一次。今年是省委确定的"主体责任问责年"，是贯彻落实《湖北省行政问责办法》的第一年，追责问责只会加强、不会减弱。省委高校工委、省教育厅将在门户网站开辟工作专栏、编发工作简报、搭建微信平台，及时跟踪报道工作进展。湖北电视台、湖北日报、荆楚网等多家媒体，将采取明察暗访等方式，收集、整理相关情况，曝光各地各校存在的问题，并对问题整改和查处情况进行持续追踪。教育厅将按照干部管理权限，及时向有关方面反映情况和问题，或提出问责建议，或责成有关部门及时处理。教育厅还将结合整改工作开展，选取部分典型案件或问题作为反面教材，在全省教育系统开展警示教育。

学校也要严肃追责问责。此次履职尽责督促检查结果将与学校目标管理责任制考核、党建与党风廉政建设责任制考核、单位年终考核挂钩，并在校内通报。学校对接受履职尽责督促检查中不查、不改、不为的单位和个人，将严肃追责问责。对工作中发现的典型案件或问题，发现一起查处一起，实行"一案双查"，不仅追究直接责任人的责任，还要追究有关领导的责任。

同志们，做好接受履职尽责全面督查和开展专项治理工作，意义深远，责任重大。尽管我们可能做不到让群众百分之百的满意，但我们一定会付出百分之百的努力；我们要用百分之百的努力，回应群众百分之百的期待。全校干部教师一定要坚定信心、主动作为、自加压力、奋身争先，在"履职"上担当，在"尽责"上作为，在"督查"上见效，为推动学校各项工作再上新台阶作出新的、更大的贡献！

（原文题目为《在中南民族大学接受履职尽责督促检查和开展"六个专项治理"工作动员会上的讲话》，2016年5月4日）

高校教师职业精神的三个关键词

——寄语 2016 年新进教师

今天与调进和新进中南民族大学的各位老师见面，非常高兴！你们的到来，让中南民族大学又增添了新鲜血液，加盟了新的力量。在此，我代表学校党委、行政，代表 56 个民族的 28000 余名师生员工对大家表示热烈的欢迎和衷心的祝贺！借见面会的机会，我想就自己的一些思考、感悟和各位老师交流，与大家共勉。

大家或许不止一次踏进学校的大门，但这一次的进入意义非同一般。这一次是我们身份的改变——我们已成为一名光荣的教师，光荣的大学教师，从事着天底下崇高的职业。这个职业人群的汇聚，这个职业队伍的执着追求成就着伟大的教育事业。因此，我们一旦进入这个职业，有三个关键词需要我们去思考、去感悟，甚至要用毕生的学习和实践去思考、感悟，而不是简单地去查《辞海》，去"百度"就能完成。这三个关键词就是："教育""大学"和"教师"。

一、教育是什么？

"教育"是什么？无数先哲圣人、教育专家有着丰富的思考和解读。教育是人类社会延续、发展、进步的动力，就是总结昨天、研究今天、为了明天。

孔夫子认为，教育是仁爱的内容，人要成为社会人，需要教化，需要培育，需要"吾日三省吾身"；教育要平等，"有教无类"；教育要"因材施教"等。

卡尔·雅斯贝尔斯（德国，存在主义哲学家、教育家）有《什么是教育》等许多经典名著，他有一句关于教育的名言广为流传："教育就是一棵树摇动一棵树，一朵云推动一朵云，一个灵魂唤醒另一个灵魂"。这句话被人经常引用，是因为他表达了教育的一种特质：教育就是一种唤醒、一种体验、一种影响。是"学高为师，德高为范"的另一种解读，教育是"人与人精神相契合，文化得以传递的活动"。

英国早期的教育家纽曼说过："教育的目的不是培养某一方面或只具备某种技能、能力、意识的人，而是培养'有教养的人'"。

我国近现代教育家陶行知、叶圣陶、梅贻琦、潘懋元等的教育思想、教育理念，我们要研究，要思考。

这个月，也就是 2016 年 9 月，高等教育界发生了两件值得关注的事情。一是国家商务部和北京大学在 9 月 9 日共同为南南合作与发展学院首期学员举行了隆重的开学典礼。学员包括 28 名硕士生、21 名博士生，分别来自埃塞俄比亚、澳大利亚等 27 个国家，这是国家重大援外举措。学院旨在打造"最具吸引力的国家研究机构""最具潜力的发展中国家高端人才培养基地""最具活力的发展中国家沟通交流平台"，为推进 2030 年可持续发展进程，推动广大发展中国家实现治理体系和治理能力现代化提供人才支撑。

二是筹备三年多的清华大学苏世民书院9月10日举行开学典礼，迎来首批来自全球31个国家70所知名高校的110名学生，他们将在清华进行为期一年的硕士课程学习。书院旨在培养"具有全球视野、致力于推动人类文明进步的未来领导者"。苏世民先生将书院的首批学生形容为"超级明星学生"。他们不仅有着不同的国籍和文化背景，而且生源质量非常高。其中来自美国的就有哈佛大学6人、普林斯顿大学5人、耶鲁大学3人、麻省理工学院3人、康奈尔大学3人、西点军校（美国军事学院）3人。据悉，3000多位申请人中只有3.7%获得项目入学邀请，受邀申请成功比例低于竞争最激烈的美国商学院和法学院。

在苏世民书院开学典礼上，国家主席习近平和美国总统奥巴马分别发来贺信。习近平在贺信中指出："教育传承过去、造就现在、开创未来，是推动人类文明进步的重要力量。当今时代，世界各国人民的命运更加紧密地联系在一起，各国青年应该通过教育树立世界眼光、增强合作意识，共同开创人类社会美好未来。"这封贺信应该视为对"教育是什么"的当今解读。

前面讲了对"教育"的一些思考，这里还要谈一谈"民族教育"。

民族教育是中国教育的有机组成部分。中国的教育是中国特色社会主义的教育，所谓特色表现在很多方面，例如，我们的教育方针、教育思想等，但最显著的特色之一是我们的民族教育。

民族教育广义上讲，是中华民族的历史上各兄弟民族千百年来延续、传承的各种形式的教育。狭义上讲，是民族地区、55个少数民族的教育，或为民族地区、为少数民族的教育。自新中国成立以来，我国的民族教育逐步发展壮大，形成了中国特色民族教育的理论和实践体系，从学前教育、初等教育、中等教育再到高等教育层次齐备，自成体系。

民族高等教育是我们国家高等教育的重要而独具特色的组成部分，全国叫民族院校的高校共32所，民族地区的高等院校共有210多所。

民族高等教育肩负着党和国家的特殊使命和任务，在长期的办学中有着其他高等院校不可替代的地位和作用，为祖国的统一、民族的团结、社会的发展作出了卓越的重要贡献。

民族高校，她首先是高等院校，因此必须遵循教育、高等教育的规律；其次，为少数民族地区、为少数民族、为民族工作服务是她的特色。因此，要将民族工作规律与教育工作规律相结合，要将高等教育的普遍性和民族教育的特殊性相结合。

二、大学是什么？

大学，从英文单词翻译来讲，她是一个行会、一个联合体，是教师和学生的联合体。

在座各位都从大学毕业，有的先后不止在一所大学攻读学业，有的还有国外大学留学的经历。大家对大学一点不陌生，也有各自对大学的认识、体验和理解。

最早的大学产生并存在于教会，主要为上帝服务，最高的学问是研究神学。随着社会生产力和科技的发展，学问被分门别类，形成了很多的学科。那个时代，对大学的定义是："研究高深学问的场所"，以教学为主，实施的是服务于"有钱、有闲"之人的精英教育。

在这之后，德国的大学对大学教育进行了传承和创新。以柏林大学为标志，他们认为教学必须与研究问题相结合，必须要有问题导向，查找问题、分析问题，并解决问题，这样才能创造知识，促进社会进步。

美国的大学几乎继承了欧洲的传统，但由于它是联邦制国家，它的公办大学，受"赠地运动"等的影响，均是州立大学，它的创新在于服务社会上，以此成就了许多世界著名的大学。这里必须要讲到威斯康星大学（麦迪逊，2016年排世界第28位），它从1848年创建之日起，就明确了州立大学为社会服务的思想，提出了著名的"威斯康星理念"，这一理念具有影响世界的划时代意义，推动美国大学乃至现代大学形成了社会服务第三功能的共识。

随着大学的发展，大学形成了第四个共识，即教育与文化相互作用，密不可分，相互影响。大学具有第四大功能，即"文化传承"。

因此大学的基本功能是"培养人才、创造知识、社会服务、文化传承"，或者表述为"教学、科研、社会服务、文化传承"。

关于大学还有多种不同的表述，《礼记·大学》从做学问的角度讲："大学之道，在明明德，在亲民，在止于至善"。今天来理解，大学的本质在于追求卓越。

原中山大学校长黄达人先生认为："大学是一个学术共同体，学者应该以学术为生存方式，大学的终极目标应该是要使大学成为时代精神的表征，成为社会良知的灯塔……"

现在社会，甚至教育界有的专家对大学是分级或分层的认识。所谓"分级"，就是将同一类型的事物分为若干等级：一流、二流、n流。这是依据各种标准和各种指标计算、测量比较的结果。因而就有了各种各样的排行榜，跻身世界排行榜前列就是"世界一流大学"，跻身国内排行榜前列就是"国内一流大学"。当然还有世界、国家"顶级""知名"等排行称谓。

与分级相类似的是将整个大学用圈层结构进行表述："顶尖大学""985大学""211大学""研究型大学""教学研究型大学""教学型大学"……

国内外还有一些专家学者对大学的看法值得我们重视与关注，如"卓越大学""著名大学""特色大学""伟大的大学"等。这些都是更模糊、难于测量，是更具精神气质的词语，是定性的表述。

也有学者认为："伟大"和一般理解的"世界一流"不是同一概念，"一流"是标准，"伟大"在于品格。他们认为正在建设世界一流大学的北京大学是"伟大"的大学，还有美国威斯康星大学（麦迪逊）、荷兰特温特大学等，这些大学的贡献不仅体现在物质上，更体现在精神层面，她们要么是在国家经济社会发展、人类文明和民族进步的过程中作出了巨大贡献，要么是在高等教育的理念发展、模式创新上起到了引领作用。"这些大学，可以是目前排行榜上的世界一流大学，也可以不是，但在人们心中，他们就是伟大的大学"。

伟大的大学只能靠涵养。片面追逐排行榜意义上的"世界一流"让有的大学离"伟大"越来越远，建设"世界一流大学"需要涵养"伟大"的品格。

我觉得，中国的民族大学是"伟大"的大学，我们需要加紧建设"一流学科"，我们更需要涵养"伟大的品格"，我们必须"两手抓"，"提质""升位"都要做。

三、教师是什么？

古今中外，对教师的尊重、崇敬，不同的语言，不同的文字，有共同的表述。而我们中华民族尊师更甚，"天地君亲师""一日为师终身为父"等传统我就不用赘述。我在这里主要跟大家谈一谈近几年党和国家领导人对教师、对为师之道的认识和要求。

中国人认为："人生得遇良师、遇良友、遇良机实为三大幸事"。习近平总书记在北京师范大学讲："一个人遇到好老师是人生的幸运，一个学校拥有好老师是学校的光荣，一个民族源源不断涌现出一批又一批好老师则是民族的希望"。他进而提出教师要做"四有好老师"：有理想信念，有道德情操，有扎实学识，有仁爱之心。

今年在第32个教师节来临之际，习近平总书记到北京八一学校看望师生座谈时指出："广大教师要做学生锤炼品格的引路人，做学生学习知识的引路人，做学生创新思维的引路人，做学生奉献祖国的引路人"。

我认为，做"四有好老师"，做"四个引路人"就要求我们不忘初心，尊崇师道，因为这是支撑学校、支撑社会发展进步的主流价值和蓬勃向上的力量。

不忘初心，尊崇师道，就要有理想信念，初心不改，执着追求。坚持自己的选择，百折不挠，始终不悔，爱这个职业，爱这项事业，面向世界，面向未来，心中装得下自己，更要装得下别人，用自己的梦想唤醒学生的梦想，并促成学生去实现他的梦想。

不忘初心，尊崇师道，就要有道德情操，就要牢记"德高为范""德不孤，必有邻"。坚持身教胜于言教，"学为人师、行为世范"，坚持立德树人、润物无声，坚持以心换心、重在交心，坚持燃烧自己、点亮别人，坚持自然宽和、博大胸怀，要摒弃浮躁功利，要坚持"教书育人"，弘扬"仁爱之德""敬业之德""无私之德""淡泊之德"。

不忘初心，尊崇师道，就要扎实学识，站稳三尺讲台，敬畏三尺讲台。三尺讲台关乎个人的名誉，关乎学生的成长，三尺讲台系国运。就要不满足自己有"一桶水"，而是始终使自己与时俱进，更新知识，不断反思，诲人不倦，始终有"活水"，始终有精、气、神。

不忘初心，尊崇师道，就要有仁爱之心，就要爱学校，爱职业，爱生如子，倾心育人。爱应当是教师最厚重的职业色彩，也是当好教师的根本前提，仁爱之心就要坚持平等，坚持陪伴，坚持心灵与心灵沟通，灵魂与灵魂交融，人格与人格对话。

同志们！从现在开始，各位就加入到中南民族大学这个温暖的大家庭，成为教师这个光荣群体中的一员。要做一位好老师，就要永远不忘初心、永远牢记师德、永远尊崇师道，因为师道不仅是为师之道，还是世道，是人心，是国家、民族的希望！

（根据2016年新进青年教职工培训班上的讲话录音整理）

教育改革篇

民族高等教育跨越式发展的要求

20世纪三四十年代，以毛泽东同志为首的中国共产党人在延安领导中国革命的过程中，把马克思主义普遍真理与中国革命具体实践相结合，在革命实践中形成了自力更生、艰苦奋斗、大公无私、廉洁奉公、严守纪律全心全意为人民服务、排除万难去争取胜利的革命精神，这种精神被喻为延安精神。延安精神是中国革命的宝贵财富，它不仅对抗日战争的胜利发挥了重要作用，而且对于中国革命的全面胜利和新中国的社会主义建设有着积极影响，江泽民同志曾经指出，"自力更生、艰苦奋斗的延安精神没有过时。"在全面建设小康社会、推进社会主义现代化建设的今天，重温延安精神、弘扬延安精神意义重大。

延安精神是"中国民族工作的摇篮，是中国民族理论、民族政策的发源地"作为民族高等教育工作者，认真学习延安精神，弘扬延安精神，对于办好社会主义民族大学有着重要的促进作用。

现在，民族高等院校弘扬延安精神就是要全面贯彻落实党的方针，解放思想，实事求是，与时俱进，通过广大师生艰苦创业，埋头苦干，实现民族教育的跨越式发展，为民族地区社会主义现代化建设服务具体来说，应当把握好以下几个方面。

一、坚持办学方向和办学宗旨，培养社会主义事业接班人

坚持坚定正确的政治方向是我们事业取得胜利的根本保证。延安时期，党非常重视培养革命者坚定正确的政治方向，采取多种方式教育广大干部和进步青年，使他们树立共产主义理想，作为民族高等院校，弘扬延安精神，就是要坚持社会主义办学方向，全面贯彻党的教育方针，用共产主义、社会主义思想武装民族院校师生头脑。

社会主义大学的根本任务是培养社会主义事业接班人，民族高等教育要健康发展必须坚持社会主义办学方向，必须贯彻党的教育方针和政府的教育政策在高等教育国际化的今天，坚持社会主义办学方向显得更加重要。众所周知，在国外教育机构进入我国的过程中，不排除一些教育机构对我国学生灌输资产阶级价值观，与我们争夺青年学生的可能在多元文化交流激荡的新时期，为保证受教育者具有坚定正确的政治方向，坚持社会主义思想，学校要大力提高学生的政治觉悟，教育学生树立共产主义和社会主义理想。延安时期，共产党人以自己坚定的信仰教育培养了千千万万干部和群众，使他们逐步具有了共产主义、社会主义信仰。在培养新世纪人才的今天，特别需要坚定的信仰，我们要用马克思主义教育学生，使他们坚定共产主义、社会主义信仰。邓小平同志指出："为什么我们过去能在非常困难的情况下奋斗出来，战胜千难万险使革命胜利呢？就是因为我们有理想，有马克思主义信念，有共产主义信念。"

延安时期，中国革命处于相对艰苦的阶段，为了领导和团结全国人民抗日救亡，当时的共产党人不怕苦，不怕死，自力更生，努力奋斗。这种艰苦奋斗、对于理想和信念的执着追求的精神在今天仍有重要的启示意义。当前，一些大学生缺乏吃苦耐劳精神，享乐主

义、自由主义思想严重。少数学生意志薄弱，进取不足，要对学生进行延安精神教育，学习延安青年坚强的意志和革命精神，树立自力更生的思想，抵制腐朽观念，以昂扬的精神投入学习。

为人民服务是我党的一贯宗旨。延安时期，这一宗旨的直接体现就是党动员全国人民，形成广泛的统一战线，抗击日本侵略者，把中国人民从民族危机中解放出来。当时，党在延安就举办了延安民族学院，把它作为处理民族问题的有力手段。今天，民族院校实践为人民服务应当通过坚持办学宗旨来体现。作为我国高等教育的重要组成部分，当今民族院校仍然是处理和解决民族问题的手段之一，它的主要职能就是为少数民族和民族地区服务。虽然其他高等学校也有为少数民族和民族地区服务的义务，也为民族地区经济社会发展培养过不少人才，但民族院校在民族地区经济文化建设中的地位和作用是其他高校无法代替的。民族院校之所以能够生存就是因为这种"不可替代性"。面向少数民族和民族地区，为少数民族和民族地区服务，是社会主义民族大学的根本任务，对于这一点，一定要毫不动摇地加以坚持。如果我们不坚持为少数民族和民族地区服务的宗旨，民族大学就会面临生存危机。

二、坚持与时俱进，全面推进民族高等教育的创新

与时俱进是马克思主义的根本品质。中国共产党和所领导的中国革命和社会主义建设正是在与时俱进中发展前进的。延安精神也是与时俱进的产物，正是坚持了与时俱进，毛泽东同志才在延安时期提出了一系列符合中国国情的战略思想和革命理论，创造性地提出了解决中国革命和党的建设的对策和方针。例如，把持久战作为抗日战争的根本战略，把建立抗日根据地、开展游击战争作为对敌作战的依托和主要作战形式，把整风运动作为解决党内问题、统一全党思想的重要途径，用"自己动手、丰衣足食"作为解决补给的主要手段。这一时期毛泽东同志撰写了《矛盾论》《实践论》《论持久战》等光辉著作，发表了《在延安文艺座谈会上的讲话》等一系列重要讲话，其内容涉及治党、治国、治军、治学等各方面，全面地继承和发展了马列主义，将马列主义与中国革命的实践相结合，找到了一条中国革命的正确道路，最终形成了毛泽东思想。今天，我们发展民族高等教育事业所处的环境和面临的形势与延安时期已大不相同，但按照"三个代表"重要思想的要求，用与时俱进的思想解决所面临问题的方法不会过时。

当前，民族教育面临许多新问题，民族高校办学资源相对短缺，办学起点较低，师资队伍不强，科研水平不高，内部改革滞后，民族高等教育面临自身改革的压力，面临全国高校之间相互竞争的压力，面临高等教育国际化的压力，民族院校在实现全面建设小康社会目标中任务很重。解决这些问题需要用与时俱进的思想来更新我们的观念，只有坚持与时俱进，我们才能找到发展民族高等教育的新思路、新举措。否则，我们的办法和对策就会落于俗套，发展就会缓慢。在与时俱进思想指导下，我们中南民族大学在人才引进、特色学科和重点学科建设的对策上作了一些探索，提出"对于急需专业的人才实行整体性引进"的方法，确立了"以培养人才质量为中心，教学科研并重""以学科建设为龙头，用学科建设带动师资队伍建设和科学研究"等办学的思路。上述工作，有的已取得明显成效，

有的正在实施当中。随着改革的深入，民族高等教育还会遇到不少意想不到的问题和困难，但只要我们坚持实事求是、解放思想、与时俱进的思想路线，我们就会最终寻求到解决问题的办法。

三、加强三支队伍建设，夯实民族高等教育的基础

师资队伍、管理队伍和服务队伍是办好高等教育的重要力量。这三支队伍的素质直接影响到高等学校的办学水平，加强三支队伍建设在高等教育中处于十分重要的地位。目前，民族高校三支队伍总体偏弱，如管理队伍水平较低，管理思想和手段陈旧，管理工作的机制和制度的建设创新还有待加强，思想政治工作方法简单，形式单一，效果不好，加强和改进的任务还很重。这些情况的存在，与高等教育的发展形势和社会的要求很不相称，加强队伍建设迫在眉睫。

在三支队伍建设中，师资队伍建设处于核心地位。目前，民族院校的教师数量不够，师资水平不高，民族院校与重点院校的差距也主要体现在这一点上，必须通过非常手段改变这一状况在师资队伍建设过程中，必须高度重视如下工作。

一是将师德教育放在教师队伍建设的首位。学高为师，身正为范，教育者的品行修养和人格魅力十分重要。在价值观念多元化和加强道德建设的今天，加强师德教育显得格外突出。高校要把师德作为考察教师水平的重要标准，要认真抓学风建设，倡导严谨的治学态度。教师要加强自身修养，成为品行高尚的人，用自己的人格来影响千千万万的学生。延安时期，中国共产党人以自己的高尚道德影响着那个时代人们的思想和情操如中国共产党人以自己高的精神风貌吸引了远在加拿大的国际共产主义战士白求恩不远万里前来帮助中国人民的抗日斗争。延安时期倡导的实事求是，理论联系实际的学风，在今天仍然对我们治校、治学有重要的指导作用。弘扬延安精神，对教师加强师德修养不无益处。

二是全面提升教师的学术水平。民族院校教师学术水平偏低已成为制约教育发展的瓶颈。改善教师队伍的学缘、学历结构等多种方式来提高教师队伍的知识水平和科学研究能力。通过对现有教师的短期培训、脱产或在职攻读学位、老教师的"传、帮、带"来提高现有教师水平，通过引进高水平教师来充实教师队伍。

提高教师水平除了学校要打破大锅饭、论资排辈的机制，建立使人才脱颖而出的制度和机制外，关键还要靠教师本身要有学习的自觉性和紧迫感。大学教育必须要适应知识更新。延安时期，为了完成抗日图存的任务，毛泽东多次号召全党加强学习，他鼓励大家："入门既不难，深造也是办得到的，只要有心，只要善于学习罢了。"他告诫大家："学习的敌人是自己的满足，要认真学习一点东西，必须从不自满开始。"他要求大家："工作忙就要挤，看不懂就要钻，用这两个法子来对付它，学习是一定可以获胜的。"这种学习态度、学习精神和方法对于我们今天教师的提高有借鉴作用。

四、全面进行教育改革，努力提高教育质量

为民族地区培养合格人才是民族高等教育的重要任务。民族高校要通过教育教学改

革，促进人才培养质量的全面提高。学校要始终不懈地抓教育质量，通过教育改革和创新，实现教育质量的全面提高。

一是加强实习、实践教学，全面提高学生运用知识和理论解决实际问题的能力这是今后高等教育各项教学改革的一个共同点。学校要通过建立实习、实践基地或与有关企业和研究机构合作等方式，培养学生的创新意识和创新能力文科学生要加强社会实践工作，要走向社会，走向民族地区，深入基层，广泛进行社会调查，了解少数民族和民族地区，增强责任感和使命感，学会用马克思主义的立场和方法分析问题与解决问题。

二是改变传统教学方式，采取灵活多样的教学方法教师教学要进一步思考"教什么、怎么教"、教出来的学生能否适应社会等问题要根据不同的课程采取不同的教学方法，特别注意发挥现代科技手段在教学中的作用，变被动式传授为启发式教学。教学方式和方法应该提倡创新，创新是否成功，检验的尺度是人才培养质量。

三是进行课程体系改革，增加能够培养学生创新思维和创新能力的课程。目前，不少课程内容较为陈旧，缺乏适应性同时，课程设置也不尽合理，与培养实践型、创新型、复合型人才的要求不相称。要增加能提高学生能力的课程，建设一批精品课程，培养一批教学名师，完善辅修制度，增加选修课和涉外课程，使学生适应入世和高等教育国际化的需要。

四是调整学科和专业，改善学科专业结构目前，民族院校学科专业设置不合理现象较为普遍，文科太多，理工科太少，基础理论课多，应用型、开发型学科较少，必须加以调整。要利用国家扩大高校办学自主权的机会，构建适应民族地区经济与社会发展所需要的学科专业体系，加强理工科，特别是西部大开发中具有广阔运用前景的学科和专业。

我们应清醒地认识到，高等教育已进入以提高质量和结构调整为主的时期，随着高等教育大众化的推进，规模扩大，教育成本分担机制的形成，学生选专业、选课程选、老师的"购买服务"意识将逐步增强学生和社会都将对高校的教学质量提出更高的要求，质量将决定高校（包括所属人员）的生存与发展。

五、面向民族地区经济建设，通过科学研究办出特色

作为集人才培养、科学研究于一体的民族高等院校，除了为民族地区培养合格人才之外，还应当发挥科学研究的优势，为民族地区经济建设服务。

经过半个多世纪的办学历程，民族院校在科学研究上取得了不少成果，积累了不少经验，形成了自己的研究特色。一是已经形成的特色要坚持，"人无我有"要进一步做好。二是努力探索符合高等教育规律，又与民族地区需要相结合的民族高校办学之路。三是找准民族高校与西部大开发、民族地区的结合点，在结合点上重点突破。四是处理好规模与效益的关系。

以前，由于种种原因，民族院校科学研究在为民族地区经济文化建设服务方面做得不够。在全面建设小康社会的今天，民族院校应当充分发挥科学研究的作用，面向民族地区经济建设主战场，加强科技成果的转化，促进民族地区的全面发展理工农医类研究应当为民族地区特色农业、加工业、养殖业以及高科技产业发展提供技术支撑；经济管理类研究

应当为民族地区产业结构调整,资源开发和经济运行提供咨询;社会科学类研究应当为民族地区制定地方法规保护民族传统文化资源、发展民族文化产业建设社会主义精神文明提供对策和建议。总之,要通过改革创新,全面提升科研实力和科研水平,加速科技成果的转化,为民族地区经济社会发展作出贡献。

(原文题目为《弘扬延安精神促进民族高等教育快速发展》载于《中南民族大学学报》2004年第1期)

民族院校的改革发展之路

——中南民族大学建校 60 周年回顾与展望[①]

举国欢腾庆华诞，盛世相约迎佳节。正值全国各族人民沉浸在举国欢庆中国共产党成立 90 周年、新中国成立 62 周年喜庆时刻，在硕果盈枝、满园飘香的金秋十月，中南民族大学迎来了 60 年华诞。60 年风雨沧桑，60 年扬帆竞航，60 年春华秋实，60 年璀璨辉煌。历经 60 个寒暑春秋，中南民族大学走过了曲折而光辉的发展历程。在几代民大人的辛勤耕耘下，中南民族大学与时俱进，开拓创新，书写出了中国民族高等教育史上的辉煌篇章。

一、艰苦创业，开拓创新，走出办学新路

中南民族大学始建于 1951 年，是新中国成立后最早创办的综合性民族大学之一。学校前身为中南民族学院，2002 年 3 月更名为中南民族大学。60 年来，从洪山脚下到南湖之滨，中南民族大学从一个仅有 194 人的民族干部培训班发展成为门类齐全、层次多样、结构合理、协调发展的综合性高等学府，共培养各民族各级各类人才 10 万余名，为我国民族团结进步事业作出了卓越贡献。

（1）应运而生，艰难曲折，探寻发展道路。创办民族学院，是我们党在长期革命斗争实践中总结出来的宝贵经验。毛泽东同志曾精辟地指出："要彻底解决民族问题，完全孤立民族反动派，没有大批从少数民族出身的共产主义干部是不可能的"[1]。新中国成立初期，为培养一支德才兼备的少数民族干部队伍，做好民族工作和解决民族问题，政务院颁布了《培养少数民族干部试行方案》，筹建民族学院。在此历史背景下，中南民族学院应运而生。

1951 年 1 月 1 日，中南军政委员会确定由中南教育部领导，委托中原大学筹办中央民族学院中南分院，并于当年 11 月 29 日正式开班办学。1952 年 11 月 27 日，经中南军政委员会批准正式更名为中南民族学院。

初创时期的中南民族学院，以短期培训少数民族干部为主要任务。从 1958 年起，以"建设成为一所面向全国培养少数民族工人阶级知识分子的全心全意为民族教育事业服务的民族高等师范学院"[2]为目标，开展系科设置和专业调整，学校由此步入了本、专科正规化教育阶段。

1966 年，"文化大革命"的爆发，学校被迫停止招生，1970 年，学校被强令撤销，建设发展了近 20 年的中南民族学院毁于一旦。

曲折艰难 20 年，桃李芳菲艳阳天。在 20 年艰难曲折的办学过程中，中南民族学院共为中南、华东等地区培养、输送了各级各类民族政治干部和本、专科高级专门人才 6000 多

[①] 与雷召海同志合作。

人,为少数民族和民族地区各项事业的发展起到了巨大的促进作用,对民族院校的发展道路进行了积极而有益的探索。

(2)乘势而起,开拓创新,谱写辉煌篇章。1979年6月,在国家民委第一次委员会(扩大)会议上,中南五省代表提出恢复中南民族学院办学的建议。不久,全国五届人大二次会议又收到了关于恢复中南民族学院的提案。1980年,经国务院批准,复办的中南民族学院在南湖之畔开始兴建。1981年9月17日,复办后的首届新生开学典礼举行,昭示着中南民族学院凤凰涅槃,浴火重生。

在国家民委的领导下,在教育部的关怀下,在地方党委政府的支持下,复办30多年来,学校乘着改革开放的春风,适应我国现代化建设和少数民族与民族地区经济社会发展需要,紧紧围绕"各民族共同团结奋斗,共同繁荣发展"的民族工作主题,坚持把党的民族工作规律与高等教育规律相结合,民族高等教育的特殊性与普通高等教育的普遍性相结合,以培养各民族高级专门人才为己任,顽强拼搏,开拓创新,无论在办学规模、师资队伍、教学科研、人才培养、社会服务、国际交流等方面,还是在校园建设、基础设施、后勤保障等方面都取得了巨大成就,学校办学质量不断提升,综合实力不断增强,海内外影响不断扩大。

(1)始终坚持学科建设的龙头地位,适应少数民族和民族地区需求,大力加强学科专业建设。在"人无我有,人有我强,人强我特"的学科建设思路指导下,学校倾力打造特色学科,彰显学科特色。从1986年开始,适应时代发展形势,不断进行专业调整和改造。1998年,学校又对原有专业进行了结构性调整,优化学科专业结构。通过多次调整、优化,学校本科专业从恢复重建时的4个,到1988年达到24个,到1997年达到45个。1985年开始招收硕士研究生,2006年获得博士学位授予权。截至2011年,学校已拥有10大学科门类的65个本科专业和12大学科门类的1个一级学科博士授权点、5个二级学科博士学位点,18个学术型一级学科硕士授权点,72个学术型二级学科硕士授权点,8个硕士专业学位授权点。在大力提高学科专业数量的同时,更加注重质量的提升,学校目前已建成5个国家级特色专业建设点,1个湖北省高校优势学科,2个湖北省高校特色学科,14门省部级重点学科,7个省级品牌专业。

(2)着力于增加总量,提高水平,优化结构,不断加强师资队伍建设。在复办之初,学校就专门制定了师资队伍建设发展规划,结合学科专业建设和教育教学需要,不断完善保障体系。通过采取大力引进、内部培养等有效措施,使师资总量快速增长,学术梯队逐步形成,师资质量持续提高,队伍结构不断优化,建成了一支数量充足、结构优化、素质较高、发展良好的师资队伍。到2011年,学校专任教师达到1240人,其中,正、副教授575人,博士、硕士生导师320人,新世纪百千万人才工程国家级人选4人,享受国务院政府津贴29人,省部级专家32人,拥有博士、硕士研究生学位教师比例达到80%。

(3)长期坚持"两个面向,两个服务"宗旨开展科研工作,科研服务少数民族和民族地区的能力不断增强。学校现设有民族学、少数民族经济、女书、应用化学、等离子体等48个研究机构;拥有15个省部级科研机构。2008~2010年,学校共承担了国家级科研项目82项,省部级科研项目229项,引入科研资金3059万元,出版专著116部,发表论文1781篇;获得省部级以上奖励111项。在材料科学、化学、生物医学工程、电子工程、计算机应用、民族药学等学科领域达到国内先进水平；女书研究受到世界关注。2003年，湖北省委、省政府授予学校"科技服务湖北先进单位"荣誉称号。

（4）始终坚持以质量为中心，不断强化教学工作的中心地位，深化教育教学改革。为保证人才培养质量，学校紧紧围绕应用型、复合型、创新型人才培养目标，着力在规范教学过程、提高教学水平、深化教学改革和科研促进教学方面狠下工夫。通过加强教材建设、课程改革、更新教学手段和强化实践教学环节，实施选修制、辅修制、重修制、学分制、教考分离制等制度，努力提升人才培养质量。学校现已建成国家级、省级精品课程20门；国家级、省级实验教学示范中心8个；省级大学生创新实践基地2个。2006～2011年，在各级各类大学生竞赛中，在校学生共获省部级以上奖励900余项。学校充分发挥培养各民族高素质人才的基地作用，着力为少数民族和少数民族地区培养"进得来，学得好，回得去，用得上，留得住"的各级各类人才，赢得了广泛而良好的办学声誉。学校现在7个省（自治区）进入一类招生，第一志愿录取率与录取分数稳步提高，毕业生一次性就业率稳定在90%以上。

（5）适应高等教育国际化发展进程需要，不断拓展国际交流与合作。学校已与美国、法国、英国、德国、加拿大、瑞士、澳大利亚、日本、韩国等国家和中国香港地区的近30所大学建立了合作关系。2008年，与美国威斯康星大学联合创办了我国民族院校唯一的一所孔子学院。

（6）抢抓机遇，内涵发展，办学规模迅速扩大，办学效益明显增强。在20世纪90年代到21世纪初，学校及时抓住了"扩大办学规模，增强办学效益"的机遇，内部挖潜，扩大招生，使学校规模得到了迅速扩大，办学效益得到明显提升。1981年，在校生仅180名；2000年，全日制在校学生数首次突破1万人；2011年，56个民族的全日制在校生达23258人。

学校始终坚持一个校区建设、着力内涵发展的思路不动摇，大力加强基本建设。现校园占地面积1446亩，有建筑面积72万平方米，图书馆藏书280余万册，教学科研仪器设备总值1.6亿元。《中南民族大学学报》（人文社会科学版）为CSSCI来源期刊、全国中文核心期刊；民族学博物馆为重要科研和爱国主义教育基地；较为先进的校园网络系统基本满足了教学和管理工作的需要。学校校园环境优美，文化氛围浓厚，是各民族青年学子求学的热土，成长成才的乐园。2002年，学校创办了独立学院——中南民族大学工商学院。

正是通过内涵发展，学校在办学实力、办学水平等方面实现了跨越式发展。2001年和2006年，学校两次参加教育部本科教学水平评估均获优秀；2001～2010年学校连续5次荣获湖北省最佳文明单位；2005年，学校被国务院评为"全国民族团结进步模范集体"；2008年，学校荣获"国家民委文明单位"称号；2009年，学校荣获"全国普通高等学校毕业生就业工作先进集体"称号。

二、审问慎思，明辨笃行，积累发展经验

中南民族大学经过60年的风雨砥砺，特别是恢复重建后30多年的科学发展，现已成为一所学科门类较齐全的高等学府。这是党的民族政策光辉指引的结果，是各级党委和政

府关心支持的结果，是社会各界鼎力相助的结果，同时是几代中南民大人团结进取、不断总结办学经验的结果。

1. 坚持社会主义办学方向是学校的立校之魂

"为解决国内民族问题"是党和国家建立民族院校的根本目的。我国是统一的多民族国家，少数民族有1亿多人口，民族自治地方的土地面积达600多万平方公里。这个基本国情决定了民族问题始终是关系党和国家工作全局的一个重大问题。早在新中国成立初期，毛泽东同志就深刻指出，"国家的统一，人民的团结，国内各民族的团结，这是我们的事业必定要胜利的基本保证"[3]，并发出了"中华人民共和国各民族团结起来"的伟大号召。党和国家领导人邓小平、江泽民、胡锦涛也曾先后对我们党的民族工作进行了深刻阐述。

民族院校是适应党和国家民族工作需要，培养各民族骨干力量和高级人才，促进少数民族和民族地区发展而建立发展起来的。民族院校作为民族高等教育的重要承担者，肩负着培养各民族高层次人才的根本任务，是我国高等教育不可缺少的重要组成部分，它的特殊地位和作用是其他高等院校不可替代的。办好民族院校必须把贯彻党的教育方针同贯彻党的民族政策统一起来，必须把民族工作与教育工作结合起来，始终坚持社会主义办学方向。

中南民族大学自创建以来，始终坚持高举中国特色社会主义伟大旗帜，以马克思列宁主义、毛泽东思想、邓小平理论和"三个代表"重要思想为指导，深入贯彻落实科学发展观，牢牢把握社会主义办学方向和为少数民族、为民族地区服务的办学宗旨，紧紧围绕民族工作主题，服务于民族地区改革发展稳定的大局，高度重视大学生思想政治教育，坚持不懈地用中国特色社会主义理论体系武装大学生头脑。切实加强爱国主义、马克思主义民族观、宗教观、文化观教育，努力把各民族学生培养成为德智体美全面发展的中国特色社会主义事业的合格建设者和可靠接班人，培养成为增强民族团结的骨干、维护祖国统一的骨干、促进民族关系和谐的骨干、推动民族地区改革与发展的骨干，使他们成为民族团结进步事业积极的传播者、自觉的实践者、勇敢的先行者、有力的推动者和坚定的捍卫者。60年来，中南民族大学向社会输送大批各民族高素质人才，为少数民族和民族地区的改革发展、经济建设、社会稳定作出了巨大贡献，为维护我国的民族团结和国家统一，实现国家长治久安作出了重要贡献。

2. 坚持"两个服务"的办学宗旨是学校的立校之本

由于民族地区经济社会发展相对落后，少数民族在社会交往中易处于被动地位，这是影响社会主义民族关系健康发展的重要原因。教育落后，人才匮乏又是导致民族地区落后的根本原因。坚持民族教育优先发展的战略，大力发展民族教育，提高各族人民的思想、道德和文化素质，逐步减少民族交往中因经济文化不平衡对民族关系造成的负面影响，巩固和发展平等、团结、互助、和谐的社会主义民族关系，是党和国家为解决民族问题而采取并已被历史所证明行之有效的英明决策。坚持为党和国家的民族工作服务、为少数民族和民族地区服务的办学宗旨，是民族院校的立校之本。

中南民族大学在60年的发展过程中，始终秉持办学宗旨，在人才培养、科学研究、社会服务、文化传承创新等方面，进行了大量有益的探索，并取得了一定成效。在招生方面,向少数民族和民族地区倾斜,确保在校学生中少数民族学生比例在60%以上;开办预科教育,为少数民族优秀青年学生提供学习机会;针对少数民族学生文化水平相对较低、经济状况相对贫困的现状,学校采取分层分级教学,对家庭经济困难学生资助等有效措施,保证少数民族学生顺利完成学业。在学科建设上,以民族学特色重点学科为核心,打造大民族学学科群。根据少数民族和民族地区经济社会发展需要,适时调整相关学科专业,加强民族语言、民族经济、民族教育、民族法制、民族艺术、民族体育、民族文化、民族医药等专业建设,为保护和弘扬各民族先进文化发挥了重要作用。学校成立干部培训中心,并先后与湖北、贵州、海南等省区签订战略合作协议,不定期开办民族干部培训班。鼓励并组织干部、教师、科研工作者和广大学生,深入民族地区顶岗挂职、实践实习、社会调查,了解民族地区发展情况,开展科学研究,提供决策咨询服务。

3. 坚持"两个结合"是学校办学的基本原则

民族教育事业是我国民族团结进步事业和我国教育事业的结合点,是民族工作和教育工作的结合点。办好民族院校,加快民族教育发展,贯彻党的教育方针和党的民族政策,必须把党的民族工作规律与高等教育规律结合起来,使之相辅相成,相得益彰。民族院校在办学过程中,要坚定地贯彻党和国家关于民族工作的大政方针,紧扣民族工作的主题,围绕全面建设小康社会的宏伟目标和构建社会主义和谐社会这一战略任务,注意不同民族师生在经济生活、文化风俗及社会背景方面的差异,照顾少数民族对高等教育的特殊需要,形成有特色的教学手段、教学方法和教学模式。不断参与民族工作的实践,使学科以至学校教育事业的发展服务于民族地区改革发展稳定大局的需要,形成自己特有的优势,并随着实践的发展而不断形成新的优势。

民族高等教育是我国多民族文化背景下跨文化高层次教育的产物。作为我国高等教育的重要组成部分,由于历史发展、地理环境、文化背景、基础教育的差异,民族高等教育与普通高等教育相比具有自己的特殊性。同时,民族高等教育又是我国高等教育的有机组成部分,在人才培养、科学研究、服务社会、主动适应社会发展方面,在遵循高等教育内部发展规律、推进素质教育、培养学生创新精神与实践能力方面,二者又具有共同性。民族院校作为民族高等教育的重要承担者,这一内在的结构关系决定了民族院校在办学过程中必须坚持遵循高等教育一般规律与遵循民族高等教育特殊规律相结合,这既是民族院校在半个多世纪曲折前进中得出的一条基本原则,也是民族院校未来发展的必由之路。

在60年发展过程中,学校牢牢把握提高质量这个核心任务,与时俱进,改革创新,不断更新教育思想和教育观念,根据国家经济社会发展和少数民族与民族地区发展需求,适时调整办学思路,不断修正发展目标,为学校科学发展提供了坚强的思想保证。一是学校始终坚持以科学的规划引领学校事业发展。1958年制定了《1958—1962年事业发展规划》,为学院早期的发展奠定了坚实的基础。1981年,学校复办伊始,便制定了"六五"规划,对复办后的学院建设提供了行动指南。学校一直坚持以规划指导学校发展,尤其是"十五""十一五"的制定和实施,为学校科学化、规范化提供了坚强保证。"十二五"规划的制定,更为学校的科学发展指明了方向。二是不断更新观念,适时调整办学思路。在1951年学校创办之初,以短期民族干部培训为办学方针,为新中国人民政权的巩固作出了卓越贡献。根据形势变化，1956年，学校及时调整办学思路，正式迈开了向民族高等师范学院发展的步伐。复办之后，根据改革发展形势变化，学校通过党委中心组学习、教职工代表大会、深入学习实践科学发展观活动等重大主题活动的开展及专题座谈会等形式，多次开展教育思想、教育观念大讨论，适时调整学校发展思路，有力促进了学校的发展。三是始终坚持以学科建设为龙头，以师资队伍建设为重点，坚持教学工作的中心地位，教学科研并重，以教学促进科研，以科研反哺教学，促进教学质量和人才培养质量的提高。近年来，学校承担重大科研项目、引进科研经费、服务经济社会发展能力得到显著提高，学生的实践能力、创新能力和就业竞争能力都有明显提升。

4. 坚持特色发展是学校的兴校之路

民族院校作为党和国家民族政策的产物，承担着培养人才和民族工作双重责任。坚持以培养各民族高素质人才为根本使命，着力发展成为培养少数民族高素质人才的重要基地、研究我国民族理论和民族政策的重要基地、传承和弘扬各民族优秀文化的重要基地、展示我国民族政策和对外交往的重要窗口，是民族院校有别于普通高校的显著特征，也是民族院校不断发展壮大的重要经验。

中南民族大学60年发展的辉煌业绩，得益于学校始终坚持特色发展的办学思路。60年来，学校坚持把发展作为第一要务，把机遇和自身优势作为战略资源，把改革创新作为发展动力，树立机遇意识、竞争意识和创新意识，抢抓机遇，实现了学校事业的良性发展。一是抓住了国家实行改革开放这个最重要的历史机遇，成功复办，建设成为少数民族地区改革开放和现代化建设重要的人才培养基地；二是抓住了我国建立社会主义市场经济体制的有利时机，因时而变，乘势而上，推进了办学体制、管理体制、教育内容以及方式方法的改革；三是抓住了1999年以来我国高等教育大发展的良好机遇，促进了办学规模、结构、质量和效益的协调发展；四是抓住了我国民族团结进步事业蓬勃发展的重要机遇，在党和国家民族政策的光辉指引下，实现了21世纪以来又好又快的发展。

学校始终坚持办学宗旨，保持和发展民族大学特色。一是精心培养各民族高素质人才。学校大力推进教育教学改革，注重学生素质能力和创新创业精神的培养；高度重视大学生思想政治教育，努力把各族学生培养成为政治坚定、德才兼备、全面发展的中国特色社会主义事业的合格建设者和可靠接班人。60年来，学校没有发生过一起民族纠纷，多次被国务院、湖北省、武汉市授予"民族团结进步模范集体"荣誉称号。二是大力传承和弘扬各民族优秀文化。学校以民族学为主干，构建民族学学科专业体系，建设了民族学博物馆、民族研究中心，设立了民族文献资料库，开展多种形式的民族文化艺术活动，为各民族文化的交汇发展搭建平台。三是全面服从和服务于党和国家的民族工作大局，倾情服务民族地区经济社会发展。在为民族地区培养大批各类高素质人才的同时，学校致力于民族地区经济建设和各项社会事业发展，充分利用自身的学科和人才优势，积极开展民族问题战略性和前瞻性研究、当前民族工作的基础型和应用型研究。学校先后与湖北、贵州、海南、广西等省（自治区）的地方政府和学术组织签订合作协议，由校领导亲自带队，深入民族地区开展调查研究，为各级政府和企业提供决策咨询；通过派遣干部挂职、安排教师顶岗、组织学生实地调研、参与湖北省"616工程"等多种方式，为民族地区经济社会发展提供科技支撑和智力支持，努力当好智囊团、思想库。

三、传承辉煌，志存高远，描绘美好明天

高起点、高质量、高效益的发展，中南民大人的励精图治和远见卓识，为学校的发展开辟了广阔空间。面对新的发展机遇和挑战，2008年，学校第六次党代会进一步明确了"以提高质量为中心，教学科研并重，办特色鲜明民族大学"的办学思路，提出了建设"特色鲜明、人民更加满意的高水平民族大学"的奋斗目标。

根据这一办学思路和奋斗目标，学校"十二五"规划明确了今后一个时期学校的发展战略：主题是科学发展，主线是加快转变发展方式，核心任务是提高教育教学质量；要紧紧围绕特色鲜明、人民更加满意的高水平民族大学的建设目标，以提高质量为中心，质量、特色、水平相统一，实现学校综合竞争力、社会影响力和国际化水平的全面提升，基本实现由教学型大学向教学研究型大学的转型，学校整体办学实力明显提升。根据办学条件和发展需求，稳步扩大办学规模，坚持稳定发展本科教育，积极发展研究生教育，适度发展预科教育和留学生教育，转型发展继续教育。到2015年，学校各类在校生规模28000人左右，其中本科生24000人，硕士研究生3500人，博士研究生100人以上，预科生400人左右，留学生300人。

在发展过程中，要紧紧抓住提高质量这个核心任务，突出强化高水平学科专业建设、人才队伍建设和办学特色的彰显，加快教育现代化进程，提高国际化办学程度，深化内部管理体制、机制改革，大力改善办学基础条件，进一步提升教学、科研、社会服务水平，重点是推进四大战略的实施，确保各项目标任务的完成。

（1）推进质量立校战略，提高办学水平和人才培养质量。质量是高等教育的生命线。高等教育的改革发展最核心的任务、最鲜明的特征就是提高质量。目前民族院校正处在转变发展方式、调整办学结构、深化教育改革和提高开放办学水平的重要时期。为此，要牢固树立人才培养在学校工作中的中心地位，坚持育人为本、改革创新、提高质量的教育理念，创新教学机制，深化教学改革，强化质量监控，不断提高教育教学质量，着力培养面向少数民族和民族地区的高素质、应用型、复合型和创新型人才。要进一步制定新的人才培养方案，实施拔尖创新人才培育计划、战略性新兴产业和支柱产业人才培养计划，构建大学生创新创业教育体系。实现办学形式的多样化，争取在条件成熟的特色和优势学科实行"本硕"或"硕博"连读。加强教学团队和名师建设，构建课程建设平台，推进品牌专业、精品课程、优秀教材建设，推动教学质量的提高。积极开展教学模式、内容和方法的改革，严格教学管理，健全教学质量保障体系。进一步推进研究生培养机制改革，完善研究生教育培养体系。调整研究生培养专业结构，创新培养模式，制定和实施"研究生教育创新计划"，着力提高培养质量。

（2）推进学科兴校战略，提高学科专业建设水平。学科水平决定一所大学的水平。要办人民更加满意的民族大学，社会认可的高水平民族大学，其核心要素就是凸显学科的水平与特色。因此，学科建设是学校工作的重中之重，也是急中之急，难中之难。抓住机遇，攻坚克难，搞好学科建设，关键是要有效实行"四个集中"和"六个导向"。所谓"四个集中"是指教师要向学科团队集中，学科团队要向硕士点、博士点集中，硕士点、博士点要向重大

项目、重点学科、实验室基地平台集中,学科平台要向重点学科、优势学科、特色学科集中。通过集中,实现师资队伍的有机整合,实现学术团队力量的规模集成。"六个导向"则指学科队伍建设要以基地、重点实验室、重点项目、社会需要为导向以及优势学科、特色学科和名师为导向。同时,加大学科建设经费投入,实行分层次建设,优先发展申报博士学位学科,重点打造学校的特色学科和学科特色。在本科专业建设上,深化专业结构调整,在加强文科专业建设力度的同时,着力加强理工科、应用型专业建设,大力发展新兴学科。

(3)推进人才强校战略,提高师资质量和教育教学质量。强国必先强教,强教必先强师。推进人才强校战略,就是要牢固树立"人才资源是第一资源"的理念,积极推进学校人事制度改革,探索建立社会化、国际化的人才遴选评价机制,着力加强教师队伍、管理队伍和教学辅助队伍建设,优化人才队伍结构。围绕学科发展需求,实施高层次人才引进计划,重点引进领军人才。注重中青年教师的培养,努力培养和造就一大批具有创新能力和发展潜力的中青年学术骨干。逐步建立完善以能力和业绩为导向的人才评价体系,努力形成人员能进能出、职级能上能下、薪酬能高能低的竞争激励机制,切实提高管理、教辅和工勤队伍的整体素质,增强服务能力,提高服务质量和服务水平。

(4)推进特色荣校战略,切实建设特色鲜明的高水平民族大学。在高等教育竞争日趋激烈的态势下,办学特色不仅被视为学校发展的一种竞争战略,而且被越来越多的大学看做核心竞争力。积极培育办学特色,强化特色意识,重视特色建设,既是我国大学适应经济发展方式的转变和我国高等教育改革与发展的客观要求,是自身发展的内在逻辑要求,也是参与国际教育竞争的必然趋势。强调突出学校的办学特色,其意义还在于更好地体现民族院校的办学宗旨,实现办学目标,担当社会责任,完成特殊使命,为少数民族和民族地区的经济发展、文化繁荣、大局稳定、社会和谐发挥独特的作用。推进特色荣校战略,就是要积极投身民族地区经济社会发展的主战场,适应党和国家民族工作的迫切需要,在学科专业建设、人才培养模式、教育教学改革、科技服务、体制机制创新和校园文化建设上,凸显办学特色。进一步发挥民族学这一重点和特色学科的传统与优势,组建大民族学学科群。整合学校的有关研究力量与资源,积极挖掘新的优势特色增长点,不断凝练新的学科特色,发展新的特色专业。

站在新的历史起点,中南民族大学26000余名师生员工正精神抖擞、豪情满怀,认真贯彻落实科学发展观,大力发扬优良传统,不断开拓创新,努力加快建设特色鲜明、人民更加满意的高水平民族大学的步伐,为全面建设小康社会、实现中华民族的伟大复兴,作出新的更大的贡献!

参 考 文 献

[1] 毛泽东. 关于西北少数民族工作的指示//毛泽东文集:第六卷. 北京:人民出版社,1999:201.
[2] 中南民族学院校史编写室. 中南民族学院简史(1951—1979). 武汉:中南民族学院,1988:56.
[3] 毛泽东:关于正确处理人民内部矛盾的问题//毛泽东著作选读:下册. 北京:人民出版社,1986:757.

(原文题目为《风雨兼程创业路 改革发展谱新篇——中南民族大学建校60周年回顾与展望》载于《中南民族大学学报(人文社会科学版)》2011年第5期)

深化教学改革应强化质量意识

一、近五年学校教学科研发展成效

提高质量是高等教育的生命线,是《国家中长期教育改革和发展规划纲要》确定的重要方针。近年来,学校在提高教育质量上,做了大量的工作,取得了一定的成效。主要体现在以下五个方面。

一是确立了目标,凝聚了力量,为学校快速发展提供动力。每五年,学校从上至下、由下而上、深入调研、广泛讨论,科学制定学校教育事业发展规划。第六次党代会明确提出了"建设特色鲜明、人民更加满意的高水平民族大学"的奋斗目标。

二是加大投入,改善条件,为学校科学发展提供保障。争取国家化债资金、国家发改委资金、各类专项资金,学校财务状况得到了明显改善。加大基础设施建设的投入,改善教师的办公和住房条件,改善学生的学习和生活条件。

三是狠抓队伍,搭建平台,发挥学科建设的龙头作用。大力加强人才引进和培养工作,一支数量充足、结构优化、素质较高、发展良好的师资队伍正逐步建成。现有1个民族学一级学科博士学位授权点,6个二级学科博士点,19个学术型一级学科硕士学位授权点,80个学术型二级学科硕士学位授权点,8个硕士专业学位授权点。

四是深化教育教学改革,探索提高教育质量的新模式。先后制定2005年版、2009年版培养方案,启动了2013年版培养方案的制定工作。推行选课制、小班制、分级培养、校际联合双学位培养、国际合作培养等方式。建成国家级精品课程1门、省级精品课程21门、校级精品课程63门、双语教学课程28门。

2008年学校成为"推荐优秀应届本科毕业生免试攻读硕士学位"授予权单位。学生获得各类创新项目和奖励逐年增多,毕业生就业率和就业质量不断提高。2009年学校被评为全国高校毕业生就业工作先进集体。

五是狠抓教风、学风和工作作风建设,营造良好校园文化氛围。将教风、学风、工作作风三者有机结合起来,以良好的工作作风带动形成了良好的教风和学风。学校教书育人、管理育人、服务育人、环境育人的氛围日渐浓厚。笃信好学、自然宽和的校园文化精神已深入人心。

二、我国高等教育质量的发展进程

(一)高等教育质量的含义

质量——事物质的规定性的量度。教育质量就是由教育目的、功用和受益者的要求相结合来规定的。教育的目的:"使人成为人"。

潘懋元认为:"高等教育质量标准有两个层次:一个是一般的基本层次,目前对中国来说,就是德、智、体、美全面发展,具有创新精神和实践能力的专门人才、社会主义事业的建设者和接班人；另一个是各级各类学校的具体培养目标。"周保松强调："一所真正伟大的大学，不在于高楼，不在于大师，而在于学生，在于是否有能力培养出具有独立精神和自由意识的知识人。"

确定高校教育质量标准的依据主要有以下几点。一是体现教育目的：教会学生能够生存和发展；二是体现教育举办者的愿望；三是体现各行业需求：培养专门人才；四是反映受教育者个人及其家庭的意愿和要求。

（二）提高高等教育质量的时代背景

1999年以来，我国高等教育发展的主旋律是规模的扩张，高等教育规模实现了跨越式发展，高等教育事业步入大众化发展阶段。2011年，全国普通高校招生681万人，是1998年招生108万的6.31倍，毛入学率从2002年的15%提高到2011年的26.9%。高等教育在学总人数超过3000万人，是1998年的4.8倍。

1998年印度大学生数量是中国的两倍，2007年中国大学生数量是印度的两倍。2010年，我国具有大学文化程度（指大专以上）的人口为1.19亿人，每10万人中具有大学文化程度的由2000年的3611人上升为2010年的8930人，从业人员中有高等教育学历的人数已位居世界前列。

据统计，截止到2012年4月，全国具有招生资格的普通高校达到了2138所，比2006年增加了14.5%。其中，部直属院校73所、占总数的3.4%，其他部委所属高校38所、占总数的1.8%，地方政府所属院校1641所、占总数的76.8%，民办高校386所、占总数的18.1%。

规模持续扩大的同时，高等教育财政性经费投入赶不上在学人数的急剧增加，部分高校特别是地方高校校舍、教学仪器设备、图书和师资等办学条件明显不足。

高等学校的专业设置培养目标、课程体系与社会需求脱节，农、林、水、地、矿、油、信息、生命科学等国家急需学科和未来优势学科的人才培养不足，而法学类、管理类专业的毕业生则出现结构性过剩。由于管理体制等原因，高等学校大量存在教授不讲主干课、基础课现象。高等学校教育观念落后，教学内容陈旧，教学方法单一。高校毕业生数量剧增，就业面临较大压力。

最近，清华大学围绕"本科教育怎么样？"这个课题，进行了深入调研，得出的结论是：从反映大学教育过程质量的大学生学习性投入表现来看，以985院校为代表的中国研究型大学与美国同类大学相比，既存在差距，也各有所长，中国研究型大学重科研投入、轻人才培养付出的问题需要引起关注；不同区域和类型院校的学情状况显示，院校资源条件优势并不等同于学生的高学习性投入和高教育收获，不同区域和类型院校在人才培养上各具优势；大学的"教育性"因素比学生的"先赋性"因素对其教育收获和就学满意度的影响更大；大学教育对社会弱势群体学生的学业和价值观增值尤其明显；大学院系层面的教育教学改革是提高学生学习性投入和教育收获的重要途径。

（三）提高高等教育质量的发展进程

党中央、国务院高度重视高等教育质量的提高，教育部始终把提高高等教育质量放在重要位置，始终将质量作为高等教育发展的生命线。

2001年，教育部出台了《关于加强高等学校本科教学工作提高教学质量的若干意见》（4号文件）；2004年12月，教育部召开了第二次全国普通高等学校本科教学工作会议；2005年1月，教育部下发了《关于进一步加强高等学校本科教学工作的若干意见》（1号文件）。

《国民经济和社会发展第十一个五年规划纲要》提出："把高等教育发展的重点放在提高质量和优化结构上，加强研究与实践，培养学生的创新精神和实践能力。"2006年5月10日，温家宝同志主持召开国务院常务会议，并在会上指出："高等教育要全面贯彻落实科学发展观，适当控制招生规模增长幅度，相对稳定招生规模，切实把重点放在提高质量上。"2006年8月29日，胡锦涛在中共中央政治局第34次集体学习上指出："普及和巩固义务教育，大力发展职业教育，提高高等教育质量，是'十一五'规划纲要对教育事业发展提出的三项主要任务，必须切实抓实抓好。"2007年1月22日，经国务院批准，教育部、财政部联合下发了《关于实施高等学校本科教学质量与教学改革工程的意见》，正式启动"高等学校本科教学质量与教学改革工程"（教高〔2007〕1号）（以下简称"质量工程"，"质量工程"的概念正式提出）2007年2月17日，教育部下发了《关于进一步深化本科教学改革全面提高教学质量的若干意见》（教高〔2007〕2号）。

1号文件（"质量工程"）与"2号文件"，点面结合，相辅相成，以点带面，全面推进教育质量的提高。2号文件针对目前教学工作当中存在的主要问题，提出了6个方面20条的具体要求，突出强调要进一步加大教学投入，强化教学管理，深化教学改革，目的是在"质量工程"抓好提高质量关键"点"的基础上，进一步在覆盖"面"上整体推进。"2号文件"面向全国1000所本科院校、1000万名全日制本科学生，目的是进一步推动本科教学工作，切实提高本科教育质量。

国内很多省区和大学积极响应号召，大力推进质量建设。如上海师范大学尽力压缩行政经费补充教学和实验；北京市启动高校质量创新工程4年投入35亿元；福建省5年投入1.5亿元开展高校本科教学质量工程；南京邮电大学推出"内外"合力提升学生创新能力；西安工业大学加强课群建设，有效提高本科教学质量。

（四）高等学校创新能力提升计划的提出

2011年4月24日，胡锦涛在清华大学百年校庆大会上发表重要讲话，讲话紧紧扣住"全面提高高等教育质量"这一核心问题，对高等教育事业科学发展作出了深刻阐述。

总结提炼了大学发展"四个坚持"的历史经验。即坚持解放思想、实事求是、与时俱进，坚持以实现国家富强、民族振兴、人类进步为己任，坚持正确办学方向，坚持以人为本。

第一次提出"高等教育作为科技第一生产力和人才第一资源的重要结合点，在国家发展中具有十分重要的地位和作用"。

立足我国高等教育发展的阶段性特征，旗帜鲜明地提出"不断提高质量是高等教育的生命线"，"要把提高质量作为教育改革发展最核心最紧迫的任务"。

全面阐述了大学的四种基本职能：必须大力提高人才培养水平，必须大力增强科学研究能力，必须大力服务经济社会发展，必须大力推进文化传承创新。

明确了推进世界一流大学和高水平大学建设的新思路：以重点学科为基础，以体制机制改革为重点，以创新能力提高为突破，加大支持力度，健全长效机制。鼓励重点建设高校成为知识创新的策源地、深化教育改革的试验田、扩大开放的桥头堡。

指出了人才培养的努力方向：把文化知识学习和思想品德修养紧密结合起来，把创新思维和社会实践紧密结合起来，把全面发展和个性发展紧密结合起来。

从加快建设创新型国家的战略高度出发，第一次明确提出"积极推动协同创新"的战略部署，为高水平的科学研究支撑高质量的高等教育开辟了新的空间。

为深入贯彻落实胡锦涛在庆祝清华大学建校100周年大会上的重要讲话精神和《国家中长期教育改革和发展规划纲要（2010—2020年）》，进一步深化本科教育教学改革，提高本科教育教学质量，大力提升人才培养水平，2011年7月1日，教育部、财政部联合下发了《关于"十二五"期间实施"高等学校本科教学质量与教学改革工程"的意见》。

为贯彻落实胡锦涛在庆祝清华大学建校100周年大会上的重要讲话精神，积极推动协同创新，促进高等教育与科技、经济、文化的有机结合，大力提升高等学校的创新能力，支撑创新型国家和人力资源强国建设，2012年3月15日，教育部、财政部联合下发了《关于实施高等学校创新能力提升计划的意见》（教技〔2012〕6号），决定实施"高等学校创新能力提升计划"（以下简称"2011计划"）我个人理解，"2011计划"的核心就是协同创新。

（1）实施意义。实施"2011计划"，是落实胡锦涛清华大学百年校庆重要讲话精神的重大举措；是加快创新型国家建设的重要支撑；是推动我国教育与科技、经济、文化紧密结合的战略行动。

（2）指导思想。按照"国家急需、世界一流"的要求，瞄准科学前沿和国家发展的重大需求，以重点学科建设为基础，以机制体制改革为重点，以创新能力提升为突破口，大力推动协同创新，充分发挥高等教育作为科技第一生产力和人才第一资源重要结合点在国家发展中的独特作用，支撑经济社会又好又快发展。

（3）基本原则。一是需求导向。紧密围绕科技、经济和社会发展中的重大需求，通过协同创新，重点研究和解决国家急需的战略性问题、科学技术尖端领域的前瞻性问题，以及涉及国计民生的重大公益性问题。二是全面开放。面向各类高等学校开放，不限定范围，不固化单位，广泛吸纳科研院所、行业企业、地方政府以及国际创新力量等，形成多元、开放、动态的组织运行模式。这意味着，民族高校同样面临难得的机遇。三是深度融合。引导和支持高等学校与各类创新力量开展深度合作，探索创新要素有机融合的新机制，促进优质资源的充分共享，加快学科交叉融合，推动教育、科技、经济、文化互动，实现人才培养质量和科学研究能力的同步提升。四是创新引领。以机制体制改革引领协同创新，以协同创新引领高等学校创新能力的全面提升，推动高等教育的科学发展，加快世界一流大学和高水平大学建设步伐，促进国家自主创新、科技进步和文化繁荣。

（4）总体目标。充分发挥高等学校多学科、多功能的优势，积极联合国内外创新力量，有效整合创新资源，构建协同创新的新模式与新机制，形成有利于协同创新的文化氛围。

建立一批"2011 协同创新中心",集聚和培养一批拔尖创新人才,取得一批重大标志性成果,成为具有国际重大影响的学术高地、行业产业共性技术的研发基地、区域创新发展的引领阵地和文化传承创新的主力阵营。推动知识创新、技术创新、区域创新的战略融合,支撑国家创新体系建设。

(5)重点任务。构建协同创新平台与模式、建立协同创新机制与体制——构建科学有效的组织管理体系、探索促进协同创新的人事管理制度、健全寓教于研的拔尖创新人才培养模式、形成以创新质量和贡献为导向的评价机制、建立持续创新的科研组织模式、优化以学科交叉融合为导向的资源配置方式、创新国际交流与合作模式、营造有利于协同创新的文化环境。

为深入贯彻落实胡锦涛在庆祝清华大学建校 100 周年大会上的重要讲话精神和《国家中长期教育改革和发展规划纲要(2010—2020 年)》,大力提升人才培养水平、增强科学研究能力、服务经济社会发展、推进文化传承创新,全面提高高等教育质量,2012 年 3 月 16 日,教育部下发了《关于全面提高高等教育质量的若干意见》(教高〔2012〕4 号)(以下简称《若干意见》)。

《若干意见》提出了坚持内涵式发展、完善人才培养质量标准体系、优化学科专业和人才培养结构、创新人才培养模式、巩固本科教学基础地位、健全教育质量评估制度、推进协同创新、完善中国特色现代大学制度、提高教师业务水平和教学能力、完善教师分类管理等 30 条具体要求。

三、解读"质量工程"

(一)"质量工程"出台的意义

"质量工程"是继"211 工程""985 工程"和"国家示范性高等职业院校建设计划"之后,我国在高等教育领域实施的又一项重要工程,是引导高等学校本科教育教学改革方向的重大政策,是提高高等教育教学质量的一种政府行为。("2011 计划"将成为今后高等教育的又一项重要工程)。

实施"质量工程",既是高等教育自身发展规律的需要,也是办好让人民满意的高等教育、提高学生就业能力和创业能力的需要,更是建设创新型国家、构建社会主义和谐社会的需要。

要将培养高素质创新人才定为教育的基本目标,并使教育的各个环节都紧紧围绕这一目标有效运转,无论学校教育、家庭教育、社会教育,还是教育思想、教育体制、教育方式,都要积极为实现这一目标服务。

(二)"质量工程"的主要内容

1."质量工程"的指导思想

坚持以邓小平理论和"三个代表"重要思想为指导,全面落实科学发展观,全面贯彻党的教育方针,全面推进素质教育;坚持"巩固、深化、提高、发展"的方针,遵循高等教育的基本规律,牢固树立人才培养是高校的根本任务、质量是高校的生命线、教学是高校的中心工作的理念；按照分类指导、注重特色的原则，加大教学投入，强化教学管理，深化教学改革，提高人才培养质量。

2."质量工程"的建设目标

通过质量工程的实施，高等学校教学质量得到提高，高等教育规模、结构、质量、效益协调发展和可持续发展的机制基本形成；人才培养模式改革取得突破，学生的实践能力和创新精神显著增强；教师队伍整体素质进一步提高，科技创新和人才培养的结合更加紧密；高等学校管理制度更加健全；高等教育在落实科教兴国和人才强国战略，建设创新型国家、构建社会主义和谐社会中的作用得到更好的发挥，基本适应我国经济社会发展的需要。

3."质量工程"的建设内容

质量工程建设主要内容有专业结构调整与专业认证（人才培养的基本前提）；课程、教材建设与资源共享（提高高等教育质量的关键环节）；实践教学与人才培养模式改革创新（提高高等教育质量的重要内容）；教学团队与高水平教师队伍建设（提高高等学校本科教学质量的重要保证）；教学评估与教学状态基本数据公布（保障高等学校教学质量的重要手段）；对口支援西部地区高等学校（实现高等教育协调发展的战略举措）。

4."质量工程"蕴涵的新理念

质量工程的理念体现了以人才培养为中心的思想；体现了内涵发展的思想；体现了以人为本的思想；体现了协调发展的理念；体现了以信息技术促进教育质量提高理念。

（三）从数字看"质量工程"

中央财政在"十一五"期间投入 25 亿元左右实施"质量工程"。这些经费投入主要用于七大系统，即专业设置预测系统、教学基本状态数据库系统、大学英语与网络教育网上考试系统、网络教育资源管理和质量监管系统、精品课程共享系统、立体化教材数字资源系统、终身学习服务系统。

具体体现在十组数字上，如资助 15000 学生自主开展创新试验，建设 10000 种教材、3000 门精品课程和 3000 个特色专业点，资助 3000 名教师干部对口支援交流，遴选 1000 个国家级教学团队，建设 500 个实验教学示范中心，500 个人才培养模式创新实验区和 500 门国家级双语教学示范课程，奖励 500 名高校教学名师。

（四）提高教育质量的根本出路

①思想观念是提高教育质量的先导；②人才培养是提高教育质量的第一要务；③内涵发展是提高教育质量的必然选择；④教师队伍是提高质量的关键因素；⑤学科建设是提高质量的必然要求；⑥科学研究是提高质量的内在动力；⑦体制机制改革是提高教育质量的根本出路；⑧加强党的建设和思想政治工作是提高教育质量的根本保证。

坚持"四个集中""六个导向"原则，即教师要向学科团队集中，学科团队要向硕士点、博士点集中，硕士点、博士点要向重大项目、重点学科、实验室基地平台集中，平台要向重大学科、优势学科、特色学科集中。通过集中,实现师资队伍的有机整合,实现学术团队力量的规模集成。

四、关于深化教学改革的几点思考

(一) 树立质量意识,把内部监控内化为自觉行为

教学质量监控包括外部监控和内部监控两个层面。外部监控是指国家和地方政府、社会对大学教学质量的监控;内部监控是指大学教学质量自我监控,是大学组织按照自己的标准自觉对教学质量进行监控。

提高教学质量的真正动力源自大学组织对高质量教育的追求。首先,要实现由"外控为主"到"内控为主"的转变。其次,要牢固树立全面质量管理的理念。强调过程监控、全员参与。要通过质量文化建设,催生质量意识,内化为自觉行为,筑牢全员参与的思想基础。

质量不是靠检查出来的,而是生产创造出来的。大学组织的"生产一线"就是教学,对教学一线的质量监控,必须充分发挥一线教师和学生的主体作用。

实践证明,构建以学校主导、学院为主、全员参与的教学质量监控模式是一种有益的尝试。在这种监控模式下,学校倾力于教学质量标准建设和目标管理,学院倾力于具体教学活动监控和管理,师生员工自觉评价和调整自己在工作或学习中的行为,从而实现质量监控主体和客体的统一,使内部质量监控的各种力量形成合力。

(二) 深化教学改革,坚持走内涵式发展道路

深化教学改革,走以提高质量为核心的内涵式发展道路,主要从以下 10 个方面下工夫。

(1) 在理念思路方面,坚持"三创"教育。即创造教育、创新教育、创业教育并重。鼓励学生自主学习,增强实践动手能力。加强过程管理。即基层组织建设、教学基本环节、教学基本建设、教师教学行为、教学事故处理等。促进协调发展。即促进人才培养模式、特色专业与课程、名师和教学团队、实践教育、国际交流与合作、质量监控与评估、教育信息化等方面协调发展。

(2) 在专业建设方面,科学调整、重点建设品牌专业、特色专业和优势专业。

(3) 在人才培养方案方面统一设置基础课程;拓宽口径,打破专业界限;重组课程体系;通识教育与专业教育相结合。

(4) 在课程建设方面,通识课领域规划与设计。人文科学、社会科学、数学与自然科学、中华文明与外国文化、跨学科领域。精品课领域规划与设计。实施精品课程建设规划,实施课程组制度。

双语课领域规划与设计。目的:推进教育国际化;开设的课程:数学、哲学、计算机、历史、经管、法学、生物、信息等有条件的各学科课程;管理方面:教学组织要求、教师要求、工作量、评价等。

(5) 在教学研究方面,鼓励教师从事各类教学研究活动,并予以立项资助;组织青年

教师参加教学竞赛；有计划地培育优秀教学成果；实施优秀教学研究论文奖励办法。

（6）在实践教学方面，鼓励教师实践教学改革研究立项；大学生科研立项；实行"创新学分"制度；公开发表的作品、科研成果、发明创造、各类竞赛获奖、社会实践成果等；毕业论文（设计）改革；作为单独课程开设；实施国家创新性实验计划等。

（7）在英语教学改革方面，英语分级教学、自主学习中心、双语教学改革、双语教学研究专题、资助教师出国培训。

（8）在跨学科教育方面，拓宽专业口径、设置跨学科专业；主辅修、双学位制；建立人才联合培养机制；创办跨学科人才培养试验班；若干教学实验班；"跨学科人才培养的理论与实践"课题。

（9）在制度建设方面，进一步建立和完善《本科教学过程规范要点》《精品课程建设实施办法》《关于双语教学的若干规定》《关于评选和奖励教学名师的暂行办法》《关于进一步加强实践教学工作的意见》《关于设立"教学为主型教授"岗位的有关规定》《关于实施教师学术休假制度的暂行规定》。

加强教学过程管理、全面提高教学质量。教学检查制度、教学督导制度、学生信息员制度、干部教师听课制度、院系教学状态评估、青年教师教学竞赛制度、学生评教制度、教学质量奖评选制度、毕业生跟踪调查制度。

（10）在工程建设方面"三创"教育实施工程、名师与教学团队建设工程、品牌专业和课程资源建设工程、教学方式（方法）和教学内容改革工程、教学管理现代化建设工程、开放教育与国际交流实施工程、教学质量监控与管理工程。

（三）以学生为中心，努力提高人才培养水平

教学质量是衡量办学水平的核心标准，多年来高校教育教学改革取得一定进展，但仍存在教学理念落后，教学方法陈旧的问题，缺少对学生科学思维的训练，难以激发学生学术探究的热情，一些学生知识面狭窄、综合素质和适应性不强。

一要创新教学理念和模式。加强专业教育，注重"厚基础、宽领域、广适应、强能力"；加强思想品格教育，注重"树理想、强意志、勇实践、讲奉献"；探索科学基础、实践能力、思想品德和人文素养融合发展的培养模式；推动跨学院、跨学科、跨专业交叉培养；对就业相对困难的专业，要调整课程设置和教学内容，让学生知识面更宽，就业面更广；高端技能型人才，要探索产学研合作、工学交替的培养模式；加强校际交流，增加学生"第二校园"经历，让学生分享各校的学科优势，接触不同的教学风格，在多元的校园文化中熏陶成长。

二要创新教学方法和手段。鼓励小班教学，开展启发式、讨论式、参与式教学；教师要加强与学生的联系和交流，为学生提供更多互动学习的机会；推进信息技术在教学中的应用，增强学生运用网络资源学习的能力；加大精品开放课程建设的力度，把最有特色、最有水平的课程开放共享。

三要创新学习方式。确立学生在学习中的主体地位，逐步改变以教师为中心的知识传授型教学方式；开设由学生和教师共同选题的自主学习课程，构建多元学习模式；加强学习策略和方法的训练指导，培养学生的批判性思维和创新能力，促进个性发展。

四要重视本科教学工作。巩固本科教学的基础地位，健全以提高教学水平为导向的管理制度和工作机制，做到政策措施激励教学，工作评价突出教学，资源配置优先保证教学；把教授为本科生上课作为基本制度，坚决避免本科教学被弱化的现象；本科阶段要加强应用型、复合型、创新型人才培养，提升学生就业创业能力，同时为部分学生进入研究生阶段学习做好准备；发挥好"本科教学工程"在提高教学质量上的引领辐射作用，调动所有教师投入教学改革的积极性。

（四）加强"质量工程"项目的管理

目前，"质量工程"建设还不同程度存在着重立项、轻建设，重研究、轻应用，重理论、轻实践等问题。

（1）规范"质量工程"项目的评选立项。在教研项目申报、教学成果奖评选、精品课程建设等项目立项过程中，要始终坚持民主、公开、竞争、择优的原则，建立科学合理的评选机制。

（2）强化"质量工程"项目的过程管理。要定期或不定期地对项目的运行状态、经费使用、阶段性成果进行监督检查，加强过程管理。

（3）注重"质量工程"项目的评估考核。要把"质量工程"项目实施情况与今后教研项目申报、教学成果奖评选、精品课程建设等工作结合起来，实行一票否决制。

袁贵仁部长指出，"站在新的历史起点上，中国高等教育将把提高质量作为发展的核心任务，更加关注发展理念的战略性转变，更加关注培养模式创新和体制改革，更加关注质量保障评估的制度建设。"这对于学校提高教育质量，指明了前进的方向，提出了更高的要求，我们要在上级组织的正确领导下，凝聚全体教职工的智慧和力量，特别是要发挥在座各位领导干部的重要作用，在提高教育质量的道路上迈出新步伐、取得新成效。

（原文题目为《推进质量工程　深化教学改革》在2012年暑期中心组学习讲话稿基础上整理）

关于民族高校教学改革的几点思考

党的"十八大"为深化教育领域综合改革、发展民族教育、努力办好人民满意的教育指明了方向、提出了要求。民族高校学习贯彻党的"十八大"精神，就是要围绕推动少数民族和民族地区又好又快发展谋划思路、推动工作；围绕坚持和完善民族区域自治制度，切实保障少数民族合法权益谋划思路、推动工作。围绕繁荣发展少数民族文化，构建中华民族共有精神家园谋划思路、推动工作；围绕在促进民族团结，维护社会稳定过程中谋划思路、推动工作；围绕支持民族地区加强环境保护和生态建设谋划思路、推动工作；围绕加强民族地区人才培养力度谋划思路、推动工作[1]。为此，要进一步深化在新形势下建设高水平民族大学的重要性和紧迫性的认识，明确办高水平民族大学的方向和任务，紧扣科学发展这个主题，抓住加快转变发展方式这条主线，突出教学的中心地位，深入思考教学改革"为什么要改、改什么、如何改"的问题，破解制约教学改革的难题，使教学质量取得根本性提升，人才培养水平收到实质性成效，办人民满意的民族高等教育，实现民族高校战略性跨越。

一、要深刻认识"为什么要改"

《教育部财政部关于"十二五"期间实施"高等学校本科教学质量与教学改革工程"的意见》指出，高等教育的根本任务是培养人才。提高质量是高等教育发展的核心任务，全面提高高等教育质量的核心是大力提升人才培养水平。提升人才培养水平必须要注重整体推进，始终坚持育人为本，牢固确立人才培养在学校各项工作中的中心地位和本科教学在大学教育中的基础地位[2]。学校工作的着眼点、着力点必须集中到教学改革上来，通过重点突破带动整体推进，深刻认识"为什么要改"的问题。

（1）教学改革是贯彻落实党的"十八大"提出的"努力办好人民满意的教育"的需要。"十八大"报告中提出，要"努力办好人民满意的教育"，并进一步强调教育是民族振兴和社会进步的基石。要坚持教育优先发展，"把立德树人作为教育的根本任务"。"走中国特色自主创新道路，要更加注重协同创新，积极推动科技和经济紧密结合"。这为新时期高等教育服务经济社会发展指明了质量发展的方向。"全面实施素质教育，深化教育领域综合改革，着力提高教育质量，培养学生社会责任感、创新精神、实践能力"。要"加强教师队伍建设，提高师德水平和业务能力，增强教师教书育人的荣誉感和责任感"[3]。人民对教育是否满意，关注的焦点和核心的内容都在于教育质量是否真正得到提高。

（2）教学改革是贯彻落实胡锦涛同志在庆祝清华大学建校100周年大会上的重要讲话精神的需要。胡锦涛同志在清华大学百年校庆讲话时指出："建设若干所世界一流大学和一批高水平大学，是我们建设人才强国和创新型国家的重大战略举措。要以重点学科建设为基础，以体制机制改革为重点，以创新能力提高为突破，加大支持力度，健全长效机制，鼓励重点建设高校成为知识创新的策源地、深化教育改革的试验田、扩大开放的桥头堡"[4]。世界一流大学、高水平大学的基本内涵和共同特质在于人才培养质量的提升。

（3）教学改革是贯彻落实《国家中长期教育改革和发展规划纲要（2010－2020年）》（以下简称《纲要》）要求和《教育部关于全面提高高等教育质量的若干意见》的需要。《纲要》在高等教育的专章中提出："全面提高高等教育质量"和"提高人才培养质量"，强调"提高质量是高等教育发展的核心任务，是建设高等教育强国的基本要求"[5]。为深入贯彻落实胡锦涛同志的重要讲话精神和《纲要》，教育部专门出台了《关于全面提高高等教育质量的若干意见》，提出了30条要求。同时，国家启动并实施"高等学校创新能力提升计划"（简称"2011计划"），引导高等教育与科研院所、企业、政府、国际社会的深度融合。协同创新既是提升高等教育质量的有力抓手，又是我们提高质量的内在要求。可见党和国家对于提升人才培养水平，提高高等教育质量的重视程度之高，推进力度之大前所未有。同时，标志着以质量为核心的、更为激烈的新一轮高等教育竞争拉开序幕。民族高校的发展只有在提高质量上"先人一步、高人一招"，才有前途，才有出路。

（4）教学改革是民族高校践行办学宗旨，提高人才培养质量，实现建设目标的需要。中共中央书记处书记、国家民委主任杨晶同志就国家民委学习贯彻"十八大"精神指出："要研究怎么样进一步发挥好委属院校作用，为民族地区培养更多更好更实用的人才。要研究怎么样以更多样更有效的方式，积极参与和推动民族地区人才培养和人才资源开发工作"[1]。这对于办好人民更加满意的高水平民族大学具有十分重要的指导意义。民族高校要按照党的十八大"五位一体"总体布局的要求，想民族地区之所想，急民族地区之所急，予民族地区之所需。力争在办学理念上有新境界，在队伍建设上有新成就，在学科建设上有新突破，在科技创新上有新成果，在对外开放上有新亮点，在校园文化建设上有新气象，在服务社会上有新局面。尤其是要践行民族高校办学宗旨，进一步把教职员工的智慧和力量集中到提高教育教学质量上来，并在教育教学改革上有新举措，实现新突破，努力办人民满意的民族大学。

总的来说，正是因为我们有诸多不适应、不符合、不到位、不尽如人意，与国家的要求、社会的需求、广大人民群众的期盼还有距离，我们才要改。发展是数量的增加，改革是质的改变。只有改，我们才有动力；只有改，我们才能适应。改是使命所在，改是必然选择。改，才能发展好。

二、要深入思考"改什么"

经过教育部本科教学工作水平评估的洗礼，提高教育教学质量成为民族高校的主旋律。经过不懈的努力，民族高校教学基本建设不断加强，教学管理体系不断完善，教育教学改革不断深化，人才培养体系不断优化，人才培养质量不断提高。在看到成绩的同时，还必须清醒地认识到，民族高校的教学工作与国家发展总体布局，与民族地区发展形势，与学生成长成才内在需要，与学校建设目标要求均存在不同程度的差距。

教学的改革创新，牵一发而动全身，涉及民族高校工作的方方面面。从世界范围和教育史的角度来看，无论哪一个国家，教育的腾飞都最终靠教学改革。教学改革是学校最本质的改革,其他改革都必须服务于、服从于教学改革。从培养人才的角度讲,教学的改革创新应当成为教师的"第一学术",提高教育教学质量,特别是人才培养的改革,没有实质性的突破,即使硬件投入再多,人才培养质量还是很难有大的提升。因此,改到深处是教学,改到痛处是教学,改到难处也是教学。那么,对于民族高校而言,教学改革的深处是什么,痛处是什么,难处是什么,作者认为,深处是教育教学理念更新,痛处是人才培养模式创新,难处是教学模式改革。要围绕上述三个方面的重点、难点和着力点对教学改革进行全面深入的探讨,整体综合的谋划,才能有效地破解教育教学的难题。

三、要开动脑筋思考"如何改"

要改变教育教学不适应社会发展需要,不符合学生健康成长需求的现状,深化教育教学改革的总体要求是:按照"十八大"关于"努力办好人民满意的教育"的精神来改;按照《国家中长期教育改革和发展规划纲要》和《教育部关于全面提高高等教育质量的若干意见》的30条和"2011计划"要求来改;按照国家民委的要求来改,按照服务国家发展大局和民族地区全面建成小康社会的目标要求来改;按照各族学生的全面发展、个性发展的内在需求来改;按照民族高校发展的既定目标来改。衡量改得到不到位的标准为:是否有利于教与学积极性的调动,是否有利于办学效益的提高,是否有利于人才培养质量的提升。提高教育教学质量的关键是加强教育教学质量保障体系建设。努力建立可衡量、有针对性的教育质量标准体系,形成科学的教育质量评价办法和评价指标体系。

1. 改深处

凝练科学质量理念。要建设高水平民族大学,关键是要走内涵发展的道路。坚持内涵发展,就是要主动推进学校发展思路的战略性转移,使数量扩张服从质量提高,硬件增加服务于软件升级;从局部调整转向功能提升,从建设大楼转向培育大师;以科学发展为要义,以改革创新为动力,把学校发展推向更深层次、更高阶段、更高水平。在内涵发展的道路上,必须坚持质量立校,视质量为责任,视质量为良知,视质量为前途,视质量为生命,确保教学工作的中心地位,教学改革的核心地位,教学质量的首要地位和教学投入的优先地位。

提高人才培养质量,要切实树立人才培养是学校核心使命的理念,坚持树立以提高质量为核心的教育发展观,更加注重内涵发展;坚持树立以学生全面发展为目标的教育质量观,把促进人的全面发展和适应社会需要作为学校一切工作的出发点和落脚点,作为衡量教育质量的根本标准。

在教育教学上,在进一步追问"教学是什么,教学为什么"的同时,进一步厘清"六种观念"[6]。一是教学质量效益观。什么样的教学是高水平、高效益的教学?教学的根本目的是促进学生的整体发展,其核心是学生各种能力特别是创新精神和实践能力的发展。因此,知识传递数量的多少不再是评价教学水平高低和教学效率高低最主要或唯一的评价标准和尺度,学生的真实发展状况才是衡量质量效益的根本尺度,这也是外延发展与内涵发展的根本区别。外延发展偏重于数量和规模的增长,内涵发展则是更加注重质量和效益的提升。二是教学价值观。教学的意义何在?教学的外在价值,通俗地说,要解决的根本问题就是为学生将来走上社会后能够就业，能够胜任未来的工作作好准备。教学的内在价值在于帮助学生不断丰富情感、完善人格、拓展精神世界、提升生命价值。完整的、理想的教学应该是把外在价值与内在价值、功利价值与非功利价值有机统一起来的过程，在帮助学生满足基本的生存需要的同时，更多地关注学生作为人本身具有的精神价值，为每个学生一生的幸福打好基础。三是教学主体观。尊重学生，关爱学生，确认学生学习和发展的主体地位，建立和谐的师生关系。四是教学过程观。教学过程不仅是一个特殊的认识过程，同时是一个师生情感共融、价值共享、携手创造共同成长、共同探求新知、共享生命体验的完整的生活过程。五是教学主导观。合格的教师不仅要做"传道、授业、解惑"者，同时要当好探索者、学习者、合作者、引导者、倾听者、欣赏者、支持者等，根据不同的教学需要，扮演不同的角色。六是教学评价观。立足学生成长，准确把握评价功能，发挥适用性，克服局限性。要改进人才培养质量的评价方式，学校本科教学评估要体现质量主体意识，体现注重内涵的导向，体现分类评估的要求，体现评价主体的多元化。

2. 改痛处

创新人才培养模式。教学改革之"痛"，还在于真正深刻的教改、特别是旧人才培养模式重大变革，会带来广大教育教学工作者新旧思维和方式方法的痛苦转型。教学是培养高素质人才的主要形式，教学工作中的建设、管理和改革三大基本任务，虽相互作用，但不能混为一谈。抓好教学建设和教学管理都很重要，是改善教学条件、建立教学秩序的基础性和常规性工作，不可丝毫松懈；而教学改革则是创新人才培养模式、破解质量难题的关键，是教学建设和管理不能代替的。如果替代或淡化，势必造成教学改革"隔靴搔痒"的局面。温家宝同志在谈到如何研究制定《国家中长期教育改革和发展规划纲要（2010—2020年）》时指出，教育的根本任务应该是培养人才，人才培养观念更新和培养模式创新要成为规划的亮点。要注重培养学生的社会责任感、实践能力和创造精神，注重培养复合型人才[7]。这里说的"亮点"，就是教改的重点，核心是人才培养模式创新。

创新人才培养模式，狭义上说，就要在既定培养目标、培养规格的基础上，侧重对人才培养途径和过程、培养方式方法和课程设置等进行适应人才需求的大力革新，着力解决好"怎样培养人"的问题。广义上说，创新人才培养模式可以涵盖教学改革的方方面面，就是要围绕全面实施素质教育、多出拔尖创新人才，大力更新人才培养观念，全面革新教育教学实践，包括重新审视办学定位、质量层次规格，重新设计教学计划和程序，对学科布局、专业设置、教学内容及课程体系、培养途径及方法、质量评价及保障体系等进行全方位变革，引导学校更好地适应就业市场和经济社会发展的新需求，使"培养什么样的人"和"怎样培养人"科学有机统一起来。

3. 改难处

深化教学模式改革。教学模式是人才培养模式改革的核心，是在一定教学理论指导下的简化的关于教学活动的基本程序或框架。它解决的是"如何教、怎样学"的问题，它既是现代教育理论的具体化，也是教学实践的概括和提炼，因而具有很强的现实指导性。教学模式的改革是包括教学理念、专业建设、课程设计、教学结构、教学方式、教学方法等在内的整体的综合的变革。现代大学教学实践证明，教学模式正朝着多样化、生本化、现代化、研究型方向发展。因此，民族高校全体教师必须借鉴国内外成功的现代大学教学模式，以培养学生实践能力和创新素质为核心，不断更新教学理念，科学合理地设计课程，改进师生活动结构，改革教学方式方法，努力探索出丰富多彩、具有特色的适合教学实际的教学模式。

上述提及的仅是教学改革的重点和难点。教学改革是一项系统工程，要全面、有效地加以推进，有待于党的建设和思想政治工作的进一步加强，以优良党风正校风、促教风、带学风的力量更加强劲；有待于价值取向与提高人才培养质量相吻合的学校制度体系的更加完善；有待于领导精力、师资力量、资源配置、经费安排和考核评价"以教学为中心"工作格局的更加凸显；有待于"为学生着想、为教师服务"的学校职能部门行政服务文化更加自觉；有待于各教学单位人才培养的主体责任更有担当。概而言之，有待于学校整体上有利于学生成长的校园文化生态的形成和完善。

切实提高人才培养水平，事关国家兴衰，民族命运，社会声誉，学校发展，学生前途，只有"想在深处、站在高处、做在细处、落在实处"，教学改革才能破解难题，提高质量，才能取得实效，民族高等教育的发展才会让人民感到真正满意。

参 考 文 献

[1] 国家民委机关党委. 国家民委党组中心组（扩大）学习贯彻党的十八大精神专题学习班开班. http://www.seac.gov.cn/art/2012/11/19/art_6245_171057.html[2012-11-19].

[2] 教育部，财政部. 教育部财政部关于"十二五"期间实施"高等学校本科教学质量与教学改革工程"的意见（教高[2011]6号）. http://www.edu.cn/gao_jiao_788/20120221/t20120221_742947.html[2012-02-22].

[3] 胡锦涛. 坚定不移沿着中国特色社会主义道路前进为全面建成小康社会而奋斗. 光明日报，2012-11-18.

[4] 胡锦涛. 在庆祝清华大学建校100周年大会上的讲话. http://www.gov.cn/ldhd/2011/04/24/content_1851436.html[2011-04-24].

[5] 中共中央，国务院. 国家中长期教育改革和发展规划纲要（2010—2020年）. http://www.gov.cn/jrzg/2010—07/29/content_1667143.html[2010-07-29].

[6] 田慧生. 关于进一步更新教学观念的几点思考. 人民教育，2005，（5）.

[7] 温家宝. 百年大计教育为本. http://news.xinhuanet.com/newscenter/2009—01/04/content_10601461_1.html[2009-01-04].

（原文载于《中南民族大学学报》（人文社会科学版）2013年第1期）

改革创新是民族院校内涵发展的核心

党的十八届三中全会重要成果《中共中央关于全面深化改革若干重大问题的决定》的颁布，习近平总书记围绕贯彻落实全会精神、围绕两个百年的奋斗目标的系列重要讲话精神，为推动中国特色社会主义事业发展明确了目标与方向，也为民族工作和民族高等教育发展带来了新的希望和力量。面对国际国内新形势，民族院校要深入学习贯彻十八届三中全会精神，以改革创新为动力，以内涵建设为核心，着力提高人才培养质量，办人民满意的高水平民族大学。

一、全面深化改革的核心是人才培养模式的创新

教育的根本任务是立德树人。民族院校的办学宗旨与特殊使命在于培养面向少数民族和民族地区，服务少数民族和民族地区经济社会发展以及党和国家民族工作的各民族高级人才。面对经济全球化、社会知识化、信息网络化、文化多元化、高等教育国际化和我国综合改革渐入深水区、攻坚期的社会变革态势，民族院校人才培养模式创新既是社会发展的客观要求，也是民族院校自身发展的内在需要。

（1）民族团结进步事业发展对民族院校人才培养模式提出了新希望。党的"十八大"根据我国经济社会发展实际，提出了到2020年全面建成小康社会的新的目标要求。但是，由于地区发展的不平衡，一些地区要实现这一目标是非常困难的。目前中国80%的贫困人口集中在西部地区，民族地区人均GDP只有全国平均水平的78%，东西部人均GDP的差距更是高达2.1万元；民族地区城镇化率远低于全国平均水平，因此，到2020年，我国能否全面建成小康社会，少数民族和民族地区是短板、难点和重点。就民族关系而言，中国正处在社会矛盾凸显期，影响民族关系的因素日益增多，民族关系出现了一系列新情况、新问题。值得注意的是，改革开放特别是进入21世纪以来，我国民族工作大环境出现了"进城、下海、入世、上网"的重要变化[1]。如何为民族地区的发展和稳定培养更多合格人才，对民族院校提出了新的希望。

（2）新时期国家经济社会发展的阶段性特征和战略目标对民族院校人才培养模式提出了新挑战。经济发展加速、社会运作转型、管理体制转轨、文化价值多元成为当今社会发展的重要特征。从国际来看，经济全球化快速发展，科技进步日新月异，为中国发展带来了历史性的机遇；同时，国际金融危机、能源资源安全等全球性问题更加突出，中国发展的外部环境更趋复杂。从国内看，中国工业化、信息化、城镇化、市场化、国际化深入发展。与此同时，经济社会发展中不平衡、不协调、不可持续问题依然突出，制约科学发展的体制机制障碍依然较多。受此影响，大学生思想活动的独立性、选择性、多变性、差异性明显增强。面对我国发展的阶段性新特征，当前和今后一段时期内，加快经济发展方式转变将贯穿于中国经济社会发展的全过程和各领域。集中力量在2020年全面建成小康社会，为21世纪中叶基本实现社会主义现代化奠定基础，这是当前中国经济社会发展的战

略目标。新时期国家经济社会发展的阶段性特征和战略目标，对民族院校人才培养的规模、类型、层次、规格等都提出了新的要求。

（3）高等教育内涵发展对民族院校人才培养模式提出了新课题。《国家中长期教育改革和发展规划纲要（2010—2020年）》明确提出："把提高质量作为教育改革发展的核心任务。树立以提高质量为核心的教育发展观，注重教育内涵发展，鼓励学校办出特色、办出水平，出名师，育英才。提高质量是高等教育发展的核心任务，是建设高等教育强国的基本要求"[2]。党的"十八大"报告提出"深化教育领域综合改革，推动高等教育内涵式发展"[3]，这是对教育改革提出的新要求，重点在深化，关键在综合，目标是内涵式发展。党的十八届三中全会吹响了全面深化教育改革的号角。《中共中央关于全面深化改革若干重大问题的决定》要求"创新高等学校人才培养机制，促进高等学校办出特色争创一流"[4]，凸显了人才培养在高等学校工作中的中心地位，强调了内涵式发展相关制度创新的重要性。如何围绕这一系列战略部署和要求，谋划学校改革大局，突破学校改革难点，协同推进学校改革，提高人才培养质量，对民族院校提出了新的课题。

（4）高等教育国际化大趋势对民族院校人才培养模式提出新要求。人本化、多元化、信息化、国际化、终身化是21世纪世界教育发展的重要趋势。高等教育国际化已经成为当代高等教育最显著的特征，越来越多的国家和地区已经将此列为教育发展的重大战略之一。民族院校要站在科学发展、"科教兴国""人才强国"的全局和战略高度，顺应高等教育国际化潮流，借助"深度开放"倒逼之势，重新审视教育的理念、功能、质量标准和运行规则，促进教育变革，推动自身发展，培养国家富强和民族振兴所需的国际化人才。当前，民族院校的国际交流与合作仍处于起步阶段，还远未真正入流入圈，"对教育国际化理念的认识有待深化，各院校之间的互动与合作有待加强，参与对外交流的平台有待拓展，院校的品牌形象有待提升，教师和学生出国交流学习机会偏少，对外合作项目层次低且发展不平衡"[5]。如何进一步深化国际化办学理念，提高师资队伍国际化水平，构建国际化人才培养目标和课程体系，构筑适合民族院校实际情况的国际化人才培养平台，广泛建立与国内外大学的合作与交流，促进与跨国企业实践方面的深层次合作，与其形成全方位、多层次、宽领域的双向多层互动关系，成为我们当前急需解决的课题。

无论民族院校建设高水平民族大学的内在动力，还是民族院校适应高等教育国内外竞争、因应民族工作需要的外在压力，都迫切需要民族院校对人才培养模式进行改革创新，这也是民族院校实现内涵发展的根本所在。

二、改革创新是推动民族院校内涵发展的根本途径

要建设高水平民族大学，关键是要走内涵式发展道路。坚持内涵发展，就是要围绕人才培养模式创新这个核心，主动实现学校发展方式的战略性转变，使数量扩张服从质量提高，硬件增加服务于软件升级；从局部调整转向功能提升，从建设大楼转向培育大师；以科学发展为要义，以改革创新为动力，明确改什么，把握如何改，将学校发展推向更深层次、更新阶段、更高水平。

1. 以改革增添动力，以创新激发活力

改革是最大动力，也是最大红利。回顾半个多世纪的发展历史，尤其是在改革开放以来的30多年中，民族院校正是抓住了改革这一"牛鼻子"，才有了今天的累累硕果。面对新一轮深化改革，作为发展中的民族院校，必须坚决克服"等、拖、绕"的思想，必须牢固树立机遇意识，立足国家发展战略需要，增强服务民族团结进步事业的责任感和紧迫感，用更宽广的视野和更务实的举措推进改革，在改革的全方位、深层次和系统性、长效性方面下工夫、求突破，切实解决现实工作和长远发展中的突出矛盾和问题。通过变革人才培养的体制机制，突破制约人才发展的"瓶颈"障碍，充分调动各族师生员工的主观能动性，最大限度地凝聚改革共识，形成改革合力，释放创新活力。同时，在高等教育国际化的背景下，要以更加积极、开放的姿态，主动适应，抢抓机遇，顺势而为，以开放促进改革，以改革赢得未来；要处理好改革创新与继承坚守的关系，改革不适应、不适合的方面，坚持大学的本质和宗旨，守望大学的精神和传统、坚守大学的责任和使命。在此前提下，倡导全球视野、开放精神、交流意识、国际氛围的办学理念，促进人才培养、学术评价国际化标准和本土化导向的平衡兼容，在借鉴与创新的结合中脱颖而出，以鲜明的特色和过硬的质量自立于世界高等教育强校之林，赢得社会的认可和尊重。

2. 明确改革方向，聚焦改革重点

高等学校改革是一项复杂而艰巨的系统工程，涉及人才培养体制改革、人事制度改革、管理体制机制改革等多个环节各种要素，以内部改革为切入点，以推进干部人事制度改革，深化教育教学改革等为突破口，积极调整学校内部各要素的运行方式，协调各功能的有效发挥，才能使全面深化改革达到"纲举目张"的目的。

就民族院校深化教育教学改革而言，要始终坚持正确的办学方向和特定的办学宗旨，着眼国家战略部署和民族工作重点，紧扣全面实施素质教育这个战略主题和加快转变发展方式这条主线，以立德树人为根本，以提高质量为核心，通过改革培养模式，实现教学相长。通过改革科研体制，改变科研与教学"两张皮"的状况，服务社会，引领社会，传承文化。

改革人事分配制度，为培养优秀人才而汇聚优秀人才，打破"干好干坏一个样、干多干少一个样、干与不干一个样"的格局，根除"个人主义、平均主义、好人主义"的顽疾。通过"功能定位与使命聚焦、身份重建与组织再造、法治规范与精神培育等实现治理模式的转型"[6]，调动各个发展要素积极性，激发各种办学治校正能量。通过改革学科体制，探索有利于学科交叉融合的组织方式，坚持"教师要向学科团队集中，学科团队要向硕士点、博士点集中，硕士点、博士点要向重大项目、重点学科、实验室基地平台集中，学科平台要向重点学科、优势学科、特色学科集中"的原则，实现师资队伍的有机整合，实现学科结构的整体优化，实现学术团队力量的规模集成。

坚持"学科队伍建设要以基地为导向，要以重点实验室为导向，要以重点项目为导向，要以社会需要为导向，要以优势学科、特色学科为导向，要以名师为导向"的原则，发挥学科集群和交叉融合的优势，组建多种形式的创新学术组织，形成充满活力的创新团队[7]，弥补民族院校学科建设的短板，汇聚高水平人才强力支撑高水平教学和科研。通过改革的聚焦、综合、协同与集成，破解发展难题，提高育人质量，推动学校内涵发展。

3. 确立改革目标，破解发展难题

以质量保障和提升为导向的高等教育发展观，赋予了高等教育新的历史使命。坚持走内涵式发展道路是我国大学坚持改革开放，学习借鉴世界一流大学发展经验的理性选择，是我国实现从高等教育大国向高等教育强国转变的战略需要[8]。推动民族院校内涵式发展，一是要在人才培养这个根本使命上有新突破。不断强化质量意识，逐步实现从传统的知识质量观到涵盖知识、能力的全面素质质量观的转变。突出培养学生的科学精神和创造性思维，着力培养学生的创新精神和创新能力。继续深化教育教学改革，不断探索创新人才培养模式，进一步优化学科专业布局。要把立德树人作为教育的根本任务。坚持育人为本，德育为先，充分发挥思想政治理论课的作用，深入开展社会主义核心价值体系学习教育，不断提升德育工作的针对性、实效性。二是要在科技创新这个关键支撑上有新突破。要根据国家经济发展方式转变和产业结构转型升级态势，结合国家重大需求、学科发展前沿和民族地区现实需要，集中人力、物力和财力资源，通过协同创新着力提高承接国家重大科研任务和解决国民经济与社会发展重大问题以及严重制约民族地区发展难题的能力。要积极推进科技创新，选准突破方向，实施项目对接，力争创造出更多具有自主知识产权的原创性和创新型且好用实用管用成果，为全面建成社会小康社会提供科技动力。三是要在学科建设这个战略举措上有新突破。在民族院校的整体建设中，学科建设既是加快发展的龙头和根本，也是目前制约民族院校加快发展的"软肋"和"硬伤"。因此，要不遗余力地推进学科之间的相互交叉、渗透、融合及新兴学科的形成和发展，要进一步加大投入力度，集中优势资源，推动学校全面提升核心竞争力和在更宽领域、更深层次服务经济社会的能力。四是要在师资队伍建设这个基本依托上有新突破。要牢固树立"人才资源是第一资源"的理念，加快实现由"人才聚集地"到"人才高地"的转变。要加大人才引进和培养力度，在引进一批高水平的科学家和技术人才的同时，选送中青年学术骨干和学科带头人到国内外高水平大学深造，积极参与国际科技合作和国家重大工程实践，全面跟进、融入民族地区改革发展进程。精心选拔和培养好学科带头人，着力打造优秀的学术团队，积极营造宽松的学术环境，加速科技创新，助推办学质量提升。

4. 完善改革保障，确保常态长效

在"具有固化的注意力和保持力"[9]的高等学校进行全面深化改革，既要突破思想"禁区"，又要突破利益"雷区"，任务十分复杂艰巨，民族院校更是如此。"起跑决定后程"[10]，要使改革开好局起好步，做到改革过程长效常态，一是抓前提，必须确保认识到位。我国改革开放35年经验表明，任何成功的改革从来都是上下左右的通力合作和紧密配合，每次成功的改革，都是群众广泛参与、集体同心攻坚的结果[11]。夯实全面深化改革的思想认识基础，必须在深入学习领会十八届三中全会精神上下细工夫、苦工夫、深工夫，在全校各族干部、教师、职工中达成共识，做到眼里有大势，心中怀大局，肩上有责任，行动成自觉，才能形成合力，有效推进。二是抓关键，必须确保行动同步。改革是复杂的社会

系统工程，必须注重改革的系统性、整体性、协同性，制定科学合理、定位准确、思路清晰的顶层设计和路线图，避免改革的碎片化。要加强和改善党对全面深化改革的领导，充分发挥党总揽全局、协调各方的领导核心作用，对各级领导班子和基层组织投身改革提出明确要求，在顶层设计、政策协调、咨询指导、监督检查、宣传推广等方面，建立一套推进改革的统筹机制，打破单位壁垒、学科壁垒，寻找最大公约数，减少改革阻力，确保改革同向同力同步。三是抓保障，必须确保作风过硬。改革闯关夺隘，难题横亘，没有过硬作风的底气，往往会迟疑犹豫、逡巡不前，望天花板、无所作为；在利益格局调整、资源配置变动过程中，缺乏过硬作风，就容易找不着准星，看不清边界，甚至滋长消极腐败，胡乱作为。只有严格遵守中央"八项规定"和反腐倡廉各项纪律，扭住"四风"不放手，整改作风不松劲，建章立制不含糊，始终践行群众路线，自觉接受群众监督，使各级干部成为自我断腕的先锋，成为推动改革的动力，靠过硬的作风赢得师生支持，收获改革红利，推动内涵发展。

参 考 文 献

[1] 王正伟. 民族工作已"进城、下海、入世、上网". http://www.chinanews.com/gn/2013/04-17/4740201.shtml[2013-04-17].
[2] 国家中长期教育改革和发展规划纲要(2010—2020年). http://www.gov.cn/jrzg/2010-07/29/content_1666937.htm[2010-07-29].
[3] 胡锦涛. 坚定不移沿着中国特色社会主义道路前进为全面建成小康社会而奋斗. http://www.gmw.Cn/sixiang/2012-11/18/content_5725672_11.htm[2012-11-18].
[4] 中共中央关于全面深化改革若干重大问题的决定. http://news.xinhuanet.com/mrdx/2013-11/16/c_132892941.htm[2013-11-16].
[5] 陈达云，刘晓红，李俊杰，等. 民族高等教育特色发展研究. 北京：民族出版社，2013：258-261.
[6] 蒋达勇，王金红. 现代国家建构中的大学治理. 高等教育研究，2014，(1)：23.
[7] 陈达云. 高水平民族大学建设的思考. 高等教育研究，2013，(9)：34.
[8] 雷方. 积极推动高等教育内涵式发展. 教育时报，2012-12-18.
[9] 刘龙洲，廖志鹏. 论现代大学制度下我国高等学校内部管理体系的构架. 湖南工业大学学报（社会科学版），2009，(3).
[10] 新华社：习近平主持召开中央全面深化改革领导小组第二次会议. http://www.gov.cn/ldhd/2014-02/28/content_2625924.htm[2014-02-28].
[11] 袁贵仁. 深化教育领域综合改革. http://www.gov.cn/gzdt/2013-11/21/content_2531611.htm[2013-11-21].

（原文题目为《以改革创新为动力以内涵建设为核心 努力建设人民更加满意的高水平民族大学》，载于《中南民族大学学报》（人文社会科学版）2014年第4期）

民族院校改革必须破解的四个难题

党的"十八大"以来,习近平总书记围绕改革发展稳定、内政外交国防、治党治国治军等方面,发表了一系列重要讲话,深刻阐述了坚定中国特色社会主义道路自信、理论自信和制度自信的重要意义,强调实现"中国梦",必须走中国道路、弘扬中国精神、凝聚中国力量。习近平总书记指出,做好民族工作、解决民族问题、处理好民族关系,必须坚定不移地走中国特色社会主义道路,加快推进民族地区全面建设小康社会进程,巩固和发展平等、团结、互助、和谐的社会主义民族关系,加强对民族工作重大问题的调查研究。习近平总书记的系列重要讲话对办好民族院校具有重要的指导意义,必须深入学习贯彻习近平总书记的重要讲话精神,正确处理好四个方面的关系,推进民族院校改革发展。

一、必须正确处理好遵循普遍规律与把握特殊规律的关系

民族院校是党和国家为解决我国国内民族问题而建立的综合性普通高等院校。民族院校与其他高校一样,肩负着人才培养、科学研究、社会服务、文化传承创新的重要职能。民族院校也有不同于一般高校的特殊性。首先在办学宗旨上,民族院校必须面向少数民族和民族地区,为少数民族和民族地区服务;其次在培养对象上,民族院校必须培养大批少数民族高素质干部人才;第三在学科专业设置上,民族院校必须与民族地区经济社会发展相适应。因此,办好民族院校既要遵循普遍规律,又要把握特殊规律,两者缺一不可,是相互促进、互为补充的关系。

民族院校60多年来的发展实践证明,只有始终根据党的民族政策和国家的教育方针确立自己的办学方向,始终根据少数民族和民族地区经济社会发展需要确立自己的办学宗旨,始终根据各族学生成长成才规律确立自己的培养目标,坚持将党的民族工作规律与高等教育规律相结合,坚持将民族高等教育的个性与普通高等教育的共性相结合,才能用中国特色社会主义理论体系和马克思主义的最新理论成果解决民族高等教育发展中存在的问题,才能在改革发展的实践中真正坚持社会主义办学方向,才能逐步探索出一条适合民族院校的发展道路。

二、必须正确处理好教育教学改革与服务社会发展的关系

处理好两者关系,必须弄清楚教育教学"为何改、改什么、怎么改"三个问题。党的"十八大"以来,中央提出了民族地区要与全国同步建成小康社会的奋斗目标。习近平总书记在湖南湘西考察调研时指出,"加快民族地区发展,核心是加快民族地区全面建成小康社会步伐。"全国政协副主席、国家民委主任王正伟根据民族工作和民委工作的需要,作出了实现"中华各民族一家亲的团结梦""建设美好家园的发展梦"的重要部署。一些民族院校进一步明确了要实现"建设特色鲜明、人民更加满意的高水平民族大学的民大梦"

的努力方向。这些目标和梦想与"中国梦"一脉相承，都包含在"中国梦"之中。

党的十八届三中全会对高等教育提出了一系列重要的改革举措，为高等教育事业发展描绘了宏伟蓝图，指明了前进方向。改革是教育事业发展的强大动力，实现梦想必须坚定不移地依靠改革，必须坚定不移地推进改革。推进民族院校教育教学改革，必须注重改革的系统性、整体性、协同性，必须处理好改革与坚守、继承与创新的关系，始终把提高教育质量作为核心任务，瞄准民族地区经济社会发展需要，全面贯彻落实教育改革发展规划纲要。

要根据民族地区的经济结构和社会发展需求，适时调整学科专业设置，创新人才培养模式，提高人才培养质量，大力推进校地、校企合作，推进产学研相结合，不断促进科技成果向生产力转化。要坚持和完善党委领导下的校长负责制，正确处理好学术权力与行政权力的关系，充分发挥学术组织在办学治校过程中的咨询决策和参谋助手作用，切实提高行政管理服务的能力和水平，摈弃"官本位"意识。要坚持以教师为本、以学生为本、以学术为本，鼓励师生参与依法治校和民主管理，弘扬大学精神，坚持学术自由，引领社会进步。要完善内部治理结构，构建以大学章程为龙头的制度体系，深化人才培养、组织人事、院系管理和行政管理等体制机制改革，坚持按照法律、规章、程序办事，用制度管人、管事、管物，为民族院校的科学发展创造良好的运行环境，提供可靠的制度保障，不断推进民族院校治理体系和治理能力现代化。

三、必须正确处理好培养干部人才与促进团结进步的关系

2013年10月1日，习近平总书记在给中央民族大学附属中学全校学生的回信中指出，"民族中学自建校以来，培养了大批少数民族优秀人才，他们在各条战线上为人民解放、国家发展、民族团结、人民幸福作出了重要贡献。希望同学们珍惜美好时光，刻苦学习，全面发展，成为有用之才、栋梁之材。"习近平总书记的回信充分肯定了民大附中在人才培养中发挥的重要作用，对各族学生提出了殷切期望，对民族学校寄予了厚望，这对民族院校更是一种莫大的鼓舞和鞭策。2013年5月14日，王正伟视察中南民族大学时指出，"我们培养的学生必须做到学习上优秀、政治上过硬，成为少数民族的精英、民族地区发展的栋梁、民族团结的模范。"这对民族院校培养什么样的人提出了明确要求。

民族院校是培养少数民族干部人才的摇篮，为党和国家培养少数民族干部人才责任重大、使命光荣。民族院校必须始终把政治上是否坚定可靠，作为检验培养人才是否合格的首要标准，坚定不移地开展民族团结教育。首先，要建设一支政治强、业务精、作风好、懂政策的骨干教师队伍，推进民族理论政策、民族法律法规、民族基本知识进课堂、进教材、进头脑，帮助学生牢固树立正确的祖国观、民族观、宗教观。其次，要在各族师生中坚持开展民族团结教育和民族团结进步创建活动，不断增强各族师生对伟大祖国的认同、对中华民族的认同、对中华文化的认同、对中国特色社会主义道路的认同，让学生在学校就开始形成"三个离不开"的思想，让各族师生和睦相处、和衷共济、和谐发展，为巩固和发展平等、团结、互助、和谐的社会主义民族关系打下坚实的思想基础和群众基础。再次，要坚持从各族群众和民族地区对人才的迫切需求出发，采取特殊有效措施，鼓励和引

导高校毕业生到条件艰苦、环境复杂、岗位特殊的西部地区和民族地区砥砺品质、增长才干，为党和国家培养储备大批留得住、用得上、干得好、转得动的少数民族优秀干部人才，为各级组织干部选拔任用工作提供"源头活水"。

四、必须正确处理好研究一般问题与研究民族问题的关系

2014年3月4日，习近平总书记在参加全国政协十二届二次会议少数民族界委员联组讨论时强调，"当前，我国民族工作面临许多新情况新问题，需要进行深入调查研究。"王正伟在"重在平时重在交心——关于民族工作贯彻群众路线的思考"的重要理论文章中，用民族工作"进城"了、"下海"了、"入世"了、"上网"了、"升级"了等鲜活语言，生动描述和深刻分析了当前民族工作面临的形势与任务。这些都对民族问题研究工作提出了新的更高要求。

民族院校作为研究我国民族理论和民族政策、传承和弘扬各民族优秀文化的重要基地，在研究民族问题方面，与其他高校相比，有自己的鲜明特色和突出优势。研究好民族问题是民族院校义不容辞的责任。民族院校既要研究一般学术问题，更要研究民族问题。在实际研究工作中，一般学术问题与民族问题往往交织在一起，你中有我、我中有你。研究好一般学术问题是研究好民族问题的前提和基础，研究好民族问题是对研究一般学术问题的运用和深化，是彰显民族院校办学特色的重要方式。研究民族问题不能纸上谈兵、闭门造车，必须深入民族地区、深入各族群众、深入实际生活，要真正了解不同民族、不同群体、不同阶层对民族问题的认识、对民族政策的看法、对民族群众的感情，把论文写在民族地区的大地上，把政策建议提到各族群众的心坎上。

当前，民族院校要紧紧围绕"推进城镇化与做好城市民族工作；发展社会主义市场经济与增强民族地区竞争力；发展开放型经济与研判影响民族关系的因素；推进民族事务治理体系和治理能力现代化；民族工作如何贯彻落实'两个重在'的思路理念"等内容进行深入系统的研究，为做好民族工作、解决民族问题、处理好民族关系提供重要参考和决策依据。

（原文题目为《正确处理四方面关系　推进民族院校改革发展》载于《中国民族报》2014年4月25日第1版）

论高校办学自主权与民族院校大学章程建设

——以中南民族大学为例

"高校办学自主权"的诉求由来已久，尤其是近几年，从民间到官方，呼声越来越高。《国家中长期教育改革和发展规划纲要（2010—2020年）》提出："到2020年，高等教育结构更加合理，特色更加鲜明，人才培养、科学研究和社会服务整体水平全面提升，建成一批国际知名、有特色高水平高等学校，若干所大学达到或接近世界一流大学水平，高等教育国际竞争力显著增强。"作为实现目标的保障措施之一，提出要大力推进依法治校，"学校要建立完善符合法律规定的学校章程和制度，依法履行教育教学和管理职责"[1]。党的"十八大"报告提出，要"推动高等教育内涵式发展"[2]。党的十八届三中全会决议提出要"创新高校人才培养机制，促进高校办出特色争创一流"。"深入推进管办评分离，扩大省级政府教育统筹权和学校办学自主权，完善学校内部治理结构"[3]。但无论建成国际知名、世界一流大学，还是推动内涵发展、完善学校内部治理结构，如果高校办学自主权没有得到应有的、实在的、有效的落实，那么，大学的理想和目标就会大打折扣，就会因体制的障碍让"人民满意"变成一种"带有遗憾"的满意。制定大学章程，落实高校办学自主权，必须牢牢抓住主要矛盾和矛盾的主要方面。

一、充分认识高校办学自主权的重要性

落实高校办学自主权，不是简单的"政府放权、高校用权"，而是一项复杂的社会系统工程。要克服思想认识的藩篱，要突破体制机制的障碍，有"禁区"，也有"雷区"，可能还存在误区和盲区。但无论困难多大，风险多高，改革已是箭在弦上，不得不发。不改革没有退路，更没有出路；要改革，首先必须多凝聚共识，取得最大公约数，减少阻力，轻装上阵。

（一）落实高校办学自主权是国家战略层面的需要

现代大学已逐渐步入社会生活的中心，并不断发挥其强大的经济功能、社会功能、文化功能、前瞻功能、批判功能与引导功能。国家兴衰寄予大学，民族存亡寄予大学。"如果一个国家没有一流大学的智力支持，不能源源不断地提供新的观念、知识、信息、人才，这样的国家只能在世界分工体系里处于下等至多是中下等的位置，别人要明欺负你或者是暗耍你，都不怎么难"[4]。科教兴国和人才强国早已成为国家战略，这意味着落实高校办学自主权不能简单地解读为高教改革的权宜之计或归总为平衡各方利益，而是国家战略层面的整体协调。这是研究和解决高校办学自主权的基点。

（二）高校办学自主权的大小与社会发展的程度紧密关联，完善仅靠高校自身是乏力的，落实必须靠政府管理职能的转变[5]

高校作为办学实体，应具有与其功能、职责、任务等相互匹配的权利，但由于国别、制度、时代、观念的不同，对办学自主权的认识和确定差别很大。政府管理大学的重点本应在管方向、管政策、管引导、管评价等方面着力，但由于政府和高校在管大学和办大学之间的权力定位和权力边界不清，导致行政决定学术，大学缺乏微观运行的具体目标；宏观干预微观，导致大学运行中学术繁荣内生动力不足；管学代庖办学，导致大学事业发展的创新空间不够。为此，需要政府"切实转变职能，突破部门利益、行政资源割据和平行等差的难题"[6]，将对高等教育的管理，由直接管理转变为间接管理，由具体管理转变为整体管理，由硬性管理转变为软性管理，只有这样才能使高校办学自主权得到真正解决，全部包揽和撒手不管都是不当的。

（三）落实高校自主权需坚持放权和有效监管两轮驱动，协调一致，双管齐下才能取得实效

从政府层面而言，要努力做好四件事：一是抓好宏观调控；二是放权之后还要优化审批程序；三是创新对高校办学质量的监管方式；四是创新公共服务的供给方式。而对于大学来说，就是一个命题，即构建权力架构清晰、各级职能明确的学校内部治理结构，加快推进学校章程建设，探索建立依法办学、自主管理、民主监督、社会参与的现代学校制度，形成决策、执行、监督三者相对分离、相互制约、相互合作的内部运行机制，发挥校内各利益相关行为主体的积极性，进一步完善"党委领导、校长负责、教授治学、民主管理"的体制，建立和完善充满活力、富有效率、更加开放的治理体系，做好"面向、依法、民主"三方面文章。

二、明确高校应有自主权力，找准必需自主权力

对于公立大学，政府的授权是大学办学自主权的来源。从政府与大学的关系而言，一方面，要明确政府对于大学到底应该有哪些办学自主权；另一方面，大学要知晓究竟哪些办学自主权可以从政府那里得到让渡和授权，弄清办学实践中需要哪些办学自主权以及这些办学自主权应该如何正确而有效地行使等问题。

（一）西方大学自治与中国高校办学自主权

高校办学自主权是西方大学自治之精髓在我国的移植，它包含高等学校充分的办学自主权、一定的学术自由和办学中的民主管理三重含义[7]。从法律层面上讲，就是赋予大学正常运行所需的权力与能力，它具有相对性、层次性、文化性等特征，其实质是要在高等教育系统中实现权力和责任的合理配置，核心问题在于如何处理政府与高校的关系[8]。在西方，现代大学自治主要体现在：在大学的管理上免于非学术的干预、自由分配资金、自由招收教师职员并决定其工作条件、自由选择学生、自由设计和传授课程、自由设置标准和决定评价方式等六个方面。美国卡内基高等教育委员会认为大学自治的主要内容有：制

定资金使用于特殊目的计划；支出费用仅受审计上的监督；决定大学雇员的分配、工作负担、薪金升迁；选择教师、行政人员及学生；建立有关等级、学位授予、开设课程及发展计划上的学术政策；研修有关学术自由、成长比率以及研究和服务活动的行政政策等[9]。在国内，《中华人民共和国高等教育法》阐明了高校办学自主权的具体含义，规定了高校享有招生、学科专业设置、教育教学、科学研究与社会服务、国际交流合作、机构设置与人事管理、财产管理与使用等七个方面的自主权。

对比西方大学自治与我国高校办学自主权的内涵，有学者认为，两者的主要区别在于迥异的生成背景以及相向而行的运行方式和发展趋势，但都反映出高校对于自身与政府之间关系的一种信念，即高校应该拥有依法独立处理自己内部事务的权力，政府应在宏观上引导高等教育的发展，而且彼此在核心内容上基本保持了一致，相向而行的发展趋势都是为了在大学和政府之间找到一个最佳的结合点，寻求一个合理的尺度，从而使学校与政府以及社会的关系达到一种和谐的平衡[8]。

（二）高校应有的办学自主权

"大学必须有办学自主权"是温家宝同志 2010 年 1 月在听取科教文卫体代表对《政府工作报告（征求意见稿）》意见、建议时，针对中国大学现状给出的一个结论。对于如何改善大学现状，有学者认为："核心的问题在于重新界定大学与政府的权力关系，让大学回归到作为一个学术机构身份上来"。并强调要解决大学自主权的悬置，"只能从大学组织的基本权力层面切入，依据大学的组织逻辑还权于大学，这些基本的权力是大学办学的'必须'，而不是在衍生性权力与让渡的权力层面作讨价还价式的改革。大学组织的基本权力应包括校长选择权、学生选择权、自主理财权、教员聘任权四个方面"[10]。在处理政府与大学的关系上，有专家认为，与其增加自主权，不如放权给大学，从规定"大学可以做什么"到明确"大学不能做什么"。政府不再给大学"画圈"，而是政府先把权力边界划好，把办学的空间留给大学。教育行政主管部门对大学要多一些指导性的意见，少一些指令性的文件。政府管理大学，从管制型向监管型转变，即把该放的权力放掉，把该管的事务管好[11]。为防止政府滥用权力的倾向和保证高校不偏离社会赋予的目标，学者们普遍认为，大学自主权的实现必须有强有力的约束机制，并强调大学的健康发展，远不是仅仅落实与拥有自主权的问题。更重要的问题是培育大学"主体性"的问题。一所真正成熟的大学是有内在信念与使命感的，是引领社会的灯塔，不随波逐流并能动地推动历史的进步。大学的健康发展，也远不是仅仅通过教育自身的努力可以实现的，有赖于整个社会政治、经济、法律、文化等的良好互动。

（三）政府"简政扩权"与高校"自主用权"的有效对接

扩大高校办学自主权、完善学校内部治理结构，是党的十八届三中全会《关于全面深化改革若干重大问题的决定》提出的要求，是完善中国特色现代大学制度、激发高校办学活力、全面提高高等教育质量的重要基础。当前，随着我国高等教育进入以提高质量为核心、走内涵式发展道路的新阶段，现行的管理方式存在诸多不适之处，如政府与高校关系尚未完全理顺，职能越位缺位问题尚未很好解决；管理方式单一，综合运用立法、拨款、规划、信息服务的意识不强、能力不足；一些高校内部治理不够完善，自律机制建设薄弱，影响了自主权的有效行使。这些问题一定程度上束缚了高校发展的生机活力，制约了高校功能的充分发挥。

落实和扩大高校办学自主权，要以国情校情为基础，以《中华人民共和国高等教育法》为依据，以转变职能和简政放权为重点，加强部门协同，确保放权到位。具体来说，要深化考试招生制度改革，支持高校科学选拔适合培养需要的学生；支持高校特色办学，根据经济社会发展需求自主调整优化学科专业；支持高校自主开展教育教学，促进学生更好地成长成才；扩大高校人事管理权限，发挥各类人才的积极性创造性；为高校自主开展科学研究、技术开发和社会服务创造更好条件，不断提高科研水平；扩大高校管理使用财产经费权限，发挥经费最大效益；支持高校开展国际交流合作，提高国际化水平。在加大放权力度的同时，政府要探索建立新的管理体制和工作机制，创新管理方式，更多地运用法律法规、政策、标准、拨款、信息服务等手段，加强和改善宏观管理，确保放而不乱。高校要相应地改革管理体制，完善内部治理结构。要坚持和完善党委领导下的校长负责制，加快高校章程建设，加强学术组织和教职工代表大会建设，不断健全自主权有效行使的自律机制。要强化社会对高校的监督，通过深化校务公开、完善高等学校质量年度报告发布制度、成立理事会或董事会、专业机构实施评估等手段，确保高校权力在阳光下运行[12]。

三、大学章程建设是落实民族院校自主权的契机

中南民族大学办学 60 多年来，着力加强制度建设，规范办学行为，尤其是进入 21 世纪后，随着教育国际化进程的加快，建立和完善现代大学制度越发紧迫。2002 年，学校借成功举办建校 50 周年庆典和获得教育部本科教学工作随机性水平评估优秀的东风，研究制定了首部章程。但由于该章程出台较为仓促和当时背景条件的局限，已跟不上当下我国高等教育发展形势的要求。2010 年，学校在谋划"十二五"发展规划时，将章程建设纳入其中，并开展了前期调研。2011 年，教育部出台《高等学校章程制定暂行办法》后，学校深入学习有关法律法规，借鉴国内外知名院校章程制定的成功典型，全面总结半个多世纪的办学经验，广泛深入抓好校内宣传动员，为章程制定工作的正式启动奠定基础。

（一）学校章程的基本特点

（1）突出民族特色，强化宗旨意识。《中南民族大学章程》（以下简称《章程》）明确了秉持"面向地方、面向少数民族和民族地区、面向全国；服务地方经济社会发展、服务民族工作、服务国家战略需求"（简称"三个面向""三个服务"）的办学宗旨，坚持社会主义办学方向，坚持党的教育方针和民族政策，把握"各民族共同团结奋斗，共同繁荣发展"的民族工作主题，坚持党的民族工作规律与高等教育规律相结合，民族高等教育的特殊性与普通高等教育的普遍性相结合，以培养各民族高级专门人才为己任，建设特色鲜明、人民更加满意的高水平民族大学，探索中国特色民族高等教育的科学发展之路，为加快少数民族和民族地区的经济社会发展，为促进民族交往交流交融，构建社会主义和谐社会，实现中华民族伟大复兴贡献应有的力量。

（2）突出学者作用，回归大学本质。《章程》突出了学术组织的地位、作用。明确学校学术委员会是学校最高学术组织，领导和管理全校各种学术事务，并组建学校学术委员

会、学部学术委员会和学院学术委员会三级组织。以学术委员会为核心，搭建起学术委员会、学位评定委员会、教学工作委员会（人才培养工作委员会）、教师与专业技术职务评审与聘任委员会的多级学术组织构架。鼓励和支持学院根据实际情况，探索教授治学的具体途径和实现形式，尊重和保障学院学术管理创新，促进学院学术发展。学院设立教授委员会，并按照相应的章程行使对学院重大事项的咨询评议权和重要学术事务的决策权。逐步构建学术委员会、学位评定委员会、教学工作委员会（人才培养工作委员会）、教师与专业技术职务评审与聘任委员会"四位一体"的教授委员会运行模式。

（3）突出学院地位，强调办学主体。《章程》强调学院在办学中的主体地位，规定学院作为履行学校基本职能的具体实施单位，在学校授权范围内实行自主管理。学校根据人才培养和学科建设的需要设置若干学院，并根据发展需要适时予以调整。学校在人财物方面规范有序地赋予学院相应管理权，指导和监督学院相对独立地自主运行。除有特别规定外，学校通过预算方案划拨学院日常经费和其他资源，定期评估学院的绩效。加强学院党的建设，设立学院党的委员会（总支），在党政联席会议的领导下，支持院长独立行使职权。

（4）突出各族学生主体，践行育人为本。《章程》对学生的权利、义务以及学校在教育管理上的职责等有明确的规定。在学校功能定位中，明确指出学校依法招收各民族学生，以少数民族学生为主。学校根据国家发展、社会需要和自身条件，合理确定办学规模、教育形式、修业年限。全面推行学分制。学校根据人才培养的目标和要求，组织实施教育教学活动。学校依法颁发学业证书和学位证书。

（5）突出制度建设，推进依法治校。《章程》按照中共中央办公厅印发的《关于坚持和完善普通高等学校党委领导下的校长负责制的实施意见》，坚持党委的领导核心地位，保证校长依法行使职权，建立健全党委统一领导、党政分工合作、协调运行的工作机制。同时根据党的十八届四中全会精神，规定了学校坚持依法治校、教授治学、民主管理的基本原则。还规定了学校实行校、院两级管理为主的体制，充分发挥学院办学的主体作用，体现出学校管理重心逐渐下移的特点。力求明晰"党委领导与校长负责""学校统一管理与学院自主办学""行政权力与学术权力"和"行政治理与民主管理"等几大权力之间的关系，从制度的顶层设计层面，全方位规范学校的运行及办学行为。

（二）发挥章程建设的助推作用

（1）总结办学经验，凝练办学理念。中南民族大学建校 60 多年来，从初创时的筚路蓝缕到恢复重建后的发展壮大，几代民大人，薪火相传，艰苦奋斗，为学校事业发展树立了一个又一个光辉的里程碑。可以说中南民族大学的历史就是一部不断摸索总结办学经验、凝练办学理念的历史，好的经验与理念需要在办学实践中不断证伪、凝练与升华，需要经历较长时间的摸索、设想、实施、提炼到最后的成型固定。章程的制定就是要把成功的办学经验进行固定与传承，把好的办学理念进行凝练与提升，进一步探索民族高等教育的办学规律，不断开辟中国特色民族高等教育科学发展新路，始终秉承"三个面向""三个服务"的办学宗旨，以培养各民族高级专门人才为己任，坚持"质量立校、学科兴校、人才强校、特色荣校"的发展战略，弘扬以"笃信好学、自然宽和"为核心的大学精神，努力建设特色鲜明、人民更加满意的高水平民族大学，为少数民族和民族地区的经济社会发展，为圆好团结梦、实现发展梦、共铸"中国梦"贡献应有的力量，将中央民族工作会议精神落到实处。

（2）优化治理结构，理顺内部关系。章程必须科学构建内部治理结构，明确并厘清各类组织、机构之间的关系，减少内部运行的摩擦与障碍，消除各类规章制度之间的重复、冲突与矛盾，为学校内部治理结构的查漏补缺以及制度的废、改、立提供指导思想与法理依据。为此，学校章程进一步明确了党委与行政的关系，学校与学院的关系，行政权力与学术权力的关系，学校管理与教师、学生的权利、义务等关系，确立了依法治校和建立现代大学制度的基本原则，为学校的长效发展、规范办学构建了制度及机制保障。

（3）突出办学主体，激发办学活力。中南民族大学作为国家民委直属的公立大学，办学主体具有特定性与特殊性，章程必须予以宣誓与固定。特定性决定了学校的办学活动接受国家民委的领导、指导和监督，特殊性决定了学校的办学活动必须坚持办学宗旨，坚守特殊使命。办学主体的特定性与特殊性，更为学校办学提供了广阔的舞台与不竭的资源。首先，学校办学可以依托少数民族与民族地区，把人才培养、科学研究、服务社会和文化传承与创新向少数民族与民族地区倾斜，为民族地区培养各类人才，提供智力支持、决策咨询；其次，学校可以充分利用国家对少数民族与民族地区的政策支持与优惠措施，将优惠政策转化为提高学校办学水平的硬实力，提高学校的综合竞争力，促进学校各项事业的全面可持续发展。

（4）夯实发展基础，助推实力提升。章程的制定是推动现代大学建立的重大举措，而"人才培养、科学研究、服务社会、文化传承创新"作为现代大学的四大功能，也是现代大学的发展方向。社会对人才的需求是学校的培养目标，社会对科学的要求是学校的研究对象，社会对文化的渴求是学校传承与创新的动力，因此可以说现代大学四大功能的落脚点是服务社会。而民族院校的设立具有特殊的历史背景，是党和国家为了解决国内民族问题的需要而建立的，要始终牢牢把握"各民族共同团结进步，共同繁荣发展"的民族工作主题，弘扬民族院校的光辉传统，夯实未来发展基础。通过章程的制定，进一步提高认识，转变观念，开门办学，合力助推学校事业发展，提升办学实力，打造成我国"培养少数民族高素质人才的重要基地、研究我国民族理论和民族政策的重要基地、传承和弘扬各民族优秀文化的重要基地、展示我国民族政策和对外交往的重要窗口、服务民族地区和地方经济社会发展的重要阵地、促进各民族交往交流交融的重要平台"，办人民更加满意的高水平民族大学，为圆好团结梦、追寻发展梦、实现"中国梦"作出新的更大的贡献！

参 考 文 献

[1] 国家中长期教育改革和发展规划纲要（2010—2020年）. http://politics.people.com.cn/GB/12292540.html[2010-07-29].
[2] 胡锦涛. 坚定不移沿着中国特色社会主义道路前进为全面建成小康社会而奋斗——在中国共产党第十八次全国代表大会上的报告. http://www.wenming.cn/ziliao/zhongyaolunshu/hujintao/201211/2012119_940190.shtml[2012-11-11].
[3] 中共中央关于全面深化改革若干重大问题的决定. http://news.xinhuanet.com/politics/2013—11/15/c_118164235.htm [2013-11-15].
[4] 丁学良. 什么是一流大学. 北京：北京大学出版社，2004：28.
[5] 王茂林. 关于高等学校办学自主权的思考. http://www.edu.cn/zong_he_317/20060323/t20060323_26857.shtml[2002-05-11].

[6] 郜云雁,庄元. 聚焦扩大和落实高校办学自主权. http://www.jyb.cn/talk/ftjb/201403/t20140331_576181.html[2014-03-31].
[7] 常小勇. 我国高校办学自主权的现状及其迫切性分析. 教育与现化,2004,(3):9.
[8] 张振华,刘志民. 高校办学自主权:内涵、演变与启示. 中国农业教育,2011,(1):1.
[9] 周志宏. 学术自由与大学法. 台北:蔚理法律出版社,1989:48.
[10] 宣勇. 大学必须有怎样的办学自主权. 教育发展研究,2010,(7):1.
[11] 黄达人. 高校缺哪些自主权. 中国教育报,2014-04-21.
[12] 郝平. 理顺关系,进一步落实和扩大高校办学自主权. 中国教育报,2013-12-06.

(原文载于《中南民族大学学报》(人文社会科学版)2015年第4期)

关于民族高校全面深化改革的构想

同志们,刚才常一青同志对学校的党风廉政建设专门做了布置,金林校长代表学校党委、行政对学校2015年的工作做了系统、全面的部署,一共7个方面,32项具体的工作。今年的工作要点将于会后下发,请各单位结合本单位实际,认真加以传达、贯彻、落实。

2015年,对于国家来说十分关键。我们把经济增速调整到7%,国际经济组织、社会组织都觉得我们国家在走上一条持续健康、经济转型的发展道路。例如,有国外的媒体讲,2015年对于中国、美国都十分重要。在美国的经济已开始复苏的情况下,中国的经济如果转型成功,中美两国的经济将主导世界今后十年甚至更长的时间,世界的经济新秩序将会建立。这是国家的经济层面,还有政治层面、文化层面、社会层面、生态建设层面等我就不一一赘述了。

2015年不仅对于国家来说特别重要,对于学校这个基层单位,2015年的工作也非常重要。2015年是学校"十二五"规划的收官之年,也是学校"十三五"规划的制定之年,也是贯彻落实学校第七次党代会的开局之年。学校要研究编制"十三五"发展规划,要推进教育综合改革,还要进一步完善学校的章程,上报国家民委,最后要得到教育部的批准。总之,2015年学校有一系列重要的工作要做。

这几天,我一方面在学习"两会"的精神,另一方面学习了"十八大"以来的一些文件。下面,我想从自己谈体会的角度提几点要求。

一、深刻理解"四个全面"战略布局的重大现实意义

(一)"四个全面"是国家层面的重大战略布局

现在全国上下有这样一个共识,就是"四个全面"是国家层面的战略布局,是新一届中央领导集体治国理政的总体布置。2014年党中央召开了民族工作会议,为我们系统在这个战略布局当中的民族工作篇章指明了方向。作为一个基层单位,我们具体该怎么办?我想,我们应该为书写好民族工作篇章,努力办好中南民族大学。我以这个题目谈谈学习体会,与大家共勉。中心意思是:我们要把国家、国家民委、省市等上级的要求变成自觉行动。不是上边要我们这样做,而是我们自身要这样做,想达到这个目的。

"四个全面"是有机联系的战略体系,是我们做好实际工作的理论指引。我们经常讲,要坚定中国特色社会主义的"三个自信":一个是理论自信,一个是道路自信,一个是制度自信。在建设中国特色社会主义的过程当中,我们的理论在不断的继承、创新、发展。有邓小平理论,有"三个代表"的重要思想,有科学发展观。我估计,"四个全面"的理论也很快将会被理论界总结、提炼出来。这几个理论,与马克思主义、毛泽东思想是一脉相承的,它们是继承和发展的关系,标志着我们这个党、我们这个国家对自己走什么路、建设一个什么样的国家,以及怎样建设这个国家越来越有清醒的认识,越来越有规律性的把握。因此,

我们应该认真去学习、去研究。"十八大"提出"全面建成小康社会",十八届三中全会提出"全面深化改革",四中全会提出"全面依法治国",在党的群众路线教育实践活动总结大会上,习近平总书记代表党中央提出"全面从严治党"。全面建成小康社会,是战略目标,其他三个"全面"都是战略举措。这四个"全面",有机联系,标志着我们在治国治党治军以及建设中国特色社会主义的历程中,我们党的成熟,我们民族的成熟,我们国家的健康发展。我们所有的工作,都是在这个背景、这个形势下开展的,哪怕是一个基层高校的工作也是在这个背景之下开展的。"十八大"以来,人心如此凝聚,我们全中华民族的精神状态如此之好,这和我们的战略布局、战略思想以及开展的一系列工作直接相连。在"十八大"精神的指导下,民族工作系统回答了新时期对民族工作的一些迷惑、一些质疑,进行了一系列思考,习近平总书记和李克强总理以及俞正声政协主席都在中央民族工作会议上作了重要讲话。对学校来说,一定要以"四个全面"为指导,把自己的工作主动地、自觉地开展好。

(二)"四个全面"是有机联系、相互贯通的顶层设计

(1)"四个全面"第一次将全面建成小康社会定位为实现中华民族伟大复兴"中国梦"的关键。习近平总书记讲,"人民对美好生活的向往,就是我们的奋斗目标",将解决好民生问题放在更加突出的位置。我们可以回溯一下"小康社会"的提法,20世纪70年代末邓小平同志首次提出建设"小康"的发展目标,一直到"十六大""十七大",以前叫"建设",十八大改了一个字,叫"建成"。全面建成小康社会,是实现国梦的关键。这张蓝图,最早是邓小平同志设计的。他在20世纪末曾经说过,如果我们实现了"三步走"的战略目标,就能够充分证明我们的社会主义制度更加优越。到了党的"十八大",习近平总书记讲,到2020年,我们的国内生产总值和国民人均收入比2010年翻一番,就能建成小康社会,实现国家的现代化。在参观"复兴之路"展览的时候,习近平总书记指出,到建党100周年时全面建成小康社会,到建国100周年时建成社会主义现代化国家,这就是"中国梦"的具体阐述。今年是2015年,到2020年,也只有五年时间了。这个目标在党中央的领导下,在全国人民的共同努力下,一定可以实现。

(2)"四个全面"第一次将全面深化改革的总目标确定为完善和发展中国特色社会主义制度,推进国家治理体系和治理能力现代化。十八届三中全会提出的全面深化改革和以往的改革不一样了,其目标指向是完善中国特色社会主义制度,推进国家治理体系和治理能力现代化。与之相对应,学校改革的目标就是完善现代大学制度,推进学校治理体系和治理能力的现代化。现在的改革不是头痛医头,小敲小打,而必须是全面、系统地完善学校的现代化管理。

(3)"四个全面"第一次将全面依法治国,论述为全面深化改革的"姊妹篇",形成"鸟之两翼、车之双轮"。在"四个全面"中,全面依法治国这一战略举措与全面深化改革、全面从严治党相辅相成,共同为全面建成小康社会这一战略目标提供基本动力、基本保障、基本支撑。法治是框架和轨道,也是理念和方法。重大改革需要于法有据,改革成果需要法治固化,全面依法治国为全面深化改革提供稳定性、规范性;依法治国首先要依规治党,依规治党才能依法治国,全面依法治国与全面从严治党本质一致、辩证统一。没有全面依法治国,国家生活和社会生活就不能有序运行,就难以实现社会和谐稳定;没有全面依法

治国，我们就治不好国、理不好政。

（4）"四个全面"第一次为全面从严治党标定路径，要求"增强从严治党的系统性、预见性、创造性、实效性"。关于从严治党，我们曾经在革命时期有过几次。改革开放之后我们一直在搞经济，一切以经济为中心。一直到了前几年，我们认识到新时期执政党建设的极端重要性。所以到了"十八大"提出全面从严治党，可以说非常及时，坚持下去对这个民族对这个国家非常好。因为执政党的建设、执政党的治理关乎全局。学校同样如此，学校是一个基层党组织，我们如果不从严治党，我们以往发生的一些问题如果发展下去，小问题就会成为大问题。因此，我们要从严治党，不是上边要这样做，而是我们自己应该这样做，到了非做不可的时候了。

总而言之，"四个全面"中的每个"全面"都是一整套结合实际、继往开来、勇于创新、独具特色的思想体系，闪耀着辩证唯物主义和历史唯物主义的理论光辉。"四个全面"之间相辅相成、相互促进、相得益彰，是我们党治国理政方略与时俱进的新创造，是马克思主义与中国实践相结合的新飞跃。我们的理论工作者、教师可以结合工作认真去研究。

二、以"四个全面"为指引，扎实做好学校各项工作

（一）关于"全面建成小康社会"

1. 全面建成小康社会和高校工作紧密相连

最近"两会"上，李克强总理讲了一句话："立国之道，惟在富民。"如何理解"立国之道，惟在富民"？我的体会是：富民，在于培养出大量在世界上有竞争力的人才，这就和我们高校在新时期肩负的重任结合起来了。我们每个家庭希望自己的孩子都发展得好，都超越自己，都比自己成器，都能一代更比一代强。家庭如此，国家更是如此，国家的发展目标对高校提出了新的更高的要求。在全面建成小康社会的目标之下，高校提质增效、抓人才培养质量这项任务比以往任何时候都更加迫切、更加重要。每一个家庭包括我们自己的家庭，每一个社会成员包括我们的亲戚朋友，对我们高校的要求将会更高、期盼将会更重。我们不能够懈怠，也没有理由懈怠。我们在工作上懈怠，等于对不起自己的学生，等于对不起自己的孩子，对不起自己的后代。

因此，"四个全面"与高校的关系是紧密联系的。不要觉得那是中央讲的，是专家讲的，与我们无关，我们应该好好学一学，想一想，结合自己的工作来具体落实。

2. 全面建成小康社会对高校和教师提出了具体要求

大家都注意到，中央一直都是在非常系统的推进治党治国方略，对方方面面都有具体的要求。针对干部系统，习近平总书记提出新时期好干部的"五条标准"，即信念坚定、为民服务、勤政务实、敢于担当、清正廉洁；在群众路线教育实践活动中，讲了"三严三实"；在中央党校给县委书记讲话的时候讲了"四个有"；具体规定上有"八项规定"，从严治党上有"八项要求"。针对军队系统，习近平总书记去云南视察部队时对军人提出了"四个有"的要求，其中一个"有"就是"有血性"，表扬一个战士就是有血性。针对教师

系统，习近平总书记给中央民大附中写了一封信；给北师大有一个专门讲话，对老师有"四个有"的要求：一要有理想信念，二要有道德情操，三要有扎实学识，最后一个要有仁爱之心。前段时间，习近平总书记在会见第四届全国文明城市、文明村镇、文明单位和未成年人思想道德建设工作先进代表时强调，"人民有信仰，民族有希望，国家有力量。"这个信仰、希望、力量靠什么？靠教育！教师是人类灵魂的工程师，教育能够让学生有信仰，这样我们的民族才会有希望，国家才会有力量。

这若干个要求，都是对"四个全面"的具体推进和落实。我们要认真思考"四个全面"背景下民族院校、高校教师面临的新机遇、新挑战、新要求，结合实际做好我们当前的各项工作。

（二）关于"全面深化改革"

1. 全面深化改革，根本在改革，关键在深化，重点在全面

习近平总书记最近讲，我们的改革要让人民对改革有更多的获得感，改革要让中国的道路越走越宽。怎么去理解？我觉得现在的改革和邓小平同志那个时候提出的改革以及前几届党中央提出的改革不太一样，有很多新意。我自己的体会是：全面深化改革，根本在改革，关键在深化，重点在全面。为什么说重点在全面？因为改革已经到了深水区，该吃的肉、该做的事、好改的东西都改得差不多了。现在到了什么时候？到了该啃骨头的时候了，到了牵一发而动全身的时候了，因此重点在全面。表面上的东西都做得差不多了，好搞的东西都搞得差不多了，因此关键在深化。例如，学校剩下的骨头是什么？这个骨头在哪里呢？学校这么多年来取得很大成绩，但仍然存在"干多干少、干好干坏、干与不干一个样"的现象，必须通过深化改革予以解决。任何改革都将面临巨大的阻力，但不能因为有难处就不改革。改革就是自我完善，就是主动去寻求改变。不改革只有死路一条，所以说，根本在改革。

2. 学校如何做到全面深化改革

今天学校的改革是为了把握发展机遇。以前我们经常说，你不改革就迎接不了、应对不了挑战，而今天你不改革，就把握不了机遇，更谈不上应对挑战。例如，我们高等院校新的一轮洗牌已经开始。211、985工程以及"质量工程"之后，以"协同创新"为标志，实际上已经开始了新一轮高校的洗牌，它涉及教学、科研、人才培养学校的各个方面。如果我们不改革，还是在学校以前的这个小圈圈中，学院与学院之间还是"鸡犬相闻，老死不相往来"，不能打破学科壁垒、部门壁垒、学院壁垒；我们每个教师还是封闭在自己的小圈圈当中，纸质稿件、电子课件还是没有什么改动，不知道经济、社会发展到什么地步，我们就会落伍，学校就把握不了机遇，就谈不上应对挑战，谈不上"先人一步，高人一招"。可见改革是我们自己的事，一定要有忧患意识，要有紧迫感。我曾经说过学校的特点是办不好一下子死不了，但你也活不好。办不好，这就叫把握不了机遇。改革开放30多年来，尤其是最近10年，学校跑得很快，但是不进则退，一定要把握机遇。今天学校的改革，不只是为了应对挑战，更是为了把握机遇；不只是为了短期目标，更是为了长远发展；不只是时代要求，更是历史责任。今天学校的改革，根本在于完善现代大学制度，提高学校内部治理体系和治理能力。这就和我们今年的章程建设结合起来了，和我们的"十三五"规划结合起来了。

学校改革的目的是把学校建设得更加美好。全面深化改革对学校来说，根本上讲，就是要塑造一个朝气蓬勃、奋发向上的民族大学；就是要建设一个治理体系、治理能力显著提高的民族大学；就是要建成一个建立了现代大学制度，更有实力更有竞争力，更能够适应国家需求、社会需求的民族大学！我们的改革就是要达到这样一个目的。我们改什么，怎么改？就是要这样去改。因此，每个教师都有责任，每个单位都有责任。中央讲要"勇于担当"。担当就意味着首先要明白在这个时期，这个民族、这个社会对你的要求是什么？当前的时代背景对我们的要求是什么？大家都要认真思考。

当前学校的改革要注重协调各方利益，统筹兼顾，全面推进。改革就是利益调整，哪一次改革不涉及利益调整？农村改革、企业改革，以及目前进行的改革都一样。例如，国有企业的改革，这两天公布的国有大型企业的老总的最高工资，上限60万封顶了，这就是利益调整。因此，改革体现在认识论上，就是要坚持系统思维，不以偏概全、不片面理解。体现在方法论上，就是要充分考虑各项改革举措之间的关联性、耦合性，做到眼前和长远相统筹、全局和局部相配套、渐进和突破相衔接，协调各方利益关系，最大限度地减少阻力。在"四个全面"战略布局下去审视全面深化改革，使改革成为驱动力，成为凝聚力，既是方法路径，也是精神内核。例如，我们教育综合改革的各个方面必须齐头并进，必须全面深入，而不是一提到质量就指向教学。人事制度、分配制度、干部晋升制度、考核制度，必须配套，否则你就难以进行。

今年国家的改革很多都会影响到学校，我们必须积极地去想办法，认真地做好自己的工作。我举几个例子：年前，企事业单位社会保险、养老保险并轨，"老人老办法、新人新制度、中人逐步过渡"，那些文件讲得很具体。今年全国肯定要推进，事业单位肯定也要执行。我咨询了委里面，国家肯定会兜底，光靠学校这点钱是弄不好的。养老保险国家要出一部分，个人要出一部分，今后要进入整个社会的保障体系。我们因为一直没有办理这个保险，而有些事业单位前十年就搞了，他们的账户里已经有钱了。另外，医疗保险也要加入。我前几年就说过，医疗保险早改早好，现在逼得我们非改不可。现在我们就是学校报，一旦学校没有经费保证的时候，我们怎么办？我们不改能行吗？

全面深化改善，从国家到地方都在推进，跟学校紧密联系，与我们的工作、生活息息相关。例如，今年"两会"上，人大发言人傅莹讲到，税制改革到2020年必须全面实现法制化。具体到学校，年前省里已经实施了"三项补贴"，下一步我们校园的综合治理就得跟上，小区肯定要实行物业管理。刚才说的养老保险、医疗保险，我们得有这个准备，我们在花钱上还得节约。今年的进人计划到现在还没批下来，几所院校都没批，上级部门是担心什么呢？就是国家的系列改革，国家在很多方面要兜底。如社会保险、养老保险，不是一个月一年，国家得持续地拿钱。这种情况下，如果你不断地进人，它就要先核实清理了再说，因为它要兜底。现在简单地想多进人已经不可能了，可能今后要进人就主要进领军人物、进骨干了，其他一般工作人员通过聘任制、兼职的办法解决。这种背景下不是说人才队伍不建设，不搞了。怎么搞？都要通过改革，通过调动积极性的方式来解决。例如，有些系统已经实施了的，按照工作量打包下发经费，即使你缺编，只要保质保量完成了工作任务，也可以通过经费的办法解决。

改革是一个系统工程，必须系统的、全面的推行。最近还有一个事情，假期当中，中组部、人社部下发的2015年14号文件明确规定，副处、副高以上的女同志可以到60岁退休。当然如果你想55岁退休，自己向组织写申请，由组织讨论是否同意。这样一来就涉及学校干部制度、人事制度方面的改革。因此，这学期我们执行这项制度的同时就得启动职员制改革。三级、四级职员改革已经实行了，马上要启动五级、六级职员制改革。在干部职数清理的基础之上，要根据德能勤绩廉的表现，解决部分同志的成长、实际待遇问题，例如，部分同志可以晋升五级职员，部分同志可以晋升六级职员。这样一改革，这些同志的岗位就等于给年轻的同志让出来了，年轻的同志就可以补充到科级、副处级岗位上来。这项工作必须这个学期启动。

（三）关于"全面依法治国"

1. 全面依法治国意义重大

全面依法治国，这是"十八大"、十八届四中全会的重要内容。全面依法治国是实现我们国家发展目标、全面建成小康社会，加快推进社会主义现代化的重要保障；是解决发展中面临的一系列重大问题、解放和增强社会活力、促进社会公平正义民主、维护社会和谐稳定、确保国家长治久安的根本要求。几个"全面"都离不开全面依法治国。

2. 全面依法治国与学校内部治理能力建设

全面依法治国，对于学校来说也非常具体。我们办学需要进一步增强法治思维、更多地运用法律手段、更好地用制度措施来保障学校治理体系，来提高学校治理能力。我们各级干部一定要敬畏法律，要遵守规矩，遵守纪律，遵守制度。李克强总理最近在"两会"上说，"有权不能任性"。以往，我们个别同志当了一点儿小芝麻官，有点权就太任性，老子天下第一，个人说了算，处理不好个人和集体的关系，随意拍板，忘记了我们是一个集体，我们要多商量，要多协调。不懂规矩，不讲纪律，不守制度的事情做不得。有权不能任性，何况学校也没多少权。在这个位置上，我们就要为师生去服务，不能说和自己关系好的我就办，关系不好的我就不办。在新的时期，还要强调不要因为现在怕出事，"门好进、脸好看"但"事难办"，推过来、推过去，不负责任。因此，今年党中央强调，在新的时期，要追责，要治懒，要治庸，要问责。我觉得全面依法治国不仅仅是上面的事情、是公检法的事情，它跟我们每一个单位的发展、每一个人的生活都息息相关。

全面依法治国具体到今年学校的工作落实中，核心就是大学章程的制定。学校正在制定的大学章程，既要体现高等院校的共性，还要体现民族院校的个性，体现学校的现状，体现章程在治理学校中的共性和个性。章程的制定，学校有专班来抓，我们的各族师生员工、包括学生都要积极参与、讨论。开第七次党代会的时候，我作完党代会报告之后，陈改户副主任跟我交流了一个问题，他说："达云，你们那个办学宗旨'两为两服务'，现在是不是应该思考一下了？一方面，学校40%的学生是汉族，如果还是讲'两为两服务'，汉族同学怎么想？另一方面，现在很多民族工作不在民族地区，城市民族工作也非常重要，民族工作体现在方方面面，你们只把它限制在少数民族和民族地区还合不合适？"下来之后，我们校领导之间交换了意见，都在思考这个问题。这个假期培训时，我和金林校长去了，改户主任在视频会上作辅导报告，他又说，"（针对这个问题）年前我与达云交换了一下意见，希望我们委属的六所院校都来思考。"要求专题讨论在新的时期民族院校的办学宗旨、民族院校进一步发展的问题。新时期我们民族大学究竟该怎么办？我跟改户主任汇报的时候说，民族院校在服务宗旨上，可能要把"服务民族工作、服务地方经济"放进去，"两服务"改成"四服务"；另外，这不是一所院校的问题，是民族高校的共性，因此要上下结合，我们各个学校和国家民委的思考相结合。那么我们的章程制定要与国家民委的讨论、决定相结合。章程涉及学校的各个方面，涉及各方权利的规定、约束。例如，"党委领导"，领导什么？党委与行政之间的权力关系，行政与学术之间的权力关系，党、行政、学术和群团组织等各方面的关系都要依据章程来定。是学术的事情交给学术，是行政的事情交给行政，行政不要干预学术。同时，我们也要注意到另外一个方面，就是学术干涉行政的问题。因为平时很多方面都讲行政不要去干涉学术，所以一般人不敢讲这个话。管培俊委员上学期到学校时，他讲了，学术也不要干涉行政。各位在讨论章程时要注意，我们有些同志，无论双肩挑的同志还是专任教师，都应该注意学术不要去干涉行政。有时，明明是行政上的事情，学术去管他干什么呢？党中央提出，很多东西我们要通过社会主义协商民主来解决。因此，章程制定不是个小事。同志们，我们一定要有法治思维，有法治意识，把章程制定好。章程制定得好会管很长时间，不止是管五年啊，对一个学校十分重要。在座的老师有研究宪法理论的。我们知道有的国家宪法表述的好，几十年、上百年不变，非常经典，非常管用。这个章程是在我们各位手上制定的，如果没做好，到时候我们的后人会说，他们那个年代那些人怎么会这样去制定学校章程呢？所以这次我们一定要把章程制定好！

学校"十三五"规划主要依靠全校的教职工来进行。我们要把"十三五"规划制定的整个过程作为统一思想、达成共识的过程，把各单位的规划与学校的规划统一起来，把各方面的规划有机衔接起来。例如，学校事业发展规划、学科发展规划、人才队伍建设规划、校园建设规划要和党代会确定的发展目标有机衔接起来。因此，我提个要求，各个单位必须在一周之内制定今年的工作要点、工作计划，各单位在今年学校拿出规划之前要拿出自己单位的"十三五"规划。不能说规划是他们几个校领导想的，是几个职能部门、写作班子几个人想的。规划是什么？规划是谋全局、顾长远，因此各单位都要拿出规划。有一句话讲得好，"不谋全局者不能谋一域"，你都没有把自己单位放在全局当中思考，要想把自己单位的事情搞好是不可能的。不谋全局，就难谋一域！因此，规划的制定，第一，必须统一思想、达成共识，第二，上下结合。专班要认真讨论，充分征求意见。这次搞"十三五"规划不到外面请专业团队，我曾经与有关校领导讨论，上一次就发现，专业团队有好处，最大的好处叫省事，但是最大的弊端也有几个，省事就有依赖性，校内的积极性发挥不出来；另外就是外边人员对学校具体情况不是太了解，不够接地气，因此今年不请外面的专业人员。年底之前务必把学校的"十三五"规划做好，这就需要广泛动员我们的教职员工，我们的学生参与进来，老同志也要参与，人人参与，大家一起来把规划制定好。

（四）关于"全面从严治党"

1. 全面从严治党是党的建设新常态

全面从严治党是"十八大"以来中央提出的第四个概念，要达到的目的就是锻造坚强的领导核心，使中国共产党在各个系统、各个单位成为坚强的领导核心。全面从严治党体现的是"党要管党，从严治党"。党要管党才能管好党，从严治党才能治好党。从严治党，关键在治，要害在严。我们国家历来就有"多栽花，少栽刺"的说法，很多人奉行个人主义、好人主义。因此，在局部地方一段时期有卖官鬻爵、贿选的事情发生，有家族腐败、系统腐败等等现象出现。邓小平同志曾经说，"中国要出问题，还是出在共产党内部"。因此，治国必先治党，治党务必从严。

全面从严治党，意味着党的建设要在"严"字上卯足力气，下足工夫。你们注意一下，"十八大"以来，是不是不断地严？"两会"前后的反腐工作更进一步了，尤其是抓顶风作案的，具体标志是"三个后"，即"十八大"后、"八项规定"后和群众路线教育实践活动后还违纪违规的。这次"两会"上，吕新华同志讲，在反腐问题上"没有铁帽子王，上不封顶"。这也是刚才常一青同志传达中纪委五次全会精神中讲的，"不定指标，上不封顶"。我们在座的都是相当一级的干部，应该从这个背景当中去领会和认识"全面从严治党"的含义。

以前有人说国企不敢惹。你们看2015年中央巡视组重点巡视央企，每个央企党组书记都表态，我们该怎么办，我这个地方该怎么办。我们这个学校，是基层单位，我们不搞巡视，但是我们要搞定期检查，你从严治党没有？你主体责任落实没有？监督责任落实没有？到时候和巡视一样，到时候检查到你那个单位，讲没有讲？抓没有抓？不能老是以前那个状态。

以前有人不是说军队不敢惹？军队，多大的"老虎"都打了。你们看武汉堵车算是比较厉害的，有些军车在以前横冲直闯，逆行、闯红灯啥都敢干，现在敢不敢？

这就是大背景。学校要及时掌握外边发生了什么事情。

2. 学校全面从严治党的具体要求

学校也要全面从严治党。我们要认真落实主体责任和监督责任，强化责任追究制度。我们要在思想上把好总开关，要在作风上以钉钉子的精神一抓到底。我们的干部，在做人做事上，要按照"三严三实"，要按照党中央关于"遵守纪律、遵守规矩"的要求，认真地做人、做事。我们的干部还要按照"四个有"，"心中有党、心中有民、心中有责、心中有戒"来履行职责。我们还要在制度落实上，强调"踏石留印，抓铁有痕"，严格纪律，遵守制度。我们在反腐败斗争上，在党风廉政建设上，要按照中央的部署，认真地去落实；按照省里面的"三个暂行办法"要求，去认真地完成，不定指标，上不封顶，有腐必反，除恶务尽。

全面从严治党应该抓好基层，抓好基础。请各单位一定要抓好支部这个基层的基层，抓好小组这个基础的基础，抓好党员这个细胞。有时候，该开展批评的你不要留面子，对事不对人,提出要求。你是执政党的一分子,教学上不带头,科研上不带头,学院工作、社会工作偷懒,怎么能行?完全不像党员,不出事才怪。我们要经常用身边的典型事例、包括典型的反面案例来教育我们的同志。共产党员在战争时期是怎么带头的?该死人的时候,第一个冲上去,有困难的时候,第一个冲上去。我们现在的党员在干什么?是怎样带头的?

全面从严治党就要做到教育要严,执纪要严,惩治要严,制度要严,"严"字当头,贯穿于党建的始终。全面从严治党,体现了治标与治本的结合,自律和他律的双管齐下。这一党建的战略思想,开创了党建的新格局,表明我们党在新形势下对党建规律的新认识。现在中央从严治党干什么?去全面建成小康社会、全面深化改革、全面推进依法治国,它们几者的关系是这样的。因此总书记在江西代表团的会上说,反腐没有影响经济发展,反而有利于经济发展持续健康。对于我们这个基层单位,全面从严治党就是党员发挥好先锋模范作用、支部发挥好战斗堡垒作用、党总支分党委发挥好政治保障作用。不能搞两张皮,你说你那个地方从严治党了,教学科研中心工作搞不上去,"打不出粮食",你那个从严治党是没有交出满意答卷的。

对于"四个全面",我就结合金林同志对学校全面工作的部署,从谈学习体会、提工作要求的角度讲以上几点。

最后,我再提三点要求。第一要加强学习。最近习近平总书记讲,我们的干部每一刻都要增强本领,要有本领的恐慌,要时刻加强学习,武装头脑。第二要勇于担当。习近平总书记在新年献词中引用了网络语言,说我们的干部蛮拼的。学校的干部也是蛮拼的。习近平总书记另一句话是说,光靠干部也不行,我们的人民也作出了很大的贡献,因此要为人民点赞。学校发展到今天,取得成绩全靠我们的师生员工。因此我们的各级干部要敢于担当,勇于调动方方面面的积极性。第三要强化责任,狠抓落实。我以前多次讲过,很多东西关键在落实,要有责任心。我今天再多说一句,"落实"这个事情,实际上旁边的人都很清楚,你自己也很清楚:落实是看一个人的人品,看你是真做人,真做事,还是做假人,假做事。落实是个试金石。邓小平同志曾经讲过,"不落实,不实干,半点儿马克思主义都没得"。

(原文题目为《为书写'四个全面'的民族工作新篇章而努力办好中南民族大学——在2015年中层干部会议上的讲话》,编入文集时做了修订)

少数民族大学生国家认同教育创新初探

国家认同首次被引入政治学是在20世纪70年代行为科学革命时期，主要与处理政治发展、政治整合以及国际关系等议题有关。根据国内外学者的定义及国家的对内对外的属性，可以从两个层面概括国家认同。在对外方面，国家只有保持其主权的独立性得到他国的承认和国际社会的认可，国家才能得以存续。因此，国家认同就是在有他国存在的环境下，人们构建出归属于某个"国家"的"身份感"；在对内方面，国家的存在除了国际社会的认同外，还必须获得主权范围内成员的认同，对个人来说，国家认同指个人确认自己属于哪一个国家以及这个国家的归属感、依恋感的心理过程。在这一过程中，个人与国家之间发生情感上的结合，对国家的合理性表现出无上的忠诚，在政治生活中，表现为对国家的政治权威、政治制度、政治价值和政治过程等方面的理解、赞同、支持和追随。

少数民族大学生作为民族地区十分宝贵的人才资源，他们的国家认同不仅直接关系到自身政治素质的高低，而且少数民族大学生身份、地位的特殊性会在民族地区产生示范效应，从而将对民族地区社会主义民主政治的建设和发展产生重要影响。因此，对当代少数民族大学生国家认同的教育具有十分重要的现实意义。

一、国内外研究现状评述

1. 国外相关研究述评

青少年国家认同的形成与发展一直是一个被忽视的研究领域，直到20世纪90年代，情况才有所变化[1]。这一领域的研究最早可以追溯到1951年Piaget和Weil的研究[2]，他们对日内瓦青少年进行访谈，以了解他们对祖国的理解，以及对本国与他国关系的理解等问题，但是这项研究在当时没有引起人们的一重视。

20世纪60年代和70年代初出现少量的深入研究，当时研究的兴趣点主要集中在青少年的国家地理知识、青少年对国家的认知能力、青少年国家概念等问题上，代表性的研究有Jahoda所作的苏格兰青少年对他国的观念和态度、对国家和民族观念的研究[3]，Tajfel和Jahoda为考察青少年对自己国家、对他国的观念和态度进行的跨国研究[4]，此外，还有Johnson等的探讨[5]。1973年之后该领域的研究一度销声匿迹，直到20世纪90年代，国外学者对于青少年国家认同的研究兴趣又起，尤其是许多欧洲心理学者，如Barrett[6]、Lyons等[7]和Cinnirella[8]等都积极地投入到这一领域当中，很多国家都相继开展了这方面的研究，包括英国、荷兰、德国、西班牙、意大利、俄罗斯、澳大利亚等。除了进一步探讨青少年的国家认同及其影响因素外，研究还扩展到国家认同与地区认同（regional identity）的关系、超国家身份认同（supranational identity）如欧洲身份认同（european identity）的形成与发展等方面[9]。

2. 国内相关研究述评

国内针对特定区域特殊群体（如高校的少数民族大学生）的国家认同教育的研究较为少见，对民族认同、国家认同的研究也处于起步阶段。20世纪90年代以来，国内各种学术期刊上发表的有关认同理论的研究成果逐渐增多，出版了相关专著，如费孝通等的《中华民族多元一体格局》[10]和张海洋的《中国的多元文化与中国人的认同》等。学术期刊上发表的文章更多的是从民族认同与国家认同的一致性[11]，以及族群认同与国族认同之间、民族认同与国家认同之间的辩证关系进行了研究[12]。而针对青少年尤其是少数民族大学的国家认同教育研究却非常少，有限的相关研究如王嘉毅、常宝宁、丁克贤在对南疆地区2116名青少年进行调查后发现：南疆地区青少年的国家认同较民族认同更为积极，国家认同与民族认同的高低随学生认知结构的发展而变化，但这种变化不是直线的，其中高三学生的国家认同最高，高一学生的民族认同最高。但同汉族青少年相比他们的国家认同偏低而民族认同偏高。对维吾尔族青少年来说，国家认同的形成并不会削弱或排斥民族认同，相反，国家认同的形成会提升维吾尔族青少年的民族认同，有助于他们形成正确的民族观和民族意识[13]。刘海涛从解析西方学者安德森的民族国家观、展示中外学者对"族群"概念的各种解说入手，在此基础上阐明了将族群建构与民族国家认同关联在一起的现实意义[14]。刘建红、张京玲探讨了群体认同，尤其是考察民族认同和更广层面的国家认同，对少数民族青少年自尊的预测[15]。余梓东、李劲松则以中央民族大学学生为研究对象对少数民族大学生的民族观情况进行了调查研究[16]。

综上所述，国内外学者从多种角度对国家认同及其教育等进行了深入研究，取得的研究成果为我们进一步研究提供了宝贵经验。但是，针对少数民族大学生的国家认同现状，以及高校在国家认同教育中应发挥的重要作用的研究却没有得到广泛的重视。

二、少数民族大学生国家认同教育的特殊性与紧迫性

1. 少数民族大学生国家认同观的现状分析

认同理论认为，"认同"与"认异"相对，认同感会在与不同群体的接触中感到自身与他者的不同而得到强化。与汉族学生相比，少数民族大学生由于成长环境、文化背景、宗教、风俗习惯等若干因素不同，具有一定的特殊性，突出表现在具有强烈的民族认同意识。这里所指的民族认同，是指少数民族对自身民族的忠诚感、归属感和依赖感。在大部分少数民族学生的成长地，由于语言或方言差异较大，尤其是历史和地理环境等原因，导致所形成的文化特点，再加上不同民族所形成的隔离，从不同维度造成了这类地域文化封闭的特点。少数民族大学生在这种文化氛围中成长，身上必然根植本民族的传统思想。集中表现在对本民族信仰宗教的认同、对本民族风俗习惯的遵从、对本民族传统节日的向往等方面。在相对稳定的民族聚居区，由于彼此风俗习惯、宗教文化等方面的相似和相近性，少数民族大学生的这种民族认同意识不会凸显，但是，一旦当他们来到大学，在与来自全国各地的大学生接触中，就会很明显地认识到自身与他人在风俗、习惯、信仰等方面的不同，随着文化素质的不断提高，他们在特殊成长环境中形成的本民族自我意识就会有所增强。

一般而言，随着文化层次、个人素质的提高，随着这种民族意识的明显增强，少数民族大学生会表现出对民族问题、民族关系极为敏感，对民族的政治地位非常关心，以及对本民族的权益能否得到维护的担忧。例如，在中央民族大学进行的有关调查显示，在250份调查问卷中，"能够意识到自己的民族成分"的有185人，占总人数的74%，其中"经常意识到自己的民族成分"的有118人，占总人数的47.2%；在"本民族文化、习俗的保持"问题上，有17人选择"保持不变或尽量保持"，占总人数的68%[16]。另有调查显示，46.7%的少数民族大学生认为"本民族是最优秀的民族"[17]。这些数据从另一个侧面反映了少数民族大学生对自己民族有强烈的自豪感和荣誉感。这种感情会使他们关注自己民族的语言、传统习俗、宗教等能否得到他人的尊重。在日常生活中，往往在别人看来的一桩小事上，他们却认为是自己权益得不到维护和尊重，引起情感大波折，出现思想上极大的波动。

从少数民族大学生的生存背景、民族文化背景和自身心理特点来看，少数民族大学生来自不同民族地区，有着不同的民族文化背景，他们在大学校园内以族缘为纽带的同学会、以地缘划分的同乡会屡见不鲜，集体策划一些文体娱乐或志愿者活动，同族相亲，同乡相聚，有利于集体主义、助人为乐精神的培养，但同时难免会带有某种狭隘民族主义的色彩。少数民族大学生热爱祖国，拥护改革，但对社会不正之风、腐败现象等缺乏理性的认识和分析，易产生怀疑和困惑；他们关心社会进步，尤其是家乡与民族地区的发展，但对党的民族政策、全球一体化、世界局势对我国的影响等却少有关注和了解；有部分学生甚至认为政治"假、大、空"，与己无关，产生排斥与淡漠的消极思想。另外，从人际关系交往的状况来分析，少数民族大学生在一个比较淳朴的人群中长大，受到原来生长环境的影响，他们一般比较热情好客，心里渴望广交朋友。但是，他们由于受到生长环境的社会关系的制约，与外界交往少，人际关系单纯、面窄，社会化程度还不够高。他们很小就帮助家人料理家务，在心理上比较早熟，具有极强的自尊心和独立感，不愿被别人小看或轻视，有难处不敢倾诉。据贵州省高校思想政治研究会课题组调查，"当你在学习、生活上遇到困难时，处理的方式是什么？"竟有68.5%的学生回答："不愿让别人知道，留在心里自己解决"，有20%的学生回答："想说，但说了怕别人瞧不起"[18]。少数民族大学生入学后，发现自己的学业优势不再、经济生活困难等弱点，又发现来自发达地区的其他大学生凭借优越的家庭条件和良好基础教育，或能说会道，或能歌善舞，有着比较突出的组织能力和协调能力，这导致了他们容易产生自卑、封闭的心理，并对他们社会交往带来负面影响。强烈的交往愿望与封闭、自卑的心理交织在一起，构成了复杂的矛盾心情，给少数民族大学生带来困惑和压力。

2. 少数民族大学生国家认同教育的特殊性与紧迫性

随着国家扩招政策和招生优惠政策的实施，在校的少数民族大学生日渐增多，目前全国在校的少数民族大学生有35万余人。他们是各个民族的精英分子，对民族的发展和各民族普通群众的认同意识具有很深的导向作用。由于成长环境的差异，少数民族大学生对本民族具有强烈的民族认同意识，他们总是自觉或不自觉地从自己民族宗教的角度观察问题、体验人生，甚至形成自己的人生价值观，再加上阅历少，与外界接触少等原因，少数民族大学生的心理素质相对脆弱，极易受到不法分子的利用和挑拨，极易发生偏激行为。少数民族大学生在没有离开居住地来到大学以前，由于周围人们生活习惯、风俗文化、宗教信仰等具有相似性或一致性，不会感到自身的不同，民族身份和民族意识没有刻意彰显，此时的国家认同与民族认同处于平和状态，呈现隐蔽性特点。但是到了大学校园后，新环境、各种新思想相互碰撞，少数民族大学生很容易感受到自己的民族身份，致使很多少数民族大学生的民族认同意识逐渐强化，而国家认同意识相对淡漠。国家认同较民族认同是较高层次的认同，国家认同是维系一个国家的根基，国家认同程度如何关系到国家是否稳定统一。尤其对由多民族构成的国家来说，国家认同的培养尤为重要。实践证明，本民族精英层的知识分子在本民族草根阶层具有权威性，他们自身民族意识强烈，而且可以利用本民族的传统文化对民族身份的感召力、内聚力这一有力武器，进一步唤醒、深深地影响并引导本族普通民众的民族意识，从而为本族谋得相应的社会资源、权力资本和利益。民族认同意识是维系一个民族必不可少的要素。但是，过分强调民族意识，其结果必然会强化族群的边界，淡化国家认同，推动以族群为单位的政治、经济、文化乃至军事行为。部分少数民族大学生由于缺乏足够的阅历，而境内外敌对势力千方百计地利用由于历史原因和我国目前经济发展所造成的不同区域发展的差距、特别是民族地区与其他发达地区的实际差距，利用宗教、民族问题，并通过利用信息网络传播手段和教育文化开放的机会，对少数民族大学生进行思想渗透和政治分化，这些消极因素的影响，使一些少数民族大学生不能历史、客观地认识各民族间的差距，以及本民族的历史、现状和未来，容易产生偏激情绪，容易对党和国家的政策方针产生模糊认识，甚至否定。

目前我国正处在经济、社会转型的关键时期，更凸显了加强对少数民族大学生国家认同教育的重要性。少数民族大学生在校人数逐渐增多，但是，当前的大学教育中，高校忽视了针对少数民族大学生的个性化培养，对少数民族大学生国家认同教育没有采取有效的措施，甚至任其自由发展，降低了高等院校国家责任意识。这对少数民族大学生的个人发展及各民族的发展乃至整个国家的发展都十分不利。因此，以少数民族大学生为特定研究对象，全面了解少数民族大学生国家认同现状，研究影响少数民族大学生国家认同的因素，探讨构建国家认同的教育新途径，及时采取措施纠正偏激的民族认同倾向，发挥少数民族大学生国家认同的积极作用，对于我国现阶段促进民族稳定、国家统一和社会和谐具有重大的理论意义和现实意义。但是，当前民族高校和普通高校都没有对少数民族大学生的国家认同观培养予以重视，没有提出一套有针对性的创新性教育方案体系。

三、少数民族大学生国家认同教育创新的几点思考

（1）以社会主义核心价值观为灵魂，着力培养少数民族大学生国家认同感。党的"十七大"报告指出，"社会主义核心价值体系是社会主义意识形态的本质体现。""建设社会主义核心价值体系，增强社会主义意识形态的吸引力和凝聚力"，这既是时代发展的迫切要求，也是当前我国各族人民团结奋斗的共同思想基础。当前国际国内经济形势十分严峻，大学生就业压力日益增加，经济社会发展所面临的各类矛盾更加突出，在这样一个矛盾凸显期，很多大学生容易迷失人生方向，以核心价值体系统驭大学思想政治工作，关注和提

高来自少数民族地区、不同民族成分学生的思想道德修养和国家认同教育，不仅关系到大学办学方向，还直接关系到学生是否稳定、学校是否稳定；而学校是否稳定又直接关系到民族团结、国家稳定的大局，对和谐社会的构建具有不可替代的作用。学校作为国家认同感教育的实施者，应当大力倡导团结教育，公民素质教育和社会主义核心价值观教育。

（2）着眼全局，创新教育形式。国家认同教育不能仅靠学校"两课"教育、简单的讲座、宣传标语教育等，这样不仅起不到好的效果，而且容易使学生产生反感情绪。而国家认同教育的重要性和长期性，需要建立家庭、学校、社会教育相结合的联动教育机制。就学校而言，需要针对少数民族大学生的特殊性，设计一套系统的创新性方案。不仅要有观念教育，如规范、丰富校园文化，提高教师、管理人员、后勤服务人员国家认同教育的责任意识等，还要通过实质措施强化认同观念。例如，在分配国家助学金、勤工助学岗位时给少数民族大学生留有一定名额，以解决少数民族大学生的经济困难；保证学生会里有一定的少数民族大学生干部，使其实现自身价值；建立校企合作制，为少数民族大学生提供见习、实习的机会，切实解决就业压力问题等。

（3）以人为本，情感教育与国家认同教育相交融，不断增进少数民族学生对中华民族大家庭的热爱。高校德育工作者要因时、因地、因事灵活运用教育疏导、解决需要、谈心对话、激励吸引等方法，坚持运用"动之以情，晓之以理，喻之以义，施之以爱"的情感艺术，引导学生树立热爱中华民族，建设家乡故土，尽快改变本民族地区落后面貌的坚定志向。人的思想和行为是受情感影响的，根据少数民族大学生思想纯朴、特重情感的思想特征，只要热爱、理解、爱护、关心他们，以爱唤情，以理服人，他们就会真诚相待，情理交融，就会扩大教育效果。因此，高校要全心全意热爱少数民族大学生，关心他们的学习、生活、家庭，回答他们普遍关心的问题，帮助他们解开思想和心理上的疙瘩，要真正做到动之以情，晓之以理，情要深，理要透，以真诚的爱心、透彻的道理联结相互之间的感情，获得彼此的知心，以取得良好的教育效果。

（4）注重节日等象征性符号在国家认同感建构中的作用。国家认同教育，必须依托特定的文化资源进行，如果离开了特定的文化资源，将成为无源之水。在各种文化资源当中，传统节日、历史传说、名胜古迹等象征性符号起着重要作用。从符号人类学的角度分析，国家认同感的建构就是一个创造符号、解释符号、革新符号、运用符号和使符号"物化"的过程。国家凭借其掌握的有关分类、知识和控制的权力、机构、设施和手段，并把它用于民族国家的想象和创造。在各种象征性符号的运用里，节日在学生国家认同感培养中起着重要作用。节日具有很强的"仪式"教化功能，现代国家自然而然地把它作为培养公民效忠国家、献身民族的载体。节日可分为政治性节日和传统节日。政治性节日，如国庆节等可以强化公民的爱国主义情感和对社会制度的认同；传统节日是民族文化传承的重要载体。民族文化以血缘与地缘为依托，将一个民族共有的精神与性格凝聚在一起，是一个民族发展的天然纽带。

（5）恰当运用学校和社会的各种活动，包括各种礼仪庆典活动、各种相关的活动，解决情感体验的问题。知识只是认同感培养的基础，真正的国家认同感培养必须融入学生的情感体验。民族国家是一个想象的共同体，因而想象在国家认同感培养中具有重要的作用。共同的活动和传媒的传播都能强化这种国家在各个成员心中的印象。例如，一次奥运会或一次世界杯球赛，就能起到强化国家认同感的作用，这种体育活动把所有国家的成员都凝聚起来，虽然大家在国家的疆域里素不相识，但是在观看比赛中都强烈地感到自己是国家的一员。同样，日常的升降国旗和奏国歌仪式，课外的参观历史军事博物馆、游览祖国名胜古迹、勿忘国耻的历史回顾等活动，这些活动让不同民族学生在前述知识基础上、在过去的集体记忆的基础上建构起一个祖国的意识。同时大学应搭建平台，促进不同民族的学生加强对彼此文化的了解和接触，引导学生对其他民族的传统节日加以包容和接纳。而且，为了增进少数民族大学生的国民意识，应当特别重视政治性节日和符号在认同教育中的作用。每年的国庆日、国际劳动节、"五四"青年节等政治性节日，学校应利用这一有效时机积极增进学生的国家认同感。

参 考 文 献

[1] Barrett M. Children's views of Britain and Brutishness in 2001. Some initial findings from the Developmental Psychology Section Centenary Project. Invited keynote address presented to the Annual Conference of the Developmental Psychology Section of the British Psychological Society. Sussex，2002.

[2] Piaget I，Weil A M. The development in children of the idea of the homeland and of relations to other countries. International Social Science Journal，1951，(3)：561-578.

[3] Jahoda G. Development of Scottish children's ideas and attitudes about other countries. Journal of Social Psychology，1962，58：91-108. Jahoda G. The development of children's ideas about country and nationality，Part Ⅰ：The conceptual framework[J]. British Journal of Educational Psychology，1963a，33：47-60. LAHODAG. The development of children's ideas about country and nationality，Part Ⅱ：National symbols and the mes. British Journal of Educational Psychology，963b，33：143-153.

[4] Tajfel H，Jahoda G. Development in children of concepts and attitudes about their own and other nations: across-national study. Proceedings of XVIIIth International Congress in Psychology，1966，36：17-33.

[5] Johnson N，Middleton M，Tajfel H. The relationship between children's preferences for and knowledge about other nations. British Journal of Social and Clinical Psychology，1970，9：232-240.

[6] Barrett M. The development of national identity in childhood and adolescence. In augural lecture presented at the University of Surrey 22nd March，2000. BARRETTM. Children's understanding of their own nationality[J]. Poster presented at XVIth Biennial Meeting of ISSBD，2000b. BARRENM. The development of national identity：aconceptual analysis and some data from Western European studies[M]. In. Barrettetal. (Eds.), Op. cit. Pp. 2001：16-58. BARRETTM. Children's views of Britain and Britishness in 2001. Some initial findings from the Developmental Psychology Section Centenary Project. Invited keynote address presented to the Annual Conference of the Developmental Psychology Section of the British Psychological Society[M]. Sussex，2002.

[7] Barrett M，Lyons E. National pride and the public collective self-esteem associated with the national group across-national development alanalysis. Paper presented at the Fourth INTAS Works hopan the Development of National，Ethno linguistic and Religious Identity in Children and Adolescents Living in the NIS. Uppsala：Uppsala University，2001.

[8] Cinnirella M. Asocial Identity Perspective on European Integration//Changing European identities：social psychological analyses of social change. International：Butterworth-Heinemann，1996：253-274.

[9] Zuo B，Haste H. European Identity：British Adolescents' Psychological Identities to European Ditsmainin Fluencing Factors. Bath：Bath University，1999.

[10] 费孝通，等. 中华民族多元一体格局. 北京：中央民族大学出版社，1999.

[11] 李禹阶. 民族认同与国家认同. 重庆师范学院学报，1999，(2).

[12] 滕星，张俊豪. 试论民族学校的民族认同与国家认同. 中南民族学院学报，1997，(4). 张永红，刘德一. 试论族群认同和国族认同. 中南民族大学学报，2005，(2). 许小青. 1903 年前后新式知识分子的主权意识与民族国家认同. 天津

社会科学,2002,(4).
[13] 王嘉毅,常宝宁,丁克贤. 新疆南疆维吾尔族青少年国家认同调查. 新疆社会科学,2008,(4):1.
[14] 刘海涛. 论"族群"建构与"民族国家"认同. 贵州民族研究,2006,(4).
[15] 刘建红,张京玲. "民族认同,国家认同"与青少年自尊的关系. 社会心理科学,2008,(2).
[16] 余梓东,李劲松. 中央民族大学学生民族观情况调查及对策研究. 中央民族大学学报,2003,(3).
[17] 罗勇. 少数民族大学生的民族观研究. 贵阳师范高等专科学校学报,2004,(1):77.
[18] 贵州省高校思想政治研究会课题组. 少数民族大学生特点分析与德育工作. 贵州教育学院学报,1995,(4):3.

(原文载于《中南民族大学学报》(人文社会科学版) 2009 年第 5 期)

加强少数民族大学生国家认同教育的思考

少数民族大学生是少数民族的精英群体,是各少数民族的未来和希望,也是民族传统文化传承、批判、创新的重要力量。因此,在广大少数民族大学生中开展国家认同教育,使其树立正确的国家认同观,对深化社会主义核心价值体系教育特别是爱国主义教育,对弘扬民族传统文化、加强民族团结、维护祖国统一、促进社会主义精神文明建设,都具有重要意义。

一、少数民族大学生国家认同教育及其现实意义

国家认同是维系一个国家的根基。它指个人确认自己属于哪一个国家以及对这个国家产生归属感、依恋感的心理过程,是在有他国存在的语境下人们构建出的归属于某个"国家"的"身份感"。换言之,国家认同是指个体对自己政治共同体归属的确认以及个体对自己意欲归属的政治共同体的期待。在这一过程中,个人与国家之间发生情感上的结合,对国家的合理性表现出无上的忠诚,对国家的政治权威、政治制度、政治价值和政治过程等方面表现出深刻而坚定的理解、赞同、支持和信奉。

国家认同与民族认同关系密切,保持两者的高度统一,是实现多民族国家统一和稳定的思想基础,也是国家统一与民族团结的坚定基石。我国是由56个民族共同缔造的统一的多民族国家,中华民族"多元一体"的格局,反映了各民族的共同心愿,体现了各民族的共同利益。在我国现阶段,民族利益与国家利益在本质上是一致的,国家统一、民族团结是各民族人民的最高利益。胡锦涛同志指出:"我国民族团结进步事业反映了全国各族人民共同意志,符合全国各族人民根本利益。要大力增强我国各民族对中华民族的归属感、对中华文化的认同感、对伟大祖国的自豪感,大力促进我国各民族在社会主义大家庭中和衷共济、和睦相处、和谐发展,不断形成实现国家兴旺发达、人民幸福安康的强大力量,不断形成实现社会和谐稳定、国家长治久安的强大力量,不断形成实现中华民族伟大复兴、为人类作出更大贡献的强大力量"[1]。少数民族大学生作为社会主义事业的合格建设者和可靠接班人这一培养目标,决定了少数民族大学生应该是国家统一、民族团结的中坚力量,也决定了必须加强对少数民族大学生进行民族团结教育。少数民族大学生国家认同教育,是指有目的、有计划、有组织地对少数民族大学生施加教育影响,使其形成党和国家所需要的国家认同观的社会实践活动。国家认同教育是爱国主义教育的重要内容,是少数民族大学生思想政治教育的重要组成部分。

当前,在我国发展呈现新的阶段性特征的形势下,国内民族问题极易引发国际关注和干预,国际敏感热点民族问题极易引起国内反响和回应,民族问题面临复杂而多变的新情况,境内外敌对势力加紧利用区域发展问题、民族宗教问题,对少数民族大学生进行思想渗透和政治分化,使一些少数民族大学生对党和国家的政策方针产生模糊认识。少数民族大学生作为时代的晴雨表,作为十分宝贵的人才资源,其国家认同观的高低,不仅直接关

系到自身政治素质的高低，而且容易产生示范效应，对国家统一和社会稳定产生重要影响。因此，加强少数民族大学生国家认同教育具有重要而深远的现实意义。

其一，新时期高校培养合格人才的基本要求。少数民族大学生把国家的利益放在首位，实现国家认同与民族认同的统一，多做民族团结、国家稳定的事情，成为有才有德、又红又专的社会主义事业的合格建设者和可靠接班人，这正是与高校培养人才的目标相一致的。

其二，促使少数民族大学生健康成长的重要途径。少数民族大学生步入大学生活时，既有生活和学习的适应问题，也有民族认同与国家认同的重新定位问题。这些问题如果处理不好，尤其是如果民族认同与国家认同出现不一致，极易使少数民族大学生内心思想矛盾加剧，轻则影响身心健康，重则影响世界观、人生观、价值观乃至国家观、民族观。

其三，维护民族团结和国家稳定的长久策略。少数民族大学生是民族地区建设和发展的后备军，其言行在普通群众中具有较强的引导性和带动作用。如果他们能够形成正确、积极的国家认同观，能够客观地看待民族差异，无疑对做好民族团结工作将产生积极影响，起到沟通中央和民族地方、各民族之间的桥梁作用，这对维护各民族间的团结和国家社会稳定有着非常重要的作用。

二、民族院校加强少数民族大学生国家认同教育的路径选择

民族院校是党和国家为了培养少数民族人才和解决民族问题而创建的。作为为少数民族和民族地区培养人才的主体，民族院校担负着重要的历史使命。如何在新形势下不断提升少数民族大学生的民族认同、国家认同，不断探索和开拓民族院校的人才培养之路，是民族院校所面临的重大历史课题[2]。

1. 以思想政治理论课教学为核心，建构少数民族大学生国家认同教育的内容

思想政治理论课是大学生思想政治教育的主渠道、主阵地。少数民族大学生国家认同教育作为大学生思想政治教育的有机组成部分，也必须以思想政治理论课为主渠道、主阵地。要坚持以马克思主义民族观为指导，以中国共产党民族理论与民族政策为重点，以中华民族认同为归宿，将马克思主义民族观、中国共产党民族理论与民族政策和中华民族认同教育作为一个有机整体，实现三者的整体统一。这就要求坚持常规渠道教育，完善课程载体建设，实现少数民族大学生国家认同教育内容的系统性、规范性、渗透性，使少数民族大学生不仅懂得马克思主义的基本观点，而且懂得马克思主义的精神实质，从整体上把握中国特色社会主义理论体系的丰富内涵、精神实质和基本要求，树立正确的马克思主义国家观和民族观，自觉运用马克思主义的立场、观点、方法去分析我国当前的民族问题和现实问题，立志做民族团结进步和社会发展的维护者和促进者。

一是坚持民族院校特色，开设《马克思主义民族理论与政策》课程，系统讲授与国家认同教育相关的民族观、宗教观、文化观、祖国观等知识；二是在《马克思主义基本原理》的世界观部分增加马克思主义民族观的相关内容；三是在《毛泽东思想和中国特色社会主义理论体系概论》另辟一节专门讲授中国共产党民族理论与民族政策；四是在《中国近现代史纲要》中突出全国各族人民团结御辱的相关内容；五是将《思想道德修养与法律基础》

的民族精神部分作为讲授重点并增加国家认同教育的相关内容。利用思想政治理论课教学建构少数民族大学生国家观、民族观，需要进一步加强课程建设和教师队伍建设，进一步完善课程体系和教材体系，加强广大一线教师的政治观教育，培养良好的师德形象，发挥教师的言传身教作用。

2. 以中华文化教育为基础，筑牢少数民族大学生国家认同的根基

"文化认同是人的社会属性的表现形式。文化认同一方面与族群相关，也与国家政治生活相关。同时与全球化所形成的新的世界主义相关。文化认同构成本民族认同与国家认同的中介形式。作为中介认同形式，文化认同就必须一方面与本民族认同有交叠的部分，另一方面与国家认同有交叠的部分，同时与全球认同（有人提出所谓'世界公民'的概念）有交叠的内容"[3]。我国是一个多民族、多样文化的国度。中华文化博大精深、多彩绚丽，每一个民族无论大小，都对中华文化的形成和发展作出了独特贡献。每一个民族的文化，都是中华民族的共有精神财富，各民族文化共同向世界展示了中华文化的无穷魅力。多样性统一的中华文化是各民族对统一的多民族国家认同的强大思想基础，也是各民族文化生存和发展的依托和根基。我们在构筑少数民族国家认同的基础上，特别要注意构造其共同文化基础，加强各民族成员的中华文化修养。一是在历史时间的绵延中不断促进各民族之间的密切交往和文化融合，以时间拉近文化之间的空间距离，既要尊重各少数民族的文化特性，保护文化多样的历史遗产，更要注重增大民族认同和国家认同的文化交叠成分，使国家的文化认同必须大于民族的文化认同。二是充分利用一切可以利用的资源，通过开设相关课程、举办有关讲座和教育活动等形式，大力开展社会主义核心价值体系教育和中华文化教育，不断增强少数民族大学生的中华文化修养。

3. 以实践教育为载体，增强少数民族大学生国家认同的真实感受

少数民族大学生国家认同是少数民族大学生对国家产生的归属感，产生这种归属感的基础，就是要使少数民族大学生具有深厚的爱国主义热情和高度的国家责任感，自觉爱护国家、建设国家、捍卫国家。中华民族5000多年的文明历史，是一部熔铸和弘扬爱国主义传统的光辉历史。数千年来，中华民族的共同创造发展，维系了祖国神圣的疆土；近代以来，各民族人民前仆后继、英勇不屈，在中国共产党的领导下团聚于统一的民族大家庭之中，建立了新中国；改革开放以来，各民族人民齐心协力，"共同团结进步、共同繁荣发展"，使中国社会发生了翻天覆地的变化。

少数民族大学生国家认同与自然、经济等物质条件具有较强的相关性。加强少数民族大学生国家认同教育，不仅要继续加大对民族地区和少数民族的扶持力度，帮助少数民族大学生解决求学、就业等方面的实际困难，构筑他们对国家认同的心理基础，而且要通过大力开展各种社会实践教育活动让少数民族大学生深入基层了解国情、体察民情，认清国际国内形势，把握时代发展脉搏，正确认识我国现在处于并将长时期处于社会主义初级阶段的客观现实及其所呈现出来的阶段性特征，不断增强分析问题和解决问题的能力；要通过加强少数民族大学生对民族地区的服务与考察，加强对中国特色社会主义建设伟大成就的体验与感受，不断激发他们的爱国热情，增强他们的民族自尊感和自豪感，强化他们为

中华民族发展和中国特色社会主义事业努力奋斗的使命感和责任感。

4. 以校园文化建设为手段，丰富少数民族大学生国家认同教育的形式

在多民族国家中，由于每一个民族都是在与其他民族的族性区别中自我辨认的，民族群体之间存在某些差异和隔阂是必然的。因此，要充分考虑各民族本身在历史发展中遗留下来的固有特性，强调各民族的一律平等，构建和衷共济、和睦相处、和谐发展的社会主义民族关系。以团结互助、平等交流为基础构建民族认同，是多民族国家增强国家认同的基本方法。由于受自然、经济、生活习俗等方面的影响，各民族学生之间难免会出现一些生活习惯的不适应和人际交往上的不和谐现象，加上因生活地域、语言等某些客观原因造成民族之间沟通和了解得不够顺畅和深入，甚至还会出现一些相互之间缺乏尊重、不很认同的现象。因此，加强少数民族大学生国家认同教育，就需要立足民族院校的具体实际，从校园建筑、人文景观建设到管理制度的建立、校风学风的营造等方面，大力营造团结友爱、平等互助的校园文化环境，让各民族学生在团结、进步、和谐、友爱的环境中接受熏陶。同时，无论民族高校还是非民族高校，都要避免民族间的隔离，要注意增强民族间交往与合作，积极开展民族文化交流活动，帮助少数民族了解其他民族的文化，尊重其他民族的风俗习惯，自觉养成互相尊重、互相学习、互相促进的习惯，在认同本民族、接纳其他民族的基础上，形成对中华民族的认同，并上升为对国家的认同。

5. 以全面发展为目标，推动少数民族大学生国家认同的情感升华

认同包括自我认同和社会认同两大类。社会认同是在自我认同的基础上产生的愿意从属于其群体组织的亲近感和归属感。社会认同的形成需要拥有自我的骄傲感，并且能让自我在其群体组织中感受到成就和喜悦。少数民族大学生国家认同的构建，不仅需要培养他们的自我认同，更重要的是能让他们感受到关怀和温暖、体会到成功的希望和喜悦，主动从内心深处去亲近和归属中华民族"多元一体"的大家庭和社会主义祖国的温暖怀抱。由于历史和自然等原因，边疆少数民族地区的社会经济发展和教育水平跟内地相比仍存在一定的差距。少数民族大学生从经济和教育相对落后的民族地区来到相对发达的城市和人才济济的高校，面对经济环境和文化环境的巨大转变，面对学业和就业的压力，他们在学习、生活和生理方面会客观上存在一些不适应，容易产生自卑、孤独、压抑等心理问题。因此，加强少数民族大学生国家认同教育，一是必须坚持以人为本，从学习、生活、生理等方面关心他们的健康成长，要针对各民族学生的思想特点，加强大学生心理健康教育，提高他们自我调节和驾驭自己心理的能力。二是根据民族地区社会经济发展实际需要和少数民族大学生的现实学业水平，尊重不同民族学生的差异和个性，从专业学习上多给予帮助和分类指导，充分挖掘他们的自我优势，鼓励他们大胆实践，不断增强他们的自信心和竞争力，让他们在学习、生活等方面不断感受到成功和成长的喜悦，从内心深处去感受党和国家的温暖，从行动上自觉地遵从党和国家的路线、方针、政策，不断构建现实意义上的国家认同。

总之，青年代表未来，青年创造未来。只有赢得青年，才能赢得未来。我们要通过国家认同教育，使广大少数民族大学生树立正确的、积极的国家认同意识，从而更好地成人

成才，这对于促进民族团结、国家统一和社会和谐，具有十分紧迫的现实意义和极其深远的历史意义。

参 考 文 献

[1] 中共中央文献研究室. 十七大以来重要文献选编（中）. 北京：中央文献出版社，2011：227-228.
[2] 陈达云，等. 少数民族大学生国家认同教育创新研究. 北京：民族出版社，2010：224.
[3] 韩震. 论国家认同、民族认同及文化认同. 北京师范大学学报（社会科学版），2010，(1)：107.

（原文题目为《民族院校加强少数民族大学生国家认同教育的思考》载于《高校理论战线》2012 年第 10 期）

高校开展中华民族多元文化教育的路径研究[①]

为了更广泛且高质量地传播多元文化，在教育实施过程中凸显文化的人本价值，使每个受教育个体获得尊重，"多元文化教育"应运而生。20世纪六七十年代西方的民权运动成为了多元文化教育产生的推动力，它最初发生在多族群国家，所关注的对象也仅仅是多族群群体，而后它的内涵逐步扩大并涉及性别、地域文化、宗教信仰、价值观念、思维方式等各个层面。多民族是我国的一大特色，而高校作为传授知识、科学研究、培养人才、传播文化的阵地，在引导社会青年形成正确的价值观、人生观、文化观、民族观方面有着举足轻重的作用。因此，高校实施中华民族多元文化教育具有其深刻的应然与实然价值，即让各个不同民族的有益文化要素进入有序、高效的传播渠道和教育系统，因为只有这样的教育活动才会尊重差异，宽和包容，才有利于在理性的平台上真正推动实现多民族文化的共赢，增强各民族人民的文化认同感，从而更好地弘扬中华文明。

一、"共生互补"教育理念的理论基础

（1）费孝通的"中华民族多元一体格局"理论。"共生互补"理念是对费孝通先生"中华民族多元一体格局"理论的观点凝练[1]，是对我们党提出的"三个离不开"思想的科学性所做的逻辑证明和必要补充[2]。"共生互补"体现了冲突与和谐相互统一的思想[3]。异文化间的矛盾冲突彰显了文化的多元性，但是人类共享的文明成果却是矛盾体中和谐的产物。多元的文化只有在不断发展和相互碰撞的过程中才有可能找到各类文化的交叉点，并逐渐扩大交集域。在搭建了各文化都得以公平交流的平台后，各个文化集团才会在"共识"的框架下继续发展，这样才能在同一性中坚持多样性，又在多样性中深化同一性，如此不断循环、螺旋上升。民族多元文化教育也只有在这样的过程中才能在同一性中加强民族团结，扩大民族共识，又在多样性中绽放多彩的民族文化之花。习近平主席在2014年联合国教科文组织总部的演讲中提到："文明是多彩的、平等的、包容的。"中华文明亦是如此，"物之不齐，物之情也"，让各族人民享受更富内涵的精神生活、开创更有选择的未来是何等乐事。"海纳百川，有容乃大"，各民族的文明成果都值得尊重，但更要在相互交流、交往和交融中才会充满生命力，在共生互补中才会秉持传承包容精神，只有这样，才能使中华文化成为人类进步的推助力。

（2）中华民族文化多样性与同一性辩证统一的理念。中华民族文化的多样性显而易见，主要体现在如下方面。第一，宗教信仰的多样性。总的来说，中华文化是以佛教为主，与道教、汉传佛教、藏传佛教、伊斯兰教、基督教文化和其他早期宗教文化整合而形成的文化[4]。第二，民族语言文字的多样性。少数民族语言文字是中国文字史的重要组成部分，

[①] 与肖丽合作。本文系教育部荣达教育基金中国特色民族教育理论体系研究（项目编号 MJZXWT13004）的阶段性研究成果。

造就了中华文化的多样性,为民族文化的发展提供了重要支持。少数民族文字大都是拼音文字,但共生互补视域下高校开展中华民族多元文化教育的路径研究在书写形式上各有不同。在某种程度上,民族语言就是民族文化的载体,语言种类的丰富性反映出民族文化类型的多样性。因此民族教育就应该突出教学活动的语言特殊性,通过汉语与少数民族语言的双语教学来真正地继承民族文化。第三,民俗民风及民族艺术的多样性。各少数民族有着不同的传统节日,祭祀礼仪,神灵崇拜,岁时礼仪等的形式也各不相同。民族艺术中的舞蹈及歌曲种类形成了各自独立的分支。第四,民族地域文化的多样性。少数民族分布广,形成了"大杂居,小聚居"的居住状态。中国地域辽阔,不同的地理环境和自然环境影响着少数民族文化的形成。这些都为民族多元文化教育提供了丰富的素材。另外,中华文化也具有同一性。它并不是各民族文化传统的简单相加,而是在民族文化的多样性中不断互补、沉淀,最终创新生成出的和谐共生体,即从多样性中生成出同一性,在同一性基础上形成更高层次的多样性。例如,在融入了大量鲜卑、柔然、突厥、契丹、女真等北方民族和百越、苗蛮等南方民族文化的基础上,华夏文化才更加熠熠生辉[4]。中华民族自秦汉以来就是一个统一的多民族国家,在悠悠5000年的历史长河中,各个民族既保有各自独具特色的文化与传统,又在相互间日益频繁的交往中共同谱写着光辉灿烂的华夏史诗。

二、共生互补视域下高校开展中华民族多元文化教育的路径研究

(1)高校应加强民族团结的教育工作。我国各民族不仅在历史上就是一个共生态的发展过程,在当今更是一个共生态不断升华的过程。民族团结教育是爱国主义教育的重要组成部分,高校作为培养中国特色社会主义合格建设者和可靠接班人的阵地,要引导学生树立正确的祖国观、历史观、民族观,各民族同学更要在中华民族大家庭中手足相亲、守望相助。高校要有计划地开设民族理论与民族政策、中华民族传统文化等课程、讲座,要对学生进行鼓励,各族学生以实现"中国梦"为契机,投到社会建设实践中[5],在祖国各条战线上贡献力量,践行中华民族传统美德。另外,各民族青年要在高校浓厚的文化气息中在互相交往中相互尊重各自的文化,因为只有在真正理解异族文化的基础上各民族才会实现真正意义上的平等和团结。新型的社会主义民族关系不仅为民族多元文化教育活动的实施创造了前所未有的和谐氛围,反过来教育更会促进各民族在理性地达成共识的基础上共享社会进步发展的经济文化成果,实现安定团结与互补共赢。

(2)高校要承担传播并创新不同民族社区文化的任务。高校作为我国民族多元文化传授的主要场所,其功能之一就是传承创造文化并引领社会。学校各民族学生众多,更应该组织他们深入各个民族社区就地取材,参与田野调查,将最真实、最生动和最接地气的民族文化内容润物细无声地传授给学生,传递给社会大众。我国的民族文化传统具有多层性、新旧交融性和多种文化圈并存的特点,若是寻着民族社区文化的发展轨迹,这些特点都是渗透在其中的。为了全方位地展现多元的民族文化,学校要开创其与不同民族社区文化间沟通的形式,这样学校教育才是充满活力的,受教育者在耳濡目染丰富民族文化教育的过程中才会是理性的、文明的,但又是有人情味儿的。学校可以定期组织学生深入不同民族地区开展调研学习活动,进行田野调查,在与当地人们熟络后还要参与当地的节日礼俗活

动、学习传统技艺,从传统活动中以"在现场"的方式直接习得民族文化。学校还要邀请民族多元文化的学者、民间技艺者等到校园讲学,开设少数民族语言课程,要"请进来,走出去",拓宽民族社区文化元素进入校本课程与学校课堂的渠道,扩大两者相互交流交融的空间,加强学校与不同民族社区之间的对话,秉承素质教育、创新教育、多元文化教育的宗旨要义,开展最有意义的多元文化教育活动,使民族多元文化"代代相传,代代常新"。

(3)高校应设置中华民族多元文化教育课程。高校民族多元文化教育课程应该包含传统的民族历史文化与现代文化,国家主流文化与少数民族文化,中华文化与西方文化,物质文化与精神文化等内容。课程构建应该坚持"四个理念"。一是"兼容并包"的理念,课程内容应全面而有序地呈现多民族的文化历史,从课程文化中体现包容的心态,因为中华文化是各民族共同缔造的;在教学方法上教师要尊重不同民族学生的实际接受能力,遵循受教育者的文化思维,切实提升他们的学业成就。二是"共情欣赏"的理念,课程教学应该培养学生的国际开放视野和欣赏异文化的能力,用心走进他民族的文化场域,用情感受不同的文化和社会的人情世故,用理提升个体的移情素养。三是"文化自强"的理念,课程应该在培养学生欣赏他文化能力的同时,增强自身的"文化自我反观意识",从客位的角度反观主位,培养个体对自我文化的感知力和坚定意识,增强文化自信力,为自民族文化的传播凝聚向心力。四是"协同创新"的理念,高校要对课程设置、课程形式、教学方法等进行大胆的创新与改革,整合优势资源,集结历史学、民族学、人类学、美术学、语言学等学科的专家教师共同编制民族多元文化教育方面的系列教材,培养学生收集、整理和解构多元文化信息的能力,使得课程教育活动最终得以有效实施。

(4)高校应造就一支具有多元文化教学理念的师资队伍。建设一支高水平的院校教育师资队伍,传承民族文化,完善院校办学体制,创新高校人才培养模式,开展民族多元文化教育,以实现培养民族英才的任务目标已经迫在眉睫。高等院校是我国整个教育系统中培养人才的主力军,而高校教师更是教育的把舵手,教师教学能力的素质在很大程度上会影响受教育者的学业成就。高校学生都来自不同的民族,这也意味着他们大都来自于不同的社会文化圈。性别、地域、宗教信仰、民俗民风等各方面的差异都会影响他们的学业成就。因此教师必须要构建多元文化思维,努力开发多元文化的校本课程和双语课程。要努力并广泛了解不同地区、不同民族学生的学习水平与接收能力,采用多元的教学手段培养处在不同阶段学生的综合素质,从而达到使主流文化与本土文化、现代文化与传统文化、两性文化、城乡文化的高度和谐统一。高校要鼓励教师树立多元文化教育的理念,引导学生从习得各民族文化精髓的过程中,懂得尊重自己的民族,敬爱其他的民族,从多样性中寻找到各民族共同构筑中华文化的相同的文化基因。

民族教育伴随着民族自身的发展而发展,它肩负着传承民族文化、创新物质文化和精神文化、提升人格、协调民族关系、促进民族团结的重任。中华民族教育应当汲取多元文化的教育理念,将各族优秀的民族文化融进民族教育系统之中,在多元文化和教育的结合部去共同彰显各民族人民的人性之美与思辨理性之光,最终实现达到"各美其美,美人之美,美美与共,天下大同"的境界。

参 考 文 献

[1] 梁润萍，黄贞. "共生互补"论集. 武汉：华中科技大学出版社，2014：3.
[2] 许宪隆，等. 共生互补：构建散杂居地区和谐社会的实践理念. 中国民族报，2008-08-29.
[3] 苏德. 少数民族多元文化教育的内容及其课程构建. 中央民族大学报（哲学社会科学版），2008，（1）：88.
[4] 何星亮. 中华民族文化的多样性、同一性和互补性. 思想战线，2010，（1）：9.
[5] 张弛. 以中国梦统领大学生理想信念教育. 学校党建与思想教育，2015，（2）：39.

（原文题目为《共生互补视域下高校开展中华民族多元文化教育的路径研究》，《学校党建与思想教育》2015年第8期）

教育创新篇

第四章 结束语

我国民族高等教育回顾与展望

民族是人们在历史上形成的共同体,具有自己的特征。无论原始民族、古代民族还是现代民族,尽管每个历史阶段都有其不同的含义:"但正像斯大林为民族下的定义:民族是人们在历史上形成的一个有共同语言、共同地域、共同经济生活,以及表现在共同文化上的共同心理素质的稳定的共同体"[1]。伴随民族历史发展的过程,在古代民族形成时期,由于阶级和国家形态的出现,世界上便出现了单一民族国家和多民族国家。我国是一个有着五千年悠久历史的多民族国家。在长期的历史发展过程中,各民族共同创造了中华民族文化,并形成了同呼吸、共命运的中华民族共同体。

一、民族问题与民族教育

民族问题始终是关系到国家命运的重大问题。能否处理好民族问题,直接关系到能否保证国家领土完整、祖国统一和国家的长治久安。

(一)我国民族问题的由来

1. 我国民族问题的产生

民族问题历来是社会总问题的一部分,它与社会、政治、经济、文化等方方面面的问题密切相关。马克思主义认为,"民族问题不能认为是什么自在的、一成不变的问题。民族问题只是改造现成制度总问题的一个部分,他完全是由社会环境的条件、国家政权的性质并且一般地是由社会发展的全部进程决定的"[1]。民族问题的复杂性和特殊性在于任何一种社会关系都有可能会体现在民族关系上,任何一种社会问题都有可能会引申为民族问题。因此,现阶段剖析民族问题离不开对现实国情和国际形势的准确把握。我国目前存在的民族问题,与国内外政治、经济、文化等大环境密切相关。

改革开放以来,我国进入了一个经济持续快速增长、社会进步显著、人民生活水平明显改善的发展时期。但这一发展过程有失平衡,尤其是随着经济社会结构深刻变化,各种利益关系变得更为复杂,许多与国计民生密切相关的社会问题也日益凸显。例如,城乡收入差距扩大,区域间(东中西部)发展不平衡,居民收入分配不公;民生领域中上学难、看病难、就业难问题仍然突出。我国经济社会发展中存在的突出问题,对于总体上经济基础薄弱、社会事业滞后的少数民族聚居地区而言,成为引发普遍意义上的民族问题——少数民族和民族地区发展问题的重要社会背景。

国际上,20世纪八九十年代,世界格局发生重大变化。第三次世界民族主义浪潮震撼了全球,苏联加盟共和国的相继独立给一些想脱离统一民族国家的少数民族势力以很大鼓舞,这也刺激了民族分裂势力的沉渣泛起。同时,美国等西方国家对中国实施"西化""分化"战略,在国际上大力支持和纵容这些民族分裂势力,导致长期抱有分裂中国梦想的达赖集团和

"东突"势力开始更加积极地谋求"独立"。"台独"势力也在民主化浪潮的影响以及台湾政治走向民主化的背景下开始猖獗起来。对于中国政府,维护国家统一和领土完整是国家最高利益,这是任何时候都不会动摇的。西藏、新疆和台湾都是我国领土不可分割的一部分。所有危害国家统一、侵害国家利益的行为,都会受到严厉打击,都会遭到人民唾弃和历史鞭挞。

民族问题不是一成不变的,它随着环境和形势的变化而不断发展变化,呈现出复杂化和多样化的态势。我国是一个统一的多民族国家,处理好民族问题,是关系到国家统一、边防巩固、经济发展和社会稳定的大问题。新时期,面对国内外新形势,我们要更加重视民族问题,正确地分析民族工作的新形势、新矛盾和新问题,开创我国民族工作的新局面。

2. 我国民族问题的表现

我国是一个多民族国家,民族问题具有复杂多样的反映和不同性质的内容。概括起来,主要体现在经济、政治、文化、民族关系和民族分裂主义五个方面。

第一,社会经济发展问题。由于历史、自然等原因,我国少数民族地区社会生产力发展水平普遍落后,经济基础薄弱,经济发展内在动力不足。加之少数民族地区生态环境恶化,成员文化素质和思想观念较为落后,使得民族地区缺乏持续发展的内在动力。民族地区的社会经济发展在民族问题中居于基础性地位,少数民族地区经济发展好了,很多民族问题就会迎刃而解。

第二,政治权利保障问题。在我国,少数民族政治权利的核心内容是民族平等权和民族自治权,其他一切权利都以此为基础而展现和派生出来[2]。我国民族区域自治制度有效保障这些权利得以实现,但在具体实践中,仍存在民族区域自治制度的贯彻落实问题,例如,相关法律法规、监督机制有待进一步健全完善;执法不到位影响民族区域自治制度的权威性问题也有待解决。

第三,少数民族文化保护与发展问题。由于受到现代化进程中工业化和城市化步伐加快、生产生活方式改变以及媒体文化冲击等因素影响,我国民族文化资源流失严重、传承难以为继的问题相当突出。有形文化遗产和非物质文化遗产流失严重,一些民族语言文字处于濒危或势衰状态。

第四,民族关系问题。在改革开放逐步深入,市场经济蓬勃发展的背景下,我国各民族的国家向心力、凝聚力日益增强,民族关系空前融洽。与此同时,我国民族关系中的矛盾结构层次也随之发生变化。具体体现在:各民族与国家的关系,民族地区与中央的关系,汉族与少数民族的关系,自治地方内部的民族关系,各少数民族之间的关系,各少数民族地区之间的关系。如何妥善处理这些问题,对于巩固团结融洽的民族关系具有重大意义。

第五,分裂主义势力。目前对我国国家安全产生威胁的分裂主义势力主要有达赖集团、"东突"势力以及"台独"势力。这些分裂主义势力的存在及其破坏活动给国家政权带来了最直接、最强烈的现实威胁。

3. 我国解决民族问题的政策

(1)民族平等团结

民族平等是马克思主义关于民族问题的最基本原则,也是我国民族政策的立足点。在我国，民族平等是指各民族不论人口多少，经济社会发展程度高低，风俗习惯和宗教信仰异同，都是中华民族大家庭中的平等一员，具有同等的地位，在国家社会生活的一切方面，依法享有相同的权利，履行相同的义务，反对一切形式的民族压迫和民族歧视。民族团结是指各民族在社会生活和交往中平等相待、友好相处、互相尊重、互相帮助。民族平等是民族团结的前提和基础，没有民族平等，就不会实现民族团结；民族团结则是民族平等的必然结果，是促进各民族真正平等的保障。民族平等团结是马克思主义民族理论的基石，是我国解决民族问题的重要政策。

（2）民族区域自治

民族区域自治是解决我国民族问题的基本政策，也是我国的一项基本政治制度。民族区域自治指的是在国家的统一领导下，各少数民族聚居地方实行区域自治，设立自治机关，行使自治权。实行民族区域自治，体现了国家充分尊重和保障各少数民族管理本民族内部事务权利的精神，体现了国家坚持实行民族平等、团结和共同繁荣的原则。民族区域自治包含五个重要特征。一是民族自治地方的自治机关具有双重性质。自治地方的自治机关行使地方国家机关的职权，同时依据《中华人民共和国宪法》《中华人民共和国民族区域自治法》和其他法律规定的权限行使自治权，根据本地方实际情况贯彻执行国家的法律、政策。二是民族自治地方自治机关的主要领导由实行区域自治民族的公民担任，自治区主席、自治州州长、自治县县长由实行区域自治民族的公民担任。三是民族自治地方有立法权和变通权。自治地方的人民代表大会有权依照当地民族的政治、经济和文化特点，制定自治条例和单行条例。上级国家机关的决议、决定、命令和指示，如有不适合民族自治地方实际情况的，自治机关可以报经上级国家机关批准，变通执行或者停止执行。四是对民族自治地方自治机关使用语言文字有专门的规定。在我国，各民族都有使用和发展自己语言文字的自由和权利，无论在司法、行政、教育等领域，还是在国家政治和社会生活中，少数民族语言文字都得到了广泛传播。五是民族区域自治机关有权自主发展本民族的经济、文化等事业。

（3）各民族共同繁荣

各民族共同发展繁荣，是党的民族政策的重要内容。《中华人民共和国宪法》规定："国家根据各少数民族的特点和需要，帮助少数民族地区加速经济和文化发展"，"国家从财政、物资、技术等各方面帮助各少数民族加速经济和文化的发展"。新中国成立以来，特别是党的十一届三中全会以来，国家在人力、物力、财力和技术力量等方面，给予少数民族大力支持，对加快少数民族和民族地区发展起到了重要作用。同时，国家也采取了一系列有利于少数民族地区发展的特殊政策和措施，如财政税收优惠政策、扶贫开发政策、对口支援政策、人口生育政策、少数民族教育就业政策、少数民族文化保护政策、少数民族特别民事权力保护政策等。这些措施保障了少数民族的各项权利得以实现，促成了各民族共同发展繁荣、共享改革发展成果的美好局面。

（4）大力培养少数民族干部

培养选拔少数民族干部是解决民族问题、做好民族工作的关键。少数民族干部是党和国家干部队伍的重要组成部分，是党和政府联系少数民族群众的重要桥梁和纽带。少数民族干部的培养状况，直接关系到党的路线、方针、政策在民族地区的贯彻执行，关系到民族区域自治制度的坚持和完善，关系到少数民族和民族地区的发展与繁荣。多年来，党和国家根据民族工作以及社会发展的需要,通过各级各类高等院校开展培训,力求全面提高少数民族干部素质。少数民族干部培训在传授相关理论知识的同时,注重实践锻炼,努力促成理论与实践相结合,在地区之间和部门之间,有计划地开展干部交流、岗位轮换,选派少数民族干部到中央、国家机关和经济相对发达地区进行挂职锻炼,大大提高了少数民族干部的业务能力和业务素质。同时,在坚持德才兼备原则下,同等条件下优先选拔和使用少数民族干部,使少数民族干部在各级党委、政府、人大和政协等领导班子中占有适当比例。在党和政府的关心重视下,我国少数民族干部和各类人才茁壮成长,规模日益扩大,结构日趋改善,素质不断提高,已然成为了一支高素质干部队伍,为我国的民族团结进步事业保驾护航。

(5) 尊重少数民族风俗习惯

尊重少数民族风俗习惯,是我国民族政策的重要内容。《中华人民共和国宪法》规定:各民族"都有保持或改革本民族风俗习惯的自由"。国家尊重少数民族的风俗习惯,少数民族享有保持或改革本民族风俗习惯的权利。尊重少数民族的风俗习惯是贯彻民族平等政策的必然要求。尊重少数民族风俗习惯,具体内容包括:尊重少数民族的饮食习惯,尊重少数民族的服饰习惯,尊重和照顾少数民族的年节习俗,尊重少数民族的婚姻习俗,尊重少数民族的丧葬习俗,等等。此外,还要求禁止利用大众传播媒介侵犯少数民族风俗习惯。

(6) 尊重和保障少数民族宗教信仰自由

《中华人民共和国宪法》规定:中华人民共和国公民有宗教信仰自由。根据《中华人民共和国宪法》关于公民有宗教信仰自由的规定,国家制定了具体政策,尊重和保护少数民族的宗教信仰自由权利,保障少数民族公民的一切正常宗教活动。同时,在全面贯彻宗教信仰自由政策的基础上,依法对少数民族宗教事务进行管理,积极引导少数民族宗教与社会主义社会相适应,团结少数民族宗教界和广大信教群众与全国人民一道,共同致力于社会主义事业建设之中。

(二) 我国的民族教育

1. 我国民族教育概况

民族教育是中国整体国民教育体系的有机组成部分,它同人口众多的汉族教育相对称,二者有如鸟之双翼,缺一不可。它直接关系到少数民族政治上能否当家做主,经济上能否繁荣发展的大问题。我国的民族教育随着当代中国政治、经济、文化的发展,已经成为在多民族国家里成功帮助少数民族实施和发展教育的典范。

什么是民族教育?从广义上讲,民族教育是指整个中华民族进行的各民族文化传承和培养其内部各成员,一方面适应现代主流社会,以求个人更好地生存与发展,另一方面继承和发展各民族优秀传统文化遗产的社会活动。这一广义概念涵盖了我国历史与当代的一切民族的教育:无论原始民族的教育、古代民族的教育,还是现代民族的教育;无论主体民族教育,还是少数民族教育都在其中。从狭义上讲,民族教育特指少数民族教育,它是"少数民族"派生的产物,是同少数民族经济、少数民族文化、少数民族体育、少数民族卫生等概念并列的。具体指发展少数民族和民族地区的教育事业,培养少数民族干部、专业技术人才等方面的工作。我国的民族教育,就其范围而言,是指对汉族以外的 55 个少数民族所实施的教育。新中国成立以来，经过 60 多年的发展，我国的民族教育已逐步形成从基础教育到高等教育，从普通教育到职业教育和成人教育的完备的民族教育体系。具体包括：少数民族幼儿教育、少数民族基础教育、少数民族高中教育、少数民族高等教育、少数民族成人教育和干部教育以及少数民族职业教育。

2. 我国民族教育发展的现状

新中国成立以来，在政府大力扶持、社会各界人士热切关怀以及各民族人民共同努力下，我国民族教育得到迅猛发展，取得了较为瞩目的成绩。少数民族在校生规模不断壮大。截至 2009 年年底，我国各级各类学校中少数民族在校学生总数达 2280.02 万人，相较于 2005 年增长了 6.3%。其中，全日制本专科生在校生数为 141.05 万人，占学生总数的 6.58%；普通中学的少数民族在校生数为 679.94 万人，占学生总数的 8.64%；普通小学少数民族在校生数为 1059.12 万人，占学生总数的 10.52%[3]。同年年底，全国各级各类学校中少数民族专任教师已达 113.54 万人，占少数民族教职工总数的 8.25%[3]。

在中央的大力支持下，我国民族地区的"两基"（即基本普及九年义务教育和基本扫除青壮年文盲）攻坚计划也取得了显著成效。截至 2009 年年底，民族地区基本普及九年义务教育和基本扫除青壮年文盲的民族地区县达到 685 个，占民族地区县总数的 98.1%，而在 2002 年，实现"两基"的民族地区县只有 369 个[4]。

在双语教学方面，为了帮助广大少数民族中小学汉语教师更好地实施双语教学，国家在 2009 年，先后在新疆和西藏举办了《全日制民族中小学汉语课程标准（试行）》国家级培训班，采取集中与远程教育相结合的方法，仅新疆地区培训规模就达到了 1100 人，总计 1200 余名少数民族汉语教研员和骨干教师参加了培训。双语教学经费得到进一步保障。2009 年新疆一次性解决了全疆 2237 个乡级双语幼儿园建设资金 20.95 亿元[4]，形成了新疆学前双语教育经费保障长效机制。

在民族教育援助方面，截至 2009 年，全国 21 个内地省市举办的西藏班累计招收初、高中生 3.8 万余名，其中初中生占比达 62%[4]，并累计向藏区输送优秀毕业生近 2 万名。内地开设的新疆班则以培养高中生为主，累计招收的高中生人数达到 6.8 万余名[4]。在开设西藏班和新疆班的 21 个内地省市中，以山东、北京、天津和广东为最多，四省市西藏班和新疆班招生人数之和接近当年招生总规模的 1/2[4]。

此外，内地高等院校招收少数民族预科和高层次骨干人才的规模也在逐步扩大。以 2009 年为例，当年国家下达少数民族预科招生计划 3.1 万人，比 2008 年增加了 7000 人。录取少数民族高层次骨干人才硕士研究生 2400 人，博士研究生 1000 人。该计划受到西部和民族地区的广泛欢迎，录取率比 2008 年分别提高了 20% 和 24%[4]。

（三）我国的民族教育与民族问题

发展少数民族地区的政治、经济和文化，实现各民族的共同繁荣，是马列主义、毛泽东思想在民族问题上的根本政策。随着新民主主义革命的胜利，我国的民族问题已发生根本变化。新时期的民族问题主要体现在少数民族迫切要求加快民族地区的经济社会发展，这是我国的基本国情之一。大力发展民族教育，对于改变民族地区经济社会发展较为落后的现状具有根本性的推动作用。

1. 民族教育本身就是民族问题的一部分

民族问题存在于民族产生、发展、消亡的整个历史阶段，民族问题不仅是民族之间的关系和矛盾问题，更包括民族本身的事务问题。当前，我国正处于并将长期处于社会主义初级阶段，在这一阶段，不仅存在民族关系和民族矛盾问题，而且存在民族本身的事务问题，其中又以民族发展问题为根本。发展是解决一切问题的根本所在。民族发展问题解决不好，就无法从根本上解决民族矛盾问题，巩固平等、团结、互助的社会主义民族关系也将成为空谈。而人是促成一切发展的重要载体，人的文化水平和整体素质的高低直接影响到预期发展目标能否实现。发展民族教育，旨在形成多层次、全方位少数民族人才培养体系，为民族地区发展提供多样化的人才保障和智力支持。民族教育搞得好，民族地区的发展才能顺利实现。因此，民族教育本身就是民族问题的一部分，民族教育在解决民族问题、实现各民族共同繁荣发展中发挥着无可替代的重要作用。

2. 发展民族教育是实现民族地区现代化的根本之策

现阶段，我国少数民族和民族地区迫切要求加快经济文化的发展，消除由历史原因导致的民族间存在的不平等，期待尽早实现民族地区的社会主义现代化。而民族教育顺利实现了民族地区科学文化普及，为民族地区社会主义现代化建设培养了大量优秀人才。民族教育切实将民族地区的经济开发与智力开发有效地结合起来，大大提高了民族地区发展的"内增力"，进一步缩小了民族地区与非民族地区之间的差距，为民族地区实现社会主义现代化插上了腾飞的翅膀。

3. 发展民族教育是发展社会主义民族关系的重要举措

一个民族文化水平提高了，科学发展了，眼界开阔了，就会重视发展社会主义民族关系的重要性。少数民族有一定文化水平的有识之士，都极力维持和发展各民族间平等、团结、互助的新型民族关系。毋庸置疑，随着我国少数民族群体整体素质的普遍提高，我国社会主义民族关系必将得到进一步的巩固和发展。

4. 发展民族教育是实现民族区域自治的有力支撑

实行民族区域自治，关键是要有一支高素质的民族干部队伍。少数民族干部具有无法替代的优势和特有作用。少数民族干部来自本民族群众之中，熟悉本民族的历史和现状，大都通晓本民族语言文字、生活方式和风俗习惯，易于了解本民族人民的疾苦和诉求，同本民族人民有着极为密切的联系和"天然"的感情，对改变本民族、本地区的落后面貌，建设社会主义有着强烈的愿望和责任心。因此，建设一支能够担当重任、经得起风浪考验的高素质的德才兼备的少数民族优秀干部队伍，是改变民族地区落后面貌、促进民族地区经济发展、更好地实现民族区域自治的重要保障。民族教育通过完善的教育体系和完备的办学形式，为少数民族地区培养和培训了大批优秀的干部，这样一批高素质、富有开拓创新精神的少数民族干部队伍是贯彻民族区域自治制度的有力支撑。

二、高等教育发展与特色研究综述

(一) 高等教育发展的时代背景

近十几年来,我国经历了从精英高等教育向大众高等教育的转变过程。在精英教育时代,只有少数人有机会读大学,而在大众时代,大多数人都可以读大学。入学方式也随之多样化,人才的潜力得到空前开发,其成果转化为现实生产力的速度也随之加快。这一趋势意味着知识经济蓬勃兴起,科学技术不断进步,全球化进一步发展,国际竞争持续升级。各国政府为顺应这一潮流,空前重视发展教育、培训和终身学习,纷纷增加教育投资。日趋庞大的高等教育市场以及源源不断的追加投资,使得高等教育逐渐发展为一项"大事业",所有的部门都与之建立广泛联系,整个社会也因为高等教育的发展更加紧密地联系在一起。

(二) 高等教育发展的理论支撑

1. 马克思主义关于人的全面发展理论

马克思主义关于人的全面发展理论是高等教育研究的学科理论基础。马克思主义的人的全面发展理论,是在哲学、政治经济学和科学社会主义三大理论的基础上创立的学说[5],是我们确立教育目的、教育发展方向的重要理论指导。同时,作为一个内含"实践唯物主义"要素的科学思想,马克思主义所昭示的不单是人们应如何科学地认识人的潜在能力、社会关系的问题,而且指明了人的发展首先是一个日常发生的社会实践问题,无疑对当代社会具有重要的现实意义。

2. 高等教育系统的特性理论[6]

当代高等教育在逐步走向多功能、多层次、多模式的发展道路,已不再单纯属于上层建筑的范畴,也涉及经济基础范畴。高等教育系统作为教育系统中处于最高层次的一个子系统,具有自身的特性和规律,主要表现在:按照不同社会的价值取向,根据学生的思想、智能、体魄和心理特征,促使他们在德、智、体等多方面得到发展,成为一定社会所需要的高级专门人才。高等学校作为高等教育系统中的基本单元,其活动过程包括人才培养活动过程、科研活动过程、物质生产过程、后勤活动过程和管理活动过程。

3. 中国特色的社会主义理论学说

中国特色的社会主义理论是我国社会主义现代化建设的指针。中共"十四大"报告将中国特色社会主义的本质特征归结为:必须依据马列主义原理,坚持社会主义方向;必须依据中国的实际情况,坚持以实践作为检验真理的唯一标准;有中国特色社会主义的重要特征就是发展论。胡锦涛同志在"十八大"报告中提到:"中国特色社会主义理论体系,就是包括邓小平理论、'三个代表'重要思想以及科学发展观在内的科学理论体系,是对马克思列宁主义、毛泽东思想的坚持和发展"[7]。中国特色社会主义建设理论是当代科学社会主义发展理论的重大创新,把科学社会主义的基本原理运用到中国社会主义现代化建设实践中，系统、深刻、创造性地阐述了中国社会主义现代化建设的许多重大理论问题，丰富和发展了马克思主义的科学社会主义理论。高等教育作为社会主义现代化建设事业的重要组成部分，必然要以这一理论为指导，建立以适应社会主义市场经济体制、政治体制和科技体制改革为主要特征，以培养能适应现代社会发展需要为目标的高等教育体系。

(三) 高等教育发展的研究现状

1. 七个研究层次

弄清高等教育发展研究所在的层次具有十分重要的意义。因为只有弄清这一问题，我们才能确定研究开展的可行性，选择恰当的研究方法，确定研究成果的适应范围，明了所开展的研究与其他事物或现象之间的关系。目前，高等教育发展研究可划分为以下七个层次[8]。

第一，个体层次。个体包含学生、学者和高等教育系统内的其他相关成员。强调个体层次研究的原因为：个人经验能够说明和证实大范围的调查研究，充实高等教育研究细节，提高研究信度。

第二，课程层次。课程是高等教育知识传播的基本载体，也是小范围研究的基本单位。课程研究包括课程设置研究，课程内容研究，教学原则、方式和方法研究，师生关系研究，课程评价研究等内容。不难看出，课程发展研究的内容与观点更具普遍性的理论价值和实用价值。与个体层次研究一样，二者都具有很强的现实意义。

第三，系级层次。该层次研究主要围绕学院、系（研究室）、研究中心等同一层次的组织展开。系级层次研究往往涉及权力、利益分配以及获准进入大学内部的可能性等方面问题。例如，系级组织管理活动研究、系与系级之间以及系与整个高等院校之间的关系研究，甚至包括系级组织在更大范围的学科或专业中的角色研究。

第四，高等院校层次。高等院校包含各类公办和民办的高等院校。高等院校层次研究关注的是：涉及高等院校管理、课程设计、办学特色、高等院校评估，以及围绕民办高等院校或者是独立学院展开的各项研究，是高等教育研究不可或缺的组成部分。

第五，区域层次。高等教育区域层次研究，是将一个国家的某一或某些地区的一组高等院校的发展经验作为研究对象，探索高等教育如何满足区域发展要求，更好地为区域经济发展服务。

第六，国家层次。以国别为单位，对某一国家内的高等教育系统进行研究。国家层次研究多涉及现行教育政策研究、本国高等教育发展状况研究，以及在全国范围内研究某一学科的演变途径或发展方式等方面的内容。

第七，国际层次。比较两个或两个以上国家的高等教育政策，借鉴或移植别国高等教育制度，以及引进制度本土化过程中蕴含的各种关系，都是该层次研究的重要领域。

2. 七大研究主题

目前，我国高等教育发展研究至少包含以下七个主题范畴。

第一，专业结构和学科建设研究。涉及专业设置与就业、学科与跨学科、通识教育与专业教育、教育质量、技能和能力以及学术性和职业性等方面的研究。

第二，高等教育体制研究。包括高等教育管理体制研究、高等院校办学体制研究、高等院校招生制度和毕业生分配制度研究、高等院校内部管理体制研究、高等院校经费投资体制研究以及高等院校人才培养模式研究和资源配置方式研究等内容。

第三，重点大学和重点学科建设研究。根据研究出发点的不同，该类研究又划分为两类：一是从大学和学科本身着手研究，涉及重点大学组织结构、行政管理、重点大学内部组织之间以及内部组织与外部环境互动机制等方面研究，以及学科门类、学科带头人、学科科研水平等问题研究；二是从人的发展规律、科学研究的特点和社会发展的需要探讨我国重点大学和重点学科建设的一般性原理，并提出具有可操作性的改进建议。

第四，高等院校教学改革研究。涉及教学内容、教学方法、学习风格、师生关系、激励与沟通、咨询与指导等方面的研究。

第五，高等教育法制研究。内容包括：有关高等教育立法问题研究，如权力与权利、高等教育决策合法化问题研究、教育公平研究等；有关高等教育执法问题研究，围绕教育执法过程中存在的有法不依、执法不公、越权执法、公权私用和公权寻租等问题展开的研究；高等教育法制监督研究，主要涉及目前我国高等教育监督体系中的司法监督、权力监督、行政监督和社会监督存在的不足以及相应改进措施等方面的研究。此外，该类别还包括高等教育法制发展特色化研究。

第六，高等院校思想政治工作研究。研究范围包括高等院校师生思想政治观念的形成和发展变化的规律、高等院校思想政治工作的时代特征、高等院校思想政治工作的程序以及工作手段和作用机制等。

第七，高等教育国际化研究。包括全球范围内高等教育大众化研究、高等教育各个层面的国际间比较研究等内容。

（四）高等教育特色化发展的探索

1. 我国高等教育实现特色化发展的理论研究

（1）高等教育大众化与特色化研究

高等教育大众化是高等教育发展到20世纪70年代出现的概念，已成为包括我国在内的多数国家高等教育发展的重要战略选择。当前，我国已成为世界第二大经济体，对外贸易总量稳居世界第三位，综合国力明显提升，经济发展后劲十足，我国已经完全具备高等教育大众化发展的各项条件。同时，为迎接知识经济时代的到来，满足社会发展需求，实现"教育链"本身的良性循环，高等教育大众化也是一种必然选择。目前，我国高等教育大众化研究沿着以下三条不同的路径进行。

一是过程研究。强调以科学描述的方式分析高等教育大众化现象，涵盖高等教育大众化的产生、嬗变及现状分析，高等教育大众化过程中教育功能的转变，高等教育大众化的目标、特征及约束条件等。

二是互动研究。这一路径将高等教育置身于广阔的社会背景中，基于高等教育与社会有关因素相互影响的大量事实，分析高等教育大众化与社会经济、通信技术、信息技术、文化历史、教育制度、国民素质、区域发展差异、利益结构、发展主题之间的互动关系。

三是行动研究。该路径强调用政策导向和操作机制的方式分析高等教育大众化问题。

分析内容包括高等教育政策制度、高等教育决策权力分配、高等教育体制创新、高等教育政策导向、高等教育运行机制、高等教育制度设计、高等教育大众化实施原则和实现方式、人才评价设计等。总的来说，我国高等教育大众化研究内容，主要集中在高等教育大众化的概念、可能性和必要性研究，实施方法研究，高等教育大众化与质量问题研究，高等教育大众化与公平问题研究[9]。

在全球高等教育大众化背景下，我国高等教育也迅速实现了由"精英教育"向"大众化教育"的转变，高等教育规模迅速扩大。如何保证高等教育质量，如何实现高等教育公平，如何避免高等院校盲目扩大规模……这些都是亟待解决的现实问题，并已引起学术界的广泛关注。而高等教育特色化发展是被公认的、解决上述问题的根本途径。目前我国高等教育特色化研究分为宏观和微观两个层面。宏观方面的研究内容涉及制定国家或区域高等教育特色化发展规划，整体性人才培养规划，等等。在微观层面，研究内容包括：各级各类高等院校特色化教育理念研究，特色化教育教学管理体制机制研究，特色化校园文化研究，以及围绕学校特色化发展所展开的人才培养质量、学科建设（学科特色及特色学科研究）、专业设置、师资和科研队伍建设、教学评估、后勤服务等方面的研究[10]。作为高等教育体系的重要成员之一，民族院校理所应当地成为我国高等教育特色化研究的重要对象。与普通高等院校不同的是，民族性是民族高等院校独有的本质性特征，这意味着民族院校的特色研究更具特殊性、重要性和不可替代性。

（2）世界多元文化教育理论

美国是一个移民国家，其种族、文化的多元性长久以来一直就存在。进入 20 世纪后，很多学者开始对美国的做法以及对主流文化与个体特征之间的价值取舍进行深入的思考。例如，为了争取各民族间平等，卡伦提出了"文化多元主义"一词。"文化多元主义"在很多方面与后来的"多元文化主义"相近，但其关注面、社会影响、理论深度都不及后者。伴随着 20 世纪 50 年代美国民权运动的高涨，多元文化主义应运而生。多元文化主义的内涵丰富，不仅倡导文化上的平等，更是深入政治、经济、教育等各个层面，为不同族群寻求最为广泛的平等和利益。多元文化主义对教育的影响是突出的，它努力为少数民族学生和弱势群体寻求更多的受教育机会和教育资源，并力争使学校的文化变得更加多元。此外，还形成了系统的多元文化教育理论。"多元文化教育理论是一种教育改革理念和教育改革活动，它透过持续不断的课程改革和其他教育改革途径，教育学生熟悉自己的文化，能够自尊自信；它也教导学生去理解和欣赏其他的微型文化、国家文化及世界文化，养成积极对待其他文化的态度，消除性别、种族、民族、宗教、社会阶级、年龄、特殊性等方面存在的偏见和歧视，使每个学生都具有同等的学习机会，都能体验成功的学习经验，使族群之间的关系和谐，促进人类的共存共荣，达成世界一体的理想"[11]。多元文化教育理论对于我国民族院校特色发展的影响在于：首先，为我国民族院校各民族文化共存及交流提供了依据，因为多元文化教育理论认为各种文化的共存既可以使学生了解本族群的文化传统，增强自我认同感和自信心，又可以使学生了解其他文化类型，减少学生间的误解，促进和平共处；其次，为我国民族院校的一体性提供了依据，多元文化教育理论不仅关注文化上的多样，更关注学生自身的成长和未来的发展，它强调学校应教会学生如何在主流文化与个体特征之间寻求最佳的结合点，既要保留自我，又能理解和尊重其他文化并具备融入更为多元社会的知识、技能以及心理素质。

但源于西方发达国家的多元文化理论只注重文化的保持与发展,在反映文化多样性和民族平等性方面上,带有明显局限性。关注的重点是少数民族如何适应主流社会的问题,而不是民族的发展问题。这说明,该理论本身缺乏科学严密的哲学基础和扎实宽广的社会发展学说基础。因此,我们在中国特色社会主义国家研究教育问题,除了借鉴世界多元文化理论中的进步成分之外,必须坚定不移地以马克思主义民族学说为研究的基本理论指导。

(3) 马克思主义民族理论

1848年《共产党宣言》的发表标志着马克思民族观的诞生。此后,该理论在一系列的革命运动如欧洲革命、亚洲民族解放运动及波兰、爱尔兰民族解放运动中不断深化,十月革命后列宁、斯大林对马克思民族观的继承和发展使得马克思民族观更加完善。马克思主义民族观自20世纪初传入中国后,对中国的民族观、民族纲领政策以及民族事业发展的各方面都产生了深远的影响,中国共产党在学习马克思主义民族理论的基础上结合中国国情逐步形成了有中国特色的民族理论。民族平等是马克思主义民族观的重要内容。马克思、恩格斯指出"古往今来每个民族都在某些方面优越于其他民族,任何一个民族都不会永远优越于其他民族"[12]。马克思主义民族观认为无论从世界范围还是从国家内部,各个民族都是平等的。各民族间无论人数多寡、地域大小、时间长短都不存在优劣之分,都有值得其他民族学习的地方,都是平等的。这种平等不仅是政治上的,还应是文化、教育等各方面的,不仅是地位上的,还应是权利上的,不仅是形式的,更是法制的。民族平等历来是中国共产党民族政策的基本纲领,不仅从法律上明确了各民族地位及权利平等,更是深入各民族经济发展、语言、风俗文化的尊重保护等各个方面。

马克思主义民族平等观为民族院校特色发展提供了坚实的理论依据。各民族都是平等的,都有接受高等教育的权利,各民族的文化不存在上下之分,各有闪光的地方,都应有足够的平台得以展示、传承、发扬。尊重少数民族文化传统,鼓励少数民族特色高等教育的发展是践行马克思主义民族平等观的重要体现。民族融合是马克思民族观的一贯思想。"过去那种地方的和民族的自给自足和闭关自守的状态被各民族的各方面的互相往来和各方面的互相依赖所代替"[13]。可见,马克思主义民族观认为各民族融合是民族发展的大趋势,只有各民族相互交流,团结在一起才能走向繁荣。江泽民继承了马克思民族团结、民族融合的观点,提出了"三个离不开思想",即"我们伟大的中华民族是由56个民族构成的,在我们祖国的大家庭里,各民族之间的关系是社会主义的新型民族关系,汉族离不开少数民族,少数民族离不开汉族,少数民族之间也互相离不开"。"历史一再证明,团结就兴盛,就繁荣;分裂就动乱,就衰败"[14]。我国的民族院校以多元文化交流为发展特色,民族院校里既有各少数民族文化的交流,又有少数民族与汉族文化的碰撞,还有国外文化的引介。多元文化筑围的营造既促进了各民族间的沟通、了解,有利于民族团结,更是各民族间平等共处、相互交融、共创和谐的最好体现。

此外,以少数民族管理干部为培养目标是民族院校区别于普通院校的办学特色之一。马克思主义民族观对于培养民族干部的问题也有相关论述。列宁多次提出要大力培养和任用少数民族干部,斯大林认为要调动民族地区群众革命和建设的积极性就必须大力培养熟悉民族语言、风俗习惯、了解民族地区情况的少数民族干部。

(4) 高等教育与区域协调发展理论

我国半数以上的民族院校都位于欠发达的少数民族地区,这些民族院校作为专门人才培养和科技文化研究的中心,对于民族地区的政治稳定、经济发展、文化提升都发挥着积极的作用。事实上,民族院校服务于民族地区并不是我国的首创。19世纪末20世纪初美国的威斯康星大学首先提出把服务社会作为大学的重要职能,后来得到许多大学的响应。斯坦福大学成立于1891年,直到1920年她都还只是一所默默无闻的私立大学,但到了1960年她就成为美国最有竞争力的一流大学,发展到今天已成为世界排名前五的著名大学。斯坦福大学只用了半个世纪的时间就实现了别的大学几个世纪都不能达到的成就,其成功的秘诀就在于瞄准市场需求,进行科技创新,为周围的企业提供人才和技术支持。斯坦福大学成立了世界上第一个研究园区,也成就了世界上第一个科学园——硅谷。斯坦福和硅谷的成功为大学的发展开辟了新的道路,围绕大学建立的科技园纷纷发展起来,实践上的成功也引起了学者对于高等教育与区域协调发展关系的理论研究。潘懋元先生早就提出教育既要遵循其内部规律又要遵循外部规律即保持与政治、经济、文化的密切联系。目前,我国学术界普遍认为高等教育与区域协调发展存在密切的相互关系,尤其是在政治、经济、文化方面的关系达成了共识。首先,高等教育通过培养国家管理人才,对在校生进行主流政治意识形态、法制教育以维护地区的稳定。其次,高等教育通过培养各类专门人才,提供科技和信息服务以及院校自身的建设和规模扩大来促进地区经济的发展。再次,高等教育通过传教、提炼、整理及创新的方式促进地区文化的发展。当然,区域的发展也影响着高等教育。首先,区域的政治稳定是高等教育发展的先决条件。其次,区域经济发展水平决定着高等教育的办学资源及可持续发展问题,经济发展的需要也影响着高等学校专业结构及科研方向。最后,区域的文化传统和发展水平在一定程度上影响着高等学校办学特色的形成及办学水平的提升。种种实践上的成功和理论方面的研究都证明民族院校立足民族地区,共创发展是一条行得通并有发展前景的道路,应该将其确立为办学特色不断发扬。

2. 我国高等教育实现特色化发展的现实基础

(1) 特色化发展是高等教育大众化深入推进的必然趋势

大学需要共性规律,但更要强调个性。在高等教育大众化背景下,我国高等院校千校一面的趋同化倾向令人担忧,高等院校特色化发展应运而生,成为高等教育发展的必然趋势。独特的办学风格、独到的办学理念和在人才培养、科学研究、校园文化等方面的独特风貌构成高等院校特色化发展的主要内容。各院校若要在日益激烈的竞争中拔得头筹,走特色化发展道路成为一种必然选择。

(2) 特色化发展是我国高等教育发展的战略选择

在我国高等教育大众化进程中,一些院校由于缺乏科学定位,在办学目标、办学层次、办学模式等方面出现趋同化现象。这不仅无益于高等院校形成核心竞争力,而且很有可能最终导致高等院校在激烈的竞争中,丧失原有的优势和特色,危及自身的生存与发展。因此,高等院校必须经历一场深刻变革,力求在多样化的教育格局中找准定位,探索特色化的办学模式,才能在竞争激烈的高等教育领域中立于不败之地。

3. 民族高等教育实现特色化发展的方向

随着经济社会的多元发展,民族高等教育特色发展的内涵变得更加丰富,融合了民族性、地方性和国际性等多元意义。新时期,当人们思忖着民族高等教育的发展前途与未来时,思维不再狭隘,而是在坚持我国高等教育宏观发展战略的基础上,大胆创新,勇于追求个性化发展。走特色化发展之路是新时期民族高等教育发展的重要理念,得到学界广泛认同,这也是民族高等教育发展过程中"求异存同"的结果。以特色求发展,已经成为民族高等教育走向可持续发展最恰切的选择。

历史地看,民族高教特色发展之路在"求同、否定、求同存异、求异求同、求异存同"的历史过程中趋于明晰和宽敞。然而,如何才能在有限的资源环境中继续拓宽民族高等教育特色发展的空间,以确保其可持续发展,以下几个方面值得探讨。

(1) 用历史的逻辑理解民族高等教育特色发展的阶段性

目前,我国民族高等教育正处于社会转型时期,社会经济结构、价值观念都在发生深刻变革,尤其是我国高等教育已经进入大众化阶段,并致力于建设国内外一流大学的艰巨任务,民族高等教育在坚持特色发展的同时,既要以《国家中长期教育改革和发展规划纲要(2010—2020年)》(以下简称《纲要》)为理论指导,考虑现实社会的发展环境,又要兼顾质量与特色,更好地服务于新时期民族高等教育发展特色与发展实践,明确这一时期民族高等教育特色发展的新阶段性特点。

(2) 用发展的眼光看待民族高等教育特色发展的开放性

民族高等教育特色发展的路径应是多元而异质的,而不再囿于打"民族牌",可以利用多把"刷子"来促进自身的特色发展。如民族院校除了可以倚靠"民族"二字的资源优势,还可以充分利用地缘优势、政策优势等促进特色学科建设、培养方式的转变等。

(3) 把握民族高等教育特色发展的层次性

民族高等教育的特色是分层次的,是由低层次向高层次逐渐推进的过程。民族高等教育的特色包含"从无到有,从有到优,从优到强"的整个渐进式发展序列。正如民族高等教育的目标、任务、功能等从单一走向复杂一样,民族高等教育的特色发展也将从一元走向多元。随着社会历史向前推进,民族高等教育特色发展也应聚焦发展前沿,力求"人优我强",通过打造民族院校品牌,提升民族院校竞争力,建设具有民族特色和地方特色的一流的教学研究型综合性民族高等院校,促进民族院校的区域合作和国际化,促进民族高等教育的特色向纵深发展。

(4) 运用系统性思维方式审视民族高等教育特色发展的整体性

民族高等教育的特色发展是一个伴随着社会历史发展而发展的整体性过程。这种高等教育整体观,要求我们不能孤立地研究民族高等教育特色化发展,而是既要将其视为整个社会环境的一个子系统,研究其与其他相互作用子系统之间的关系,还要学会将民族高等教育的特色发展置于历史长河之中,以历史发展的眼光,处理民族高等教育特色化发展问题。

三、我国民族高等教育的发展

(一) 我国民族高等教育概述

1. 我国民族高等教育的内涵

民族高等教育的内涵和本质,是一切民族高等教育活动的基础,也是研究民族高等教育无法回避的基本理论和重大实践问题。20 世纪 90 年代以来,我国民族高等教育研究逐步深入,学术界大致从四个方面理解和阐述民族高等教育的内涵:从教育对象来看,民族高等教育的对象是各民族学生,这一群体不仅包括少数民族学生,还包括汉族学生,但以少数民族学生为主;从民族高等教育在民族教育学体制中的位置来看,民族高等教育是建立在民族中等教育基础之上的教育,处于民族高等教育学制体系的最高阶段;从教育的性质来看,民族高等教育是一种专业教育,是依据专业培养各民族高级人才的活动;从教育的目标来看,民族高等教育实施的是以培养学生跨文化适应能力为主的跨文化教育。

基于以上理解,我们可以把民族高等教育的概念分为广义和狭义两种。广义的民族高等教育,指建立在中等教育基础之上的以各民族学生为教育对象,以培养学生跨文化适应能力为目标的各种专业教育。而狭义的民族高等教育,又称少数民族高等教育,指的是在多民族中以少数民族的学生为主要教育对象,以培养学生适应现代化主流社会能力为目标的高等教育,在我国特指对汉族以外的 55 个少数民族学生所实施的高等教育。

2. 我国民族高等教育的分类

依据民族高等教育的内部层次,我国民族高等教育可分为预科教育、专科教育、本科教育和研究生教育,其中研究生教育又包括硕士研究生教育和博士研究生教育。各类型民族高等教育规模应与民族地区生产力发展状况、经济发展水平相适应,以满足民族地区多层次、多规格的人才需求。

依据科类和专业划分,是民族高等教育的横向分类。在我国,大的科类分为工、农、林、医、师、文、理、财经、政治、体育、艺术等学科,每一科类又可分为许多具体专业,如文科可分为语言文学专业、哲学专业、历史学专业、教育学专业等。民族高等教育根据民族地区的社会结构、经济结构和科学技术结构,适时调整各科类、各专业的培养规模,为民族地区社会经济发展输送各领域专业性人才。

在我国,高等教育形式既有长学制,也有短学制;有全日制,也有半日制或业余制。按照不同的学制,我国的民族高等教育可分为民族院校、内地院校民族班、少数民族地区的普通高等学校、少数民族成人高等教育等。

(二) 我国民族高等教育的发展历史

1. 新中国成立前的民族高等教育

(1) 我国古代民族高等教育

我国少数民族高等教育最早出现在中古以后。在我国历史上曾出现过的以我国少数民族为主体而建立的国家政权,都曾对少数民族亲贵子弟实施具有高等教育性质的各种形式的教育,旨在培养、选拔本民族的高级统治人才。

(2) 我国近代民族高等教育

我国近代民族高等教育始于1908年建立的满蒙高等学堂。光绪三十四年（1908年），清廷为了培养少数民族上层人才,加强对边疆民族地区的统治,由学部资宪政编查馆批准,创办了我国第一所民族高等学校——满蒙高等学堂,并颁布了我国第一个民族高等教育法令——《满蒙高等学堂章程》。该章程对民族高等学校的学科层次和设置、学制、课程,以及招生、学籍、师资管理等问题,做出了系统的规定。满蒙高等学堂是近代中国教育史上出现的第一所专门的少数民族高等学校,填补了少数民族高等教育的空白,改变了民族地区主要依靠宗教教育培养上层人才的状况。满蒙高等学堂既吸收了近代学校教育的内容和形式,也注重民族地区的发展实际,体现出了较强的民族教育特色。

(3) 民国时期的民族高等教育

民国时期（1912～1949年），尤其是南京国民政府时期（1927～1949年），将民族教育视为边疆教育,设立蒙藏教育司,隶属教育部,分管全国少数民族教育事业,民族高等教育也由该司负责,教育部则负责教学管理及考核。1913年,中华民国政府在北平创办了专科性质的蒙藏学校,并制定了《蒙藏学校章程》,对办学中的有关问题作出了规定。蒙藏学校首次提出"提高增进蒙、藏、青海人民文化素质"的办学宗旨,通过定向、定额招生的办法,为边远落后的民族地区培养人才。要求民族学生在预备课时就学好汉语文,侧重学习法律、经济、统计、外交、财政等实用知识,注重实用性。考虑到民族地区经济较为落后,对少数民族学生免收学费、食宿费,给予特殊的照顾。虽然该校的教学和管理还处于初创阶段,但已经具备了近代教育性质的民族高等教育特色。它所实行的高等院校预备科、双语文教学、定向招生分配、对民族学生特殊照顾等办法,产生了积极的影响。为了更好地发展民族高等教育,中华民国政府开始在民族地区建立一些高等学校,并采取了特殊的措施和管理办法。

(4) 解放区的民族高等教育

抗日战争爆发后,为了培养少数民族革命干部,团结全国各族人民建立抗日统一战线,1941年,中国共产党在延安创办了延安民族学院。延安民族学院是在陕北公学的基础上建立的,它既是第一所专门培养少数民族革命干部的新型高等学校,也是我国历史上第一所民族学院。学院设置教育处、研究部、总务处,研究部下设蒙民问题、回民问题和西南少数民族等三个研究室,研究部的人员既是科研人员,又是教学人员。根据学员的文化程度,开设研究班、普通班和文化班三种类型的班级,学习相应课程。学院的学制初定为3期,每期2年,6年毕业；后来根据实际需要,也有提前毕业分配工作的。延安民族学院前后办了8年,培养了数百名少数民族革命干部,为新民主主义革命和新中国的诞生作出了积极的贡献。

总的来说,新中国成立前民族高等教育起步较晚,一直处在萌芽阶段,办学规模小,学科专业少,教学质量低,学校也不正规、不稳定,没有形成相应体系。但是,在整个发展过程中,新中国成立前的民族高等教育却一直保持着我国少数民族教育的特色,如采取特殊的招生办法、使用地方民族教材、开展双语教学、建立民族班和预科班、给予民族学生生活照顾等。这些方式、方法和措施虽然不尽完善，但对推动少数民族高等教育的发展仍起到了一定的作用，为新中国民族高等院校各项制度的建立奠定了基础并对其发展产生了积极的影响。

2. 新中国的民族高等教育

（1）"文化大革命"前 17 年的民族高等教育

新中国成立后，我国民族高等教育进入了新的发展时期。为了尽快恢复民族地区社会经济发展，党和国家把大力培养少数民族干部和专业技术人才作为一项重要民族工作来抓，采取创办民族学院和民族地区院校等措施，发展民族高等教育。全国范围内先后建立了 66 所民族院校。至 1965 年，民族自治地方最终拥有普通院校 37 所，专任教师 6232 人，在校生 30511 人。虽然这一时期受"大跃进"和反"右倾"等运动的影响，民族高等教育存在脱离实际、盲目发展的倾向，但在 1962 年，政府通过对民族高等教育机构进行调整和精简，使全国民族高等教育重新走上健康发展轨道，初步形成了覆盖全国主要少数民族地区的民族高等教育体系，为民族高等教育的发展，为民族地区高级建设人才的培养创造了良好的条件。

（2）"文化大革命"时期的民族高等教育

1966~1976 年，这十年是我国"文化大革命"时期。受"极左"路线的影响，我国民族高等教育遭到了新中国成立以来的最大劫难。"文化大革命"十年间，民族学院和民族自治地方院校大多停止招生，有的甚至被撤销、停办。少数民族在校生人数急剧下降，教师大量流失，民族院校和民族地区院校的教学科研设备、图书资料、生活设施等，均受到不同程度的损坏。我国的民族高等教育遭受巨大摧残和挫折，陷入低谷。

（3）改革开放之后的民族高等教育

1978 年以后，随着民族政策的进一步落实，我国民族高等教育事业出现了新的转机，走上了复兴之路，进入了蓬勃发展期。在党的民族政策和教育方针的指引下，我国民族高等教育全面恢复，部分被撤销或停办的民族院校得以重建。为适应民族地区社会和经济发展的需要，民族自治地方也开始建立了一批新的民族院校。

1985 年以后，我国民族高等教育进入了一个调整、改革、稳步发展的新阶段。根据民族教育事业发展和民族地区经济建设的需要，民族学院和民族自治地方高等学校数量继续增加，布局日趋合理，少数民族在校生和教师也有较大幅度增加。除了建立民族院校外，为了增加少数民族学生接受高等教育的机会，发展民族高等教育，我国还创办了普通高等院校民族班和预科班，并大力支持内地与民族地区高等教育开展支援协作工作。

新中国成立以来，我国的少数民族高等教育在曲折中不断前进，得到了巨大的发展，逐步建立了一大批具有民族特色、符合民族地区实际需要的民族学院（大学）和民族自治地方高等院校，少数民族大学生数量以高于全国平均速度大幅度增加。高等院校少数民族教师队伍也不断成长壮大，为少数民族和民族地区培养了一大批具有现代科学知识的少数民族干部和知识分子，积累了丰富经验。我国民族高等教育的蓬勃发展不仅为民族高等教育的进一步发展奠定了坚实的基础，而且在促进少数民族和民族地区的经济建设和社会进步，实现各民族共同繁荣，维护社会稳定等方面作出了重要贡献。

（三）我国民族高等教育发展的现状

1. 我国民族高等教育发展的成就

经过60多年的发展，我国民族高等教育已成为整个高等教育体系中十分重要的组成部分，为社会作出了巨大贡献，在少数民族地区的经济建设和社会发展中，发挥了不可替代的历史作用。

（1）民族高等教育服务能力不断提升

党的"十七大"以来，国家不断加强少数民族和民族地区院校应用型学科和特色专业建设，着力提升高等院校服务地方经济的能力。仅2010年，我国民族院校就向社会输送本专科毕业生4.38万人[4]，2009年，我国民族自治地区高等院校数量达到196所，比2007年增长了14.7%[4]。同年，民族自治地方县及县以上政府部门所属研究与开发机构675个，从业人员达42024人，其中拥有大学本科及以上学历的有18614人，占比44.3%[4]。

（2）是民族地区科学研究的重要基地

新中国成立以来，民族学院和民族地区普通高等学校，是开展民族地区科学研究的重要基地。民族学院和民族地区普通高等学校有数以百计的各级各类科研机构，其研究范围，几乎涵盖了国民经济的各个领域。在我国18所普通高等民族院校中，中央民族大学还进入国家"211工程"和"985工程"建设。经过多年的发展，我国的民族院校总体实力不断增强，在民族学、人类学、民族教育学、民族文化学、民族语言文学和民族经济学等研究方面，都展现出较强的实力和明显的优势，每年都有一批科研成果问世，服务于民族地区的经济建设和社会发展。

（3）是民族地区社会文化建设的重要力量

民族高等教育为民族地区的社会文化建设作出了巨大贡献。特别是民族院校，依靠其学科、人才、设施等方面优势，积极与社会互动，服务于社会经济、教育、文化和科技发展，切实履行高等院校社会服务职能。随着民族地区经济社会的进一步发展，民族地区社会文化建设对高等院校的依赖性将会逐渐增强。

2. 我国民族高等教育发展存在的问题

新中国成立以来，我国民族高等教育取得了巨大成就，但仍有不足和需要改进的地方。

第一，教育观念方面。教育事业发展重数量、规模和速度，忽视质量的观念十分普遍；办学方式政府依赖性强，缺乏面向社会自主办学的观念；办学中重投入轻产出的现象仍然存在；受传统教育思想影响，教学仍然偏重授业、解惑，强调单纯的知识传授，忽视智力的开发和创新能力的培养。

第二，民族高等教育管理体制方面。缺乏健全的科学民主决策机制；机构臃肿、人浮于事的现象十分突出；未能引入竞争机制，评估制度和考核制度也没有得到严格的执行；分配制度上，没有真正体现多劳多得、按劳分配的社会主义分配原则。

第三，教育投入方面。多年来，我国民族高等教育的经费，单纯依靠国家财政拨款。由于国家的教育经费严重不足，民族高等教育的经费也无法得到完全保证。投入的严重不足，制约了民族高等教育的发展。

第四，教育质量方面。我国少数民族高等教育质量不高，受多方面因素影响。降分录取造成民族院校生源质量不高，师资队伍整体水平不高，专业设置落后于民族地区社会经济发展需要，信息不对称造成学用脱离。教育质量是民族院校的生命线。应正视我国民族高等教育发展过程中存在的问题，科学合理地寻求解困之道。

四、教学改革：民族高等教育特色发展的必由之路

党的"十八大"为深化教育领域综合改革、发展民族教育、努力办好人民满意的教育指明了方向、提出了要求。民族高校学习贯彻党的"十八大"精神，就是要围绕推动少数民族和民族地区又好又快发展谋划思路、推动工作；围绕坚持和完善民族区域自治制度，切实保障少数民族合法权益谋划思路、推动工作。围绕繁荣发展少数民族文化，构建中华民族共有精神家园谋划思路、推动工作；围绕在促进民族团结，维护社会稳定过程中谋划思路、推动工作；围绕支持民族地区加强环境保护和生态建设谋划思路、推动工作；围绕加强民族地区人才培养力度谋划思路、推动工作。进一步深化在新形势下建设高水平民族大学的重要性和紧迫性的认识，明确办高水平民族大学的方向和任务，紧扣科学发展这个主题，抓住加快转变发展方式这条主线，突出教学的中心地位，深入思考教学改革"为什么要改、改什么、如何改"的问题，破解制约教学改革的难题，使教学质量取得根本性提升，人才培养水平收到实质性成效，办人民满意的民族高等教育，实现民族高校战略性跨越。

（一）要深刻认识"为什么要改"

《教育部财政部关于"十二五"期间实施"高等学校本科教学质量与教学改革工程"的意见》指出，高等教育的根本任务是培养人才。提高质量是高等教育发展的核心任务，全面提高高等教育质量的核心是大力提升人才培养水平。提升人才培养水平必须要注重整体推进，始终坚持育人为本，牢固确立人才培养在学校各项工作中的中心地位和本科教学在大学教育中的基础地位[15]。学校工作的着眼点、着力点必须集中到教学改革上来，通过重点突破带动整体推进，深刻认识"为什么要改"的问题。

1. 教学改革是贯彻落实党的"十八大"提出的"努力办好人民满意的教育"的需要

"十八大"报告中提出，要"努力办好人民满意的教育"，并进一步强调教育是民族振兴和社会进步的基石。要坚持教育优先发展，"把立德树人作为教育的根本任务"。"走中国特色自主创新道路，要更加注重协同创新，积极推动科技和经济紧密结合"。这为新时期高等教育服务经济社会发展指明了质量发展的方向。"全面实施素质教育，深化教育领域综合改革，着力提高教育质量，培养学生社会责任感、创新精神、实践能力"。要"加强教师队伍建设，提高师德水平和业务能力，增强教师教书育人的荣誉感和责任感"。人民对教育是否满意，关注的焦点和核心的内容都在于教育质量是否真正得到提高。

2. 教学改革是贯彻落实胡锦涛同志在庆祝清华大学建校 100 周年大会上的重要讲话精神的需要

胡锦涛同志在清华大学百年校庆讲话时指出："建设若干所世界一流大学和一批高水

平大学，是我们建设人才强国和创新型国家的重大战略举措。要以重点学科建设为基础，以体制机制改革为重点，以创新能力提高为突破，加大支持力度，健全长效机制，鼓励重点建设高校成为知识创新的策源地、深化教育改革的试验田、扩大开放的桥头堡。"世界一流大学、高水平大学的基本内涵和共同特质在于人才培养质量的提升。

3. 教学改革是贯彻落实《国家中长期教育改革和发展规划纲要（2010—2020年）》要求和《教育部关于全面提高高等教育质量的若干意见》的需要

《纲要》在高等教育的专章中提出："全面提高高等教育质量"和"提高人才培养质量"，强调"提高质量是高等教育发展的核心任务，是建设高等教育强国的基本要求"。为深入贯彻落实胡锦涛同志的重要讲话精神和《纲要》，教育部专门出台了《关于全面提高高等教育质量的若干意见》，提出了30条要求。同时，国家启动并实施"高等学校创新能力提升计划"（简称"2011计划"），引导高等教育与科研院所、企业、政府、国际社会的深度融合。协同创新既是提升高等教育质量的有力抓手，又是我们提高质量的内在要求。可见党和国家对于提升人才培养水平，提高高等教育质量的重视程度之高，推进力度之大前所未有。同时，标志着以质量为核心的、更为激烈的新一轮高等教育竞争拉开序幕。民族高校的发展只有在提高质量上"先人一步、高人一招"，才有前途，才有出路。

4. 教学改革是民族高校践行办学宗旨，提高人才培养质量，实现建设目标的需要

中共中央书记处书记、国家民委主任杨晶同志就国家民委学习贯彻"十八大"精神指出："要研究怎么样进一步发挥好委属院校作用，为民族地区培养更多更好更实用的人才。要研究怎么样以更多样更有效的方式，积极参与和推动民族地区人才培养和人才资源开发工作。"这对于办好人民更加满意的高水平民族大学具有十分重要的指导意义。民族高校要按照党的"十八大""五位一体"总体布局的要求，想民族地区之所想，急民族地区之所急，予民族地区之所需。力争在办学理念上有新境界，在队伍建设上有新成就，在学科建设上有新突破，在科技创新上有新成果，在对外开放上有新亮点，在校园文化建设上有新气象，在服务社会上有新局面。尤其是要践行民族高校办学宗旨，进一步把教职员工的智慧和力量集中到提高教育教学质量上来，并在教育教学改革上有新举措，实现新突破，努力办人民满意的民族大学。

总的来说，正是因为我们有诸多不适应、不符合、不到位、不尽如人意，与国家的要求、社会的需求、广大人民群众的期盼还有距离，我们才要改。发展是数量的增加，改革是质的改变。只有改，我们才有动力；只有改，我们才能适应。改是使命所在，改是必然选择。改，才能发展好。

（二）要深入思考"改什么"

经过教育部本科教学工作水平评估的洗礼，提高教育教学质量成为民族高校的主旋律。经过不懈的努力，民族高校教学基本建设不断加强，教学管理体系不断完善，教育教学改革不断深化，人才培养体系不断优化，人才培养质量不断提高。在看到成绩的同时，还必须清醒地认识到，民族高校的教学工作与国家发展总体布局，与民族地区发展形势，与学生成长成才内在需要，与学校建设目标要求均存在不同程度的差距。

教学的改革创新，牵一发而动全身，涉及民族高校工作的方方面面。从世界范围和教育史的角度来看，无论哪一个国家，教育的腾飞都最终靠教学改革。教学改革是学校最本质的改革，其他改革都必须服务于、服从于教学改革。从培养人才的角度讲，教学的改革创新应当成为教师的"第一学术"，提高教育教学质量，特别是人才培养的改革，没有实质性的突破，即使硬件投入再多，人才培养质量还是很难有大的提升。因此，改到深处是教学，改到痛处是教学，改到难处也是教学。那么，对于民族高校，教学改革的深处是什么，痛处是什么，难处是什么，作者认为，深处是教育教学理念更新，痛处是人才培养模式创新，难处是教学模式改革。要围绕上述三个方面的重点、难点和着力点对教学改革进行全面深入的探讨，整体综合的谋划，才能有效地破解教育教学的难题。

（三）要开动脑筋思考"如何改"

要改变教育教学不适应社会发展需要，不符合学生健康成长需求的现状，深化教育教学改革的总体要求是：按照"十八大"关于"努力办好人民满意的教育"的精神来改；按照《纲要》和《教育部关于全面提高高等教育质量的若干意见》的30条和"2011计划"要求来改；按照国家民委的要求来改，按照服务国家发展大局和民族地区全面建成小康社会的目标要求来改；按照各族学生的全面发展、个性发展的内在需求来改；按照民族高校发展的既定目标来改。衡量改得到不到位的标准为：是否有利于教与学积极性的调动，是否有利于办学效益的提高，是否有利于人才培养质量的提升。提高教育教学质量的关键是加强教育教学质量保障体系建设。努力建立可衡量、有针对性的教育质量标准体系，形成科学的教育质量评价办法和评价指标体系。

1. 凝练科学质量理念

要建设高水平民族大学，关键是要走内涵发展的道路。坚持内涵发展，就是要主动推进学校发展思路的战略性转移，使数量扩张服从质量提高，硬件增加服务于软件升级；从局部调整转向功能提升，从建设大楼转向培育大师；以科学发展为要义，以改革创新为动力，把学校发展推向更深层次、更高阶段、更高水平。在内涵发展的道路上，必须坚持质量立校，视质量为责任，视质量为良知，视质量为前途，视质量为生命，确保教学工作的中心地位，教学改革的核心地位，教学质量的首要地位和教学投入的优先地位。

提高人才培养质量，要切实树立人才培养是学校核心使命的理念，坚持树立以提高质量为核心的教育发展观，更加注重内涵发展；坚持树立以学生全面发展为目标的教育质量观，把促进人的全面发展和适应社会需要作为学校一切工作的出发点和落脚点，作为衡量教育质量的根本标准。

在教育教学上，在进一步追问"教学是什么，教学为什么"的同时，进一步厘清"六种观念"。一是教学质量效益观。什么样的教学是高水平、高效益的教学？教学的根本目的是促进学生的整体发展，其核心是学生各种能力特别是创新精神和实践能力的发展。因此，知识传递数量的多少不再是评价教学水平高低和教学效率高低最主要或唯一的评价标准和尺度，学生的真实发展状况才是衡量质量效益的根本尺度，这也是外延发展与内涵发展的根本区别。外延发展偏重于数量和规模的增长，内涵发展则是更加注重质量和效益的提升。二是教学价值观。教学的意义何在？教学的外在价值，通俗地说，要解决的根本问题就是为学生将来走上社会后能够就业，能够胜任未来的工作做好准备。教学的内在价值在于帮助学生不断丰富情感、完善人格、拓展精神世界、提升生命价值。完整的、理想的教学应该是把外在价值与内在价值、功利价值与非功利价值有机统一起来的过程，在帮助学生满足基本的生存需要的同时，更多地关注学生作为人本身具有的精神价值，为每个学生一生的幸福打好基础。三是教学主体观。尊重学生，关爱学生，确认学生学习和发展的主体地位，建立和谐的师生关系。四是教学过程观。教学过程不仅是一个特殊的认识过程，同时是一个师生情感共融、价值共享、携手创造共同成长、共同探求新知、共享生命体验的完整的生活过程。五是教学主导观。合格的教师不仅要做"传道、授业、解惑"者，同时要当好探索者、学习者、合作者、引导者、倾听者、欣赏者、支持者等，根据不同的教学需要，扮演不同的角色。六是教学评价观。立足学生成长，准确把握评价功能，发挥适用性，克服局限性。要改进人才培养质量的评价方式，学校本科教学评估要体现质量主体意识，体现注重内涵的导向，体现分类评估的要求，体现评价主体的多元化。

2. 创新人才培养模式

教学改革之"痛"，还在于真正深刻的教改、特别是旧人才培养模式重大变革，会带来广大教育教学工作者新旧思维和方式方法的痛苦转型。教学是培养高素质人才的主要形式，教学工作中的建设、管理和改革三大基本任务，虽相互作用，但不能混为一谈。抓好教学建设和教学管理都很重要，是改善教学条件、建立教学秩序的基础性和常规性工作，不可丝毫松懈；而教学改革则是创新人才培养模式、破解质量难题的关键，是教学建设和管理不能代替的。如果替代或淡化，势必造成教学改革"隔靴搔痒"的局面。温家宝同志在谈到如何研究制定《纲要》时指出，教育的根本任务应该是培养人才，人才培养观念更新和培养模式创新要成为规划的亮点。要注重培养学生的社会责任感、实践能力和创造精神，注重培养复合型人才。这里说的"亮点"，就是教改的重点，核心是人才培养模式创新。

创新人才培养模式，狭义上说，就要在既定培养目标、培养规格的基础上，侧重对人才培养途径和过程、培养方式方法和课程设置等进行适应人才需求的大力革新，着力解决好"怎样培养人"的问题。广义上说，创新人才培养模式可以涵盖教学改革的方方面面，就是要围绕全面实施素质教育、多出拔尖创新人才，大力更新人才培养观念，全面革新教育教学实践，包括重新审视办学定位、质量层次规格，重新设计教学计划和程序，对学科布局、专业设置、教学内容及课程体系、培养途径及方法、质量评价及保障体系等进行全方位变革，引导学校更好地适应就业市场和经济社会发展的新需求，使"培养什么样的人"和"怎样培养人"科学有机统一起来。

3. 深化教学模式改革

教学模式是人才培养模式改革的核心，是在一定教学理论指导下的简化的关于教学活动的基本程序或框架。它解决的是"如何教、怎样学"的问题，它既是现代教育理论的具体化，也是教学实践的概括和提炼，因而具有很强的现实指导性。教学模式的改革是包括教学理念、专业建设、课程设计、教学结构、教学方式、教学方法等在内的整体的综合的变革。现代大学教学实践证明，教学模式正朝着多样化、生本化、现代化、研究型方向发展。因此，民族高校全体教师必须借鉴国内外成功的现代大学教学模式，以培养学生实践能力和创新素质为核心，不断更新教学理念，科学合理地设计课程，改进师生活动结构，改革教学方式方法，努力探索出丰富多彩、具有特色的适合教学实际的教学模式。

上述提及的仅是教学改革的重点和难点。教学改革是一项系统工程，要全面、有效地加以推进，有待于党的建设和思想政治工作的进一步加强，以优良党风正校风、促教风、带学风的力量更加强劲；有待于价值取向与提高人才培养质量相吻合的学校制度体系的更加完善；有待于领导精力、师资力量、资源配置、经费安排和考核评价"以教学为中心"工作格局的更加凸显；有待于"为学生着想、为教师服务"的学校职能部门行政服务文化更加自觉；有待于各教学单位人才培养的主体责任更有担当。概而言之，有待于学校整体上有利于学生成长的校园文化生态的形成和完善。

切实提高人才培养水平，事关国家兴衰，民族命运，社会声誉，学校发展，学生前途，只有"想在深处、站在高处、做在细处、落在实处"，教学改革才能破解难题，提高质量，才能取得实效，民族高等教育的发展才会让人民感到真正满意。

（四）民族高等教育特色发展的根本在于教学改革

我们强调民族高等教育必须是具有中国特色的社会主义民族高等教育，其根本目的在于"多出人才，出好人才"，提高民族高等教育的质量。当前，民族高等教育面临着新的历史情况，这就是西部大开发战略和中国加入世界贸易组织情况下的经济全球化冲击，这要求我们贯彻"面向现代化、面向世界、面向未来"的办学方针，放眼于民族地区开发和开放，根据民族地区建设需要，为民族地区培养各种管理人才和科技人才，为未来的经济和社会发展培养出一批高水平的人才。因此，必须创造条件，提高教育质量，使民族高等教育水平达到全国高等教育水平。应有一套适合民族高等教育发展特色的教育计划、管理制度和教材，在思想政治教育、教学内容和方法、教学生活管理等方面，既要借鉴一般院校的成功经验，又要采取有别于其他院校的办法和措施，从而使少数民族人才脱颖而出。正确理解"出好人才"的标准。作为民族院校，衡量"出好人才"的标准，应看它能否担当起民族地区的现代化建设重任。要培养一批具有一定专业知识，能用科学的眼光观察现在和未来，具备分析问题、解决问题能力的人才。

在教学规律面前，根据社会发展对少数民族高等教育的要求，我们在遵循教育教学规律的前提下，坚持走内涵式、特色化发展道路，对提高少数民族高等教育质量进行了诸多的实践与探索。如加强汉语教学力度，确保汉语教学的持续性；优化课程教学内容，改进教学方法，实施创造教育；加强师资队伍建设、积极拓宽途径，切实提高少数民族教育教学质量；加强实践教学环节，促进学生对理论知识的转化和吸收。

参 考 文 献

[1] 斯大林. 斯大林全集（第2卷）. 北京：人民出版社，1955：294.
[2] 张静. 我国现行法律对少数民族公民特别民事权利的保护. 西北第二民族学院学报，2000，（1）：58.
[3] 参见：中国教育统计年鉴（2009）. 北京：人民教育出版社，2010.
[4] 参见：中国教育年鉴（2010）[M]. 北京：人民教育出版社，2011.
[5] 马麒麟. 中国民族高等教育的改革与发展. 北京：教育科学出版社，2000：343.
[6] 马麒麟. 中国民族高等教育的改革与发展. 北京：教育科学出版社，2000：344.
[7] 胡锦涛. 坚定不移沿着中国特色社会主义道路前进为全面建成小康社会而奋斗. 北京：人民出版社，2012：12.
[8] 马尔科姆·泰特. 高等教育研究进展与方法. 侯定凯，译. 北京：北京大学出版社，2007：222.
[9] 王洪才. 大众高等教育论：高等教育大众化的文化——个性向度研究. 广州：广东教育出版社，2004.
[10] 哈经雄. 中国少数民族高等教育学. 南宁：广西民族出版社，1991.
[11] 黄政杰. 多元文化教育的课程设计途径. 多元文化教育，1993，（3/4）.
[12] 马克思，恩格斯. 论民族问题. 北京：民族出版社，1987：46-47.
[13] 恩格斯. 恩格斯选集. 北京：人民出版社，1972：255.
[14] 国家民族事务委员会政策研究室. 中国共产党主要领导人论民族问题. 北京：民族出版社，1994：237-238.
[15] 胡锦涛. 坚定不移沿着中国特色社会主义道路前进为全面建成小康社会而奋斗. 光明日报，2012-11-18.

（本文根据给研究生教案整理而成）

民族高等教育的协同创新

一、"一带一路":民族地区跨越式发展的重大历史机遇

"一带一路"是党中央、国务院根据全球形势深刻变化,统筹国际国内两个大局做出的重大战略决策。2013年9月和10月,中国国家主席习近平在出访中亚和东南亚国家期间,先后提出共建"丝绸之路经济带"和"21世纪海上丝绸之路"(以下简称"一带一路")的重大倡议。2015年3月28日,国家发展改革委、外交部、商务部联合发布《推动共建丝绸之路经济带和21世纪海上丝绸之路的愿景与行动》,具体介绍了"一带一路"倡议的背景、原则、框架思想、合作重点与机制、中国各地方开放态势,号召积极行动共创美好未来。"一带一路"倡议对于构建开放型经济新体制,形成东中西互济、海陆统筹的全方位对外开放新格局,对于实现"两个一百年"奋斗目标,实现中华民族伟大复兴的"中国梦",促进世界繁荣发展与和平稳定,都具有重大而深远的意义。正因如此,国内外研究者也将"一带一路"称为中国自1979年以来的"第二次开放"。

"一带一路"为民族地区加快发展提供了历史性机遇。从国家颁布的"一带一路"规划看,丝绸之路经济带国内段北、中、南三条大通道和海上丝绸之路沿线囊括了内蒙古、新疆、宁夏、广西等民族地区和青海、甘肃、云南等多民族省份。由于是中国与众多邻国的门户和纽带,包括新疆、宁夏、广西在内的诸多民族地区作为"一带一路"的重要战略支点,在规划中具有独特的地位和重要作用。"一带一路"规划的战略布局,使我国民族地区从边缘地带一跃成为面向中亚、西亚和东南亚地区对外对内开放的桥头堡,成为基础设施互联互通、能源基地建设的重点地区,成为国家构建全方位开放格局的前沿地带、这对于中国少数民族和民族地区,是实现跨越式发展的难得历史机遇。

(一)从边缘地带到战略前沿——民族地区战略地位发生根本变化

长期以来,受到国家实施东中西地区梯度发展战略的影响,加上民族地区大多地理位置偏僻、自然条件恶劣,自身发展能力较弱、经济欠发达,其战略定位偏重于维护国家领土完整、民族团结和边疆安全,国家的政策重心较多着力于改善基础设施,发展经济以解决边民生产生活困难、稳定人心、整固边防。至今,民族地区仍然是全面建成小康社会的短板。"一带一路"战略的实施,将民族地区从改革发展的大后方、边陲、末梢,推向了最前沿、重要节点和关键枢纽。这一历史性转变必然带来国家边疆治理理念、策略的深刻变化,民族地区将成为中国与丝绸之路沿线国家政策沟通、道路联通、贸易畅通、货币流通、民心相通的排头兵。

(二)从扶持对象到新的增长极:民族地区经济地位将逐步提升

"一带一路"战略通道从我国东部地区最具活力的东部三大经济圈出发,贯通欧亚大

陆，向西连接发达的欧洲经济圈，沿途经过的 60 多个国家，经济总量达到 21 万亿美元。巨大的经济体量和经贸往来，将为沿线民族地区打通资源流动的市场通道。"一带一路"沿线的交通、信息、油气管道等互联互通的大通道建设必然带来民族地区交通、物流等基础设施的极大改善，突破长期制约发展的瓶颈，投资贸易等经济活动将大幅增长，经济活跃度得到增强。国际、国内市场资源要素的加速流入，为民族地区发展带来急需的资金、人才、信息等，使其从发展洼地逐渐成为沟通经济发达体的交通、物流、经贸枢纽和桥梁，为经济发展腾挪出巨大的空间。国家在"一带一路"战略中重点建设的煤炭、石油、金属矿产等传统能源资源以及水电、风电、太阳能等新能源项目，为民族地区充分发挥资源富集优势提供了契机。民族地区可以抓住国内产业结构调整、经济结构升级换代和"一带一路"建设的双重机遇，积极布局绿色经济、环保产业等战略新兴产业发展，大力发展特色产业，积极探索经济发展新模式、新业态，力争成为国内经济增长的新引擎，为国家整体经济实现新常态下的平稳较快增长作出积极贡献。

（三）文化成为对外交流的重要资源——少数民族文化价值将愈加凸显

"一带一路"沿线自古以来就是多民族文化富集区，各民族多姿多彩的文化在古丝绸之路上相互激荡，铸就了中外文化交流史上最绚丽的篇章。传承和弘扬好各民族交流交往的优秀文化成果和宝贵文化遗产，以民族民间交往为纽带，广泛开展民族文化交流合作，可以深化与"一带一路"沿线国家长期合作的民意基础。从现实情况看，我国有 30 多个少数民族与境外同一民族毗邻而居，边疆少数民族和"一带一路"沿线国家人民语言相通、文化相近，存在着天然的历史文化纽带，有着文化心理上的自然亲近，充分发挥好这些历史、语言、文化优势，采取多种方式争取沿线国家人民对"一带一路"战略的理解、支持和参与，可以筑牢我们对外政治经济交往的民间基础、民心基础。同时，从民族文化自身发展而言，对外交流可以进一步增强少数民族的文化自信，增发文化发展的动力和活力，推动各民族文化自身的丰富、繁荣和发展。

（四）从低频度、小区域到高频度、全方位——民族地区交往交流交融将更加频繁

可以预见，随着对外对内开放程度的不断深化和国内资源要素流动加快，"一带一路"沿线民族地区各族人民的交往交流交融将呈现新的态势。一是人员流动趋势将发生改变。从既往的我国西部民族地区向东部沿海、农村向城市的单向流动，逐步向东西部、边疆与内陆双向流动转变。二是国家政策和市场资本力量的双重引导力量，将促进东部和西部之间、边疆和内地之间、少数民族和汉族之间、少数民族相互之间交往交流交融的程度更深、范围更广。三是随着"一带一路"沿线国家和我国经贸文化往来增多，少数民族和中亚、西亚、东南亚等各国家之间的交往交流将更加频繁、领域更为宽广。

二、"2011 计划"：民族院校与民族地区合作发展新载体

2012 年 5 月 4 日，教育部、财政部联合印发了《"高等学校创新能力提升计划"实施方案》，教育部、财政部联合召开视频会议，正式启动实施《高等学校创新能力提升计划》，

也就是"2011计划"。2014年4月5日,教育部、财政部联合印发《2011协同创新中心建设发展规划》《2011协同创新中心政策支持意见》《2011协同创新中心认定暂行办法》三个文件,进一步落实"2011计划",推进2011协同创新中心建设。

"2011计划"是我国高等教育领域继"211工程""985工程"之后第三个体现国家意志的战略性计划。实施"2011计划",是贯彻落实党中央重视和加强高等教育发展的战略举措,是推进高等教育内涵式发展的现实需要,是深化科技体制改革的重大行动。"2011计划"以国家重大需求为牵引,以机制体制改革为核心,以协同创新中心建设为载体,以创新资源和要素的有效汇聚为保障,转变高校创新方式,提升高校人才、学科、科研三位一体的创新能力。突破高校与其他创新主体间的壁垒,充分释放人才、资本、信息、技术等创新要素的活力,大力推进高校与高校、科研院所、行业企业、地方政府以及国外科研机构的深度合作,探索适应于不同需求的协同创新模式,营造有利于协同创新的环境和氛围。

根据"2011计划"重大需求的划分,协同创新中心分为面向科学前沿、面向文化传承创新、面向行业产业和面向区域发展四种类型。其中,面向文化传承创新的协同创新中心,以"传承文明、创新理论、咨政育人、服务发展"为建设宗旨,经过改革发展,使面向文化传承创新的协同创新中心建设成为服务重大决策的国家智库,推动文化传承创新的主力阵营,引领我国人文社会科学发展和理论创新的前沿阵地,高水平人才汇聚、拔尖创新人才培养和高水平国际学术合作交流的重要平台;面向区域发展的协同创新中心,"以地方政府为主导,以切实服务区域经济和社会发展为重点,通过推动省内外高校与当地支柱产业中重点企业或产业化基地的深度融合,成为促进区域创新发展的引领阵地"。结合民族院校办学水平和民族地区现实需求统筹考虑,民族院校建设协同创新中心应以面向文化传承创新和面向区域发展为主攻方向。

协同创新中心是"2011计划"的实质性载体,是校地协同创新的重要桥梁和纽带。以中南民族大学为例,学校围绕武陵山片区减贫与发展的重大需求,在国家民族事务委员会领导下,牵头组建"武陵山片区减贫与发展协同创新中心"。中心以武陵山片区政府部门、相关高校、企业为主要参与单位,以国家民委经济司、国务院扶贫办国际合作与社会扶贫司、华中农业大学、重庆大学、湖南农业大学、湖南中医药大学、湖北民族学院为核心协同单位,中心以"理事会+专家咨询委员会+主任委员会+分中心+创新团队"为基本组织形式,成立理事会、专家咨询委员会和主任委员会,下设科学事业部、人力资源部、条件保障部和办公室,按照协同创新中心目标任务,设立精准扶贫理论与政策、特色产业发展与减贫、民族文化发展与减贫、生态文明建设与减贫、多民族和谐社会建设与区域发展、扶贫协作等六个方向。力争经过4年的建设,协同创新中心在减贫与发展的关键环节和重要关联领域的理论创新与技术突破方面,集聚和培养一批拔尖创新人才,组建一批理论研究和技术创新团队,产出一批重大标志性成果,将协同创新中心建设成武陵山片区减贫与发展的拔尖创新人才培养的区域中心,山地特色作物品种选育与高效栽培技术、环境治理与生态修复技术的孵化基地,民族文化传承创新、民族团结进步事业开展、跨省协作的理论创新的引领阵地,集中连片特殊困难地区扶贫攻坚战略决策的科学智库。

三、协同创新、互利共赢：民族院校与民族地区合作发展新路径

"一带一路"和"2011 计划"共同的目标是促进发展。"一带一路"的关键词是"互联互通"，致力于建立和加强沿线各国互联互通伙伴关系，构建全方位、多层次、复合型的互联互通网络，实现沿线各国多元、自主、平衡、可持续的发展。"2011 计划"的关键词是"协同创新"，目的是加快高校机制体制改革，转变高校创新方式，集聚和培养一批拔尖创新人才，产出一批重大标志性成果，充分发挥高等教育作为科技第一生产力和人才第一资源重要结合点的独特作用，为国家创新发展中作出更大贡献。"一带一路"和"2011 计划"共同的目标就是促进发展，为民族院校和民族地区加快发展提供了政策条件和外部环境。

协同创新是民族院校和民族地区合作发展的有效路径。从字面上来理解"协同创新"，"创新"是目的，"协同"是方式，终极追求是发展。通过建设 2011 协同创新中心，建立和完善校地协同创新机制，发挥高校多学科、多功能的优势和地方大市场、多需求的优势，提升高校创新能力，更好地服务地方重大需求，从而实现民族地区、民族院校的互利共赢、协同发展。第一，民族院校紧密围绕民族地区创新发展的重大需求，产出一批具有重大带动和影响的创新成果，促进民族地区传统产业改造、新兴产业发展和社会建设，为地方政府提供重大战略咨询和服务。第二，广泛汇聚服务民族地区创新发展的优秀人才和创新力量，培养大量满足民族地区发展需要的高端实用型人才，促进学科交叉融合，培育新兴学科，形成特色鲜明、国内一流的学科体系。第三，形成政府主导、依托高校、产学研用紧密协同的技术创新与成果转移新模式，服务民族地区经济公社会发展。第四，形成以重大任务为牵引的人员聘用和有组织创新机制，建立以贡献和服务为导向的评价与激励体系，构建面向区域需求、校企联合的学生培养模式，促进民族院校与科研院所、行业企业间的人员互动，形成多元、融合、开放、流动的运行机制，提升民族院校办学水平。

（一）延续民族情感纽带，以人才培养推进协同创新

长期以来，民族院校以面向少数民族和民族地区，以少数民族和民族地区经济社会发展服务为办学方向。在协同创新平台上，民族院校要结合民族地区现实需求，承担特殊使命，着力为民族地区培养政治硬、素质高、能力强、下得去、留得住的德才兼备的少数民族各类高层次人才。中南民族大学建校 64 年来，共培养了 12 万余名各民族专门人才，其中很多都回到民族地区工作，为民族地区的经济、社会发展作出了重要贡献，也建立起了民族地区与民族院校之间天然的亲情纽带，为深入开展协同创新提供了情感基础。近年来，学校进一步增加面向民族地区培养人才的工作力度，逐年增加面向民族地区的招生指标，2012~2014 年，学校在武陵山片区本、预科招生人数达 2634 人，年均增幅 7.85%。调时，学校与恩施土家族苗族自治州的宣恩县、利川市，以及长阳土家族苗族自治县等地方政府接洽，免费培训乡镇干部、教师、导游等 200 余人。

（二）瞄准民族地区现实需求，以产学研合作推进协同创新

近五年来，中南民族大学积极把握民族地区经济社会发展需求，通过技术开发、技术咨询、技术服务、技术转让等多种形式开展支持与合作，累计合同经费达5000余万元。部分科技成果在民族地区得到成功应用与推广，为产业升级和经济社会发展发挥了重要作用。例如，李俊杰副校长团队主持的民族地区经济监测统计研究项目，组织全国专家研究建设民族地区经济发展监测指标体系，为民族地区经济发展提供统计学支持；覃瑞教授团队与6家武陵山区企业建立了产学研合作，仅长阳县任森农业公司由合作前2011年800多万的产值，增加到2013年2.3亿的产值，成为了国家高新技术企业，并成功在武汉产权交易市场上市；刘学群教授团队针对恩施州特殊的地理气候研究水稻抗性基因功能及水稻新品种选育，目前已与恩施州佰鑫农业科技发展有限公司合作培育了不育系"骏1A"和三系杂交早熟中稻组合"骏优522"，通过了湖北省品种审定，并在恩施利川、湖南湘西等地实施推广，推广面积累计达60余万亩；宋发军教授团队对人工繁育"七叶一枝花"进行了深入研究，使这种药材种苗生长周期比自然环境下缩短了1~2年，药效和野生的基本相同，培育的种苗在恩施州供不应求；郭小华副教授、刘虹副教授等人以恩施州咸丰县红细毛山药为研究对象，研究山药加工的褐变控制问题，选用多种褐变抑制剂对山药进行护色处理，确定了几种安全、高效的复合护色剂配方，能有效地抑制山药加工过程中的褐变问题；覃瑞教授带领团队建立了以红花、紫薯、山药、猕猴桃等为前导的武陵山区特色经济植物资源开发的分析提取和检验检测技术体系，帮助企业实现质量标准化；陈绍华博士组织申报的水库清漂等5个项目，争取到项目经费5300多万元，其主持的巴东山区生活垃圾污水处理工程项目向省发改委争取投资近1000万元；学校与武汉矽感科技有限公司合作，建立第三方检测中心，推动少数民族特色产品电子商务平台、物联网的建设与发展；段超副校长团队在来凤县进行"湖北省公共文化服务示范县"发展问题研究；计算机学院参与智慧鹤峰建设项目；等等。

（三）发挥民族院校学科优势，以减贫与发展政策研究推进协同创新

一是建设各类平台，加强民族工作研究。近年来，学校建立、共建了中国武陵山减贫与发展研究院、恩施发展研究院、湖北民族地区经济社会发展研究中心、中科院国家民委农业信息技术研究与开发联合实验室、武陵山区特色资源植物种质保护与利用湖北省重点实验室等平台，针对性地开展减贫与发展工作研究。二是产出高质量成果。学校充分发挥大民族学学科集群优势，长期持续研究武陵山片区经济社会发展的问题，在民族政策体系创新、武陵民族地区减贫、土家族文化传承与保护等领域居于全国领先水平。近五年来，先后获得武陵山片区减贫与发展相关领域的国家课题重大项目5项，一般项目30余项。科研成果获教育部人文社科奖二等奖1项，省部级一等奖5项。在学校牵头组织撰写的近百余篇咨询报告中，陈达云教授等提交的《贵州民族地区发展存在的问题与建议》获国家领导人批示，为国务院相关文件出台提供了重要参考；学校参与的《武陵山少数民族现状调研报告》，为武陵山片区规划出台起到积极作用；教育部哲学社会科学发展报告系列成果《2012武陵山片区特色产业发展报告》《2012武陵山片区民族文化发展报告》《2013武

陵山片区生态文明建设发展报告》《2013 武陵山片区扶贫与民生发展报告》和《2013 武陵山片区区域协作发展报告》等 5 篇报告系统地分析了武陵山片区减贫与发展的核心问题，为全社会进一步实施精准扶贫计划奠定了坚实的前期成果基础。

（四）实现互利共赢，在服务民族地区过程中提升民族院校办学水平

民族院校要以协同创新为契机，准确把握地方经济社会发展需求，大力推进教育教学转型、人才培养方式转变、人才培养质量提升，实现服务社会与推动学校改革发展良性互动。一是推进学科专业调整，重点加强理工科应用型学科专业建设，着力培养创新型应用型人才，提升学校人才培养质量。二是开展针对性研究，提升人文社科研究水平。引导专家学者关注民族地区和少数民族发展研究，为地方政府制定发展规划、出台帮扶措施提供参考，提升学校在高层次智库方面服务国家战略、服务民族地区的能力和水平。三是加强产学研结合，推进科技成果转化。深入民族地区开展调研，根据当地经济社会发展实际，有针对性开展科研活动，促进成果转化，促进民族地区调整产业结构，推进转型升级，实现区域发展"富生态"、贫困人口"富口袋"，在此过程中使得民族院校科研水平进一步提升。四是加强文化交流，促进以文化传承创新。加强对优秀民族传统文化的挖掘、保护、研究，为传承创新优秀民族文化作出贡献。

十八届五中全会指出，实现"十三五"时期发展目标，必须牢固树立并切实贯彻创新、协调、绿色、开放、共享的发展理念。今年 10 月 24 日，国务院印发《统筹推进世界一流大学和一流学科建设总体方案》（国发〔2015〕64 号）。我们要以"五大发展"理念和"双一流"建设为指引，抢抓"一带一路""2011 计划"重大历史机遇，以 2011 协同创新中心建设为载体，推进民族院校与民族地区协同创新、合作发展。

（原文题目为《"一带一路"背景下民族院校与民族地区协同创新的思考》）

民族高等教育的创新及其保障

江泽民同志在党的"十六大"报告中指出:"教育是发展科学技术和培养人才的基础,在现代化建设中具有先导性全局性作用,必须摆在优先发展的战略地位。""要坚持教育创新,深化教育改革,优化教育结构,合理配置教育资源,提高教育质量和管理水平,全面推进素质教育,造就数以亿计的高素质劳动者、数以万计的专门人才和一大批创新人才"[1]。民族高等教育作为教育体系的一部分,如何按照江泽民同志的要求进行创新,快速发展,为民族地区全面建设小康社会服务,值得我们认真研究。本书就此谈几点认识。

一、民族高等教育面临的新形势

我国的民族高等教育经过几十年的发展,已经取得了巨大成绩。有资料表明,到1998年,我国有13所民族大学(学院),民族自治地方有高等院校101所,在校少数民族学生达22.64万人,占全国高校在校学生总数的7%左右。民族院校在校学生达35081人,比1978年的6902人增长了4倍[2]。每个少数民族都有自己的大学生,许多少数民族还有自己的硕士生和博士生,其中,回、朝鲜、纳西等10多个民族每万人中的大学生数已超过全国平均水平。

进入21世纪后,在党中央的关怀下,民族高等教育的发展势头更为喜人。在看到民族高等教育大好形势的同时,我们必须清醒地认识到,目前民族高等教育也面临着前所未有的压力。这些压力主要来自如下方面。

(1)民族院校自身发展的压力。民族高等院校虽然近几年发展很快,但问题不少。如教育资源不足,办学规模相对较小,办学水平相对不高,专业设置不尽合理,学校管理水平不高。这些问题严重制约着学校的发展。民族高等教育要得到进一步发展,必须进行改革。

(2)高校间竞争的压力。20世纪90年代中后期,国家对高等教育进行了改革,高校进行了调整,许多高校之间进行了合并与重组。高校合并之后,彼此间的竞争日益激烈。随着社会对高校要求的提高和国家改革高等教育体制步伐的加快,高校间的竞争将更加激烈。只有在竞争中处于优势地位的高校才能得到很好发展。目前,我国民族高等院校包括13所民族大学(学院)和民族地区高等学校的总体实力不如其他大学,特别是综合性大学。民族高等院校在办学水平、规模、专业设置方面与其他高校都有一定差距,如果这种差距不能缩小,民族院校的生存将十分困难。

(3)社会对民族高校更高要求的压力。随着社会主义市场经济体制的逐步建立,社会对高等学校提出了更高的要求。由于市场机制的作用,高校只有培养出满足社会需要的人才,才会得到社会的认同,才能够生存与发展。原来在计划经济体制下国家对于民族院校在招生和分配上的照顾政策已经不复存在,民族院校毕业生将以平等的身份参加社会竞争,接受社会挑选。与此同时,学生家长从学生就业和长远发展考虑,对学校也有更高的要求。在这种形势下，民族院校要生存和发展，必须提高教学质量，全面增强自身实力。

（4）加入世界贸易组织后高等教育国际化的压力。2001年，中国加入了世界贸易组织，成为世贸组织的成员。加入世界贸易组织必将对中国社会产生全面影响，教育领域也不例外。

一方面，入世后，中国教育势必与世界教育接轨，高等教育的国际化不可避免，而目前我国高等教育的体制、教育教学方法和方式、师资队伍水平等与发达国家相比尚有差距。与此同时，入世后国外教育机构进入我国，将与我国高校争夺教育资源，其先进的办学理念势必对我国传统教育模式提出挑战，国内各高校都面临着竞争压力，办学实力总体不足的民族高等教育面临的压力更大。

另一方面，入世后国外除教育以外的经济、文化等产业也将陆续登陆中国，中国人要应对来自国外经济、文化等产业的挑战，必须全面增强自身实力。这些行业水平的提高，竞争力的增强，关键在于劳动者素质，而劳动者素质的提高主要靠教育。因此，教育水平最终会成为影响我国各行业与国外竞争的关键，包括民族高等教育在内的中国高等教育肩负的任务十分艰巨。

（5）西部大开发与建设小康社会对人才需求的压力。西部大开发是我国在相当长的时期内发展国内经济的一项政策，这项工作要尽快取得成效，关键取决于人才。民族高等院校大多位于西部，在西部大开发中肩负着培养千百万建设人才的职责，而目前民族高等教育无论在人才培养的数量、质量上，还是在专业结构上都还远不能满足西部大开发实践的需要。如何加快民族高等教育发展，为西部大开发提供人才保障，是民族高等院校迫在眉睫的任务。

二、民族高等教育创新的内容和方法

如上所述，面向21世纪，民族高等教育的进一步发展面临着许多问题，面对这些困难和压力，出路何在？出路在教育改革，在教育创新。江泽民同志指出，"创新是一个民族的灵魂，是一个民族兴旺发达的不竭动力。"21世纪，民族高等教育要肩负起自己的历史重任，迎接各种挑战，关键也在于创新。在民族高等教育创新过程中，作者认为，应当注意以下问题。

1. 在办学理念上创新

要搞好民族高等教育的创新，首先必须改变传统的办学思想，在办学理念上创新，树立面向21世纪的高等教育观。作者认为，面对新的形势，21世纪的大学应当具备以下职能。

第一，大学既是教学、科学研究的中心，同时是科技成果转化的中心。

第二，大学既是承续美德、为人示范（在全民道德建设中起示范和先导作用）、传授知识和培养人才的中心，也是理论创新、知识创新、科技创新的中心。

第三，大学既是民族文化传承的基地，也是与世界文化交流的前沿阵地，是多元文化相互理解的桥梁，是不同文明交流和相互认同的窗口。

基于以上认识，作者认为，21世纪民族高等院校的办学理念应当是：以培养品行高尚、专业基础扎实、一专多能、实践能力强的创新型人才为目标,全面提高教学水平,加强科学研究工作,促进科技成果的转化,通过技术创新,全面推动社会生产力的发展。与此同时,努力发展先进文化,加强与国内外大学的交流,架设沟通人类不同文化、不同文明的桥梁。简言之,民族高校应当是教学水平高、科研能力强、办学效益好、特色鲜明的大学。

2. 在办学思路上创新

要实现办学理念的更新,必须明确办学思路。从目前民族高等教育的现状和今后高等教育的发展趋势来看,民族高等教育应当走外延与内涵相结合的发展道路。树立品牌意识,加强学科建设。以学科建设带动师资队伍建设;以科学研究水平的提高促进教学水平的提高;以发展高科技,实现科技成果的转化,扩大收益,增强实力;通过与国内外一流大学的合作与交流,扩大影响,全面提高自身水平。

3. 在办学模式上创新

目前,民族高校办学基本上是一种国家投入和管理的公办模式,这种单一的模式不能适应目前的形势,解决不了教育资源的短缺问题,不利于学校的发展。随着入世以及国家对教育体制改革力度的加大,多种办学模式将成为高等教育发展的一种趋势。民族高等教育要得到发展,必须探讨多种办学模式实现的具体方法。作者认为,有如下方式可供选择。

一是以灵活多样的方式兼并有关本科学院、高等专科学校包括电视大学和函授大学、中等专业学校,扩大规模,获取资源。

二是与国内有关大企业、大公司、大集团联合办学。大企业、大集团、大公司有着雄厚的资金,学校可利用他们的资金,购买土地,扩张校园,建立实践、实习基地。同时,利用他们处于生产第一线,实践经验丰富的优势,对学生进行运用知识解决实际问题的示范,进行创新人才的培养。

三是与有关科研机构联合办学。大型研究机构在科学研究特别是在培养高新技术人才方面有明显的优势,民族院校通过与他们联合办学,可以在较短时间内提高自己的科研水平,获得科研课题,培养创新人才。

对于高校与企业、科研机构合作,国家有关部门十分支持并有明确要求,如教育部、科技部联合制定了《关于充分发挥高等学校科技创新作用的若干意见》,明确指出,要推动高校与企业在科技创新和人才培养方面的合作,推动高校与科研机构的合作。

四是与国外机构联合办学。随着经济全球化、世界一体化进程的加快,中国高等院校与国外教育机构的交流会日益增多,高等教育的国际化趋势将十分明显。与国外教育机构联合办学既是适应高等教育国际化的要求,同时是一种新的办学路子。国外教育机构可以在办学资金上为民族院校提供支持,双方可在人才培养方法上取长补短。目前,与国外教育机构联合办学在国内尚有较为广阔的市场,不少中国学生希望到西方求学,学习外语,学习西方先进文化知识。但很多人又不具备完全进入国外学习的条件,而联合办学这种模式可以解决这个问题。与此同时,与国外机构联合办学是培养与国际接轨人才、创新型人才的一种重要途径,通过学习外国教育机构在知识创新、科技创新方面的方法和经验,可以增强中国学生的创新意识，提高他们的创新能力。

4. 在教育教学内容和方法上创新

创新型人才的培养要有相应的方法。传统的教育教学模式"以教师为中心，以课堂为中心，以书本为中心"，在特定时期有其合理性，并取得了一定的成绩，但与当今社会已不完全适应，必须进行改革和创新。

一是要强化实习、实践教学，全面提高学生运用知识和理论解决实际问题的能力。要通过建立学校实习、实践基地或与有关企业和研究机构合作等方式，培养学生的创新意识和创新能力。文科学生要加强社会实践工作，走向社会特别是民族地区，进行广泛的社会调查，了解少数民族和民族地区，了解社会，了解国情，增强责任感和使命感，增强用马克思主义理论解决中国实际问题的能力，发挥哲学社会科学的作用。

二是改变死板的教学方式方法，采用灵活多样的教学方法。以前，高校的教学方法以教师讲授为主，学生只是被动地接受，造成学生学习缺乏自主性，学习效率不高，学习效果不好。要根据不同的课程采取不同的教学方法，多采取辩论式、讨论式、情景教育式方法教学，发挥现代科技手段在教学中的作用，变被动传授为启发式教学。

三是进行课程体系改革，增加能够培养学生创新思维和创新能力的课程。目前，不少民族高校的教学内容较为陈旧，缺乏前沿性。如某民院使用的教材"2000年以后编写的占67.73%，五年前编写的占13.87%"[3]。与此同时，许多高校课程设置不尽合理，与培养实践型、创新型、复合型人才的要求不相符。据广西有关方面对本地区的调查，不少学生认为，"课程计划性过强，弹性不足，限制了学生自由选择与发展的空间"。一些课程脱离社会实际与今后职业生活需要，必修课过多，自由选修余地小，自己想学的内容，学校难以满足。"30%以上大学生认为，教学内容不能激发自己的学习兴趣和进一步进行探索的愿望，无助于实践能力的形成"[3]。为此，要增加能提高学生创新能力的课程，完善辅修制度，增加选修课，使学生一专多能，为社会培养复合型人才。同时，要增加涉外课程，使学生适应入世和高等教育国际化的需要。

四是调整学科和专业，改善学科专业结构。目前，民族院校学科、专业设置不合理现象还较为普遍，文科太多，理工科较少，基础理论学科多，运用性开发性学科较少。这种情况既不适应社会需要，也不利于建立完整的学科体系，必须进行调整。2001年10月，教育部出台了《关于做好普通高等学校本科学科专业结构调整工作的若干意见》，提出要进一步增加高校办学自主权，构建适应经济与社会发展需要的学科专业自主协调机制。民族高等院校要按照教育部的有关规定，进行自身的学科和专业调整。要增加理工科，特别是在西部大开发中具有广阔运用前景的学科，发展民族地区经济社会发展急需的学科。

五是努力打造自己的学科和专业品牌。民族高等院校经过几十年的发展，在某些学科和专业上形成了自己的优势，这些优势面临着巩固和扩大的任务。面向21世纪，民族高等院校不仅要形成结构合理的学科专业体系，而且要建立自己的学科专业品牌。应当在原来优势学科的基础上，坚持"有所为，有所不为"的策略，打造学科和专业品牌，这些学科和专业品牌应当能够代表国家水平，在国际上也有竞争力，这些学科品牌既是民族高等教育的实力所在，同时是民族教育的特色所在。如民族语言、民族文化、民族经济、民族医药、传统科技等，经过整合，都可能成为民族院校学科和专业的亮点和品牌。

5. 在师资队伍建设的方法上创新

高水平的师资队伍对于民族高等教育的发展起着关键性作用。邓小平同志指出："一个学校能不能为社会主义建设培养合格的人才，培养德智体全面发展、有社会主义觉悟的有文化的劳动者，关键在教师"[4]。民族高等院校经过改革开放特别是近年来的发展，师资队伍建设已经取得了重大进步，有资料表明，1998年全国高校少数民族专任教师达22826人，比1952年增长了35倍，民族学院的专任教师达4755人，较1978年增长1倍多[2]。尽管如此，民族高等院校师资队伍数量不足、质量不高的状况还没有得到根本改变。据教育部统计，民族院校师资许多指标低于其他院校，专任教师中高级职称比例未达标的民族院校为25%，综合院校为8.62%，各校平均为5.19%。各地民族院校教师不足现象较为普遍，如广西民院师生比达到了1∶18，其中有6个院系师生比超过1∶20，理学院达到1∶29[3]，而教育部计划2005年理想的师生比为1∶14。特别值得指出的是，目前的民族院校教师素质与21世纪高等教育的要求相差较大。当今，科学技术突飞猛进，新型学科不断涌现，知识的交叉十分频繁，各学科相互渗透的趋势越来越明显，加之入世和高等教育的国际化，这些都给教师队伍的素质提出了新的要求。高学历、基础扎实、实践能力强、一专多能、精通多门外语、熟悉教育科学等成为对21世纪高校教师的必然要求，而目前民族高等院校中具备这种素质的教师太少。大力提高师资队伍水平，建设一支能够适应21世纪需要的教师队伍刻不容缓。

一是引进和培养相结合，不断充实师资队伍力量。当前，民族高等院校师资数量不足，要解决这个问题，一是靠引进，二是靠培养。应当有计划从全国重点大学和国外教育机构引进一批民族高校所需要的高素质毕业生，以此充实教师队伍，优化教师队伍结构。二是要对现有教师进行培养和继续教育，通过建立激励制度如职称评定、岗位津贴等，使教师自觉进行学习，提高学历，更新知识，增强素质。

二是要启动名师工程，提高教师队伍的素质。学术大师、高水平的学者是大学的品牌，他们对于提升学校的教学科研水平，扩大学校的学术影响，形成良好的学风有重要作用。民族高等院校要通过启动名师工程，设立权威教授、主讲教授岗位，建立学科带头人、重点骨干教师、优秀青年教师等学术梯队，培养学者和大师，并通过学术梯队建设，促进全校师资队伍总体水平的提高。

三是要提高教师待遇，建立良好的教师工作氛围，巩固教师队伍。邓小平同志说，"我们不论怎么困难，也要提高教师待遇"[4]。在目前国内人才竞争日益激烈的情况下，提高民族高校教师的待遇对于稳定教师队伍、引进高素质人才十分重要。要按照按劳分配和"效率优先、兼顾公平"的原则，打破分配体制上的大锅饭，拉开分配档次，对于有突出贡献的教师和科研人员进行重奖。此外，为教师建立良好的工作氛围，提供良好的教学科研服务，确定合理的工作量，这些对于教师队伍建设也很重要。

6. 在教育管理体制和方法上创新

教育管理水平直接影响着教育质量。目前，民族高等院校的管理模式单一，管理水平和效率不高。无论教学管理、科研管理、师资队伍管理，还是后勤管理，都存在许多漏洞。在教学管理方面，教与学相脱离；在科研管理方面，对于科研课题的申报、中期监督、结题以及科研成果的转化把关不严。必须进行大力改革。

一是在教学管理上，要大力推行目标管理，强化校、院（系）、教研室三级管理，把握教学的各个环节，通过建立优质课程评比制度、教学竞赛活动，实现教学管理的科学化。同时，要通过教师的自我评价，学生评价，督导员、视导员评价，全面了解教师教学情况。通过实行教研室、系（部）院、学校多层教学考核，建立合理科学的教学水平评估体系，使教学工作正常、有序地进行。

二是在后勤管理上，要体现"一切为学生服务，一切为教学科研服务"的原则，后勤工作人员要增强服务观念，学校要建立后勤工作的管理条例，以此约束员工。同时，要让学生参与管理，对后勤工作进行监督。

三是在科研体制、分配体制和人事制度方面要按照国办发〔2002〕35号文《关于在事业单位试行人员聘用制度意见的通知》的规定，全面推行全员聘用制度，实行岗位管理制度，建立灵活有效的分配激励机制。

7. 在科学研究上创新

科学研究是民族高等院校的一项重要任务，也是提高教育教学水平，扩大学校影响，为民族地区经济社会发展服务的重要手段。不断提高科研水平对于民族高等教育发展至关重要。总体来说，目前民族院校的科研水平不高，科研成果不多，直接转化为生产力的更少，科学研究工作的滞后已经成为民族高等教育发展的瓶颈，必须通过创新来实现科研工作的新突破。学校应当高度重视科研工作，进行科研体制改革，建立激励机制，加大对科研的投入，引导教师面向国民经济特别是民族地区经济建设主战场，进行科研工作，与有关部门协作，促使科研成果的转化。要通过不长时间的努力，使民族高等院校产生一批在国内外有较大影响的研究成果，形成独特的研究领域和研究优势。与此同时，通过科学研究，壮大校办产业，为学校创造经济收入。

三、实现民族高等教育创新的保障措施

（1）提高对民族高等教育改革和创新重要性的认识，聚合全部力量投入创新工作。教育创新工作是一项事关全局的工作，必须动员全体师生员工参加。要使全体师生员工全身地投入此项工作，必须提高对创新工作重要性的认识。

一是深刻认识民族高等教育在民族地区小康社会建设和经济社会发展中的地位和作用。江泽民在1999年中央民族工作会议上指出，"加快民族地区的发展，必须坚定不移地实施科教兴国战略。"民族高等教育在全面发展民族地区的生产力，提高民族地区经济社会发展水平方面有着重要作用。国外有学者研究表明，"中学毕业的劳动者可提高劳动生产率108%，大学毕业可提高300%"。此外，民族高等教育在民族地区的精神文明和政治文明建设中也有重要作用。民族高等院校在传承民族文化，对人民群众进行马克思主义民族观、宗教观教育，进行爱国主义、集体主义、社会主义教育，维护民族团结和边疆稳定等方面有不可代替的作用。正是在这个意义上，邓小平同志说："中央民族学院和各地民

族学院都要加强"[5]。

二是充分认识教育改革和创新在民族高等教育发展中的作用。创新是提高教育教学质量的重要手段,是民族高等教育发展的关键。《中华人民共和国高等教育法》明确指出:"高等教育的任务是培养具有创新精神和实践能力的高级专门人才,发展科学技术文化,促进社会主义现代化建设。"要实现创新型、复合型人才培养目标,必须要有新思路,工作要有新举措。只有进行教育改革,大力进行教育创新,才能实现民族高等教育的发展,完成21世纪赋予民族高等教育的使命。

三是充分发挥全校教职工特别是专家学者在治校兴校中的作用。面向21世纪,民族高等教育要实现突破性发展,必须依靠全校师生员工的智慧,认真听取各方面意义,吸纳各种有益建议。在开展这一工作过程中,尤其是要注意发挥专家学者的作用。学校领导要树立专家治校的思想,认真听取专家学者对于学校发展的意见,采纳他们的合理建议。过去,一些民族高等院校在讨论有关问题时,听取干部意见较多,听取专家学者和教师的意见相对较少,这种情况必须加以改变。专家学者处于教学科研第一线,了解学校情况,熟悉教育规律,对许多问题的看法具有前瞻性,这是学校正确决策的重要资源,应当高度重视并加以利用。要建立重大校务决策的专家学者咨询机制,有关学校的重大问题事先给他们通报,组织他们讨论,以此集中智慧,开展工作。

(2)加强党的建设和思想政治工作,为教育创新提供政治和组织保障。坚强有力的党组织和高水平的干部队伍是民族高等教育事业健康发展的保证。一方面,民族高等教育创新要取得实效,必须统一全校师生员工的思想和认识,团结一致,集中全校师生的智慧。另一方面,教育创新必须进行教育改革,教育改革必然变更传统陈旧的体制,损害少部分人的利益。要解决这些问题都需要加强党的领导和思想政治工作,要通过加强党的建设,增强各级党组织的战斗力,领导教育创新工作。同时,在创新工作中,要发挥党员教职员工的先锋模范作用。另外,要通过有针对性的思想政治工作,使民族高校的改革与创新在稳定、团结的氛围中进行。

(3)争取国家对民族教育的支持,确保有关民族教育优惠政策的落实。由于种种原因,目前民族教育处于落后状态。为加快民族教育的发展,国家曾制定了一系列优惠政策,这些政策包括经费投入上的倾斜,允许多种办学形式并存,招生上照顾,师资队伍建设上的优惠政策,开展双语教育以及使用民族文字教材,进行对口支援,等等。这些优惠政策对促进民族教育的发展起了积极作用。但在市场经济体制下,原先许多优惠政策得不到落实。如在中央与地方实行财政分离政策下,原计划体制下的财政拨款、国家补贴已失去意义。如何根据社会变化的实际,落实民族政策,值得研究。作者认为,应当通过民族教育立法,确保民族教育优惠政策的落实。

(4)发挥国家对民族高等教育的调控作用。随着教育体制改革的推进,高等院校间的竞争在所难免,为了避免在竞争过程中,教育资源的重复和浪费,维护正常的教育教学秩序,保障教育事业健康发展,国家有关部门应当对高等教育进行宏观管理,制定总体计划,检查各种制度,保证民族高等教育正常有序地发展。

参 考 文 献

[1] 江泽民. 全面建设小康社会, 开创中国特色社会主义事业新局面. 人民日报, 2002-11-10.
[2] 王红曼. 论我国民族教育政策及其成就. 民族教育研究, 2002, (1): 40.
[3] 何龙群. 关于民族院校教育质量的几点思考. 民族教育研究, 2002, (3): 6.
[4] 邓小平. 邓小平文选（第3卷）. 北京: 人民出版社, 1993: 276.
[5] 邓小平. 邓小平建设有中国特色社会主义论述专题摘编. 北京: 中央文献出版社, 1995: 410.

（原文题目为《大力进行教育创新　促进民族高等教育快速健康发展》，载于《中南民族大学学报》（人文社会科学版）2003年第1期）

简论民族院校的创新发展

民族院校，是培养少数民族高素质人才、研究民族理论和民族政策、传承和弘扬各民族优秀文化的重要基地，是展示我国民族政策和对外交往的重要窗口。在50多年的办学历程中，我国的民族院校始终坚持为少数民族和民族地区服务的办学宗旨，在民族地区的经济建设、改革开放、社会稳定等各项事业中发挥了不可替代的作用，为维护我国的民族团结作出了重要贡献。在今天新的历史条件下，我们要贯彻落实科学发展观，就必须立足创新，着力创新，在创新中实现又好又快发展。

服务意识和服务功能，是民族院校存在的基石和发展的根本。民族院校唯有在"服务"上多下工夫、下足工夫，才能赢得发展的先机，屹立于"高校之林"。民族院校当前的首要任务是以科学发展观统领学校事业的改革与发展大局，遵循民族院校的办学规律，创新民族院校的办学理念，优化民族院校的发展方式，提高民族院校的办学质量，努力建设高水平、有特色、现代化的人民满意的民族大学，在少数民族和民族地区的发展历程中再立新功。

21世纪头20年，是我国现代化建设的重要战略机遇期，也是加快少数民族和民族地区经济社会发展，推进民族地区全面小康社会建设，实现各民族共同团结奋斗、共同繁荣发展的关键时期。民族地区的发展现状、民族院校的特殊使命、民族教育和民族工作的基本规律，决定了民族院校只有从全局和战略的高度，深刻认识自己的历史使命和重要责任，深刻认识学校科学发展的重要性和必要性，不断增强科学发展的水平和能力，为党和国家的决策服好务，为民族工作服好务，为少数民族和民族地区建设服好务，才能在服务中求得支持，在贡献中实现发展。

教育理念，是大学的核心价值所在，是大学的灵魂。有什么样的教育理念，必然有什么样的办学效果。教育理念的缺失，必然会导致育人观念的模糊。大学之"道"，全在先进教育理念与育人观念的坚持和传承。面对新的机遇和挑战，要实现民族院校又好又快发展，必须不断深化对大学本质、功能、发展规律的认识，探求什么是民族大学、如何办民族大学的真谛。民族院校除了要确立现代大学通行的核心理念以外，还要不断凝练办"民族大学"的理念，强化竞争意识、特色意识、改革意识、国际意识，将学校打造成集民族性、时代性于一身的高等学府。

教育理念，最终都会落实到人才培养的模式和效果上。多民族性是民族院校师生构成的典型特点；民族院校的育人理念必然要以各民族学生为主体，牢固树立"一切为了学生，为了一切学生，为了学生一切"的思想观念，全方位地对各民族学生进行思想上的引导、学业上的辅导、心理上的疏导，使他们身心和谐、全面发展。从办学的角度看，就是要以各民族教师为主体，努力营造有"爱才之心、识才之眼、求才之渴、容才之量、护才之魄、举才之德"的良好氛围，敢于并善于突出教师在职工中的中心地位、教育中的主导地位、分配中的优先地位，做到以事业留人，以感情留人，以健康的氛围、良好的机制留人及优厚的待遇留人，激发各族教师奉献民族高等教育事业的热情和创造力。

在高等教育进入"快车道"的今天，上大学已不再是少数人的"专利"。随着高等教育大众化时代的到来，人民的期待已经由"有学上"变成了"上好学"，高校的教育质量成为社会大众最为关心的问题。对于办学基础相对薄弱的民族院校，坚持内涵发展、提倡质量优先更是当务之急。坚持内涵发展，就是要主动推进民族院校发展思路的战略性转移，使数量扩张服从于质量提高，硬件增加服务于软件升级；从布局调整转向功能提升，从建设大楼转向培育大师；以科学发展为要义，以改革创新为动力，把学校发展推向更深层次、更新阶段、更高水平。

站在新的历史起点，内涵发展有其典型的时代特征。首先，必须坚持质量立校，视质量为责任，视质量为良知，视质量为前途，视质量为生命，确保教学工作的中心地位、教学改革的核心地位、教学质量的首要地位和教学投入的优先地位。其次，必须提倡特色兴校。民族院校应根据办学传统和自身条件，针对民族地区经济结构调整、特色产业优势、生态环境保护、民族文化发展等方面的需求，准确定位，合理规划，突出自身的学科特色、科研特色和校园文化特色。在培育特色中形成和强化优势，从而提升学校的核心竞争力。再有，必须坚持人才强校。人才资源是最重要的战略资源，师资队伍建设是内涵发展的核心；实施人才强校战略，要从高层次人才和创新团队建设入手，带动师资队伍的整体建设，加快造就一支多民族、高素质的教师队伍。

校园和谐，是内涵发展的外在体现。和谐的关键，在于使公正合理的利益调整机制、创新活力的激发机制、矛盾纠纷的消解机制、平安稳定的维护机制能整体联动，协调运转，有机统一。民族院校构建和谐校园，必须把困难想得更多，把工作做得更细，从整体上统筹规模、结构、质量和效益的关系，统筹改革、发展和稳定的关系，统筹特色发展和全面发展的关系，统筹跨越式发展和可持续发展的关系；与此同时，还要注意协调好民族关系、师生关系、学术关系。有了和谐"护航"，质量才会有保障。

（原文载于《光明日报》2009年4月3日第11版）

民族高等教育创新的几个问题

我国的民族高等教育在近几年来获得了飞速发展，现有13所民族大学（学院），民族自治地方有高等院校101所，在校少数民族学生达30多万人。但目前民族高等教育也面临着前所未有的压力。一是民族院校自身发展的压力。民族高等院校虽然近几年发展很快，但问题不少，如教育资源不足，办学规模相对较小，办学水平相对不高，专业设置不尽合理，学校管理水平不高。二是高校间竞争的压力。20世纪90年代中后期许多高校之间进行了合并与重组，高校间的竞争日益激烈，我国民族高等院校的总体实力不如其他大学，特别是综合性大学，在竞争中处于劣势。三是社会对民族高校更高要求的压力。与此同时，学生家长从学生从就业和长远发展考虑，对学校也有更高的要求。四是加入世界贸易组织后高等教育国际化的压力。入世后，高等教育的国际化不可避免，而目前我国民族高等教育的体制、教育教学方法和方式、师资队伍水平等与发达国家相比尚有很大差距。五是西部大开发与建设小康社会对人才需求的压力。西部大开发是我国在相当长的时期内发展国内经济的一项重要政策，民族高等院校大多位于西部，在西部大开发中肩负着培养千百万建设人才的职责，而目前民族高等教育无论在人才培养的数量、质量上，还是在专业结构上都还远不能满足西部大开发实践的需要。面对这些压力，面对进一步发展面临着的许多问题，民族高等教育的出路在于改革，在于创新。如何进行教育创新，作者认为要把握好以下几点。

一、办学理念和办学思想创新问题

民族高等教育的创新，首先必须改变传统的办学思想，在办学理念上创新。21世纪的大学应是教学、科学研究以及科研成果转化的中心，也是传播现代知识、承续传统美德以培养高级人才的重要阵地，也是民族文化传承、多元文化沟通的基地和窗口。21世纪的民族高等院校的办学理念应当是：以培养品行高尚、专业基础扎实、一专多能、实践能力强的创新性人才为目标，全面提高教学水平，加强科学研究工作，促进科技成果的转化，通过技术创新，全面推动社会生产力的发展。与此同时，努力发展先进文化，加强与世界大学的交流，架设沟通人类不同文化、不同文明的桥梁。

要实现办学理念的更新，必须明确办学思路。理念必须转化为一个明确、具体的办学思路，才不至于流于形式主义。从目前民族高等教育的现状和今后高等教育的发展趋势来看，民族高等教育应当走外延与内涵相结合的发展道路。以学科建设带动师资队伍建设、科学研究工作；以科学研究水平的提高促进教学水平的提高；以发展高科技，实现科技成果的转化，扩大收益，增强实力；通过与国内外一流大学的合作与交流，扩大影响，全面提高自身水平。

二、办学模式创新问题

目前，民族高校办学基本上是一种国家投入和管理的公办模式，这种单一的模式不能适应目前的形势，解决不了民族高等院校教育资源的短缺问题，不利于学校的发展。民族高等教育要得到发展，必须探讨多种办学模式实现的具体方法。作者认为，有如下方式可供选择。

一是兼并。可以采取灵活多样的形式，兼并有关本科学院、高等专科学校包括电视大学和函授大学、中等专业学校，扩大规模，并整合其资源。

二是引资。吸收社会资金，与国内有关大企业、大公司、大集团联合办学，实现资本与知本的优势互补，既使企业得到高校的智力支持，又使学校学生得到更多的实践机会，有利于创新人才的培养。

三是联合办学。大型研究机构在科学研究特别是在培养高新技术人才方面有其明显的优势，民族院校通过与他们联合办学，可以在较短时间内提高自己的科研水平，获得科研课题，提升人才培养质量。

四是对外合作。与国外教育机构进行合作既是适应高等教育国际化的要求，同时是一种新的办学路子。国外教育机构可以在办学资金上为民族院校提供支持，双方可在人才培养方法上取长补短。与此同时，与国外机构联合办学是培养与国际接轨人才、创新性人才的一种重要途径，通过学习外国教育机构在知识创新方面、科技创新方面的方法，可以增强中国学生的创新意识，提高他们的创新能力。

三、教学内容和方法创新问题

传统的"以教师为中心，以课堂为中心，以书本为中心"的教育教学模式在特定时期有其合理性，并取得了一定的成就，但与当今社会已不完全适应，必须进行必要的改革和创新。

一是要大力进行实习、实践教学，全面提高学生运用知识和理论解决实际问题的能力。要通过建立学校实习、实践基地或与有关企业和研究机构合作等方式，培养学生的创新意识和创新能力。加强学生社会实践工作，走向社会特别是走向民族地区，进行广泛的社会调查，了解少数民族和民族地区，增强责任感和使命感，增强学生解决实际问题的能力。

二是改变死板的教学方式方法，采用运用灵活多样的教学方法。要根据不同的课程采取不同的教学方法，多采取辩论式、讨论式、情景教育式方法教学，发挥现代科技手段在教学中的作用，变被动传授为启发式教育。

三是进行课程体系改革，增加能够培养学生创新思维和创新能力的课程。许多民族高校课程设置不尽合理，与培养实践型、创新型、复合型人才的要求不相符。要增加能提高学生创新能力的课程，完善辅修制度，增加选修课，使学生一专多能，为社会培养复合型人才。同时，要增加涉外课程，使学生适应入世和高等教育国际化的需要。

四是调整学科和专业，改善学科专业结构。目前，民族院校学科、专业设置不合理现象还较为普遍，文科太多，理工较少，基础理论学科多，运用性开发性学科较少。教育部提出要进一步增加高校办学自主权，构建适应经济与社会发展需要的学科专业自主协调机制。民族高等院校要按照教育部的有关规定，进行自身的学科和专业调整。要增加理工科，特别是在西部大开发中具有广阔运用前景的学科，发展民族地区经济社会发展急需的学科。

五是努力打造自己的学科和专业品牌。民族高等院校经过几十年的发展，在某些学科和专业上形成了自己的优势，这些优势面临着巩固和扩大的任务，面向 21 世纪，民族高等院校不仅要形成结构合理的学科专业体系，而且要建立自己的学科专业品牌。应当在原来优势学科的基础上，坚持"有所为、有所不为"原则，以做强、做出特色为目标打造学科和专业品牌，如民族语言、民族文化、民族医药、传统科技等，这些学科和专业品牌既能够代表国家水平，在国际上也有竞争力。

四、师资队伍建设方法创新问题

当今，科学技术突飞猛进，新型学科不断涌现，知识的交叉十分频繁，各学科相互渗透的趋势越来越明显，加之入世和高等教育的国际化，这些都给教师队伍的素质提出了新的要求，高学历、基础扎实、实践能力强、一专多能、精通多门外语、熟悉教育科学等成为对 21 世纪高校教师的必然要求。建设一支能够适应 21 世纪需要的民族高等教育教师队伍刻不容缓。

一是引进和培养要结合，充实师资队伍力量。当前，民族高等院校师资数量不足，要解决这个问题，一靠引进，二靠培养。应当有计划从全国重点大学和国外教育机构引进一批民族高校所需要的高素质毕业生，以此充实教师队伍，优化教师队伍结构。要对现有教师进行培养和继续教育，通过建立激励制度如职称评定、岗位津贴等，使教师自觉进行学习，提高学历，更新知识，增强素质。

二是要启动名师工程，提高教师队伍的素质。学术大师、高水平的学者是大学的品牌，他们对于提升学校的教学科研水平，扩大学校的学术影响，形成良好的学风有重要作用。民族高等院校要通过启动名师工程，设立权威教授、主讲教授岗位，建立学科带头人、重点骨干教师、优秀青年教师等学术梯队，培养学者和大师，并通过学术梯队建设，促进全校师资队伍总体水平的提高。

三是要提高教师待遇，建立良好的教师工作氛围，巩固教师队伍。要按照按劳分配和"效率优先、兼顾公平"的原则，打破分配体制上的大锅饭，拉开分配档次，对于有突出贡献的教师和科研人员进行重奖。此外，为教师建立良好的工作氛围，提供良好的教学科研服务，确定合理的工作量，对于教师队伍建设也很重要。

五、教育管理体制和方法创新问题

目前，民族高等院校的管理模式单一，管理水平和效率不高。必须大力进行改革。

一是在教学管理上，要大力推行目标管理，强化校、院（系）、教研室三级管理，把握教学的各个环境，通过建立优质课程评比制度、教学竞赛活动，实现教学管理的科学化。同时，要建立科学的教学水平评估体系。要通过教师的自我评价，学生评价，督导员、视导员评价，全面了解教师教学情况。通过教研室、系（部）院、学校多层教学考核机制，通过这种方法，建立合理科学的教学水平评估体系，使教学工作正常、有序进行。

二是在后勤管理上，要体现"一切为学生服务"的原则，后勤工作人员要增强服务观念，学校要建立后勤工作的管理条例，以此约束员工。同时，要让学生参与管理，对后勤工作进行监督。

三是在科研体制、分配体制和人事制度方面，要按照中组部、人事部、科技部《关于深化科研事业单位制度改革的实施意见》的规定，全面推行科研人员的聘用制度，实行科研岗位的管理制度，建立灵活有效的分配激励机制。

六、科学研究创新问题

总体来说，目前民族院校的科研水平不高，科研成果不多，直接转化为生产力的更少，科学研究工作的滞后已经成为民族高等教育发展的瓶颈，必须通过创新来实现科研工作的新突破。学校应当高度重视科研工作，进行科研体制改革，建立激励机制，加大对科研的投入，引导教师面向国民经济特别是民族地区经济建设主战场，进行科研工作，与有关部门协作，促进科研成果的转化。要通过不长时间的努力，使民族高等院校产生一批在国内外有较大影响的研究成果，形成独特的研究领域和研究优势。

（原文载于《中国高等教育》2004年第4期）

科学发展观与高校绩效管理

党中央曾提出以人为本,全面、协调、可持续的科学发展观[1],是我们党对社会主义现代化建设规律认识的进一步深化,是党的执政理念的一次重要升华,对我国社会经济的长足发展具有重要的现实意识和深远的历史意义。

今后 20 年是我国社会主义事业重要的战略机遇期,也是高等教育走向大众化的重要发展时期。高等学校作为高等教育的主体,肩负着培养人才、科技创新和服务社会的三大功能,是推动我国社会经济不断进步的发动机。如何提高高等学校的管理水平和整体效率,有效地调动学校所有教职员工的积极性和创造潜力,如何促使高等学校的管理队伍和教师队伍不断成长和进步,始终保持旺盛生机,实现可持续发展,是所有高等学校管理者非常关心和需要面对的问题。归结起来,这些问题也就是发展问题。因此,落实好科学的发展观也成为解决这些问题的最基本理念。

高等学校改革与发展当然离不开科学发展观的指导,实现管理模式的科学化就是在高等教育战线落实科学发展观的具体体现。高等教育事业的科学发展观应该是:在高等教育改革和发展中,坚持以人为本,树立和落实全面发展、均衡发展、协调发展和可持续发展的观点;促进教育机构、受教育者、教育者三方面全面、健康、和谐的发展。

近年来,我国开始在政府和学校等非营利性公共事业机构引入绩效管理。实践证明,在高等学校推行绩效管理对提高高校的整体管理水平和办学效益起到了积极作用。但从现状分析来看,我们认为目前绩效管理在高等学校管理中的应用力度还远远不够。为了更好地落实科学发展观,绩效管理更需要在高等学校中大力推行。为此,本书着重探讨在我国高等学校推行绩效管理的重要意义、内容及其特征、执行的可能性和存在的问题,以及解决这些问题的对策建议。

一、高校绩效管理的内容及其特征分析

(一)绩效与绩效管理

绩效管理是对绩效实现过程各要素的管理,是基于组织战略基础之上的一种管理活动。从 20 世纪 20 年代起,绩效管理开始被运用于企业的人力资源管理中,发展到 70 年代后形成体系,对象管理也从单一的员工管理扩展为组织、团队、员工三个层次的管理[2]。

绩效管理在企业管理中的成功运用,对提高管理效率的显著作用,使我们在进行高校管理时看到了借鉴的必要。但是,高等学校不同于企业,两者性质不同,管理目的的不同,运作方式不同,因此绩效的评价与管理也会不同。高等学校的绩效管理是指通过对发展战略的建立、目标分解、业绩评价,将绩效成绩用于高等学校日常管理活动中,以激励干部教师业绩持续改进并最终实现其发展战略目标的一种管理形式。

一般来说,绩效(performance)是指"一个组织的成员完成某项任务,以及完成该项

任务的效率与效能",是效率(efficiency)和效益(result)的总和[3]。效率指投入、产出之比,一般是对物质成果的量化计算结果。在高校中,效率可以包括教学效率、科研效率、管理效率等。教学效率是指教学投入与教学效果之比,科研效率是指科研投入与科研成果之比,管理效率当然是指在管理方面的投入与管理结果、管理水平之比。效益则包括经济效益和社会效益,是指工作或管理的结果和价值。

按照绩效的分类方式,高等学校的绩效,也分为员工绩效和组织绩效。教职员工是学校各项工作的执行者,员工绩效是指教职员工在某一时期内的工作结果、工作行为和工作态度的总和。各部门的绩效是部门在某一时期内完成的数量、质量、效率及赢利状况等,它是部门内所有教职员工的绩效的总和。整体学校的绩效是所有部门绩效的总和。

员工绩效与组织绩效既互相区别又紧密相连。一方面,员工的绩效直接影响着组织的绩效,教职员工的绩效管理是绩效管理的重点和基础;另一方面,组织在其运行过程中,其系统结构以及运行机制的合理与否也会促进或阻碍员工绩效的发挥。换言之,教职员工的工作状态与学校的高效运转是相辅相成的,通过绩效管理可以使二者进入良性互动。

(二)绩效管理的特征

首先,绩效管理是实现目标管理的工具。绩效管理以目标管理为基础,具有明确的目标导向性。学校形成总体的绩效目标后,逐层分解为所有部门和教职员工的绩效目标,由此使部门和教职员工的工作目标同学校的战略目标有机地结合在一起。同时,绩效管理尽量通过数字化的分析,体现管理的效益和效率,避免模糊概念,使管理者能对员工和组织的绩效情况一目了然。

其次,绩效管理是一个综合体系和一个不断提升的过程。绩效管理是一个包括若干个环节的系统,如绩效评价、评价反馈、改进与提高绩效的行动和计划。绩效管理不仅强调绩效的结果,而且注重达成绩效目标的过程,通过控制整个绩效周期中员工的绩效情况达到绩效管理的目的。通过绩效管理,发现员工之间的差距,找出员工工作中存在的问题,从而使员工扬长避短,不断进步。在绩效管理中,存在的问题不会长期滞留,而是能得到及时的解决,也就是说绩效管理强调自身的"预警功能""修复功能""优化功能",通过绩效管理,持续改进工作绩效。

第三,高等学校绩效管理还特别强调沟通辅导及能力的提高,赋予各级管理者人力资源管理责任,真正体现以人为本的精神。绩效管理促使管理者对员工进行指导、培养和激励,以提高员工的工作能力和专业水平。通过绩效管理,促使各级管理者之间、管理者与员工之间进行沟通,增强学校的凝聚力,树立较强的团队精神。

二、高校实行绩效管理的必要性和可行性

(1)实行绩效管理符合科学发展观的要求。高校的绩效管理注重教职员工的个人成长,充分体现了以人为本的精神。绩效管理注重的是学校的整体效率和效益,而这正是实现学校的可持续发展、协调发展的关键所在。一个没有绩效的学校是谈不上可持续发展的,也谈不上协调发展。

(2)实行绩效管理是高校人事制度改革的需要。人事制度的改革,目的是提高学校的

整体效率，提高办学的效益，同时要实现教职员工的不断进步和成长。实行绩效管理，是提高学校的员工绩效和组织绩效的最有效方式，也是确保人事制度改革成功的关键。可以说，不实行绩效管理，就不能完全达到人事改革的目的，人事制度改革最多算成功了一半。

（3）建立高校的绩效评估机制还是加强党风、政风建设的需要。高校里也存在一些党员干部只当官，不办事，或者说不办实事；对上溜须拍马、阿谀奉承，对下颐指气使、飞扬跋扈；工作中互相推诿、互相扯皮，绩效评估机制的建立将有助于形成求真务实的工作作风，促进校园文化的建设。

三、我国高等学校实行绩效管理的主要障碍分析

经过 20 余年的改革和发展，很多高校的办学规模、办学效益已经实现了跨越式的发展，高等教育取得了可喜的进步。但是也有许多高校的人事制度、分配制度乃至教学、科研体制仍然存在着计划经济时代的烙印，行政架构也基本沿袭计划经济时代政府管理的模式。高校目前存在的这些问题严重阻碍了高校的进一步健康发展。

（一）缺乏评价与监督机制，未树立"经营"意识

众所周知，现阶段我国高等教育还是以公立高校办学为主。而高等教育的主要矛盾是有限的优质教育资源与广大人民群众强烈的、普遍的接受高等教育的愿望之间的矛盾，广大人民群众希望受到良好高等教育的愿望还远远不能得到满足，这种矛盾造成了高等教育的卖方市场。由于优质教育资源主要集中在普通高等学校，因此所有公立名牌高校都不愁生源。生源就意味着国家拨款和学费收入，也就没有了生存危机。至于各个高校的管理是否科学、合理，运转是否健康，办学效益和社会效益是否达到了应有的成效，却缺乏一种合理的评价和监督机制。国家投入的大量资金是不需返还的，科研投入的回报率、转化率也没有硬性规定，国有资产能否不断升值，高校的办学效率和效益方面是否在不断提高等，也都由各个高校自行把握。由此形成了高校缺乏成本意识和效率意识，缺乏认真"经营"的观念。当然，这里的"经营"并非一般意义上的以营利为目的的经营，而是指相当多的高校缺乏精心的运作和管理，缺乏办学成本意识，缺乏追求效益最大化，尤其是社会效益最大化的意识。不少高校人力物力浪费现象严重，整体工作效率低下。

（二）管理意识的陈旧

我国高校普遍推崇过程管理，注重工作过程。其典型的评价方式是所谓"干不干是态度问题，干得好不好是水平问题"，态度问题是政治问题，要严肃对待，水平问题是能力问题，可以宽容。对人的考核往往用政治标准代替业务标准和能力标准，教职员工中普遍存在着"一年到头辛辛苦苦，没有功劳有苦劳"的思想，这种自我评价标准，必然导致工作上不求有功，但求无过，不思进取。结果就是导致大学管理的低水平、低效率，并直接导致绩效评价的片面性和非科学性。

（三）学术体制和人事管理上效率低下

高校的学术体制，以职称评审和职称任命为例，存在着重职称和文凭，不重实际能力

与贡献大小,职称评定后一劳永逸的现象。

(1)职称的评审方式还是沿用计划经济时代的管理方式,重书本、轻实践,重学历、轻能力。

(2)职称评定后一劳永逸,不能真正实现"多劳多得、优绩优酬"。职称终身制实际上是变相的大锅饭,不能有效的激励教师的积极性,不利于人才的成长。

(3)过于重视论文数量和论文排名,不重视科研服务于社会,没有制度对高校的科研成果服务于社会进行约束,甚至舆论导向上也没有营造一种重科研转化的风气。一方面是我们的科技水平远远低于世界上的发达国家,另一方面我们每年发表的科研论文则是这些国家的好多倍,导致劣质文章和劣质刊物泛滥成灾。造成了知识界、教科界出现学术风气不正的现象,严重阻碍了专业队伍的建设。

(4)"高校的科研绩效评估存在条块分割,各自为政的特点",这种多头科研绩效管理的体制是比较低效率的,评价结果普遍存在片面性[4]。

目前职称评审仍然有许多高校没有实现"评聘分开",以岗定酬,以业绩定酬。以人为本的思想受到了歪曲,照顾所有的人,变成了保护所有的人,包括无能者和懒汉,从某种程度上讲,变成了懒汉的温床。

许多高校已经进行了或正在进行人事制度改革,只有当人事管理上的竞争机制形成后,实行绩效管理才有可能。人人都知道适度的竞争将会促进整体的发展。与人事改革配套的学术体制改革,往往被人们所忽视。

(四)财务管理并未注重绩效

教育与经济的关系表现在教育的全过程,表现在教育的各个方面。教学改革和财务管理的关系是这一关系的具体表现。

高校财务管理是高校保证开展教学、科研、行政管理等业务活动和完成国家赋予的工作任务的资金管理。它具有预算管理的先导性、较强的政策性、广泛的社会性和管理办法多样性特点。近年来,随着科教兴国战略的全面实施和高等教育体制改革的不断深入,高等学校迎来了前所未有的快速发展时期。高校的整体规模逐年扩大,办学实力明显增强,财务收支总量逐年增加,尤其是高校的预算支出每年都在大幅度增加,对高校事业发展起到重要的促进作用。但高校有的财务管理情况不容乐观,究其原因,除了铺张浪费、使用效益不高外,经费投入的方向和用途偏差也是不争的事实。而这一系列问题,实质上也体现了目前高校财务管理过程中对于绩效的普遍忽视。

(五)高校行政管理水平不高

学校对行政管理工作的重要性不够重视。教育部周济部长曾经讲过:"在有的学校,小的问题还讨论计划,反而是一些重大问题的决策缺乏规划,往往是某个领导人或某几个领导人头脑一热就决定下来"[5]。由于有的高校不重视管理工作,行政部门有时变成了安排水平低、能力差的教师的地方,或者成为安排"引进人才"家属的地方。这种状况在客观上也造成管理岗位人才缺乏,行政人员成为"万金油"的代名词。行政管理的性质决定了它不能直接创造社会价值,但却是任何一种创造社会价值的劳动都不能缺少的劳动,它的社会意义将随着社会的不断进步而凸显出来。

另外，高校行政管理机构中也存在行政自我约束力缺乏的现象。忙碌不等于效率，高校行政管理效率低的一个关键问题，就是经费管理的混乱，在经费预算方面缺乏科学的计算和衡量。各机构的管理者为了争取更大的部门利益，故意加大经费预算，经费到手后又故意超预算，为今后争取更多的经费。经费使用情况的监督和管理比较松散，不利于行政绩效的提高。

（六）传统绩效考核的误区

（1）德能勤绩四个方面的考核不平衡，过于重视形式上的德，并非一般意义上的人的道德品行，容易造成有的考核流于形式。"考评等级的决定方法也非常简单，除优秀指标采取推举法外，其他一律为称职。这种方法虽然简单，可操作性强，但是，从一定意义上来说，非常流于形式"[6]。

（2）主观性强，通常凭直觉、印象、口碑来决定考核。现在主要通过态度、忠诚、品格、主动性等进行考查，这些主观指标都是难以衡量的，与员工的工作绩效并无多大关系。

（3）缺乏人性化，忽视绩效考评的发展功能，把绩效考评单纯当做上级控制下级的工具，而没有考虑到员工绩效发展。

（4）评价体系的非理性和非科学化。现在的许多"绩效"评价体系并非是通过认真研究和实践后形成的评价体系，有简单粗糙之嫌。

四、绩效测评的在高校中的应用

"大学理念必须在一定的大学治理结构下才能真正得以实现"[7]，绩效管理应该是大学治理结构的重要组成部分。绩效管理分为绩效目标设定、绩效评价、评价反馈、改进的行动与计划等环节。绩效的评价指标既是进行绩效管理的基础，也是绩效管理的目的。因此，科学的分解和测评绩效指标具有重要的意义。

（一）建立绩效评估机制的原则

（1）评估的方向应该是多向的。自评是系统内进行的多向评估，如上对下、平级、学生对教师、学生对学校等；外部评估，可以来自上级、公众、社会相关部门、用人单位等。

（2）评估的时效应该是长短结合，既有年度评估，也有任期评估；既有短期发展计划的制定与执行，又有对长远可持续发展规划的制定和实现。

（3）评估的内容应该经济效益和社会效益兼备。高校是非营利机构，不以追求经济效益为第一目标，但这并非说学校可以不考虑国有资产的合理使用和有效利用。

（4）绩效评价指标体系设计原则。①定量指标为主，定性指标为辅的原则。通常情况下，我们主张更多地使用量化的绩效评价指标，并有利于确定清晰的标度，从而提高评价的客观准确性。但是，针对不同岗位的工作性质，我们往往发现评价指标量化并不可行。这条原则只是提醒我们要注意尽可能地将能够量化的指标进行量化。同时，对于定性的指标也可以运用一些数字工具进行恰当处理，从而使得定性指标得以量化，使评价的结果更精确。②少而精的原则。结构简单的评价指标体系能够有效地缩短评价信息的处理过程乃至整个评价过程，提高绩效评价的工作效率。同时，评价者能够比较容易地了解绩效评价体系，掌握相应的评价方法和技术。这样的评价系统才能比较容易地被评价者接受，评价工作参与人员的沟通交流问题也容易解决。

（二）绩效指标的选取

评价绩效可以有很多指标，对学校来说分别有员工绩效指标和组织绩效指标，员工绩效指标包括教职员工的满意度、优才流失率、员工工作效率等，组织绩效指标包括科研成果及转化指标、教学质量指标、财务指标、学生评价指标、社会声誉指标等。例如，西华大学管理学院的谢合明教授提出"教学院（系）绩效工作的指标体系包括教学工作指标、科研工作指标、学生工作指标三大类。"下分B、C、D各层，一共40个具体评价指标，从各个角度的不同层面上反映和评价了高校教学院（系）的绩效工作[8]。

通过员工绩效指标可以检查学校是否吸引了最好的和最有潜力的教师，是否把他们培养成了优秀的教师和科研人员，并且留住了他们，使得他们发挥了最大的作用。教职员工指标中，满意度调查是重要的内容。薪酬并不是员工唯一的需求，员工的工作行为还取决于管理者的素质、岗位的适配性、能力的增长性、工作的挑战性和休假长度及质量等因素。

组织绩效指标的内容要复杂一些。例如，学校声誉指标如何体现呢？高中生报考率、毕业生就业率、用人单位满意度和学生与家长的满意度等都是重要的指标。其中，高中生报考率、毕业生就业率是衡量学校声誉和吸引力的标志性指标。我们可以在一些中学做调查，如今年与去年、前年相比愿意报考某大学的学生分别是多少人，就可以量化地看出学校在办学声誉和吸引力方面的变化。对学生和家长的满意度也可以通过调查进行了解，如每一学年可以分别对学生和家长做一个调查，了解他们对学校的教学和管理工作的满意程度如何，就可以看出学校每一年的教学和管理的总体绩效。其他如毕业生就业率和用人单位满意度等，这些也都是可以量化的指标。

科学的绩效管理将会促使学校按照科学发展观的要求不断走向进步，实现学校可持续发展和协调发展。但值得指出的是，高校实行绩效管理，必须坚持不懈，经过长期的努力，才能使绩效管理的观念深入人心，才能使管理者和被管理者都能形成追求绩效、自觉提高绩效的自觉行为。切忌使绩效管理"运动化"。

参 考 文 献

[1] 胡锦涛. 在中央人口资源环境工作座谈会上的讲话. 2004-03-10.
[2] 陈芳. 绩效管理. 深圳：海天出版社，2002：5.
[3] 杨剑，白云，郑蓓莉. 目标导向的绩效考评. 北京：中国纺织出版社，2002：150.
[4] 周洪芳，陈文贤，王苓. 浅论综合性大学的科研绩效评估. 西南民族学院学报（哲学社会科学版），2002，(5)：235.
[5] 周济. 在教育部直属高校工作咨询委员会第13次全体会议上的讲话. 2003-01-05.
[6] 谢合明. 高校绩效考评体系建立初探. 西南民族学院学报（哲学社会科学版），2001，(8)：195.
[7] 张维迎. 大学的逻辑. 北京：北京大学出版社，2004.
[8] 谢合明. 高校院（系）绩效考评的综合评价. 西南民族学院学报（哲学社会科学版），2001，(12)：205-206.

（原文题目为《落实科学发展观推行高校绩效管理》载于《教育与经济》2006年第2期）

民族区域发展与民族院校的管理创新

民族院校是我国高等学校系统中不可缺少的重要组成部分,在民族区域发展中具有不可替代的重要作用。特别是在中央实施西部大开发、建设创新型国家战略和我国高等教育已经从精英教育进入大众化教育阶段的今天,民族院校在民族区域发展中的重要作用显得更为明显。

一、民族院校在民族区域发展中的地位和作用

民族院校是培养少数民族高素质人才的摇篮,是研究我国民族理论和民族政策的重要基地,是传承和弘扬各民族优秀文化的重要基地,是展示我国民族政策和对外交往的重要窗口。国家民委、教育部2005年12月28日颁布的《关于进一步办好民族院校的意见》指出"在培养少数民族人才方面,民族院校在我国整个高等教育体系中具有不可替代的地位和作用"。

民族院校对民族区域发展至关重要,具有特殊的地位和作用。从一定意义上讲,民族高等院校就是在为实现民族区域发展提供优质服务的过程中才实现自身发展的。民族院校在民族区域发展中的地位和作用主要反映在以下三个方面。

第一,民族院校的性质特点决定着它在民族区域发展中具有服务的稳定性。民族院校是为解决国内民族问题而建立的以招收少数民族学生为主的普通高等学校,具有相对固定的服务区域和相对稳定的服务对象。民族院校在长期的办学过程中,一直将少数民族在校生比例作为衡量民族院校为民族地区服务的重要质量标准,并作为民族院校的特色保持至今。全心全意地为我国少数民族和民族地区服务,一直是民族院校长期坚持的办学宗旨和实践内容。民族院校的办学之基在民族地区,民族地区是民族院校生存和发展的基础和条件。据统计,截止到1979年,全国10所民族院校为落实"普遍而大量地培养各少数民族干部"[1]的工作方针,共培养出各民族政治干部和各类专业干部917万多人,占全国当时少数民族脱产干部总数的10%以上[1]。

第二,民族院校的学科特点决定着它在民族区域发展中具有服务的指向性。民族院校的学科专业建设要根据民族地区的人才需要进行,使民族学院培养的人才与民族地区的实际需要具有良好的交融型。可以反映在两个方面:一方面,民族院校根据民族地区人才类型的需求,设置各类不同的学科和专业,为民族地区特有的自然资源和社会资源服务;另一方面,民族院校根据民族地区人才层次需求,不断地调整办学层次,以适应民族地区经济和社会发展对高层次人才的追求。民族院校既设置有民族学等特有学科,又设置有通用的其他学科,具有学科覆盖面广和人才培养类型全的特点,较好地适应了民族地区改革和发展的需要。民族院校一直是依据民族地区经济和社会发展需要培养人才的典范。

第三,民族院校的文化特点决定着它在民族区域发展中具有服务的互动性。民族院校特殊的服务区域和服务对象,决定着民族院校与民族地区之间文化特质的互动性。民族院

校的特有学科需要民族地区这一更为广泛的社会土壤作为支撑;民族院校的校园文化不可避免地融入民族地区传统文化的现代因素;民族院校的办学实践一直引领着民族地区的思想文化建设,为民族地区的社会主义精神文明、物质文明和社会文明作出积极贡献。每一所民族院校所面向的地区,都有十几个或多至几十个少数民族,他们的历史、社会经济、语言文字、风俗习惯、文化艺术、民族医学以及哲学、宗教等方面,都有各自不同的情况和特点,科学研究的对象和资料丰富多彩,是一批巨大的社会科学宝藏。各民族院校要互相配合搞出成果来,为教学服务,为党和国家的民族工作服务[1]。

不难看出,民族院校在民族区域发展中具有不可替代的重要作用。当前我国实施西部大开发战略,对民族高等院校来讲,既是一次难得的发展机遇,又面临着严峻挑战。教育部财政部最近又提出"推进对口支援西部高校工作,促进东部和西部高等教育的协调发展"[2]。正像胡锦涛同志在 2005 年中央民族工作会议讲话中所指出的:"人才是加快少数民族和民族地区经济社会发展的关键性因素"[3]。要采取多种手段,帮助民族地区更多地培养经济社会发展急需的企业经营管理人才、专业技术人才和技能人才,不断提高人才素质、优化人才结构。

二、民族院校管理体制与民族区域发展的互动

要深刻认识民族院校与民族区域发展的互动问题,"三螺旋理论"可以给我们以重要的启示。"三螺旋理论"是 20 世纪 90 年代美国纽约州立大学社会学系亨利·埃兹科维兹(Henry Etztowitz)教授和荷兰阿姆斯特丹科技发展学院的罗伊特·雷德斯多夫(Loet Leydesdorff)教授提出来的(the triple helix)[4]。该理论模仿生物学中的 DNA 三维螺旋体之间的共生关系,认为政府、大学和企业在区域经济发展中具有互动关系。在这种理论的架构下,政府、大学和企业三种行为主体在区域经济发展中呈现螺旋上升态势,每一个主体都有它特定的任务,围绕共同的目标和一致的方向,各自发挥着不同的作用。"三螺旋"就是官、产、学三方的关系和互动。"官"指的是体制,"产"指的是企业"学"则指的是指科研研究所和高校。从结构上解释,体制应该推动企业和科研单位的创新,科研单位为企业提供技术支持,高校为企业和科研单位输送人才,企业的利润反过来从经济上对科研部门和高校发展提供支持。该理论一经提出,便受到社会的普遍关注,并在政府公共政策、高等院校发展和企业创新等领域得到了成功的应用[5]。

不难看出,民族院校与民族地区的政府和企业之间也具有这种关系。民族院校为民族地区培养发展需要的紧缺人才,为民族区域发展提供强有力的智力支持;民族地区的政府为民族院校和企业提供良好的政治与社会环境,给予优良的制度和政策保障;民族地区的企业通过不断地创新活动来为社会积累财富,从经济实力上为民族院校和科研机构提供继续实现发展的潜在动能。可见,政府宏观政策的制定和执行、企业积极的参与和创新、民族院校优质人才的不断输出三个方面缺一不可,共同构成相互依存、彼此促进、和谐发展的良性互动关系。在民族地区政府、企业、高等学校的三者互动关系中,作为一方的民族院校有必要理顺两种关系。

第一,要理顺民族院校与民族地区政府的关系。目前我国民族高等教育还是一种以政

府主导型为主的教育活动，需要政府从教育经费、招生政策和教育资源等方面继续支持民族院校的发展，营造有利于民族院校在民族地区发展中发挥不可替代作用的教育政策与经济社会环境。从我们对四川省 3 个民族自治州科技人才问卷调查的结果看，这些地区科技人才的补充主要靠外地分配、单位招聘或招考，此类人才共占此次收回的 585 份有效调查问卷的 77.95%，涉及教育、医药卫生和农林牧等行业。应当看到，民族院校是培养少数民族各类高级专门人才的重要基地，过去实行过并被实践证明是行之有效的毕业生就业政策，如定向招生、定向培养等，应当继续实施和完善，使之更好地发挥民族院校在培养民族地区各类高级专门人才中的重要作用。此外，民族院校的科研成果也要更好地服务于当地政府的科学决策。

第二，要理顺民族院校与民族地区企业的关系。民族地区的企业无论从自身发展还是从承担社会责任的角度出发，要积极参与民族院校的人才培养过程，为培养高素质的少数民族人才提供实习和实践的场所。并要加强同民族院校的科研合作，以促进民族地区企业创新。应当看到，民族院校的发展离不开企业的支持，民族院校的研究成果也要更好地服务于企业。我们在对四川省 3 个民族自治州科技人才调查过程中发现，城市人才需求趋缓，农村人才需求旺盛，其中乡镇一级的企事业已成为人才需求的主体。2006 年，甘孜、阿坝和凉山人才需求分别为 1629 人、960 人和 8025 人，其中乡镇级企业单位分别为 1629 人、950 人和 6427 人，分别占 3 个民族自治州人才需求量的 100%、99%和 80%。人才需求首先以教育人才为主，占人才需求量的 48%；其次是乡镇农技、农机、林业、牧业、渔业和水利等行业的人才，占人才需求量的 30%；第三是卫生服务业的人才，占人才需求量的 17%。从专业需求看，理科、工科和文史哲人才需求较多，分别占人才需求量的 38.7%、22.7%和 15.8%。民族院校的人才培养要适应民族地区人才需求的这种变化，适当实施"订单"式人才培养。作者认为，民族院校与民族地区政府和企业之间这种和谐发展的关系，有必要得到《中华人民共和国民族区域自治法》等法律、法规的确认。

三、在区域发展中实现民族院校管理创新的途径与方法

为了更好地发挥民族院校在民族区域发展中的重要作用，民族院校管理创新主要应当体现在以下三个方面。

第一，民族院校管理思想的创新。过去民族院校的发展主要是通过外延式发展为主的途径获得的。在新形势下民族院校的发展必须实现创新，变外延式发展为内涵式发展。要更新教育观念，贯彻科学发展观，树立正确的学校、政府和企业三者互动关系的理念，继续坚持为民族地区和少数民族服务的宗旨，以服务民族区域发展作为民族院校的主要社会责任；要强化办学特色和加强重点学科建设，努力打造核心竞争力；要遵循少数民族学生的成长和学习规律，努力提高教育教学水平；还要适应高等教育国际化发展的新趋势，通过"走出去"和"引进来"的方式广泛开展国际学术和教育合作，提高民族院校的国际化办学水平，在国际竞争过程中提高民族院校的生存能力；要以特色为突破口，以树学科特色和优势品牌专业融入我国高等教育的主流行列。

第二，民族院校管理体制的创新。民族院校内部管理制度是做好学校其他各项工作的

基础,应当以是否建立现代大学制度为主要的标准。民族院校管理制度的改革要适应学校、政府和企业三者互动关系的架构来进行,要有利于三者之间形成良好的互动,将立足于为民族地区培养紧缺人才,为民族区域发展提供智力支持作为做好此项工作的衡量标准。民族院校的教学工作、科研工作等都要服务于民族区域发展,为民族地区和少数民族培养大量的合格建设者,促进民族地区各项事业的健康发展。

第三,民族院校管理机制的创新。民族院校要积极推动学校内部管理机制的创新,要引进竞争机制,积极使用奖惩手段,以保证民族院校教学质量的提高;要稳步推行全员聘用制,不拘一格地选拔和培养高端人才,形成高质量、高素质的教师队伍;要采取积极的措施,最大限度地提高教师和管理人员的工作积极性,将全体教职工满意不满意程度作为做好管理工作的评判标准。

总之,民族院校要加快发展,努力实现民族院校与民族区域发展之间的良性循环。民族院校要为促进民族区域发展提供人才和智力支持;民族区域发展也要为民族院校提供更好的发展平台和发展空间。

参 考 文 献

[1] 国家教委民族地区教育司. 少数民族教育工作文件选编. 呼和浩特:内蒙古教育出版社,1991.
[2] 教育部财政部关于实施高等学校本科教学质量与教学改革工程的意见. 教高〔2007〕1号. 2007-1-22.
[3] 胡锦涛在中央民族工作会议上的讲话. 人民网. http//:politics.people.com.Cn/GB/1024/3423605.html[2005-5-27].
[4] 亨利·埃兹科维茨,劳埃特·雷德斯多夫. 大学与全球知识经济. 夏道源,等,译. 南昌:江西教育出版社,1999:51-69.
[5] 南佐民. 论三螺旋理论下的创业型大学建设. 教育与职业,2004,(30):10-11. 方卫华. 创新研究的三螺旋模型:概念、结构和公共政策含义. 自然辩证法研究,2003,(11):69-72,78.

(原文题目为《在实现民族区域发展中促进民族院校管理创新》,载于《中央民族大学学报》(哲学社会科学版)2007年第4期)

科学地推进高水平民族大学的全面发展

一、过去五年的工作回顾与总结

在国家民委和湖北省委、省政府的正确领导下,学校党委紧密团结和依靠全校师生员工,锐意改革,加快发展,学校各项事业取得长足进步,综合实力和核心竞争力进一步提高,第五次党代会提出的任务和目标现已基本实现。

(一)加强和改进党建工作,为改革发展提供坚强的思想、政治和组织保证

1. 高度重视党的思想理论建设

党委切实加强理论学习的规范化、制度化建设,坚持用马列主义、毛泽东思想和中国特色社会主义理论体系武装党员干部,教育广大师生。校、院两级理论中心组的学习,大力发扬求真务实、理论联系实际的马克思主义学风,着眼于治校兴校能力的提高,着眼于学校育人功能的发挥,着眼于对解决学校实际问题的思考,把"学理论、议大事、出思路、建班子、促发展"作为学习的主要任务,充分发挥了在全校师生理论学习中的示范带头作用。党员干部和教职工的理论学习有较好的制度保证,学生的理论学习以邓小平理论、"三个代表"重要思想和科学发展观"进教材、进课堂、进头脑"为主要手段,取得了可喜的成绩。通过加强理论武装工作,广大党员和教职员工的理想信念进一步坚定,正确的世界观、人生观、价值观和荣辱观进一步确立,教师教书育人、学生立志成才的积极性和主动性进一步增强,学校各级领导干部的理论素养明显提高,思想作风、工作作风进一步改善,处理复杂事务和驾驭全局的能力不断增强。

2. 着力加强基层党组织建设和干部队伍建设

党委认真贯彻落实《中国共产党普通高等学校基层组织工作条例》和全国高校党建工作会议精神,颁布实施了《基层党委、党总支及直属党支部工作条例》和《党支部工作条例》,高度重视基层党组织建设。坚持"党管干部"的原则,规范干部选拔任用工作程序,建立公选、直选和竞聘相结合的干部选拔机制,推行中层干部任期制、履职考核制、集中培训制和处级领导干部轮岗制。颁布实施《中共中南民族大学委员会分党校工作暂行条例》和《授权党总支审批学生党员的有关规定》;坚持组织员制度,充分发挥组织员在学生党员发展和教育中的作用;同时在各学院党委、党总支设立分党校,进一步加强党员发展、教育和培训工作的力度。五年来,学校共培训入党积极分子 24000 余人,发展党员 5600 余人,在校大学生的党员比例由 2002 年 6.5%增加到现在的 17.4%,培训领导干部 500 多人次,轮岗交流处级领导干部 97 人。推进党的先进性建设,在开展保持共产党员先进性

教育活动中，学校党委加强领导，精心组织，各项工作扎实，取得了明显成效。在分析评议和整改过程中，紧紧围绕教育活动的四个目标要求，广泛征求群众的意见和建议，深入查找存在的突出问题，精心制定整改方案，认真落实各项整改措施。巩固和扩大先进性教育活动成果，努力构建保持共产党员先进性教育的长效机制、党内民主生活会和机关党员党员干部联系学生班级制度。通过先进性教育活动，党员的党性意识明显提高，党组织的群众观念大为增强，党的基层组织建设进一步巩固，党员的先锋模范作用得到进一步发挥。46个基层党组织、116个先进党支部、53名优秀党务工作者、362名优秀共产党员受到省委和省委高校工委及学校党委的表彰。

3. 切实加强反腐倡廉建设

坚持"党委统一领导，纪委组织协调，党政齐抓共管，部门各负其责，群众积极参与"的领导体制和工作机制，扎实有效地开展反腐倡廉工作。以《中南民族大学关于贯彻落实〈建立健全教育、制度、监督并重的惩治和预防腐败体系实施纲要〉具体办法》为抓手，建立和完善了干部选拔、人事管理、财务审计、招生考试、基建维修、招标采购等70多项规章制度。坚持开展《关于严格禁止利用职务上的便利谋取不正当利益的若干规定》专项检查，严格执行领导干部个人重大事项报告制度、收入申报制度和纪委对新晋升干部进行廉政谈话制度。认真执行《中南民族大学校务公开实施办法》的各项规定，切实加强对重点部位和关键环节的监督。积极配合中纪委驻国家民委纪检组和地方检察机关查处案件，坚决维护党纪国法的权威，得到了上级纪委的充分肯定。

4. 大力加强和改进大学生思想政治工作

党委高度重视大学生思想政治工作，成立了"大学生思想政治教育工作领导小组""大学生心理健康教育工作领导小组""三育人工作领导小组"，努力建设好学生资助中心、心理咨询中心、勤工助学中心和就业指导中心。推行校领导联系学院和机关干部联系学生班级制度，坚持实施晨跑制度，政工干部晚值班制度，辅导员入住学生公寓制度，学生工作助理制度。建立并健全了学生心理辅导和家庭困难学生资助机制，教育、管理与服务三位一体，教书育人、管理育人和服务育人三位一体，学校考核、学院评估与学生评议三位一体，学生辅导员、班主任和学生干部工作三位一体的四个"三位一体"学生工作机制。大学生思想政治工作在改进中得到加强，在加强中得到提高，在提高中增强实效。

5. 不断提高精神文明建设水平

学校以建设优良校风、教风、学风为核心，以构建和谐校园、平安校园为重点，按照贴近实际、贴近生活、贴近师生的原则，深入开展精神文明创建活动。打造了科学精神、人文精神、创新精神、创业意识相融合，科技文化活动与思想道德教育相融合，校园文化、校园精神相融合，物质文明、政治文明、精神文明相融合的民大品格。学校已连续三届获得湖北省最佳文明单位荣誉称号。

（二）围绕建设一流民族大学的奋斗目标，以提高综合实力和核心竞争力为重点，学校各项事业健康发展

1. 学科建设取得长足进步

党委坚持学科兴校战略，加大对学科建设的投入，不断优化学科布局与结构，努力推进学科建设整体上水平。2005年学校获得博士学位授予权，民族学专业成为学校首个博士点。这是学校历史上的一个重大突破，标志着学校办学水平与办学层次上了一个新的台阶。

着力加强重点学科、特色学科、优势学科建设。民族学学科特色进一步彰显，在承担省部级以及国家级课题、获得省部级社科奖励方面，取得了令人瞩目的成绩。学校通过立项建设重点学科，生物医学工程、物理化学、文艺学等学科呈现出良好的发展势头，成为学校学科建设新的增长点。目前学校拥有湖北省高校优势学科2个，湖北省高校特色学科2个，国家民委重点学科5个，湖北省重点学科8个。

高度重视基础学科建设，大力发展新兴、应用学科，大力加强学科梯队建设，积极培养学术团队，努力发展和建设硕士、博士学位点。五年来，学校投入了数千万元建设重点实验室和与之配套的18个实验室。学校目前建设有本科专业57个，硕士学位授权点44个，博士学位授权点1个，基本形成了结构合理、有一定特色和优势的学科体系。

2. 师资队伍建设成效显著

五年来，学校培养和引进博士174人，硕士251人，首席教授2人，学科带头人5人，参与国家"霞光工程"引入高端人才3人，进一步加大了人才引进力度。目前，学校专任教师中有国家突出贡献中青年专家1人，新世纪百千万人才工程国家级人选1人，湖北省新世纪高层次人才工程第二层次人选6人，省级学科带头人3人，省级学术骨干6人，享受国务院政府津贴专家24人，享受省政府津贴专家4人，省部级有突出贡献中青年专家19人，博士生导师15人，硕士生导师246人，教授97人，副教授321人。专任教师的博士比达25.5%，硕士比达47.3%。学校的师资力量日益雄厚，师资队伍结构发生了深刻的变化。

3. 科学研究呈现良好发展势头

学校通过办学思路的调整，大力加强科学研究工作，"教学研究型大学"的定位逐渐清晰，"教学科研并重"的理念深入人心，学校科研工作呈现出了良好的发展势头。

2004年，学校承担的国家民委科研项目结题率在委属院校中排名第一；2005年，在湖北省科技厅组织的项目承担单位信誉评价中学校排名第二，项目管理取得了良好的成效。学校科学研究的整体水平有所提高，获取国家级项目由2000年的0项增长到2007年的20项，省部级项目由7项增长到58项，省部级项目由7项增长到58项，省部级奖项由10项左右增长到24项。2007年科研合同经费达1622.6万元，是2000年的36倍。荣获了湖北省委、省政府授予的"科技服务先进单位"称号。

4. 教学水平和人才培养质量进一步提高

党委高度重视教学工作,加大对"质量工程"建设项目的投入,确保"质量工程"项目取得实效。目前,学校拥有3个国家级特色专业点,5个省级品牌专业,1个省级教学团队,2名省级教学名师,5个省级实验教学示范中心,1门国家级精品课程,12门省级精品课程。学校鼓励教师积极参与教学改革与研究工作,五年来,校级教学研究立项86项,省级教学研究立项63项,推动了学校教学改革的深化。

坚持科学素质教育与人文素质教育相统一,通识教育与专业教育相并重,课堂理论教学与课外实践教学相结合,知识、能力、素质协调发展与综合提高。学生创新创业活蓬勃开展,近年来,每年都有近万人次的学生积极参加各级各类竞赛活动,取得奖项400多项,其中获国家级奖励50多项。为建立教学评估和质量监控的长效机制,学校成立了教学质量监控与评估中心。

近三年来,学校毕业生一次性就业率均在90%以上,被评为湖北省高校就业先进单位。2006年学校在教育部本科教学工作水平评估中再次获得优秀,2008年又喜获教育部批准的新增高校推免工作资格。

5. 办学规模稳步壮大,办学条件进一步改善

学校在保证本科教育质量和特色的前提下,稳步扩大办学规模,大力发展研究生教育。学校现有全日制在校生21858人,其中,本科生18874人,研究生1461人。五年来,本科学生年均增长6%,研究生年均增长24%;成人教育在确保稳定的前提下,规模有所扩大,类别有所增加。本科学生招生范围扩大到了31个省、直辖市、自治区,在5个省(区)进入一批招生,录取分数和生源质量稳步提高,少数民族学生比例达到61%以上。

学校进一步积极拓展办学空间,加大办学投入,不断改善办学条件。目前学校占地面积1446亩,校舍建筑面积近75万平方米,其中五年来通过新建和购买当代学生公寓,新增建筑面积超过37万平方米。教学仪器设备值1.3亿元,五年年均增长20%,纸质图书150万册,五年年均增长6%。五年来,学校累计投入教学科研等办学经费4.3亿元,进一步改善了教学环境和办学条件。

6. 国际交流与合作迈上新台阶

学校与美国等十多个国家(地区)的20多所大学建立了合作交流关系。在国际交流合作上,引智成绩突出,国家外专局拨付学校的外专经费连续3年达到198万元。五年来完成引智项目100余项,近300人次的海外专家学者来学校工作和交流。留学生教育稳步发展,五年来,到学校学习的留学生达400人次,目前在校留学生66人。合作办学和学生交流培养形成了一定规模,学校现有合作办学和学生交流培养项目共8项,合作培养硕士240余人,本专科生120余人。师资海外培训力度进一步加大,除4名教师获国家留学基金委资助外,通过合作办学和校际交流派出培训的教师达50多人。

学校与美国威斯康星大学合办的孔子学院在2007年获教育部批准,2008年4月举行了开学典礼,基础汉语课堂学员人数稳定,每期一个月,学员20~30人。作为委属民族院校开办的第一家孔子学院,目前的发展势头和办学影响良好。

7. 各项改革不断深化

学校积极探索建设现代大学制度,大力推进校内管理体制改革,管理重心下移取得一定进展。大力推进机构改革,理顺职责权限关系,成立了发展规划处、教学质量监控与评估中心、创新创业中心等管理机构,调整、增设了生命科学学院、公共管理学院、工商管理学院、预科教育学院、思想政治教育学院、文学与新闻传播学院。深化人事分配制度改革,推进岗位设置与聘任管理工作,实行了按需设岗、竞聘上岗的全员聘任制和岗位津贴制。深化教育教学改革,调整优化专业结构,积极推进教学内容、教学方式和教学手段改革,修订培养方案和教学计划,完善学分制和教学评估制度,设立本科生创新培养项目,加大了学生实践能力和创新能力培养的力度。深化科研体制改革,实行了项目管理,设置了流动科研岗位,搭建了跨学科、开放式的科研平台。探索多渠道融资方式,积极争取政府、企业资金的投入和银行贷款,吸引社会各界在学校设立奖学金、助学金。高度重视统战、离退休、工会、共青团等工作,民主党派和群团组织的作用得到充分发挥。进一步推进后勤服务改革,后勤服务意识不断增强,服务质量明显提高。

过去的五年,是我们中南民族大学始终牢记历史责任,肩负社会使命,为人才的培养、学术的弘扬和社会价值的传承而不懈努力、奋勇前行的五年!同志们,中南民族大学沐浴改革开放的春风,与改革开放同行,从恢复重建到今天的壮大发展,短短28年时间,正是因为在历届班子的带领下,民大人同心同德、锐意改革、奋发图强,才有今天的辉煌。学校今天所取得的成绩来之不易,这是国家民委和湖北省委、省政府正确领导的结果,是社会各界鼎力支持、全校师生员工团结拼搏的结果。凝聚了历届党委的心血,凝聚了几代民大人的汗水!在此,我谨代表学校第五届党委,向关心支持学校发展的各级领导、各界朋友和广大校友,向为学校发展作出突出贡献的历任领导和离退休老同志,向兢兢业业、忘我工作、勤奋广大党员和全校师生员工,致以崇高的敬意和衷心的感谢!

第五次党代会以来的工作实践,使我们进一步加深了对"办什么样的民族大学"和"怎样办好民族大学"问题的认识,积累了十分宝贵的经验。这些经验包括:第一,必须坚持面向少数民族和民族地区,为少数民族和民族地区服务的办学宗旨。第二,必须坚持走党的民族工作规律与高等教育规律相结合,民族高等教育的特殊性与普通高等教育的普遍性相结合的办学之路。第三,必须坚持质量立校,学科兴校,人才强校,特色荣校的内涵式发展战略。第四,必须坚持解放思想,转变观念,正确处理各种关系,破解发展难题,提高发展质量和效益。第五,必须坚持"以人为本",充分发挥和切实保护好师生员工的积极性、主动性和创造性,努力形成推动学校事业发展的合力。

在总结成绩和经验的同时,也清醒地看到,学校的事业发展还存在一些问题。一是管理体制、机制上的一些障碍还有待进一步突破,管理水平和办学治校能力还有待进一步提高。二是体现"两个面向,两个服务"办学宗旨的特色彰显还需要大力强化。三是学术团队的凝聚和学术带头人作用的充分发挥还需要进一步改善和增强。四是有影响的学术名师大师欠缺,有影响的、具有标志性的教学科研成果还太少等。这些问题,我们必须要高度重视,认真研究,逐步加以解决。

二、今后五年的奋斗目标与主要任务

(一) 指导思想和奋斗目标

今后五年,是学校深入学习实践科学发展观,圆满完成"十一五"发展规划任务、精心编制和认真实施"十二五"规划的重要时期。是学校适应高等教育改革发展趋势,进一步提高教育质量,优化学科专业结构,推进高水平大学和重点学科建设的关键时期。因此,今后五年学校要确定的办学指导思想和奋斗目标是:

以党的"十七大"精神为指导,深入学习实践科学发展观,全面贯彻落实党的教育方针,坚持面向少数民族和民族地区、为少数民族和民族地区服务的办学宗旨;坚持党的民族工作规律与高等教育规律相结合,民族高等教育的特殊性与普通高等教育的普遍性相结合的办学道路;坚持以提高质量为中心,教学科研并重,办特色鲜明民族大学的办学思路;坚持质量立校,学科兴校,人才强校,特色荣校,规模、结构、质量、效益协调发展的内涵式发展战略;稳定发展本科生教育,大力发展研究生教育,适度发展预科和继续教育、职业教育,到2013年,学校各类在校生规模达到26000人左右,其中本科生22000人左右,研究生3500人左右,留学生、预科生等700人左右;突出强化高水平学科专业建设、人才队伍建设和办学特色的彰显,加快教育现代化进程,提高国际化办学程度,深化内部管理体制、机制改革,进一步提升教学、科研、社会服务水平,努力把学校建设成为特色鲜明、人民更加满意的高水平民族大学。

(二) 主要任务和工作重点

围绕建设特色鲜明、人民更加满意的高水平民族大学奋斗目标,今后五年学校的主要任务和工作重点如下:

(1) 深入学习实践科学发展观,进一步深化办什么样的民族大学和怎样办好民族大学的认识,把全校师生的智慧和力量凝聚到奋斗目标上来。

明年上半年,学校将根据中央的统一部署和上级的安排,在全校深入开展学习实践科学发展观活动。学习实践科学发展观,前提是要解放思想、更新观念。要通过学习,树立起办人民更加满意的高水平民族大学的理念,遵循高等学校办学规律,坚持民族高校的办学宗旨,提高办学水平,提高办学质量,突出办学特色;树立起在改革开放中办民族大学的理念,用改革发展去解决办学实践中的问题;树立起在经济全球化背景下办民族大学的理念,强化国际意识,推进国际交流合作,提高办学的国际化程度;树立起以人为本的教育理念,做到一切依靠人、一切为了人、一切发展人。学习实践科学发展观,根本要求是要实现科学发展、内涵发展和又好又快发展。要通过学习,致力于提高质量,以质量立校,以人才强校,以学科兴校,以特色荣校;致力于突出特色,更加贴近少数民族和民族地区,更加适应和满足少数民族和民族地区的需求;致力于统筹协调,正确处理好办学过程中的各种关系;致力于更加主动服务,为少数民族和民族地区的经济社会发展作出更大的贡献。学习实践科学发展观,努力做到和谐发展是基本保障。要通过学习,在办学实践中做到动态中的平衡,差异中的协调,纷繁中的有序,多样中的统一。要通过现代大学制度的建立,消除管理体制、机制上的障碍，促进学校发展的和谐有序。

深入开展学习实践科学发展观活动，对继续深化办什么样的民族大学、怎样办好民族大学的认识具有十分重要的意义，对加深建设特色鲜明、人民更加满意的高水平民族大学奋斗目标的认识具有十分重要的意义。各级党组织要认真抓好学习实践科学发展观活动，尤其是要通过解放思想、更新观念的大讨论，进一步深化对科学发展观的认识，进一步深化对学校奋斗目标的理解和认识，把全校师生的智慧和力量凝聚到奋斗目标上来，这是奋斗目标能够实现的根本前提和保证。

（2）不断深化教育教学改革，加快教育观念、教育内容和教育装备现代化步伐，全面提高教学水平和人才培养质量。

学校要对现行人才培养方案进行修订，精心制定2009年培养方案。要坚持以学生为本，体现重基础、重发展、重能力、重创新，努力建设高水平、特色鲜明的民族大学本科教育体系。进一步打通相关专业，扩大大类培养的范围，设置大类培养的学科基础课程。继续深化课程体系、教学内容、教学方法改革，精心设置学科专业课程，拓展基础性课程、重视综合性课程、增设选修课程和探索性实验课程，优化课程结构。继续完善实践教学体系，改革实践教学内容，改进实践教学方法，着力培养学生的创新精神和就业竞争能力。对学生的就业，学校党委、行政要高度重视，要进一步强化校、院一把手工程，层层分解责任。要通过主动出击，千方百计收集岗位信息，广泛联系用人单位进校招聘；依托网络，加大力度，为毕业生提供丰富、便捷、高效的就业信息服务；积极引导、大力推进毕业生面向基层、面向西部就业、自主创业；加强就业指导服务的针对性，重点帮扶就业困难的学生等工作在促进学生充分就业上让学生更加满意，人民群众更加满意。要牢固确立研究生教育在学校事业发展中的重要地位，大力实施研究生教育创新工程，坚持导师负责制，积极推进团队式指导研究生的培养模式，多学科共同培养复合型人才，培养具有国际视野和国际竞争能力的高层次人才。

要加强对质量工程项目的管理，加大对质量工程各建设项目的投入，建立完备的校级质量工程项目体系。瞄准省级、国家级质量工程项目，力争在特色学科专业建设，实验教学示范中心、教学团队、教学名师、精品课程、教研项目、教学奖项等高层次标志性成果上取得更大突破。使省级品牌专业达到8个以上，国家级特色专业建设点4个以上；省级实验教学示范中心达到7个以上，国家级实验教学示范中心1个以上；省级教学团队达到3个以上，国家级教学团队1个以上；省级教学名师达到4名以上，国家级教学名师1名以上；省级精品课程达到18门以上，国家级精品课程2门以上。

要进一步调整优化专业结构，以体现办学宗旨，更加适应民族地区经济社会发展的需要为原则，调整和设置新的专业。要在充分论证的基础上，适时成立民族医药学院。对民族艺术和体育专业的增设问题，要再进行充分调研论证。

要进一步加快教育现代化步伐，通过五年努力，在教育观念、教学内容、教学方法与手段以及硬件设施等方面逐步达到教育现代化水平。积极拓宽与国内外高水平大学的交流渠道，进一步推进双语教学，提高多媒体教学的实效和课件的水平，加快普及信息技术教育，全面提高教师和学生运用信息技术的能力，实现信息技术与教育教学的有机结合；要进一步完善教学管理系统，加快教育管理信息化，提高教育管理水平；要努力构建教育信息化公共服务体系，进一步完善教学科研网络、教育政务信息化、学校数字图书馆等应用工程建设，为教育现代化提供保障。

（3）大力推进高层次人才和高水平创新团队建设，着力建设师资队伍。

要按照学科建设与发展需求，着眼于高层次人才和高水平创新团队总量增长与整体素质提高，进一步构建和完善优秀人才可持续发展的培养和支持体系，大力推进高层次人才队伍建设。通过机制创新，制度创新，切实做好楚天学者、高级教授、优秀留学回国人员等高端人才的引进工作。制定和实施外聘教师计划，充分发挥校内专家教授在引荐外聘同行专家上的作用，高质量的做好引智工作。高度重视少数民族教师的培养和引进工作，通过学校已获取的硕士推免权，采取定向和订单式培养，扩大少数民族高层次人才引进渠道，通过人才培养专项资金，培养优秀中青年少数民族教师。

精心制定高水平创新团队发展计划和相应政策措施，以楚天学者、高级教授等拔尖创新人才为核心，组建参与省级和国家重点发展领域、国际重大科学与技术前沿研究的创新团队、学术团队，依托团队力量，组织、孵育新的重大课题，积极抢占自然科学某些方面的制高点，大力推进人文社会科学的繁荣与发展；要以团队促进学科发展，以团队环境提升与培养高层次人才，以团队改变科研工作单打独斗的状态。

持续实施教师能力提升计划，根据"学用一致，保证质量"的原则，鼓励教师深入民族地区调研，到用人单位顶岗挂职，开展多层次多类型的培训工作；要充分用好人才培养专项基金，有计划选拔有培养前途的优秀青年教师到国内外知名学府和科研院所访问进修，通过造就一大批具有创新能力和发展潜力的中青年学术骨干，形成可持续发展的优秀人才梯队和学术梯队。

要以学校首次岗位设置与聘任管理工作为契机，建立和完善有利于优秀人才成长与发展的制度环境。坚持以公开竞聘或招聘择优录用为导向选用人才，以优化结构和提高效益为导向配置人才资源，以业绩贡献与能力、水平等为导向评价人才，以鼓励创新为导向激励人才。

（4）突出抓好学科建设，大力彰显优势学科、特色学科和学科特色，进一步提高办学水平。

要继续强化学科建设的龙头地位，明确进一步加强学科建设是学校发展的重大战略任务。按照统筹兼顾，突出重点，凝练特色，加大投入，勇于创新，打造品牌的学科建设总体思路，进一步凝练学科方向，建设学术团队，构筑学科基地，带动教学、科研和师资队伍水平的全面提高。

要坚持"有所为，有所不为"的原则，着重在特色学科和学科特色上狠下工夫。要以民族学、中国语言文学、生物医学工程、化学四个一级学科建设为重点，组建高水平的学科群，扶持新兴应用学科。要特别注重根据少数民族和民族地区经济社会发展的需要，找准结合点，把重点放在努力将科学研究的最新成果运用于解决民族地区突出的实际问题上。

要以优势学科、特色学科和重点学科为骨干，通过组建学科群，加强基础学科建设，推动应用学科发展，保持学科发展平衡，建设科学合理的学科体系。5年内，力争建成2~3个在国际上有一定影响，在国内处于先进水平的优势学科，建成3~4个在国内有较大影响的特色学科,省部级重点学科达到 20 个。要根据国民经济建设和社会发展的需要,调整专业结构,整合校内外资源,发展新型交叉学科,通过建设,使一批新兴、应用学科成为省部级重点学科,成为推动学校发展的新的增长点。经过 5 年的努力,本科专业要达到 65 个以上,具有硕士学位授权的一级学科达到 5 个以上,二级学科达到 60 个以上,具有博士学位授权的一级学科达到 1~2 个,二级学科达到 5~10,专业硕士点达到 2~3 个,省部级重点实验室达到 15 个,省部级人文社会科学重点研究基地 2~3 个。

要进一步明确学院在学科建设工作中的主体地位,充分调动主体作用发挥的积极性,建立责权利相统一的学科建设管理体制和机制,认真落实好学校关于进一步加强学科建设的实施意见。

(5) 面向少数民族地区社会发展和经济建设主战场,努力提高科学研究服务民族地区的水平和能力。

学校科研工作必须坚持以提高学校综合科研实力和科学研究服务民族地区的能力为目标,以巩固现有特色优势、加速培育新的学科研究领域为重点,以推进科研团队建设和加强重点实验室、重点基地建设为着力点,以增加投入、转变机制、科学管理为保障,推动科学研究的跨越式发展。

要加强平台体系建设,提升团队协作能力。鼓励"教师一团队一重点实验室(基地)"的运作模式,增强集体攻关能力。学校重点建设省部级重点实验室(基地)和通过竞争方式产生的校级重点实验室。今后课题经费主要投向重点实验室(基地),实行目标管理、绩效考核、滚动支持。省部级重点实验室(基地)要通过整合学科队伍,凝练学科方向,开展重大项目攻关,取得重要研究成果,获得重要奖项。

要完善科研评价体系,探索建立适应不同学科、不同类型的评价体系。理工科以基础研究和应用开发为侧重点,人文社会科学要以学术研究和对策研究为侧重点,实现应用基础研究和开发相结合、自然科学与社会科学相协调的良好格局。要加大投入,强化绩效,逐步推行科研任务分解和视绩效奖惩的管理办法。

要面向少数民族和民族地区经济建设主战场,强化社会服务功能,大力彰显科研特色。文史哲、经管法商、理工医各专业都要发挥自身学科的特长和优势,关注民族地区社会发展与经济建设的热点问题,加强应用研究和对策研究。要以科学研究服务于民族地区经济和社会发展的能力与水平,彰显学校的办学水平和鲜明特色。要试点建设少数民族地区科研与技术服务站,结合当地实际,作好规划,系统深入地就民族地区的经济社会发展重大问题展开研究。要加强民族医药、民族地区环境保护、资源利用等方面的应用基础研究和技术开发。教师特别是青年教师要主动到少数民族地区了解社会,接触生产实际,选择课题,开展科研。

(6) 进一步深化内部管理体制和机制改革,积极推进现代大学制度建设。

进一步深化人事分配制度改革,大力推进岗位设置与聘任管理工作,实现人事管理由身份管理向岗位管理的转变,由行政任用关系向平等竞争协商的聘用关系转变。实行人员岗位、人事关系、薪酬关系等的统一管理,按岗定酬,岗变酬变。加强岗位职责考核与评价,实行岗位动态管理,促进人员的择优聘用与合理流动,变重视过程管理为更加重视目标管理,努力形成人员能进能出、职级能上能下、薪酬能高能低的人事分配管理激励约束制度。以有利于资源配置、有利于效率提高为目标，进一步深化机构改革，合并管理性质、职能相近的部门，减少机构设置，提高资源配置和管理的效率。

进一步推进管理重心下移，逐步建立校、院两级管理体制，明确校、院两级各自管理职能，减少管理环节，增强管理效果。校级管理要以宏观管理和目标管理为主，突出学院在人才培养、学科建设、科学研究、人财物管理和专业技术职务的聘任等工作中的主体地位和职责功能。

大力推行目标责任制和项目管理责任制，学校对学院和各职能部门的管理，要通过实施目标责任制进行考核和绩效评价。所有教学、科研、学科、实验室建设、师资队伍建设等立项项目，要实行项目负责制管理，对项目绩效进行考核评价，提高项目投入的效果。要实行重大事故问责制、服务承诺制、首问责任制和限时办结制。

进一步深化后勤服务改革，坚持以师生为本，在服务态度、服务水平、服务质量上狠下工夫。

（7）进一步优化资源配置，集中人力财力物力，突出重点，保障投入。

要多渠道筹措办学经费，艰苦奋斗、勤俭办学，集中人力物力财力，突出经费投入重点，科学合理地将更多经费投入教学和学科专业建设、人才队伍建设、实验室建设以及学生创新创业能力提高中。

要开源节流，通过专业结构调整，合理调配不同学科专业的招生人数，提高规模效益；通过争取更多的纵横向科研项目，争取科研经费总额的较大幅度增长；通过争取更多专项建设经费，减轻学校建设经费支出的负担；通过厉行节约、内部挖潜，增强经费使用效益。

要保证教学科研的优先投入，确保本科业务费、教学差旅费、体育标准费、教学仪器设备维修费等"四项经费"的投入。加大重点学科、重大项目、重点实验室、重点研究基地和学术团队建设的投入。要在人才引进、学科专业建设、实验室建设等方面，采取立项管理的办法，鼓励争取国家、省部级项目立项，谁先立项，谁先投入，并根据项目大小决定经费投入多少，确保经费投入的公开、公正、公平和增效。

要科学制定校园建设规划，坚持绿化、美化、功能化，进一步完善基础设施建设，进一步改善办学条件，努力营造优美的教学、科研、生活环境。

要紧紧团结和依靠全校教职员工，进一步提高教职工的福利待遇，真心实意地关心和解决教职工的实际困难。

三、大力加强和改进党的建设与思想政治工作

建设特色鲜明、人民更加满意的高水平民族大学，是我们光荣而艰巨的任务。实现这个目标，关键在党，关键在人。要始终坚持"党要管党，从严治党"的方针，以改革创新精神全面加强党的建设。

1. 着力加强领导班子建设

要按照中央关于加强党的执政能力建设的要求，努力把校院两级领导班子建设成为认真贯彻执行党的路线、方针、政策，政治坚定、求真务实、开拓创新、勤政廉洁、团结协调的坚强领导集体。校党委领导班子必须以宽广的眼光观察分析学校面临的形势，不断提

高驾驭全局、协调各方、办学治校的能力；必须深刻把握人才培养、科学研究和社会服务的内在联系与规律，不断提高协调发展的能力；必须正确认识和处理学校各种矛盾，不断提高应对复杂局面和突发事件的能力；必须增强法制观念，坚持民主集中制，完善党委常委会议事规则和决策程序，实行民主决策、科学决策、依法决策，提高决策水平和治校能力。学校党委要总揽全局、协调各方、把好方向、谋好发展、管好大事，充分发挥校党委的领导核心作用。要坚持和完善《教学单位党政联席会议议事规则》，继续抓好院（部）党政分工负责制，形成党政分工合作、协调配合的工作运行机制。

2. 着力加强基层党组织建设

党委要认真研究管理重心逐步下移后基层党组织的管理模式和管理机制，做好基层党组织的换届工作，选好基层党组织的负责人，加强对基层党组织工作的指导和监督，努力把基层党组织建设成联系群众、宣传群众、组织群众、团结群众、带领群众持共同做好改革、发展、稳定工作的坚强战斗堡垒。基层党组织要切实对党员干部的管理和监督，强化党员责任意识，完善学习和教育制度，不断提高党员队伍的整体素质，充分发挥党员的先锋模范作用；要按照"坚持标准、保证质量、改善结构、慎重发展"的方针，努力把优秀的学科学术带头人培养成党员，把有潜力的党员培养成学科学术带头人；要进一步把握好学生党员发展的各个环节，加强教育培养，提高发展质量；要高度重视和大力加强大学生思想政治工作，把大学生思想政治工作的制度、任务、措施落实到基层。

3. 着力提高党员领导干部的思想政治素质，切实加强干部队伍建设

要继续坚持和完善校、院两级理论中心组的学习制度，积极探索基层党组织理论学习的新途径和新方法，不断提高党员领导干部的思想政治素养和理论素养。要发扬理论联系实际的学风，把学习理论与指导实践结合起来，与提高理论水平、政策水平和办学治校能力结合起来。要坚持党管干部的原则和正确的用人导向，严格干部选拔任用程序，把政治上靠得住、工作上有本事、作风上过得硬、人民群众信得过的干部选拔到领导岗位上来。要建立干部任期目标责任制，完善岗位职责考核办法，健全干部能上能下、能进能出的有效机制，搭建干部想干事、能干事、干好事、干成事的平台。要加大干部队伍的培养力度，重视培养选拔教学科研和管理"双强型"干部，能带动学科发展和团队成长的"双带型"干部，积极培养选拔少数民族干部、妇女干部和青年干部，以选留本校的优秀毕业生为主，充实学校干部队伍。

4. 着力完善惩防结合的反腐倡廉长效机制

要认真贯彻落实中共中央《建立健全惩治和预防腐败体系2008—2012年工作规划》，进一步加大教育、制度、监督、改革、惩处工作力度。健全领导班子科学民主决策机制，坚持民主集中制原则，按照党委领导下的校长负责制的要求，完善并严格执行议事规则和决策程序。进一步建立和完善干部监督工作联席会议制度和党委讨论任用干部前征求纪委意见制度，完善和严格执行图书教材、仪器设备、大宗物资采购和招生管理等有关规定，形成选好人、用好权、管好钱、办好事的有效机制和有效防范腐败的制度体系。健全和完善党内监督制约机制,重点抓好对各级领导干部和班子主要负责人的监督,切实加强对重点部门、重点部位和重要环节的监督。严肃查处违法违纪案件,坚持有案必查,大力弘扬正气,努力营造风清气正的环境。

5. 着力加强民主集中制建设,发扬党内民主,促进学校民主管理

要切实加强民主建设,进一步扩大基层党组织民主实现形式,以扩大党内民主带动学校民主管理,以增进党内和谐促进学校和谐。进一步坚持和完善党委领导下的校长负责制,明确党委常委会、校长办公会、党委会职能和议事规则。切实尊重党员的主体地位,保障党员的民主权利。进一步完善和规范校院两级教代会制度,校务公开和院务公开制度,切实增强教职工的民主意识,提高民主管理的能力和水平。

6. 着力调动一切积极因素,充分发挥民主党派和群团组织的作用

校党委要切实加强对工会、共青团、学生会的领导,充分发挥工会和团学组织关心师生利益、反映师生呼声、解决师生困难、团结引导师生的桥梁纽带作用。认真做好统战工作和民族宗教工作,认真贯彻落实党的统战工作方针和民族工作方针政策,充分发挥民主党派和群团组织的作用。认真落实国家离退休政策,做好离退休老同志的服务工作,从政治上、生活上关心离退休职工,发挥老同志的作用。认真抓好校友会的工作,团结广大校友为母校校发展贡献力量。

回首过去,我们倍感欣慰;展望未来,我们充满信心。面对新的奋斗目标和任务,我们肩负的任务十分艰巨。让我们高举中国特色社会主义伟大旗帜,以党的"十七大"精神为指导,深入学习实践科学发展观,与时俱进、改革创新、振奋精神、扎实工作,为把学校建设成为特色鲜明、人民更加满意的高水平民族大学而努力奋斗!

(本文根据在中共中南民族大学第六次代表大会上的报告《深入学习实践科学发展观努力建设特色鲜明、人民更加满意的高水平民族大学》修订而成)

夯实民族院校治理体系现代化的基础

现在我代表中国共产党中南民族大学第六届委员会向大会报告工作，请予以审议。

本次大会的主题是：高举中国特色社会主义伟大旗帜，以马克思列宁主义、毛泽东思想、邓小平理论、"三个代表"重要思想、科学发展观为指导，深入学习贯彻党的"十八大"、十八届三中、四中全会、中央民族工作会议和习近平总书记系列重要讲话精神，认真总结第六次党代会以来学校事业发展的成就与经验，科学谋划未来发展的目标与愿景，全面提高党建工作的科学化水平，团结带领全校党员和师生员工，解放思想、抢抓机遇、开拓创新、共谋发展，为加快建设特色鲜明、人民更加满意的高水平民族大学而努力奋斗。

一、第六次党代会以来的工作回顾

在国家民委和湖北省委、省政府的正确领导下，学校党委紧密团结和依靠全校各族师生员工，锐意改革，开拓创新，学校各项事业取得了长足进步，第六次党代会提出的目标和任务已基本实现。

（一）全面提高党的建设科学化水平，为学校改革发展提供坚强保证

（1）党的思想建设全面深入。学校党委积极贯彻上级部署，深入开展学习实践科学发展观和党的群众路线教育实践活动等党建主题活动，不断巩固马克思主义在意识形态领域的指导地位，切实加强学习型党组织建设。校党委获评湖北省"学习型党组织建设先进单位"，党委中心组两次获得"湖北省先进党委（党组）中心组"荣誉称号。

（2）党的组织建设有效加强。以领导班子建设为核心，带头严格党内生活。加强学校党的基层、基础、基本工作，新成立了学校党委机关工作委员会，完善在教师团队、学生年级、班级中的基层党组织建设。加强校院两级党校建设，注重发展少数民族学生党员，注重党员发展质量。学校多次荣获"湖北省党建工作先进单位"称号。

在干部队伍建设上，着力构建科学合理的选拔任用机制，改进竞争性选拔和民主推荐方式，进一步提高干部选任工作公信度。推行中层干部任期制、履职考核制、集中培训制和处级领导干部轮岗制度，启动非领导职务选拔任用工作，完成了11个教学单位行政班子的换届工作，补充调整学校领导班子，推荐1名党外中层干部担任省属高校副校长。干部队伍结构不断优化，整体素质不断提高。

（3）党的作风建设不断改进。以"两访两创"和群众路线教育实践活动为契机，转变作风，密切党群、干群关系，以优良党风正校风带教风促学风。严格执行中央"八项规定"和湖北省"六项要求"。国家民委督导组对教育实践活动进行测评，群众总体满意度达91.4%；在2013年全委31个司局级领导班子测评中排名第四。

（4）反腐倡廉建设扎实推进。落实党委主体责任和纪委监督责任，领导干部带头履行"一岗双责"，完善制度，规范程序，出台了《中南民族大学廉政风险防控手册》及其实施

意见，将廉政风险防控与学校各项工作紧密结合。党员干部带头执行廉洁自律相关规定，反腐倡廉的责任意识明显提升，为民务实清廉形象进一步树立。

（5）党的制度建设逐步完善。以学校章程制定为契机，推进现代大学制度建设。目前，已完成学校章程初稿。全面推进学校内部管理制度建设，初步制定了党建工作制度和考核指标体系，出台和落实党员领导干部联系基层、服务师生的规章制度，制定和完善了党风廉政建设相关制度。

（6）大学生思想政治工作针对性实效性明显增强。用中国特色社会主义理论体系武装学生，深化马克思主义中国化最新成果"三进"工作，充分发挥主渠道和主阵地的作用。加强民族团结教育，增强各民族学生"四个认同"。学校连续3次荣获"湖北省大学生思想政治教育工作先进高校"荣誉称号，校团委荣获"全国五四红旗团委"称号，学校心理健康教育中心成为首批湖北省高校心理健康教育示范中心立项建设单位；涌现出了"中国高校辅导员年度人物入围奖""全国十佳支教老师""湖北省十佳班主任""中国大学生年度人物提名奖""中国大学生自强之星""湖北大学生年度人物"等多位优秀师生代表。

（7）精神文明建设水平持续提升。坚持用"民大梦、团结梦、发展梦、中国梦"凝聚师生，以"笃信好学、自然宽和"为核心的校园精神感化师生，通过树师德典型、学身边榜样，结对、挂牌、承诺、"守望"和安保服务，人文景观、南湖大讲坛和媒体平台建设，将社会主义核心价值观融入校园文化建设和实践育人全过程。学校连续6次被评为"湖北省最佳文明单位"，多次荣获"省级平安校园""湖北省民族团结进步示范单位"和武汉市"为民族和睦宗教和顺办实事先进单位"称号，多次荣获全国和湖北高校校园文化建设优秀成果奖。1名辅导员获"全国民族团结进步模范个人"荣誉称号。

（8）统战、离退休及群团工作积极开展。积极支持民主党派开展工作，高度重视离退休工作，妥善规范离退休人员生活补贴的发放，提高生活待遇。充分发挥工会、教代会在学校改革发展中的积极作用。校工会荣获全国和湖北省"模范职工之家"称号，多位教师荣获湖北省"十佳师德标兵""五一劳动奖章"称号。充分发挥共青团作为党的助手和后备军作用，积极开展科技创新、志愿服务和民族团结进步创建活动。成立了校友会和教育发展基金会。

（二）围绕奋斗目标，坚持内涵建设，学校各项事业持续协调快速发展

（1）教育教学水平稳步提高。先后修订了2009和2013版人才培养方案。实行联合辅修双学位、联合培养本科生、跨专业选修学分、出国交流访学。开展本科专业、教学工作和教学状态评估，规范评教评学等。整合实验教学资源，加强精品课程、教学团队、教学示范中心建设和教学研究，获批国家级教师教学发展示范中心1个、国家级实验教学示范中心2个、国家级精品课程和精品视频公开课各1门，获得国家教育体制改革综合试点项目1个，国家级教学成果二等奖1项，实现该奖项零的突破。重视实验教学和创新创业教育，着力增强学生创新创业能力。生源质量不断提高，一本招生省区扩大为9个，一本招生计划超过50%；就业率相对稳定，就业质量逐步提升。学校2009年获得"全国高校毕业生就业工作先进集体"。实施"研究生教育质量工程"，全面推进培养模式改革，研究生教育质量全面提升。

（2）学科专业建设取得长足进步。民族学获批一级学科博士学位授予权和博士后科研流动站，在2012年教育部学科评估中排名全国第四。启动了化学、生物学、中国语言文学、教育学4个一级学科博士点立项建设。在新一轮重点学科评审中，9个学科获批省部级一级重点学科，2个学科获批省部级一级重点建设学科，4个学科获批省部级二级重点学科。新增本科专业22个，特色专业、品牌专业、综合改革试点专业、拔尖创新人才培育试验和战略性新兴（支柱）产业人才培养计划共27个专业获立项建设。

（3）人才队伍建设成效显著。新进博士学历学位教师230余人，具有高级专业技术职称者57人。引进湖北省"百人计划"入选人选2人，"楚天学者计划"入选人选15人，省部级专家学者3人。5人享受政府津贴，4人获批省部级有突出贡献中青年专家，30余人分别入选国家级或省部级人才工程项目，3人分获全国模范教师、优秀教师、省优秀教师。选派140余名优秀教师到境外访（留）学，近80名教师到国内外知名大学或科研院所进修或从事博士后研究工作。队伍结构明显优化，质量显著提升。

（4）科学研究发展势头良好。获各级各类项目1259项，经费2.2亿元。其中，国家自然科学基金126项，国家社会科学基金110项，国家重大攻关项目10项。在权威期刊发表论文439篇。获省部级以上奖励240项，授权专利68项。2012年获得教育部高校科研（科学技术类）优秀成果一等奖1项，实现该奖项零的突破。建成省部级科研平台33个，湖北省2011协同创新中心1个。学报整体水平不断提升。

（5）办学条件进一步改善。2013年总收入达10亿元，比2008年增加5.82亿元，增长了139.2%。获得首批及后期配套奖励等化债资金2.05亿元，基建中央专项资金3.1亿元，财政部修购专项资金3.25亿元，绩效奖励专项资金1800万元。新增校舍面积30余万平方米，成功收回北区学生公寓，新征大学生实习实训和创新创业基地建设用地108亩。数字化校园建设全面实施并初具成效，图书文物档案资料建设水平和服务质量大幅度提升。教学科研基础投入切实加强，教学实验仪器设备总值达到2.2亿元。民生保障不断改善，做好教师公租房建设分配工作；推进水电气等基础设施改造，学生宿舍供应热水、教室和宿舍安装空调等民生工程得到广大师生的好评。

（6）对外交流与合作迈上新台阶。2012年加入欧洲大学联盟。共获得国家外专经费2097万元，执行引智项目200余项，近400人次。招收20多个国家来华留学生近700人，其中孔子学院奖学金学生128名，孔子学院迅速发展。受国家汉办、孔子学院总部委派，连续两年代表国家孔子学院总部赴美、英、法等国开展中华文化交流和艺术表演。与美国普拉特维尔大学合作培养硕士177人。选派169名教师出国培训进修，400多名学生出国学习，近300名师生赴台湾、澳门交流学习。2013年获面向港澳台地区招收本科生资格。做好受援重庆大学工作。

（7）内部管理改革不断深化。新设置了音乐舞蹈学院、调整设置了马克思主义学院、预科教育学院、体育学院等，调整设立档案馆校史馆、场馆服务管理中心、实验教学中心、现代教育技术中心；精减、规范各类领导小组和委员会。启动章程建设，成立法制办公室，完善制度体系，规范办学行为，依法治校取得了阶段性成果。开展第二轮岗位设置工作，启动全面深化改革工作。圆满完成绩效工资改革。

（8）服务地方和民族地区发展的能效得到提升。积极参与武陵山片区区域发展与扶贫攻坚试点、"三万"活动、"616"工程、三峡库区移民、柳州师专对口支援工作，支持武汉市民族教育发展。深入民族地区调研，多项研究成果获上级部门采纳和领导批示，多项议案获得省政府参政咨询奖。积极开展民族干部教师培训，圆满完成新疆喀什地区未就业普通高校毕业生的培训任务。积极推进与湖北、贵州、广西、海南等地战略合作协议的实施。2012年获得"湖北省对口支援三峡工程移民工作先进集体""服务湖北经济社会发展先进高校"荣誉称号。

同志们，过去的六年，是全校上下团结一心、奋力改革、学校各项事业快速发展的六年；是抢抓机遇、全面建设、为未来发展奠定坚实基础的六年。回顾过去，我们深切地感受到，学校取得的每一项成绩，都离不开国家民委、教育部和湖北省委省政府的正确领导，离不开武汉市委市政府的大力支持，离不开学校历届领导班子打下的坚实基础，离不开海内外校友和社会各界的鼎力相助，更离不开全校师生员工的努力拼搏。在此，我谨代表第六届党委会，向长期关心支持学校发展的各级领导、各界朋友和广大校友，向学校老领导、离退休老同志，向各民主党派和无党派人士，向全体共产党员和广大师生员工，表示衷心的感谢和崇高的敬意！

（三）取得的基本经验和存在的不足

第六次党代会以来，我们深入研究民族高等教育发展规律，取得一些基本经验，在学校今后的建设和发展中必须加以坚持。

一是必须坚持党的领导。坚持党的领导是学校事业发展的根本保证。要始终坚持社会主义办学方向，全面贯彻党的教育方针和民族政策，落实立德树人根本任务，努力践行办学宗旨，坚持和完善党委领导下的校长负责制，充分发挥党委的领导核心作用，紧紧团结依靠各族师生，将全部智慧和所有力量都凝聚到事业发展的奋斗目标上来。

二是必须坚持科学发展。科学发展是学校事业发展的根本方针。要始终把发展作为办学兴校第一要务，作为解决学校深层次矛盾和问题的"总钥匙"，更加清醒和自觉地以科学发展观为指导，正确研判形势，抢抓历史机遇，切实处理好规模、质量、结构、效益等重大关系，推进学校事业全面、协调、可持续发展。

三是必须坚持改革创新。改革创新是推动学校事业发展的最大动力，也是最大红利。不改革，就会落伍；不创新，就得出局，这是一条铁的规律。近年来，学校正是抓住了改革创新这一"牛鼻子"，以改革破除体制机制障碍，以创新破解发展难题，从而激发内生动力，释放发展活力，才有了今天的累累硕果，才有了学校整体跃升的强劲势头。

四是必须坚持以人为本。教育以育人为本，以学生为主体；办学以人才为本，以教师为主体。要把促进学生的全面发展和维护教职员工的根本利益作为一切工作的出发点和落脚点，关爱学生，尊重学者，崇尚学术，充分调动广大师生的积极性、主动性和创造性，构建良好的发展环境，营造和谐的文化氛围。

五是必须坚持特色办学。彰显特色是民族院校的办学灵魂，是建设高水平民族大学的必然选择。要始终秉持办学宗旨，把遵循学校办学、人才成长等内部规律与社会需求、市场经济等外部规律结合起来，把追逐"民大梦"与圆好"团结梦"、实现"发展梦"、共铸

"中国梦"结合起来,准确定位,科学规划,突出战略重点,彰显民族特色,提升核心竞争能力。

在总结成绩和经验的同时,也清醒地认识到,目前基层党组织的战斗堡垒作用和党员先锋模范作用的发挥上存在不平衡、不突出的问题,与上级组织的希望、事业发展的要求、各族师生的期待不符合、不适应;危机意识、担当意识、创新意识不强,平均主义、好人主义等现象依然在一定程度上存在;治理体系与治校能力建设与事业发展不相适应,在调动各族师生积极性方面的办法不多;领军人物较少、标志性成果不多、核心竞争力不强、服务社会支撑能力不足,等等。这些问题在一定程度上制约了学校事业的发展,今后必须努力加以克服。

二、全面加强党的建设,深化学校综合改革

当今时代,政治多极化、经济全球化、文化多元化、社会信息化和高等教育大众化、国际化趋势对我国高等教育发展提出新的挑战;中华民族迈向伟大复兴,经济社会发展转型升级,全面深化改革强力推进,民族地区全面建成小康社会,湖北省和武汉市战略定位有效实施,这些因素都对学校的改革发展提出了新的期待。贯彻落实习近平总书记关于从严治党的"八项要求",实现国家民委历届领导的殷切期望,全面加强党的建设,深化学校综合改革,提高办学治校能力,重任在肩,时不我待。

(一)切实加强和改进党的建设与思想政治工作,为学校改革发展稳定提供坚强保证

实现既定的建设目标,关键在党,关键在人。学校党委必须牢牢把握加强党的执政能力建设、先进性和纯洁性建设这条主线,把"三严三实"要求贯彻到管党治党的全过程,认真落实管党治党主体责任,充分发挥统揽全局、协调各方的领导核心作用。

(1)要以思想理论武装为先导抓好党建。要坚持不懈地用中国特色社会主义理论体系特别是习近平总书记系列重要讲话精神武装党员、教育干部、指导实践、推动工作,大力开展社会主义核心价值观教育,把"民大梦"与"团结梦""发展梦""中国梦"紧密结合起来,在结合融入上下工夫,在师生日常工作、学习、生活中体现主张,明确导向;通过各级理论中心组带头学习,宣讲团广泛宣讲,推动理论学习不断向深度和广度发展,实现知行合一。进一步发挥好党校的作用。坚持思想建党和制度治党紧密结合,做到相互促进;深入把握从严治党规律,增强党的自我净化、自我完善、自我革新、自我提高能力,提高党的领导能力和办学治校能力,保持和发展党的先进性和纯洁性。

(2)要以领导班子建设为核心抓好党建。坚持和完善党委领导下的校长负责制,按照社会主义政治家、教育家的要求,加强学校领导班子建设,提高对党的方针政策的把握,进一步完善党委议事和决策机制,不断提高办学治校的能力。健全和落实学院党政联席会议制度,完善二级单位党组织工作机制,着力提高领导班子改革创新、处理复杂问题、推进中心工作的能力,以"四个带头"为标准,引领和服务广大党员干部想事、谋事、干事、成事。

(3)要以基层党组织建设为基础抓好党建。以加强基层服务型党组织建设为抓手,

着力切实加强基层党组织建设，提升基层党建工作系统化、规范化、科学化水平和围绕中心服务大局的实效，重点实施"党组织体系优化、党务干部队伍健强、党员素质提高、党建品牌创建和制度创新、基层党建服务大局"等五大工程。强化基层党组织政治功能，充分发挥战斗堡垒作用。高度重视党员发展和质量提升，严把党员队伍入口、疏通出口，加强党员教育管理，妥善有序处置不合格党员，推动党员立足本职岗位发挥先锋模范作用。

（4）要以干部建设工作为重点抓好党建。按照习近平同志提出的"五条标准"选配、使用和管理干部。发挥学校党委在选人用人上的重要作用，积极改进竞争性选拔和民主推荐方式，逐步形成相关单位和部门共同参与干部选拔任用和管理监督工作的新机制；深入推进"双带头人"扩面提质，完善干部教育培养体系，提高履职能力，促进干部成长。加强工作考核，强化群众监督，探索退出机制。坚持以严的标准要求干部、以严的措施管理干部、以严的纪律约束干部，使广大干部既廉又勤，既干净又干事。

（5）要以作风制度建设为根本抓好党建。作风问题具有顽固性和反复性，作风建设不可能一蹴而就，也不可能一劳永逸。要持续深入改进作风，坚持打好"持久战"，做到抓常、抓细、抓实；坚持打好"思想战"，补好党员干部精神之"钙"；坚持打好"攻坚战"，狠抓突出问题专项整治，加大制度执行监督查处力度；坚持打好"保卫战"，持续深化整改工作，严肃党内政治生活，提高党内政治生活的政治性、原则性、战斗性，坚决克服自由主义、好人主义、个人主义；坚持打好"防御战"，领导带头、以上率下、落实责任，严明党的政治纪律、组织纪律、工作纪律、财经纪律和生活纪律，积极探索纪律教育经常化、制度化的途径，筑牢作风建设常态化制度防线。认真落实教育部《关于建立健全高校师德建设长效机制的意见》，狠抓师德师风建设。

（6）要以牢牢把握意识形态工作主导权为关键抓好党建。要坚持正确的办学方向，巩固马克思主义在学校意识形态领域的指导地位，强化我国是统一的多民族国家的国情教育，突出民族团结教育和"四个认同"教育，深化中华优秀传统文化教育，建设各民族共有精神家园，积极培养中华民族共同体意识。一要强化学校党委意识形态工作责任，掌握思想政治工作的领导权；二要确保学校意识形态安全稳定，增强主动性、打好主动仗，掌握思想政治工作的管理权；三要敢抓敢管，敢于发声，防止"渗漏"，善于反"潜"，强化话语权；四要大力推进阵地建设，坚守课堂教学、学术会议的主阵地，用好新兴媒体新阵地，抢占校园文化建设制高点。

（7）要以反腐倡廉建设为保障抓好党建。全面落实党委主体责任，纪委监督责任，坚持反腐倡廉建设和学校事业发展一起谋划、一起部署、一起考核。按照中共中央《建立健全惩治和预防腐败体系2013—2017年工作规划》的要求，制定学校实施细则，划分责任清单，抓好责任分解、检查考核和任务落实，促进干部廉洁履职，教师廉洁从教，职工廉洁办事，学生廉洁修身。严格执行党的各项纪律，切实将"八项规定"及相关要求内化于心，外化于行，为学校事业发展提供有力保障。

（8）要以调动一切积极因素为目标抓好党建。加强统战工作，充分发挥各民主党派、无党派代表人士、归侨侨眷和人大代表、政协委员等在学校改革发展中的作用。加强离退休工作，为离退休职工幸福生活创造良好条件，发挥老同志在和谐校园建设中的积极作用。加强对工会、共青团、学生会等群团组织的领导，支持群团组织依法依规开展工作，更好地发挥校院两级教代会的作用。加强校友工作，关心校友成长，发挥校友作用。

（二）全面深化学校内部综合改革，加快推进治理体系和治理能力现代化建设

党的十八届三中全会吹响了全面深化改革的号角，对教育领域的综合改革做出了总体部署，中央民族工作会议的新论断、新部署，对民族院校办学提出新期望、新要求；广大人民群众对更加优质、公平、多样高等教育的迫切需求，倒逼我们必须大力提高教育质量和办学水平；学校内部新老问题的重复叠加，严重制约了事业发展，改革势在必行。全面深化改革必须做到以下几点。

（1）凝聚改革共识。全面深化学校改革，是实现"两个百年"奋斗目标和圆好"团结梦"、实现"发展梦"、共铸"中国梦"的根本要求，是推动学校内涵发展、提高教育质量的迫切需要，是加快建设高水平民族大学的内在动力。要想迎头赶上，必须以高度的政治责任感和强烈的历史使命感，以坚定的决心和顽强的勇气直面改革阻力，以高超的智慧和敏锐的眼光谋篇布局，敢于担当，积极有为，以务实的作风和求实的精神狠抓工作落实，才能不失良机，赢得未来。

（2）坚持改革原则。一是坚持党的领导。加强和改进党的领导，充分发挥学校党委总揽全局、协调各方的领导核心作用，确保改革方向正确，确保改革进程扎实有效。二是坚持解放思想。既要实事求是，又要与时俱进，勇于理论探索和实践创新。三是坚持以人为本。尊重师生主体地位，发挥师生首创精神，依靠师生推动改革，促进师生全面发展。四是正确处理改革发展稳定关系。胆子要大、步子要稳，加强顶层设计和摸着石头过河相结合，整体推进和重点突破相促进，提高改革决策科学性，形成改革合力。五是坚持依法治校。切实提高运用法治思维和法治方式推进改革的能力和水平，用法治引领、推动、规范和保障改革。

（3）明确改革方向。社会主义核心价值观，是全面深化改革的航向标和动力源。在改革中培育和践行社会主义核心价值观，就是要把主要精力和资源配置更加有效地集中到全面提高以立德树人为核心的教育质量和办学水平上，把各项工作的重点更加有力地集中到加快建设高水平民族大学上，使改革更加有利于调动各级组织、师生员工的积极性和主动性；更加有利于汇聚各族师生员工的智慧和力量；更加有利于发挥办学资源的最大效益；更加有利于激发办学治校活力，促进事业发展加速提质；更加有利于从长远和根本上增进师生福祉；更加有利于特殊使命的全面履行。

（4）确立改革目标。按照中央提出的关于推进国家治理体系和治理能力现代化及全面推进依法治国的目标和要求，加快完善学校内部治理结构，形成自我发展、自我约束的机制。要以章程建设为龙头，加强制度体系建设，全面推进依法治校，规范办学行为；以责权统一为原则，试行管理重心下移，推进校院两级管理，进一步完善内部治理结构，构建充满活力、富有效率、更加开放的治理体系；以人事分配制度改革为突破口，进一步健全集聚高层次人才的体制机制，完善人事管理制度，建立合理的绩效考核和薪酬制度，打破

"三个一个样"格局,形成"能进能出、能上能下、能高能低"的激励机制;以提高质量为核心,以专业建设和科研评价体制创新为重点,深化教育教学、学科建设、科研管理等体制机制改革;以提质增效为目标,深化后勤保障改革;深入推进党的建设,凝聚攻坚克难强大力量。

(5)完善改革保障。全面深化改革既要突破思想"禁区",又要突破利益"雷区"。要使改革开好局、起好步,做到改革过程长效常态,一是要确保认识到位。夯实全面深化改革的思想认识基础,使全校上下识大体,顾大局,坚持以学生为本、教学优先的基本要求,把立德育人、提高质量贯彻改革全过程。二是要确保行动到位。要在党委的统一领导下,建立推进改革的统筹机制,打破壁垒,减少阻力,同频共振。三是要确保作风到位。扭住"四风"问题不放手,深化作风建设不松劲,各级干部要以壮士断腕的勇气,靠过硬的作风,攻坚克难,不断推动教育综合改革取得新成效。

三、未来发展思路、目标愿景和主要任务

今后五年,是学校圆满完成"十二五"目标任务,编制和实施"十三五"规划的重要时期,是学校全面深化改革,推动内涵发展,加快提升整体实力与核心竞争力的关键时期,是进一步夯实学校由教学型向教学研究型大学转变基础的攻坚时期,机遇与挑战并存,希望与困难同在。

(一)发展思路

(1)指导思想。坚持社会主义办学方向,坚持民族院校办学宗旨;坚持党的民族工作规律与高等教育规律相结合,民族高等教育的特殊规律与普通高等教育的一般规律相结合;持续实施质量立校、学科兴校、人才强校、特色荣校的发展战略,继续保持适度规模,坚定不移地走内涵发展、创新发展、特色发展、协同发展、开放发展的办学道路,合理定位,特色发展,进一步提高人才培养质量,增强科技支撑能力,提升学科建设水平,推进社会服务工作,加快办学国际化进程,提高党的建设科学化水平,努力把学校建设成为特色鲜明、人民更加满意的高水平民族大学。

(2)发展理念。着眼国家发展的战略部署、民族工作的时代主题和"民族精英、社会栋梁"的人才培养目标追求,紧扣全面实施素质教育这个战略主题和加快转变发展方式这条主线,秉持以学生为本、教师为本、学术为本、发展为本的办学理念;坚持立德树人,培育和践行社会主义核心价值观,大力弘扬"笃信好学、自然宽和"的校园精神,与时俱进、矢志追求止于至善的理想境界;坚守大学文化本质,守望大学价值追求,担当民族院校社会责任,履行民族院校特殊使命,以科学发展为要义,以改革创新为动力,以提高质量为核心,以服务社会求发展,与党同心、与人民同行、与祖国同进、与时代同步,努力办受人尊敬、同行认可、社会信赖、师生骄傲,让党放心、让人民更加满意的高水平民族大学,充分发挥作为"培养各民族高素质人才的重要基地,研究我国民族理论和民族政策的重要基地,传承和弘扬各民族优秀文化的重要基地,展示我国民族政策和对外交往的重要窗口,服务民族地

区和地方经济社会发展的重要阵地"的独特功能，为促进民族团结进步，实现中华民族伟大复兴贡献力量。

（二）目标与愿景

当前，学校已站在新的历史起点上。既要抢抓全面深化改革的历史性机遇，又要肩负追赶高水平大学，实现跨越发展的紧迫性使命。回首历史，立足当下，规划未来，需要深化对大学的全面认知，把握大学的本质和规律，彰显办学的特色之魂，以远见引领办学，以梦想激发行动。

（1）今后五年的目标是：若干学科与研究领域达到或接近国内先进水平，承担国家重大项目的能力显著增强，为实现国内一流大学建设的宏伟目标奠定坚实基础。

优质生源进一步扩大，全国绝大多数省（市、区）进入一本招生，相关专业全部进入一本招生；人才培养质量显著提升，学生就业率稳定在90%左右，就业层次和质量逐步提高，考研、出国率力争达到30%及以上，学生创新创业创造能力进一步增强，社会对学校毕业生的认同感与满意度不断提高。

整合资源，力争在博士点授权尤其是理工科博士点授权上取得新的突破，新增一级学科博士点达到2个以上，积极准备申报专业学位博士点并力争成功；民族学争取进入全国前3，带动其他学科发展；化学、生物学、中国语言文学、教育学、经济学、法学等学科排名显著提高；面向经济社会发展和民族地区需求，以就业为导向，推进专业结构调整，加大理工科、应用型、新兴产业专业建设力度；特色专业、品牌专业以及精品课程等质量工程项目建设取得新的突破。

力争在国家级2011协同创新中心、国家重点实验（工程及工程技术研究中心）培育基地或人文社科基地上取得突破。

争取获得10项以上国家重大项目，在国家级科技成果奖上实现突破，年科研经费总量突破1亿元。

进一步加强师资队伍建设，在"院士""长江学者""千人计划""杰青"等高层次人才上取得突破。

民族理论与民族政策研究、非物质文化遗产保护研究、武陵山工作、少数民族尤其是南方民族优秀文化传承与创新、产学研合作等社会服务能力明显提升。

坚持依法治校，在治理体系和治理能力现代化建设上取得较大进展。

按计划推进产业园及大学生实习实践实训和创新创业基地建设，加快促进科技成果的孵化转化，并取得良好效果；进一步完善基本建设，学校发展环境、办学条件进一步优化，使学校改革发展成果惠及广大师生。

稳固并逐步提升学校在鄂高校排名位次，学校在全国高校中的排名明显上升。

（2）未来发展的愿景是：做好打基础、利长远的各项工作，用10年左右的时间，推动办学质量和整体水平全面提高，国内影响力显著提升，学科排位等主要办学指标和综合实力更加接近国内一流大学水平，呈现国内名校的基本轮廓和面貌，进一步缩小与省内部属高校的差距；力争在建校100周年之际，跻身于全国高校前100位之列，成为特色鲜明、国内一流，国际知名的高水平民族大学。

（三）任务和举措

围绕建设特色鲜明、人民更加满意的高水平民族大学的奋斗目标，今后五年的主要任务和举措如下。

（1）突出主题主线，在加快学校事业发展加速提质上有新思路。新思路，决定新出路。一要着力强化顶层设计。正确处理好长远发展和当前发展之间的关系、整体发展和局部发展之间的关系、"以自主发展为基础"和"以社会需求为导向"之间的关系。二要着力强化问题意识，带着问题去理性思考大学的本质和特征，带着问题去查找发展不足的深层根源，带着问题去理论创新和实践创新。三要着力强化服务功能，立足服务国家和人民，立足服务社会和时代，立足服务学校和师生，使内涵式发展不断提升高度、增加长度、拓展宽度。四要着力强化管理效能，促进管理模式由物本向人本、由经验向理性、由定势向弹性、由制度向文化的转变，向管理要质量、要效益。五要着力强化使命担当，在解决为何办、如何办和怎样办好高水平民族大学的进程中，坚实办学宗旨，坚持大学自觉，坚定大学自信，坚守大学自律。六要着力强化文化育人，大力弘扬校园精神，寻求文化视角，注重文化表达，丰富文化元素，营造文化气息，塑造文化品牌，彰显文化引领，回归大学本真。

（2）全面深化教育教学改革，在提高教学水平和人才培养质量上有新举措。围绕立德树人、提高质量这一综合改革的根本任务，坚持人才培养的正确方向，引导学生培育和践行社会主义核心价值观，并在提高针对性、感召力、实效性上下工夫，充分发挥教师的育人作用，调动思政课和专业课教师、政工干部和党团组织等多方面的积极性，营造良好的校园文化氛围；坚持学生为本、教学优先的基本要求，确保学生的主体地位、教学工作的中心地位，教学质量的首要地位和教学投入的优先地位，向深处着眼、朝痛处着力、从难处着手深化教学改革；建立完善师生互动、教学相长的制度保障和开放合作、协同育人的长效机制。

实施优质生源激励计划，健全导师责权制度，完善专业学位研究生培养机制，加强质量保障体系建设，推动对外合作办学等，全面提高研究生培养质量，更好地满足社会对高层次人才的需求。

（3）加大师资队伍建设力度，在推进高层次人才和高水平创新团队建设上有新对策。按照充实数量、优化结构、提高素质、稳定骨干、造就名师、发挥作用的人才工作方针，以创新能力和团队建设为核心，以创新平台和基地建设为载体，大力推进和实施高层次人才和创新团队建设，力争在国家级重大人才工程方面取得新突破。全力实施领军人才创新发展的高端工程、中青年英才跨越发展的卓越工程、优秀青年人才全面发展的奠基工程以及少数民族人才成长发展的特支工程。以高水平学科带头人为核心，以重大项目为依托，以重点建设学科为平台，建立跨学科、跨行业、跨区域的协同创新中心，重点打造优秀的创新团队。加强资源整合与建设力度，充分发挥创新团队的潜能，取得原创性、标志性成果。

（4）突出抓好学科建设，在彰显学科特色和打造优势学科上有新部署。坚持以"存量调整、增量优化"的原则，进一步加强学科专业建设。坚持"四个集中"和"六个导向"

原则，实现师资队伍的有机整合，学科结构的整体优化，学术团队力量的规模集成；发挥特色学科、优势学科集群和学科交叉融合的优势，加大高水平共享平台建设，加强对外交流与合作，培养和引进领军人才，加强学科梯队建设，激发创新团队活力，构建"学科、人才、科研"三位一体和"目标、任务、资源、绩效"相互衔接的学科建设与管理机制，保障重点投入，产出标志性成果。以学位点结构的优化带动研究生教育。以就业为导向，以区域产业结构调整为引领，加大专业结构调整力度，侧重理工科专业建设，着力打造一批支持和引领民族地区经济社会建设需求的优势特色专业。

（5）推动协同创新，在全面跟进和深度融入民族地区经济社会发展上有新机制。瞄准国家重大战略需求、民族地区与地方经济社会发展的重大现实问题以及行业发展、文化传承和国内外学术前沿，建立并完善协同创新机制，提升协同创新能力；完善科研量化评价机制，建立量化评价与代表作相结合的科研评价体系。通过激励引导和主动培育，提高重大课题攻关能力，推动产出更多的标志性成果。提高科学研究服务国家重大需求的能力，着力建设集资源库、知识库和思想库于一体的智库体系，主动服务，为民族地区与地方政府提供智力支撑；创新引领，为民族团结进步创建事业提供理论与实践支撑。依托科技园和大学生实习实践实训和创新创业基地，推进校校、校地、校企合作，加大科技成果转化应用的力度，推动产学研用综合协调发展。加强科研平台、学术团队和咨询中心、工程技术中心建设，促进学科交叉，实现科研力量的深度融合。鼓励首创精神，加强学术道德建设和科研文化建设，营造良好的学术生态。

（6）加强对外交流与合作，在加快办学国际化进程上有新格局。着力实施海外高层次人才引进、学生交流拓展、师资学习培训、高水平留学生教育、学院与国（境）外友好院校建立实质性合作关系"五大计划"，支持教师和学科开展实质性、高水平国际学术交流。坚持"引才"和"引智"相结合，推动重点学科国际化进程。以"千人计划"等高端项目为抓手，大力实施师资队伍国际化战略；创新引智形式，探索智力资源成果转化和吸收的有效机制。坚持学生"派出"和"接收"相结合，基本形成多类型、多层次、多途径的学生海外学习交流体系。拓展与海外高校合作空间，丰富合作内涵，创新合作载体，提升合作实效。

（7）加快推进学校治理体系现代化，在深化综合改革的关键环节和突出问题上有新突破。认真贯彻中共中央办公厅印发的《关于坚持和完善普通高等学校党委领导下的校长负责制的实施意见》，进一步完善"党委领导、校长负责、教授治学、民主管理"的具体实现形式，完善学校内部治理体系，做好"面向社会、依法办学、民主管理"三方面文章。以体制机制创新为重点，以章程为核心的制度建设为保障，以"公平公正、优质高效"配置资源为手段，突出加快发展的战略导向、需求导向、问题导向，力争在依法治校、内部治理、人事分配、教育教学、后勤保障等重要方面和关键环节的改革上取得决定性成果。以全面深化教育综合改革为契机，以目标责任制管理为重点，以财务预算管理为杠杆，以绩效考核为激励，推进校院两级管理；构建积极的绩效评价机制，深化二级单位改革，充分调动和发挥广大干部教师和学生的积极性，在加快转变、提高质量方面实现新的突破。

（8）进一步优化增效资源配置，在服务和保障学校事业发展上有新业绩。坚持以人为本，可持续发展，统筹兼顾、突出重点的原则，协调局部与整体、当前与长远、重点与一般的关系，摸清家底，盘活存量，用好增量。以优化人力资源配置为核心环节，以优化财力资源配置为基本保障，以优化物力资源配置为重要内容，构建并逐步运行绩效考核与因素分配机制、资源有偿使用和成本分担机制、资源共享机制、模拟市场机制等资源优化配置的体制机制。通过完善管理体制、加强协调统筹、落实监管等措施，提高服务质量，提升保障水平。每年解决学校发展中急需、师生期盼和关切的几件实事。

党中央已为新时期的改革发展指明了前进的方向，中国特色社会主义事业为高等教育事业发展创造了广阔的历史舞台，中央民族工作会议对民族院校的发展提出了新的要求，又一次吹响了中南民族大学迈向新征程的号角。站在新的历史起点上，学校各级党组织和全体共产党员，要深刻认识我们所面临的国际和国内形势，深刻领会我们所肩负的特殊使命，深刻把握我们所面对的机遇和挑战，充分发挥领导核心、政治核心、战斗堡垒和先锋模范作用，以"先人一步、高人一招"的远见和卓识，按"三严三实"的要求，团结带领各族师生全面开创学校改革发展的新局面。

同志们，让我们高举中国特色社会主义伟大旗帜，以党的"十八大"、十八届三中、四中全会和中央民族工作会议精神为指引，紧密团结在以习近平同志为总书记的党中央周围，同心同德，锐意进取，加快特色鲜明、人民更加满意的高水平民族大学的建设步伐，为中华民族的伟大复兴作出新的更大的贡献！

（原文题目为《以改革创新精神全面提高党的建设科学化水平；加快特色鲜明人民更加满意的高水平民族大学建设步伐——在中国共产党中南民族大学第七次代表大会上的报告》2014年12月23日）

以创新驱动引领民族院校的质量发展

2016年是不平凡的一年。从学校来看,"十三五"规划开局起步,教育部本科教学审核评估和学位点评估、一级学科博士点申报启动,学校全面深化综合改革亟待进一步推动,上级组织"政治评估"后的深入整改等,样样工作都重要,件件事情要落实。从全国来看,知识分子、劳动模范、青年代表座谈会,哲学社会科学工作座谈会,全国科技创新大会、两院院士大会、中国科协第九次全国代表大会等重要会议相继召开,习近平总书记、李克强总理围绕科技创新、人才工作、高等教育改革发表了一系列重要讲话,提出了一系列新思想、新论断、新要求,为我们思考"办什么样的大学""怎样办大学"提供了重要指引。

把握关键才能认准方向,顺应大势才能引领潮流。十八届五中全会明确了"创新、协调、绿色、开放、共享"五大发展理念。这将是我国在"十三五"期间乃至更长时期内的发展思路、方向和着力点。在这五大理念中,"创新"排在第一位。国家在"科教兴国战略""人才强国战略",之后又提出"创新驱动发展战略",将"创新"上升到国家层面,意义非同寻常。面对高等学校之间日益激烈的竞争,"前有标兵,后有追兵,左右有强兵",我们之前经常讲"不进则退,慢进也是退",那么怎么才能"快进"呢?创新就是一个重要法宝。习近平总书记讲,"抓创新就是抓发展,谋创新就是谋未来。不创新就要落尽,创新慢了也要落后。"所以,学校的改革发展,必须坚持以创新为引领,以创新为动力。今年的中心组学习,我就结合学校的实际工作,围绕"创新"二字与大家交流研讨。我讲的题目是:以创新驱动发展战略为引领,抓好学校"十三五"规划落实。

一、"十八大"以来习近平总书记关于创新驱动发展的系列论断

党的"十八大"以来,习近平总书记围绕创新驱动发展发表了系列重要讲话,涉及创新发展意义、创新发展形势、创新发展重点、创新人才发展等多个方面,提出一系列重要的新论断,核心是加快形成以创新为引领和支撑的经济体系和发展模式。

这些新论断深刻回答了新形势下创新发展的重大理论和实践问题,进一步升华了对创新发展规律的认识,既是中国特色自主创新道路的最新理论成果,也是全面建设小康社会和创新型国家的行动纲领,对于我们思考和实践"办什么样的民族大学""怎样办好民族大学"具有重要的指导意义。

(一)关于创新发展意义的论断

第一,创新是民族进步的灵魂。

2013年10月21日,习近平总书记在欧美同学会成立一百周年庆祝大会上的讲话中指出,"创新是一个民族进步的灵魂,是一个国家兴旺发达的不竭动力,也是中华民族最深沉的民族禀赋。在激烈的国际竞争中,惟创新者进,惟创新者强,惟创新者胜"。

第二，创新是长远发展的动力。

2015年11月15日，习近平总书记在二十国集团领导人第十次峰会第一阶段会议上关于世界经济形势的发言中指出，"世界经济长远发展的动力源自创新。总结历史经验，我们会发现，体制机制变革释放出的活力和创造力，科技进步造就的新产业和新产品，是历次重大危机后世界经济走出困境、实现复苏的根本。"

第三，创新居于国家发展全局核心位置。

2015年10月29日，习近平总书记在党的十八届五中全会第二次全体会议上的讲话中指出，"我们必须把创新作为引领发展的第一动力，把人才作为支撑发展的第一资源，把创新摆在国家发展全局的核心位置，不断推进理论创新、制度创新、科技创新、文化创新等各方面创新，让创新贯穿党和国家一切工作，让创新在全社会蔚然成风。"

第四，创新是国家发展的必然选择。

2016年5月30日，在全国科技创新大会、中国科学院第十八次院士大会和中国工程院第十三次院士大会、中国科学技术协会第九次全国代表大会上，习近平总书记指出，"纵观人类发展历史，创新始终是一个国家、一个民族发展的重要力量，也始终是推动人类社会进步的重要力量。不创新不行，创新慢了也不行。如果我们不识变、不应变、不求变，就可能陷入战略被动，错失发展机遇，甚至错过整整一个时代。实施创新驱动发展战略，是应对发展环境变化、把握发展自主权、提高核心竞争力的必然选择，是加快转变经济发展方式、破解经济发展深层次矛盾和问题的必然选择，是更好引领我国经济发展新常态、保持我国经济持续健康发展的必然选择。我们要深入贯彻新发展理念，深入实施科教兴国战略和人才强国战略，深入实施创新驱动发展战略，统筹谋划，加强组织，优化我国科技事业发展总体布局。"

（二）关于创新人才发展的论断

第一，创新驱动实质上是人才驱动。

2014年，在中国科学院、中国工程院两院大会上，习近平总书记指出："人是科技创新最关键的因素""我们要把人才资源开发放在科技创新最优先的位置"。在当年的中央经济工作会议上，又指出，"随着要素质量不断提高，经济增长将更多尽靠人力资本质量和技术进步"。2015年在参加"两会"上海团审议时，进一步明确提出，"人才是创新的根基，创新驱动实质上是人才驱动"。

习近平总书记的论断切中了我国创新活动中存在的见物不见人、重权力轻人才的弊端，是新时期我国知识分子政策的基石，对于尊重知识、尊重创新、尊重人才，调动全体知识分子自主创新的积极性、主动性，具有重要意义。

第二，不要用行政化的"参公管理"约束科学家。

2014年在中央财经领导小组第七次会议上，习近平总书记指出："要想让科学家多出成果，必须给他们创造条件。在基础研究领域，也包括一些应用科技领域，要尊重科学家研究灵感瞬间性、方式随意性、路径不确定性的特点，允许科学家自由畅想、大胆假设、认真求证""科学发现是有规律的，要容忍在科学问题上的'异端学说'。不要以出成果的名义干涉科学家的研究，不要动辄用行政化的'参公管理'约束科学家。"

习近平总书记的这些重要论断，抓住了大学和科研机构人才管理体制的弊端，为新时期人才工作指明了方向，对我们高校如何优化管理制度、调动人员积极性、释放创新活力、提升办学水平也具有重要的指导意义，值得我们用心体会、认真贯彻。

二、创新驱动发展的普遍路径

从国家层面，根据学者的研究成果和实践探索总结来看，推进创新驱动发展战略的路径主要包括以下方面。

第一，创新文化是基本前提。创新文化是培育创新的土壤，有了积极的创新文化，才能最大限度地激发全社会的创新活力。要建立文化促进机制，主要包括"创业文化、创新文化、合作文化、信用文化和开放文化"，只有具备深厚的创新文化底蕴，一切创新活力才可以竞相迸发。

第二，人才队伍是核心要素。创新驱动，转型发展，根本要靠人才，要以人才队伍建设为重点，让创新活力为充分涌现。创新驱动实质上是人才驱动，人才是创新驱动的主导力量，是实现创新驱动的核心要素。而创新人才的培养离不开高等教育的发展，因此，要增强高等教育与创新驱动发展战略的契合度，优化人才结构促进创新发展。

第三，制度创新是根本保障。加强"顶层设计"特别是制度设计是当前推动创新驱动发展战略的首要任务，实施创新驱动发展战略应该从创新制度设计出发点入手，并遵循科学发展规律。理顺政府和市场关系，有效实现二者的功能，创新驱动的关键所在通过政府和市场的"双轮驱动"推进创新驱动发展战略。在高校内部，也要通过深化改革，调动积极性，激发创新活力，提升创新水平。

第四，协同创新是有力之举。大力推进协同创新，是落实国家创新驱动发展战略的重要举措，是构建以企业为主体、市场为导向、政产学研相互结合的技术创新体系的内在要求。要通过"技术创新"与"金融创新"的双轮驱动来推动创新。

第五，知识产权制度是关键环节。要从加强知识产权的立法、行政执法和司法审判等方面完善知识产权制度，为创新驱动发展战略铺就制度基石。创新驱动发展以绿色为显著特征，因此专利制度不仅要继续发挥鼓励创新、保护创新成果的作用，而且要与创新驱动的绿色内涵相契合，构建绿色专利制度，避免盲目保护。

除此之外，还有构建国家高新区创新驱动发展战略体系、加大创新投入并合理安排投入结构，科学构建"创新生态系统"、深化法治改革、金融创新、强化系统研究、设立"创新政策学研究"学科和扩大开放性渠道等路径，以推动创新驱动发展战略纵深发展。

三、以创新驱动发展战略引领学校发展

（一）创新发展是当代中国大学的神圣使命

近千年来世界大国崛起的历史表明，国家的强盛依赖于其大学的强盛；哪里是世界大学的中心，哪里就是世界的科技中心，其后该国就成为世界的强国。这揭示了国家兴旺与大学发展之间相互促进、相得益彰的内在逻辑与客观规律，同时彰显了大学成为大国崛起核心要素的地位和作用。大学的思想创新、理论创新、科技创新和文化创新是世界大国崛

起的根本动力,这既是历史现象,也是铁的规律。中国的崛起,民族的复兴,出路在于国家创新驱动发展战略的有效实施,在于世界一流大学的有力支撑。

(二)创新发展是社会对高等教育的现实要求

大学要始终与国家发展和民族振兴同向同行,这是高等教育发展的基本规律和重要经验。当前,随着经济社会的发展,当前我国高等教育发展具有以下四个特征,创新发展是必然选择。

一是发展环境从供给驱动向需求驱动转变。供给侧结构性改革和国家产业转型升级的进程不断加快,人才市场的供需关系也在发生深刻变化,过去是由高校为主导的供给驱动,现在更多的是用单位为主导的驱动。有人说,我国高等教育正在从"卖方市场"逐步走向"买方市场",以前的大学生都是"天之骄子""酒香不怕巷子深",现在是"皇帝的女儿也愁嫁"。我们应该树立市场竞争意识和优胜劣汰的危机感,在对接行业产业需求、优化调整人才培养结构上主动作为、有所作为。

二是发展定位从适应服务向支撑引领转变。我国正在大力实施创新驱动发展战略,全社会对先进科技和高素质人才需求日益增加,高等教育正在走向社会的中心,角色定位从过去的适应服务逐步转向服务和支撑引领同步。创新驱动实质是人才驱动,产业升级首先是人才升级。美国硅谷的崛起是因为它靠近的斯坦福大学起到了发动机的作用。高校应该坚持需求导向、合理定位,自觉地与国家经济社会发展的新要求贴紧靠实,实现深度融合。

三是发展方式从外延式发展向内涵式发展转变。我国高等教育正在从以规模扩张为特征的外延式发展,转向以质量提升为核心的内涵式发展。高校应该把发展重点从过去的拼规模、拼数量转向在稳定规模的基础上拼质量、拼内涵,提高优质高等教育资源的供给能力和水平,实现由"以量谋大"到"以质图强"的战略转变。

四是发展动力从要素驱动向改革驱动转变。高等教育已经进入大众化的中后期,正在逐步从要素驱动转为改革驱动,通过体制机制创新激发和释放发展活力。高校必须抓住机遇,因为抓住机遇就会赢得未来、丧失机遇就会落后一个时代,这是许多高校发展的启示和经验。我们的体制机制改革不能再停留于零敲碎打、缝缝补补,必须大刀阔斧、全面深化,理顺内部关系,争取外部支持,调动各方积极性。

四、以创新引领"十三五"规划落实

学校"十三五"规划从 2015 年 4 月正式启动,历时一年多,目前已经定稿并上报国家民委备案。"十三五"规划的编制过程,是全校上下进一步解放思想、转变观念、提高认识、统一意志的过程;是总结过去、反思现在、查找不足、谋划未来的过程;是发扬民主、集思广益,反映民意、凝聚民智的过程。规划是发展的蓝图,是事业的指引,是奋斗的目标,是工作的动力,作为全校集体智慧结晶的"十三五"规划,是各族师生对事业发展的美好预期,是我们干事创业的方向引领。

蓝图已经绘就,关键在于落实。这个道理,相信大家都懂,都认同。关键是,如何去落实?蛮干要坏事,乱干要出事,慢干要误事,四平八稳、按部就班同样成不了事。我这里想强调的是,要坚持创新驱动发展,推进学校"十三五"规划贯彻落实。

第一,思想观念要创新。党的"十八大"报告提出,实施创新驱动发展战略,要坚持走中国特色自主创新道路,以全球视野谋划和推动创新,提高原始创新、集成创新和引进消化吸收再创新能力,更加注重协同创新。创新是引领发展的第一动力。创新驱动是国家命运之所系,创新强则国运盛,创新弱则国运殆。推进创新驱动发展战略是适应国家发展新形势的迫切需求。从世界形势看,世界多极化、经济全球化、文化多样化、社会信息化深入发展,世界科技革命和产业变革加速进行,综合国力的竞争越来越激烈。从自身改革发展形势看,"十三五"期间是全面建成小康社会的决胜阶段,在加速调结构、换动力、转方式的新常态下,着力推进供给侧结构性改革,亟须培育发展新动力,激发创新潜能和创业活力。在这样的背景下,高校作为科技第一生产力和人才第一资源的重要结合点,在国家推进创新驱动发展战略中大有可为,也必须有所作为。建设具有中国特色的世界一流大学,也一定是立足中国国情、扎根中国大地、服务中国需求、解决中国问题,创造一流成果,赢得一流声誉。大学发展的根本动力来自创新驱动发展的需要。可以说,伴随着社会变革,大学一定是在为国家、为人类作出突出贡献的过程中,成就她的地位。因此,一定要有国际视野,要有家国情怀,要有创新胆识,要有协作精神,要有贡献意识,鼠目寸光,麻木不仁,因循守旧,单打独斗,孤芳自赏,都要不得,行不通,走不远,长此以往,发展差距就会越拉越远,发展方向越走越偏,最终被淘汰出局。

第二,校园文化要创新。创新引领发展,科技创新是"牛鼻子"和"火车头",理论创新是思想灵魂和方法来源,制度创新是重要基础和关键保障,人才资源是第一资源,而文化创新则基本前提和精神动力。高等学校以培养人才为根本任务,坚持以文化人,培养创新人才,是高等学校的首要职能和核心价值,是办学规律和人才成长规律的现实体现。大学创新文化是培养创新人才的源头活水,并以其奉献社会、推动进步的崇高使命,追求真理、献身科学的价值理念,严谨治学、求真务实,自强不息、追求理想的精神境界,崇尚创新、团结民主的团队氛围,兼容并蓄、海纳百川的学术环境,激励教师潜心育人、静心治学,激发学生奋发向上、健康成长,树立不尚名利、但求真理的价值取向,使高等学校成为社会文化的高地。

创新校园文化,就要在氛围营造上滋养创新;在资源分配上倾斜创新;在政策导向上激励创新;在体制机制上有利创新;在服务保障上优先创新,工作措施上促进创新。例如,要营造"尊重知识、尊重人才、鼓励探索、宽容失败"的创新文化氛围,开展创新方法培训,强化科学精神、创造性思维和创新能力教育培育。要拓宽创新文化传播渠道,支持校内各单位、学生团体和企业、社会组织联合搭建创新交流平台,加强自主创新成果展示。要引导和支持校园媒体传播创新理念,宣传创新案例,报道创新动态,普及创新知识。

第三,发展思路要创新。民族院校以创新作为引领发展的第一动力,就是要按照"落实创新驱动发展战略、全面提升创新能力"的新常态和大逻辑,加快实现从规模扩张向以质量提升为核心的内涵发展方式的转变,以更新教育理念为先导,以提升人才培养质量为目标,以深化教学改革为核心,以构建现代大学制度为支撑,以提升师资队伍水平为关键,创新人才培养模式,探索立足学科优势、具有学校特色、瞄准世界水平、服务国家战略、面向社会需求的人才培养体制;科学定位、准确站位、发展进位,既入流入圈,又各展所长;坚持问题导向,深化全面综合改革,破解体制机制障碍,在高质量教育科技创新成果的产出上下工夫,在促进与经济产业的深度融合上见实效,为国家实现创新驱动发展持续增添动力、释放活力、激发潜力。我这里举一个例子,《长江日报》6月23日报道,武汉一民办高校建起3所海外分校,这所学校就是武昌理工学院,从2015年3月开始,武昌理工学院先后在日本大阪、东京和法国的巴黎建立分校,对外招收留学生,对内派遣师生出国访学深造,努力推动教师、生源、学生就业、科研"四个国际化"。大阪分校成立一年来就招收40多名留学生,我们是什么情况呢?这是不是发展思路的创新?我看也是创新。

第四,治理体系要创新。《国家创新驱动发展战略纲要》(以下简称《纲要》)重点指出,实施创新驱动发展战略,必须提供六大战略保障:改革创新治理体系,多渠道增加创新投入,全方位推进开放创新,完善突出创新导向的评价制度,实施知识产权、标准、质量和品牌战略以及培育创新友好的社会环境。其中,改革创新治理体系是保障落实的第一步,并且贯穿始终,为其他几项保障的落实提供了条件,为创新发展战略的组织实施提供了最基本也是最重要的指导。按照《纲要》提出的"坚持双轮驱动、构建一个体系、推动六大转变"总体布局,遵循"紧扣发展、深化改革、强化激励、扩大开放"四项基本原则,学校必须坚持"科技创新"与"体制机制创新"两个轮子相互协调、持续发力,构建与国家创新体系相适应的子系统,形成创新驱动发展的实践载体、制度安排和环境保障。要进一步明确支撑发展的方向和重点,加强科学探索和技术攻关,形成持续创新的系统能力;要打破"三一个样"的平均主义格局,完善选人用人管人机制,不遗余力汇聚优秀人才,健全和落实干部能上能下、教师能进能出、待遇能高能低的管理制度;建设各类创新主体协同互动、利益共享和创新要素顺畅流动、高效配置的生态系统,形成协同创新战略联盟;进一步明确各类创新主体、公关领域及其方向目标任务,构建开放高效的创新网络,建设多元融合的协同创新平台。在发展方式上,主动实现由数量扩张向提质升位、内涵发展的战略性转变;在创新方式上,从"房前屋后、栽瓜种豆"小农经济和"作坊式"生产向大视野、太协同、大融合转变;在创新能力上,从"尾随跟踪、七拼八凑、零敲碎打"向"弯道超车、特色重大、歼灭作战"转变;在创新群体上,从"撒胡椒面"向"高、精、尖、特、优、重"倾斜转变;在创新群体上,从以部分人员的小众单打独斗和职称晋升科研的局面向师生全员参与和积极主动出击的创新创业创造良性互动的态势转变。

第五,人才培养模式要创新。创新发展要求高等教育提供强大人才支撑,而人才培养正是大学的基本职能。学校创新发展的重要立足点就是人才培养模式的创新。一是要优化结构。当前毕业生就业难的根源在于结构性矛盾。一方面,经济下行压力增大,用人需求下降,总量压力很大。另一方面,区域经济社会发展最为需要的应用型、复合型、技术技能型人才十分紧缺,人才的供给和市场需求"对不上"。解决这些问题,必须加快学科、专业结构调整。要根据国家发展需求、科技发展趋势,结合学校办学定位、学科专业优势,确定好学科专业发展规划,明确发展方向;要突出需求导向,建立学科专业设置的预警机制和动态调整机制,坚决落实"招生-培养-就业"三联动,把就业状况切实反馈到招生和人才培养环节来;要培育新的专业增长点,瞄准产业发展制订人才培养规划,加强人才需求预测,通过专业调整加快培育社会急需的人才;要对传统学科专业进行更新升级,努力适应新科技、新产业、新业态的发展,注重交叉融合,寻求新的学科专业建设方向,不断提高传统学科专业的人才培养质量。二是要提升质量。要注重人才创新意识和创新能力培养，探索建立以创新创业为导向的人才培养机制，完善产学研用结合的协同育人模式；要充分利用和发挥现代信息技术的优势，实现信息技术与教育、教学的深度融合；要强化实践教学，汇聚优质资源，推进信息化建设，构建以创新创业课程、讲堂、训练、竞赛和成果孵化等为主要内容的"多维一体"的创新创业教育体系，力争使所有学生有机会自主选择专业、课程和发展路径，从而实现多样化和个性化发展；要积极探索少数民族杰出人才培养模式，破格选拔、贯通培养，建立和完善适合少数民族大学生成长的培养方案和评价方法。

第六，党建工作要创新。坚持党委领导下的校长负责制，坚持党的教育方针和民族政策，坚持社会主义办学方向；坚持立德树人，把培育和践行社会主义核心价值观融入教书育人全过程；强化思想引领，牢牢把握党在学校意识形态领域的领导权。把思想政治建设放在首位，推进学习型、服务型、创新型党组织和领导班子建设。以"两学一做"学习教育和巡视整改为契机，重基层、打基础、夯基石，增强政治意识、大局意识、核心意识、看齐意识，从严管党治党，建设"四讲四有"党员队伍，充分发挥党委的领导核心作用，党支部的战斗堡垒作用和党员的先锋模范作用；切实转变工作作风，以更加优良的党风促校风带教风正学风，切实履行"两个责任"，持续加强党性党风党纪建设，严守政治纪律和政治规矩。不断完善惩治和预防腐败体系，构建起符合学校特点的廉政风险防控体系，形成不想腐的教育机制、不能腐的防范机制、不敢腐的惩戒机制。加强思想政治工作队伍建设，完善思想政治工作机制，建立适合民族院校特点的学生工作现代治理体系，引导学生自主管理、自我教育、自我完善、全面发展。大力开展以爱国主义为核心的民族团结进步教育，为学生学业发展提供全方位支持，完善全功能发展型资助体系，提升心理健康教育、生命安全教育和社会责任教育实效，提升大学生思想政治教育质量，培养"三个特别"精英和骨干人才。

2016年，学校大事多、要事多，是学校抢抓机遇、迎接挑战的一年，也是攻坚克难、昂扬奋进的一年。希望大家振奋精神，迎难而上，以创新的精神破解难题，以创新的思维谋划工作，以创新的勇气体现担当，以创新的方法推进落实，为学校"十三五"开好局、起好步，为早日建成特色鲜明、人民更加满意的高水平民族大学打下坚实基础。

（原文题目为《以创新驱动发展战略为引领　抓好学校"十三五"规划落实——在2016年暑期党委中心组（扩大）学习会议上的讲话》2016年7月18日）

党建德育篇

高校学生中党建工作思考

《中共中央关于加强党的建设几个重大问题的决定》中指出:"学校党的建设要围绕学校的改革和发展,加强和改进德育工作,培养有理想、有道德、有文化、有纪律的社会主义事业的建设者和接班人来进行。"李鹏同志在第五次全国高校党建会上也指出:"加强学校的思想政治工作,是全面贯彻党的教育方针的一项重要环节。其中最根本的一条,就是要倡导教师和大学生们树立正确的人生观和世界观。"高校学生中党建工作做得如何,对我们当前转变校风学风,提高育人质量,培养社会主义事业的建设者和接班人都起着极其重要的作用。

一、学生党组织思想建设的思考

(1) 做好学生中党的思想建设,必须使学生党员对党的基本路线有一个全面的认识。党的基本路线的中心内容是"一个中心,两个基本点"。由于学生党员没有亲身经历党的基本路线的形成发展过程,要使学生党员真正认识掌握党的基本路线,使之在头脑中扎下根,关键的也是区别于其他党员教育的是:既要讲明党的基本路线是什么,还要讲清楚为什么要制定这样一条基本路线,从而使学生党员在思想上加深对"一个中心,两个基本点"的认识,真正认识到只有坚持不懈地大力抓好经济建设这个中心,使我们的经济持续、稳定、协调发展,社会主义才能充分显示优越性,也才能使人们对坚持四项基本原则和改革开放两个基本点相互依存、相互贯通、相互统一、不可分割的辩证关系有一个明确理解。在改革开放和社会主义市场经济的建构过程中做好党的思想建设,最重要的就是用党的基本路线统一全党的思想和行动。应当注意的是,我们在教育宣传中必须联系实际,针对对象的不同特点采用不同的方法。

(2) 做好学生中党的思想建设,必须加强对学生党员的马列主义、毛泽东思想和建设有中国特色社会主义理论的教育。马列主义、毛泽东思想和建设有中国特色社会主义理论,有着继承发展的必然联系。邓小平建设有中国特色社会主义理论,是马列主义基本原理与当代中国实际和时代特征相结合的产物,是毛泽东思想的继承和发展,是全党集体智慧的结晶,是全党全国人民最可贵的精神财富,是指导全党全国人民为实现社会主义现代化而奋斗的思想理论基础,是我们战胜一切艰难险阻的精神支柱。因此,加强对学生党员进行建设有中国特色社会主义理论的教育,意义尤为重大。目前这项工作的问题是:一些同志还没有充分认识这一理论在高校学生党建工作中的地位和作用,理论教育存在形式主义;更没有认识到学习中国特色社会主义理论是一项长期的系统的重要战略任务,从体系上完整地把握这一理论的工夫没有下够;再就是,研究、指导学生党员"学习马列要精、要管用"做得不够,学生党员中存在重现实、轻理论,重专业学习、轻理论学习、轻思想和世界观改造的情况。这些都需要我们花大力气、针对性地加以解决。

(3) 做好学生中党的思想建设,必须始终不渝地对学生党员进行全心全意为人民服务的宗旨教育。全心全意为人民服务是党的唯一宗旨，中国共产党从成立时起，就把这一宗旨作为自己一切工作的出发点和归宿。在战争年代把中国人民的解放事业作为自己神圣职责；在社会主义时期，把实现社会主义现代化作为自己的光荣任务。要求每一个共产党员，不惜牺牲个人一切，一刻也不脱离群众；吃苦在前，享受在后，不谋取任何私利和特权，永远做人民的公仆。正是由于党坚持了全心全意为人民服务这一宗旨，才赢得了人民群众的支持和拥护，保护了党和人民群众的血肉联系，奠定了党生存和夺取胜利的基础。现在的问题是：由于我们党的地位变化，由于我们长期教育不够，由于各种错误思想的影响，我们的一些党员尤其是党员干部为人民服务的思想淡漠了，经受不住执政和改革开放的考验，腐败、蜕化，给党的事业带来了很坏的影响。在学生党员中，这一宗旨淡化的主要表现是：深入普通同学联系群众差了，与一般学生，甚至是入党积极分子谈心、交心少了；有的党员学生在全心全意为人民服务的认识上受到了错误思想的影响，出现了在当干部、表彰、择业等问题上，不能摆正个人与组织的关系的各种不良现象。因此，对学生党员坚持党的宗旨教育至关重要，必须在思想上、行动上要求他们坚持保持与群众的密切联系，长期树立全心全意为人民服务的思想，使他们真正认识到全心全意为人民服务是党的力量所在，是我们党胜利的根本保证。

此外，做好学生中党的思想建设，还必须通过各种形式，利用党校、组织生活等各种阵地组织党员认真学习、宣传和执行党和国家的方针、政策；学习执行上级党组织的决议、决定；经常对党员进行共产主义理想、爱国主义教育，进行国情教育，法纪教育及艰苦奋斗的革命传统和党的基本知识等教育，从而使他们真正树立革命人生观和辩证唯物主义的世界观。

二、学生党组织的组织建设思考

（1）做好学生中党的组织建设，关键在于把学生党支部建设好。高校中的学生党支部是学校最基层的党组织之一，它处在学生工作的第一线，党的方针、政策和学校党委的工作都要通过学生党支部来贯彻落实，党员教育工作能否抓好，党员的模范作用如何，发展新党员的质量怎样，一句话，党支部能否完成上级交给的各项任务，发挥战斗堡垒作用，关键在于学生党支部的建设。根据《中国共产党章程》和上级的有关精神，并结合不同学校的实际，学生党支部一般应以系为单位建立，党员较多的班级，也可以班为单位建立党支部。除按党章及上级规定建立好支部外，重要的是要选好班长。从高校的实际情况看，学生党支部书记应选能坚持四项基本原则、政治素质好、党性强、威信高、作风正派、敢于负责的党员干部担任。本、专科学生支部的书记一般应由系（部）分管学生工作的副书记、副主任或其他党员干部兼任。学生党支部要针对性地教育学生党员，端正学习态度，通过自己的先锋模范作用，影响和帮助学生明确学习目的，树立良好的学风校风，努力学好科学文化，圆满完成学习任务；要教育党员积极承担学校、系、班级和党组织交给的各项任务，在专业学习、社会工作、毕业分配和其他各项工作中起表率作用；要积极做好学生的思想工作，经常听取学生对党的工作、思想政治工作和学校工作的意见和建议，定期分析学生思想情况，及时向上级党组织报告，如实反映学生的要求和思想情绪，并积极配合学校做好思想工作；要坚持从严治党的方针，建设好学生党支部。

（2）搞好学生中党的组织建设，要切实把好入口关，严格审批党员，抓好发展党员的工作。学生党支部要把在大学生中发展党员的工作列入支部的主要议事日程。最近第五次全国党建会又提出："要积极慎重地做好青年教师和大学生中发展新党员的工作。近年来，在大学生中发展新党员工作有了一定进展，但总的看，比例并不高，还不到3%，还有待努力。并指出今后发展党员要认真贯彻'坚持标准，保证质量，改善结构，慎重发展'的方针，按照党章规定的党员标准，及时将符合条件的入党积极分子吸收到党组织中来。"学生支部发展党员，要注意数量，关键是要重质量，把重点放在做好对积极分子的培养教育工作上，注意早发现、早选苗、早培养。学生党员要积极参加学生马列学习研究会、学党章小组的活动。党支部要特别指导好学生团支部推荐优秀团员作为党的发展对象的工作，要着重考察申请人的入党动机、思想政治素质和实际表现。要严格履行入党手续，坚持成熟一个发展一个。要确保新党员的质量，做到材料齐、入党手续完备。支部还应认真采取措施做好预备党员的培养、考察和转正工作。学生党支部党员发展工作搞好了，党员的质量提高了，才能使党支部的战斗堡垒作用真正得到发挥。

（3）做好学生中党的组织建设，必须切实加强学生党支部的制度建设。治党同治国一样，没有规矩是不行的。我们党在领导中国革命和社会主义建设的实践中，逐渐形成了一系列好的制度和规定。主要包括：民主集中制的组织原则，党委的集体领导和个人分工负责制度，请示报告制度，党的领导机关的议事、办事制度以及决定重大问题时的表决制度，党内的选举制度，保障党员的民主权利制度，党员联系群众制度等。学生党支部要着重要求每个党员坚持"四个服从"的组织原则，坚持"三会一课"制度；请示报告制度，凡属重要问题，党支部均应事先向党总支请示，事后及时向党总支报告；坚持党员联系群众制度。党支部要明确规定每名党员联系一定数量的学生，了解和掌握学生思想动态并及时向支部汇报。对党员联系群众的工作情况，支部每学期应认真检查总结一次；坚持支部民主生活会制度，定期向党员大会报告工作制度，按期改选制度；支部工作目标管理责任制度；还应坚持入党积极分子培养教育制度和预备党员教育管理制度。积极分子培养和预备党员教育管理年度要有工作计划，每学期要检查、总结。做好学生支部的组织建设，还应强调支部全体党员要维护支部的团结，造成一个又有集中，又有民主；又有纪律，又有自由；又有统一意志，又有个人心情舒畅、生动活泼，那样一种政治局面。使学生党支部的战斗力得到提高。

三、学生党组织作风建设的思考

（1）做好学生中党的作风建设，首先要坚持和发扬党的优良传统和作风。我们的党处在执政的地位，经受着执政和改革开放的考验。执政党的党风问题是有关党的生死存亡的问题。学生党支部必须要求全体成员坚持和发扬党的理论联系实际、密切联系群众、批评和自我批评的优良传统和作风。通过反腐败的典型案例剖析，教育学生党员，坚定反腐败的信心，增强拒腐防变的能力，相信我们党是有能力清除消极、腐败现象的。要针对性地根据学生党员的特点，加强对党员的教育、管理和监督，严格组织生活、积极开展批评与自我批评，增强党员意识；监督党员切实履行党员义务，遵纪守法；按上级党组织要求民主评议党员，开展评优工作，教育批评和妥善处理不合格党员；发现党员在发展新党员上的不正之风或有违法乱纪行为，及时向上级汇报，并根据上级指示做好教育及处理工作。

（2）做好学生中党的作风建设，必须大兴艰苦奋斗之风，大力倡导创业精神。艰苦奋斗是我们党创业的基本法宝。中国革命和社会主义建设的历史经验证明，艰苦奋斗是拒腐防变，联系群众，克敌制胜，保证我们事业不断前进的传家宝。江泽民同志把新时期的艰苦创业精神概括为：解放思想、实事求是，积极探索、勇于创新，艰苦奋斗、知难而进，学习外国、自强不息，谦虚谨慎、不骄不躁，同心同德、顾全大局，勤俭节约、清正廉洁，励精图治、无私奉献。这八句话、六十四字应当在全党和全国人民中加以弘扬，这是时代和事业的需要，是坚持党的基本路线的应有之义，是党在新时期继续发挥核心领导作用的重要保证之一，是党的作风建设的一项重要内容。正如邓小平同志所指出的：倡导"艰苦创业精神，也有助于克服腐败现象"，"这是中国从几十年的建设中得出的经验"。

（3）做好学生中党的作风建设，必须真正拿起批评和自我批评的武器。批评和自我批评是党的三大作风之一，是清除我们身上的政治灰尘的武器，是我们党区别于其他政党的重要标志之一。但是，一个时期以来，党内有些同志丢掉了这个武器。受到各种错误思想的影响，有的学生党员现在也不敢拿起这个武器，批评没有了，你好我好他也好，对学生中的错误言论及不良风气，也不敢批评，视而不见；自我批评轻描淡写，不触痛痒；给党组织的形象带来不好的影响。在批评与自我批评中，我党一直主张"惩前毖后，治病救人"，反对无原则的斗争。我们应当教育学生党员理直气壮地拿起批评和自我批评的武器，开展正常而积极的思想斗争，清除身上的政治灰尘，使每个共产党员永葆战斗的活力。

高校学生中党建工作做得如何，对于我们培养社会主义事业的建设者和接班人，具有十分重要的意义。我们必须科学地总结经验，客观全面地认识现实，不断地研究、加强这项工作，圆满完成高等院校所承担的光荣任务。

（原文载于《西南民族学院学报》（哲学社会科学版）1995年政治思想工作研究专辑）

高校精神文明建设的理路与方法

党的十四届六中全会再次重申加强社会主义精神文明建设的重要性、紧迫性，从战略高度提出了在发展社会主义市场经济和对外开放条件下，建设社会主义精神文明的指导思想、总体目标和主要途径，在神州大地吹响了加强社会主义精神文明建设的号角。

高等院校是传播文明的殿堂，是陶冶灵魂、启迪智慧、造就英才的最高学府，因而也是我国社会主义精神文明建设的一个主战场。当然，加强高校精神文明建设，必须以邓小平建设有中国特色社会主义的理论为指导，这是做好这项工作的需要，也是六中全会《决议》的明确要求。中国特色社会主义理论关于社会主义精神文明建设的内容十分丰富，具体运用于指导高校的精神文明建设时，我们应主要从如下几个方面来做好。

一、德育智育"两手抓两手都要硬"

中国特色社会主义理论指出，社会主义精神文明建设包括思想道德建设和教育科学文化建设两大方面，其根本任务和要求是培育有理想、有道德、有文化、有纪律的社会主义新人，提高全民族的思想道德素质和科学文化素质，为社会主义现代化建设提供有力的精神支柱，精神动力和智力支持。高校作为一个精神文明建设的主战场，肩负着培养社会主义接班人和高级建设人才的历史使命，其整个教育工作更应该紧扣培育"四有"人才的战略目标，德育智育一起抓，"两手抓，两手都要硬"。

可现实中，不少高校在实际工作中往往不同程度地有所偏废，重智育、轻德育，片面追求升学率，讲究高学历，而没有把德育工作放到应有的高度来重视，有人甚至认为在新的历史形势下，思想政治工作不灵了，马列主义教育已成额外负担，等等。于是，有的高校干脆将诸如"马列原著选读""中国革命史""国际共运史"等科目从教学中砍掉；有的高校尽管勉强保留有一些德育课程，却也往往当成辅助科目来对待，学时安排很少，任课教师的配备比较随便，对学生的学习情况也不重视考核评估，导致教师讲课没兴趣、没水平，学生听课没味道、没精神，教学流于形式，敷衍了事的局面。作为一种必然的后果，是高校思想政治工作大大削弱了，一些学生目光短浅、自私自利，一心只为个人的前途而"奋斗"，什么"国家兴亡，匹夫有责"，什么"努力学习，报效祖国"，通通抛至九霄云外。少数人甚至成了西方腐朽生活方式的俘虏，金钱至上，私欲膨胀，对社会上一套庸俗丑恶的东西趋之若鹜，缺乏起码的"免疫力"。最近几年，高校的德育工作虽然有所加强，但仍较多地停留在口号上，真正落实到行动上的不多，而且存在一阵冷一阵热，"一时硬、一时软"的情况，缺乏像对专业教育那种一以贯之的执著和重视，故对大学生的思想道德教育还是远远不够。

因此，当务之急是认真学习领会中国特色社会主义理论和《决议》精神，站在培养"四有"人才的战略高度，真正做到德育智育"两手抓，两手都要硬"。我们应该清醒地看到，光有智育没有德育，培养出来的只能是个高智商的精神贵族；光有德育而智育不够，也无法造就德才兼备的社会主义事业的接班人，不能为现代化建设提供有力的智力支持。当然，针对高校目前这种重智育轻德育的状况，眼下最要紧的是把德育和思想政治工作放到非常重要的位置来重视，来抓好。

二、加大高校思想道德建设的投入

与邓小平同志一贯重视精神文明建设相一致，他十分重视这方面的投入问题。他强调，精神文明建设要有物质条件的保障，国家和社会要在这方面投入必要的财力物力，并随着经济的发展相应增加投入。加强高校的精神文明建设也即思想道德建设，也有一个加大投入的问题。

首先，加强师资力量，备配一支专业化高素质的德育教师队伍。教师是教学活动的主导，是取得良好教学效果的关键因素。以其昏昏，使人昭昭，是不可能做好工作的，只有教师本身过得硬，才可能带出好的学生。有道是"学高为师，身正为范"，说的就是只有品行端正、学识较高，才配为人师表，也才让学生敬重诚服，取得预期的教学效果。当前我国高校尽管也有少量专职德育教师，但还有相当一部分是由一般政工人员、管理干部、特别是年轻教师临时充任，教学水平参差不齐。这当中，有些人的思想政治素质和文化素质较低，品行操守方面也良莠不齐。这种师资配备本身就意味着对于德育工作的不重视，德育教育效果可想而知。鉴于此，我认为高校德育教师都应由受过相应专业的训练，业务水平高，思想政治素质好的专兼职人员担任，组建一支强有力的、具有较高权威性的德育工作队伍，使每一位德育工作者都成为名副其实的人类灵魂工程师和学生人格精神的导师。与此相关，高校在业务培训、职称评定、科研项目等方面，也应适当向德育工作实行政策倾斜，加快德育教师队伍的建设。

其次，加强改进高校德育的课程建设和教材建设。相对于其他科目，高校德育方面的课程设置一直比较薄弱，科目单调，课时很少，随意性较大，质量更难保证。为此，有必要根据社会主义现代化建设的需要，结合当前国际国内形势和时代要求，在全国范围内统一安排普通高校的德育课程，适当增加其课时，同时加大这方面的科研攻关力度，尽快建立比较完整、权威的德育课教材体系。

第三，加强对学生德育课程学习情况的检查评估。不太重视德育课程的考核评估是当前高校德育工作的一大通病。许多高校对诸如"成才修养""品德修养"等课程，一般不列为考试科目，往往"考查"了事，其成绩也不计入学生学年成绩的总分，不作为学生评先推优的有效依据。这实际上是把德育课程打入另册，贬低了它的地位和作用，在学生当中造成误导，使他们有意无意之间对德育课另眼相看，把它当成可有可无的额外负担来应付。因此，我们必须在这方面引起重视，应该把对德育教学的检查评估工作提上工作日程，通过考试、考查、平时抽检、定期考核等途径，形式多样地认真搞好这方面的考核评估工作，并把考核结果作为衡量教师教学质量和学生"推先评优"的重要依据,以促使教学双方都对德育课程引起足够的重视,进而有意识地去搞好这方面的教和学。以上这些都需要从政策上、人力上、精力上、财力上、制度措施上加大投入,从而改变"一手硬一手软、一时硬、一时软"的局面,真正使高校的思想道德建设落到实处。

三、把中国特色社会主义理论纳入高校精神文明建设

根据培养"四有"新人的需要,中国特色社会主义理论所提出的社会主义精神文明建设的内容是多方面的。爱国主义、集体主义、传统美德、艰苦奋斗等,都是思想道德建设的重要内容。但从高校自身特点及其在精神文明建设中的特殊任务来看,高校思想道德建设的主要内容还是中国特色社会主义理论的教育。

首先,中国特色社会主义理论是一个系统的、科学的理论体系。它是马列主义基本原理同当代中国实际和时代特征相结合的产物,是毛泽东思想的继承和发展,是全党集体智慧的结晶,是全国人民最可宝贵的思想武器和精神财富。它的系统性和完整性,在于它具有完整的框架体系,即哲学基础—理论基石—政治纲领—战略原则。哲学基础,如"一切从实际出发"、"解放思想,实事求是";理论基石,如关于社会主义初级阶段,社会主义的本质和根本任务的论断;政治纲领,如"一个中心,两个基本点";战略原则,如分三步走、两手抓、几年上一个台阶、科学技术是第一生产力、一国两制等。实践证明,中国特色社会主义理论科学地反映了中国社会主义现代化建设的客观规律,是我们现代化建设工作的指南,是全党、全国人民都应该掌握的思想武器和理论武器。因此,它理应占领精神文明建设的主要阵地,成为整个精神文明建设,包括高校精神文明建设的内容。

其次,用中国特色社会主义理论教育青年,教育下一代具有十分重要的意义。我们党之所以取得新民主主义的胜利,靠的是马克思列宁主义、毛泽东思想,以及由此带来的理想和信念。十一届三中全会以来,我们之所以取得改革开放的巨大胜利,同样是因为我们党在中国特色社会主义理论的指导下,找到了一条适合于中国国情的、建设有中国特色社会主义的道路,把全国各族人民都团结在建设有中国特色社会主义的旗帜下,有了共同的理想和信念,从而有效地把全党和全国各族人民的积极性、创造性凝聚到改革开放的事业上来。青年是祖国的未来,大学更是未来社会主义现代化建设的中坚,用特色理论教育广大青年学生,有利于帮助他们树立共产主义理想,坚定社会主义信念,进而自觉地刻苦攻读,发奋成才,为明天参加社会主义现代化建设打下坚实的基础。很难想象,如果一代年轻人,没有精神支柱,会是怎样的结果。教育、帮助广大青年学生树立共同的社会主义理想和信念,对于坚持四项基本原则,坚持党的基本路线一百年不动摇,具有更为深远的意义。从这层意义上可以说,用中国特色社会主义理论教育大学生,是关系到改革开放前途和21世纪国家面貌的大事,是坚持党的基本路线一百年不动摇的长远大计。

再次,学习和掌握中国特色社会主义理论,是大学生日后参加社会主义现代化建设所必需。作为社会主义事业的接班人和未来的高级建设人才,大学生如果仅仅拥有专业知识,

而对于诸如什么是社会主义,如何建设社会主义,以及社会主义的本质和基本任务是什么等基本问题都弄不清楚,是担负不起现代化建设重任的,更遑论当好社会主义事业的接班人。大学生只有在打好专业基础的同时,用特色理论武装自己的头脑,围绕什么是社会主义,怎样建设社会主义这个首要的基本的理论问题,深入领会解放思想、实事求是的思想路线,领会关于社会主义本质的科学论断和"一个中心,两个基本点"的基本路线,领会把握时机、发展自己、"分三步走"基本实现现代化的战略任务……掌握邓小平同志的战略思想和理论观点,学习他运用马克思列宁主义的立场、观点和方法研究新情况、解决新问题的革命胆略、科学态度和创造精神,才能在明天的现代化实践中搏击风浪,大显身手,无愧于历史和时代。

四、充分发挥基层党组织的战斗堡垒作用和党员的先锋模范作用

中国共产党是中国社会主义事业的领导核心,是团结和领导全国各族人民去实现社会主义现代化的中流砥柱,无论物质文明建设还是精神文明建设,都离不开党的领导。做好高校精神文明建设,除了校党委要高度重视和亲自抓以外,还要积极发挥基层党组织的战斗堡垒作用,通过基层党组织广泛带动、影响各种群团组织和广大群众,在广大高校师生员工中间深入持久地掀起精神文明建设的热潮。

同时,在高校精神文明建设中,还要注意发挥广大党员,尤其是学生党员的先锋模范作用。学生党员就在广大同学中间,如果他们在这场精神文明建设中严于律己,在专业学习,中国特色社会主义理论学习以及有关方面都走在前面,做出成绩,必然在同学中间产生良好的"火车头"效应。

五、加强法制建设和校园文化建设

当前正处于新旧体制的转轨时期,在从旧体制向新体制转换过程中,存在着一些消极现象,如腐败问题、社会风气问题等,给精神文明建设带来不容忽视的影响。对此,邓小平同志指出,我们要通过两个手段来解决,一个是教育,一个是法律。事实上,加强高校精神文明建设,仅靠教育是不解决问题的。如果社会上风气不正,腐败蔓延,贪赃枉法,哪怕高校思想道德教育搞得再好,还是无法挡住社会不良风气的渗透与冲击。所以,高校的精神文明建设还有赖于社会主义法制的健全与完善。

就全社会来讲,应该乘着这场精神文明建设的东风,加强法制建设和社会主义民主建设、健全法律机制和民主监督机制,加大执法力度,充分利用法律武器坚决打击制止腐败行为和各种犯罪行为,反腐倡廉,弘扬正气,为整个精神文明建设创造一个比较理想的环境条件。

就高校自身而言,不能消极等待外部环境的改善,而应充分发挥主观能动性,尽量为自身的精神文明建设营造良好的内部环境。一是通过加强制度建设,建立、完善一套科学合理的内部管理制度和监督激励机制,真正做到奖勤罚懒,优胜劣汰,赏罚分明,引导学生奋发向上,积极进取。形成良好的校风学风。二是加强校园文化建设,形成良好学习成才环境。如鼓励、扶持党团组织和各种群众组织开展、主办各种积极有益的学术交流活动、

社会实践活动和文娱体育活动,使广大青年学生在积极的投入参与过程中磨炼意志,陶冶情操,开阔眼界,增长才干。三是着力整顿校园的脏、乱、差现象,取缔各种影响校容和教学秩序的餐饮零售摊店,坚决打击制止危害学生身心健康的黄、赌、毒,清除各种精神污染和环境污染,创建一个清洁、健康的学习生活环境。

（原文题目为《用建设有中国特色社会主义理论指导高校精神文明建设》载于《西南民族学院学报·哲学社会科学版》）1997年第1期）

高校精神文明建设的基本要求

高等院校作为精神文明建设的一个主战场,精神文明建设抓什么？怎样抓？我认为要按照国家教委"切实把高等学校建设成为培养社会主义建设者和接班人的重要阵地,传播和创造社会主义精神文明的重要基地的"要求,以育人为中心展开。

一、必须坚持用科学的理论武装人

从高校自身特点及其在精神文明建设中的特殊任务来看,高校思想道德建设的上要明确,必须突出邓小平理论的教育,坚持用科学的理论武装人是精神文明建设的首要之义。

首先,邓小平理论是一个系统的、科学的理论体系。正如江泽民同志指出的：马克思列宁主义、毛泽东思想、邓小平建设有中国特色的社会主义理论是统一的科学体系。邓小平理论第一次比较系统地初步回答了中国这样的经济文化比较落后的国家如何建设社会主义、如何巩固和发展社会主义的一系列子基本问题,用新的思想、观点,继承、丰富和发展了毛泽东思想,它是马克思主义基本原理与当代中国实际和时代特征相结合的产物,是当代中国的马克思主义,是中国共产党的指导思想和中华民族的精神支柱。因此,邓小平理论应成为整个精神文明建设,包括高校精神文明建设的主要内容,高校应落实好用这一理论武装人的任务。

其次,用邓小平理论教育青年,教育下一代具有十分重要的意义。我们党之所以取得新民主主义革命的胜利,靠的是马列主义、毛泽东思想的指导。党的十一届三中全会以来,我们之所以取得举世瞩目的成就,同样是因为我们党将马列主义与当代中国的实际相结合,找到了一条适合中国国情的建设社会主义的道路,把全国各族人民都团结在建设有中国特色社会主义的旗帜下,有了共同的理想和信念,从而有效地把全党全国人民的积极性、创造性凝聚到现代化的宏伟事业上来。青年是祖国的未来,用邓小平理论教育广大学生,有利于帮助他们树立共产主义理想、坚定社会主义信念,进而刻苦学习、发奋成才、为参加社会主义建设打好基础。很难想象,如果一代青年人心中没有旗帜、没有方向、没有精神支柱,会是怎样的结果。教育、引导广大青年学生高举旗帜、坚定方向是高校精神文明建设的首要任务,这对于一代青年人能否坚持四项基本原则,具有更为深远的意义,从这个层面上讲,用邓小平理论教育大学生是关系到改革开放前途和21世纪国家面貌的大事,是坚持党的基本路线一百年不动摇的长远大计。

再次,学习和掌握邓小平理论是大学生成为社会主义建设者和接班人的必要条件。大学生作为未来的建设者和接班人,如果仅仅拥有专业知识,而对于诸如什么是社会主义,如何建设社会主义,社会主义的根本任务是什么等基本问题都弄不清楚,是担负不起时代重任的,我们的教育也是不成功的。高校应在教育学生学好专业知识的同时,用邓小平理论武装头脑,确立科学的世界观,围绕什么是社会主义,怎样建设社会主义一系列基本问题,深入领会解放思想,实事求是的思想路线,学习邓小平同志运用马克思主义立场、观点和方法研究新情况，解决新问题的科学态度和创造精神，才能在今天的学习和明天的建设实践中无愧于历史和时代。

二、必须从基础道德文明入手

党的教育方针要求把学生培养成为德、智、体等全面发展的社会主义建设者和接班人，这与社会主义精神文明建设的总要求是完全一致的。社会主义精神文明建设包括思想道德建设和教育科学文化建设两大方面，其根本任务和要求是培养有理想、有道德、有文化、有纪律的社会主义新人，提高全民族的思想道德素质和科学文化素质，为社会主义现代化建设提供有力的精神支柱、精神动力和智力支持。两者的一致性要求整个教育工作，包括高校精神文明建设应紧紧围绕培养"四有"新人的目标来进行，这已是大家的共识。那么是如何把这些方针和要求结合本校实际并卓有成效地落实在精神文明建设的具体工作中？我院党委认为，教育首先要教会学生做人，做社会主义的"四有"新人，而高校的精神文明建设应从学生的基础道德文明的提高入手，针对性地解决薄弱问题。1994年院党委正式提出了旨在提高大学生整体素质的"四创三学会"育人工程。"四创"，即"创文明班级、创文明寝室、创文明教室、创文明大学生"，使之达到"三学会"的目的，即"学会做人、学会生活、学会一套过硬的技能和为人民服务的本领"，以促使学生在德、智、体等方面全面发展。我们坚持全面开展、循序渐进，"一年起步、二年上路、三年制度、四年巩固进步"，实施内容上"年年有所侧重"，坚持抓了数年，目前这项精神文明建设工程已取得初步成绩，学校的学风校风、校园秩序、校园卫生有了明显好转，学生的精神面貌有了极大改观。为此我院近3年来多次获国家、部委和省市的表彰，这项育人工程获四川省1997年优秀教学成果一等奖。

三、必须抓好育人工程的建设

1. 加强教职工队伍的建设

高校是培养社会主义建设者和接班人的工作"母机"。教职工队伍的状况如何，直接影响着育人任务的落实，高校应当始终不渝地引导教职工从培养建设者和接班人的高度来认识自己的责任。"育人"先育己，没有"四有"的教职工队伍就不可能培养出"四有"的建设者和接班人。只有教职工队伍本身过硬才可能带出好的学生。有道是"学高为师、身正为范"，说的就是只有品行端正、学识较高的人才配为人师表，也才能让学生敬重诚服，取得满意的育人效果。高校的每一位教育工作者都应努力成为名副其实的人类灵魂工程师和学生人格精神的导师，应引导教职工树立"全员德育意识"，从而使每位教职工自觉地完成好教书育人、管理育人、服务育人的任务。在这项建设上，应当坚持不懈，舍得投入，并建立相应的激励机制。

2. 加强法制建设和校园文化建设，为高校育人和精神文明建设创造良好的环境

当前我国正处在新旧体制转轨时期，在这个转轨过程中，一些消极腐败现象会给精神文明建设带来不容忽视的影响。对此邓小平同志强调，我们要通过两个手段来解决，一个是教育,一个是法律。事实上,加强高校精神文明建设,仅靠教育是解决不了全部问题的。如果整个社会的法制建设、执法力度、民主监督机制跟不上,高校思想道德教育的效果也只能是局部的。就高校自身而言,不能消极等待外部环境的改善,而应充分发挥主观能动性,尽量为自身的精神文明建设营造良好的内部环境。一是通过加强制度建设,建立完善科学合理的管理机制和监督激励机制,做到赏罚分明,惩恶扬善,引人向上,积极进取,形成良好的校风学风。二是加强校园建设,形成各具特色、催人奋进的校园精神,营造良好的育人环境。三是着力整顿校园的脏、乱、差现象,并加大投入搞好有利于学生成长的基础建设,使高校真正成为令人景仰的精神文明建设的园地。

四、必须加强党对高校精神文明建设的领导

加强党对高校精神文明建设的领导主要应体现在以下四个方面。一是要保证社会主义的办学方向,在学校的思想理论建设、事业发展、工作计划、课程设置等问题上把好关。切实解决好智育与德育,行政工作与思想工作一手硬,一手软,一时硬,一时软的问题。二是要按照政治强,业务精,作风正的要求建设好一支高素质的思想政治工作队伍,努力在教职工中培养一大批热爱祖国、热爱人民、有真才实学的专门人才,完成好培养"四有"人才的任务。三是要充分发挥党的各级组织的战斗堡垒作用和党员的先锋模范作用,通过基层党组织的广泛带动,党员的表率作用,领导、影响高校的工会、共青团、学生会等群团组织,引导广大教职员工深入持久地开展精神文明建设。四是按照邓小平同志所强调指出的,加强党对精神文明建设的领导必须从具体事件抓起,必须狠狠地抓,一天不放松地抓,关键是党风建设和领导干部以身作则。执政党的党风关系到党的生死存亡,也关系到精神文明建设的成败。高校的各级干部不仅要在各项工作中以身作则,起好带头作用,还应坚持"讲学习、讲政治、讲正气",从而完成好培养"四有"建设者和接班人的光荣任务。

(原文题目为《高校精神文明建设的思考》载于《高校理论战线》1998年1期)

增强高校德育的实效性

青年学生是国家的希望、民族的未来，教育和培养好他们，是社会主义事业的奠基工程。改革开放以来，由于体制的转型、文化的变迁和商品经济的冲击，致使被称为"一片净土"的大学也受到了不同程度的污染和影响。在此情况下，增强高等学校德育的实效性无疑具有重要的意义。

德育是纲——科学审视德育价值，提升德育地位。教育价值应定位于全面发展、培养德才兼备的人才。德育在教育工作中具有主导地位，并不意味着学校要拿出主要的时间专门进行孤立的道德教育，而是要把道德因素贯穿于学校的全部教学和教育工作中。在"教书"中必须"教人"，在体育中培养坚韧的意志和勇敢的精神；在美育中培养学生的道德情感；在劳育中培养学生热爱劳动和为人民服务的品质。

依法治校——建立严密的制度，进行科学的管理。制度是人们办事的规则，具有规范性、明确性、强制性，合理的制度既能提高效率又能促进公正。高校要适应21世纪培养人才的要求，要迎接我国加入世界贸易组织的挑战，必须坚持党的教育方针，认真贯彻《中华人民共和国教育法》等有关法律法规，依法治校。同时，高校应从实际出发，建立严密的德育制度，通过制度的建立健全，确认德育的内容和要求；通过制度建设，培养学生道德意识；通过制度的实行，规范学生的道德行为。同样，在高校，管理也是教育，管理人员的一举一动都会产生道德教育的效能，严密的规章制度，只有配合以科学、公道、服务性的管理，才能收效。科学的管理和机制，有利于创造公正合理的道德氛围，有利于约束师生言行，有利于促进师生自觉遵纪守法。

因势利导——引导学生自我塑造，启动道德内力。所谓"势"，即学生成长、成人、成才的内在联系和规律。部分学生道德意识的缺失、道德行为的失范，从表面上看似乎都是学生的行为造成的，在此意义上强调制度调控学生的行为，似乎很合理，但学生行为是由他们的心灵、品德、素质所决定的，其维持手段和调控机制最主要的还是在于启迪人的心灵道德。因此，要重视道德的引导、激励、教化等手段，注重应用教学、校园文化建设、社会实践等多种途径进行耐心细致、春风化雨、润物无声的思想教化，提高学生道德素质的自我塑造能力。

以理服人——加强《纲要》学习，贯彻《纲要》精神。过去的德育教育，往往带有不同程度的行政色彩，不是平等的交流与互动，不是以理服人的引导，而是"我说你听，我打你通"，甚至是以其昏昏，使人昭昭，使得受教育者口服心不服。因此，在贯彻《纲要》时，重在领会《纲要》的精神实质，不仅要使学生知其然，还要使学生知其所以然，在民主、平等的氛围中循循善诱，以理服人。同时要认真反思过去高校理论教学中是否存在欠缺。在改革开放的时代，尤其要教会学生处理好传统道德规范与西方道德的关系，要继承和借鉴优良道德，抵制和摒弃不良因素。

以情动人——依靠理解和领会，避免灌输和说教。心理学研究表明，良好的情绪能促进人们对信息的选择和加工；积极的情感能引起人的兴奋、愉悦的情绪体验。而传统德育工作中往往是简单说教。在德育工作中，必须要以理服人，以情动人。教育者可以通过语言的劝导、形象的感染和行动的影响，激起受教育者感情发生共鸣，使其思想行为逐渐向教育所要求的方向转化。教育者对学生抱着平等、关怀、信任、尊重等积极期待的态度，有利于促进学生逐渐转化，这就是感化教育方法。

以德感人——加深师生交往，以良好的师德感化学生。加深师生交往，就是要使交往中的每一个人把经过交往形成的知识、经验、精神模式、人生体验等作为共享的生存资源，要发展智慧、情感、意志、精神等完整人的一切方面；使每一个人不断获得完善自身、超越自我的动力。当然，要实现上述目标，教师首先必须要有良好的职业道德，确实能够为人师表，否则必将"上梁不正下梁歪"。

（原文载于《光明日报》2002年6月22日）

新形势下高等学校学生党支部建设的创新与实践

党的十七届四中全会通过的《中共中央关于加强和改进新形势下党的建设若干重大问题的决定》（以下简称《决定》）明确指出："党的基层组织要适应新形势新任务要求，创新活动内容方式，找准开展活动、发挥作用的着力点，在扩大党员参与面、提高实效性上下工夫，增强创造力、凝聚力、战斗力。"高校学生党支部的建设，是我党建设的重要组成部分，是加强和改进高校思想政治教育工作的重要环节，是高校处理重大事件的稳定器；高校学生党支部建设直接关系到我党的生命力，关系到人才的培养，关系到高校的稳定与发展。面对新形势新要求，如何进一步加强和改进高校学生党支部建设意义重大。

一、充分认识加强和改进高校学生党支部建设的重要性和紧迫性

《决定》强调："党的建设是党领导的伟大事业不断取得胜利的重要法宝。"指出"全党必须居安思危，增强忧患意识，常怀忧党之心，恪尽兴党之责，勇于变革、勇于创新，永不僵化、永不停滞，继续推进党的建设新的伟大工程"。对照《决定》要求，我们应清醒看到工作差距。

1. 高校学生党建工作与高校改革步伐存在着不同步

高等学校的根本责任是"教育为本，德育为先"，党建工作是思想政治教育工作的主渠道，高校学生党支部建设理应走在高校改革的前列。但是，在不同时期和不同情况下，高校学生党支部建设还没有完全跟上高校改革的步伐。一是学生党支部建设与高校整体规划不同步。在高校整体发展规划之中，学校对学科建设、科研工作、博士硕士点的申报等都十分重视，对党建工作却往往是"说起来重要、落实起来次要、忙起来不要"；在学校党建工作中，对校级党建工作往往比院级党建工作重视，对院级党建工作往往又比学生党建工作重视，对基层学生党支部工作缺乏系统研究和深入指导。二是学生党支部建设与教学改革发展不同步。学分制的不断实施与完善，原有的班级管理等固有模式不断被打破，"同班不同学、同学不同班"，学生党支部建设仍以新形势下高等学校学生党支部建设的创新与实践班级或年级为基础，党支部工作没能及时跟进学生宿舍、学生社团及团体，党组织的凝聚力和战斗力受到制约。三是学生党支部建设与大学生思想政治教育改进步伐不同步。随着国际国内形势的深刻变化，大学生的思想和成长成才需求更具独立性、选择性、多变性和差异性，党中央十分重视加强和改进大学生思想政治教育工作。但是，高校学生党支部在发挥理想信念教育和党员示范作用方面还有待于进一步加强。

2. 学生党员数量的增长与质量提高存在着不一致

随着高校招生规模的扩大和我党威信的不断提高，大学生中的入党积极分子和党

员都有较大幅度的增加，高校学生党建工作任务不断加重。但是，从学生党员数量与质量的关系来看，还存在着一些不一致的地方。一是学生党员发展数量与党员质量的提高不一致。在有的地方、有的时候，存在过分追求学生党员发展的数量，而忽视学生党员质量的现象，出现了少数学生的入党动机不端正，只关注在组织上尽快入党，而不去考虑自己如何从思想上入党，导致有的党员思想基础不牢，有的党员不能很好地发挥党员的模范带头作用，有损于党员队伍形象，影响了党组织在广大学生中的威信。二是学生党员发展工作与学生党员教育工作的不一致。在一些学生党支部中存在着"重发展，轻教育"的现象，忽略了党员的再教育工作，导致有的学生党员的政治理论素养不高，甚至有极少数党员价值观念模糊，政治立场不坚定。三是学生党员数量增加与学生党员影响力的不一致。在一、二年级中，学生党员经常参与集体活动，党员的影响力较大；到三、四年级后，学生党员参与集体活动的频率逐步下降，党员的影响力逐渐降低。

3. 学生党支部的教育活动与增强党员队伍生机活力存在着不适应

《决定》把"增强党员队伍生机活力"作为做好基层基础工作、夯实党执政的组织基础的一个关键环节，是永葆马克思主义执政党先进性的客观要求。但是，目前高校学生党支部的教育活动形式、内容、效果，都与"增强党员队伍生机活力"的要求存在不适应的现象。首先是高校学生党支部的党员发展会议占据了支部组织生活的绝大部分，学生党员接受教育的主动性和参与党支部建设的积极性受到一定的影响。其次是学生党支部组织生活形式单一，内容单调，理论说教多，实践锻炼少，不仅没能激发学生党员参与组织生活的热情和兴趣，也会使学生党员对自我的认识不足，不能时刻牢记自己是一名党员，是学生的表率，进而削弱了党组织的政治影响力，影响着党员模范作用的发挥。再次是党支部组织生活封闭、缺乏活力，党支部的影响力和辐射面受到限制。最后是学生党支部的宣传阵地建设落后于互联网的发展，没有主动去占领网络阵地，没有结合学生的实际，针对性地开展党的基本知识、基本理论的宣传，没有充分展示学生党支部的风采。

4. 学生党支部带头人培养与党的建设要求存在着不协调

基层党组织书记是党领导基层工作的重要力量，是基层党组织建设的"领头羊"。《决定》提出了"建设高素质基层党组织带头人队伍"的要求，"按照守信念、讲奉献、有本领、重品行的要求，加强基层党组织书记建设"。但是，目前绝大多数高校学生党支部书记由辅导员或学生党员担任，精力上往往投入不够、业务上也有待于进一步加强，与党的基层建设存在一些不协调的现象。一方面，随着高校扩招、学生人数的增加，学生管理与服务等事务性工作不断增加，辅导员既要忙于大学生的日常事务管理，又要承担来自各个方面的学生工作，常常顾此失彼，难以全面兼顾学生党员和入党积极分子的教育。另一方面，由学生党员承担党务工作，他们理论功底尚浅，政治敏锐性不强，缺乏政治意识、责任意识、大局意识、创新意识，也缺乏党员教育与管理的主动性和积极性，势必会影响对学生入党积极分子的培养、考察力度，影响党员教育与管理效果，制约党支部战斗堡垒作用的发挥。

二、努力开拓高校学生党支部建设的新局面

《决定》要求高校党的建设必须要"把全面贯彻党的教育方针、培养社会主义建设者和接班人贯穿高等学校党组织活动始终",要"重视在高知识群体、大学生等各领域优秀青年中发展党员","以提高素质为重点,抓紧抓好党员队伍建设这一基础工程"。按照这一要求,我们必须从以下几个方面进一步加强和改进高校大学生党支部建设。

1. 加强领导、统筹协调,切实改进和强化学生党支部建设工作

首先,各级领导必须高度重视学生党支部的建设,像重视学科建设一样重视学生党支部的建设,统筹规划、合理安排。有效处理好学生党支部建设与校风学风建设的关系,学生党支部建设与教学管理的关系,学生党支部建设与校、院党组织建设的关系。要把学生党支部的建设纳入学校的整体发展规划中,要从人力、物力、财力、待遇等方面给予政策支持,确保学生党支部的有效建设和工作的不断创新。

其次,结合本单位的实际情况,严格按照《决定》的要求,制定学习、落实《决定》的实施意见,探索加强和改进基层党建的有效措施。特别是院系党组织要认真总结学生党支部建设中的经验,分析学生党支部建设中的不足,准确把握学生党支部的职能定位,找准开展活动、发挥作用的着力点,增强学生党员队伍生机活力,促进大学生的全面发展。

2. 立章建制、规范管理,切实完善和健全高校学生党支部的组织建设

首先,合理规划,科学建制,确保学生党支部建设的整体性和有效性。高校学生党支部具有建制时间短、党员较分散、人员变动大等特点,如何克服学生党支部在建设中的不稳定性和不一致性,如何全面统筹学生党支部建设,增强学生党支部的战斗堡垒作用,已成为各学院加强党建工作的难题。因此,一方面需要深入调研,根据工作需要,科学、有效地组建学生党支部;另一方面要根据实际情况,建立以学院党委书记或副书记牵头、辅导员以及各支部书记为成员的院级学生党支部建设委员会和以学院党委副书记或年级辅导员牵头、本年级学生支委为成员的年级学生党支部建设委员会。在院级学生党支部建设委员会,设立了三个常务部门——组织发展部、宣传教育部、监督测评部,分别由辅导员或班主任担任部长,按照分工明确、各尽其职、通力合作的原则,直接指导各学生党支部开展工作;各支部定期向年级学生党支部建设委员会报告工作,年级学生党支部建设委员会负责人和三个常务部门负责人定期向院级学生党支部建设委员会报告工作,从而形成学院党委抓总体、学生党支部书记联席会抓协调、学生党支部具体实施工作体制。

其次,规范程序,健全制度,确保高校学生党支部各项工作有章可循。一是通过建立和健全入党积极分子培养制度、党员培养联系人制度、民主评议制度、积极分子和发展对象调查公示制度、发展对象考察与报告制度、发展对象预审制度等章程,建

立规范化的入党积极分子培养、考察、发展制度,严把"入关口"。二是通过健全党员会议制度、党支部会议制度、民主生活会议制度、党课制度等系列学生党支部的管理制度,规范学生党支部工作程序。三是通过健全党员考核与民主评议制度,对学生党员的政治思想表现、执行纪律情况、完成任务情况、参加组织生活和缴纳党费情况等进行评价,建立学生党员个人考评档案,采取定性与定量相结合的办法强化学生党员的教育与管理。

3. 开拓创新、敢于实践,构建党员教育、管理和服务的长效机制

首先在理论学习上,要建立校级党校为龙头、院级党章研习会和年级(班级)党章学习小组为重点的"校、会、组"多级的学习组织。健全学生党员在理论学习中的"管、帮、引"工作机制,加强学生党员自身理论学习的同时,也能引领和指导广大同学自觉地加强理论学习。

其次在党团共建上,要在正确处理好党支部与班团委关系的基础上扩大党支部的影响力。在有条件的年级中,学生党支部书记可以兼任班、团主要干部,交叉任职;没有条件的年级,党支部与班团委要能经常召开联席会议,共同研究班上重大问题、组织开展重大活动、确立党群联系人,共同促进班风学风建设。

再次在党员服务机制上,要在精心策划、跟踪管理、稳步推进的基础上强化学生党员的服务教育工作。例如,我们可以以支部为单位,定期开展"树立一个良好的党员形象、读一本政治理论书、写一篇党性剖析文章、帮扶一个同学、培养好一批入党积极分子、开展一次有意义的主题教育活动"的系列教育活动,每年在全校范围内对学生党支部开展的活动项目进行评比,并给予一定的经费支持,以提高学生党支部的工作质量;也可以根据不同年级的特点,分别实行"一管一""一带多""一帮一"工作网络。即在党员少的低年级,可以采用学生党员管理一个班级的办法;在学生党员较多的高年级,可以采用每个党员联系多名学生的办法;到四年级以后,可以采用每个党员帮助一名同学的办法,实行"人员明确、指标明确、措施明确、目标明确"的目标承诺管理制度。

4. 搭建平台、强化指导,大力培养和造就高素质的党务工作者

首先,我们要充分发扬民主、严格考核,不拘一格用人才。在高校学生党支部支委配备上,可以由老师指定思想素质过硬、学习成绩优良、作风正派的学生党员担任,也可以充分发挥党内民主,通过竞选、全体党员民主投票的方式,选举产生支部委员,还可以采取高年级优秀党员跨年级、跨支部指导的办法,不断培养新的学生党务干部。

其次,我们要能大胆放手、敢于放权,在实践中锻炼学生党支部的带头人。通过建章立制,规范管理,强化监督和考核等措施,充分发挥学生党员干部的积极作用,放手让他们去承担入党积极分子的培养与考察、党员活动的开展、党员评议和考核等工作,使他们在实际工作中不断锻炼党性,提高能力。

再次,我们要加强指导、大力支持,在鼓励中培养学生党支部的带头人。学生党员干

部党性修养不够、经验不足、业务不熟,难免会出现一些小问题,我们要多给予鼓励和支持。对于确实不能胜任支委工作的要及时更换,不能影响整个支部的工作。要通过手把手地指导、强有力地支持、强化责任意识等措施,不断培养和造就高素质的学生党支部带头人。

(原文载于《学校党建与思想教育》2009年第12期)

谈谈如何自觉提高党性修养

中央党校是我们党培训、轮训领导干部的最高学府。根据组织的安排，我于 2009 年 11 月 11 日至 2010 年 1 月 15 日参加了中央党校第 53 期（地厅班）"学习贯彻党的十七届四中全会精神"的研究学习。我十分珍惜这次难得的学习机会，严格遵守中央党校的各项规章制度，以高度的政治责任感，认真集中精力学习，积极参加学习讨论、调研考察、班级交流，没有迟到早退，没有因私请假，按照"科学理论武装，具有世界眼光，善于把握规律，富有创新精神，加强党性修养"等要求，圆满完成了学习任务。

一、认真学习基本理论，切实增强科学理论武装

2009 年 11 月 12 日，中共中央政治局常委、中央书记处书记，中央党校校长习近平同志出席了党校第 53 期的开学典礼并发表了题为《关于建设马克思主义学习型政党的几点学习体会和认识》的重要讲话，强调深入贯彻落实党的十七届四中全会精神，积极推进马克思主义学习型政党建设。这个讲话高屋建瓴，内涵深刻，政治性、思想性、理论性、指导性很强。我现场聆听了讲话，并认真学习理解，讲话的主要精神如下。

（1）提出建设马克思主义学习型政党的主要依据和重大意义。建设马克思主义学习型政党，是保持党在理论上实践上先进性的本质要求，具有充分的理论依据；是在新的历史条件下继承和弘扬党的优良传统、发扬党的政治优势的必然要求，具有充分的历史依据；是新形势、新任务对党的建设提出的新要求，具有充分的现实依据。

（2）建设马克思主义学习型政党的基本要求。建设马克思主义学习型政党，要贯彻和体现科学理论武装，具有世界眼光、善于把握规律、富有创新精神的要求。

（3）建设马克思主义学习型政党的着力点。要坚持推进马克思主义中国化、时代化、大众化；要坚持用中国特色社会主义理论体系武装全党；要坚持开展社会主义核心价值体系学习教育，建设学习型党组织。

（4）为建设马克思主义学习型政党提供有力保证。要加强对学习的组织、指导和服务；要充分发挥各级领导干部的表率作用；要建立和完善促进学习、保障学习的长效机制；要进一步发挥包括党校在内的各类干部培训机构的重要作用。我用习近平同志的《讲话》指导学习，进一步加深了自己对十七届四中全会精神的理解。

这次"学习贯彻党的十七届四中全会精神"的学习目的和要求是：深入学习、领会和贯彻党的十七届四中全会精神，总结执政党建设的历史经验，研究党的建设方面的重大现实问题，并形成研究报告。通过学习和研究，进一步加深对十七届四中全会精神的理解和把握，推进新形势下党的建设。按照研究学习的要求，我静下心来认真学习，认真读书，刻苦钻研，我利用自学和节假日先后研读了党的十七届四中全会通过的《关于加强和改进新形势下党的建设若干重大问题的决定》《政党政治原理》《中国共产党建设史》《反贪报告》《改进文风阅读材料》《党建研究》《十一届三中全会以来党和国家重要文献选编》等

参考书目和报刊杂志，注重在系统、全面的学习上下工夫，努力把握马克思主义中国化最新成果的立场、观点和方法，同时，认真学习教育、管理、法律、经济等知识。

在学习期间，自己能认真听课，积极参加学习讨论。党校各位教授党性观念强、思想境界高、学术功底深，视野开阔，讲课理论联系实际，我感到受益匪浅。我做到了课中认真听课，课后深入思考。认真对待每次学习讨论，积极准备发言提纲。在学习中注意弘扬理论联系实际的学风，注意对党建实际问题的理论思考，努力使科学理论武装的成果转化为运用理论分析和解决问题的实际能力。在两个月学习期间，自己结合实际撰写了《新形势下高等学校学生党支部建设的思考》《少数民族大学生国家认同现状调研及教育创新研究》等研究报告，并以《当前民族工作的思考》为题，在支部组织的学员论坛上作了专题交流，以《大视野、大思维、大智慧》为题参与了中央党校"国家教育发展十二五规划"课题的座谈讨论，提出了自己的建议。

通过认真学习党的十七届四中全会精神，学习《决定》，尤其是通过《中国特色社会主义是当代中国的马克思主义》《科学发展观若干问题研究》《提高执政党建设的科学化水平》《建设马克思主义学习型政党》《形势与任务》《当代世界》等十多讲的专题课、必修课、选修课的讲授，使自己加深了中国共产党从革命党到执政党转变必须加强党的建设的认识，增强了历史责任感，开阔了自己的思维，同时增强了做好党建工作的信心和决心，深刻意识到作为民族高等院校在"培养什么人、怎样培养合格建设者和接班人"的问题上肩负着国家赋予的特殊责任。自己在做好本单位党建工作上不能丝毫懈怠。

二、结合党的建设认真参加调研，努力提高党建工作的能力

在学习期间，按照教学计划的要求，我参加了《党的制度建设与发展党内民主问题的研究》的课题研究，我们赴福建省对基层党建、党内民主的制度建设问题，进行了四天的考察，同时参观了"古田会议"会址，我们小组的同志从加强党建的角度认真讨论完成了该课题的主报告，我在该报告中结合民族高等学校的实际，提出了积极的对策建议。结合课堂学习、专题讨论、辅导学习课和考察调研，我体会到，作为执政党由于世情、国情、党情的变化，我们必须提高党的建设的科学化水平。

三、自觉提高党性修养，加强党性锻炼

通过两个多月的学习，我认识到党校姓党，党校是熔炉、党校是我们增强党性的阵地。党校的党性教育使我进一步增强了党员的宗旨意识，先锋队意识，敢于担当的责任意识，强化了国家利益至上，"慎独"的观念，加深了"权为民所有、情为民所系、利为民所谋"的认识，更进一步坚定了党员领导干部必须坚定马克思主义世界观、人生观、价值观，解决好理想信念，思想作风，道德情操，清正廉洁问题的信心和决心。在党校学习期间，我坚持把党性锻炼作为必修课，向同志们学习，自觉加强党性修养，自觉做到从工作到学习，从工作岗位到学员，从家庭到集体生活的三个转变。我认真执行学员党性锻炼的有关规定，积极参加学校和支部组织的党性教育活动，使自己的党性修养得到了加强。

两个多月的党校学习，使我对党的十七届四中全会精神有了新的、深刻的认识。党校给了我科学理论武装，开阔了自己的眼光，提升了自己的思维能力。加强了我的党性锻炼。我在今后将进一步认真学习和掌握中国特色社会主义理论体系，发扬理论联系实际的学风，按照上级的要求和人民的期望为把中南民族大学办成"特色鲜明、人民更加满意的高水平民族大学"而努力奋斗。

（本文为 2009 年 11 月 11 日至 2010 年 1 月 15 日参加了中央党校第 53 期（地厅班）的学习总结）

关于高校建设学习型党组织的若干思考

党的十七届四中全会明确提出,要把建设马克思主义学习型政党作为重大而紧迫的战略任务抓紧抓好。建设学习型政党是我们党在深刻认识党的建设历史经验和新鲜经验基础上作出的战略决策,体现了对时代发展脉搏和新形势下党的建设新要求的高度自觉和清醒把握。适应时代发展要求,建设学习型政党,这是全党的任务,也是高校党组织面临的任务。以改革创新精神全面推进高校党的建设,在学习型政党建设中走在前列,是高校党组织当前乃至今后一段时间里重大而紧迫的任务。

一、高校建设学习型党组织是新形势下高等教育改革发展的必然选择

(1)高校建设学习型党组织,是以改革创新精神进一步加强和改进新形势下高校党的建设的题中之意。以改革创新精神全面推进党的建设新的伟大工程,是党的"十七大"提出的重要命题。高校党建是党的建设新的伟大工程的重要组成部分,在整个党的建设中占有特殊重要的地位。从高校的作用看,高校是科学研究、人才培养、理论创新、精神塑造的重要阵地,是发展先进生产力和先进文化的重要力量;从高校党员队伍的构成看,高校党员队伍是党的队伍的重要方面军,每年发展党员数量超过全国发展党员总数的1/3,成为21世纪全党队伍壮大的最重要来源;从高校党组织的特点看,高校党组织是党联系青年学生、联系知识分子、联系有影响的专家学者的桥梁,是党的理论和路线方针政策落实到高校的重要保证,是推进教育改革、搞好教书育人、加强教师队伍建设的领导核心。鉴于此,加强和改进新形势下高校党的建设,对于全面推进党的建设新的伟大工程具有十分重要的意义。高校党委对此要有深刻的理解和充分的认识,要从这个意义上深刻理解高校建设马克思主义学习型政党必要性,从党的思想理论建设是党的根本建设来理解其重要性,从以改革创新精神全面推进新形势下高校党的建设来理解其紧迫性,牢固树立抓好党建是本职、不抓党建是失职、抓不好党建是不称职的观念。

(2)高校建设学习型党组织,是在新的历史起点上贯彻落实好《国家中长期教育改革和发展规划纲要》精神、推动高等教育事业科学发展的客观要求。党的"十六大"以来,党中央始终把教育放在优先发展的战略地位,提出并大力实施科教兴国战略和人才强国战略,先后作出了一系列推进高等教育改革、加快高等教育发展的重大战略决策和部署,推动我国高等教育实现了历史性跨越。2008年,我国大学的毛入学率达到23%左右,在校大学生人数达到2700万,高等教育规模跃居世界第一位,进入大众化发展阶段。我国高等教育事业已经站在新的历史起点上,正在由高等教育大国向高等教育强国迈进。国务院审议通过的《国家中长期教育改革和发展规划纲要(2010—2020年)》(以下简称《规划纲要》)提出了今后10年我国教育改革发展的总体战略、战略目标和战略主题、发展任务、体制改革和保障措施,是今后10年我国教育改革发展的纲领性文件。《规划纲要》明确了

高等教育要全面提高高等教育质量、提高人才培养质量、提升科学研究水平、增强社会服务能力、优化结构办出特色、完善中国特色现代大学制度的目标和任务。能否贯彻落实好《规划纲要》精神，确保这些目标和任务如期实现，进而加快建设人力资源强国、满足群众接受良好教育的需求、全面建成惠及十几亿人口的小康社会，很大程度上取决于高校党组织能否在推进教育改革、搞好教书育人、加强教师队伍建设方面发挥领导核心作用，取决于各基层党组织和广大党员能否充分发挥战斗堡垒和先锋模范作用，取决于高校能否建设成为学习型组织。《规划纲要》提出，到2020年，努力形成人人皆学、处处可学、时时能学的学习型社会，进入人力资源强国行列。高校本身就是学习型组织，理应发挥资源优势，推动全民学习和各类学习型组织建设，这就需要高校党组织率先把自身建设成为学习型党组织，从而在推进用马克思主义中国化最新成果武装头脑、指导教学科研实践上取得新成效，使党的创新理论成为推动高校各项工作、引领高等教育事业科学发展的强大思想武器。

（3）高校建设学习型政党，是高校党组织增强思想政治素质、加强执政兴校能力建设的迫切需要。总的来说，我国高校党组织的兴学治校能力、党员队伍整体素质同肩负的责任和使命总体上是适应的，但随着新形势下改革的不断深入，高校加快改革面临的形势更加复杂，承担的任务更加繁重，社会影响更加广泛。如创新高校发展理念和发展模式、增强高校发展活力和核心竞争力面临不少难题，提高教育质量、突出办学特色的工作十分繁重，正确处理高校办学规模、结构、质量的关系尚有一些矛盾，保持和发展高校和谐稳定良好局面的任务更加艰巨，高校意识形态工作面临的形势更趋复杂、任务更趋艰巨等。这些都对高校党的领导水平、办学兴校能力提出新的更高要求，要求通过学习型党组织建设，切实增强高校党员干部的马克思主义理论修养、党性修养和品德修养。但目前有些高校党的建设中还存在一些与科学发展观要求不符合、不适应的问题，仅就思想理论建设而言，存在诸如理论武装缺乏针对性和实效性、推进社会主义核心价值体系建设乏力、处理意识形态工作中的一些重大关系失当等问题，具体表现如一些高校的党组织和党员干部忽视理论学习，学习观念淡薄，学习内容空洞，学习形式单一，学习制度松散，考评机制虚设，这就容易出现理想信念动摇，领导班子缺乏凝聚力和战斗力，领导干部宗旨意识淡薄，作风不够端正，党员先锋模范作用发挥不够等问题。因此，高校必须建设学习型党组织，增强高校党组织的政治意识、政权意识、责任意识，提高思想政治素质和执政水平，紧密围绕"培养什么样的人，如何培养人"这一根本任务，培养出理想远大、信念坚定，品德高尚、意志顽强，视野开阔、知识丰富，开拓进取、艰苦创业的新一代大学生。

二、高校建设学习型党组织必须立足高校实际与特色

（1）立足学校自身特色是建设学习型党组织的前提。《规划纲要》明确提出，要在今后10年里，充分发挥政策指导和资源配置的作用，引导高校合理定位，克服同质化倾向，形成各自的办学理念和风格，在不同层次、不同领域办出特色，争创一流。这一高等教育的发展战略对高校学习型党组织建设无疑具有指导意义。民族高等教育作为我国高等教育的重要组成部分和特色之一，在我国高等教育中占有极其重要的地位。民族院校在高层次民族人才培养、服务少数民族和少数民族地区经济社会发展、增强民族团结、维护边疆稳

定等方面起着十分重要的作用,担负着特殊的历史使命和社会责任。随着改革开放的不断深化,国际国内形势的不断变化,高等教育的竞争日趋激烈,要准确把握新形势,应对新情况,解决新问题,要真正成为"懂教育的政治家和懂政治的教育家",就必须建设学习型党组织,用发展的马克思主义特别是党的最新理论创新成果武装自己,坚持科学发展观,将中央提出的科学发展的宏伟战略落实为学校创建特色鲜明的高水平民族大学的具体任务,努力回答好"办什么样民族大学,怎么样办民族大学"以及"培养什么样的民族人才,怎样培养民族人才"这两个关键问题,积极探索民族院校又好又快发展的成功之路。通过学习型党组织的建设,不断提高理论素养和管理决策水平,使理论学习更好地服务于特色鲜明、人民更加满意的高水平民族大学的建设实践。

(2) 把握学习方向是建设学习型党组织的基准。高校的根本任务是教书育人、培养人才。把大学生培养成为德智体美全面发展的中国特色社会主义合格建设者和可靠接班人,是高校坚持社会主义办学方向的本质要求,是高校党组织必须担当的政治责任。当前,高校党的工作时代背景和社会环境发生深刻变化。从国际环境看,不同社会制度、不同意识形态的斗争将长期存在,高校处在敌对势力对我实施西化、分化图谋的前沿。从国内环境看,我国经济社会正处在发展机遇期和矛盾凸现期,一些与群众切身利益密切相关的民生问题会影响到高校党员和师生的价值取向、思想认识和行为特点。从高校自身情况看,高校教学科研管理改革、高等教育国际化发展趋势和互联网的广泛普及,使高校党员和师生接触的信息更加广泛,选择的自由更加多样,思想的个性更加明显。在这样复杂多变的内外部环境下,坚持用中国特色社会主义理论来武装党员干部、教育广大青年学生,是高等教育面临的重大课题,是高校党组织面临的重大考验。因此,高校要完善党委中心组学习、干部培训制度,健全组织学习制度、党员教育体系,推动广大党员干部深入学校中国特色社会主义理论体系。要充分利用思想政治理论课的主渠道和党校、团校等主阵地及灵活多样的形式,引导青年学生系统掌握中国特色社会主义理论体系,引导其增强对中国特色社会主义的理论认同、政治认同和情感认同,坚定走中国特色社会主义道路的信念。

(3) 注重学习方法是建设学习型党组织的关键。学习能不能达到目的,能不能真正学得其所、学以致用,学习方法至关重要。方法不对头,不仅不能真正学习到马克思主义的精髓,而且会在实践中出现偏差乃至造成恶果。因此,高校在建设学习型党组织过程中,要把改造客观世界与改造主观世界结合起来,把务实与务虚结合起来,把理论学习与解决学校乃至个人的实际问题结合起来,要敢于和善于回应师生关心的重大理论和实践问题以及社会热点、难点问题。这就首先要求每一位党员紧密联系个人的思想实际来学习理论,联系学校中心工作学习理论,理清思路,使每一次集中学习都力争聚焦并研究学校改革和发展中遇到的现实问题,把解决问题作为学习的机会和实现创新的途径。其次,要致力于促使学校内部形成互相理解、共同学习、整体互动、主动思考、协调合作、群体和谐的学习机制和学习氛围。再次,在学习中要注重改进学习形式,拓新学习平台,提高学习效果。要改变那种教条式、填鸭式、味同嚼蜡式的学习方法,多采用互动交流、案例教学、现场观摩、拓展体验、自主选学等现代培训教育方式,把道理说清楚,把难点讲透彻,使广大党员干部听得进、听得懂。在建设学习型党组织过程中,要善于摸索学习规律,优化学习路径、创新学习方式,促使党员在学习中找差距,在学习中求成长,把学习当成人生进步的需要、乐趣和享受。

（4）健全学习机制是建设学习型党组织的重点。积极推进党员干部学习活动的科学化、规范化、制度化，建设保障学习的长效机制，这是建设学习型党组织的重点。高校党组织要通过建立学习动力机制，培养广大党员的学习兴趣，变"要我学"为"我要学"；通过建立分类考核激励机制，助推学习的长效展开和持久深入；通过建立学习网络机制，搭建能够覆盖全体党员的学习网络，实现全员学习；通过建立学习保障机制，实现逐级管理、层层落实、整体联动的工作格局。此外，学习机制的建立，绝非一朝一夕之功，而需常态化。在高校建立学习的长效机制中，要切实地做到以下三个方面。一是要将工作学习化。建设学习型党组织要求我们改变以前的学习和工作过程。工作的过程就是学习的过程，学习与工作是密切结合的，学习是工作，工作是学习，且两者是统一的。二是要将学习生活化。学习不是任务，而是属于生活的一部分。要建设学习型党组织，必须要养成良好的学习习惯，时刻保持学习的思维模式，主动把学习自然地融入到生活当中，变成生活的一个内容。三是要将学习实践化。学习型党组织旨在通过学习掌握先进思想、专业知识和先进经验，通过实践来印证思想，检验认识，找出差距，发现距离，进而据此改进学习方法，突出学习实效。

（5）端正学习态度是建设学习型党组的保证。学习态度决定学习力度，学习力度决定理解深度理论学习是人生的必修课、思想的磨刀石，既关乎个人发展，又关乎事业成败。因此，高校要建设学习型党组织，必须端正态度，切实做到"四真"，即真学、真懂、真信、真用。所谓真学，就是要认真地学，扎实地学，系统地学，完整地学，反复地学马克思主义理论。做到真学，既要切实反对形式主义、搞一阵风，把学习当做装点门面、应付检查，也要反对事务主义，缺乏对学习的足够重视和认识，不能正确处理学习与工作的关系，从而应付学习培训。所谓真懂，就是要懂得马克思主义及其中国化最新成果的时代背景、实践基础、科学内涵、精神实质和历史地位，不能浅尝辄止，满足于一知半解。所谓真信，就是要坚信马克思主义的真理性，从思想深处、灵魂深处信仰之。所谓真用，就是要在真学、真懂、真信的基础上，坚持理论联系实际，努力应用马克思主义的立场、观点、方法来观察形势、分析问题、指导工作、教育群众。此"四真"集中概括了当前高校学习型党组织建设的新要求，有助于我们坚持解放思想、实事求是、与时俱进，从理论和实践的结合上不断研究新情况、解决新问题，做到自觉地把思想认识从那些不合时宜的观念、做法和体制的束缚中解放出来，从对马克思主义的错误的和教条式的理解中解放出来，从主观主义和形而上学的桎梏中解放出来，从而履行好现代高校人才培养、科学研究与社会服务这三大职能，为中国特色社会主义建设事业作出新贡献。

（原文载于《学习月刊》2010年第28期）

"创先争优"与民族院校的科学发展

当前,在党的基层组织和党员中开展创先争优活动,是学习实践科学发展观的巩固工程,是加强党员队伍建设的先锋工程,是基层组织建设向科学化目标迈进的基础工程,也是推动民族院校又好又快发展的保障工程。我们要通过抓办学方向和服务宗旨教育,抓班子和队伍建设,切实将党组织和党员先锋模范作用发挥好,把创先争优成果转化为推动民族院校科学发展的强大动力。

一、坚定正确的政治方向是开展创先争优活动的首要成果

深刻认识和理解民族院校的历史使命,有助于我们明确方向,制定措施,推动创先争优活动深入开展与民族院校的科学发展。

(一)民族院校的特殊使命

民族院校是党和国家为了解决国内民族问题而建立的,是中国共产党将马克思主义的民族理论与中国的具体国情创造性地相结合的产物。民族院校除了要履行普通院校所肩负的一般使命外,还肩负着特殊的历史使命,主要体现在以下四个方面。

(1)民族院校的办学宗旨是为国家的民族工作服务和为少数民族、民族地区服务。这是民族院校存在的基石和发展的根本。民族院校唯有在"服务"上多下工夫、下足工夫,才能赢得发展先机,屹立于"高校之林"。

(2)民族院校肩负着为少数民族和民族地区培养高素质人才的重任。目前中国有15所民族院校,分布于不同地区,肩负着为少数民族和民族地区经济发展服务培养骨干人才、中坚力量的重任。

(3)民族院校担当着民族文化的传承与创新的职能。民族院校应在"文化与人的双向建构"中,既促进少数民族文化素质的提高,又促进少数民族文化的发展,最终实现少数民族和民族地区社会的全面发展与进步。

(4)民族院校是民族团结、民族和谐的示范基地。民族院校作为民族人才的培养基地,在教学岗位上有大批各民族教师,在管理制度上有符合民族学生特点的各类管理措施。广大民族学生可以聚集在民族院校里,通过课堂学习、课外活动、广泛的交流增进彼此了解;从思想感情上产生民族团结意识,达到民族团结效果。

(二)坚定正确的政治方向

今年是"十二五"的开局之年,民族院校的发展处在新的起点上,靠什么去科学发展、抢抓机遇、迎接挑战、完成使命,再创民族院校新的辉煌?

(1)坚定正确的政治方向,这是民族院校最大的政治、最高的党性、最严肃的纪律。民族院校各级党组织和每一位党员在这个事关根本的重大问题上,态度一定要坚

决,必须毫不含糊、毫不犹豫。要不断增强对错误思潮、错误行为、错误倾向的政治鉴别力和免疫力,在事关原则的问题上立场坚定,在大是大非面前旗帜鲜明,在关键时刻头脑清醒。

(2) 坚定正确的政治方向,就是要始终高举中国特色社会主义伟大旗帜,坚持走中国特色社会主义道路。这已经被我们 30 多年经济社会发展取得的巨大成就所证明,是我们党最为宝贵的政治、精神财富和各族人民团结奋斗的共同思想基础。民族院校发展取得的巨大成绩就是一个最好的例证。

(3) 坚持正确的政治方向,坚持"举旗、走路",就要坚定不移地坚持社会主义的办学方向。民族院校坚持民族院校的办学宗旨,坚持以人为本、"质量、特色、水平"相统一的办学理念,不动摇、不懈怠、不折腾,不断推进民族院校的各项改革和发展。

(4) 坚定正确的政治方向,就是始终把"培养什么人,怎样培养人"这一问题放在首位。民族院校除了要把创先争优成果转化为推动民族院校科学发展的强大动力,教授知识外,还要对各少数民族学生进行党的基本路线、民族理论与民族政策教育,进行爱国主义、维护民族团结和祖国统一的教育,使他们成为德、智、体全面发展的社会主义合格建设者和可靠的接班人。

二、主题与主线:民族院校又好又快发展的关键

"十二五"时期,民族院校要从全局和战略的高度,把握好"主题"和"主线",不断增强科学发展的水平和能力,为党和国家的民族工作服好务,为少数民族和民族地区建设服好务。

(一) 科学发展是民族院校发展的主题

"十二五"时期,民族院校要抓住科学发展这一主题,不辜负党和国家,不辜负广大人民对民族院校的要求、关注和期盼,实现科学发展、跨越式发展。

(1) 坚持与时俱进、继承创新。中国的民族院校有 60 年来的历史,我们要认真总结 60 年来的办学经验,展示 60 年来的办学成果,认真学习一代代民族院校人甘于奉献、昂扬向上的奋斗精神,用这些宝贵的精神财富鼓舞斗志,保持好学校发展的连续性和稳定性。要坚持与时俱进,明确民族院校的主要任务和发展目标,体现时代性,把握规律性,富于创造性,做好我们这代人的事,这样才能无愧于历史,不辜负前人,对得起后人。

(2) 坚定信心,保持奋发有为的精神状态。当前,民族院校的发展正处在继往开来的重要时期,党和国家与广大人民群众对民族院校有着热切的期盼。对此,我们信心满怀:一是有 60 年来特别是"十一五"快速发展的基础;二是有全国高等教育发展的绝好机遇和环境;三是有中央和各省区等上级部门和社会各界的关心支持;四是广大民族院校的教职员工精神振奋、信心倍增,这些都是我们"十二五"发展的主要动力、主要依靠。

(3) 抢抓机遇,勇担发展重任。机遇是稀缺资源,机遇终究惠顾谁,取决于努力的程度。有信心、状态好、有作为就能抢抓机遇,就会将一般的机遇变成大的机遇。

反之，有了机遇，不奋斗就会丧失。发展的机遇，发展的黄金时期赶上了就叫使命、就叫幸运、就叫责任，就应当勇于担当。在百舸争流的高校竞争态势中，民族院校一定要成为有精神、有追求、有作为者。只有这样，我们才能不负于时代，不负于我们的历史使命。

（二）加快和转变发展方式是民族院校发展的主线

（1）强调"转变"和"加快"，就是既要讲统筹兼顾、讲速度，也要讲突出重点、讲质量。要善于抓住发展的主要矛盾，敢于突破矛盾的主要方面，坚定不移调结构，脚踏实地促转变。具体来说，一是要提高民族院校办学要素的质量和使用效率；二是要提高投入产出比；三是要优化办学结构，更加突出教学科研的地位；四是要提高办学运行的管理水平，在加快转变中谋求更好更快的发展。

（2）强调"转变"和"加快"，就是要明确民族院校"十二五"时期的战略要求。民族院校在制定"十二五"规划中，要考虑四个方面的因素：一是要体现党中央、国家民委和地方对学校发展的新要求；二是要符合国家民委对学校的总体定位；三是要坚持"三基地、一窗口"的基本定位；四是要体现《国家中长期教育改革和发展规划纲要（2010—2020年）》的要求。

（3）强调"转变"和"加快"，就是要重视研究和解决突出问题。一是找准内涵发展的结合点。内涵发展不是不要发展，不是放慢发展，而是追求质量的发展，扩大优质资源的规模。扩大优质资源就是要让更多的教职员工得到发展，能干事、干成事。二是要明确改革的着力点，深化重点领域和关键环节的改革，突破发展中的障碍。三是要破解制约发展的关键点。深化干部人事制度改革、分配制度改革，调动一切积极因素，履行好维护稳定这个第一责任。

三、党的建设：民族院校科学发展的政治保证

十七届四中全会，我们党与时俱进地做出了一系列决定，进行了战略部署。2010年8月，新修订颁布了《中国共产党普通高等学校基层组织条例》，它是新形势下开展高校党务工作科学化、制度化的纲领性文件，也是民族院校科学发展的政治保证，我们要结合当前的创先争优活动，不断加强党的建设。

（一）不断增强党的意识

（1）强化党员意识。要强化党员的"先""优"意识，每位党员无论何时何地、在任何岗位都不能忘记自己的党员角色，都要敢于亮明党员身份。

（2）强化党的领导核心意识。学校强调党委的领导，不是要以党委班子替代行政、学术组织，而是要各级组织团结在党委周围，在党委的领导下各司其职、各尽其责、协调运作、高效运行。

（3）强化党要管党的意识。要按照"围绕发展抓党建，抓好党建促发展"的思路，严格落实党建责任制，不断提高管党治党水平、办学治校能力，为推动民族院校科学发展提供坚强的组织保证。

（二）认真贯彻民主集中制

（1）旗帜鲜明地"讲党性"，提高执行党的民主集中制的自觉性。有些党员不执行党的决议，不服从党组织的决定，有意见不在会议上提出，而在会后乱发议论；有的党员甚至在社会上散布一些攻击诋毁党中央方针、政策，党和国家领导人形象的言论；有的党员领导干部封建家长制作风严重，把个人凌驾于组织之上，个人说了算，等等。这些现象既破坏了党的民主集中制原则，又破坏了班子的团结和统一，要坚决予以纠正。

（2）坚定不移地"讲原则"，是执行民主集中制的保证。党员领导干部要按照各级议事规则，决策之前要从对党的事业负责的高度充分发表意见，决策之后无论决策的意见与自己的意见是否一致，都必须无条件执行、落实。不能只看领导眼色，揣摩领导心思，更不能说一套，做一套，阳奉阴违。按原则办，公道正派，清清楚楚，不按原则办则宽严皆误。

（3）严肃认真地"讲纪律"，确保民主集中制贯彻执行。党章明确规定，党的纪律是党的各级组织和全体党员必须遵守的行为准则。党的政治纪律是党的纪律中最重要的纪律，遵守政治纪律是遵守党的全部纪律的前提。不遵守政治纪律的人往往是以个人利益代替大多数人的利益，损害的是党的事业和人民的利益，造成的损失有时是难以估量的。各级组织必须加强组织纪律的硬约束，以强有力的组织纪律来保证民主集中制的贯彻执行。

（三）切实抓好各级领导班子建设

（1）抓好各级一把手的配备。一人正正一方，一人斜歪一方。要按照中央和上级的要求，把精良的人力资源、优秀的人才配置到学校各级干部队伍中。最重要的就是要大力培养靠得住、有本事、作为好、群众满意的干部，德才兼备的干部。

（2）加强各级班子的能力建设。面对"十二五"的繁重任务，最管用的就是加强干部的能力建设，干部的每一个职位实际上是一个能力席位。各级干部要不断适应事业的需求，提高自己的组织能力、协调能力、工作能力、业务能力，做思想工作的能力，解决复杂问题的能力。

（3）进一步搞好各级班子的团结。要顾全大局，相互补台，珍惜缘分，与人为善；要坚决杜绝个人主义、本位主义，各自为政，相互掣肘，互不买账，更不允许把工作单位、工作范围当做"私产"看；要坚持五湖四海，包容、大度。铭记"君子不党"的古训。这应当是共产党人的为政之德，是保持高度统一、团结和谐的保证。

（4）重视年轻干部的选拔培养。抓接班人的建设不能临时抱佛脚，工夫要下在平时，要长期培养、批次培养，储备充足，随时可用，每个单位都要注重德才兼备的干部的培养。此事关系到学校事业的可持续发展。

（四）切实抓好基层党组织建设

基层党组织建设关系到党的事业基础，是党的建设的重点；抓基层就是打基础，打基础才能强基业；党的基层组织建设是党的全部工作和战斗力的基础。要强化抓发展必须抓党建，抓党建就是抓发展的观念。当前，特别要把党的组织、党的工作实现全覆盖和建立健全教育、管理、服务党员长效机制的工作抓好，使党员的模范作用得以发挥，以永葆共产党员的先进性。作为民族院校，要以"民族团结做标兵，创先争优促发展"为主题，以创建"五个好"（领导班子好、党员队伍好、工作机制好、发展业绩好、群众反映好）基层党组织和争当"五带头"（带头学习提高、带头争创佳绩、带头服务群众、带头遵纪守法、带头弘扬正气）共产党员为目标，深入开展创先争优活动。湖北的各民族院校要按照湖北省委提出的大力推进党建工作的"五个基本"（基本队伍、基本阵地、基本制度、基本活动、基本保障）和"七个体系"（组织体系、服务体系、宣传教育体系、民主自治体系、和谐稳定体系、保障体系、考评体系）建设的相关要求，切实加强对党员干部的管理和监督，强化党员责任意识，完善学习和教育制度，不断提高党员队伍的整体素质，充分发挥党员的先锋模范作用。

（五）加强党风廉政建设

（1）要有勇于担当的作风。要敢于负责，不负重托和群众的期盼；要勇于担"难"，难解决好了，事物就进入一个新的层次，发展就有了提升。"良农不为水旱而不耕"，担"难"就先担发展之责，躲难就是躲发展的机会。

（2）要有敢抓敢管的作风。"为官避事平生耻"，在其位就要谋其政，遇事绕道而行，圆滑平衡，办事得过且过，不得罪人，保一己之私，就是不负责，就会误事业。办事应讲原则，讲策略，两者要结合。先讲原则，再讲策略和方法。如果没有原则，只讲策略，就是和稀泥，做老好人，说轻点是出于私心，说重点是为政之德的问题。但是，也要尊重规律，不蛮干，不投机取巧，清醒理性，抓基层，抓根本。

（3）要有踏实扎实的作风。要务实落实，力戒虚华。落实就是水平，落实就是能力，落实就是党性。邓小平同志讲："实干兴邦，空谈误国，不干半点马列主义都没有。"在工作中要富于激情，奋发有为，保持良好的精神状态。领导干部一定要状态好、在状态，燃烧激情，奋发有为。

（4）要有清正廉洁的作风。"吏不畏吾严，而畏吾廉"。我们事业发展的力度有多大，反腐倡廉的力度就有多大。风清气正，促进发展。要抓好理想信念教育和党风廉政建设各项规定的教育，加强反腐倡廉的制度建设，加强对各级干部廉洁自律执行情况的监督力度，保持反腐败的高压态势，对腐败分子坚决惩处。同时，建设好精神家园，追求崇高，抵制贪欲，加强修养，丰富精神。

（原文题目为《把创先争优成果转化为推动民族院校科学发展的强大动力》，载于《学校党建与思想教育》2011年第13期）

新常态下民族院校发展的超越

学校有一个非常好的传统，除了平时的中心组学习、各单位的二级中心组学习，每年暑期都要集中一段时间组织扩大学习。2015年，是贯彻落实中央民族工作会议精神、"四个全面"战略和学校第七次党代会精神的开局之年，又是学校"十二五"规划收官、"十三五"规划制定、全面深化教育综合改革的关键之年；6月16日，国家民委与湖北省政府签约共建中南民族大学，学校迎来了新的发展机遇；当前，学校正在副处以上党员干部中开展"三严三实"专题教育，目的是巩固群众路线教育实践活动成果，探索保持党的优良作风的长效机制；我们这次学习会议的主题是以"三严三实"的精神和作风为指导，推动学校改革发展，要学习贯彻好"十八大"以来中央历次全会和习近平总书记系列重要讲话精神，尤其是学习贯彻好习近平总书记对办好中国特色高等教育、办好民族院校的系列指示精神。在以上一系列背景之下，我们举办暑期党委中心组（扩大）学习会议，科学谋划学校"十三五"规划，深入探讨影响学校事业发展的一系列重大问题，意义十分重大。

要办好一所大学，有两点很重要：一是要遵循办学规律，二是要有好的风气。国内外的高水平大学，都会开展校本研究，都要组织教授、骨干定期回头看，总结梳理办学经验教训。我们这次的中心组学习也是出于类似的考虑。同时，一所好的大学，学校的风气、精神、状态至关重要。风气就是士气，就是氛围，风气在军队就是战斗力，在大学就体现为一所学校的精神面貌。前几年的中心组学习，我每次都跟大家汇报自己的学习体会，贯穿的一个主线就是风气。这一次，我拟了一个题目——"坚持严与实、构建新常态、提振精气神"，围绕"严与实、新常态、精气神"九个字切入，按照办学规律，把党的建设和学校发展紧密结合，希望大家一起来思考，一起来规划，一起去推进，贯穿始终的还是两个字——风气。下面，我谈一些自己的体会，和大家一起围绕学校党的建设、"十三五"规划编制、章程的制定、学校的改革发展等重要问题，共同来思考、讨论。

一、坚持严与实，以队伍建设推动学校发展

（一）深刻理解"三严三实"丰富内涵

2014年3月9日，习近平总书记在十二届全国人大二次会议安徽代表团参加审议时，在关于推进作风建设的讲话中，作出了"三严三实"（既严以修身、严以用权、严以律己，又谋事要实、创业要实、做人要实）的重要论述。之后，2014年3月18日在河南，2014年10月8日在北京，2015年1月21日在昆明，2015年2月16日在西安先后共五次集中谈到"三严三实"。今年4月份，中共中央办公厅印发了《关于在县处级以上领导干部中开展"三严三实"专题教育方案》，学校也出台了配套的实施方案。"三严三实"是实现"全面从严治党"的核心和关键，明确了"从严治吏"的目标方向和任务要求，对于民族院校加强党的领导、强化队伍建设、端正校风学风、促进学校改革发展有着极为重要的现实意义。

（1）"三严三实"是一个严密的辩证统一体。"严"与"实"互为关联、相互统一、互相促进，只有"严"字当头，才能使"实"字落地生根；要想求真务实，必须事事从严。在"三严三实"的内在逻辑结构中，"三严"是对领导干部"贤"与"德"的要求，"三实"则是对领导干部"能"与"才"的要求。侧重"德"的"三严"，集中体现了共产党人的理想信念和价值追求，是"三实"的基础和前提；而侧重"才"的"三实"，则是"三严"的具体体现，是"三严"的落脚点和归宿。在"三严"与"三实"的辩证统一中，"严以修身"居首，"做人要实"收官，强调修身以养性，做"官"先做"人"。这既与我国传统社会中的"修身、齐家、治国、平天下"的文化底蕴血脉相融，又与我党"德才兼备、以德为先"的干部标准一脉相承。

（2）"三严三实"是我党优良传统的继承和发扬。我党历来都重视加强党的建设，坚持党要管党、从严治党，重点是加强党员领导干部的管理。毛泽东同志指出，"政治路线确定之后，干部就是决定的因素。"邓小平同志也讲过，"党要管党，一管党员，二管干部，对执政党来说，最关键的是干部问题。"习近平同志强调，"打铁还需自身硬，必须抓住领导干部这个关键少数。"党的干部是党的理论和路线方针政策的具体执行者，手中都掌握一定的权力，如果干部素质不高、作风不正，那么就会"打败仗"。因此，要保证党的领导力和战斗力，必须从加强党的自身建设做起。从我国革命、建设和改革的不同历史时期看，我党先后开展过"整党"延安整风"三讲"教育、先进性教育、科学发展观教育和群众路线教育等一系列整党、整风活动，都取得了良好效果。实践表明，"党要管党，首先是管好干部；从严治党，关键是从严治吏"的观点是完全正确的。"三严三实"是对我党"从严治党、从严治吏"优良传统的继承和发扬。

（3）"三严三实"是优秀干部标准的丰富和发展。党的"十八大"以来，以习近平同志为总书记的党中央，对"从严治党、从严治吏"提出了一系列新思想、新论断、新举措和新要求，对党员干部、教师也提出了一系列的标准。"三严三实"是对中央"八项规定""二十字"好干部标准（信念坚定、为民服务、勤政务实、敢于担当、清正廉洁）、"四个有"好干部标准（心中有党、心中有民、心中有责、心中有戒）的丰富和发展。集中体现了共产党人实事求是、求真务实的可贵品格，直指修身为人的根本，切中谋事创业的要害，为新时期党员干部的言行操守定了规矩，划了红线。

（4）"三严三实"是办好民族大学的基础和关键。大学是追求真理的地方，回顾大学的发展史，我们会发现，一个好的大学，必须追求"严"和"实"。民族院校是党和国家为解决国内民族问题而建立的综合性普通高等院校，肩负着培养各民族优秀人才、促进民族地区经济社会发展、维护国家统一和民族团结的特殊而重要的政治使命。履行好特殊使命，关键是要不断推动学校的改革发展，为党和国家培养更多优秀的各民族人才。在国家民委党组开展的学习习近平总书记系列重要讲话精神的专题教育培训活动上，全国政协副主席、国家民委主任王正伟对学习贯彻总书记系列重要讲话精神、践行"三严三实"提出了明确要求。在谈到从严治党、从严治吏方面，王正伟同志强调，落实从严治党主体责任、加强干部队伍建设，必须把握一个"特"字。就是要准确把握和深刻领会总书记在中央民族工作会议上提出的"三个特别"，并以之作为民族地区的好干部标准（三个特别是指：明辨大是大非立场特别清醒、维护民族团结行动特别坚定、热爱各族群众感情特别真挚）。

而当前，影响学校党群关系的"形式主义、官僚主义、享乐主义和奢靡之风"，影响学校改革发展稳定大局的"自由主义、分散主义、好人主义、个人主义"，影响各族师生员工干劲的"软、懒、散、庸"、"干与不干一个样，干多干少一个样，干好干坏一个样"等现象，仍不同程度地存在。认真践行"三严三实"，正是根治这些"顽疾"的一剂良药，是推动学校事业健康发展的基础和关键。

（二）践行"三严三实"，努力办好民族大学

办民族大学，首先要自信。今年要开全国民族教育工作会议，最近社会上也有很多杂音，针对民族高校议论纷纷，老调重弹，例如，民族高校是否还有必要办？在这一点上，我们自己必须清醒。民族高校是中国特色高等教育的特色体现，是习近平总书记讲的"立足中国大地"办大学的成功实践，有着其他高校不可替代的地位和作用。事实证明，我们每一所民族院校，在肩负特殊责任使命上，发挥着重要的作用，我们自己不能自贬，不能自毁，必须自信。不能把社会上存在的所有问题都归结为教育问题，不能一说到教育失误就都是学校教育的失误，一说到民族地区、民族工作有问题就全部归罪在民族高校头上。我们要看到成绩和贡献，我们要肯定主流，我们要充分肯定教职员工几辈人的努力，我们对民族教育要高度自信，决不能以偏概全、本末倒置。

办民族大学，关键在办好。面对社会上各种质疑的最有力回应，就是把我们的民族高校办好。要确保打得出粮食，就必须在实际工作中践行"三严三实"。严与实本身就是大学的根本归依、内涵要求，大学的本质是做"人"的工作，所谓"千教万教，教人求真；千学万学，学做真人"，办大学与"三严三实"紧密相连。用"三严三实"指导学校工作，关键是要加强体制机制建设，立章程、讲规矩、守纪律；关键是要抓好领导班子和干部队伍建设，让干部忠诚、干净、担当，促进学校各项事业健康发展。

一是建好领导班子。践行"三严三实"，要按照政治家、教育家的标准建设领导班子。具体来说，就是要坚持党委领导下的校长负责制，建设信念坚定、政治可靠的学习型领导班子，建设严守党规、纪律严明、依法治校的领导班子，建设作风优良、清正廉洁、认真履职的领导班子，建设勤政务实、改革创新、敢于担当的领导班子，建设团结奋进、坚强有力、业绩突出的领导班子。全面加强领导班子思想、组织、作风、党风廉政和制度建设，为全面深化学校教育综合改革、推进学校党的建设，依法治校、依法执教，为学校事业创新发展提供坚强的组织保证。只有这样，才能始终坚持党的领导地位，牢牢把握中国特色社会主义的办学方向，始终保持宣传思政教育工作的领导权、管理权和话语权。

二要带好干部队伍。要以"三严三实"为目标教育培养干部，以"三严三实"为标准选拔任用干部，以"三严三实"为依据监督管理干部，认真贯彻落实新修订的《党政干部选拔任用工作条例》。例如，学校实行领导干部"逢提必查"，重点查"三龄两历"，从严从实考察管理干部队伍。切实贯彻落实"两个责任"，以党风正校风、带教风、促学风。通过干部队伍建设，营造出顾全大局、作风扎实、崇尚实干的大环境，增添"想干事、能干事、干成事"的正能量，努力建成"做人实、做事实、做学问实"的校园生态。

三要融入办学过程。要以"三严三实"指导师资队伍建设，打造一支"有理想信念、有道德情操、有扎实学识、有仁爱之心"的教师队伍；要以"三严三实"指导人才培养，

为社会输送求真务实、崇尚真理的优秀人才；以"三严三实"指导科学研究，强化精益求精、严谨求实的科学精神；以"三严三实"指导思想政治教育，培养政治可靠、德才兼备的社会栋梁；以"三严三实"指导学风建设，营造淡泊名利、严谨求实的学术氛围。把"三严三实"融入办学治校全过程，科学编制"十三五"规划，研究制定大学章程，建立现代大学制度，全面深化教育综合改革，不断提升办学质量和水平，加快特色鲜明、人民更加满意的高水平民族大学建设步伐。

二、构建新常态，以目标定位引领学校发展

2014年5月，习近平总书记在河南考察时首次提及"新常态"；2014年11月9日，习近平总书记在亚太经合组织（APEC）工商领导人峰会上首次系统阐述了"新常态"，他表示："新常态将给中国带来新的发展机遇"。新常态之"新"，意味着不同以往；新常态之"常"，意味着相对稳定。新常态作为一种施政新理念，正在深刻影响着社会的方方面面。

作为民族大学，要深刻认识到教育在经济新常态下的重要性，主动适应经济、社会发展大势，与时俱进抓好改革发展各项工作。要立足大学的本质、定位和使命，去思考、去探索，大学应坚持什么、守望什么、建设什么？我认为，民族院校改革发展的目标，就是在适应国家经济、社会新常态的基础上，构建学校发展的新常态。构建学校发展新常态，是学校在新的历史条件下改革发展的必然、必需和必要。

那么，怎么去构建学校的新常态？就是要在深入推进"四个全面"战略布局、努力实现"中国梦"的大背景下，深入贯彻落实学校第七次党代会精神，以"十三五"发展规划的编制和大学章程的制定为契机，深化教育综合改革，努力推动学校发展。下面，结合大学职能和办学实际，我从办学理念、办学定位、人才培养与教学改革、科研与社会服务等几个重点领域谈一谈我对学校怎样建设新常态的思考。

（一）办学理念的新常态

理念决定行为，行为决定结果，理念引领是学校发展的必由之路。办学理念是学校办学的灵魂，是关于学校整体发展的价值追求和理性认识，是指引学校科学发展、和谐发展的核心价值观。关于办学理念的新常态，我认为，重点要关注以下几个方面的问题。

（1）坚持社会主义办学方向。办好中国的大学，必须有中国特色，这个特色中最大的一点，就是我们要坚持社会主义办学方向。我们作为在党的关怀、支持下建立和发展起来的民族院校，必须牢牢把握社会主义办学方向，确保马克思主义在意识形态领域的指导地位，围绕"培养少数民族高素质人才的重要基地、研究民族问题和民族理论的重要基地、传承和弘扬各民族优秀文化的重要基地、展示民族政策和对外交往的重要窗口"的要求，努力建设中国特色的"民族大学"。

（2）遵循高等教育规律。构建高等教育新常态不是对以往办学理念、定位与内容等方面的简单否定，而是应该顺势而为，遵循高等教育自身规律，主动适应社会发展。对此，作为民族院校，我们应当始终坚持社会主义办学方向，坚持党的民族工作规律与高等教育规律相结合、民族高等教育的特殊规律与普通高等教育的一般规律相结合，遵循高等教育

的普遍规律，尊重民族高等教育的特殊性，努力把学校建设成为"高水平"的大学。

（3）适应社会发展需求。要坚决贯彻落实《国家中长期教育改革和发展规划纲要（2010—2020年）》有关要求，一是结合社会需求做好学科、专业机构调整，坚持"通识为体，专业为用"的本科人才培养理念，构建个性化、多样化的人才培养体系，培养契合社会需要的各民族优秀人才；二是结合社会需求开展科学研究和社会服务，为民族地区经济社会发展、文化传承创新作出切实贡献，努力把学校建设成为"人民更加满意"的大学。

（4）坚持特色发展之路。建设新常态既要遵循高等教育的基本规律，同时要破解所面临的分类不清、定位不明、特色不显、模式单一等问题，调整发展思路，加速转型发展。对此，我们要始终坚持"面向少数民族和少数民族地区，为党和国家的民族工作服务、为少数民族和民族地区的经济与社会发展服务"的办学思路，打民族牌、入湖北戏、走民大路，进一步彰显特色，全面深化改革，努力把学校建设成为"特色鲜明"的大学。

（二）办学定位新常态

高等学校的"办学定位"是指高校为明确自身在整个高等教育体系的位置，准确把握自身角色和使命，确定服务面向、发展目标及任务而进行的一系列前瞻性战略思考和规划活动。一所高校的办学定位体现了学校的办学指导思想、治校理念和策略，对学校的办学行为、学校未来发展等具有引领作用。关于办学定位新常态，我认为，其核心是做好"顶天""立地"与"树人"三件事。

（1）"顶天"。就是做好顶层设计，围绕高等教育功能的完善、人才培养目标的确立，真正承担起学校所肩负的历史使命、社会责任；就是要选准、培育重点学科和重点发展方向，做好学校发展的战略规划。就学校当前工作而言，就是要积极推动国家民委与湖北省人民政府共建中南民族大学协议的落实；就是要做好学校章程的制定工作、"十三五"规划的编制工作、全面深化改革的推进工作；就是要立足现有的民族学一级学科博士点，重点发展化学、生物学、中国语言文学和教育学四个立项建设一级学科博士点，积极做好2011协同创新中心申报建设工作。

（2）"立地"。就是立足学校实际，彰显教学、科研、地域、院校类别优势，推动学校服务社会经济文化发展，实现从"同质化"向多元化、多样化转型，围绕办学目标"树品牌、创精品、显特色"，为学校内涵发展，创新发展提供核心支撑，构建出符合自身实际的办学新常态。就学校而言，就是要立足湖北、面向中南、辐射全国，充分发挥教学、科研、管理优势，服务国家战略，服务社会需求，更好地为少数民族和民族地区的经济与社会发展服务。

（3）"树人"。就是发挥学校自身特色和优势，结合外部用人需求，培养符合特定标准的毕业生。就学校而言，就是要以党的教育方针为指导，以人才培养方案为抓手，坚持教育为社会主义现代化建设服务、为少数民族和少数民族地区服务的宗旨，坚持普遍性与特殊性相结合、规范化与个性化相统一的原则，遵循教育教学规律，培养"厚基础、宽口径、高素质、强能力、重应用"的少数民族各类高级专门人才，培养民族团结进步事业的践行者、传播者、捍卫者。

（三）人才培养与教学改革新常态

人才培养，始终是大学最根本任务和首要职责。新常态下，高校的人才培养工作更需要用新的思维来加以改革创新。关于人才培养与教学改革新常态，我认为，应该包括以下几个方面的内容。

（1）以人为本。教育的本质在于培养人，人才培养要坚持以人为本，促进人的全面发展。而思想道德素质是最重要的素质，"以人为本"意味着要将"育人为本、德育为先"的理念深入贯彻到教育的各个方面。就学校而言，就是要把教育人、培养人作为根本任务，始终坚持"以学生为本"，把学生的健康成长作为学校一切工作的出发点和落脚点，把学生德智体美全面发展作为教育的立足点，教会学生做人；就是在培养人、教育人的过程中要始终把政治教育、思想教育、品德培养、心理教育放在首要位置，引导学生树立正确的世界观、人生观和价值观，形成健全的道德人格。

（2）强化实践教学。坚持教育与生产劳动和社会实践相结合是党的教育方针的重要内容。就高校而言，实践教学是培养学生实践动手能力、培育创新精神和提升人才培养质量的关键。要以强化大学生实践创新能力为目标，坚持教学与科研、课内与课外、校内与校外"三结合"，不断优化实践教学体系，强化实践教学平台，提高人才培养质量。要分类制定实践教学标准，增加实践教学比重；要加强实践教学管理，提高实验、实习、实践和毕业设计（论文）质量；要把加强实践教学方法和人才培养模式改革作为专业建设的重要内容，重点推行基于问题、基于项目、基于案例的教学方法和学习方法，加强综合性实践科目设计和应用；要加强大学生创新创业教育，支持学生开展研究性学习、创新性实验和创业模拟活动。

（3）培养应用型、创新型人才。应用型人才就是把成熟的技术和理论应用到实际的生产、生活中的技能型人才；创新型人才就是具有创新精神和创新能力的人才。对学校而言，培养应用型、创新型人才就是要创新人才培养理念，化解人才培养与社会需求的结构性矛盾，提升经济发展的创新驱动力。对此，学校要结合社会用人需求，力求实现学生的理论与实践、知识与能力的有机结合；要深化教学改革，在教学内容、方法与平台建设上，注重专业素养与通识素质协调发展，发挥师生之间的主导与主体作用，实现校地、校企的有机对接与深化协作。

（四）科研与社会服务新常态

科学研究与社会服务是大学的基本职能。建设科研与社会服务的新常态，其核心是处理好服务、引领、协同的关系。"服务"意味着学校立足于自身办学定位、特殊使命和责任、支撑、推动地方经济社会发展，从而发挥重要作用。"引领"意味着学校从自身办学定位、特殊使命和责任出发，积极发挥对社会发展的辐射、带动作用。在服务中实现引领，以引领强化服务。对此，学校要积极发挥科学研究的优势，将自身转化为服务地方经济的有效资源和强大动力，转化为推动社会发展的研究平台和智库，切实做到"论文写在产品上、研究做在工程中、成果转化在企业里、价值体现在效益上"。同时，学校要把服务社会作为科学研究的立足点，适应区域现代产业体系建设需求，在决策咨询、技术服务、课题研究等方面形成特色优势和效益,实现校地协同创新、学科专业与地方产业有机对接,在服务地方经济、引领社会发展的过程中促进学校自身的改革发展。

(五)党建与思想政治工作新常态

高校肩负着学习研究宣传马克思主义、培养中国特色社会主义事业建设者和接班人的重大任务。加强党对高校的领导,加强和改进高校党的建设,是办好中国特色社会主义大学的根本保证。构建党建与思想政治工作新常态,重点要做好以下三个方面的工作。

(1)坚持党的领导。要办好中国特色社会主义大学,必须坚持党的领导。坚持党对高校的领导,一是要坚持和完善党委领导下的校长负责制。党委领导下的校长负责制符合我国国情和高等教育发展规律,是中国特色现代大学制度的核心内容,是党对高校领导的根本制度。要认真贯彻落实《关于坚持和完善普通高等学校党委领导下的校长负责制的实施意见》,坚持党委的领导核心地位,保证校长依法行使职权,建立健全党委统一领导、党政分工合作、协调运行的工作机制;认真贯彻执行民主集中制,坚持集体领导和个人分工负责相结合,集体决定了的事情,领导班子成员要按照分工分头落实;严肃党内组织生活,反对独断专行和软弱涣散两种倾向。二是要全面从严管党治党。要认真开展"政治纪律政治规矩"集中教育、"三严三实"专题教育、"两访两创"活动,认真贯彻"三严三实""党纪严于国法"等系列治党要求,深入贯彻落实党风廉政建设党委主体责任和纪委监督责任,切实把"党要管党、从严治党"落到实处;要全面推进党的建设各项工作,有效发挥基层党组织战斗堡垒作用和共产党员先锋模范作用。通过从严治党提升党组织的凝聚力、战斗力,为推动学校改革发展提供组织保障。

(2)加强意识形态建设。加强高校意识形态建设是一项战略工程、固本工程、铸魂工程。我们要认真贯彻落实第二十三次全国高校党建工作会议精神和《关于进一步加强和改进新形势下高校宣传思想工作的意见》精神,强化思想引领,牢牢把握高校意识形态工作领导权,巩固马克思主义在学校意识形态领域的指导地位;要认真贯彻习近平总书记在北京大学、北京师范大学的系列讲话精神,按照"有理想信念,有道德情操,有扎实学识,有仁爱之心"的标准建设教师队伍,引导学生成人成才;要坚持立德树人,加强和改进思想政治教育工作,营造全员育人环境,把培育和践行社会主义核心价值观融入教书育人全过程。

(3)推进依法治校。一是要坚持党委领导下的校长负责制,确保依法治校的正确方向。二是要坚持以人为本,突出师生员工的主体地位。三是要深化治理结构改革,强化民主与监督,推进学校治理体系和治理能力现代化。四是要以法治思维和法治方式为路径,深入推进教育综合改革。五是要以章程统领学校工作,健全以章程为核心的学校制度体系。这次中心组学习会议的一项重要内容,就是要进一步讨论学校章程。章程定稿以后,要加强对大学章程的宣传、学习和落实,维护章程权威,遵守章程规定,形成依章治校、按章办学的良好氛围。

总之,要切实加强和改进高校党建工作,不断改革和完善高校体制机制,充分发挥高校党委在深化综合改革、建设中国特色现代大学制度中的领导核心作用。坚持正确办学方向,不断加强制度建设,推动党的领导和依法治校有机结合,不断凝聚高校内涵发展的强大动力,努力开创学校事业新局面。

三、提振精气神,以优良校风保障学校发展

精、气、神是中国哲学中的概念。中医认为,精、气、神是人体生命活动的根本。古人有"天有三宝:日、月、星,地有三宝:水、火、风,人有三宝:精、气、神"的说法。精、气、神对于个体的人来说十分重要,对于一个单位、一个组织而言,也至关重要。

什么是学校的"精气神"呢?我认为,学校的"精气神"就是学校的整体精神状态,表现出来的是学校的党风、政风、教风、学风。一所有特色、高水平的民族大学,必然是党风优、政风淳、教风严、学风正,必然是具有好的"精气神"。

毛泽东同志曾经指出,"人是要有一点精神的。"邓小平同志也说:"没有闯的精神,没有一点冒的精神,没有一股子气呀、劲呀,就走不出一条新路,就干不出新的事业。"学校的"精气神"怎么样,直接关乎着学校事业发展的兴衰和成败。因此,我们要努力提振精气神,以优良校风保障学校发展;要更加注重"养精",练好学校发展的内功;要更加注重"聚气",增强学校发展的原动力;要更加注重"提神",增强学校发展的竞争力。下面,我从固本培元养精、吐故纳新聚气、励志励为提神三个方面,谈谈自己的一些思考。

(一)固本培元养精

中医讲的"精",泛指构成人体和维持生命活动的基本物质。学校的"精",就是指决定学校办学实力的硬件设施、条件、环境,这是硬指标、实打实,是学校生存和发展的基础和关键。这个东西怎么改善呢?成语讲"养精蓄锐","精"要靠"养",不能急功近利、急于求成、一蹴而就,而必须要依托现有基础,沉下心来真抓实干,练好发展中的内功。

(1)要在固本中养精。一要坚持内涵发展、质量发展。内涵发展不是不要发展,放慢发展,而是追求质量价值的发展。内涵发展的关键是找准学校发展和国家需求的结合点,努力在服务国家战略,履行特殊社会责任,完成国家赋予民族高校亟待解决的重大理论和实践问题的紧迫任务上下工夫,在满足国家发展不断扩大的内部需求上下工夫,在提高学校教学科研和社会服务能力上下工夫,在提升学科建设水平和人才培养质量上下工夫。二要坚持稳定、团结、和谐中发展,以稳定促稳进。没有稳定团结的大局和氛围,全面、协调、可持续的发展无从谈起。要以深化教育综合改革、全面推进依法治校为契机,提升内部治理体系和治理能力现代化水平,协调各方利益,凝聚各方共识,确保稳定、和谐的校园生态,为学校改革发展打下一个扎实、稳定的基础。

(2)要在蓄锐中养精。要注意扬长避短,取舍有度。"扬长",就是要扬民族政策之长,服从于党的民族工作大局,服务于国家的经济社会发展需要,积极争取,并用好、用活、用足党和国家民族政策的支持。"避短",就是要避民族院校发展"先天不足"之短,同时,采取有效措施加以转化。例如,积极推进学科和专业结构调整,大力改善高层次人才缺乏现状,使优势不断积累,特色得以彰显,水平和质量不断提高。

(3)要在发展中养精。发展是第一要务,发展才是硬道理。要破解学校面临的各方面困难和问题,提升学校办学水平和办学实力,关键在发展。在当前的高校竞争格局中,我们面临着"前有标兵、后有追兵、左右有强兵"的巨大压力,标兵渐行渐远,追兵越来越

近，不进则退，慢进也是退，我们只有加速发展、奋力赶超一条路可走。最重要的是从思维和实践两个层面努力赶超。在思维上要有危机意识、超前意识，暂时落后不可怕，可怕的是已经落后了还不知道追赶。在实践上要后发赶超，通过持之以恒地抓队伍、抓建设、抓质量，全力破解高层次人才培养与引进难、管理科学化水平的提高难、浓厚学术风气的营造难等制约高水平民族大学建设的关键点，促进学校办学实力和水平的不断提升。

（二）吐故纳新聚气

所谓"气"，是个体或者组织发展进步的原动力。学校要通过"吐故纳新"，促进学校内部机构良性运转，增强学校办学的生机和活力。

（1）要吐故以聚气。一要做好体制机制"以破求立"的文章。要着力破除官本位，大力推进"去行政化"，建立现代大学制度，确保行政权力不能谋取学术利益；要着力破除部门鸿沟、相互掣肘、服务质量低下的运作模式，建立协调联动、运转高效、师生满意的服务机制；要着力破除"干与不干一个样、干多干少一个样、干好干坏一个样""能上不能下，能进不能出"等现象，实施目标责任制、责任追究制，切实推动"以责定岗，以为定位"落到实处。二要做好深化教育综合改革的文章。以学校全面深化改革为契机，努力推动在办学方式、教育教学改革、学科资源整合等方面重要举措的落实；以体制机制创新为重点，以章程为核心的制度建设为保障，以"公平公正、优质高效"配置资源为手段，力争在重要方面和关键环节的改革上取得决定性成果；要进一步完善"党委领导、校长负责、教授治学、民主管理"的具体实现形式，建立现代教育治理结构，加快推进校院两级管理，汇聚多方智慧，激发办学活力。三要做好校园文化建设的文章。校园文化是全面实施素质教育的有效载体，是推动民族团结进步教育的重要手段，是改进和加强宣传思想工作的有力支撑。要大力推进阵地建设，坚守课堂教学、学术会议的主阵地，用好新兴媒体新阵地，抢占校园文化建设制高点；要大力宣传"手足相亲，守望相助"的理念，坚持"重在平时，抓好平常""重在交心，以心换心"的原则开展民族团结教育工作，促进各民族师生交流、交往、交融。深化中华优秀传统文化教育，建设各民族共有精神家园，积极培养中华民族共同体意识，构筑人心归聚、精神相依的文化纽带。

（2）要纳新以聚气。一是主动吸收发展新思维。变是绝对的，不变是相对的，改革与发展是永恒的时代主题。我们决不能抱残守缺，墨守成规，或者在边缘部位小修小补、小打小闹，而是要与时俱进，大胆创新，从思想观念、思维方法的改变入手，大刀阔斧地推进改革创新，尤其是要学习好、运用好习近平总书记强调的六大思维（辩证思维、系统思维、战略思维、法治思维、底线思维、精准思维），以科学的思维方法保证各项改革顺利推进、善做善成。二是不断凝聚发展新动力。当前，改革进入攻坚期和深水区，啃硬骨头、涉险滩的任务更加繁重，破除藩篱、往前走的路途更加艰辛。如何进一步树立改革勇气、汇聚改革力量、破解改革难题，推动各领域各方面改革不断取得新的突破、实现新的跨越，是我们不得不深入思考并切实加以解决的问题。我们要以深化教育综合改革为契机，通过优化选人用人机制、评价机制、奖惩机制、分配机制，充分调动校内各单位、全体教职员工的活力和激情，充分发挥广大教职员工谋事创业的积极性、创造性。三是不断吸纳发展新要素。要积极适应新常态，从人才、资源、机遇、环境等影响学校发展的基本要素入手做文章。要进一步加强人才的内部培养和外部引进工作,为学校可持续发展奠定坚实基础;要关注教育实践前沿,研究把握互联网时代教育发展的新趋势、新特点,加强慕课、微课、翻转课堂等教学模式的探索和应用;要加强和创新校友工作,把校友视为支持学校长远发展的重要资源;要抢抓机遇,积极推动省部共建协议的贯彻落实,举全校之力做好 2011 协同创新中心的申报和建设工作;要主动"走出去""请进来",加强对外交流,加强教师、干部队伍访学进修、挂职交流,对内提升人才队伍素质与水平,对外为学校赢得更广阔的发展空间。

(3)要壮势以聚气。在凝气的过程中要注意把握气与势的关系,善于造势、借势和乘势。一是要积极造势。坚持鼓励先进,快中更快;树立典型标杆,好中更好;营造优良校风,优中更优。引导全校上下转作风、看亮点、找差距、定标杆,努力营造比工作业绩、争作新贡献,比发展质量、争取新进步,比管理水平、争当排头兵的竞争环境,焕发人人争当先进、个个力争上游的校园氛围。二是要主动借势。当前,外部环境为学校改革发展提供了诸多新的机遇。学校要主动出击,借东风、乘大势,紧紧抓住国家"2011 计划""一带一路""武陵山片区区域发展与扶贫攻坚"等国家战略和重大政策措施给学校带来的机遇,乘势而上,奋发有为,在全面建成小康社会的时代大潮中谋发展、作贡献。

(三)励志励为提神

(1)要在励志中提神。一是要志存高远。全校教职员工要以学校第七次党代会确定的发展目标为引领,焕发激情,昂扬奋进,既要顺势而进、也要逆势而进,还要虚实并进、扎实推进。瞄准"两个一百"的奋斗目标,以"不管东西南北中,咬定青山不放松"的气势,将总目标分解为各项具体指标,竭尽全力,奋力追赶。二是要脚踏实地。要结合民族工作实际和学校发展实际,对照目标,狠抓落实,精益求精,不打折扣。要学愚公移山的坚毅,要学精卫填海的顽强,坚韧不拔,矢志不渝,自强不息,昂扬奋进。要定了就算,说了就干,干就干好。三是要尊重规律。要学习并遵循教育规律、教学规律、成才规律、办事规律,用理论规律指导工作实践。要敬畏制度、完善制度、落实制度,善于把规律转化为制度,用制度管权管人管事,本着从严从实的态度,认认真真地按照制度规矩做事,以法治思维和法治方式推进各项工作。

(2)要在励为中提神。一是要认真负责,坐位担责。党员干部应时刻谨记,自己的位子权力是人民群众给的,"要始终把人民放在心中最高位置",在岗位一天,就要全心全意为人民群众服务一天。"当干部要有敬畏之心,一要敬畏历史,使自己的工作能经得起实践和历史的检验;二要敬畏百姓,让自己做的事情对得起养育我们的人民;三要敬畏人生,将来回首往事的时候不会感到后悔"。二是要善谋善作,真抓实干。古人云:道虽迩,不行不至;事虽小,不为不成。真抓实干不是停留在口头上、会议上和文件上,广大党员干部要当好表率、树好标杆,要做到一级带着一级干,一级干给一级看。要把实干精神真正落实到各个环节、各个细节上,要实实在在地转变作风,在推进发展的过程中要多谋善断、敢于担当,把心思放在谋改革上,把劲头放在抓项目上,把精力放在促发展上,要能干事、会干事、干成事,工作要经得起群众和历史的检验,创造对得起人民群众的发展业绩。三是要"超前一步,高人一招"。"超前一步,高人一招"是一种境界,更是一种追求。只有时时刻刻想党和国家之所想，谋党和国家之所需，急人民群众之所急，才能有这样的境界；只有把工作作为一项崇高的事业、当做自己实现人生价值不可或缺的一部分，才能有这样的追求。一旦有了这样的境界，什么"得过且过"，什么"当一天和尚撞一天钟"，什么"不求无功但求无过"等惰性十足的思想就会为我们所不齿；一旦有了这样的追求，就能知难而进，迎难而上；就能自加压力，勇往直前；就能做到"路为纸、地成册、行作笔、心当墨"；就能真正做到摸实情、想实招、办实事、求实效。

（3）要在超越中提神。我们要把追求卓越，勇于超越，止于至善作为我们的永恒追求。一是要勇于超越自我。要把学习作为一种习惯、追求、境界来保持。做人、做事要舍弃小我，成就大我，要做大写的人，做扎实之事，正确对待个人的利害、进退、升迁等。要准确定位，围绕学校发展总目标，守土有责站好岗，全力跑好接力赛，牢固树立"一张蓝图干到底""功成不必在我"的事业观、政绩观、义利观。二是要勇于超越他人（前人）。没有超越，就没有发展，没有进步。第一要注意向他人学习，虚心求教，取长补短；第二要勇于创新、求新求变；第三要走正道，不走歪道。

总而言之，我们全体党员干部，一定要紧密团结在党中央周围，贯彻落实中央"四个全面"战略布局，按照"三严三实"的要求管党治党、从严治党，以优良党风正校风、促教风、带学风，在积极适应经济、社会新常态的基础上努力构建学校发展新常态。全体教职员工要努力提振精气神，以个人、部门精神面貌的改变促进学校整体面貌的改变，要多说提振精神的话，多做提振精神之事，少些泄气添乱，少些内耗掣肘，大家拧成一股绳，心往一块想，劲往一处使，齐心协力推动学校更好、更快发展，推动"两个一百"的"民大梦"早日实现，为民族高等教育事业作出新的、更大的贡献。

以上是结合近段时间的学习体会，对于学校建设的一点思考，在此抛砖引玉，希望大家批评指正。

（原文题目为《坚持严与实 构建新常态 提振精气神——陈达云同志在2015年暑期党委中心组（扩大）学习会议上的讲话》根据录音整理）